2023

CARLOS EDUARDO **FERREIRA DOS SANTOS**

BENS PÚBLICOS

O DOMÍNIO PÚBLICO NO DIREITO ADMINISTRATIVO

Dados Internacionais de Catalogação na Publicação (CIP) de acordo com ISBD

S237b   Santos, Carlos Eduardo Ferreira dos
       Bens públicos: o Domínio Público no Direito Administrativo / Carlos Eduardo Ferreira dos Santos. - Indaiatuba, SP : Editora Foco, 2023.

       528 p. ; 17cm x 24cm.

         Inclui índice e bibliografia.

         ISBN: 978-65-5515-813-7

         1. Direito. 2. Direito Administrativo. I. Título.

2023-1597   CDD 341.3   CDU 342.9

Elaborado por Vagner Rodolfo da Silva - CRB-8/9410

Índices para Catálogo Sistemático:

1. Direito Administrativo 341.3

2. Direito Administrativo 342.9

CARLOS
EDUARDO **FERREIRA**
DOS SANTOS

BENS
PÚBLICOS

**O DOMÍNIO
PÚBLICO NO DIREITO
ADMINISTRATIVO**

2023 © Editora Foco

Autor: Carlos Eduardo Ferreira dos Santos
Diretor Acadêmico: Leonardo Pereira
Editor: Roberta Densa
Assistente Editorial: Paula Morishita
Revisora Sênior: Georgia Renata Dias
Capa Criação: Leonardo Hermano
Diagramação: Ladislau Lima
Impressão miolo e capa: FORMA CERTA

DIREITOS AUTORAIS: É proibida a reprodução parcial ou total desta publicação, por qualquer forma ou meio, sem a prévia autorização da Editora FOCO, com exceção do teor das questões de concursos públicos que, por serem atos oficiais, não são protegidas como Direitos Autorais, na forma do Artigo 8º, IV, da Lei 9.610/1998. Referida vedação se estende às características gráficas da obra e sua editoração. A punição para a violação dos Direitos Autorais é crime previsto no Artigo 184 do Código Penal e as sanções civis às violações dos Direitos Autorais estão previstas nos Artigos 101 a 110 da Lei 9.610/1998. Os comentários das questões são de responsabilidade dos autores.

NOTAS DA EDITORA:

Atualizações e erratas: A presente obra é vendida como está, atualizada até a data do seu fechamento, informação que consta na página II do livro. Havendo a publicação de legislação de suma relevância, a editora, de forma discricionária, se empenhará em disponibilizar atualização futura.

Erratas: A Editora se compromete a disponibilizar no site www.editorafoco.com.br, na seção Atualizações, eventuais erratas por razões de erros técnicos ou de conteúdo. Solicitamos, outrossim, que o leitor faça a gentileza de colaborar com a perfeição da obra, comunicando eventual erro encontrado por meio de mensagem para contato@editorafoco.com.br. O acesso será disponibilizado durante a vigência da edição da obra.

Impresso no Brasil (06.2023) – Data de Fechamento (06.2023)

2023

Todos os direitos reservados à
Editora Foco Jurídico Ltda.
Rua Antonio Brunetti, 593 – Jd. Morada do Sol
CEP 13348-533 – Indaiatuba – SP

E-mail: contato@editorafoco.com.br
www.editorafoco.com.br

OBRAS DO AUTOR

LIVROS

Bens Públicos (O domínio público no Direito Administrativo). 2023. Editora Foco.

Intervenção Federal nos Estados. 2023. Editora Fórum.

Comentários à Constituição Brasileira de 1988. 1º Volume (artigos 1º ao 4º). 2022. Editora Livraria do Advogado.

Estado Federal Brasileiro. 2022. Editora Livraria do Advogado.

O direito à igualdade (Uma visão geral). 2022. Editora Livraria do Advogado.

Intervenção Estadual nos Municípios. 2022. Editora Livraria do Advogado.

Adimplemento substancial nos crimes tributários. 2022. Editora Fórum.

Crimes Contra o Sistema Financeiro Nacional (Lei nº 7.492/86). 2021. Editora Lumen Juris.

Legislação Específica MPC-Pará. 2021. Editora Lumen Juris.

Vade Mecum MPC – Rondônia. 2. ed. 2021. Editora Lumen Juris.

Processo Legislativo Distrital (Legislação), 2. ed. 2020. Editora Dialética.

Normas de Contabilidade no Setor Público, 2. ed. 2020. Editora Dialética.

ARTIGOS

Bloqueios de rodovias não tipificam crime contra o Estado Democrático de Direito. *Revista Consultor Jurídico – ConJur. Opinião.* 09 de novembro de 2022.

Riscos à democracia e mecanismos de proteção. *Revista do Tribunal Regional Federal da 1ª Região,* v. 34, n. 2, 2022.

Inconstitucionalidade por corrupção, desvio de finalidade legislativa e fraude constitucional. *Revista do Tribunal Regional Federal da 1ª Região,* v. 34, n. 1, 2022.

Sobre a intervenção nos municípios localizados em território federal. *Revista Consultor Jurídico – ConJur. Opinião.* 11 de fevereiro de 2022.

Seria a liberdade de expressão um direito absoluto? *Revista Bonijuris,* ano 33, ed. 673, p. 15-16. dez.21/jan.22.

Propostas para nomeação de ministros do Supremo Tribunal Federal. *Revista do Tribunal Regional Federal da 1ª Região,* v. 33, n. 2, p. 45-58, 31 ago. 2021.

As Forças Armadas não detêm competência para intervir nos poderes. *Revista Consultor Jurídico – ConJur. Opinião.* 31 de agosto de 2021.

Sobre a prisão após condenação em segunda instância. *Revista Consultor Jurídico – ConJur. Opinião.* 30 de agosto de 2021.

Impenhorabilidade de salário nas execuções civis versus direito ao pagamento do credor. *Revista do Tribunal Regional Federal da 1ª Região,* v. 33, n. 1, p. 29-46, 30 abr. 2021.

A teoria do adimplemento substancial é aplicável nos crimes tributários? *Revista Forense*, v. 432, ano 116. jun./dez. 2020. Publicado em: 11 jan. 2021.

Não recepção na Constituição de 1988 da penalidade administrativa de aposentadoria compulsória de magistrados. *Revista do Tribunal Regional Federal da 1ª Região*, v. 32, n. 3, p. 28-38, 17 dez. 2020.

Recusa de usar máscara vulnera princípio constitucional do direito à saúde. *Revista Consultor Jurídico – ConJur*. Opinião. 8 de dezembro de 2020.

Atos antidemocráticos e crime de responsabilidade. *Revista BONIJURIS*, ano 32, ed. 665. ago./set. 2020.

Maior eficiência na investigação criminal prevista na lei anticrime e sua constitucionalidade. *Revista do Tribunal Regional Federal da 3ª Região*, ano XXXI, n. 146, p. 15-32. jul./set. 2020 – ISSN 1982-1506.

Vedação de progressão de regime aos integrantes de organização criminosa. *Revista de Doutrina Jurídica* (RDJ). 55, p. 268-288. Brasília, 111, jan./jun. 2020.

Sistemas penitenciários e o princípio da proporcionalidade. *Migalhas*. Migalhas de Peso. Quinta-feira, 14 de maio de 2020.

A quarentena *versus* a liberdade de locomoção. *Revista Consultor Jurídico* – ConJur. Opinião. 30 de abril de 2020.

NOTA DO AUTOR

O tema do presente livro é de notável importância para o Direito Administrativo, sobretudo pela escassez de estudo específico sobre o assunto. Sendo assim, é uma grande satisfação apresentar uma obra que trate de forma ampla sobre os bens públicos e a dominialidade estatal.

Agradeço muitíssimo a Deus pela sabedoria dada, inteligência e capacidade jurídico-investigativa. *Senhor Jesus, muito obrigado*!!!

"Eu vim andando só, pisando pó da dura estrada
Eu vim em solidão, na provação da caminhada.
Até que pela fé eu encontrei, Jesus eu encontrei
Eu vi Jesus, Jesus me viu e nele me salvei...

Eu vi Jesus, Jesus me viu, no mesmo instante me redimiu
Jesus me fez sorrir, cantar, me fez chorar de emoção
E desde então posso dizer, que em Cristo me salvei.

E foi, sim foi assim, que um dia em mim raiou o dia
O dia em que na Cruz eu vi Jesus em agonia
Por mim que estava ali, ao pé da cruz tão pobre pecador
Sim foi ali, ali na cruz que Cristo me salvou".

Música: "Caminhada"

Marco Aurélio

"De tudo o que se tem ouvido, o fim é: Teme a Deus e guarda os seus mandamentos; porque este é o dever de todo homem. Porque Deus há de trazer a juízo toda obra e até tudo o que está encoberto, quer seja bom, quer seja mau".

Eclesiastes cap. 12, vers. 13 e 14.

APRESENTAÇÃO

O domínio público é matéria central no Direito Administrativo. Todavia, é escassa a doutrina sobre o tema. O presente livro é o primeiro a tratar especificamente sobre o assunto após a Constituição Federal de 1988.

Assim, a obra aborda os bens integrantes do domínio público em sua dimensão mais ampla. Na primeira parte, são perscrutadas as generalidades do instituto, a propriedade dos bens públicos, o seu regime jurídico, a classificação e a gestão dos referidos bens. A segunda parte trata do domínio público no Direito Administrativo, especificamente sobre a teoria do domínio público, a competência legislativa e as modalidades de criação e extinção dos bens de domínio público. Na terceira parte, analisam-se as espécies de domínio público, a saber: domínio público terrestre, domínio público hídrico, domínio público aéreo, domínio público militar, domínio público cultural, histórico e artístico, domínio público geológico, domínio público energético, domínio público das telecomunicações e o domínio público genético, cada qual em capítulo próprio. A quarta parte é dedicada aos mecanismos de proteção dos bens de domínio público, consistentes nas vias administrativa e judicial. A quinta parte trata do domínio público no direito comparado. Por fim, a obra colaciona a jurisprudência do STF, STJ e dos Tribunais Regionais Federais.

SUMÁRIO

OBRAS DO AUTOR V

    Livros V

    Artigos V

NOTA DO AUTOR VII

APRESENTAÇÃO XI

PARTE I
BENS PÚBLICOS

CAPÍTULO 1 – INTRODUÇÃO 3

    1.1 Histórico 3

    1.2 Conceito 7

CAPÍTULO 2 – PROPRIEDADE DOS BENS PÚBLICOS 13

    2.1 Introito 13

    2.2 Conceito 17

    2.3 Generalidades 18

    2.4 Domínio alodial 20

    2.5 Bens alodiais e usucapião 21

    2.6 Usucapião do domínio útil de bens públicos 23

    2.7 Demarcação dos terrenos de marinha 28

CAPÍTULO 3 – REGIME JURÍDICO 31

    3.1 A inalienabilidade de bens integrantes do domínio público 32

        3.1.1 Histórico 32

        3.1.2 Fundamentos da inalienabilidade 34

    3.2 Inalienabilidade 35

    3.3 Impenhorabilidade 36

    3.4 Imprescritibilidade 38

    3.5 Inonerabilidade 39

CAPÍTULO 4 – CLASSIFICAÇÃO 43

4.1 Quanto à titularidade 43

4.2 Quanto à utilização 45

    4.2.1 Bens públicos de uso comum 45

    4.2.2 Bens públicos de uso especial.. 46

    4.2.3 Bens públicos dominicais... 48

4.3 Quanto à destinação original 50

4.4 Quanto à disponibilidade 51

4.5 Quanto à natureza física.. 51

CAPÍTULO 5 – GESTÃO DOS BENS PÚBLICOS 53

5.1 Uso comum 54

5.2 Uso especial 57

5.3 Permissão de uso... 58

5.4 Concessão de uso 61

5.5 Concessão de uso especial para fins de moradia 65

5.6 Autorização de uso.. 66

5.7 Cessão de uso.. 68

5.8 Concessão de direito real de uso... 69

5.9 Ocupação de área pública urbana.. 71

5.10 Enfiteuse... 72

    5.10.1 Regime enfitêutico e bens públicos.. 74

5.11 Responsabilidade dos usuários 77

5.12 Jurisprudência... 79

PARTE II
DOMÍNIO PÚBLICO NO DIREITO ADMINISTRATIVO

CAPÍTULO 1 – DOMÍNIO PÚBLICO 85

1.1 Introdução.. 85

1.2 Conceito 86

1.3 Natureza jurídica 96

1.4 Características da dominialidade... 100

1.5 Classificação do domínio público.. 102

1.6 Construção dualista do domínio público 104

1.7 Domínio eminente.. 106

1.8 Histórico nas Constituições Brasileiras... 108

SUMÁRIO **XV**

1.8.1 Constituição de 1891 108

1.8.2 Constituição de 1934 110

1.8.3 Constituição de 1937 110

1.8.4 Constituição de 1946 111

1.8.5 Constituição de 1967 e Emenda Constitucional de 1969 112

1.8.6 Constituição de 1988 113

1.9 Jurisprudência 115

CAPÍTULO 2 – COMPETÊNCIA LEGISLATIVA 121

2.1 Sujeitos do domínio público 121

2.2 Competência legiferante 122

2.3 Esferas de competência do domínio público 124

2.4 Domínio público federal, estadual, distrital e municipal 125

CAPÍTULO 3 – CRIAÇÃO E EXTINÇÃO DOS BENS DE DOMÍNIO PÚBLICO 129

3.1 Afetação 129

3.2 Desafetação 133

PARTE III
ESPÉCIES DE DOMÍNIO PÚBLICO

CAPÍTULO 1 – DOMÍNIO PÚBLICO TERRESTRE 141

1.1 Terras públicas 141

1.2 Terras devolutas 142

1.2.1 Histórico 142

1.2.2 Conceito 144

1.2.3 Natureza jurídica 146

1.2.4 Titularidade 147

1.2.5 Transferência das terras devolutas da União para os Estados-membros 151

1.3 Vias e logradouros públicos 153

1.4 Terrenos de marinha 155

1.5 Terrenos acrescidos 162

1.6 Terrenos reservados ou marginais 164

1.7 Terras indígenas 168

1.8 Ilhas 173

1.9 Praias 175

1.10 Plataforma continental 177

1.11 Faixa de fronteira 180

1.12 Jurisprudência 182

CAPÍTULO 2 – DOMÍNIO PÚBLICO HÍDRICO 187

2.1 Introdução.. 187

2.2 Regiões hidrográficas 188

2.3 Usos da água 190

2.4 Conceito 191

2.5 Histórico normativo 194

2.6 Sanções 196

2.7 Espécies hídricas 197

    2.7.1 Águas interiores e exteriores... 197

    2.7.2 Águas públicas 198

    2.7.3 Águas particulares.. 200

    2.7.4 Rios públicos.. 201

    2.7.5 Mar territorial.. 202

    2.7.6 Zona contígua 204

    2.7.7 Zona econômica exclusiva 204

    2.7.8 Alto-mar... 206

2.8 Jurisprudência 208

CAPÍTULO 3 – DOMÍNIO PÚBLICO AÉREO 211

3.1 Generalidades... 211

3.2 Conceito 212

3.3 Teorias sobre o espaço aéreo 214

3.4 Titulares do espaço aéreo.. 215

3.5 Domínio público aéreo e propriedade privada.............................. 217

3.6 Espaço aéreo sobre bens de uso comum, de uso especial e dominical 218

    3.6.1 Espaço aéreo sobre bens de uso comum.............................. 219

    3.6.2 Espaço aéreo sobre bens de uso especial.............................. 222

    3.6.3 Espaço aéreo sobre bens dominicais 224

3.7 Normas sobre espaço aéreo 225

    3.7.1 Convenção de Chicago sobre Aviação Civil Internacional 225

    3.7.2 Convenção de Montreal sobre Unificação de Certas Regras no Transporte Aéreo Internacional............... 229

    3.7.3 Código Brasileiro de Aeronáutica.. 231

SUMÁRIO **XVII**

3.7.4 Lei da Agência Nacional de Aviação Civil 238

3.8 Jurisprudência 242

CAPÍTULO 4 – DOMÍNIO PÚBLICO MILITAR 243

4.1 Introdução 243

4.2 Conceito 245

4.3 Bens integrantes do domínio público militar 247

4.4 Requisições militares 255

4.4.1 Histórico das legislações 256

4.5 Jurisprudência 260

CAPÍTULO 5 – DOMÍNIO PÚBLICO CULTURAL, HISTÓRICO E ARTÍSTICO 263

5.1 Introdução 263

5.2 Domínio público cultural, histórico e artístico 265

5.3 Conceito 267

5.4 Abrangência 271

5.4.1 Museus 273

5.5 Tombamento 275

5.6 Registro de bens culturais 278

5.7 Normas internacionais 281

5.7.1 Convenção para a Proteção de Bens Culturais em Caso de Conflito Armado. 282

5.7.2 Convenção para Proibir a Importação, Exportação e Transferência de Propriedade Ilícitas dos Bens Culturais 284

5.7.3 Convenção para a Proteção do Patrimônio Mundial, Cultural e Natural 288

5.7.4 Convenção para a Salvaguarda do Patrimônio Cultural Imaterial 289

5.7.5 Convenção sobre a Proteção e Promoção da Diversidade das Expressões Culturais 292

5.8 Jurisprudência 295

CAPÍTULO 6 – DOMÍNIO PÚBLICO GEOLÓGICO 307

6.1 Introdução 307

6.2 Conceito 313

6.3 Recursos minerais 315

6.3.1 Código de Minas 315

6.3.2 Agência Nacional de Mineração 320

6.3.3 Garimpeiros 323

6.3.4 Regulamento da mineração 323

6.3.5 Licenciamento ambiental mineiro 326

6.4 Metais preciosos 328

6.5 Rochas 332

6.6 Fósseis 334

6.7 Jurisprudência 338

    6.7.1 Mineração 338

    6.7.2 Metais preciosos 344

    6.7.3 Rochas 346

    6.7.4 Fósseis 350

CAPÍTULO 7 – DOMÍNIO PÚBLICO ENERGÉTICO 359

7.1 Introdução 359

7.2 Conceito 360

    7.2.1 Energia 360

    7.2.2 Tipos de energia 361

        7.2.2.1 Energia nuclear e Usina Angra 3 362

        7.2.2.2. Diversidade de matrizes energéticas 365

    7.2.3 Potencial de recursos energéticos 367

7.3 Domínio público no setor energético 369

7.4 Política energética nacional 371

7.5 Agência Nacional do Petróleo, Gás Natural e Biocombustíveis (ANP) 373

7.6 Agência Nacional de Energia Elétrica (ANEEL) 378

    7.6.1 Regulação do setor elétrico 381

    7.6.2 Análise de impacto regulatório 382

    7.6.3 Regime econômico e financeiro das concessões de serviço público de energia elétrica 384

    7.6.4 Descentralização das atividades regulatórias 386

    7.6.5 Regramento licitatório do setor elétrico 387

7.7 Jurisprudência 387

CAPÍTULO 8 – DOMÍNIO PÚBLICO NAS TELECOMUNICAÇÕES 395

8.1 Introdução 395

    8.1.1 Histórico 396

    8.1.2 Período de transição 396

    8.1.3 Era da estatização das telecomunicações 397

    8.1.4 Desestatização nas telecomunicações 399

8.2 Acesso à internet e telefone móvel	402
8.3 Conceito de telecomunicações	404
8.4 Domínio público das telecomunicações	405
8.4.1 Lei geral das telecomunicações	410
8.4.2 Agência Nacional de Telecomunicações	411
8.5 Jurisprudência	412

CAPÍTULO 9 – DOMÍNIO PÚBLICO GENÉTICO ... 417

9.1 Introdução	417
9.2 Domínio público genético	418
9.3 Patrimônio genético	421
9.3.1 Conceito de patrimônio genético	421
9.3.2 Generalidades	421
9.3.3 Exploração econômica	423
9.3.4 Repartição de benefícios	424
9.3.5 Sanções administrativas	427
9.4 Organismos Geneticamente Modificados (OGM)	428
9.4.1 Órgãos competentes	429
9.4.2 Responsabilidade civil e administrativa	433
9.4.3 Responsabilidade penal	434
9.5 Normas internacionais	434
9.5.1 Convenção sobre Diversidade Biológica	434
9.5.2 Protocolo de Cartagena	437
9.5.3 Protocolo de Nagoya	442
9.5.4 Protocolo de Nagoya-Kuala Lumpur	446
9.6 Jurisprudência	446

PARTE IV
PROTEÇÃO DOS BENS DE DOMÍNIO PÚBLICO

CAPÍTULO 1 – VIA ADMINISTRATIVA ... 457

1.1 Autotutela administrativa	458
1.2 Poder de polícia	459

CAPÍTULO 2 – VIA JUDICIAL ... 463

2.1 Tutela provisória	463
2.2 Tutela inibitória	464

2.3 Ações possessórias	465
2.4 Ação civil pública	466
2.5 Ação popular	467
2.6 Ação de improbidade administrativa	469
2.7 Ação indenizatória	470
2.8 Sanção penal	472
2.9 Jurisprudência	474

PARTE V
DOMÍNIO PÚBLICO NO DIREITO COMPARADO

1.1 Argentina	479
1.2 Itália	480
1.3 México	483
1.4 Portugal	489
1.5 Suíça	492

REFERÊNCIAS 497

PARTE I
BENS PÚBLICOS

CAPÍTULO 1
INTRODUÇÃO

1.1 HISTÓRICO

O domínio público decorre do fato de certos bens ostentarem características especiais para a comunidade, expressando um interesse público na sua preservação e disciplinamento. Em razão disso, a titularidade do domínio público recai sobre pessoa jurídica de direito público.

Assim, sobreleva em importância as coisas públicas, isto é, os bens que representam interesse especial para a coletividade, integrando materialmente o interesse público. De acordo com Otto Mayer, com o advento do Estado Moderno, a ciência do direito começou a ocupar-se das coisas públicas, moldando-as ao direito romano. Alguns autores propugnavam que as coisas públicas constituíam propriedade da Coroa, visto que este ocupava o lugar do *populus Romanus*. "Em consequência, o domínio das estradas, dos rios, das pontes e outras coisas públicas com o mesmo título com o que o direito romano as possuía ao soberano; o uso de todos somente tem por base a autorização desse proprietário". Leyser informa que para o direito romano, as coisas públicas (*publicae res*) são as que "*quorum proprietas et usus ad integrum populum spectat. Quae definitio statui democratico qualis ante Augustum Roma fuit optime convenit. Na Alemanha, 'secundum statum monorchicum'*, é preciso designá-las na forma correspondente, a saber: aquelas '*quorum proprietas liberaque de iis dispositio ad Principem pertinet, usus vero ad eos omnes quibus princeps illum concessit*"[1].

Simultaneamente a esta teoria, iniciou-se a tendência de conferir maior fidelidade ao modelo romano na disposição das coisas públicas. Dessa forma, atribuíam-se "as coisas públicas para o povo, cujo direito se manifesta pelo uso de todos. Este uso é essencial, absorve o direito sobre a totalidade da coisa, restando ao príncipe não mais do que um direito de vigilância". No mesmo sentido, Fritsch preleciona que "o príncipe tem a *jurisdictio* sobre o rio público, apesar disso, o rio público continua sendo '*publicum*' e '*res populi*', isto quer dizer: destinado ao uso de todos. Mas a doutrina não podia deter-se aí. O povo como tal, aparece demasiado apagado na realidade da vida pública para que o considerasse um proprietário sério, e o uso de todos não podia substituir ao povo neste papel sem uma ficção demasiada fantasiosa. Em consequência, decidiu-se

---

1. MAYER, Otto. *Derecho Administrativo Alemán*. Parte Especial: El derecho público de las cosas. 2. ed. Buenos Aires: Depalma, 1982, t. III, p. 91-94.

reconhecer que as estradas, rios e outras coisas submetidas ao uso de todos são e segue sendo *res nullius* sob a vigilância e proteção especial do príncipe. Qualquer que haja sido a estrutura dada ao estado jurídico destas coisas, a aplicação do direito romano teve sempre por resultado o reconhecimento de uma qualidade especial, de suma importância desde o ponto de vista do direito; parece haver unanimidade em conservar estas coisas como *res extra commercium*. Estabeleceu-se o princípio da inalienabilidade das coisas públicas; ou melhor, a fim de adaptar a regra a sua qualidade de coisas sem dono, foram declaradas incapazes de ser objeto de um direito de propriedade qualquer"[2].

Menezes Cordeiro informa que no Direito romano já havia "uma contraposição entre *res in commercio* e *res extra commercium*. Estas últimas traduziam, todavia, também as coisas que não pertenciam ao disponente. Ainda no Direito romano, era sabido que certas coisas, pelas suas características próprias, não podiam ser objeto de apropriação individual: as *res communes omnium*, como o ar, o mar e as praias. Finalmente e sempre no Direito romano, atribui-se a titularidade de determinados bens ao povo (*populus*), constituindo seja o *aerarium*, de administração senatorial, seja o *fiscum*, do imperador. A própria evolução histórica, ainda na Antiguidade, deu azo a situações diferenciadas: coisas que não são do próprio, coisas que não podem, pela natureza, ser apropriadas e coisas do Estado. A todas elas haveria que aditar ainda uma outra: coisas que, não sendo do Estado e embora suscetíveis, teoricamente, de apropriação individual eram, pela tradição ou pelas circunstâncias, mantidas livres, de modo a serem usadas por uma comunidade de pessoas interessadas. Genericamente, tudo isto dava azo às *res extra commercium*. A categoria das coisas subtraídas ao comércio dos particulares era, à partida, de uma extraordinária heterogeneidade. Os quadros conceituais – jurídicos ou, até, meramente linguísticos – que regem o regime das coisas formaram-se em torno da apropriação privada"[3].

Como forma de identificar as coisas fora do comércio, adotava-se o critério da negativa: "a não pertença ao sujeito. No Direito romano – com todas as dificuldades inerentes à ausência de uma teoria do Estado – surgiu o embrião da dominialidade pública. Tratava-se da definição, pela positiva, dos bens públicos, assente num duplo critério: – a sua pertença ao Estado; – a sua utilização por todos os membros da comunidade. Pertencia ao Estado, entre outros, o *ager publicus*, que abrangia os vastos territórios obtidos pelas conquistas. No Direito clássico, o *ager publicus* não era suscetível de apropriação privada: apenas de concessões precárias. Mais tarde, o *ager publicus* foi sofrendo um processo de privatização, até se confundir com o *dominium* ou propriedade de tipo privado. Na privatização subsequente, os remédios jurídicos misturam-se: o antigo *ager publicus* passou a poder ser defendido pelos meios civis gerais – e, máxime, pela reivindicação ou *rei vidicatio* – enquanto os meios possessórios passaram a apro-

---

2. MAYER, Otto. *Derecho Administrativo Alemán*. Parte Especial: El derecho público de las cosas. 2. ed. Buenos Aires: Depalma, 1982, t. III. p. 94-95.
3. CORDEIRO, António Menezes. *Tratado de direito civil III*. Parte geral – Coisas. 4. ed. Coimbra: Almedina, 2019, p. 61.

veitar todos os particulares. Já no tocante às *res communes omnium*, a situação era mais complexa. A sua defesa implicava o reconhecimento, ao Estado ou a outras entidades, dos poderes para usar meios tendencialmente decalcados do Direito privado"[4].

Com o desenvolvimento da ideia do Estado como pessoa moral, introjetaram-se novos conceitos acerca das coisas públicas. "Este ser abstrato que representava, por atos de vontade cumpridos em seu nome, a coisa comum se transformou no centro natural de todos os direitos e poderes que devem exercer-se no interesse da coisa pública. As coisas públicas chegaram assim a ser propriedade desses sujeitos de direitos. Essa transformação começa a operar-se nas cidades livres, nas quais, como nas estufas, se realizava, em geral, a eclosão de novas ideias políticas. Ruas, fontes, refúgios, correios, se desprendiam do direito dos cidadãos tanto como indivíduos como associação para ser considerados propriedades da cidade como tal, distinta dos indivíduos, sujeito de direito especial, independente destes e superior a eles. A nova era se iniciou definitivamente quando os territórios dos príncipes foram envoltos pela nova corrente de ideias quando depois da pessoa do príncipe surgiu a pessoa moral do Estado, do qual será o primeiro representante. O Estado substitui o príncipe em sua qualidade de proprietário das coisas públicas, isto se entende. Mas este novo dono exerce também sua força de atração com respeito a esse fantasma que era o direito de todo o povo manifestado no uso de todos; e o faz desaparecer definitivamente. A ideia de res nullius sucumbe de igual maneira, embora bem certo que esta ideia não desaparece sem hesitações, transações dilatórias e mesmo recaídas. Finalmente, a legislação positiva intervém para consagrar o resultado obtido. Foi sobretudo em decorrência das grandes codificações do direito civil no fim do século XVIII e começo do século XIX que a matéria ficou regulado nesse sentido. As coisas públicas se declaram propriedade geral do Estado, o domínio público, o bem público, a propriedade do Estado propriamente dita"[5].

Assim, as coisas públicas não mais ostentam o caráter ambíguo, sendo sua situação fixada conforme à pessoa à qual pertençam, somando-se ainda o fato de a propriedade das coisas públicas ostentarem um caráter jurídico especial, manifestada em dois aspectos, relativamente a: i) sua causa; ii) seus efeitos. "Por um lado, esta especialidade depende do destino, próprio das coisas públicas, de servir diretamente a um certo fim de utilidade pública. Este destino lhes confere ou, pelo menos, lhe mantém por obra da vontade do proprietário. Por conseguinte, o uso de todos não é uma forma única pela qual se pode afirmar o caráter especial de misticismo democrático com que se rodeava a este destino especial. Basta com que o fim de interesse público se realize de maneira equivalente, pouco importa que se haja excluído o uso de todos. Por outra parte, a coisa pública difere de todas as outras coisas que podem pertencer a um proprietário, pelo caráter de res *extra commercium* que lhe confere esta distinção: não pode alienar-se,

---

4. CORDEIRO, António Menezes. *Tratado de direito civil III*. Parte geral – Coisas. 4. ed. Coimbra: Almedina, 2019, p. 62.
5. MAYER, Otto. *Derecho Administrativo Alemán*. Parte Especial: El derecho público de las cosas. 2. ed. Buenos Aires: Depalma, 1982, t. III, p. 96-97.

nem se adquirir por prescrição, nem sofrer gravames de servidões ou outros direitos reais; não são afetadas por servidões legais. Desfruta de uma posição completamente excepcional desde o ponto de vista da aplicação do direito civil"[6].

Siqueira Campos assinala que "os bens públicos em geral, mesmo aqueles não destinados ao uso público, sempre estiveram sujeitos a normas especiais, ditadas por motivos de interesse público, inteiramente alheias às normas reguladoras das relações de direito privado, desde que iniciou a sistematização do Direito Romano. O *'ager publicus'* fruto das conquistas dos territórios dos vencidos, nas lutas pelo predomínio da República sobre a Itália e suas futuras províncias, propriedade territorial do Estado, sempre foi considerado como sendo do domínio do povo romano, mesmo quando, de fato estivesse entregue aos particulares que, rigorosamente, dele não podiam ser proprietários. O domínio romano (de direito privado), e as relações de direito civil a ele referentes, não tinham aplicação a essas terras (Ortolan – Exp. des Inst. De Just. 1. II, t. 1º). A sua administração, o seu uso e distribuição eram sempre feitos em nome da república, quer fosse vendido em hasta pública, quer fosse, gratuitamente, concedido em lotes à plebe ou, como mais tarde, exclusivamente aos soldados. O interesse público, ou antes, o interesse da república é que ditava o motivo de sua concessão, ou venda, aos particulares. Somente nesses casos, por força dessas disposições de caráter excepcional, é que se adquiria o domínio romano, em virtude do qual as terras passavam a ser *'ager privatus'*, participando daí em diante do direito civil. Não havia, nessa época, distinção de regime entre os bens de uso público e do domínio privado do Estado".

"Tal situação se manteve, mais ou menos, inalterada, através de todas as vicissitudes por que passaram, no Império Romano, as relações entre o Estado, o príncipe e os particulares, sobre os bens do domínio público até a época da codificação de Justiniano, o qual aboliu muitas das prerrogativas que cercavam os bens do domínio particular do imperador e do Estado, imprimindo às normas reguladoras desses bens uma nova orientação. Este estado de coisas perdurou na Europa ocidental até depois do reinado de Carlos Magno, época em que, devido aos desmandos de príncipes sem vontade própria, que dilapidavam o patrimônio do Estado em concessões graciosas, novamente foi proibida a alienação de seus bens, inalienabilidade que se manteve na monarquia francesa, até a revolução de 1789. Com a passagem dos bens do monarca para a nação, muito se discutiu sobre a questão de se manter, ou não, a sua inalienabilidade. Predominou a corrente favorável à alienabilidade: não, porém, ampla como a dos bens individuais do particular, mas admitida somente no caso de interesse público e sempre sujeita a normas especiais. Tal foi a doutrina vitoriosa na Câmara Francesa, por ocasião da discussão do código civil, que penetrou e se manteve na legislação de todos os povos neolatinos durante o século XIX"[7].

---

6. MAYER, Otto. *Derecho Administrativo Alemán*. Parte Especial: El derecho público de las cosas. 2. ed. Buenos Aires: Depalma, 1982, t. III, p. 97-98.
7. CAMPOS, M. P. Siqueira. *As terras devolutas entre os bens públicos patrimoniais*. São Paulo: Imprensa Oficial do Estado, 1936, p. 5-7.

Registre-se que, atualmente, a dualidade da propriedade pública obteve novos contornos, visto que "uma teoria consistente dos bens públicos, base de uma distinção atualista entre coisas no comércio e fora do comércio, só é pensável com o aparecimento do Direito administrativo: no século XIX. Assim, no período intermédio, os bens públicos eram genericamente os bens da Coroa. A recepção do Direito romano reforçou a ideia, uma vez que a titularidade do soberano se explicaria em moldes se simples propriedade privada. Os bens públicos – ou, numa linguagem privada menos envolvida, as 'coisas fora do comércio' – seriam determinadas apenas pelo fator subjetivo da sua titularidade. Simplesmente, mesmo nessa altura conservam-se fatores de diferenciação estruturais. Por um lado, há certas coisas que, pela própria natureza, ou dependem da comunidade organizada ou só podem ser usadas por todos"[8].

1.2 CONCEITO

A expressão "bens públicos" é formada por dois vocábulos que unidos expressam sentido valorativo próprio. O vocábulo *bem*, que deriva do latim *bene*, dentre as várias significações, expressa aquilo que é agradável, conveniente, vantajoso. "Como substantivo, tem o sentido de expressar tudo aquilo que é bom, tudo aquilo que se mostra útil a uma pessoa ou à coletividade, que lhe é vantajoso ou agradável", correspondendo a benefício[9].

A palavra "bem" alude à utilidade proporcionada pela coisa. "No campo do direito, o vocábulo *bens* 'compreende ou é capaz de compreender toda utilidade prática da vida, material ou real, imaterial ou irreal' (Lentini). 'Bens são coisas materiais ou imateriais que constituem o objeto da fruição humana' (Vitta). 'Na medida em que podem formar objeto de direitos e obrigações, as coisas recebem o nome de bens' (Zanobini). 'Bens são meios materiais de satisfazer as necessidades humanas' (Oskar Lange)"[10].

Desse modo, a locução "bem" pode ser compreendida como algo que atenda ao interesse humano, isto é, aquilo que de algum modo supra à necessidade individual/coletiva ou promova satisfação ou bem-estar, sendo, em razão da utilidade, objeto de direito.

Por sua vez, o vocábulo *público* deriva do latim *publicus*, formado de *populicus*, *populus* (povo, habitantes), significando aquilo que é comum, que pertence a todos, ou seja, o que é de titularidade do povo em geral. "Público é o que pertence a todo o povo, considerado coletivamente, isto é, tido em sua expressão de organismo político. 'Comum' é o que pertence ou se estende distributivamente ao povo ou a todos, considerados como indivíduos". De igual modo, a palavra "público" pode expressar as coisas que não pertencem a ninguém em particular, mas a todos, ao passo que a palavra

---

8. CORDEIRO, António Menezes. *Tratado de direito civil III*. Parte Geral – Coisas. 4. ed. Coimbra: Almedina, 2019, p. 62-63.
9. SILVA, De Plácido e. *Vocabulário jurídico*. 26. ed. Rio de Janeiro: Forense, 2005, p. 202.
10. CRETELLA JÚNIOR, José. *Tratado do domínio público*. Rio de Janeiro: Forense, 1984, p. 18.

"comum" se refere que todas as pessoas podem usufruir das utilidades proporcionadas pelas referidas coisas[11].

Cumpre ressaltar que os bens públicos integram o patrimônio público, visto que, " patrimônio público é formado por bens de toda natureza e espécie que tenham interesse para a Administração e para a comunidade administrada. Esses bens recebem conceituação, classificação e destinação legal para sua correta administração, utilização e alienação"[12].

Conceitualmente, Plácido e Silva define *bens públicos* como os "bens de uso comum do povo e os bens pertencentes ao domínio particular do Estado. Desse modo, em sentido lato, tanto se dizem públicos os bens destinados ao uso e gozo do povo, como aqueles que o Estado reserva para uso próprio ou de suas instituições e serviços públicos. A qualidade de públicos, atribuída aos bens, decorre precipuamente da condição de pertencerem às pessoas jurídicas de Direito Público, tal como é condição dos bens particulares pertencerem às pessoas jurídicas de Direito Privado"[13].

Na lição de Cretella Júrnior, "bens públicos são as coisas materiais ou imateriais, assim como as prestações, pertencentes às pessoas jurídicas públicas, objetivando fins públicos e sujeitas a regime jurídico especial, de direito público, derrogatório e exorbitante do direito comum"[14].

No magistério de Marçal Justen Filho, os bens públicos podem ser definidos como "bens jurídicos atribuídos à titularidade do Estado, submetidos a regime jurídico de direito público, necessários ao desempenho das funções públicas ou merecedores de proteção especial". Os bens públicos são bens jurídicos, haja vista que "são bens dotados ou não de existência física, que pode constituir objeto de uma relação jurídica". Por serem de titularidade do Estado, resta inviável "sua apropriação por particular mediante relação de domínio". Além disso, o "regime jurídico dos bens públicos é próprio do direito público", não se aplicando dos institutos do direito privado. Finalisticamente, os bens públicos são qualificados como tais em razão de serem instrumentos "para o desempenho de função pública. O exercício das funções estatais exige uma infraestrutura material, composta por bens imóveis, móveis, direitos e assim por diante". Por fim, os bens públicos são dotados de atributos, utilidades ou condições especiais e diferenciadas em decorrência da utilização conjunta por toda a Nação ou pelo interesse comum dos seres humanos (nascentes de água p. ex.)[15].

José dos Santos Carvalho Filho conceitua bens públicos como "todos aqueles que, de qualquer natureza e a qualquer título, pertençam às pessoas jurídicas de direito público, seja elas federativas, como a União, os Estados, o Distrito Federal e os Municípios,

---

11. SILVA, De Plácido e. *Vocabulário jurídico*. 26. ed. Rio de Janeiro: Forense, 2005, p. 1134.
12. MEIRELLES, Hely Lopes. *Direito administrativo brasileiro*. 20. ed. São Paulo: Malheiros, 1995, p. 430.
13. SILVA, De Plácido e. *Vocabulário jurídico*. 26. ed. Rio de Janeiro: Forense, 2005, p. 218.
14. CRETELLA JÚNIOR, José. *Tratado do domínio público*. Rio de Janeiro: Forense, 1984, p. 19.
15. JUSTEN FILHO, Marçal. *Curso de direito administrativo*. 10. ed. São Paulo: Ed. RT, 2014, p. 1111-1113.

sejam da Administração descentralizada, como as autarquias, nestas incluindo-se as fundações de direito público e as associações públicas. Referimo-nos a bens 'de qualquer natureza', porque na categoria se inserem os bens corpóreos e incorpóreos, móveis, imóveis, semoventes, créditos, direitos, ações. Por outro lado, a menção à propriedade 'a qualquer título' funda-se na especial circunstância de que no conceito tanto se incluem os bens de domínio do Estado na qualidade de proprietário em sentido estrito, quanto aqueles outros que, de utilização pública, se sujeitam ao poder de disciplinamento e regulamentação pelo Poder Público"[16].

Para Celso Antônio Bandeira de Mello, "bens público são todos os bens que pertencem às pessoas jurídicas de Direito Público, isto é, a União, Estados, Distrito Federal, Municípios, respectivas autarquias e fundações de Direito Público, bem como os que, embora não pertencentes a tais pessoas, estejam afetados à prestação de um serviço público"[17].

Na lição de Diógenes Gasparini, bens públicos "são todas as coisas materiais ou imateriais pertencentes às pessoas jurídicas de Direito Público e as pertencentes a terceiros quando vinculadas à prestação de serviço público. São pessoas jurídicas de Direito Público a União, cada um dos Estados-Membros, o Distrito Federal, cada um dos Municípios, as autarquias e as fundações públicas. Assim, os bens pertencentes a essas pessoas públicas são bens públicos. Também são bens públicos, consoante essa definição, os de propriedade de terceiros quando vinculados à prestação de serviço público. Destarte, os bens de certa empresa privada, concessionária do serviço funerário municipal, vinculados à prestação desse serviço são bens públicos. Desse modo, não são, salvo em sentido amplíssimo, bens públicos os que integram o patrimônio das empresas governamentais (sociedades de economia mista, empresa pública, subsidiárias) exploradoras de atividade econômica, porque pessoas privadas (CF, art. 173, § 1º, II). Ademais, ditos bens não estão vinculados à execução de qualquer serviço público. O mesmo ocorre com a fundação privada cujo objeto não seja a prestação de serviço público"[18].

Para Hely Lopes Meirelles, em sentido amplo, bens públicos "são todas as coisas, corpóreas ou incorpóreas, imóveis, móveis e semoventes, créditos, direitos e ações, que pertençam, a qualquer título, às entidades estatais, autárquicas, fundacionais e paraestatais. Quanto aos bens das entidades paraestatais (empresas públicas, sociedades de economia mista, serviços autônomos etc.), entendemos que são, também, bens públicos com destinação especial e administração particular das instituições a que foram transferidos para consecução dos fins estatutários". A origem e a natureza total ou predominante desses bens continuam públicas; sua destinação é de interesse público; apenas sua administração é confiada a uma entidade de personalidade privada, que os utilizará na forma da lei instituidora e do estatuto regedor da instituição. A destinação especial desses bens sujeita-se aos preceitos da lei que autorizou a transferência do

---

16. CARVALHO FILHO, José dos Santos. *Manual de direito administrativo*. 23. ed. Rio de Janeiro: Lumen Juris, 2010, p. 1237-1238.
17. MELLO, Celso Antônio Bandeira de. *Curso de direito administrativo*. 26. São Paulo: Malheiros, 2009, p. 903.
18. GASPARINI, Diógenes. *Direito administrativo*. 17. ed. São Paulo: Saraiva, 2012, p. 957.

patrimônio estatal ou paraestatal, a fim de atender aos objetivos visados pelo Poder Público criador da entidade. Esse patrimônio, embora incorporada a uma instituição de personalidade privada, continua vinculado ao serviço público, apenas prestado de forma descentralizada ou indireta por uma entidade paraestatal, de estrutura comercial, civil ou, mesmo especial. Mas, lato sensu, é patrimônio público, tanto assim que na extinção da entidade reverte ao ente estatal que o criou, e qualquer ato que o lese poderá ser invalidade por ação popular (Lei federal 4.717/65, art. 1º)".

Em que pese ostentar natureza de bens públicos com destinação especial, Hely Lopes entende que os bens das entidades paraestatais, prestando-se à oneração como garantia real, "sujeitam-se à penhora por dívida da entidade, como, também, podem ser alienados na forma estatutária, independentemente de lei autorizativa, se móveis. Os bens imóveis dependem de lei para sua alienação (Lei 8.666/93), art. 17, I). No mais, regem-se pelas normas do Direito Público, inclusive quanto à imprescritibilidade por usucapião, uma vez que, se desviados dos fins especiais a que foram destinados, retornam à sua condição originária do patrimônio de que se destacaram"[19]. Como se vê, nesse caso há uma mescla de características concernentes às entidades paraestatais, propugnando-se pela manutenção de certos princípios e afastamento de outros, ocasionando desestruturação acerca do regime jurídico dessas entidades.

Malgrado o entendimento do administrativista Hely Lopes, os bens das entidades paraestatais (empresas públicas e sociedades de economia mista) *que exercem atividade econômica* não detém natureza de bens público, mas sim ostenta o regime próprio das empresas privadas. Isso porque o art. 173, § 1º, II, da Constituição Federal de 1988 determina que "§ 1º A lei estabelecerá o estatuto jurídico da empresa pública, da sociedade de economia mista e de suas subsidiárias que explorem atividade econômica de produção ou comercialização de bens ou de prestação de serviços, dispondo sobre: II – a sujeição ao regime jurídico próprio das empresas privadas, inclusive quanto aos direitos e obrigações civis, comerciais, trabalhistas e tributários". Assim, ante a determinação constitucional, o patrimônio dos referidos entes não é classificado como bens públicos, de modo que não são destinatários das prerrogativas da inalienabilidade, impenhorabilidade, imprescritibilidade e não oneração. Nesses casos, aplicam-se lhes as disposições da Lei nº 13.303 de 2016. Conceitualmente, *empresa pública* é a entidade dotada de personalidade jurídica de direito privado, com criação autorizada por lei e com patrimônio próprio, cujo capital social é integralmente detido pela União, pelos Estados, pelo Distrito Federal ou pelos Municípios. Por sua vez, *sociedade de economia mista* é a entidade dotada de personalidade jurídica de direito privado, com criação autorizada por lei, sob a forma de sociedade anônima, cujas ações com direito a voto pertençam em sua maioria à União, aos Estados, ao Distrito Federal, aos Municípios ou a entidade da administração indireta.

Sem embargo, quando a empresa pública ou a sociedade de economia mista exercerem a prestação de serviço público próprio de Estado de forma não concorrencial, os

---

19. MEIRELLES, Hely Lopes. *Direito administrativo brasileiro*. 20. ed. São Paulo: Malheiros, 1995, p. 430-431.

referidos bens serão equiparados a bens públicos para os efeitos legais, inclusive sendo aplicado o regime de precatórios para pagamento de obrigações pecuniárias. Nesse sentido, é pacífica a jurisprudência do Supremo Tribunal Federal:

> 3. O Metrô-DF é *sociedade de economia mista prestadora de serviço público essencial, atividade desenvolvida em regime de exclusividade (não concorrencial) e sem intuito lucrativo, pelo que se aplica o entendimento da CORTE que submete a satisfação de seus débitos ao regime de precatórios* (art. 100 da CF). 4. Decisões judiciais que determinam o bloqueio, penhora ou liberação de receitas públicas, sob a disponibilidade financeira de entes da Administração Pública, para satisfação de créditos trabalhistas, violam o princípio da legalidade orçamentária (art. 167, VI, da CF), o preceito da separação funcional de poderes (art. 2º c/c art. 60, § 4º, III, da CF), o princípio da eficiência da Administração Pública (art. 37, *caput*, da CF) e o princípio da continuidade dos serviços públicos (art. 175, da CF). Precedentes. 5. Medida cautelar referendada. (STF – ADPF 524 – Tribunal Pleno – Rel. Min. Edson Fachin. Rel. p/ ac. Min. Alexandre de Moraes. Julgamento: 13.10.2020)

> Arguição de descumprimento de preceito fundamental. 2. Ato lesivo fundado em decisões de primeiro e de segundo graus do Tribunal Regional do Trabalho da 22ª Região que determinaram bloqueio, penhora e liberação de valores oriundos da conta única do Estado do Piauí, para pagamento de verbas trabalhistas de empregados da Empresa de Gestão de Recursos do Estado do Piauí S/A (EMGERPI). 3. Conversão da análise do pedido de medida cautelar em julgamento de mérito. Ação devidamente instruída. Possibilidade. Precedentes. 4. *É aplicável o regime dos precatórios às sociedades de economia mista prestadoras de serviço público próprio do Estado e de natureza não concorrencial.* Precedentes. 5. Ofensa aos princípios constitucionais do sistema financeiro e orçamentário, em especial ao da legalidade orçamentária (art. 167, VI, da CF), aos princípios da independência e da harmonia entre os Poderes (art. 2º da CF) e ao regime constitucional dos precatórios (art. 100 da CF). 6. Arguição de descumprimento de preceito fundamental julgada procedente. (STF – ADPF 387 – Tribunal Pleno – Rel. Min. Gilmar Mendes – Julgamento: 23.03.2017)

> *Os privilégios da Fazenda Pública são inextensíveis às sociedades de economia mista que executam atividades em regime de concorrência ou que tenham como objetivo distribuir lucros aos seus acionistas.* Portanto, a empresa Centrais Elétricas do Norte do Brasil S.A. – Eletronorte não pode se beneficiar do sistema de pagamento por precatório de dívidas decorrentes de decisões judiciais (art. 100 da Constituição). Recurso extraordinário ao qual se nega provimento. (STF – Tribunal Pleno – RE 599628 – Rel. Min. Ayres Britto – Rel. p/ acordão Rel. Min. Joaquim Barbosa – Julgamento: 25.05.2011)

> 1. À empresa Brasileira de Correios e Telégrafos, pessoa jurídica equiparada à Fazenda Pública, é aplicável o privilégio da impenhorabilidade de seus bens, rendas e serviços. Recepção do artigo 12 do Decreto-lei 509/69 e não incidência da restrição contida no artigo 173, § 1º, da Constituição Federal, que submete a empresa pública, a sociedade de economia mista e outras entidades que explorem atividade econômica ao regime próprio das empresas privadas, inclusive quanto às obrigações trabalhistas e tributárias. 2. *Empresa pública que não exerce atividade econômica e presta serviço público da competência da União Federal e por ela mantido. Execução. Observância ao regime de precatório*, sob pena de vulneração do disposto no artigo 100 da Constituição Federal. Recurso extraordinário conhecido e provido. (STF – Tribunal Pleno – RE 220906 – Rel. Min. Maurício Correa – Julgamento: 16.11.2000) – Grifos nossos

> Sociedade de economia mista, cuja participação acionária é negociada em Bolsas de Valores, e que, inequivocamente, está voltada à remuneração do capital de seus controladores ou acionistas, não está abrangida pela regra de imunidade tributária prevista no art. 150, VI, 'a', da Constituição, unicamente em razão das atividades desempenhadas. (STF – Tese de Repercussão Geral 208 – RE 600867 – Data: 29.06.2020)

Portanto, são bens públicos os bens das pessoas jurídicas de direito público (União, Estados, Distrito Federal, Municípios, Autarquias e Fundações Públicas), assim como os bens das empresas públicas e sociedades de economia mista prestadoras de serviço público não concorrencial e sem intuito de lucro.

Capítulo 2
PROPRIEDADE DOS BENS PÚBLICOS

2.1 INTROITO

O instituto da propriedade evoluiu ao longo do tempo. Nesse sentido, Pietro Cogliolo preleciona que " a ciência moderna, com bases em pesquisas em especial comparando povos e tempos diversos, reconheceu um fato do qual não há dúvida, que a primeira forma de propriedade foi a comum e que, portanto, nem sempre foi conhecida a propriedade individual. O território ocupado por uma primitiva sociedade era aproveitado e cultivado por todos juntos; já era um progresso dividi-los em lotes e dá-los a várias famílias, que após um breve período de anos ou se trocaram as porções recíprocas ou tornavam a integrar uma massa comum e uma nova divisão". Malgrado a propriedade das terras serem essencialmente coletiva, não sucedeu da mesma forma a propriedade dos bens móveis, que eram apropriadas ao domínio individual, impedindo o uso por outras pessoas, podendo defendê-los inclusive com o uso da força[1]. Como visto, no início dos agrupamentos humanos a propriedade das terras era comum, a fim de atender às necessidades da coletividade. Com a evolução, ganhou relevo a figura da propriedade pública.

De acordo com Otto Mayer "conforme o grau de desenvolvimento da sociedade, era lógico que o direito das coisas públicas encontrasse sua primeira determinação jurídica na forma social primitiva de realização de interesses públicos, é dizer, nas comunidades rurais. Não eram estes municípios no sentido atual, senão associações (*Genossenschaften*) nas quais os direitos dos indivíduos se mesclavam com os do grupo, prevalecendo um ou outro destes direitos, alternativamente, segundo os objetos. Estas associações possuíam, desnecessário dizer, caminhos, rotas, praças. Os terrenos afetados a estes eram comuns (*Allmend*), é dizer, não pertenciam a nenhum indivíduo em particular, senão a totalidade deles e estavam destinadas à comunicação de todos. O chefe da associação, digamos a autoridade comunal, velava por sua conservação e pela boa ordem de uso que se faria deles. O direito sobre estas coisas só se manifestava, pois, sob duas formas: ao uso de todos e à vigilância da autoridade". De acordo com Gierke, "as ruas, caminhos, praças, campos de pastoreio etc. figuravam nos antigos 'quadros dos acessórios' (*Pertinenzformeln*) formando parte da comunidade)"[2].

---

1. COCLIOLO, Pietro. *Filosofia del Diritto Privato*. Terza tiratura. Firenze: G. Barbèra, 1912, p. 150-151.
2. MAYER, Otto. *Derecho Administrativo Alemán*. Parte Especial: El derecho público de las cosas. 2. ed. Buenos Aires: Depalma, 1982, t. III. p. 92.

Dessa forma, "a cidade nascente dá lugar a uma variedade maior de instituições do mesmo caráter. Submetem-se ao uso de todos as fontes, as feiras, os lavadouros. Mas mesmo ao uso de todos, a coisa pode servir para a comunidade: as portas, os baluartes, desde em princípio se consideram também comuns. Sem embargo, acima das comunidades locais se constituiu o poder dos príncipes, primeiro dos reis, depois de seus funcionários emancipados, dos príncipes secundários do Império. Não se trata de um poder do Estado, trata-se de uma coleção de direitos pertencentes à pessoa do príncipe. Entre estes direitos figura a polícia da segurança para as grandes vias de comunicação, rotas e rios (*Geleitsrecht*). O príncipe reclama também para ele a propriedade das coisas que não tem proprietário; a este título, as rotas apenas se fazem, as pontes e todos seus acessórios se transformam em coisas do príncipe. Continua subsistindo ao uso de todos. O direito do príncipe se acentua cada vez mais, mas deixa intacta esta atribuição necessária: o direito de supremacia relativo às rotas (*Wegehoheit*) ou aos rios (*Wassserhoheit*) compreende o direito de construir caminhos e de suprimi-los, de regular o curso dos rios, de regulamentar o uso destes, de exercer a polícia em tais materiais, assim como o poder de impor direitos e taxas às pessoas que fazem uso daqueles; em certas épocas, este último ponto desempenha papel principal". Nesse momento, impende salientar que, com a formação do Estado Moderno, a ciência jurídica passou a dedicar-se ao estudo das coisas públicas, adotando-se, para isso, as teorias do Direito Romano[3].

Para o Direito Romano, o vocábulo "coisa" (*res*) consistia em "tudo o que existe na natureza, exceto os homens livres. Numa acepção lata, *res* compreende não somente as coisas que têm existência material, mas também as que existem por mera abstração jurídica". As coisas eram classificadas em: i) coisa *extra patrimonium* e coisas *in patrimonio*; ii) *res mancipi* e *res nec mancipi*; iii) coisas corpóreas e incorpóreas; iv) coisas móveis e imóveis; v) coisas fungíveis e infungíveis; vi) coisas consumíveis e inconsumíveis; vii) coisas simples e compostas; viii) coisas divisíveis e indivisíveis; e ix) coisa principal e acessória"[4]. Assim, o conceito de "coisas públicas" baseou-se na concepção dada pelo direito romano.

Otto Mayer assinala que hoje as coisas públicas são reconhecidas como propriedade do Estado, "uma propriedade de outra espécie que a do direito privado. É o domínio público ou a propriedade pública no sentido de uma propriedade de direito público. Ela se situa, em comparação, em comparação com a propriedade de direito civil que nos é familiar, como a instituição correspondente do direito público; encontramos também esse paralelismo nos atos jurídicos de direito público, contratos de direito público, ônus de direito público etc. Foram nossos romanistas os primeiros a fazer proclamado esta ideia de uma propriedade regida pelo direito público. O impulso se deu da célebre causa relativa aos baluartes da cidade de Basileia que se remonta até por volta do ano sessenta" do século XIX.

---

3. MAYER, Otto. *Derecho Administrativo Alemán*. Parte Especial: El derecho público de las cosas. 2. ed. Buenos Aires: Depalma, 1982, t. III. p. 93-94.
4. LONDRES DA NÓBREGA, Vandick. *História e sistema do direito privado romano*. 2. ed. Rio de Janeiro: Freitas Bastos, 1959, p. 203.

Isso porque "quando se decidiu a separação do cantão *Basilea-Campaña* e se tratou de fazer a liquidação do ativo do antigo cantão único, sobreveio uma grande disputa se as antigas fortificações da cidade de Basileia deviam entrar na massa a repartir. Diante da falta de um texto legal expresso, a questão devia julgar-se segundo os princípios do direito romano. Nossas autoridades universitárias mais destacadas disseram seus ditames em favor de um ou outra das partes na causa. Eles formam uma coleção de todas as opiniões que se consideravam então possíveis sobre o caráter das coisas públicas. Keller, ao defender a causa da cidade de Basileia, sustentava que nas coisas públicas não existe para o Estado nada que se assemelhe a uma propriedade; o Estado só tem sobre essas coisas um direito de supremacia 'puro.'" Ihering destacou-se com sua doutrina, pois propugnava que "o verdadeiro proprietário das coisas públicas não é mais que o conjunto das pessoas às quais se atribui ao uso público, em consequência, o público; a pretendida propriedade do Estado ou da cidade, no que se refere a *res publicae*, não é mais do que o 'reverso do uso de todos'. Esta é somente uma maneira de dizer que o uso pertence aos cidadãos do Estado ou da cidade"[5].

De outra banda, Rüttimann, Wappäus e Kappeler "definiam tanto a propriedade do fisco como a propriedade privada do Estado submetidas a restrições particulares, tanto uma ou outra variação dessa mesma ideia, para chegar ao resultado de que as defesas da cidade de Basileia formavam parte do ativo comum que se ia dividir. Sem embargo, nesse conflito de opiniões aparece também a ideia do domínio público, da propriedade de direito público. Dernburg definia assim: 'a propriedade das coisas públicas não é, porém, uma simples propriedade como a que podem ter as pessoas privadas'. O Estado, ao contrário, tem elevado sua situação jurídica acima da do proprietário ordinário; tem declarado que seu direito é inalterável e inatingível; sendo postas essas coisas fora do comércio. Nada temos que objetar quando se reivindica para esse direito um caráter autoritário (*hoheitlich*); ele ocorre, com efeito, porque é o direito público o que determina essencialmente quanto a sua forma e a seu conteúdo". De maneira concisa, essa fórmula é elencada por Eisele nos seguintes termos: "a condição jurídica das coisas públicas pertence ao *jus publicum* e isto é uma forma completa a absoluta. O direito do Estado sobre as coisas públicas deve designar-se como propriedade do *jus publicum* ou como propriedade pública (*publicistisches Eigentum*)"[6].

Igualmente, Cretella Júnior explica que "aos romanos, os bens públicos se apresentaram com grande nitidez, preocupando-os no campo conceitual e no da classificação. Deixando de lado as *res in patrimonio*, em geral, para considerar apenas as *res humani juris*, que se enfileiram ao da das *res divini juris*, como espécies dum mesmo gênero, as *res extra commercium*, é preciso considerar as *res communes*, as *res publicae* e as *res universitatis*. *Res publicae* são as *res populi*, ou seja, do Estado no mesmo sentido em

---

5. MAYER, Otto. *Derecho Administrativo Alemán*. Parte Especial: El derecho público de las cosas. 2. ed. Buenos Aires: Depalma, 1982, t. III, p. 105-106.
6. MAYER, Otto. *Derecho Administrativo Alemán*. Parte Especial: El derecho público de las cosas. 2. ed. Buenos Aires: Depalma, 1982, t. III, p. 105-106.

que o *jus*, que se refere ao *populus*, é qualificado como *publicum*. Nem todas as coisas que dizem respeito ao Estado são *extra commercium*, sendo preciso distinguir entre as *res publico usui destinatae*, que *são extra commercium*, e as *res in pecunia populi*, que estão no comércio. Os bens públicos 'pertenciam' ao *populis romanus*, se bem que, ou natural ou civilmente, pudessem estar franqueados ao uso de todos, como os portos, os rios, os caminhos públicos".

Os bens públicos na idade média, "sob o domínio dos bárbaros, repartem-se as terras conquistadas entre o rei e os soldados, deixando-se uma parte aos vencidos (*allodium*). A parte que cabe aos soldados combatentes, dada primeiro como prêmio por tempo determinado (*beneficium*), passou depois a vitalícia e, finalmente, a hereditária, originando o feudo. A parte do rei, destinada aos usos da Coroa e à defesa do Estado, recebeu o nome de *jus coronae, jus regni*, à qual se acrescentou um *fiscus*, resultado dos tributos, chamado também *curtis regia* ou *camera aeris*. Em face destas propriedades públicas, mas personificadas no Príncipe, consideradas por jurisconsultos, como Baldo e Otomano, como dotes destinados à manutenção da pessoa e ao esplendor de sua dignidade, havia também um *régio allodio* ou propriedade particular do rei, um *allodio* feudal frente ao feudo. Se com o feudalismo os senhores absorveram os direitos das comunidades e das cidades, exercendo-se em seu próprio nome, tais prerrogativas se transmitem mais tarde aos monarcas, aos quais se atribuía o domínio das coisas públicas, inclusive o das entregues ao uso dos indivíduos, como as estradas e rios. Pela primeira vez os juristas ensaiam a estruturação da doutrina dos bens públicos, extraindo dos textos dos jurisconsultos romanos dados e princípios, que se procurava adaptar-se às novas situações. Duas teorias principais disputaram primazia, sustentado a primeira que o Príncipe era como que o sucessor do *populus romanus*, cabendo-lhe, por isso, o *dominium* da *res publica*, pelo mesmo título com que competia ao povo, segundo a lição dos textos revividos. A segunda teoria, interpretando os textos com muito maior precisão, atribuía as coisas públicas ao povo, que poderia usá-las sem privilégios, em condições de igualdade, cabendo ao monarca o exercício do poder de polícia, fiscalizando o uso, para impedir o abuso"[7].

Com o advento do Estado Moderno, aprimorou-se a concepção dos bens públicos. "O desenvolvimento da ideia de Estado, como pessoa jurídica, provocou, como consequência imediata, radical e profunda alteração nos primitivos conceitos. A nova entidade, por assim dizer abstrata, que representava a coisa comum, por meio de atos de vontade, exercidos em seu nome, transformou-se no centro natural de todos os direitos e poderes que devem exercer-se no interesse da coisa pública. Abaixo do Estado estão colocadas, com igual destino, as pessoas jurídicas secundárias do direito público e as coisas públicas chegam, então, a ser propriedade desses sujeitos de direito. A nova era surge com todo seu esplendor quando os territórios dos príncipes tomam consciência da nova corrente de ideias, no momento preciso em que, por detrás da pessoa do Príncipe,

---

7. CRETELLA JÚNIOR, José. *Tratado do Domínio Público*. Rio de Janeiro: Forense, 1984, p. 23-25.

emerge a pessoa jurídica do Estado, do qual se vai tornando o primeiro representante. O Estado substitui o Príncipe em sua qualidade de proprietário das coisas públicas, o que é evidente, mas esta novo dominus exerce também sua força de atração relativamente a esse fantasma que era o direito de todo o povo manifestado no uso de todos, fazendo-o esmaecer para sempre. Desaparece também a ideia de *res nullius*, embora com dificuldades, vacilações, transações dilatórias, idas e vindas, até que, como remate, o direito positivo surge aqui e ali para consagrar o resultado obtido. Enfim, as grandes codificações do direito civil, em fins do século XVIII e princípios do século XIX regulam a matéria, declarando-se as coisas públicas como propriedade geral do Estado, o domínio público, o bem público, a propriedade inquestionável do Estado"[8].

2.2 CONCEITO

Conceitualmente, o direito de propriedade é explicado de forma usual como "um direito a uma coisa (*ius reale, ius in re*)". Para Immanuel Kant "um direito ao uso privado de uma coisa da qual estou de posse (original ou instituída) em comum com todos os outros, pois esta posse em comum é a única condição sob a qual é possível a mim excluir todo outro possuidor de uso privado de uma coisa (*ius contra quemlibet huius rei possessorem*). Pela expressão direito de propriedade (*ius reale*) deveria ser entendido não apenas um direito a uma coisa (*ius in re*), mas também a soma de todas as leis que têm a ver com coisas que são minhas ou tuas. Mas está claro que alguém que estivesse totalmente sozinho na Terra não poderia realmente nem ter nem adquirir qualquer coisa externa como sua, uma vez que não há relação alguma de obrigação entre ele, como uma pessoa, e qualquer outro objeto externo, como uma coisa. Consequentemente, falando estrita e literalmente, não há também (direto) a uma coisa. Aquilo que designa como um direito a uma coisa é somente o direito que alguém tem contra uma pessoa que está de posse dela em comum com todos os outros (na condição civil)"[9].

Conforme lição de Santi Romano, o conceito de propriedade pública pressupõe outro, consistente na coisa pública. A coisa pública é o elemento que, em razão do objetivo a que se destina, submete-se primordialmente a um poder jurídico adstrito ao direito público, sem excluir as disposições provenientes do exercício do poder próprio do direito privado. No que alude às coisas públicas, existem dois elementos inseparáveis, quais sejam: a) a finalidade a que a coisa serve; e b) a natureza do direito à qual a coisa é submetida[10]. Cretella Júnior define coisas públicas como os "objetos do Estado ou de outro órgão administrativo, que se encontram diretamente a serviço dos fins da administração, ou seja, adstritas ao seu uso"[11].

---

8. CRETELLA JÚNIOR, José. *Tratado do domínio público*. Rio de Janeiro: Forense, 1984, p. 25-26.
9. KANT, Immanuel. *A metafísica dos costumes*. 2. ed. Bauru/SP: EDIPRO, 2008, p. 105-106.
10. ROMANO, Santi. *Principii di Diritto Amministrativo Italiano*. Seconda edizione. Milano: Società Editrice Libraria, 1906, p. 425-426.
11. CRETELLA JÚNIOR, José. *Tratado do domínio público*. Rio de Janeiro: Forense, 1984, p. 10.

No magistério de Plácido e Silva, o vocábulo "propriedade" advém do latim *proprietas*, de *proprius*, significando algo particular, peculiar, próprio, de modo a designar genericamente o que "é inseparável de uma coisa, ou que a ele pertence em caráter permanente". A locução também alude ao direito exclusivo ou próprio sobre a coisa que lhe é submetida. Assim, a expressão *propriedade pública* consiste na " denominação dada a toda coisa ou bem que pertence ao domínio do Estado, seja incluído na ordem das coisas de domínio público ou privado do Estado. A propriedade pública é a que pertence ao Estado, não importa o destino que tenha. A propriedade pública é espécie de propriedade coletiva", razão pela qual encontra-se fora do comércio jurídico[12].

José Afonso da Silva define "propriedade pública" de acordo com a titularidade do bem jurídico, ou seja, "é a que tem como titular entidades de Direito Público: a União, Estados, Distrito Federal e Municípios (CC, arts. 98 a 103). Qualquer bem pode ser de propriedade pública, mas há certas categorias que são por natureza destinadas à apropriação pública (vias de circulação, mar territorial, terrenos da marinha, terrenos marginais, praias, rios, lagos, águas de modo geral etc.), porque são bens predispostos a atender o interesse público, não cabendo sua apropriação privada"[13].

2.3 GENERALIDADES

A propriedade pública contém características que lhe são peculiares. A esse respeito, Otto Mayer assinala: "certas coisas corpóreas manifestam, por sua mesma configuração exterior, um destino especial de servir à comunidade, ao interesse público. Citaremos as vias públicas, os rios, as fortificações. Chamam-se coisas públicas. Seu destino não permite que estejam em poder de um particular que disporia delas segundo seus interesses pessoais, portanto, findam subtraídas do comércio ordinário do direito privado. Por outra parte, esse destino como objetos de interesse público coloca-as em uma dependência especial do poder público, do Estado. Esta dependência pode encontrar sua expressão na forma de propriedade pública ou de domínio público"[14].

Marcello Caetano indaga a possibilidade de as coisas públicas serem objeto de direito de propriedade. A doutrina divide-se em três opiniões, a saber: "a) A que considera as coisas públicas como pertença do público em geral, e de ninguém em particular, uma espécie de *res nullium* possuídas em nome alheio pelas pessoas de direito público só para assegurar à coletividade a fruição das suas utilidades: é a opinião de Proudhon, ainda há anos sustentada por Berthe'lemy. b) A que entende serem as coisas públicas objeto de propriedade privada, mas sujeita a fortes restrições de utilidade pública: era a doutrina dos civilistas alemães, mas também seguida por escritores de direito público. c) Finalmente, a que vê no regime das coisas públicas o exercício de um verdadeiro direito

---

12. SILVA, De Plácido e. *Vocabulário jurídico*. 26. ed. Rio de Janeiro: Forense, 2005, p. 1115 e 1118.
13. SILVA, José Afonso da. *Curso de direito constitucional positivo*. 33. ed. São Paulo: Malheiros, 2010, p. 275.
14. MAYER, Otto. *Derecho Administrativo Alemán*. Parte Especial: El derecho público de las cosas. 2. ed. Buenos Aires: Depalma, 1982, t. III. p. 91.

de propriedade pública das pessoas administrativas a cujos fins elas estão afetadas: é a doutrina que, primeiro afirmada por Dernburg, foi sustentada por Otto Mayer na Alemanha, por Hauriou em França e por Santi Romano na Itália, e recebe o sufrágio da maior parte dos escritores modernos".

Essa última doutrina é a que mais se compatibiliza com a propriedade pública. De fato, o exercício da propriedade pública difere do exercício da propriedade privada, não só pela titularidade do sujeito, mas principalmente pela natureza e finalidade dos bens. Marcello Caetano arremata: "Sem dúvida o domínio sobre as coisas públicas, destinando-se a fazê-las render o máximo de utilidade coletiva, há de traduzir-se pelo exercício de direitos públicos o que necessariamente afetará o vínculo que liga o proprietário ao objeto dos direitos. A defesa da propriedade reflete-se igualmente. Por isso, já que o regime jurídico do uso, fruição, disposição e defesa deste tipo de domínio é diferente do da propriedade privada, parece indicado fazer a construção de um outro instituto, o da propriedade pública ou administrativa. Os caracteres deste instituto são os seguintes: a) s sujeito de direitos é sempre uma pessoa coletiva de direito público; b) o direito de propriedade pública é exercido para produção do máximo de utilidade pública das coisas que formam o seu objeto, conforme a lei determinar; c) o uso das coisas públicas traduz-se na utilização 'por todos' ou 'em proveito de todos'; d) a fruição nuns casos confunde-se com o uso (é o rendimento em utilidade pública), noutros casos é independente dele e consiste na faculdade de cobrar taxas pela utilização dos bens, ou na colheita dos seus frutos naturais; e) as coisas públicas são indisponíveis como tais pelos processos de direito privado mas comerciáveis segundo o direito público; f) relativamente a terceiros, o proprietário exerce o jus *escludendi alios* por meio de atos administrativos definitivos e executórios, isto é, usando a sua própria autoridade e independentemente de recurso aos tribunais"[15].

Considerando a natureza dos bens integrantes da propriedade pública, afigura--se possível que os aludidos bens sejam objeto de relações jurídicas de acordo com os institutos do direito público. Isso porque certos bens são incomerciáveis com base nas diretrizes do direito privado, mas comerciáveis segundo os parâmetros do direito público. Esclareça-se que o vocábulo "comercialidade" significa o comércio jurídico, isto é, a "atividade social que consiste em travar relações sob a égide do Direito. Quando se diz que uma coisa está no comércio jurídico ou é juridicamente comerciável quer-se exprimir a susceptibilidade dessa coisa ser objeto de direitos individuais. As coisas fora do comércio não podem, por sua natureza ou por disposição legal, ser objeto de direitos individuais nem, consequentemente, de prestações: não podem ser reduzidas a propriedade ou ser objeto de posse, nem sobre elas se podem fazer quaisquer contratos"[16].

Marcello Caetano arremata: "assim há coisas que não são comerciáveis segundo o direito privado, não podem ser objetos de direitos subjetivos privados: mas que tem

---

15. CAETANO, Marcello. *Manual de Direito administrativo*. 7. ed. Lisboa: Coimbra, 1965, p. 203-205.
16. CAETANO, Marcello. *Manual de Direito administrativo*. 7. ed. Lisboa: Coimbra, 1965, p. 200.

comercialidade de Direito público, sobre elas se podendo adquirir e exercer poderes públicos. É o que sucede com as coisas públicas. As coisas públicas estão fora do comércio jurídico privado o que significa serem insuscetíveis de redução à propriedade particular, inalienáveis, imprescritíveis, impenhoráveis e não oneráveis pelos modos de Direito privado, enquanto coisas públicas. Desde que estão fora do comércio jurídico privado, as coisas públicas não são patrimoniais visto que só pertencem ao patrimônio os bens com valor de troca atual, isto é, aptos a serem permutados ou transformados em dinheiro por oferta no mercado. Mas considerando agora a situação das coisas públicas à luz das normas do Direito público vemos que podem ser objeto de direito de propriedade por parte das pessoas coletivas administrativas (propriedade pública) e transferidas entre elas (transferências de domínio ou mutações dominiais); e admitem a criação de direitos reais administrativos em benefício dos particulares (concessões) transmissíveis de uns a outros na forma da lei. A comercialidade de direito público é susceptível de vários graus. Há coisas públicas que podem ser objeto de grande número de direitos e outras quase absolutamente incomerciáveis. É assim que nem sempre o domínio público corresponde a um direito de propriedade pública. O domínio administrativo pode vir até a apropriação coletiva mas não se identifica necessariamente com ela. Os espaços indeterminados, como sejam o espaço aéreo, o espaço marítimo territorial... não são, como tais, objeto de direito de propriedade, embora possa uma fração deles ser apropriada. O Estado exerce sobre esses espaços meros direitos dominiais, resultantes da jurisdição incluída no senhorio da entidade soberana sobre o território onde tem assento (o chamado domínio eminente)"[17].

2.4 DOMÍNIO ALODIAL

De acordo com Maria Helena Diniz, o vocábulo *domínio* significa o "poder jurídico direto, absoluto e imediato que o proprietário tem sobre a coisa que lhe pertence"[18]. Por sua vez, segundo o dicionário Caldas Aulete, o vocábulo *alodial* constitui termo do direito feudal, utilizado modernamente para designar as propriedades rústicas ou urbanas que não são atingidas por prazo nem vínculo no direito de propriedade, ou seja, é a "propriedade ou bens isentos de encargos senhoriais"[19].

Assim, na lição de Plácido e Silva, o *domínio alodial* é o "domínio livre ou não vinculado pela enfiteuse", ou seja, é o domínio "quando todos os direitos que lhe são inerentes, sejam de utilização ou de disposição, se acham reunidos nas mãos do mesmo titular ou pertencem ao mesmo senhorio. Nesta locução, então, tem-se o sentido de bem amplo da ausência de qualquer restrição ou limitação ao domínio, pela ausência de qualquer gravação, ônus ou vínculo, que venham diminuir a ação do senhorio no uso, gozo e disposição da coisa. Mas, por vezes, o sentido de domínio pleno não é tomado

---

17. CAETANO, Marcello. *Manual de direito administrativo*. 7. ed. Lisboa: Coimbra, 1965, p. 200-202.
18. DINIZ, Maria Helena. *Dicionário jurídico*. São Paulo: Saraiva, 1998, v. 2, p. 240.
19. AULETE, Caldas. *Dicionário contemporâneo da língua portuguesa*. 3. ed. Rio de Janeiro: Delta, 1974, v. I, p. 171.

em acepção tão ampla, significando, simplesmente, o domínio que não se desmembrou, não sofrendo ainda qualquer limitação no seu uso e gozo. E, neste sentido, é expressão equivalente a domínio livre ou domínio alodial, tida em oposição à expressão domínio foreiro ou vinculado. Desta maneira, então, pode haver domínio pleno ou domínio livre ou alodial, mesmo que se tenha a propriedade gravada de ônus reais, o que, embora importando numa restrição imposta ao domínio, não significa um desmembramento dele, desde que todos os direitos, que lhe são inerentes, continuem enfeixados na mão do senhorio alodial".

"A concessão de direitos reais sobre o imóvel não desmembra o domínio, para torná-lo limitado, foreiro ou vinculado. Ele continua livre, no sentido de limitação. O domínio somente deixa de ser pleno quando há limitação a seu uso, como no caso de servidão, ou desmembramento, como no caso da enfiteuse. O Cód. Civil de 2002 proibiu a constituição de enfiteuse, subordinando as então existentes, até a sua extinção, às disposições do Cód. Civil/1916 e leis posteriores (art. 2038, do Cód. Civil/2002)[20].

2.5 BENS ALODIAIS E USUCAPIÃO

No que concerne à propriedade dos bens públicos, afigura-se necessário mencionar acerca dos bens alodiais. O vocábulo *alodial*, em sentido genérico, significa o bem livre de encargos. Plácido e Silva preleciona que, "por esta razão, quando se determina a qualidade alodial no terreno, entende-se que é aquele que não está sujeito ao pagamento de qualquer foro ou laudêmio, tendo o proprietário domínio pleno sobre ele, pelo que está livre de qualquer outro senhor. Indica, pois, o terreno ou imóvel que não está sujeito à enfiteuse. Em relação aos terrenos marginais ou adjacentes aos terrenos da marinha, alodial serve para indicar o terreno firme e de formação antiga, que se avizinha do terreno da marinha. O terreno alodial é sempre de propriedade privada, o terreno de marinha pertence ao Estado e está sujeito ao aforamento para que o use o particular. Nas ilhas não há terreno alodial, porque todas elas se consideram como terreno de marinha. Somente os terrenos do litoral, ou marginais de rios, lagos etc., aquém dos limites estabelecidos para os terrenos de marinha, são geralmente considerados como alodiais, para que se distingam dos terrenos que não são livres de encargos"[21].

Na lição de Maria Helena Diniz, o vocábulo *alodial* significa o "bem ou propriedade particular livre de qualquer ônus, foro ou encargo. Assim, por exemplo, será alodial o terreno que não estiver sujeito a enfiteuse"[22].

Consectariamente, o sentido da palavra *alodial* inclui três elementos estruturantes, a saber: 1º – bem ou coisa (objeto material ou imaterial de interesse ao ser humano; 2º – natureza privada ou particular (o regime jurídico é de natureza privada, isto é, de

---

20. SILVA, De Plácido e. *Vocabulário Jurídico*. 26. ed. Rio de Janeiro: Forense, 2005, p. 497 e 499.
21. SILVA, De Plácido e. *Vocabulário jurídico*. 26. ed. Rio de Janeiro: Forense, 2005, p. 98.
22. DINIZ, Maria Helena. *Dicionário jurídico*. São Paulo: Saraiva, 1998, v. 1, p. 173.

acordo com a liberdade de disposição da coisa pelo sujeito conforme o ordenamento jurídico); 3º – livre e desembaraçado (o bem ou coisa não se sujeita a gravame, empecilho ou obstáculo, sendo livre utilização e disposição do objeto).

Nesse sentido, *bens alodiais* são os "bens livres, isto é, que não estão aforados, ou que não são sujeitos a aforamento, e os que se encontrem livres de qualquer encargo. Na técnica dos terrenos de marinha, terreno alodial ou bem alodial é aquele que confina com o terreno da marinha, mas não lhe pertence, estando, portanto, livre dos encargos impostos àquela espécie de terrenos, que somente se adquirem por enfiteuse ou se ocupam por arrendamento. Estão, por essa razão, isentos da imposição de prazos ou foros, livres que se acham do mando de outro senhorio, que não seja o seu próprio dono, que lhes tem os dois domínios: direto e útil"[23].

Considerando que os bens alodiais sujeitam-se ao seu próprio dono em particular – que exerce o domínio direto e indireto – foi arguida a hipótese de usucapião. O STF entendeu que é imprescindível a demonstração da cadeia registraria constar a natureza de bem alodial:

> Administrativo. Usucapião. Terreno de marinha. Bem da união. Fração alodial. Usucapião de domínio útil. Enfiteuse. Aforamento. Requisitos preenchidos. – O artigo 20 da Constituição Federal elenca como bens da União os terrenos de marinha e seus acrescidos. O Decreto 9.760/1946 define os terrenos de marinha e os qualifica como bens imóveis da União. Logo, não é possível a aquisição de terrenos de marinha por usucapião, haja vista expressa disposição constitucional (art. 183, § 3º, e art. 191, parágrafo único). – *Preenchidos os requisitos, deve ser concedido usucapião aos autores da fração alodial da área em disputa.* (STF – RE 1197189/RS – Rel. Min. Edson Fachin – Julgamento: 29.08.2019)

> Usucapião. Posse justificada. Terreno com uma parte alodial e outra de marinha. Prova técnica não impugnada. Reconhecimento da propriedade dos autores sobre a parte alodial. Legalidade. I – Laudo pericial conclusivo pela existência na área do imóvel de terreno alodial e de marinha. Não impugnação. Ocorrência da Preclusão. Precedente. II – Sentença de justificação de posse. III – *Usucapião sobre a parte alodial do imóvel. Legalidade.* IV – Apelação e remessa oficial improvidas. (STF – RE 467926/PE – Rel. Min. Carlos Britto – Julgamento: 23.02.2006)

> Ementa: Direito civil. *Ação de usucapião sobre terreno de marinha e outras áreas de ilha oceânica. Não demonstração da cadeia registrária acerca da natureza de bem alodial.* 1 – O apelante sustentou haver adquirido a propriedade de área localizada na Ilha Grande, Estado do Rio de Janeiro, tendo apresentado certidão do Cartório de Registro de imóveis no sentido de que a área pertencia a particular. 2 – Contudo, tendo sido apresentadas as informações do Cartório de Registro de Imóveis, verificou-se que os registros realizados têm origem indeterminada, não havendo comprovação da regularidade do início da cadeia sucessória. A presunção do registro, no sistema jurídico brasileiro, é relativa, e cede diante da verificação do vício da origem dos registros imobiliários. 3 – Em se tratando de área localizada em ilha oceânica, a presunção é de que o imóvel pertence à União, nos termos do art. 20, inciso IV, da Constituição Federal, somente sendo afastada diante de prova cabal da transferência do domínio público para o privado, o que não aconteceu, no caso em tela. (STF – AI 522895/RJ – Rel. Min. Ellen Gracie – Julgamento: 30.11.2009) – Grifos nossos

Portanto, atendidos os pressupostos legais, é possível a incidência da usucapião de bens alodiais, conforme jurisprudência pacífica do Supremo Tribunal Federal.

---

23. SILVA, De Plácido e. *Vocabulário jurídico.* 26. ed. Rio de Janeiro: Forense, 2005, p. 209.

2.6 USUCAPIÃO DO DOMÍNIO ÚTIL DE BENS PÚBLICOS

É cediço que os imóveis públicos são inusucapíveis. A própria Constituição Federal, no capítulo referente à política urbana, dispôs expressamente: "os imóveis públicos não serão adquiridos por usucapião" (art. 183, § 3º, CF/1988). Igualmente dispôs no capítulo alusivo à política agrícola, fundiária e de reforma agrária: "os imóveis públicos não serão adquiridos por usucapião" (art. 191, parágrafo único, CF/1988).

Como se vê, os "imóveis públicos" não podem ser adquiridos por meio da usucapião, isto é, a proteção constitucional abrange os *imóveis* de titularidade do Estado ou destinados ao uso da coletividade. Assim, a condição de inusucapibilidade atinge os "bens imóveis", que se distinguem da categoria específica do "domínio útil" da coisa, não sendo abrangido pela norma proibitiva. Isso porque, conceitualmente, a locução *bens imóveis* significa os bens "que não podem ser transportar, sem destruição, de um para outro lugar" (as coisas imóveis propriamente ditas ou bens de raiz, como o solo e suas partes integrantes); os bens cuja imobilidade se dá por acessão natural e os imóveis por acessão artificial ou industrial[24]. Na lição de Planiol, a princípio, os bens imóveis são as coisas que têm uma situação fixa, não podendo deslocar-se sem a destruição da coisa. Dada a importância, a lei também considera imóveis certos bens por destinação e pelo objeto ao qual se aplicam[25].

Segundo Orlando Gomes, os bens imóveis, no seu sentido natural, são as coisas que podem ser removidas de um lugar para outro sem que haja alteração da sua substância. O Direito admite como imóveis outras categorias de bens, consistentes em: I – imóveis por acessão física (são as coisas incorporadas permanentemente ao solo, como os edifícios e construções, constituindo parte integrante, decorrentes do trabalho do ser humano); II – imóveis por acessão intelectual (são as coisas que o proprietário mantém intencionalmente empregadas em sua exploração industrial, aformoseamento ou comodidade, a exemplo de instalações e ornamentos); e III – imóveis por disposição legal (certos bens incorpóreos, como os direitos imobiliários e as respectivas ações e o direito à sucessão aberta)[26].

Nos termos do Código Civil brasileiro, "são bens imóveis o solo e tudo quanto se lhe incorporar natural ou artificialmente. Consideram-se imóveis para os efeitos legais: I – os direitos reais sobre imóveis e as ações que os asseguram; II – o direito à sucessão aberta. Não perdem o caráter de imóveis: I – as edificações que, separadas do solo, mas conservando a sua unidade, forem removidas para outro local; II – os materiais provisoriamente separados de um prédio, para nele se reempregarem (arts. 79 a 81, CC/2002).

---

24. GONÇALVES, Carlos Roberto. *Direito Civil Brasileiro*. 6. ed. São Paulo: Saraiva, 2008, v. I, p. 246-248.
25. PLANIOL. *Traité Élémentaire de Droit Civil*. Refondu et complété par Georges Ripert et Jean Boulanger. Cinquième édition. Tome premier. Paris: Librairie Générale de Droit et de Juisprudence, 1950, p. 883 e 889.
26. GOMES, Orlando. *Introdução ao direito civil*. 19. ed. Edvaldo Brito e Reginalda Paranhos de Brito. Rio de Janeiro: Forense, 2008, p. 195-196.

Por sua vez, o vocábulo *domínio útil* consiste no direito pertencente ao enfiteuta ou foreiro de fruir todas as qualidades da coisa enfitêutica, sem destruir a sua substância, tendo a obrigação de pagar ao proprietário (senhorio direto) uma pensão anual invariável. Ou seja, "é o direito conferido ao enfiteuta de usar o bem, podendo aliená-lo, mediante pagamento de laudêmio ao senhorio direto, e transmiti-lo os seus herdeiros"[27]. Conforme Plácido e Silva, o domínio útil também pode ser compreendido como "a soma de direitos que se outorgam ao foreiro em relação ao prédio aforado. E nestes se computam todos os direitos de utilização e disposição, inclusive o de alienação do prédio enfitêutico, uma vez notificado o senhorio direto. O enfiteuta ou foreiro, então, senhor do domínio útil, apenas deixa ao senhorio direto como essência de seu direito dominial (domínio direto), o de reintegrar a propriedade em sua plenitude, quando possível e oportuno. Mas, por esta concessão outorgada ao enfiteuta, cabe a este o pagamento do prazo ou foro, enquanto, pela remição, não consiga tornar o domínio em livre ou alodial"[28].

Assim, não se confunde o conceito de "bem imóvel" com o de "domínio útil", haja vista que são institutos diferentes. Por conseguinte, não há impedimento à usucapião do domínio útil de bens públicos, uma vez que o Estado continuará sendo o titular do direito de propriedade, mantendo-se na condição de senhorio direto, havendo apenas a modificação do sujeito que dela se utiliza por meio do domínio direto. Ou seja, com a usucapião do domínio útil sobre bem público, modificar-se-á a figura do enfiteuta ou foreiro, cujo novo agente passará a utilizar a coisa, ao mesmo tempo em que o Estado manter-se-á como proprietário do bem imóvel. Portanto, a regra da inusucapibilidade dos bens públicos não inclui a proibição de usucapir o "domínio útil" do respectivo bem estatal.

Themistocles Brandão Cavalcanti também propugna pelo cabimento da usucapião do domínio útil de bens integrantes do domínio público: "Aqui temos um aspecto peculiar do problema do usucapião dos bens de domínio público, quando se trata da aquisição do domínio útil dos terrenos sujeitos ao regime do aforamento. A aquisição do domínio útil pelo usucapião, só se pode verificar em casos excepcionais mas, em todos eles, está o prescribente sujeito a uma condição fundamental de que tenha exercido, durante o prazo prescricional, todos os direitos do foreiro. Não se adquire, portanto, o domínio útil pelo exercício, durante o período da prescrição, dos direitos inerentes ao domínio pleno, como se o imóvel fosse alodial. O domínio útil tem um sentido peculiar no direito civil porque está ligado ao instituto da enfiteuse, que pressupõe um certo número de normas decorrentes da natureza contratual da relação entre os titulares do domínio direto e do domínio útil. Esse caráter contratual é da essência do instituto desde as épocas mais remotas em que estendeu aos particulares o direito de desmembrar o domínio pleno, transformando a velha instituição do *ager vectigalis*, tipicamente de

---

27. DINIZ, Maria Helena. *Dicionário jurídico*. São Paulo: Saraiva, 1998, v. 2, p. 241.
28. SILVA, De Plácido e. *Vocabulário jurídico*. 26. ed. Rio de Janeiro: Forense, 2005, p. 499.

direito público, em uma instituição do direito privado, transformação esta verificada pela Constituição de Zeno".

"Por conseguinte, não seria lícito admitir-se, tratando de uma relação contratual, a aquisição do domínio útil sem a intervenção no negócio jurídico, também, do senhorio direto ou pessoa que como tal se apresente. A obrigação primeira do foreiro, e por esta forma se define a sua posição, é o pagamento do foro, por menor que ele seja, porque, por esta forma, se estabelece a relação de dependência do concessionário do domínio útil perante o senhorio direto. Fora daí não se pode verificar o exercício do domínio útil e dos direitos a ele inerentes. Ora, para que se possa invocar a prescrição aquisitiva, é indispensável o exercício contínuo, por muitos anos, do direito cuja aquisição se pretende: de todos os direitos inerentes ao domínio, se se trata de domínio pleno; dos direitos inerentes à servidão, se se trata de servidão, e também dos direitos inerentes ao foreiro, se se trata, apenas, de domínio útil. O usucapião é o meio de adquirir um direito sobre a propriedade pelo decurso e um lapso de tempo mais ou menos prolongado, ou, melhor, pelo exercício prolongado, contínuo, dos elementos peculiares ao direito cuja aquisição se pretende. Deve-se, portanto, precipuamente, provar este exercício e que os fatos se revistam, segura e precisamente, das características do direito, considerando o instituto jurídico em sua individuação legal ou doutrinária. Daí a aquisição do domínio útil pressupor a subordinação contínua ao senhorio direto, a satisfação das condições indispensáveis para que se estabeleça a enfiteuse. Não pode, por conseguinte, haver a aquisição por prescrição do domínio útil sem esta relação com o senhorio direto ou com quem como tal se apresenta por meio do pagamento de uma prestação denominada foro"[29].

Tal fenômeno ocorre em decorrência da prescrição aquisitiva da enfiteuse, conforme preleciona Lafayette, citado por Themistocles Brandão Cavalcanti: "a enfiteuse também se adquire por prescrição: o que se pode ocorrer por um dos três modos seguintes: a) quando o indivíduo, que não é dono do imóvel, o afora a um terceiro. Neste caso o terceiro, exercendo o domínio útil, em boa-fé, por dez e vinte anos [CC 1916], adquire a enfiteuse, ainda contra o verdadeiro dono; b) quando alguém que está na posse de um imóvel sem título de enfiteuse, o possui todavia como enfiteuta, e paga pensão ao dono; c) quando o verdadeiro dono do imóvel, ou por ignorar o seu domínio, ou por qualquer outro motivo, nele se conserva e paga, como enfiteuta, pensão a outrem que tomo como senhorio Nesta hipótese, o suposto senhor adquire o domínio direto, e o verdadeiro dono se converte em enfiteuta. Para a aquisição da enfiteuse por prescrição se requer: quase posse (exercício) dos direitos de enfiteuta por 10 anos, entre presentes, 20 entre ausentes, boa-fé e justo título Na falta de justo título, a prescrição só se consuma ao cabo de 30 anos" [CC 1916]. Importa que o prescribente pague a pensão, como o fazia o verdadeiro enfiteuta".

---

29. CAVALCANTI, Themistocles Brandão. *Tratado de direito administrativo*. 4. ed. Rio de Janeiro: Freitas Bastos, 1960, v. III, p. 489-490.

Assim, "é preciso o exercício contínuo, persistente, diuturno, prolongado dos direitos inerentes ao enfiteuta, para que se possa invocar a prescrição aquisitiva. Embora quem se apresenta como senhorio direto o faça indevidamente, embora não perceba legitimamente o foro, embora o sujeito passivo da obrigação não seja o verdadeiro titular do direito, desde que o agente ativo cumpra a obrigação regularmente, dever-se-á ter o seu ato como legítimo para, no fim do prazo prescricional, consolidar-se o seu direito e poder invocar a prescrição aquisitiva"[30].

Da mesma forma, jurisprudência do Supremo Tribunal Federal (STF) e do Superior Tribunal de Justiça (STJ) entende cabível a incidência da usucapião do domínio útil relativamente aos bens púbicos, desde que cumpridos seus requisitos legais:

Administrativo. Usucapião. Terreno de marinha. Bem da união. Fração alodial. Usucapião de domínio útil. Enfiteuse. Aforamento. Requisitos preenchidos.

– *A usucapião de domínio útil*, que resguarda a dominialidade direta da União sobre o imóvel, *não é vedada* pela legislação pátria, podendo ser reconhecida em situações como de enfiteuse ou aforamento, em que a transferência de domínio útil não acarreta prejuízo para a União.

– Hipótese excepcional, na qual, a despeito da existência de aforamento formalizado em nome de particular, a demandante já que detinha, ao tempo da vigência do art. 105 do Decreto-Lei 9.760/46 (vigente até o advento do novo CC – 11.01.2003), o direito de preferência ao aforamento do terreno de marinha, em razão de posse exercida pelo menos desde a década de 1950, não lhe tendo sido possível requerer administrativamente o aforamento porque a área era objeto de título de propriedade transcrito no Registro de Imóveis em nome de outra pessoa. (STF – RE 1197189/RS – Rel. Min. Edson Fachin – Julgamento: 29.08.2019)

1.1. *É possível reconhecer a usucapião do domínio útil de bem público* sobre o qual tinha sido, anteriormente, instituída enfiteuse, pois, nesta circunstância, existe apenas a substituição do enfiteuta pelo usucapiente, não trazendo qualquer prejuízo ao Estado. Precedentes. (STJ – AgInt no REsp 1642495/RO – Quarta Turma – Rel. Min. Marco Buzzi – Data do Julgamento 23.05.2017)

Civil. Ação de usucapião. Imóvel foreiro. Localização em área de fronteira. Domínio útil usucapível. I. *Possível a usucapião do domínio útil de imóvel reconhecidamente foreiro*, ainda que situado em área de fronteira. (STJ – Quarta Turma – REsp 262071/RS – Rel. Min. Aldir Passarinho Júnior – Data do Julgamento 05.10.2006)

– *É possível reconhecer a usucapião do domínio útil de bem público* sobre o qual tinha sido, anteriormente, instituída enfiteuse, pois, nesta circunstância, existe apenas a substituição do enfiteuta pelo usucapiente, não trazendo qualquer prejuízo ao Estado. (STJ – REsp 575572/RS – Terceira Turma – Rel. Min. Nancy Andrighi – Data do Julgamento 06.09.2005) – Grifos nossos

No mesmo sentido é a jurisprudência do Tribunal Regional Federal da 2ª Região em recentíssimos julgados, que admite a incidência do instituto da usucapião sobre o domínio útil de imóveis públicos, em conformidade com o entendimento do STF e do STJ:

"2. Os terrenos de marinha e seus acrescidos são bens da União, nos termos do art. 20, VII, da Constituição, e insusceptíveis de usucapião, à luz dos arts. 183, § 3º, e 191, parágrafo único, da Lei Maior. *Cogita-se somente da usucapião do domínio útil de imóveis públicos se existente enfiteuse ou aforamento (emprazamento) sobre o imóvel, pois 'nesta circunstância, existe apenas a substituição do enfiteuta pelo usucapiente, não trazendo qualquer prejuízo ao Estado'* (STJ, AgInt no REsp 1642495/RO, Rel. Min. Marco Buzzi, Quarta Turma, DJe 1º.06.2017). No mesmo sentido: STF, RE-AgR nº 218324/PE, 2ª Turma, Rel. Min. Joaquim Barbosa, DJe 28.05.2010; e REsp

---

30. CAVALCANTI, Themistocles Brandão. *Tratado de direito administrativo*. 4. ed. Rio de Janeiro: Freitas Bastos, 1960, v. III. p. 490-492.

1594657/PE, Rel. Min. Herman Benjamin, Segunda Turma, DJe 02.02.2017. 3. A perícia é categórica ao atestar que o imóvel se trata de terreno acrescido de marinha, insusceptível de usucapião, descabendo a realização de nova prova técnica, à ausência de demonstração de qualquer vício no laudo. 4. Afasta-se também o alegado vício de fundamentação da sentença, clara ao rechaçar a pretensão com base no laudo pericial, e sem necessidade de explicitar a quantos metros de distância da linha do preamar médio o imóvel se localiza, uma vez que a informação encontra-se detalhada na prova técnica. 5. A ausência de menção a terreno de marinha no registro de imóveis não desqualifica a condição de bem público, e é inoponível à União, à luz da Súmula nº 496, do STJ ('Os registros de propriedade particular de imóveis situados em terrenos de marinha não são oponíveis à União'). 6. Apelação desprovida". TRF2 – 7ª Turma Especializada – 0500753-97.2015.4.02.5102 (TRF 2 – 2015.51.02.500753-2) Relator: Marcella Araújo da Nova Brandão – Data de decisão: 08.02.2021.

"Apelação. Usucapião de domínio útil. Terreno de marinha. Ausência de relação de aforamento e de posse qualificada que perfaça a prescrição aquisitiva. Desprovimento. 1. Em que pese a incontroversa natureza de bem público da União de que gozam os imóveis caracterizados como terreno de marinha (artigo 20, VII da Constituição Federal) e, em consequência, seu atributo de imprescritibilidade, *sabe-se que é possível a usucapião apenas do domínio útil desses bens, quando previamente submetidos a regime enfitêutico.* 2. O instituto da enfiteuse ou do aforamento consiste em atribuir a outrem o domínio útil do imóvel, mediante o pagamento, ao senhorio direto, de uma pensão ou foro e, no âmbito da Administração Pública, a incidência do foro encontra-se regulada pelo Decreto-Lei nº 9.760/46 (com redação dada pela Lei nº 7.450/85), cujo art. 101 prevê o recolhimento de foro nos casos de utilização do terreno da União em regime de aforamento, instituto que pressupõe a expressa autorização legal ou prévia autorização do Presidente da República em favor do particular. 3. Uma vez submetido a negócio jurídico prévio com a União, caracterizado como contrato de aforamento, mostra-se possível que o domínio útil de imóvel seja objeto de usucapião por terceiro em face do enfiteuta, uma vez que o reconhecimento da prescritibilidade aquisitiva, ensejadora do instituto de usucapião, dar-se-á apenas entre particulares, não maculando o domínio direto do ente federal. 4. Na hipótese, conforme informação prestada nos autos pela Secretaria de Patrimônio da União – SPU e posteriormente ratificada, o imóvel em questão não se submete a regime enfitêutico, mas apenas a regime de ocupação, de modo que, não sendo o bem público foreiro, não é viável a usucapião de seu domínio útil. 5. Ainda que existisse relação jurídica de aforamento, não se verificam os requisitos necessários à prescrição aquisitiva do domínio útil do imóvel, porque inexiste *posse ad usucapionem*, extraindo-se dos documentos colacionados que o autor não exerce a posse com intenção de dono, conforme cartas enviadas pelo demandante em outubro e dezembro de 1998, em que afirma que passou a ocupar o imóvel em fevereiro daquele ano, a título de locação, sendo deduzidas do valor as despesas relativas a reformas do apartamento. 6. Os comprovantes de pagamento de imposto predial – IPTU, e de condomínio, luz, gás não têm condão de indicar a posse qualificada para fins de usucapião, mas apenas indica cumprimento de suas obrigações enquanto locatário (art. 23, I e VIII, da Lei de Locações – Lei 8.245/91), o que, aliás, ficara acordado entre os particulares. 7. A externalização da posse na figura do autor mostra-se inapta à caracterização da usucapião, o que resta evidente também do contrato de comodato firmado em 08.11.2016 entre ele e terceiro comodatário, em que o comodante se qualifica como "legítimo possuidor do imóvel", e 1 não como titular do domínio. 8. *Não estando o imóvel, enquanto terreno de marinha, submetido a regime de aforamento, e, além disso, não demonstrados os requisitos necessários à sua prescrição aquisitiva, não merece respaldo a pretensão do apelante.* 9. Honorários advocatícios majorados de 10% (dez por cento) para 12% (doze por cento) do valor atualizado da causa, nos termos do disposto no artigo 85, § 2º e § 11, do CPC, cuja exigibilidade resta suspensa, a teor do art. 98, § 3º do CPC. 10. Recurso de apelação desprovido". TRF 2 – 0506951-56.2015.4.02.5101 (TRF2 2015.51.01.506951-6) – 5ª Turma Especializada – Rel. Aluísio Gonçalves de Castro Mendes – Data de decisão: 09.10.2020 (Grifos nossos)

Diante disso, é possível ocorrer prescrição aquisitiva (usucapião) do domínio útil relativamente ao bem integrante do domínio público, haja vista que o instituto da enfiteuse é direito real cujo domínio biparte-se em *domínio direto* (titularizado pelo senhorio da coisa) e *domínio útil* (conferido ao enfiteuta, que o utiliza faticamente), pois mesmo nessa hipótese o Estado mantêm-se como senhor direto do bem, modificando-se tão somente o exercente do domínio útil, que agora será exercido por outrem. Portanto, preenchidos os seus pressupostos, afigura-se possível a usucapião do domínio útil de bens públicos, conforme a jurisprudência pacífica do Supremo Tribunal Federal, do Superior Tribunal de Justiça e do Tribunal Regional Federal da 2ª Região.

2.7 DEMARCAÇÃO DOS TERRENOS DE MARINHA

De acordo com Plácido e Silva, o vocábulo *demarcação* é empregado "especialmente para assinalar o ato de pelo qual se delimitam os pontos fronteiriços de uma propriedade ou os confins dos prédios, ou seja, quando se assinala por marcos a linha divisória entre dois prédios. Possui sentido equivalente a delimitação. Somente que o primeiro é mais geral, e esta exprime mais profundamente a determinação de limites entre bens imóveis, dentro dos quais cada proprietário exerce os seus direitos de senhor e possuidor. Aliás, palavra formada da expressão 'marca', que quer dizer limite, significa o ato de marcar ou limitar o terreno ou prédio, a fim de que visíveis se tornem as linhas de separação entre eles e o outro com que confina"[31].

O Decreto-Lei nº 9.760 de 5 de setembro de 1946 dispõe sobre os bens imóveis da União. Na demarcação dos terrenos de marinha, compete ao Serviço do Patrimônio da União (S.P.U.) proceder a determinação da posição das linhas do preamar médio do ano de 1831 e da média das enchentes ordinárias. A determinação será feita à vista de documentos e plantas de autenticidade irrecusável, relativos àquele ano, ou, quando não obtidos, a época que do mesmo se aproxime (art. 9º, Dec. Lei nº 9.760/1946).

Antes de dar início aos trabalhos demarcatórios e com o objetivo de contribuir para sua efetivação, a Secretaria do Patrimônio da União do Ministério do Planejamento, Orçamento e Gestão deve realizar audiência pública, preferencialmente, na Câmara de Vereadores do Município ou dos Municípios onde estiver situado o trecho a ser demarcado. Na audiência pública, além de colher plantas, documentos e outros elementos relativos aos terrenos compreendidos no trecho a ser demarcado, a Secretaria do Patrimônio da União do Ministério do Planejamento, Orçamento e Gestão apresentará à população interessada informações e esclarecimentos sobre o procedimento demarcatório (art. 11, § 1º, Dec. Lei nº 9.760/1946).

A Secretaria do Patrimônio da União do Ministério do Planejamento, Orçamento e Gestão fará o convite para a audiência pública, por meio de publicação em jornal de grande circulação nos Municípios abrangidos pelo trecho a ser demarcado e no Diário Oficial da União, com antecedência mínima de 30 (trinta) dias da data de sua realização. A Secretaria do Patrimônio da União do Ministério do Planejamento, Orçamento e Gestão notificará o Município para que apresente os documentos e plantas que possuir relativos ao trecho a ser demarcado, com antecedência mínima de 30 (trinta) dias da data da realização da audiência pública em comento (art. 11, §§ 2º e 3º, Dec. Lei nº 9.760/1946).

---

31. SILVA, De Plácido e. *Vocabulário jurídico*. 26. ed. Rio de Janeiro: Forense, 2005, p. 427.

Após a realização dos trabalhos técnicos que se fizerem necessários, o Superintendente do Patrimônio da União no Estado determinará a posição da linha demarcatória por despacho. A Secretaria do Patrimônio da União do Ministério do Planejamento, Orçamento e Gestão fará notificação pessoal dos interessados certos alcançados pelo traçado da linha demarcatória para, no prazo de sessenta dias, oferecerem quaisquer impugnações. Na área urbana, considera-se interessado certo o responsável pelo imóvel alcançado pelo traçado da linha demarcatória até a linha limite de terreno marginal ou de terreno de marinha que esteja cadastrado na Secretaria do Patrimônio da União ou inscrito no cadastro do Imposto Predial e Territorial Urbano (IPTU) ou outro cadastro que vier a substituí-lo. Na área rural, considera-se interessado certo o responsável pelo imóvel alcançado pelo traçado da linha demarcatória até a linha limite de terreno marginal que esteja cadastrado na Secretaria do Patrimônio da União e, subsidiariamente, esteja inscrito no Cadastro Nacional de Imóveis Rurais (CNIR) ou outro que vier a substituí-lo (arts. 12, 12-A, §§ 1º e 2º, Dec. Lei nº 9.760/1946).

A Secretaria do Patrimônio da União do Ministério do Planejamento, Orçamento e Gestão fará notificação por edital, por meio de publicação em jornal de grande circulação no local do trecho demarcado e no Diário Oficial da União, dos interessados incertos alcançados pelo traçado da linha demarcatória para, no prazo de sessenta dias, apresentarem quaisquer impugnações, que poderão ser dotadas de efeito suspensivo (art. 12-B, Dec. Lei nº 9.760/1946).

Tomando conhecimento das impugnações eventualmente apresentadas, o Superintendente do Patrimônio da União no Estado reexaminará o assunto e, se confirmar sua decisão, notificará os recorrentes que, no prazo improrrogável de vinte dias contado da data de sua ciência, poderão interpor recurso, que poderá ser dotado de efeito suspensivo, dirigido ao Secretário do Patrimônio da União do Ministério do Planejamento, Orçamento e Gestão. Da decisão proferida pelo Secretário de Coordenação e Governança do Patrimônio da União da Secretaria Especial de Desestatização, Desinvestimento e Mercados do Ministério da Economia será dado conhecimento aos recorrentes que, no prazo de vinte dias, contado da data de sua ciência, poderão interpor recurso, sem efeito suspensivo, dirigido ao superior hierárquico, em última instância (arts. 13 e 14, Dec. Lei nº 9.760/1946).

A imagem a seguir explica a demarcação dos terrenos de marinha e seus acrescidos, inclusive a localização dos terrenos alodiais, conforme dados do Governo Federal. "A figura abaixo procura ilustrar qual é a faixa do litoral que corresponde ao Terreno de Marinha, um dos bens da União. Essa faixa tem 33 metros contados a partir do mar em direção ao continente ou ao interior das ilhas costeiras com sede de Município. Além das áreas ao longo da costa, também são demarcadas as margens de rios e lagoas que sofrem influência de marés"[32].

---

32. GOV.BR. Governo Federal. Ministério da Economia. *Terrenos da marinha*. Publicado em: 10.09.2020. Disponível em: https://www.gov.br/economia/pt-br/assuntos/patrimonio-da-uniao/bens-da-uniao/terrenos-de-marinha. Acesso em: 14 fev. 2021.

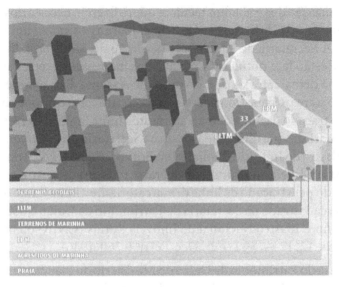

*Fonte: Governo Federal, Ministério da Economia, 2020.

Siglas:

LLTM: Linha Limite de Terreno da Marinha

LPM: Linha do Preamar Média

Acrescidos de marinha: são bens da União, consistindo em porções de terras que anteriormente eram cobertas pelo mar (espelhos d'água) ou eram mangues, praias ou canais marítimos, que foram aterrados após o ano de referência para determinação da LPM.

Demarcação: a demarcação da Linha do Preamar Média (LPM) significa um procedimento administrativo, declaratório de propriedade, definido no Decreto-Lei nº 9.760, de 1946. Tal demarcação é realizada pela Secretaria do Patrimônio da União (SPU), por meio de estudos técnicos com base em plantas, mapas, documentos históricos, dados de ondas e marés.

Receitas patrimoniais: é o recurso oriundo do pagamento de retribuição pelo uso de um bem público, isto é, decorre do proveito individual de um bem que pertence a todos os brasileiros. Dessa forma, a ocupação privada dos Terrenos de Marinha, assim como dos acrescidos de marinha, seja por particulares, comércios ou indústrias, enseja o pagamento de uma retribuição pelo uso de um bem público, ou seja, que pertence a todos os brasileiros. A depender do regime de ocupação do terreno, o responsável deve recolher anualmente o foro ou a taxa de ocupação. Além disso, sempre que houver comercialização de um imóvel em Terreno de Marinha deve haver o recolhimento do laudêmio. Os recursos arrecadados dessa forma são conhecidos como receitas patrimoniais.

Terrenos alodiais: o terreno alodial é vizinho ao Terreno de Marinha, de propriedade privada[33].

---

33. GOV.BR. Governo Federal. Ministério da Economia. *Terrenos da marinha*. Publicado em: 10.09.2020. Disponível em: https://www.gov.br/economia/pt-br/assuntos/patrimonio-da-uniao/bens-da-uniao/terrenos-de-marinha. Acesso em: 14 fev. 2021.

Capítulo 3
REGIME JURÍDICO

Conceitualmente, a expressão *regime jurídico* significa o "conjunto de princípios, normas e categorias, que regem o funcionamento de determinado instituto jurídico"[1]. Por conseguinte, os bens públicos são regidos por princípios e normas específicas a fim de atender ao interesse público. Por sua vez, a expressão "interesse público" pode ser compreendida como a pretensão resultante do conjunto de interesses que os indivíduos possuem quando considerados em sua qualidade de membros da sociedade[2]. Interesse público também pode ser definido como "aquele que se impõe por uma necessidade coletiva, devendo ser perseguido pelo Estado, em benefício dos administrados. É o interesse geral da sociedade, ou seja, do Estado enquanto comunidade política e juridicamente organizada"[3]. No magistério De Plácido e Silva, interesse público é o que "assenta em fato ou direito de proveito coletivo ou geral. Está, pois, adstrito a todos os fatos ou a todas as coisas que se entendem de benefício comum ou para proveito geral, ou que se imponham por uma necessidade de ordem coletiva"[4].

Assim, os bens públicos adotam um regime jurídico em proveito da coletividade, isto é, baseiam-se em princípios que preservem o interesse público. Dentre os preceitos basilares, destaca-se o princípio da indisponibilidade dos bens públicos. De acordo com Diogo de Figueiredo, decorre desse princípio "regra cardeal em tema de dominialidade pública, que só comporta as exceções previstas explicitamente em lei. O princípio da indisponibilidade dos bens públicos situa-se em oposição conceitual simétrica ao princípio da disponibilidade dos bens privados. Enquanto a disponibilidade de um bem público é exceção, que deve resultar de ato expresso fundado em lei, a indisponibilidade de um bem privado, por seu turno, é a exceção que só pode ser estabelecida por ato expresso e também com fundamento legal. A indisponibilidade fundamental dos bens públicos se afirma, ainda, em seus importantes corolários: a inalienabilidade, a imprescritibilidade e a impenhorabilidade, que impendem que eles sejam vendidos, doados, usucapidos, ou sirvam de garantia de pagamento de dívidas"[5].

As coisas integrantes do domínio público constituem propriedade administrativa, fazendo jus a determinadas características como a inalienabilidade e imprescritibili-

---

1. DINIZ, Maria Helena. *Dicionário jurídico*. São Paulo: Saraiva, 1998, v. 4. p. 94-95.
2. MELLO, Celso Antônio Bandeira de. *Curso de direito administrativo*. 26. São Paulo: Malheiros, 2009, p. 61.
3. DINIZ, Maria Helena. *Dicionário jurídico*. São Paulo: Saraiva, 1998, v. 2, p. 880.
4. SILVA, De Plácido e. *Vocabulário jurídico*. 26. ed. Rio de Janeiro: Forense, 2005, p. 760.
5. MOREIRA NETO, Diogo de Figueiredo. *Curso de direito administrativo*. Parte introdutória. 12. ed. Rio de Janeiro: Forense, 2002, p. 333.

dade pela destinação de utilidade pública e afetação. Essas regras são provenientes da tradição, remontando o princípio da inalienabilidade de bens do domínio da Coroa, imposto por Moulins em 1566 e também por textos legais, visto que não é passível de propriedade privada partes do território de um Estado. Sem embargo, a proteção da inalienabilidade pode ser relativizada em certos casos, quando houver desafetação do bem por vontade administrativa, de acordo com os preceitos legais. Assim, a indisponibilidade, a inalienabilidade e a imprescritibilidade dos elementos componentes do domínio público perdurarão enquanto tais bens permanecerem afetados à destinação pública[6].

Diante disso, as coisas públicas possuem as garantias da inalienabilidade, imprescritibilidade e inonerabilidade como forma de respeitar a garantia dessas coisas contra eventuais transtornos que a aquisição de direitos reais em favor de particulares poderia ensejar, afora que a imposição de gravames ou a execução judicial de tais bens poderia ocasionar prejuízo ao seu bom estado e sobretudo na sua destinação à utilidade pública, que restaria prejudicada[7].

Ademais, o fato de os bens integrantes do domínio público ostentarem as garantias de inalienabilidade e imprescritibilidade não se restringem apenas à proteção contra apropriação ou encargos provenientes de atos dos particulares, mas também garante que a gestão seja baseada em princípios do domínio público, não podendo as autoridades do Estado dispor dos aludidos bens de qualquer forma[8].

3.1 A INALIENABILIDADE DE BENS INTEGRANTES DO DOMÍNIO PÚBLICO

3.1.1 Histórico

Consoante lição de Clavero Arévalo, em que pese a teoria do domínio público ser uma criação da ciência e da jurisprudência francesa, há que se registar que em Roma já havia a figura das coisas públicas, visto que, sob a perspectiva da inalienabilidade, existiam coisas que naquele tempo se destinavam ao uso de todos. "A noção de domínio público, como bens subtraídos à disciplina privada, disse Biondi, ressalta o Direito romano no âmbito da *res pubblicae*, como coisas que pertencem ao povo romano. Aparece a distinção entre *res publico usui destinatae* e *res in pecunia populi*. As primeiras estavam consideradas como extra commercium, no sentido de que não podiam ser objeto de nenhuma relação patrimonial sem que ele implicasse que foram subtraídas à disciplina jurídica. Estas coisas estavam destinadas ao uso direto e imediato de cada um. Era este

---

6. HAURIOU, Maurice. *Précis de Droit Administratif et de Droit Public Général*. Quatrième édition. Paris: Larose, 1900, p. 608-611.
7. MAYER, Otto. *Derecho Administrativo Alemán*. Parte Especial: El derecho público de las cosas. 2. ed. Buenos Aires: Depalma, 1982, t. III, p. 108.
8. PLANIOL. *Traité Élémentaire de Droit Civil*. Refondu et complété par Georges Ripert et Jean Boulanger. Tome Premier. Paris: Librairie Générale de Droit et de Jurisprudence, 1950, p. 862.

o destino no qual restava inconcebível que sobre elas existissem ralações patrimoniais e se qualificavam de *res extra commercium*, não tanto por uma declaração legal, senão por sua natureza e função. Eram compreendidas neste conceito os foros, os teatros, as vias públicas, os rios. Para os romanos, vender e constituir direitos reais privados sobre tais coisas resultava tão absurdo como vender o solo e o ar atmosférico".

"Este caráter extrapatrimonial derivava da própria natureza que excluía uma propriedade privada, como é o caso dos rios, mas também a extracomercialidade derivava às vezes de um ato administrativo (*puclicatio*) nas vias, foros etc. O objetivo de lucro estava excluído dessa classe de coisas e de seu uso, e por ele se distingue entre *res publico usui destinatae* e a *res in pecunia populi*. Na época do principado se distingue entre o *aerarium*, cujo titular e o povo, e o *fiscus*, que pertence ao príncipe. Distinguem-se, portanto, a *res publicae* do povo e *res fiscales* do príncipe. Mas adiante, como foi estudado por Vasalli, produz-se uma confusão acerca da sua titularidade entre a *res publicae* e as *res fiscales*". No que respeita à *res publicae*, apesar de ser excluída qualquer alienação, se bem que são possíveis, em Roma foram muitas vezes utilizadas concessões que atribuem aos particulares a faculdade de gozo que ampliam o uso normal da coisa. Tais concessões tinham diferentes modalidades segundo a natureza da coisa e ficavam fora dos esquemas do direito privado"[9].

De Vallés esclarece acerca da inalienabilidade das coisas públicas em Roma. "No Direito romano, existia uma inalienabilidade formal para as coisas religiosas e sagradas. Para as coisas públicas o Direito romano não afirma a inalienabilidade das coisas por si mesmas, senão pelos usos a que se dedicam. Na realidade também os bens públicos eram no Direito romano inalienáveis, porque o fisco, não podendo converter em patrimoniais os bens que pertenciam ao povo, não podia aliená-los. Ao povo lhe correspondia a defesa das coisas públicas contra as usurpações privados por meio de ações populares que provocavam o interdito pretorial. Sem embargo, quando a alienação ou posse privada não produzia prejuízo ao uso geral e ninguém tinha interesse em impedi-lo, adquiria pela eficácia jurídica para criar um justo título de transmissão da propriedade dos bens. Os romanos estabeleceram o princípio da inalienabilidade visando à proteção do uso geral e as normas proibitivas da alienabilidade e da prescritibilidade foram dadas para proteger o uso geral". Em razão disso, os textos do Direito romano estabeleciam a ineficácia de estipulações de venda das coisas públicas, bem como dos negócios que importassem ato pignoratício ou gravame nos referidos bens[10].

Na Idade Média, a inalienabilidade foi marcada pela confusão entre o patrimônio do rei e o patrimônio público, a ideia de soberania com o de domínio, assim como a falta de diferenciação, dentro do conceito de patrimônio público, entre as coisas públicas propriamente ditas e os demais bens da Coroa. Desse modo, nessa época "não se

---

9. ARÉVALO, Manuel Francisco Clavero. *La inalienabilidade del domínio público*. Sevilla: Editorial Universidad de Sevilla, 2016, p. 11-13.
10. ARÉVALO, Manuel Francisco Clavero. *La inalienabilidade del domínio público*. Sevilla: Editorial Universidad de Sevilla, 2016, p. 14-16.

encontra tão diferenciada a distinção dos bens do Reino entre outras coisas públicas e bens patrimoniais", de modo que a tendência medieval de considerar inalienáveis os bens do Reino ensejou a perda da relevância do estudo da inalienabilidade das coisas públicas. O descumprimento à inalienabilidade ensejava a revogação das alienações efetuadas mesmo que realizadas depois de muito tempo, conforme Lei-Pacto de Valladolid de 1442. Sem embargo, essa Lei-Pacto não significava a inalienabilidade do domínio público, mas tão somente o patrimônio da Coroa, nos quais se encontravam certos bens, como por exemplo as fortalezas, que foram logo categorizados como domínio público. "A inalienabilidade do patrimônio da Coroa não busca a finalidade perseguida em Roma acerca das coisas públicas, nem a que se persegue atualmente a do domínio público". Isso porque essa inalienabilidade tinha por objetivo impedir a divisão dos reinos e, simultaneamente, a intenção de evitar a dilapidação do patrimônio real, de modo a evitar a diminuição dos bens da Coroa[11].

Assim, com base nos preceitos da *Las Partidas*, afigura-se suficiente a existência de um "domínio público não pertencente nem ao Rei nem ao patrimônio da Coroa, na qual revive a extracomercialidade das coisas públicas romanas. Nem o Rei nem o Reino podiam alienar estas coisas porque não tinham sua titularidade, nem muito menos os particulares, porquanto estes bens não figuravam entre as coisas que se podiam ganhar e perder, segundo a Lei II do título XVIII da Partida III. Pode, pois, destacar-se a existência neste tempo de uma dupla inalienabilidade. Por uma parte, a do domínio público, e por outra, a do patrimônio da Coroa. A primeira perdura no tempo e depurada alcança nossos dias. A segunda sofre profundas transformações, sobretudo a partir da Revolução Francesa, e chagará a nossos dias, não como inalienabilidade, mas bem como a necessidade de que para vender os bens do Estado exista uma lei. Foi então quando, suprimida a inalienabilidade do patrimônio da Coroa, renasce a inalienabilidade do domínio público, não como uma criação da ciência do século XIX, senão como uma atualização de um princípio anterior, cuja existência estava na parte presumida pela inalienabilidade do patrimônio da Coroa. Não é de estranhar que nos tempos médios não estivera formulada específica e formalmente, porque nos tempos modernos tampouco foi formulada nos muitos Códigos que aceitam plenamente a doutrina do domínio público"[12].

3.1.2 Fundamentos da inalienabilidade

Basicamente, existem três teorias que tratam do fundamento da inalienabilidade do domínio público. 1^a – a inalienabilidade como consequência da natureza do domínio público. Nesse caso, o domínio público não é suscetível de apropriação, ensejando consequentemente a impossibilidade de transmissão de tais bens, assim como a insus-

---

11. ARÉVALO, Manuel Francisco Clavero. *La inalienabilidade del domínio público*. Sevilla: Editorial Universidad de Sevilla, 2016, p. 20-26.
12. ARÉVALO, Manuel Francisco Clavero. *La inalienabilidade del domínio público*. Sevilla: Editorial Universidad de Sevilla, 2016, p. 27-33.

cetibilidade do domínio público transmudar-se em coisas integrantes da propriedade privada. *2ª* – a propriedade coletiva como fundamento da inalienabilidade do domínio público. De acordo com essa corrente, a titularidade do domínio público não pertence à Administração do Estado, mas sim a propriedade do domínio público é de titularidade da coletividade social, à sociedade, de modo que à Administração é vedado transmitir a propriedade de algo que não lhe pertence. Consoante magistério de Prohudon, o domínio público é o poder de reger e administrar as coisas comuns por intermédio da lei, razão pela qual a "propriedade a ninguém pertence. O Estado não possui, para esses autores, uma titularidade, senão um poder de vigilância, de política, mas não a faculdade de usar nem de dispor".

Finalmente, a última teoria: *3ª* – que adota a afetação como fundamento ensejador da inalienabilidade. Essa é a doutrina dominante, no qual "o regime jurídico-administrativo do domínio público tem por base a ideia da afetação, entendendo esta como o destino a uma função pública que se dá a certos bens da Administração (Labaudère, Hauriou, Garcia Oviedo etc.). A afetação, isto é, o destino de uns bens da propriedade administrativa a um fim público, marca para a doutrina dominante o fundamento da inalienabilidade do domínio público. É a afetação que fixa o início dessa inalienabilidade, assim como também a desafetação é a que determina cessar a inalienabilidade"[13].

3.2 INALIENABILIDADE

O vocábulo expressa a proibição de alienar o bem. Em sentido amplo, a *inalienabilidade* consiste em três características, a saber: "a) a insuscetibilidade de apropriação, quando se trata de bens públicos, e a inalienabilidade advém desta condição; b) sua não transferência a outrem, pelo que não pode ser cedido, vendido ou permutado; c) não ser gravado com qualquer ônus real, como a hipoteca, o penhor ou a servidão. É a ingravabilidade. No caso dos bens públicos, revela-se a insuscetibilidade de apropriação, de que decorre, também, a imprescritibilidade. Nesta circunstância, a inalienabilidade se funda na afetação do bem ao uso público, por determinação legal. E assim permanecerá enquanto a lei não lhe retirar a qualidade, admitindo a sua apropriação, ou o retirando do uso coletivo"[14].

De acordo com Maria Helena Diniz, a inalienabilidade significa a "impossibilidade de se transferir, onerosa ou gratuitamente, um bem de um patrimônio a outro, tornando-o, além da inalienável, também impenhorável e incomunicável". Igualmente, expressa o "caráter do bem que, por sua natureza, por convenção ou por lei, não pode se alienado"[15].

Consoante magistério de Cretella Júnior, a inalienabilidade "é o que não pode ser alienado, transferido, cedido, doado, transmitido a terceiros. O titular da coisa inalie-

---

13. ARÉVALO, Manuel Francisco Clavero. *La inalienabilidade del domínio público*. Sevilla: Editorial Universidad de Sevilla, 2016, p. 39-46.
14. SILVA, De Plácido e. *Vocabulário jurídico*. 26. ed. Rio de Janeiro: Forense, 2005, p. 720.
15. DINIZ, Maria Helena. *Dicionário jurídico*. São Paulo: Saraiva, 1998, v. 2, p. 797.

nável não pode transmitir a terceiros o domínio ou outro direito sobre a coisa". Essa qualidade resulta da afetação do bem ou coisa ao uso público. "A afetação é o elemento essencial da dominialidade pública, característica que explica e justifica o regime jurídico excepcional dos bens públicos. É por causa da afetação ao uso público, a um fim de utilidade comum, que o bem público é inalienável, sendo a disponibilidade desse tipo de bem incompatível com o objeto a que se destina – uso público. A inalienabilidade do bem público está, pois, vinculada de maneira estreita com uma afetação ao uso público".

Assim, aos bens públicos são garantidos tais qualificativos, pois do contrário, os interesses da coletividade correriam risco de não serem atendidos, restando prejudicados. Sem embargo, a inalienabilidade "não é qualidade que se prolonga para sempre, pois, cessando a causa que a determina, não tem mais razão de ser"[16].

Sem embargo, tendo em vista que a alienabilidade é relativa, mantendo-se enquanto perdurar a afetação do bem ao interesse público, alguns administrativistas conceituam esse princípio como "alienabilidade condicionada" (José do Santos Carvalho Filho) ou como "restrição à alienabilidade" (Marçal Justen Filho).

3.3 IMPENHORABILIDADE

A expressão *impenhorabilidade* significa a proibição de apreender ou tomar judicialmente bens do devedor, com o escopo de cumprir o pagamento de dívida ou obrigação à qual o sujeito passivo seja responsável. "A penhora é a apreensão de vens, dados ou não em garantia, para que por eles se cobre o credor do que lhe é devido pelo executado. Pela penhora, os bens são tirados do poder ou da posse do devedor, para servirem de garantia à execução. A penhora é ato sempre determinado pelo juiz, em vista da liquidez do crédito posto em execução"[17].

Consoante Marçal Justen Filho, "a impenhorabilidade decorre não apenas da restrição de alienabilidade do bem público no regime de direito público, mas também na disciplina constitucional atinente à execução por quantia certa contra a Fazenda Pública. O regime de precatório está disciplinado no art. 100 da CF/1988 e o procedimento para cumprimento da obrigação pecuniária pelo Estado é disciplinado nos arts. 730 e 731 do CPC, por meio da execução contra a Fazenda Pública". A jurisprudência do STJ é categórica: "Como é impossível a penhora dos bens públicos, a satisfação dos créditos se dá por meio da abertura de dotações orçamentarias específicas. O ente devedor faz constar de seu Orçamento Anual disponibilidade para pagamento dos precatórios apresentados até 1º de julho no exercício anterior" (RMS 28.084/GO, 2º T., rel. Min. Herman Benjamim, j. 23.04.2009, DJe 19.05.2009)[18]. [Esclareça-se que o sintagma "dotação orçamentária" significa "toda e qualquer verba prevista como despesa em

---

16. CRETELLA JÚNIOR, José. *Tratado do domínio público*. Rio de Janeiro: Forense, 1984, p. 33.
17. SILVA, De Plácido e. *Vocabulário jurídico*. 26. ed. Rio de Janeiro: Forense, 2005, p. 1024.
18. JUSTEN FILHO, Marçal. *Curso de direito administrativo*. 10. ed. São Paulo: Ed. RT, 2014, p. 1137.

orçamentos públicos e destinada a fins específicos. Qualquer tipo de pagamento que não tenha dotação específica só pode ser realizado se for criada uma verba nova ou dotação nova para suprir a despesa"][19].

José dos Santos Carvalho Filho assinala: "a impenhorabilidade tem o escopo de salvaguardar os bens públicos desse processo de alienação, comum aos bens privados. Com efeito, admitir-se a penhora dos bens públicos seria o mesmo que admitir sua alienabilidade nos moldes do que ocorre com os bens particulares em geral. A característica, por conseguinte, tem intuito eminentemente protetivo. É bem verdade que há alguma doutrina que advoga a penhorabilidade de bens públicos dominicais, quando estiverem sendo utilizados em caráter privado [José Marinho Paulo Júnior. 'O Poder Jurisdicional de Administrar', Lumen Juris, 2007, p. 122]. Semelhante posição, contudo, além de minoritária, não encontra ressonância no ordenamento jurídico vigente; ao contrário, esbarra no princípio da garantia dos bens públicos, independentemente das categorias a que pertençam. O fato de serem objeto de uso por particulares, por se caracterizarem como bens dominicais, não elide a garantia, já que esse tipo de uso se insere na gestão normal dos bens públicos levada a efeito pelos entes titulares"[20].

Outrossim, os bens dominicais integram a categoria de bens públicos, conforme disposição expressa no Código Civil de 2002. Art. 99, III: "*são bens públicos: III – os dominicais*, que constituem patrimônio das pessoas jurídicas de direito público, como objeto de direito pessoal, ou real, de cada uma dessas entidades". Art. 101. "*Os bens públicos dominicais* podem ser alienados, observados as exigências da lei" (grifei). Ora, considerando que os bens dominicais são bens públicos, consequentemente se lhes aplicam as garantias inerentes à proteção dos bens públicos. Além disso, em que pese os bens dominicais constituírem patrimônio das pessoas jurídicas de direito público, dotado de estrutura de direito privado, os aludidos bens podem, no futuro, ser destinados à realização de interesses público. Isto é, como elemento patrimonial, os bens dominicais possuem importância para o Estado, de modo que em outro momento podem ser úteis à coletividade e afetados à finalidade pública, razão pela qual não podem ser usucapidos por particulares.

Portanto, a impenhorabilidade tem por objetivo garantir a intangibilidade dos bens públicos – inclusive os bens dominicais – a fim de que estes mantenham-se sempre à serviço do Estado ou disponíveis à população em caso de futura necessidade. Caso não fosse concedido essa garantia, a sociedade restaria prejudicada no atendimento dos serviços e recursos públicos, pois estes seriam transferidos do domínio público para o domínio privado. Se não observado esse princípio, poderia haver severos prejuízos à coletividade, razão pela qual é peremptoriamente vedada a penhora de bens integrantes do domínio público. Não obstante, a Constituição Federal inovou ao admitir,

---

19. SENADO FEDERAL. Glossário Legislativo. *Dotação orçamentária*. Disponível em: https://www12.senado.leg.br/noticias/glossario-legislativo#D. Acesso em: 14 fev. 2021.
20. CARVALHO FILHO, José dos Santos. *Manual de direito administrativo*. 23. ed. Rio de Janeiro: Lumen Juris, 2010, p. 1252-1253.

excepcionalmente, o sequestro da quantia respectiva caso haja preterimento ou não alocação orçamentária de valor necessário à satisfação do débito oriundo de precatório (art. 100, § 6º, CF/1988).

3.4 IMPRESCRITIBILIDADE

O vocábulo *imprescritibilidade* refere-se ao incabimento da prescrição em face dos bens integrantes do domínio público. Nesse caso, não se aplica o instituto da prescrição – que significa a perda da pretensão pelo seu não exercício, de acordo com os preceitos legais (art. 189 da CC/2002). Disso resulta que o não exercício dos direitos imanentes à posse dos bens públicos pelo Estado não implica a *prescrição aquisitiva* em prol de terceiros (aquisição de direitos, isto é, não habilita o possuidor de uma coisa a converter a posse em sua propriedade, a exemplo da usucapião). Ademais, não faz surgir a *prescrição liberatória* (extinguindo o direito do titular, de modo que não afasta do Estado as relações jurídicas subsequentes à coisa pública)[21].

Consectário do princípio da imprescritibilidade consiste na oposição legítima, pelo Poder Público, do instituto da usucapião, a usurpação de domínio, o estabelecimentos de servidões, as ações reivindicatórias de domínio etc., mantendo-se a intangibilidade do patrimônio público[22].

Marçal Justen Filho assinala que a "a imprescritibilidade significa que a ausência de exercício das faculdades de usar e fruir dos bens públicos não acarreta a possibilidade de aquisição de seu domínio por terceiros via usucapião. Ressalte-se que a imprescritibilidade somente foi adotada a partir da vigência do Código Civil de 1916. Isso significa que era admissível, até então, a aquisição de bens públicos por usucapião. Essa circunstância apresenta grande relevo para casos práticos: comprovada a usucapião antes de 1º.01.1917 (data da vigência do Código anterior), o bem deixou de integrar o patrimônio público e caberá determinar a identidade do particular investido em seu domínio, segundo as regras de direito privado. 'Desde a vigência do Código Civil, os bens dominicais, como os demais bens públicos, não podem ser adquiridos por usucapião' (Súmula 340 do STF)[23].

Registre-se a impossibilidade de os bens dominicais serem usucapidos, haja vista que os bens dominicais integram a categoria de bens públicos, conforme disposição expressa no Código Civil de 2002. Art. 99, III: "*são bens públicos: III – os dominicais*, que constituem patrimônio das pessoas jurídicas de direito público, como objeto de direito pessoal, ou real, de cada uma dessas entidades". Art. 101. "*Os bens públicos dominicais podem ser alienados, observados as exigências da lei*". Ora, considerando que os bens

---

21. GOMES, Orlando. *Introdução ao direito civil*. 19. ed. Atual. Edvaldo Brito e Reginalda Paranhos de Brito. Rio de Janeiro: Forense, 2008, p. 442.
22. HAURIOU, Maurice. *Précis de Droit Administratif et de Droit Public Général*. Quatrième édition. Paris: Larose, 1900, p. 615.
23. JUSTEN FILHO, Marçal. *Curso de direito administrativo*. 10. ed. São Paulo: Ed. RT, 2014, p. 1138.

dominicais são bens públicos, consequentemente se lhes aplicam as garantias inerentes à proteção dos bens públicos, inclusive o princípio da imprescritibilidade. Além disso, em que pese os bens dominicais constituírem patrimônio das pessoas jurídicas de direito público, dotado de estrutura de direito privado, os aludidos bens podem, no futuro, ser destinados à realização de interesses público. Isto é, como elemento patrimonial, os bens dominicais possuem importância para o Estado, de modo que em outro momento podem ser úteis à coletividade e afetados à finalidade pública, razão pela qual não podem ser usucapidos por particulares.

Portanto, a imprescritibilidade tem por objetivo garantir a intangibilidade dos bens públicos – inclusive os bens dominicais – a fim de que estes mantenham-se sempre à serviço do Estado ou disponíveis à população em caso de futura necessidade. Caso não fosse concedido essa garantia, a sociedade restaria prejudicada no atendimento dos serviços e recursos públicos, pois estes seriam transferidos do domínio público para o domínio privado. Por conseguinte, poderia ocasionar severos prejuízos à coletividade, razão pela qual é peremptoriamente vedada a alegação de prescritibilidade de bens integrantes do domínio público.

Ademais, a Constituição Federal de 1988 é expressa ao determinar a impossibilidade de usucapir bens públicos, seja de natureza urbana ou agrária (art. 183, § 3º: "Os imóveis públicos não serão adquiridos por usucapião". Art. 191, parágrafo único: "Os imóveis públicos não serão adquiridos por usucapião"). Igualmente, o art. 102 do Código Civil de 2002 declara que "os bens públicos não estão sujeitos à usucapião". Assim, incabível a alegação de prescrição aquisitiva sobre bens públicos, impedindo, por conseguinte, a usucapião.

Por último, os bens públicos não se sujeitam à "posse" dos particulares em razão de ocupação indevida, mas tão somente podem ser objeto de "detenção", visto que não induzem à posse os atos de mera permissão ou tolerância, nos termos do art. 1.208 do Código Civil. Consectariamente, não podem ser usucapidos ou retidos, tampouco indenizados por eventuais benfeitorias feitas por terceiros. A esse respeito, é categórica a Súmula 619 do STJ: "A ocupação indevida de bem público configura mera detenção, de natureza precária, insuscetível de retenção ou indenização por acessões e benfeitorias".

3.5 INONERABILIDADE

A inonerabilidade traduz-se na não oneração, isto é, consiste na impossibilidade de onerar determinada coisa ou bem. Inicialmente, o vocábulo "onerar", do latim *onerare*, exprime a ideia de agravar, impor encargos ou obrigações sobre alguma coisa[24]. Também significa o "ato de impor ônus ou sujeitar um bem a algum gravame ou encargo"[25].

---

24. SILVA, De Plácido e. *Vocabulário jurídico*. 26. ed. Rio de Janeiro: Forense, 2005, p. 980.
25. DINIZ, Maria Helena. *Dicionário jurídico*. São Paulo: Saraiva, 1998, v. 3, p. 440.

Por sua vez, gravame é o prejuízo, isto é, a causação de dano moral ou patrimonial[26]. A oneração se dá mediante os direitos reais de garantia, ou seja, o "direito conferido ao credor sobre uma coisa para assegurar o seu crédito contra o devedor. O direito de garantia pressupõe uma exigência feita contra um devedor, sendo instituído justamente para garantir o seu cumprimento. É a coisa que garante ao credor o implemento da obrigação por parte do devedor, pois o primeiro tinha o poder de dispor dela, inclusive o de aliená-la. Pelo fato de haver uma coisa dada em garantia ao credor, não ficava este último impedido de exigir o seu direito contra o devedor"[27].

No mesmo sentido, Orlando Gomes preleciona que o direito real de garantia "é o que confere ao credor a pretensão de obter o pagamento da dívida com o valor de bem aplicado exclusivamente à sua satisfação. Sua função é garantir ao credor o recebimento da dívida, por estar vinculado determinado bem ao seu pagamento. O direito do credor 'concentra-se sobre determinado elemento patrimonial do devedor'. A garantia real atribui ao credor direito a promover a venda judicial da coisa para, do preço apurado, receber a quantia devida, de preferência a qualquer credor comum, mas esse direito somente pode ser exercido pelo credor pignoratício, e pelo credor hipotecário; na anticrese, o direito do credor é de retenção da coisa dada em garantia"[28].

Como dito, a oneração de bens perfectibiliza-se por meio dos direitos reais de garantias, tendo as seguintes características: *sequela* (direito do titular de seguir a coisa onde quer que ela se encontre, visto que "o objeto da garantia ficará sujeito, por vínculo real, ao cumprimento da obrigação"); *preferência ou prelação* (existentes nos direitos reais de penhor e hipoteca, tendo o credor pignoratício ou hipotecário o direito de excutir a coisa e preferir no pagamento, a outros credores, observada a prioridade do registro, conforme art. 1422 do CC; *excussão* (significando a "faculdade de o credor munido de garantia real executar judicialmente o débito garantido pelos bens móveis e imóveis"; *indivisibilidade* ("o ônus real grava a coisa por inteiro e em todas as suas partes. Via de consequência, a garantia real alcança o bem em sua totalidade, incluindo os seus acessórios e acrescidos. Mais importante: o devedor não poderá obter a liberação parcial do vínculo real, pelo simples fato de amortizar parcialmente o débito"[29].

Assim, a *inonerabilidade* significa impossibilidade de oneração de bens integrantes do domínio público, não podendo os bens públicos serem agravados com encargos ou obrigações, de modo que devem estar livres e desembaraçados de quaisquer impedimentos à plena satisfação do interesse estatal, em prol de bem comum.

Para José dos Santos Carvalho Filho, a garantia da "não onerabilidade" indica o incabimento de os bens públicos serem gravados com direitos reais em favor de terceiros,

---

26. DINIZ, Maria Helena. *Dicionário jurídico*. São Paulo: Saraiva, 1998, v. 2, p. 681.
27. LONDRES DA NÓBREGA, Vandick. *História e sistema do direito privado romano*. 2. ed. Rio de Janeiro: Freitas Bastos, 1959, p. 301.
28. GOMES, Orlando. *Direitos reais*. Atual. Luiz Edson Fachin. 19. ed. Rio de Janeiro: Forense, 2008, p. 378.
29. CHAVES DE FARIAS, Cristiano; ROSENVALD, Nelson. *Curso de direito civil. Direitos reais*. 10. ed. Salvador: JusPodivm, 2014, v. 5, p. 754-762.

a exemplo do penhor, a hipoteca e a anticrese. Isso porque "é a própria Constituição que contemplou o regime de precatórios para o pagamento dos créditos de terceiros contra a Fazenda, excluindo, desse modo, o sistema de penhora processual. Ora, se aqueles direitos reais se caracterizam pela possibilidade de execução direta e penhora, como conciliar essa garantia com o princípio da impenhorabilidade dos bens públicos? Outra razão decorre da própria lei civil. Segundo esta, só aquele que pode alienar, poderá hipotecar, dar em anticrese ou empenhar [art. 1.420 do Código Civil]. Ora, os bens de uso comum e os de uso especial são inalienáveis enquanto destinados a seus fins. Em relação aos dominicais, é certo que o administrador público não pode livremente alienar; ao contrário, a alienação só é possível nos casos e na forma que a lei prescrever. Fica, portanto, inviável a onerabilidade dos bens públicos. Inviável e incompatível com as garantias que defluem dos direitos reais sobre a coisa alheia"[30].

Sem embargo, excepcionalmente, afigura-se possível o patrimônio público ser submetido à obrigação de natureza pecuniária no âmbito do Direito Financeiro, consistente na vinculação de receitas próprias de impostos para a prestação de garantia ou contra garantia à União e para o pagamento de débitos para com esta, nos termos do art. 167, § 4º da CF/88: "É permitida a vinculação de receitas próprias geradas pelos impostos a que se referem os arts. 155 e 156, e dos recursos de que tratam os arts. 157, 158 e 159, I, a e b, e II, para a prestação de garantia ou contragarantia à União e para pagamento de débitos para com esta". Desse modo, os entes poderão conceder garantia em operações de crédito internas ou externas, observadas as disposições legais (mormente o cumprimento dos limites e condições relativos à realização de operações de crédito de cada ente da federação), devendo-se também observar os limites e condições estabelecidos pelo Senado Federal (art. 40 c/c art. 32 da LC nº 101 de 2000).

Nesse caso, "a garantia estará condicionada ao oferecimento de contragarantia, em valor igual ou superior ao da garantia a ser concedida, e à adimplência da entidade que a pleitear relativamente a suas obrigações junto ao garantidor e às entidades por este controladas, observado o seguinte: I – não será exigida contragarantia de órgãos e entidades do próprio ente; II – a contragarantia exigida pela União a Estado ou Município, ou pelos Estados aos Municípios, poderá consistir na vinculação de receitas tributárias diretamente arrecadadas e provenientes de transferências constitucionais, com outorga de poderes ao garantidor para retê-las e empregar o respectivo valor na liquidação da dívida vencida. § 2º No caso de operação de crédito junto a organismo financeiro internacional, ou a instituição federal de crédito e fomento para o repasse de recursos externos, a União só prestará garantia a ente que atenda, além do disposto no § 1º, as exigências legais para o recebimento de transferências voluntárias. § 5º É nula a garantia concedida acima dos limites fixados pelo Senado Federal" (art. 40, § 1º, § 2º e § 5 da LC nº 101 de 2000).

---

30. CARVALHO FILHO, José dos Santos. *Manual de direito administrativo*. 23. ed. Rio de Janeiro: Lumen Juris, 2010, p. 1254-1255.

Portanto, é possível que a receita pública de ente estatal seja objeto de garantia, sendo uma espécie de exceção ao princípio da inonerabilidade, já que parcela da receita tributária (que integra o patrimônio público) restará onerada ao pagamento de outro ente federado. Como forma de executar a garantia firmada pelo ente, é possível que a União e os Estados condicionem a entrega de recursos tributários mediante o pagamento de seus créditos, inclusive de suas autarquias, nos termos do art. 160, parágrafo único da Constituição Federal de 1988. Todavia, essa oneração é de direito público, já que tem como sujeitos a União, os Estados, o Distrito Federal e os Municípios, afora que essa excepcionalidade é regida por normas constitucionais e infraconstitucionais, sendo um instrumento de obtenção de recursos pelas unidades da federação.

Capítulo 4
CLASSIFICAÇÃO

Os bens públicos podem ser classificados com relação à titularidade, à utilização, à destinação original, à disponibilidade e quanto à natureza física.

4.1 QUANTO À TITULARIDADE

Considerando que o Brasil adota o modelo de Estado federal, os bens públicos podem pertencer a quatro entes federativos, ou seja, à União, aos Estados-membros, ao Distrito Federal e aos Municípios. Dessa forma, a titularidade dos bens é classificada em bens da União, bens dos Estados, bens do Distrito Federal e bens dos Municípios, isto é, são bens federais, estaduais, distritais ou municipais.

A distribuição de bens no tocante à titularidade dos entes federativos é salutar, pois os bens são instrumentos materiais imprescindíveis para que o Poder Público, nas esferas federal, estadual, distrital e municipal possam prestar serviços à sociedade. Registre-se que não afigura essencial que a Constituição elenque especificamente os bens de todos os entes federados, haja vista a quantidade incomensurável de bens federais, estaduais, distritais e municipais que são de sua titularidade, assim como a possibilidade de aquisição de novos bens, sobretudo bens imóveis e os artificiais (que decorrem de criação da atividade humana). Dessa forma, a Constituição elenca os bens naturais, isto é, os bens existentes na natureza, distribuindo-os entre a União, os Estados, o DF e os Municípios, a fim de permitir o desempenho de suas atividades institucionais e evitar conflitos federativos. Logo, o rol de bens constantes na Constituição é de natureza exemplificativo.

Nos termos do art. 20 da Constituição Federal de 1988, são *bens da União*: I – os que atualmente lhe pertencem e os que lhe vierem a ser atribuídos; II – as terras devolutas indispensáveis à defesa das fronteiras, das fortificações e construções militares, das vias federais de comunicação e à preservação ambiental, definidas em lei; III – os lagos, rios e quaisquer correntes de água em terrenos de seu domínio, ou que banhem mais de um Estado, sirvam de limites com outros países, ou se estendam a território estrangeiro ou dele provenham, bem como os terrenos marginais e as praias fluviais; IV as ilhas fluviais e lacustres nas zonas limítrofes com outros países; as praias marítimas; as ilhas oceânicas e as costeiras, excluídas, destas, as que contenham a sede de Municípios, exceto aquelas áreas afetadas ao serviço público e a unidade ambiental federal, e as referidas no art. 26, II; V – os recursos naturais da plataforma continental e da zona econômica exclusiva; VI – o mar territorial; VII – os terrenos de marinha e seus acrescidos; VIII – os potenciais de energia hidráulica; IX – os recursos minerais, inclusive os do subsolo; X – as cavidades naturais subterrâneas e os sítios arqueológicos e pré-históricos; XI – as terras tradicionalmente ocupadas pelos índios.

Conforme o art. 26 da Constituição Federal de 1988, incluem-se entre os *bens dos Estados*: I – as águas superficiais ou subterrâneas, fluentes, emergentes e em depósito, ressalvadas, neste caso, na forma da lei, as decorrentes de obras da União; II – as áreas, nas ilhas oceânicas e costeiras, que estiverem no seu domínio, excluídas aquelas sob domínio da União, Municípios ou terceiros; III – as ilhas fluviais e lacustres não pertencentes à União; IV – as terras devolutas não compreendidas entre as da União. Por sua vez, a Carta Magna conferiu competência dúplice ao DF, visto que, nos termos do art. 32, § 1º, ao *Distrito Federal* são atribuídas as competências legislativas reservadas aos Estados e aos Municípios.

José dos Santos Carvalho Filho reitera que "a relação não é exaustiva. Ao Estado pertencem outros bens, como por exemplo, os prédios estaduais, a dívida ativa, os valores depositados judicialmente para a Fazenda Estadual e outros. Em relação ao Distrito Federal, parece-nos que o rol fixado constitucionalmente a ele também se aplica. Embora a Constituição, no art. 16, se tenha referido apenas aos Estados e no art. 32, que trata do Distrito Federal, não tenha feito alusão à matéria dos bens públicos, o certo é que não estabeleceu qualquer vedação a que houvesse identidade de tratamento no assunto. Ao contrário, emana do sistema constitucional a aproximação do Distrito Federal com os Estados-membros. Assim, não vemos razão para não lhes estender as regras relativas aso Estados. Os Municípios não foram contemplados com a partilha constitucional de bens públicos. Todavia, é claro que há vários destes bens que lhes pertencem. Como regra, as ruas, praças, jardins públicos, os logradouros públicos pertencem ao Município. Integram-se entre seus bens, da mesma forma, os edifícios públicos e os vários imóveis que compõem seu patrimônio. E, por fim, os dinheiros públicos municipais, os títulos de crédito e a dívida ativa também são bens municipais"[1].

Consoante Diogo de Figueiredo Moreira Neto, "a Constituição de 1988, bem como as que se antecederam, não tem distinguido claramente a partilha do exercício do domínio eminente, que é jurídico-política, da partilha física do domínio patrimonial, que é jurídico-administrativa. A partilha do exercício do domínio eminente ficou implícita na organização político-administrativa, compreendendo a União, os Estados, o Distrito Federal e os Municípios (art. 18), enquanto que a partilha física do domínio patrimonial está explicitada, embora sem taxatividade, apenas no que se refere à União (art. 20) e aos Estados (art. 26), estando implícita, no que diz respeito ao Distrito Federal (art. 32, § 1º) e aos Municípios (art. 30, I, III, V e VIII). O Distrito Federal, por extensão implícita no princípio de competência legislativa, disporá sobre o mesmo rol de bens atribuídos aos Estados (art. 32, § 1º, CF). Os Municípios não foram contemplados explicitamente

---

1. CARVALHO FILHO, José dos Santos. *Manual de direito administrativo*. 23. ed. Rio de Janeiro: Lumen Juris, 2010, p. 1242-1243.

na partilha dominial constitucional, tendo ficado excluídos, assim, do exercício do domínio das terras devolutas, sobre rios e lagos. Assegura-se-lhes, todavia, o domínio patrimonial sobre os bens públicos de uso comum situados no perímetro urbano (art. 30, VIII, CF) e, quanto às águas, sobre aquelas fluentes ou em depósito, artificialmente captadas ou estancadas por obras municipais. Quanto aos Territórios, seus bens integram explicitamente o domínio da União (art. 18, § 2º, CF)"[2].

4.2 QUANTO À UTILIZAÇÃO

Os bens públicos são classificados em sua utilização como bens de uso comum, bens de uso especial e bens dominicais.

4.2.1 Bens públicos de uso comum

De acordo com José Cretella, "os bens de uso comum já eram assim considerados pelos romanos, que com acuidade tinham percebido a possibilidade de utilização das coisas públicas por *quisque populo*, sem necessidade de permissão ou autorização para tanto. Nas fontes romanas, as *res publicae* são entendidas, muitas vezes, no sentido amplo das coisas destinadas ao uso universal, coincidindo, sob tal aspecto, com as *res communes omnium*. A *res communes* são as coisas que em sua totalidade não são suscetíveis de apropriação individual, mas que podem ser usados por todos, segundo a própria natureza delas, conquistando-lhes a propriedade mediante a ocupação de qualquer parte definida e limitada, como o ar, a *aqua profluens*, o mar e o *litus maris*. As *res destinatae público usui*, que são *extra commercium*, abrangem os foros, as praças, os teatros, as *viae publicae*, os *flumina perennia*, donde se conclui que, inúmeros bens de uso comum do nosso direito, ora estão situados entre as coisas comuns, ora entre as coisas públicas, destinadas ao uso comum do povo".

Assim, "a expressão 'uso comum' é de clareza meridiana, designando os bens que todos, normalmente, sem título ou outorga especial, podem utilizar, bens que o Estado possui na qualidade de pessoa de direito público, como as estradas, as ruas, as praças, que se caracterizam pelo fato de que nenhum utente pode excluir outro em virtude da paridade de situações entre todos. Não quer dizer que o bem de uso comum não possa, em certas condições, deixar 'de ser comum a todos' para ser utilizado, privativamente, por um só, que tanto pode ser o Estado ou o particular. Usos comuns do domínio público são os que todos os homens podem realizar, em virtude de sua condição humana, única e exclusivamente, sem nenhum outro requisito mais do que a observância das disposições regulamentares de caráter geral, ditadas pela autoridade. Os bens públicos de uso comum estão fora do comércio, podendo ser utilizados por todos, desde que o uso de cada um não impeça o de outrem. Sua guarda e gestão é que estão confiadas

---

2. MOREIRA NETO, Diogo de Figueiredo. *Curso de direito administrativo*. Parte introdutória. 12. ed. Rio de Janeiro: Forense, 2002, p. 333-334.

à Administração pública, que só nesse sentido especial se considera titular da relação jurídica correspondente".

Conceitualmente, "bem de uso comum é todo bem imóvel ou móvel sobre o qual o povo, o público anonimamente, coletivamente, exerce direitos de uso e gozo, como por exemplo o exercido sobre as estradas, os rios, as costas do mar. Exemplo de bem público de uso comum é a rua, a estrada, o livro de biblioteca pública. Qualquer pessoa, *quisque de populo*, sem identificação, sem título, anonimamente, pode transitar pela via pública (rua, estrada, praça), usufruindo-a, sem que seja impedido por outro particular. Entre os bens de uso comum do povo se incluem, na parte terrestre móvel, as ruas, logradouros públicos, estradas, pontes, cemitérios, jardins, monumentos; na parte hídrica, o mar, os rios, os lagos; na parte aérea, a porção atmosférica situada sobre o território do Estado. Tais bens são usufruídos por todo o povo, obedecidas as indispensáveis limitações fundamentais no poder de polícia, concernentes à segurança e à tranquilidade dos cidadãos"[3].

A redação do Código Civil não conceitua os bens públicos, mas os exemplifica, tais como os rios, os mares, as estradas, as ruas e praças, conforme o art. 99. Portanto, bens de uso comum são bens pertencentes às pessoas jurídicas de direito público destinados à utilização geral dos indivíduos. "Aqui o que prevalece é a destinação pública no sentido da sua utilização efetiva pelos membros da coletividade. Por outro lado, o fato de servirem a esse fim não retira do Poder Público o direito de regulamentar o uso, restringindo-o ou até mesmo o impedindo, conforme o caso, desde que proponha à tutela do interesse público"[4]. Assim, os bens de uso comum são todos aqueles destinados à utilização da comunidade, isto é, pelo povo em geral.

4.2.2   Bens públicos de uso especial

Consoante lição de Cretella Júnior, o uso especial de bem público é "parte integrante da designação bens de uso especial, indicando, no direito pátrio, uma espécie de bem, utilizado só e só pela Administração, em seus serviços como por exemplo um edifício com destino próprio, inerente à sua natureza e finalidade ou um terreno. A expressão 'uso especial', num primeiro sentido, designa, pois, o conjunto de bens cuja utilização não é franqueada a todos, indistintamente, anonimamente, mas, ao contrário, depende de outorga do Estado do Estado, mediante o preenchimento de determinados requisitos por parte do usuário, 'sempre que a utilização não acarrete praticamente uma desnaturação do uso geral da coisa'. Difere o uso especial do uso geral, porque não é permitido a todos, mas apenas a pessoas determinadas, com base em um título particular, constituído ou pelo pagamento de uma taxa (pedágio, para o trânsito sobre algumas estradas ou pontes: direitos de ancoragem, para permanência nos portos), ou, então,

---

3. CRETELLA JÚNIOR, José. *Tratado do domínio público*. Rio de Janeiro: Forense, 1984, p. 56-59.
4. CARVALHO FILHO, José dos Santos. *Manual de direito administrativo*. 23. ed. Rio de Janeiro: Lumen Juris, 2010, p. 1243-1244.

pela obtenção de permissões ou licenças expedidas pela autoridade administrativa. Num segundo sentido, que é o usado no Brasil, uso especial refere-se ao uso exclusivo que o Estado faz de um determinado bem para seus próprios serviços. Em suma, no direito universal, o usuário do bem especial é o administrados, no direito pátrio, é, regra geral, a Administração a usuária".

Nesse sentido, bem de uso especial pode ser definido como "toda porção do domínio público sobre a qual determinadas pessoas exercem direitos de uso e gozo, mediante outorga *intuitu personae* do poder público, através dos institutos da permissão ou da concessão. Exemplo de bem público de uso especial encontra-se nos casos em que, para o exercício da utilização, é necessário remover-se em obstáculos, solicitando-se permissão, licença, autorização ou concessão, o que vai depender, em algumas hipóteses, do juízo discricionário da Administração, como o estacionamento temporário de veículos, autorizado para determinadas pessoas e em determinados lugares, a instalação de bancas de jornais, no domínio público, para vendas diárias"[5].

A redação do Código Civil não conceitua os bens públicos de uso especial, mas os exemplifica, tais como edifícios ou terrenos destinados a serviço ou estabelecimento da administração federal, estadual, territorial ou municipal, inclusive os de suas autarquias (art. 99, II). Para Hely Lopes Meirelles, bens de uso especial "são os que se destinam especialmente à execução dos serviços públicos e, por isso mesmo, são considerados instrumentos desses serviços; não integram propriamente a Administração, mas constituem o aparelhamento administrativo, tais como os edifícios das repartições públicas, os terrenos aplicados aos serviços públicos, os veículos da Administração, os matadouros, os mercados e outras serventias que o Estado põe à disposição do público, mas com destinação especial. Tais bens, como têm uma finalidade pública permanente, são também chamados bens patrimoniais indisponíveis"[6].

No magistério de José dos Santos Carvalho Filho, "bens de uso especial são aqueles que visam à execução dos serviços administrativos e dos serviços públicos em geral. Tais bens constituem o aparelhamento material da Administração para atingir os seus fins. Da mesma forma que os de uso comum do povo, podem ser federais, estaduais e municipais. Quanto ao uso em si, pode dizer-se que primordialmente cabe ao Poder Público. Os indivíduos podem utilizá-los na medida em que algumas vezes precisam estar presentes nas repartições estatais, mas essa utilização deverá observar as condições previamente estabelecidas pela pessoa pública interessada, não somente quanto à autorização, ao horário, preço e regulamento. São bens de uso especial os edifícios públicos, como as escolas e universidade, os hospitais, os prédios do Executivo, Legislativo e Judiciário, os quartéis e os demais onde se situem repartições públicas; os cemitérios públicos; os aeroportos; os museus; os mercados públicos; as terras reservadas aos indígenas etc. Estão, ainda, nessa categoria, os veículos oficiais, os navios militares e todos demais

---

5. CRETELLA JÚNIOR, José. *Tratado do Domínio público*. Rio de Janeiro: Forense, 1984, p. 123-125.
6. MEIRELLES, Hely Lopes. *Direito administrativo brasileiro*. 20. ed. São Paulo: Malheiros, 1995, p. 432.

bens móveis necessários às atividades gerais da Administração, nesta incluindo-se a administração autárquica, como passou a constar do Código Civil em vigor. Registre-se, ainda que não perdem a característica de bens de uso especial aqueles que, objetivando a prestação de serviços públicos, estejam sendo utilizados por particulares, sobretudo sob regime de delegação"[7].

4.2.3 Bens públicos dominicais

O Código Civil define os bens dominicais como os bens que constituem o patrimônio das pessoas jurídicas de direito público, como objeto de direito pessoal, ou real, de cada uma dessas entidades. Se a lei não dispuser em contrário, consideram-se dominicais os bens pertencentes às pessoas jurídicas de direito público a que se tenha dado estrutura de direito privado. Considerando que os bens dominicais integram o patrimônio das pessoas jurídicas de direito público, os referidos bens podem ser alienados, desde que observadas as exigências da lei (arts. 99, III e 101).

Segundo magistério de Cretella Júnior, "bens disponíveis, bens do patrimônio disponível, bens patrimoniais disponíveis, bens do patrimônio fiscal (Forsthoff) ou bens dominicais são os que podem ser vendidos, permutados ou explorados economicamente (Cirne Lima), do mesmo modo que os bens privados, desde que a operação beneficie o Estado e sejam obedecidos certos requisitos prescritos em lei". O patrimônio disponível se origina em decorrência dos bens que já faziam parte do patrimônio disponível do Estado ou já ostentavam a natureza de bens público, embora de outra natureza ou ainda pertenciam aos particulares. "Se já eram bens públicos, não obstante de outra natureza, desclassificaram-se ou desnaturaram-se, patrimonializando-se; se eram particulares, integraram o patrimônio público disponível, que por processos do direito privado, que mediante operações típicas do direito público. Assim, por meio dos institutos da ocupação (as coisas abandonadas nas repartições públicas ou não retiradas dos correios, transcorrido o prazo legal de reclamação, passam para o patrimônio disponível do Estado – Alessio e Menegale), da usucapião (os entes públicos podem opor aos particulares e nas relações recíprocas a prescrição aquisitiva, desde que acompanhada de justo título e boa-fé), da sucessão legítima ou testamentária (os entes públicos podem ser instituídos herdeiros ou legatários e o Estado pode suceder aos vivos *ab intestato*, desde que obedeçam a determinadas formalidades, para salvaguardar a economia pública), da acessão (Alessio), os bens do patrimônio privado são transferidos para os bens do patrimônio disponível do Estado; por meio dos institutos da desclassificação ou do desnaturamento os bens públicos de natureza dominial passam, mediante desafetação, a fazer parte dos bens do patrimônio disponível (Alessio), o que também se verifica no processo de desapropriação, quando o bem desapropriado não recebe o destino que devia ter e o

---

7. CARVALHO FILHO, José dos Santos. *Manual de direito administrativo*. 23. ed. Rio de Janeiro: Lumen Juris, 2010, p. 1244-1245.

expropriado não faz uso de seu direito de retrocessão. Nesse caso, o bem não 'retro-traído' integra o patrimônio disponível do expropriante (Alessio)"[8].

Tendo em vista sua natureza, aos bens patrimoniais disponíveis do Estado (bens dominicais) não se aplica propriamente os princípios puros do direito administrativo, "mas antes de tudo, derrogações ou desvios do direito civil comum, o que se compreende diante das circunstâncias especiais em que se encontra o poder públicos, vinculado a altos interesses que se acham em jogo (Berthélemy). O regime jurídico a que se acham sujeitos os bens do patrimônio do Estado é o de direito comum, com determinadas derrogações supletivas, quando da ausência de orientação legal implícita, notando-se, porém, que o 'patrimônio disponível constitui a categoria relativamente à qual menores são os desvios no que diz respeito ao regime jurídico dos bens privados' (Alessi). Nessas condições, não obstante de reconheça, nas operações que têm por objeto bens patri-moniais do Estado, a plenitude do direito privado, cumpre acentuar que o processo de aplicação do direito civil a tais operações é modificado por determinadas circunstâncias, que os especializam, anormalizando-o, fazendo-o desviar-se do curso regular ditado pelo direito comum (Menegale)".

Entre os mencionados desvios podem ser citados "todas as normas particulares relativas à conservação dos bens patrimoniais disponíveis, disposições referentes ao inventário e registro de tudo que integra essa classe de coisas públicas, constantes das leis e regulamentos sobre a contabilidade do Estado (Vitta). Inventário para os móveis, registro para os imóveis. Com efeito, o ente público tem do direito e o dever de diligen-ciar para que se pratiquem todos os atos necessários para a administração e gozo dos bens públicos de seu patrimônio (Alessio), a começar pelo arrolamento ou inventário que constitui o primeiro e fundamental ato de conservação do patrimônio, imposto aos entes públicos (Alessio). Quanto aos imóveis, prevalece entre os desvios a regra se-gundo a qual sua utilização econômica se concretizará mediante o instituto da locação, excluindo-se a gestão direta, quer por meio de órgãos administrativos, quer através de agentes técnicos estipendiados. Além disso, os contratos de locação ficam sujeitos às regras particulares que disciplinam os contratos do Estado, os quais apresentam, em muitos pontos, especialmente no que se refere à formação e à manifestação da vontade da pessoa pública, outros tantos desvios ao normal regime contratual privado (Alessi)".

Aos bens dominicais "subsistem ainda desvios do regime jurídico privado nos casos de disposição do patrimônio disponível, constituídos principalmente por uma série de formalidades às quais se submeterá a alienação dos referidos bens. Regra ge-ral, a venda dos imóveis será feita em caráter público, mediante a licitação, com base no valor estimativo, obedecendo-se a determinadas formalidades. Em conclusão, o regime jurídico dos bens disponíveis ou bens do domínio privado da Administração não é, como querem alguns, o do código civil, em toda sua pureza, subordinado, pois, às regras e aos princípios informativos do direito privado. Verifica-se que o direito

---

8. CRETELLA JÚNIOR, José. *Tratado do domínio público.* Rio de Janeiro: Forense, 1984, p. 138-140.

administrativo contém a respeito capítulos que são inteiramente originais: pode-se citar, no que se refere à aquisição dos bens, a legislação sobre a expropriação e as requisições, a legislação fiscal e, quanto à gestão, os regulamentos sobre arrendamentos e a lei s obre a contabilidade pública. Não há dúvida de que o direito administrativo não é completo no que concerne ao regime jurídico dos bens da Administração, de tal modo que, em caso de silêncio das leis administrativistas se faz a remissão ao direito comum, isto é, do Código Civil. Mas, conclui Buttgenbach, seria errôneo dizer que o regime dos bens da Administração é o regime privado, porque, na realidade, tem uma fisionomia própria e constitui um regime jurídico especial – o regime jurídico de direito público"[9].

Em razão disso, os contratos administrativos regulam-se pelos preceitos de direito público, aplicando-se lhes, supletivamente, os princípios da teoria geral dos contratos e as disposições de direito privado (art. 54, Lei 8.666 de 1993). Além disso, como forma de manter a integridade dos bens públicos disponíveis (bens dominicais), os órgãos públicos devem promover a contabilidade patrimonial dos seus bens, isto é, a contabilidade deve manter registros sintéticos dos bens móveis e imóveis. O levantamento geral dos bens móveis e imóveis terá por base o inventário analítico de cada unidade administrativa e os elementos da escrituração sintética na contabilidade (arts. 95 e 96 da Lei nº 4.320 de 1964). Por último, a fim de preservar o patrimônio público, é vedada a aplicação da receita de capital derivada da alienação de bens e direitos que integram o patrimônio público para o financiamento de despesa corrente, salvo se destinada por lei aos regimes de previdência social, geral e próprio dos servidores públicos (art. 44, LC nº 101 de 2000).

4.3 QUANTO À DESTINAÇÃO ORIGINAL

Tendo por parâmetro a destinação inicial ou não de certos bens à satisfação do interesse público, estes podem ser divididos em bens públicos *necessários* ou bens públicos *acidentais*. Diogo de Figueiredo Moreira Neto preleciona: "certos bens, por sua natureza, encontram-se a serviço de um interesse público por destinação imemorial, ou tão óbvias, que dispensem qualquer declaração oficial neste sentido: são esses os bens públicos necessários. Outros, ao revés, seja porque tivessem sido, antes, bens privados, ou porque fossem *res nullius*, necessitam de ato ou fato que nitidamente os incorpore ao domínio público patrimonial: são os bens públicos acidentais"[10].

Assim, os bens públicos necessários são os que revelam de maneira inconteste como essenciais à satisfação do interesse comum; ao passo que os bens públicos acidentais são aqueles que, em razão da sua origem, exigem a incorporação formal à dominialidade estatal, visto que não ostentavam inicialmente uma destinação coletiva.

---

9. CRETELLA JÚNIOR, José. *Tratado do domínio público*. Rio de Janeiro: Forense, 1984, p. 140-144.
10. MOREIRA NETO, Diogo de Figueiredo. *Curso de direito administrativo*. Parte introdutória. 12. ed. Rio de Janeiro: Forense, 2002, p. 335.

4.4 QUANTO À DISPONIBILIDADE

Esse critério funda-se no poder de administração dos bens, isto é, no controle da utilização dos bens pertencentes ao Estado. Assim, a disponibilidade subdivide-se em bens indisponíveis, bens patrimoniais indisponíveis e bens patrimoniais disponíveis. "*Bens indisponíveis* são aqueles que não ostentam caráter tipicamente patrimonial e que, por isso mesmo, as pessoas a que pertencem não podem deles dispor. Não poder dispor, no caso, significa que não podem ser alienados ou onerados nem desvirtuados das finalidades a que estão voltados. Significa, ainda, que o Poder Público tem o dever de conservá-los, melhorá-los e mantê-los ajustados a seus fins, sempre em benefício da coletividade. São bens indisponíveis os bens de uso comum do povo, porquanto se revestem de característica não patrimonial. Incluem-se, então, os mares, os rios, as estradas, as praças e logradouros públicos, o espaço aéreo etc., alguns deles, é óbvio, enquanto mantiverem essa destinação".

Por sua vez, os *bens patrimoniais indisponíveis*, em que pese ostentarem a natureza de bem patrimonial do Estado, não se encontram na livre disposição, ou seja, os bens que não podem ser transmitidos ou onerados. "Tais bens possuem caráter patrimonial, porque, mesmo sendo indisponíveis, admitem em tese uma correlação de valor, sendo, por isso, suscetíveis de avaliação pecuniária. São indisponíveis, entretanto, porque utilizados efetivamente pelo Estado para alcançar os seus fins. Ainda que terceiros possam usá-los, tais bens são indisponíveis enquanto servirem aos fins estatais. Enquadram-se nessa categoria os bens de uso especial, sejam móveis ou imóveis, porque são eles sempre os instrumentos de ação da Administração Pública. Enquanto o forem, serão bens patrimoniais indisponíveis (Por exemplo: um prédio público é suscetível de avaliação patrimonial; é um bem vendável no mercado imobiliário e faz parte do patrimônio estatal. É, contudo, indisponível porque serve à utilização do Estado".

Finalmente, os *bens patrimoniais disponíveis* são os bens que expressam caráter patrimonial e podem ser alienados ou onerados, desde que observem os requisitos que a lei estabelecer. "Não é, portanto, a possibilidade de livre alienação, que é coisa diversa; é, isto sim, a disponibilidade dentro das condições legalmente fixadas. Os bens patrimoniais disponíveis são os bens dominicais em geral, porque nem se destinam ao público em geral, nem são utilizados para o desempenho normal das atividades administrativas"[11].

4.5 QUANTO À NATUREZA FÍSICA

Esse critério se baseia na natureza da constituição do bem submetido ao domínio público, isto é, refere-se às características dos elementos formativos do bem, podendo ser *bens naturais* ou *bens artificiais*. Na lição de Marcelo Caetano, os bens naturais são

---

11. CARVALHO FILHO, José dos Santos. *Manual de direito administrativo*. 23. ed. Rio de Janeiro: Lumen Juris, 2010, p. 1247-1248.

aqueles oriundos da natureza (ex.: rios, ilhas, minérios); ao passo que bens artificiais são os bens provenientes da ação do homem (ex.: prédios públicos, pontes, estátuas etc.). Com base nesse critério, os bens naturais integram o domínio público natural, ao passo que os bens artificiais integram o domínio público artificial.

Ainda de acordo com o mestre português, no que se refere à abrangência, "o domínio público natural compreende: o domínio hídrico; o domínio aéreo; o domínio mineiro. O domínio público artificial compreende: o domínio da circulação; o domínio militar; o domínio monumental, cultural e artístico"[12]. Sem embargo, esta corrente adota critério próprio para designar o domínio público, consistente na categorização da dominialidade estatal nas seguintes espécies: "domínio público terrestre", "domínio público hídrico", "domínio público aéreo", "domínio público militar", "domínio público cultural, histórico e artístico", "domínio público geológico", "domínio público energético", "domínio público nas telecomunicações" e "domínio público genético", conforme consta na Parte III da presente obra.

---

12. CAETANO, Marcello. *Manual de direito administrativo.* 7. ed. Lisboa: Coimbra, 1965, p. 205.

Capítulo 5
GESTÃO DOS BENS PÚBLICOS

A gestão do domínio refere-se à maneira de administrar as coisas integrantes da dominialidade pública. Naturalmente, a administração dos bens públicos compreende o poder estatal de disciplinar a utilização e conservação dos referidos bens. Para tanto, devem ser observados o interesse coletivo na fruição da coisa e o atendimento às normas gerais, editadas pelo Estado. Cabe ao Estado, nas suas diversas esferas, realizar a gestão do domínio público, incumbindo-lhe formular o regramento, executar as normas, fiscalizar o respeito à normativa e punir eventuais infrações relacionadas às atividades dos particulares que de algum modo violem os bens ou coisas componentes da dominialidade estatal.

Registre-se que o uso das coisas integrantes do domínio público deve ser efetuado de acordo com as normas do direito administrativo, pois cabe a esse ramo do Direito administrar os bens públicos. Com efeito, a administração dos bens estatais é regida pelas normas do Direito Público, aplicando-se supletivamente os preceitos de Direito Privado quando o Estado se relacionar com o particular em condição de igualdade ou no que se refere ao formalismo concernente à propriedade, a exemplo da necessidade de escritura e registro em cartório para transmissão de bens imóveis. Mas a coisa ou bem público fica submetido ao regime administrativo quando versar sobre o seu uso, conservação ou alienação, a fim de proteger o interesse da coletividade[1].

Conforme Rafael Bielsa, tudo o que é matéria de fundo referente ao domínio público é regido exclusivamente pelos princípios do direito administrativo e pelas leis ou disposições administrativas. Considerando a natureza que ostenta e a destinação ao benefício coletivo, a utilização das coisas do domínio público estão subtraídas juridicamente do comércio, ou seja, são coisas fora dos atos típicos de mercancia. Mesmo no uso especial das coisas públicas - mediante autorização, permissão e concessão - a utilização ocorre em atendimento às leis, ordenanças gerais ou locais, que são editadas pelo Poder Legislativo ou por meio de regulamentos, de modo que o uso especial se submete às normas de ordem pública, afastando-se disposições meramente privatísticas.

Assim, os particulares (administrados), atendidos às prescrições legais, têm o uso e gozo dos bens públicos. Se trata de um *ius utendi* que não deriva da propriedade particular, senão da propriedade pública titularizada pelo Estado. Por conseguinte, o gozo das coisas do domínio público que a lei regula é atribuída a todos individualmente, e por exceção, coletivamente. Além disso, no gozo ou uso das coisas públicas os respectivos

---

1. MEIRELLES, Hely Lopes. *Direito administrativo brasileiro*. 26. ed. São Paulo: Malheiros, 2001, p. 482.

usuários estão sujeitos às ordenanças gerais ou locais, que podem ser leis em sentido estrito ou atos regulamentares. Essa normatização é promovida pelo Estado justamente para impor limitações inerentes à coisa, isto é, são estabelecidas com o objetivo de adequar o uso da coisa ao seu destino, mantendo-a incólume[2].

5.1 USO COMUM

Na lição de Otto Mayer, certas coisas públicas, por atender ao interesse comum, submetem-se ao direito de uso por todos. Isso porque as coisas públicas mais importantes aparecem originalmente como instituições comuns de associações locais, a exemplo das ruas, praças, parques, fontes públicas, de modo que constituem uma propriedade destinada ao uso social. Ao fazer uso da coisa pública, os membros da comunidade política não fazem mais do que exercer um direito na condição de cidadão. Com o surgimento das pessoas jurídicas de direito público, especialmente o Estado, este é o proprietário das coisas públicas, sendo o uso comum da dominialidade um benefício concedido a favor de todos, em razão do interesse público. Portanto, trata-se de um direito que permite o uso da coisa pública por todos, sendo um direito válido não só contra os particulares, mas também em face do Estado, que deve assegurar a fruição do bem à coletividade. Todavia, o conteúdo do direito de uso por todos – da coisa integrante do domínio público – submete-se à regulamentação da lei, como forma de disciplinar a manifestação da liberdade[3].

Segundo Marienhoff, o uso comum do domínio público significa que todas as pessoas, por sua condição como tais, podem utilizar as coisas integrantes da dominialidade, bastando que observem as disposições regulamentares de caráter geral ditadas pelas autoridades públicas. A título de ilustração, podem ser citadas as águas públicas, o trânsito nas vias e lugares públicos, a contemplação de monumentos, a consulta de livros em biblioteca pública etc. O "uso comum" corresponde ao uso pelo público, ou seja, por todos os habitantes, pela coletividade, surgindo a figura do "usuário", sendo este uma pessoa, seja um "anônimo", um sujeito "indeterminado" ou "não individualizado". Sem embargo, o uso comum do domínio público também pode ocorrer pelos usuários individualizados, a exemplo dos proprietários dos imóveis lindeiros com ruas públicas, os ribeirinhos de cursos de água etc.

Importante ressaltar que o *sujeito* do uso comum do domínio público é a coletividade, o povo, quer dizer, não é o indivíduo isoladamente considerado, pois o referido uso se dá na qualidade de membro da coletividade. Em outras palavras, o destinatário do uso dos bens públicos não é o indivíduo, mas sim a coletividade, o "público". Tal modalidade distingue do uso especial ou privativo do bem público, visto que o usuário está constituído na condição de um público "específico", o que permite individualizar o

---

2. BIELSA, Rafael. *Derecho Administrativo*. Cuarta edición. Buenos Aires: El Ateneo, 1947, t. II, p. 447-449.
3. MAYER, Otto. *Derecho Administrativo Alemán*. Parte Especial. El derecho público de las cosas. 2. ed. Buenos Aires: Depalma, 1982, t. III, p. 183-184 e 196.

usuário[4]. Na lição de Hely Lopes Meirelles, o bem de uso comum do povo significa que a utilização é facultada a todo membro pertencente da coletividade, sem discriminação de usuários ou ordem especial para sua fruição. "É o uso que o povo faz das ruas e logradouros públicos, dos rios navegáveis, do mar e das praias naturais". Esse uso comum não exige qualquer qualificação ou consentimento especial, salvo as regulamentações gerais de ordem pública editadas pelo Estado, a fim de preservar a segurança, a higiene, a saúde, a moral e os bons costumes". No uso comum do povo, os usuários são anônimos, indeterminados, e os bens utilizados o são por todos os membros da coletividade – *uti universi* –, razão pela qual ninguém tem direito ao uso exclusivo ou a privilégios na utilização do bem: o direito de cada indivíduo limita-se à igualdade com os demais na fruição do bem ou no suportar os ônus dele resultantes. Pode-se dizer que todos são iguais perante os bens de uso comum do povo"[5].

No que se refere à *natureza jurídica* do uso comum, a doutrina diverge. A primeira corrente considera que o uso comum possui natureza de exercício de um *direito real* dos particulares, em razão do poder fundado no caráter dominial do sujeito (povo) sobre a coisa (bem público). Todavia, essa doutrina está totalmente superada, pois o exercício seria restrito somente ao titular do bem (Estado ou o povo) – Zanobini. A segunda corrente inclui o uso comum do domínio público entre os *direitos cívicos*, isto é, tais bens então entre os direitos individuais que têm por objeto a prestação de utilidade ou de serviços por parte do Estado. Nesse sentido, as coisas públicas representariam o meio pelo qual o Estado provê uma série de serviços públicos de interesse coletivo, a exemplo das estradas e as ruas. A terceira corrente considera o uso comum como exercício de uma faculdade relativa à esfera de *liberdade individual*, que constitucionalmente corresponde aos homens (Villegas Basavilbaso). Sem embargo, o uso comum que fundamenta o poder de exercer o uso de bens comuns decorre da previsão legal, que a defere aos membros da coletividade, de modo que cada um tem essa prerrogativa como consequência de sua condição de ser humano. Finalmente, Marienhoff entende que a natureza jurídica do uso comum consiste em um poder que pode ser exercido por todos os homens, por sua condição como tais – *"cuivis de populo"* –, sem distinção entre nacionais e estrangeiros, em cujo exercício o usuário permanece sempre anônimo, isto é, indeterminado, não individualizado[6].

Imperioso ressaltar que os bens de uso comum se submetem ao *poder de polícia*[7], até para manter a integridade dos bens, a sua destinação, a sua conservação e garantir

---

4. MARIENHOFF, Miguel S. *Tratado del dominio publico*. Buenos Aires: Tipografica Editora Argentina, 1960, p. 295-299.
5. MEIRELLES, Hely Lopes. *Direito administrativo brasileiro*. 26. ed. São Paulo: Malheiros, 2001, p. 483-484.
6. MARIENHOFF, Miguel S. *Tratado del dominio publico*. Buenos Aires: Tipografica Editora Argentina, 1960, p. 299-305.
7. O *poder de polícia* consiste na "atividade da administração pública que, limitando ou disciplinando direito, interesse ou liberdade, regula a prática de ato ou abstenção de fato, em razão de interesse público concernente à segurança, à higiene, à ordem, aos costumes, à disciplina da produção e do mercado, ao exercício de atividades econômicas dependentes de concessão ou autorização do Poder Público, à tranquilidade pública ou ao respeito à propriedade e aos direitos individuais ou coletivos" (art. 78, Lei nº 5.172/1966). Para o STF, "o *poder de polícia*

o uso franqueado a todos. Para Otto Mayer, o direito de uso por todos tem seus limites, pois excedê-los "significa apoderar-se da existência da coisa pública". Para tanto, o poder de polícia pode adotar medidas, a exemplo de: I – suprimir certas maneiras de exercer o uso por todos de bens que aumentem excessivamente as deteriorações das coisas públicas artificiais (criadas pelo ação humana, a exemplo de limite de peso para atravessar uma ponte); II – disciplinar o uso de todos da coisa pública, como forma de permitir a utilização simultânea à comunidade como um todo, a exemplo das regras de trânsito; III – em último caso, dentro das atribuições e previamente justificado, a autoridade pública competente pode excluir temporariamente o uso da coisa pela coletividade, ou apenas proibir a utilização. Tal conduta justifica-se pelo interesse de conservar a coisa, a exemplo de trabalho de reparação de rua; reforma do canal de navegação; ordem de polícia para proibir o trânsito público em razão de evento cultural ou esportivo; a transferência de quadro famoso para local seguro, a fim de evitar furto ou roubo etc.[8].

Desse modo, a regulamentação de polícia do uso comum pode consistir: I – em medidas de polícia geral, a exemplo da proibição de adentrar em determinado espaço, de passar por parte de uma rua onde está ameaçada a segurança pública ou de ditar regras para o uso do bem *(medidas gerais)*; II – em medidas que objetivem a conservação do bem, a exemplo da proibição de circular uma carreta durante os dias de descongelamento ou a proibição de construir acima de determinada altura, a fim de manter a vista do monumento *(medidas conservatórias)*; III – em medidas tendentes a facilitar que todos usem comodamente a dependência dos bens dominicais ou comuns, e impedir que determinadas pessoas realizem um uso anormal incômodo ou inadequado para o demais, a exemplo da regulamentação do uso de imóveis privados do Estado, o disciplinamento no uso de parques públicos etc. *(medidas facilitadoras de uso)*; IV – em medidas destinadas a facilitar o funcionamento de um serviço público, a exemplo a proibição transitória de circular por determinada rua em razão do trabalho dos bombeiros no socorro ou no combate a incêndio; a reserva de faixa exclusiva em via pública para o transporte coletivo de passageiros etc. *(medidas facilitadoras de funcionamento)*.

Na regulamentação do uso comum de bens ou coisas integrantes do domínio público, deve ser observado o princípio constitucional da igualdade perante à lei, de modo que a norma não deve autorizar alguns o que, em iguais circunstâncias, se prive a outros, ou seja, não se pode tratar com diferenciação quem se encontra em situação fática igual[9].

---

significa toda e qualquer ação restritiva do Estado em relação aos direitos individuais. Em sentido estrito, poder de polícia caracteriza uma atividade administrativa, que consubstancia verdadeira prerrogativa conferida aos agentes da Administração, consistente no poder de delimitar a liberdade e a propriedade. 3. A teoria do ciclo de polícia demonstra que o poder de polícia se desenvolve em quatro fases, cada uma correspondendo a um modo de atuação estatal: (i) a ordem de polícia, (ii) o consentimento de polícia, (iii) a fiscalização de polícia e (iv) a sanção de polícia" (STF – Tribunal Pleno – RE 633782 – Rel. Min. Luiz Fux – Julgamento 26.10.2020)

8. MAYER, Otto. *Derecho Administrativo Alemán*. Parte Especial. El derecho público de las cosas. 2. ed. Buenos Aires: Depalma, 1982, t. III, p. 203-207.

9. MARIENHOFF, Miguel S. *Tratado del dominio publico*. Buenos Aires: Tipografica Editora Argentina, 1960, p. 307-308.

5.2 USO ESPECIAL

De acordo com Marienhoff, o *uso especial* de coisa integrante do domínio público significa que somente podem usufruir do bem aquelas pessoas que haja adquirido a respectiva faculdade nos termos do ordenamento jurídico correspondente. Por conseguinte, não se trata de um uso "geral" pela coletividade, como o uso "comum", mas sim um uso "privativo", "exclusivo", que exercem pessoas determinadas. Diferentemente do uso "comum", não se trata de um poder correspondente ao homem pela sua qualidade como tal. O uso "especial", ao contrário do que ocorre com o uso "comum", não tem por objeto principal e imediato satisfazer a nenhuma necessidade física indispensável para a vida, tampouco permitir o desenvolvimento da personalidade humana no tocante à liberdade, senão aumentar a esfera de ação do indivíduo em diversas atividades, principalmente de natureza econômica.

Entre os diversos usos "especiais" do domínio público podem ser mencionados: a derivação de águas para irrigação destinado ao uso industrial; a utilização de água por força motriz; a instalação de quiosques nas dependências do domínio público para venda de revistas, jornais, comestíveis etc.; a utilização de toldos, guarda-sol nas praias para o uso de banhistas; a utilização de calçadas pelos proprietários de restaurantes, cafés e confeitarias com mesas e cadeiras para o serviço da clientela; a autorização de estacionamento temporário de veículos a pessoas determinadas em vias públicas; a instalação de circo em dependências do domínio público; a exibição e venda de objetos nas calçadas, autorizadas a pessoas determinadas e em lugares determinados etc.

O *sujeito* do uso especial não é povo, diferentemente do uso comum do domínio público. Isso porque a pessoa a quem é deferido o uso especial não são todas as pessoas, mas sim apenas aqueles que cumpram com o requisito estabelecido no ordenamento jurídico. Vale dizer, o titular do uso especial de bem público é o membro da comunidade – inclusive nativos ou estrangeiros – mas desde que recebam aquiescência estatal para o gozo do respectivo direito, isto é, os sujeitos dependem do atendimento ao regime legal ou administrativo imperante. Nesse caso, o usuário obtém uma concordância formal do Estado para o uso individualizado do bem ou coisa componente do domínio público. O "uso especial" pode ser adquirido por quaisquer dos meios previstos pelo ordenamento jurídico, nomeadamente a concessão, permissão e autorização[10].

Para Hely Lopes Meirelles, o uso especial "é todo aquele que, por um título individual, a Administração atribui a determinada pessoa para fruir de um bem público com exclusividade, nas condições convencionadas. É também uso especial aquele a que a Administração impõe restrições ou para o qual exige pagamento, bem como o que ela mesma faz de seus bens para a execução dos serviços públicos, como é o caso dos edifí-

---

10. MARIENHOFF, Miguel S. *Tratado del dominio publico*. Buenos Aires: Tipografica Editora Argentina, 1960, p. 319-322.

cios, veículos e equipamentos utilizados por suas repartições. Todos os bens públicos, qualquer que seja sua natureza, são passíveis de uso especial por particulares, desde que a utilização consentida pela Administração não os leve à inutilização ou destruição, caso em que se converteria em alienação. Ninguém tem direito natural a uso especial de bem público, mas qualquer indivíduo ou empresa pode obtê-lo mediante contrato ou ato unilateral da Administração, na forma autorizada por lei ou regulamento ou simplesmente consentida pela autoridade competente. Assim sendo, o uso especial de bem público será sempre uma utilização individual – *uti singuli* – a ser exercida privativamente pelo adquirente desse direito".

Impende salientar que "o que tipifica o uso especial é a privatividade da utilização de um bem público, ou de parcela desse bem, pelo beneficiário do ato ou contrato, afastando a fruição geral e indiscriminada da coletividade ou do próprio Poder Público. Esse uso pode ser consentido gratuita ou remuneradamente, por tempo certo ou indeterminado, consoante o ato ou contrato administrativo que o autorizar, permitir ou conceder. Uma vez titulado regularmente o uso especial, o particular passa a ter um direito subjetivo público ao seu exercício, oponível a terceiros e à própria Administração, nas condições estabelecidas ou convencionadas. A estabilidade ou precariedade desse uso assim como a retomada do bem público, com ou sem indenização ao particular, dependerão do título atributivo que o legitimar. As formas administrativas para o uso especial de bem público por particulares variam desde as simples e unilaterais autorização de uso e permissão de uso até os formais contratos de concessão de uso e concessão de uso para direito real solúvel, além da imprópria e obsoleta adoção dos institutos civis do comodato, da locação e da enfiteuse"[11].

5.3 PERMISSÃO DE USO

Segundo Otto Mayer, a *permissão de uso* consiste no poder de utilizar a coisa pública de uma maneira não compreendida ao uso de todos sem impedimento pelo Estado, de modo a outorgar ao indivíduo uma faculdade puramente de fato. Por se tratar de uso de coisa pública, exclui-se a incidência de disposições do direito civil, sendo regido unicamente pelo direito público.

As regras de permissão de uso de coisa pública são as seguintes: I – cabe ao titular da coisa pública outorgar a permissão de uso, quer dizer, terceiros não dispõem de competência para atribuir direito a favor de outrem, sendo apta a Administração Pública ou o ente político titular da coisa; II – o titular da coisa pública possui discricionariedade, visto que a Administração goza de livre apreciação do interesse público, bastando que a decisão seja motivada e publicizada, podendo ainda estabelecer instruções de serviço para uniformizar a outorga ou recusa da permissão; III – a outorga da concessão não cria um direito subjetivo sobre a coisa pública em benefício do indivíduo que a obtém

---

11. MEIRELLES, Hely Lopes. *Direito administrativo brasileiro*. 26. ed. São Paulo: Malheiros, 2001, p. 484-485.

(permissionário), ou seja, o efeito da permissão é essencialmente negativo, conforme o caráter geral da liberdade, pois o fato permitido não deve obstado pelo Estado no exercício do seu poder de polícia; IV – a permissão de uso da coisa pública não cria nenhum direito em favor daquele que a obtém, de modo que o ato/fato permitido não pode ser objeto de disposição pelo permissionário. Por conseguinte, a permissão não pode ser alienada, cedida, alugada, transmitida por ato "inter vivos" ou "mortis causa", ou quaisquer outras formas de disposição pelo particular, pois o Poder Público continua mantendo a titularidade da coisa[12].

Para Rafael Bielsa, a Administração Pública pode deferir permissão ao particular para usar de forma privativa certas partes do domínio público sob a condição de que esse uso excepcional não modifique o "uso habitual" da coletividade. "Isso se justifica, pois uma proibição absoluta de todo uso especial que não afetasse o uso geral seria, sem dúvida, arbitrária e até contrária ao interesse público. Assim, pois, se justifica a permissão de uso para instalação de quiosques destinados à venda de periódicos etc. as permissões para estacionar carruagens, para instalação de feiras livres, instalação de caixas de correio, carrosséis nas praças etc., que implicam sempre um uso particular (do que obtém uma permissão ou concessão), mas que tem vantagens ou comodidades ao público"[13].

Geralmente, a *permissão* de uso é outorgada na condição *"intuitu personae"*, de modo que o direito não pode ser transferido do permissionário para outro sem o consentimento da Administração Pública. Isso porque cabe à Administração avaliar se o permissionário atende aos requisitos para o uso do bem, por isso que a permissão é dada em caráter pessoal, ou seja, é conferida em razão de determinada pessoa demonstrar o cumprimento de preceitos legais previamente estabelecidos. Além disso, a outorga de permissão para o uso de bens do domínio público depende da discricionariedade administrativa, pois cabe à Administração avaliar se a permissão atende ao interesse público. Também aqui deve ser alcançada a satisfação dos interesses gerais. A permissão de uso não deve prejudicar os interesses de terceiros, isto é, a realização da atividade pelo permissionário não deve causar prejuízos a pessoas alheias à permissão. Ademais, não há impedimento para que o permissionário pague soma de dinheiro ao Estado em razão da permissão. Nesse caso, a contribuição é denominada de "cânon" (quantia paga, periodicamente ou não, pelo beneficiário, por utilizar propriedade alheia)[14]. O pagamento de soma ao Estado pelo uso de bem público justifica-se sobretudo por utilizar coisa pública na obtenção de riqueza por particular, a exemplo do comerciante que obtém permissão de vender produtos em área pública, sendo uma forma de o valor pago ser revertido em prol da população, além de respeitar o princípio da igualdade na sua perspectiva substancial.

---

12. MAYER, Otto. *Derecho Administrativo Alemán*. Parte Especial. El derecho público de las cosas. 2. ed. Buenos Aires: Depalma, 1982, t. III, p. 225 e 230-238.
13. BIELSA, Rafael. *Derecho Administrativo*. Cuarta edición. Buenos Aires: El Ateneo, 1947, t. II, p. 457-458.
14. MARIENHOFF, Miguel S. *Tratado del dominio publico*. Buenos Aires: Tipografica Editora Argentina, 1960, p. 333-338.

No que se refere à *extinção*, a permissão pode ser extinta por diversas causas, a exemplo da renúncia, caducidade e revogação, sendo esta última a hipótese mais comum. A *renúncia* ocorre quando o permissionário abdica da permissão que lhe fora outorgada, ou seja, quando intencionalmente desiste de exercer a atividade que lhe fora permitida pela Administração Pública. O ato de renunciar é ato personalíssimo, que somente o titular pode realizar, produzindo-se efeitos a partir da declaração formal da desistência. Tal modalidade extintiva pode ser definida como *extinção abdicatória*.

A seguir, merece destaque a *revogação*, que consiste em tornar sem efeito ou inoperante, desde já, determinado ato praticado de maneira válida, quer dizer, é a manifestação de vontade administrativa que abole, desde então, uma ação antes autorizada, de modo a interromper os efeitos continuativos que lhes seriam inerentes. Assim, o ato revogatório administrativo possui efeitos *ex nunc*, obstando a permanência do exercício da atividade pelo permissionário. Esse instituto pode operar-se em qualquer momento à critério da Administração Pública, bastando que julgue oportuno. Tal possibilidade deriva do caráter essencialmente "precário" da permissão e do caráter "discricionário" em que esta ordem de ideias atua no âmbito da Administração Pública. Sem embargo, não se trata de conduta abusiva estatal, pois o ato revogatório deve atender ao interesse público, que deve ser justificado, assim como deve atender ao princípio da publicidade. Registre-se que tal revogação não outorga ao permissionário nenhum direito indenizatório, sendo esta disposição parte integrante do ato que outorga a permissão, ou seja, não há violação ao princípio da boa-fé objetiva ou da proteção à confiança. Além disso, a extinção por revogação se dá pela Administração Pública, ainda que o permissionário cumpra com o que fora estabelecido no ato permissório. Tal modalidade extintiva pode ser definida como *extinção meritória*.

Por sua vez, a segunda modalidade extintiva da permissão é a *caducidade*, que ocorre quando o permissionário deixa de cumprir com uma obrigação essencial de sua responsabilidade, sendo tal incumprimento a ele imputável. Ou seja, a caducidade funda-se por conduta reprovável do próprio permissionário, que finda por extinguir a permissão por fato a ele responsável, isto é, quando há descumprimento dos termos previstos. Além disso, a Administração pode ser indenizada pelo permissionário caso este tenha causado prejuízo ao Estado ou à coletividade[15]. Nesse caso, a Administração Pública apenas extingue a permissão ante a não observância do que fora estabelecido ao permissionário, sendo-lhe atribuída a culpa. Tal modalidade extintiva pode ser definida como *extinção sancionatória*.

Segundo Hely Lopes Meirelles, a *permissão de uso* "é ato negocial, unilateral, discricionário e precário através do qual a Administração faculta ao particular a utilização individual de determinado bem público. Como ato negocial, pode ser com ou sem condições, gratuito ou remunerado, por tempo certo ou indeterminado, conforme estabelecido no

---

15. MARIENHOFF, Miguel S. *Tratado del dominio publico*. Buenos Aires: Tipografica Editora Argentina, 1960, p. 338-339.

termo próprio, mas sempre modificável e revogável unilateralmente pela Administração, quando o interesse público o exigir, dados sua natureza precária e o poder discricionário do permitente para consentir e retirar o uso especial do bem público. A revogação faz-se, em geral, sem indenização, salvo se em contrário se dispuser, pois a regra é a revogabilidade sem ônus para a Administração. O ato da revogação deve ser idêntico ao do deferimento da permissão e atender às condições nele previstas. A permissão, enquanto vigente, assegura aos permissionários o uso especial e individual do bem público, conforme fixado pela Administração, e gera direitos subjetivos defensáveis pelas vias judiciais, inclusive ações possessórias para proteger a utilização na forma permitida. Via de regra, a permissão não confere exclusividade de uso, que é apanágio da concessão, mas, excepcionalmente, pode ser deferida com privatividade sobre outros interessados, desde que tal privilégio conste de cláusula expressa e encontre justificativa legal".

Além disso, "qualquer bem público admite permissão de uso especial a particular, desde que a utilização seja também de interesse da coletividade que irá fruir certas vantagens desse uso, que se assemelha a um serviço de utilidade pública, tal como ocorre com as bancas de jornais, os vestiários em praias e outras instalações particulares convenientes em logradouros públicos. Se não houver interesse para a comunidade, mas tão somente para o particular, o uso especial não deve ser permitido nem concedido, mas simplesmente autorizado, em caráter precaríssimo. Vê-se, portanto, que a permissão de uso é um meio-termo entre a informal autorização e a contratual concessão, pois é menos precária que aquela, sem atingir a estabilidade desta. A diferença é de grau na atribuição do uso especial e na vinculação do usuário com a Administração. A permissão de uso especial de bem público, como ato unilateral, é normalmente deferida independentemente de lei autorizativa, mas depende de licitação [Lei nº 14.133/2021, art. 2º, IV], podendo, ainda, a legislação da entidade competente impor requisitos e condições para sua formalização e revogação"[16].

Para José dos Santos Carvalho Filho, a *permissão de uso* "é ato administrativo pelo qual a Administração consente que certa pessoa utilize privativamente bem público, atendendo ao mesmo tempo aos interesses público e privado. Na permissão de uso, os interesses são nivelados: a Administração tem algum interesse público na exploração do bem pelo particular, e este tem intuito lucrativo na utilização privativa do bem. A questão do interesse predominante – se público ou privado – nem sempre é suficientemente clara e, ao que temos visto, tem dado ensejo a distorções quanto à configuração do ato"[17].

5.4 CONCESSÃO DE USO

De acordo com Otto Mayer, a noção fundamental é que a "concessão" (*Verleihung*) é uma instituição geral de direito público que se funda em um ato administrativo de

---

16. MEIRELLES, Hely Lopes. *Direito administrativo brasileiro*. 26. ed. São Paulo: Malheiros, 2001, p. 486-487.
17. CARVALHO FILHO, José dos Santos. *Manual de direito administrativo*. 23. ed. Rio de Janeiro: Lumen Juris, 2010, p. 1276-1277.

determinado conteúdo. Por meio desse conteúdo, o particular obtém o poder jurídico em decorrência da manifestação da Administração Pública. Nesse sentido, a concessão em sentido amplo pode ser definida como "um ato administrativo mediante o qual se outorga a um súdito um poder jurídico sobre uma parte da administração pública que é delegada". Por sua vez, a *concessão de uso* consiste no ato administrativo que cria em favor do indivíduo uma posse exclusiva e um poder juridicamente protegido sobre uma parte da coisa pública. Sendo a concessão um ato administrativo, só pode ser emanado pela autoridade diretiva competente, devendo o respectivo ato jurídico ser manifestado mediante declaração inequívoca por escrito.

Em princípio, a autoridade administrativa detém liberdade para outorgar ou negar a concessão, isto é, possui discricionariedade, pois cabe-lhe julgar a oportunidade e a conveniência (mérito administrativo), além de apreciar a melhor proposta de concessão em respeito ao interesse público, a exemplo da concessão de construção de uma represa em um rio público. Caberá à autoridade avaliar os diversos interesses em questão, inclusive os efeitos e o impacto social.

Além disso, a concessão de uso possui como efeito a criação de um direito subjetivo público, que possui como objeto a posse de uma parte da coisa integrante do domínio público. O ato administrativo concessório constitui o fundamento autorizador do direito ao destinatário, ensejando a atribuição de um poder jurídico do concessionário sobre a coisa. Por conseguinte, o concessionário pode litigar em face da Administração Pública caso sofra violação em seus direitos, podendo fazer uso de recursos na via administrativa e na instância judicial, inclusive a nulidade de ato ilegalmente praticado pelo Estado[18].

Para Hely Lopes Meirelles, a *concessão de uso* pode ser definida como "o contrato administrativo pelo qual o Poder Público atribui a utilização exclusiva de um bem de seu domínio a particular, para que o explore segundo sua destinação específica. O que caracteriza a concessão de uso e a distingue dos demais institutos assemelhados – autorização e permissão de uso – é o caráter contratual e estável da outorga do uso do bem público ao particular, para que o utilize com exclusividade e nas condições convencionadas com a Administração. A concessão pode ser remunerada ou gratuita, por tempo certo ou indeterminado, mas deverá ser sempre precedida de autorização legal e, normalmente, de licitação para o contrato. Sua outorga não é nem discricionária nem precária, pois obedece a normas regulamentares e tem a estabilidade relativa dos contratos administrativos, gerando direitos individuais e subjetivos para o concessionário, nos termos do ajuste. Tal contrato confere ao titular da concessão de uso um direito pessoa de uso especial sobre o bem público, privativo e intransferível sem o prévio consentimento da Administração, pois é realizado *intutitu personae*, embora admita fins lucrativos. É o que ocorre com a concessão de uso remunerado de um hotel municipal, de áreas em

---

18. MAYER, Otto. *Derecho Administrativo Alemán*. Parte Especial. El derecho público de las cosas. 2. ed. Buenos Aires: Depalma, 1982, t. III, p. 226 e 245-257.

mercado ou de locais para bares e restaurantes em edifícios ou logradouros públicos. Na concessão de uso, como, de resto, em todo contrato administrativos, prevalece o interesse público sobre o particular, razão pela qual é admitida a alteração de cláusulas regulamentares do ajuste e até mesmo sua rescisão antecipada, mediante composição dos prejuízos, quando houver motivo relevante para tanto"[19].

Segundo Marienhoff, a *concessão de uso* é um dos meios que a ciência jurídica adota para o outorgamento de direitos especiais de uso sobre as coisas integrantes do domínio público. Na concessão de uso não há uma transferência ou delegação de titularidade, mas sim há mera "atribuição de um poder jurídico especial" sobre a respectiva dependência pública. Isso porque a transferência ou delegação só existe na concessão de serviços ou obras públicas.

A concessão é aplicada sobretudo em atividades de importância econômica, em razão do capital a ser investido, como ocorre nas concessões para o uso de água destinada à irrigação; a construção de centro de lojas em grande espaço público, a exemplo de estádio de futebol; a construção de aeródromo em área pública; ou em casos de transcendência social, a exemplo das concessões de sepultura etc. Nesses casos, haja vista a importância, o aporte financeiro ou transcendência da empresa ou da atividade a ser exercida, requer-se que estes investimentos repousem em uma sólida base legal, que se obtém mediante a figura da "concessão", pois confere ao titular um direito público subjetivo, oferecendo ampla garantia e segurança jurídica.

As principais regras a respeito da concessão de uso de bem público são as seguintes: I – a existência de uma concessão de uso deve resultar de uma manifestação de vontade do Estado, expressa e inequívoca, ou seja, a intenção de constituir um direito especial ao concessionário deve ser indubitável; II – em geral, não existem direitos implícitos em matéria de interpretação de concessões, isto é, aplica-se interpretação restritiva nas disposições contratuais; III – em caso de dúvida na interpretação do contrato de concessão, a presunção deve militar em favor do Estado, pois este tem por objetivo atender ao interesse público, ao passo que o concessionário pode visar apenas ao interesse privado, a exemplo de obter mais lucro; IV - na interpretação do contrato de concessão deve-se concorrer com todas as cláusulas que se encontrem vinculadas, de modo a solucionar eventuais deficiências de expressão, ou seja, o ato de concessão deve ser interpretado como uma unidade, evitando-se antinomias[20].

Ademais, a generalidade da doutrina reconhece que a concessão de uso de bem público possui o caráter bilateral. Essa bilateralidade não só se refere à concessão como um ato administrativo, mas também assumindo a natureza de "negócio jurídico de direito público", ou seja, a concessão de uso não só é bilateral na sua formação – pois depende da convergência de vontades –, como também é bilateral em seus efeitos

---

19. MEIRELLES, Hely Lopes. *Direito administrativo brasileiro*. 26. ed. São Paulo: Malheiros, 2001, p. 488-489.
20. MARIENHOFF, Miguel S. *Tratado del dominio publico*. Buenos Aires: Tipografica Editora Argentina, 1960, p. 341-348.

jurídicos. Isso porque, como um ato administrativo, a concessão é bilateral, visto que para sua existência ou formação é essencial a concorrência da vontade do concessionário com o Poder Público. A vontade do particular em submeter-se aos termos propostos da concessão assume, pois, um papel fundamental. Vale dizer, o pertinente ato administrativo resulta da conjunção de vontades entre o Estado e o concessionário. Como negócio jurídico, a concessão é bilateral, isto é, cria direitos e obrigações recíprocas entre o Estado e o concessionário relativamente ao uso do bem público, de modo a assumir um caráter "contratual". Por conseguinte, o Estado não pode alterar os termos da concessão, impondo ao concessionário maiores obrigações – alheias ao entabulado inicialmente – sem a necessária adequação do contrato, sobretudo o reequilíbrio econômico.

Assente-se que a concessão de uso pode ser outorgada em menor ou maior duração, ou seja, pouco importa se a outorga é concedida em cinco ou trinta anos, da mesma forma que a concessão pode ostentar natureza gratuita ou onerosa, podendo ser exigido do concessionário o pagamento de taxas. Com efeito, a concessão de uso não é precária, vedando-se a sua revogação a qualquer tempo unilateralmente pelo Estado, já que se trata de um contrato, um negócio jurídico de direito público com direitos e obrigações recíprocas. Mesmo sendo possível a revogação para atender ao interesse público, o concessionário faz jus à indenização, pois deve ser reparado por eventuais danos que tenha sofrido, a exemplo de investimento financeiro para executar a concessão.

A concessão de uso não implica transferência de domínio da coisa pública ao permissionário, uma vez que o Estado tão somente concede-lhe mero direito de uso, e nos termos do contrato de concessão. O concessionário não adquire direito algum de propriedade sobre os bens públicos, qualquer que seja a duração do contrato de concessão. Isso porque, em que pese a existência da concessão, o bem continua sendo público, de titularidade do Estado, sendo aplicado o princípio da inalienabilidade, inerente ao regime jurídico próprio das coisas componentes do domínio público. Assim, a concessão atribui ao concessionário o direito de uso sobre o bem público, sendo harmônico o instituto com dominialidade estatal. Além disso, a concessão de uso, mesmo proporcionando benefício à sociedade, é outorgada no interesse particular do concessionário, em seu interesse privado, atendendo somente indireta ou mediatamente o interesse público. A concessão de uso enseja, para o seu titular, um direito perfeito, de natureza patrimonial.

Finalmente, a concessão de uso das coisas integrantes do domínio público pode ser extinta por diversas causas, a exemplo da nulidade, do termo final do prazo, a caducidade, a revogação, a renúncia, a rescisão e a extinção da coisa[21].

---

21. MARIENHOFF, Miguel S. *Tratado del dominio publico*. Buenos Aires: Tipografica Editora Argentina, 1960, p. 351-360 e 382.

5.5 CONCESSÃO DE USO ESPECIAL PARA FINS DE MORADIA

A *concessão de uso especial para fins de moradia* tem por objeto conceder o uso de imóvel público situado em área com características e finalidade urbanas, como forma de promover o direito constitucional à moradia (art. 6º, CF/1988).

Essa hipótese de utilização de imóvel público foi prevista pela Medida Provisória nº 2.220, de 4 de setembro de 2001, cujo dispositivo contém a seguinte redação: "Art. 1º Aquele que, até 22 de dezembro de 2016, possuiu como seu, por cinco anos, ininterruptamente e sem oposição, até duzentos e cinquenta metros quadrados de imóvel público situado em área com características e finalidade urbanas, e que o utilize para sua moradia ou de sua família, tem o direito à concessão de uso especial para fins de moradia em relação ao bem objeto da posse, desde que não seja proprietário ou concessionário, a qualquer título, de outro imóvel urbano ou rural" (Redação dada pela Lei nº 13.465, de 2017).

A concessão de uso especial para fins de moradia será conferida de forma gratuita ao homem ou à mulher, ou a ambos, independentemente do estado civil. O direito de que trata este artigo não será reconhecido ao mesmo concessionário mais de uma vez. Na hipótese desse preceito, o herdeiro legítimo continua, de pleno direito, na posse de seu antecessor, desde que já resida no imóvel por ocasião da abertura da sucessão (art. 1º, §§ 1º, 2º e 3º da MP 2.220/2001).

A concessão de uso especial para fins de moradia em imóvel público poderá ser concedida inclusive de forma coletiva, nos termos da lei: "Nos imóveis de que trata o art. 1º, com mais de duzentos e cinquenta metros quadrados, ocupados até 22 de dezembro de 2016, por população de baixa renda para sua moradia, por cinco anos, ininterruptamente e sem oposição, cuja área total dividida pelo número de possuidores seja inferior a duzentos e cinquenta metros quadrados por possuidor, a concessão de uso especial para fins de moradia será conferida de forma coletiva, desde que os possuidores não sejam proprietários ou concessionários, a qualquer título, de outro imóvel urbano ou rural. (Redação dada pela Lei nº 13.465, de 2017) – art. 2º da MP 2.220/2001).

Nesse caso, o possuidor pode, para o fim de contar o prazo exigido pela norma, acrescentar sua posse à de seu antecessor, contanto que ambas sejam contínuas. Na concessão de uso especial de que trata este artigo, será atribuída igual fração ideal de terreno a cada possuidor, independentemente da dimensão do terreno que cada um ocupe, salvo hipótese de acordo escrito entre os ocupantes, estabelecendo frações ideais diferenciadas. A fração ideal atribuída a cada possuidor não poderá ser superior a duzentos e cinquenta metros quadrados (art. 2º, §§ 1º, 2º e 3º da MP 2.220/2001).

Será garantida essa opção de exercer os direitos também aos ocupantes, regularmente inscritos, de imóveis públicos, com até duzentos e cinquenta metros quadrados, da União, dos Estados, do Distrito Federal e dos Municípios, que estejam situados em área urbana, na forma do regulamento. No caso de a ocupação acarretar risco à vida ou à saúde dos ocupantes, o Poder Público garantirá ao possuidor o exercício desse direito em outro local (arts. 3º e 4º da MP 2.220/2001).

O título de concessão de uso especial para fins de moradia será obtido pela via administrativa perante o órgão competente da Administração Pública ou, em caso de recusa ou omissão deste, pela via judicial. A Administração Pública terá o prazo máximo de doze meses para decidir o pedido, contado da data de seu protocolo. Na hipótese de bem imóvel da União ou dos Estados, o interessado deverá instruir o requerimento de concessão de uso especial para fins de moradia com certidão expedida pelo Poder Público municipal, que ateste a localização do imóvel em área urbana e a sua destinação para moradia do ocupante ou de sua família. Em caso de ação judicial, a concessão de uso especial para fins de moradia será declarada pelo juiz, mediante sentença. O título conferido por via administrativa ou por sentença judicial servirá para efeito de registro no cartório de registro de imóveis (art. 6º §§ 1º, 2º, 3º e 4º da MP 2.220/2001).

O direito de concessão de uso especial para fins de moradia é transferível por ato *inter vivos* ou *causa mortis*. O direito à concessão de uso especial para fins de moradia extingue-se no caso de: I – o concessionário dar ao imóvel destinação diversa da moradia para si ou para sua família; ou II – o concessionário adquirir a propriedade ou a concessão de uso de outro imóvel urbano ou rural. A extinção de que trata este artigo será averbada no cartório de registro de imóveis, por meio de declaração do Poder Público concedente (art. 7º, da MP 2.220/2001).

De acordo com José dos Santos Carvalho Filho, preenchidos os requisitos previstos na norma em apreço, a concessão de uso especial para fins de moradia é atividade vinculada da Administração Pública e direito subjetivo ao ocupante que fizer jus. "Ao exame do regime jurídico desse tipo de concessões, que tem lineamentos singulares, está claro que o legislador atribuiu à Administração atividade vinculada para o fim de reconhecer ao ocupante o direito subjetivo à concessão para moradia, desde que cumpridos os requisitos legais. Quer dizer, cumprido o suporte fático do direito pelo ocupante, outra conduta não se espera da Administração senão a de outorgar a concessão. A lei não lhe outorgou qualquer margem de liberdade para decidir sobre a outorga ou não da concessão. Ora, justamente por isso é que a concessão de uso especial para fins de moradia só pode ostentar a natureza jurídica de ato administrativo vinculado, e não de contrato administrativo, como poderia parecer à primeira vista em razão do que sucede nas demais formas de concessão"[22].

5.6 AUTORIZAÇÃO DE USO

Segundo Hely Lopes Meirelles, a *autorização de uso* consiste no ato unilateral, discricionário e precário pelo qual a Administração Pública consente na prática de

---

22. CARVALHO FILHO, José dos Santos. *Manual de direito administrativo*. 23. ed. Rio de Janeiro: Lumen Juris, 2010, p. 1285-1286.

determinada atividade individual sobre bem integrante do domínio público. "Não tem forma nem requisitos especiais para sua efetivação, pois visa apenas a atividades transitórias e irrelevantes para o Poder Público, bastando que se consubstancie em ato escrito, revogável sumariamente a qualquer tempo e sem ônus para a Administração. Essas autorizações são comuns para a ocupação de terrenos baldios, para a retirada de água em fontes não abertas ao uso comum do povo e para outras autorizações de interesse de certos particulares, desde que não prejudiquem a comunidade nem embaracem o serviço público. Tais autorizações não geram privilégios contra a Administração ainda que remuneradas e fruídas por muito tempo, e, por isso mesmo, dispensam lei autorizativa e licitação para seu deferimento"[23].

Para José dos Santos Carvalho Filho, a *autorização de uso* "é o ato administrativo pelo qual o Poder Público consente que determinado indivíduo utilize bem público de modo privativo, atendendo primordialmente a seu próprio interesse. A autorização de uso só remotamente atende ao interesse público, até porque esse objetivo é inarredável para a Administração. Na verdade, porém, o benefício maior do uso do bem público pertence ao administrado que obteve a utilização privativa. Portanto, é de se considerar que na autorização de uso é prevalente o interesse privado do autorizatário. Como regra, a autorização não deve ser conferida com prazo certo. O comum é que o seja até que a Administração decida revogá-la. Entretanto, consideram os autores que, fixado prazo para o uso, a Administração terá instituído autolimitação e deverá obedecer à fixação, razão porque o desfazimento antes do prazo atribui o dever indenizatório à pessoa revogadora pelos prejuízos causados, os quais, no entanto, devem ser comprovados".

Além disso, "como o ato é discricionário e precário, ficam resguardados os interesses administrativos. Sendo assim, o consentimento dado pela autorização de uso não depende de lei nem exige licitação prévia. Em outra ótica, cabe afirmar que o administrado não tem direito subjetivo à utilização do bem público, não comportando formular judicialmente pretensão no sentido de obrigar a Administração a consentir no uso; os critérios de deferimento ou não do pedido de uso são exclusivamente administrativos, calcados na conveniência e na oportunidade da Administração. Exemplos desse tipo de ato administrativo são as autorizações de uso de terrenos baldios, de área para estacionamento, de retirada de água de fontes não abertas ao público, de fechamento de ruas para festas comunitárias ou para a segurança de moradores e outros semelhantes"[24].

Na lição de Maria Sylvia Di Pietro, a autorização de uso "é ato administrativo unilateral e discricionário, pelo qual a Administração consente, a título precário, que o particular se utilize de bem público com exclusividade. A utilização não é conferida com vistas à utilidade pública, mas no interesse privado do utente. Aliás, essa é uma das características que distingue a autorização da permissão e concessão". A autorização

---

23. MEIRELLES, Hely Lopes. *Direito administrativo brasileiro*. 26. ed. São Paulo: Malheiros, 2001, p. 485-486.
24. CARVALHO FILHO, José dos Santos. *Manual de direito administrativo*. 23. ed. Rio de Janeiro: Lumen Juris, 2010, p. 1273-1274.

possui os seguintes efeitos: "1. A autorização reveste-se de maior precariedade do que a permissão e a concessão; 2. É outorgada, em geral, em caráter transitório; 3. Confere menos poderes e garantias ao usuário; 4. Dispensa licitação e autorização legislativa; 5. Não cria para o usuário um dever de utilização, mas simples faculdade".

Além disso, a autorização pode ser simples (sem fixação de prazo), ou qualificada (com fixação de prazo). "O legislador brasileiro tem previsto a possibilidade de fixação de prazo, como ocorre com a derivação de águas, no interesse do particular, com fundamento no artigo 16 da Lei 9.433, de 08.01.1997 (que institui a Política Nacional de Recursos Hídrico), devendo a outorga ser feita por tempo não excedente a 35 anos. A fixação de prazo tira à autorização o caráter de precariedade, conferindo ao uso privativo certo grau de estabilidade; vincula a Administração à obediência do prazo e cria, para o particular, direito público subjetivo ao exercício da utilização até o termo final previamente fixado; em consequência, se razões de interesse público obrigarem à revogação extemporânea, ficará o poder público na contingência de ter de pagar indenização ao particular, para compensar o sacrifício de seu direito. Manifesta é a inconveniência de estipulação de prazo nas autorizações"[25].

A Medida Provisória nº 2.220, de 4 de setembro de 2001, também tratou da autorização de uso em imóvel público nos seguintes termos: "É facultado ao poder público competente conceder autorização de uso àquele que, até 22 de dezembro de 2016, possuiu como seu, por cinco anos, ininterruptamente e sem oposição, até duzentos e cinquenta metros quadrados de imóvel público situado em área com características e finalidade urbanas para fins comerciais. A autorização de uso de que trata este artigo será conferida de forma gratuita. O possuidor pode, para o fim de contar o prazo exigido por este artigo, acrescentar sua posse à de seu antecessor, contanto que ambas sejam contínuas" (art. 9º, §§ 1º e 2º). A essa previsão legal dá-se o nome de *autorização de uso de natureza urbanística*, pois se trata de instrumento adotado na promoção de política urbana, consistente na realização do direito à moradia[26].

5.7 CESSÃO DE USO

De acordo com Hely Lopes Meirelles, a *cessão de uso* pode ser definida como "a transferência gratuita da posse de um bem público de uma entidade ou órgão para outro, a fim de que o cessionário o utilize nas condições estabelecidas no respectivo termo, por tempo certo ou indeterminado. É ato de colaboração entre repartições públicas, em que aquela que tem bens desnecessários aos seus serviços cede o uso a outra que deles está precisando. Trata-se de transferência de posse do cedente para o cessionário, mas ficando sempre a Administração-proprietária com o domínio do bem cedido, para retomá-lo a qualquer momento ou recebê-lo ao término do prazo da cessão. Assemelha-se

---

25. DI PIETRO, Maria Sylvia Zanella. *Direito administrativo*. 26. ed. São Paulo: Atlas, 2013, p. 755-756.
26. CARVALHO FILHO, José dos Santos. *Manual de direito administrativo*. 23. ed. Rio de Janeiro: Lumen Juris, 2010, p. 1274.

ao comodato do Direito Privado, mas é instituto próprio do Direito Administrativo. A cessão de uso entre órgãos da mesma entidade não exige autorização legislativa e se faz por simples termo e anotação cadastral, pois é ato ordinário de administração através do qual o Executivo distribui seus bens entre suas repartições para melhor atendimento do serviço. Quando, porém, a cessão é para outra entidade, necessário se torna autorização legal para essa transferência de posse, nas condições ajustadas entre as Administrações interessadas. Em qualquer hipótese, a cessão de uso é ato de administração interna que não opera a transferência da propriedade e, por isso, dispensa registros externos"[27].

Para José dos Santos Carvalho Filho, a *cessão de uso* "é aquela em que o Poder Público consente o uso gratuito de bem público por órgãos da mesma pessoa ou de pessoa diversa, incumbida de desenvolver atividade que, de algum modo, traduza interesse para a coletividade. O usual na Administração é a cessão de uso entre órgãos da mesma pessoa. Exemplo: o Tribunal de Justiça cede o uso de determinada sala do prédio do foro para uso de órgão de inspetoria do Tribunal de Contas do mesmo Estado. Ou o Secretário de Justiça cede o uso de uma de suas dependências para órgão da Secretaria de Saúde. A cessão de uso, entretanto, pode efetivar-se também entre órgãos de entidades públicas diversas. Exemplo: o Estado cede grupo de salas situado em prédio de uma de suas Secretarias para a União instalar um órgão do Ministério da Fazenda".

"A formalização da cessão de uso se efetiva por instrumento firmado entre os representantes das pessoas cedente e cessionária, normalmente denominado de 'termo de cessão' ou 'termo de cessão de uso'. O prazo pode ser determinado ou indeterminado, e o cedente pode a qualquer momento reaver a posse do bem cedido. Por outro lado, entendemos que esse tipo de uso só excepcionalmente depende de lei autorizadora, porque o consentimento se situa normalmente dentro do poder de gestão dos órgãos administrativos. Logicamente, é vedado qualquer desvio de finalidade, bem como a extensão de dependências cedidas com prejuízo para o regular funcionamento da pessoa cedente"[28].

5.8 CONCESSÃO DE DIREITO REAL DE USO

Segundo Hely Lopes Meirelles, a *concessão de direito real de uso* "é o contrato pelo qual a Administração transfere o uso remunerado ou gratuito de terreno público a particular, como direito real resolúvel, para que dele se utilize em fins específicos de urbanização, industrialização, edificação, cultivo ou qualquer outra exploração de interesse social. A concessão de uso, como direito real, é transferível por ato *inter vivos* ou por sucessão legítima ou testamentária, a título gratuito ou remunerado, como os demais direitos reais sobre coisas alheias, com a só diferença de que o imóvel reverterá à Administração concedente se o concessionário ou seus sucessores não lhe derem o

---

27. MEIRELLES, Hely Lopes. *Direito administrativo brasileiro*. 26. ed. São Paulo: Malheiros, 2001, p. 487-488.
28. CARVALHO FILHO, José dos Santos. *Manual de direito administrativo*. 23. ed. Rio de Janeiro: Lumen Juris, 2010, p. 1288-1289.

uso prometido ou o desviarem de sua finalidade contratual. Desse modo, o Poder Público garante-se quanto à fiel execução do contrato, assegurando o uso a que o terreno é destinado e evitando prejudiciais especulações imobiliárias dos que adquirem imóveis públicos para aguardar valorização vegetativa, em detrimento da coletividade".

Além disso, "a concessão de direito real de uso pode ser outorgada por escritura pública ou termo administrativo, cujo instrumento ficará sujeito à inscrição no livro próprio do registro imobiliário competente. Desde a inscrição o concessionário fruirá plenamente o terreno para os fins estabelecidos no contrato e responderá por todos os encargos civis, administrativos e tributários que venham a incidir sobre o imóvel e suas rendas. A concessão assim concebida substitui vantajosamente a maioria das alienações de terrenos públicos, razão pela qual deverá ser sempre preferida, principalmente nos casos de venda ou doação"[29]. Dispensa-se a realização de licitação na concessão de direito real de uso nas hipóteses constantes do art. 76, I, *f*, da Lei nº 14.133/2021.

Com a evolução do Direito Administrativo, ampliou-se o objeto da concessão de direito real de uso. Na lição de José dos Santos Carvalho Filho, a *concessão de direito real de uso* "é o contrato administrativo pelo qual o Poder Público confere ao particular o direito real resolúvel de uso de terreno público ou sobre o espaço aéreo que o recobre, para os fins que, prévia e determinadamente, o justificaram". A concessão de uso é outorgada ao concessionário a título de direito real, ou seja, tem natureza jurídica de direito real, sendo os fins previamente fixados na lei reguladora, destinando-se o uso à urbanização, à edificação, à industrialização, ao cultivo ou a qualquer outro que traduza interesse social"[30].

O Decreto-Lei nº 271, de 28 de fevereiro de 1967, dispõe sobre a concessão de uso, que vai desde da utilização do espaço aéreo até para fins de regularização fundiária. Nos termos da norma em comento, "é instituída a concessão de uso de terrenos públicos ou particulares remunerada ou gratuita, por tempo certo ou indeterminado, como direito real resolúvel, para fins específicos de regularização fundiária de interesse social, urbanização, industrialização, edificação, cultivo da terra, aproveitamento sustentável das várzeas, preservação das comunidades tradicionais e seus meios de subsistência ou outras modalidades de interesse social em áreas urbanas" (art. 7º, *caput*, do Decreto-Lei nº 271/1967).

A concessão de uso poderá ser contratada, por instrumento público ou particular, ou por simples termo administrativo, e será inscrita e cancelada em livro especial. Desde a inscrição da concessão de uso, o concessionário fruirá plenamente do terreno para os fins estabelecidos no contrato e responderá por todos os encargos civis, administrativos e tributários que venham a incidir sobre o imóvel e suas rendas. Resolve-se a concessão antes de seu termo, desde que o concessionário dê ao imóvel destinação diversa da esta-

---

29. MEIRELLES, Hely Lopes. *Direito administrativo brasileiro*. 26. ed. São Paulo: Malheiros, 2001, p. 490.
30. CARVALHO FILHO, José dos Santos. *Manual de direito administrativo*. 23. ed. Rio de Janeiro: Lumen Juris, 2010, p. 1280-1282.

belecida no contrato ou termo, ou descumpra cláusula resolutória do ajuste, perdendo, neste caso, as benfeitorias de qualquer natureza. A concessão de uso, salvo disposição contratual em contrário, transfere-se por ato *inter vivos*, ou por sucessão legítima ou testamentária, como os demais direitos reais sobre coisas alheias, registrando-se a transferência (art. 7º, §§ 1º, 2º, 3º, 4º do Decreto-Lei nº 271/1967).

Finalmente, é permitida a concessão de uso do espaço aéreo sobre a superfície de terrenos públicos ou particulares, tomada em projeção vertical, nos termos e para os fins do artigo anterior e na forma que for regulamentada (art. 8º, Decreto-Lei nº 271/1967).

5.9 OCUPAÇÃO DE ÁREA PÚBLICA URBANA

A Lei nº 13.311, de 11 de julho de 2016, criou a figura da ocupação e utilização de área pública urbana por equipamentos urbanos do tipo quiosque, trailer, feira e banca de venda de jornais e de revistas (art. 1º).

O direito de utilização privada de área pública por equipamentos urbanos do tipo quiosque, trailer, feira e banca de venda de jornais e de revistas poderá ser outorgado a qualquer interessado que satisfaça os requisitos exigidos pelo poder público local. É permitida a transferência da outorga, pelo prazo restante, a terceiros que atendam aos requisitos exigidos em legislação municipal. No caso de falecimento do titular ou de enfermidade física ou mental que o impeça de gerir seus próprios atos, a outorga será transferida, pelo prazo restante, nesta ordem: I – ao cônjuge ou companheiro; II – aos ascendentes e descendentes. Entre os parentes de mesma classe, preferir-se- -ão os parentes de grau mais próximo. Somente será deferido o direito de que trata o inciso I do § 2º deste artigo ao cônjuge que atender aos requisitos do art. 1.830 da Lei nº 10.406, de 10 de janeiro de 2002 – Código Civil (art. 2º, §§ 1º, 2º, 3º e 4º, da Lei nº 13.311/2016).

O direito de outorga não será considerado herança, para todos os efeitos de direito. A transferência da outorga dependerá de: I – requerimento do interessado no prazo de sessenta dias, contado do falecimento do titular, da sentença que declarar sua inter- dição ou do reconhecimento, pelo titular, por escrito, da impossibilidade de gerir os seus próprios atos em razão de enfermidade física atestada por profissional da saúde; II – preenchimento, pelo interessado, dos requisitos exigidos pelo Município para a outorga (art. 2º, §§ 5º e 6º, da Lei nº 13.311/2016).

A outorga de ocupação e utilização de área pública urbana pode ser extinta: I – pelo advento do termo; II – pelo descumprimento das obrigações assumidas; III – por revogação do ato pelo poder público municipal, desde que demonstrado o interesse público de forma motivada (art. 3º, Lei nº 13.311/2016). Finalmente, o Município pode dispor sobre outros requisitos para a outorga, observada a gestão democrática de que trata o art. 43 da Lei nº 10.257, de 10 de julho de 2001 – Estatuto da Cidade (art. 4º, Lei nº 13.311/2016).

5.10 ENFITEUSE

Na lição de Orlando Gomes, a *enfiteuse*, também conhecida como *emprazamento*, *aforamento* ou *prazos*, "é o direito real limitado que confere a alguém, perpetuamente, os poderes inerentes ao domínio, com a obrigação de pagar ao dono da coisa uma renda anual. Na enfiteuse, quem tem o domínio do imóvel aforado se chama senhorio direto; quem o possui imediatamente, enfiteuta ou foreiro. Costuma-se dizer que o senhorio é o titular do domínio eminente ou direto e o foreiro, do domínio útil, em alusão ao processo de fragmentação da propriedade realizada no Direito medieval. A enfiteuse é direito real imobiliário. Recai exclusivamente em terreno. Outra característica da enfiteuse, posto não essencial, é a perpetuidade. Rigorosamente, não deve ser temporária, mas, no Direito moderno, algumas legislações admitem se constitua por tempo limitado. Entre nós, enfiteuse é apenas o *fateusim*. Por outro lado, a possibilidade de resgate, geralmente autorizado após o decurso de certo prazo, inutiliza a vantagem assegurada, pela perpetuidade, ao senhorio direto".

A enfiteuse tem como elemento essencial a obrigação de o foreiro pagar uma renda anual, que é chamada de cânon, foro ou pensão; sem a qual não há o presente instituto. "A enfiteuse foi instituída para favorecer o aproveitamento das terras incultas no regime de grande propriedade. Na impossibilidade de cultivá-las diretamente, os latifundiários concediam-nas a lavradores sem terras, para que as cultivassem como se lhes pertencessem, conferindo-lhes esse direito perpetuamente, em troca de renda módica. Por esse processo, incrementava-se a produção agrícola. Assim, enquanto a terra o bem de produção por excelência e pertenceu a poucos, a enfiteuse desempenhou importante função econômico-social. Da concessão derivava, como nota Massineo, um direito de natureza real, que lhes assegurava, e aos seus herdeiros, a vantagem da produtividade do terreno aforado consequente ao seu aproveitamento".

"Na atualidade, a enfiteuse é instituto econômico desinteressante. A faculdade de resgate, deferida ao enfiteuta, após o exercício do direito por certo tempo, faz do aforamento uma alienação virtual. Com efeito, o senhorio sabe que, decorrido certo prazo, o foreiro, querendo, adquirirá a propriedade plena do terreno aforado, mediante o simples pagamento de certo número de anuidades. Demais disso, o foro é certo, fixo, invariável. Devendo ser módico, torna-se, de logo, irrisório, em face do rendimento produzido com a exploração do terreno aforado, ou do seu valor, se tiver havido construção. A possibilidade de variação proporcional, que não admitida, talvez estimulasse os proprietários a construírem enfiteuse sobre bens adequados. Messineo aponta ainda como inconveniência do aforamento a faculdade que tem o foreiro de transferir a qualquer pessoa, por ato entre vivos, o direito real de que é titular, pois, em regra, é concedido *intuitu personae*. Mas o aforamento ainda oferece, entre nós, grande vantagem. Consiste no direito assegurado ao senhorio de cobrar do foreiro importância proporcional ao valor da alienação do direito deste, calculada sobre o preço do terreno e suas acessões e benfeitorias. A percentagem devida pelo foreiro alienante chama-se laudêmio. Mas essa vantagem concedida ao senhorio não é essencial ao instituto"[31].

Segundo Hely Lopes Meirelles, a *enfiteuse* ou *aforamento* "é o instituto civil que permite ao proprietário atribuir a outrem o domínio útil de imóvel, pagando a pessoa que o adquire (enfiteuta) ao senhorio direto uma pensão ou foro, anual, certo e invariável [CC, art. 678, CC 1916]. Consiste, pois, na transferência do domínio útil de imóvel público a posse, uso e gozo perpétuos da pessoa que irá utilizá-lo daí por diante. Em linguagem técnica, aforamento ou enfiteuse é o direito real de posse, uso e gozo pleno da coisa alheia que o titular (foreiro ou enfiteuta) pode alienar e transmitir hereditariamente, porém com a obrigação de pagar perpetuamente uma pensão anual (foro) ao senhorio direto. Característico do aforamento ou enfiteuse é, pois, o exercício simultâneo de direitos dominiais sobre o mesmo imóvel por duas pessoas: uma, sobre o domínio direto – o Estado; outra, sobre o domínio útil – o particular foreiro, no caso de bens públicos".

Conceitualmente, o *domínio útil* "consiste no direito de usufruir o imóvel do modo mais completo possível e de transmiti-lo a outrem, por ato entre vivos ou de última vontade (testamento). *Domínio direto*, também, chamado de domínio eminente, é o direito à substância mesma do imóvel, sem as suas utilidades. *Foro, cânon* ou *pensão* é a contribuição anual e fixa que o foreiro ou enfiteuta paga ao senhorio direto, em caráter perpétuo, para o exercício de seus direitos sobre o domínio útil do imóvel. *Laudêmio* é a importância que o foreiro ou enfiteuta paga ao senhorio direto quando ele, senhorio, renuncia seu direito de reaver esse domínio útil, nas mesmas condições em que o terceiro o adquire. Sempre que houver pretendente à aquisição do domínio útil, o foreiro é obrigado a comunicar a existência desse pretendente e as condições da alienação, para que o senhorio direto – no caso, o Estado – exerça seu direito de opção dentro de trinta dias, ou renuncie a ele, concordando com a transferência a outrem, caso em que terá direito ao laudêmio [CC, art. 683, CC 1916] na base legal ou contratual [CC, art. 686, CC 1916]. *Comisso* é uma pena legal, prevista como forma extintiva do aforamento para o caso de o foreiro deixar de pagar o foro ou pensão por três anos consecutivos, caso em que o senhorio direto reaverá o domínio útil, pagando ao enfiteuta o valor das benfeitorias necessárias"[32].

No magistério abalizado de Lafayette, na *enfiteuse*, o domínio é desmembrado nos seguintes direitos elementares: i – o direito de possuir a coisa (*jus possidendi*); ii – o direito de gozar dela da maneira mais ampla; iii – o direito de transformá-la, não podendo ser deteriorada a sua substância; iv – a faculdade de dispor deste complexo de direitos e de transmiti-los a outrem. Como se vê, o enfiteuta exerce direitos que comumente são exercidos pelo proprietário, isto é, utiliza o domínio útil da coisa imóvel, que consiste em um direito sobre a coisa alheia[33]. Observadas as disposições legais pertinentes, tal sistemática se dá na enfiteuse sobre bens imóveis integrantes do domínio público.

---

31. GOMES, Orlando. *Direitos reais*. 19. ed. Atual. Luiz Edson Fachin. Rio de Janeiro: Forense, 2008, p. 299-303.
32. MEIRELLES, Hely Lopes. *Direito administrativo brasileiro*. 26. ed. São Paulo: Malheiros, 2001, p. 490-492.
33. LAFAYETTE, Rodrigues Pereira. *Direito das Coisas*. Ed. Fac-similar. Brasília: Senado Federal: Superior Tribunal de Justiça, 2004, v. I, p. 457-459.

5.10.1 Regime enfitêutico e bens públicos

Conforme Themistocles Brandão Cavalcanti, "a adaptação do sistema enfitêutico ao regime dos bens públicos processou-se desde a colonização, por meio de concessões de terras públicas e, por isso, não estaríamos longe de afirmar que o regime de arrendamento, por prazo indefinido, das terras públicas, poderia ser capitulado não como enfiteuse mas como 'concessão de terras públicas'. E isto porque cada vez a legislação referente a este assunto mais se afasta das regras da enfiteuse para constituir um regime peculiar, em que as normas gerais do contrato, além de emanarem do poder concedente, ainda se acham subordinadas às exigências da política de colonização aos interesses da defesa nacional, à nacionalização dos centros agrícolas, enfim, a circunstâncias especiais, de todo em todo incompatíveis com as formas rígidas do contrato enfitêutico. A aquisição por usucapião do domínio útil, a instituição do comisso, a impossibilidade do resgate de certas terras, as restrições impostas aos estrangeiros constituem razões profundas para o afastamento cada vez maior das concessões de terras públicas das normas fixadas pela legislação enfitêutica, afastamento já previsto pelo Código Civil em relação aos terrenos de marinha, mas cada vez mais acentuada, não somente quanto a esses terrenos como também às demais terras públicas".

"E, ao mesmo tempo que se afasta a legislação administrativa do regime de direito privado, verifica-se neste último uma tendência para abolir, aos poucos, a enfiteuse, em sua forma primitiva e feudal. É que os característicos apontados do direito enfitêutico mostram a sua natureza feudal e reacionária. A perpetuidade do aforamento e a perpetuidade do domínio direto, sujeitando o foreiro a uma dependência permanente do senhorio, tornam o instituto contrário à índole das modernas instituições privadas. A única feição liberal do instituto aparece na faculdade do resgate, última contribuição (por vezes penosa) devida ao senhor da terra. A sobrevivência do instituto só se justifica em relação ao domínio do Estado, não mais sob a forma primitiva da enfiteuse, mas da concessão do domínio útil para o desenvolvimento, povoamento e cultura da terra. E isto somente porque o domínio público é, em princípio, inalienável. Justifica-se, ainda, como garantia da segurança nacional, facilitando o aproveitamento de certas terras, que não podem, entretanto, passar integralmente para o domínio privado, permanecendo com o Estado o domínio direto e, portanto, a faculdade de uma polícia permanente do domínio útil concedido"[34].

"O aforamento das terras públicas no Brasil foi uma aplicação do direito português, tal como se achava consagrado nas Ordenações e nos Alvarás que trataram deste assunto, relevante sob todos os pontos de vista, inclusive pelo seu aspecto econômico. Não se justificava a imobilização das terras em poder daqueles privilegiados que haviam obtido as concessões dadas pela Coroa portuguesa, por intermédio de seus capitães e donatários como também não se justificava a improdutividade dessa riqueza diante

---

34. CAVALCANTI, Themistocles Brandão. *Tratado de direito administrativo*. 4. ed. Rio de Janeiro: Freitas Bastos, 1960, v. III, p. 479-481.

da pobreza das Câmaras. Daí o Alvará de 5 de outubro de 1795 dando regimento às sesmarias do Brasil, tendo-se em vista a escassez de recursos de algumas Câmaras do Estado, e mandando que cada uma delas se desse e concedesse uma data de quatro léguas de terra em quadra para as administrarem os oficiais das mesmas Câmaras, e do seu rendimento fazerem as respectivas despesas e obras do Conselho a que eram obrigados, e podendo os seus respectivos oficiais aforarem aquelas partes das mencionadas terras que lhes parecessem, mais convenientes e úteis aos interesses e aumento das suas rendas, contanto que fossem observadas as Ordenações do Reino Alvarás e Ordens que dispunham a respeito de aforamento. Obedecia-se, desta forma, expressamente ao regime português, consagrado em numerosos Alvarás, Ordens e Decretos, notadamente os Alvarás de 15 de julho de 1744, 26 de outubro de 1745, de 23 de julho de 1766, 4 de julho de 1776, regime este de aforamento, observados os princípios de direito enfitêutico, conforme os termos daqueles Alvarás"[35].

Atualmente, o Decreto-Lei nº 9.760 de 5 de setembro de 1946 dispõe sobre os bens imóveis da União e disciplina o instituto do aforamento. A utilização do terreno da União sob regime de aforamento dependerá de prévia autorização do Presidente da República, salvo se já permitida em expressa disposição legal. Em se tratando de terreno beneficiado com construção constituída de unidades autônomas, ou, comprovadamente, para tal fim destinado, o aforamento poderá ter por objeto as partes ideais correspondentes às mesmas unidades (art. 99, Decreto-Lei 9.760/1946).

A aplicação do regime de aforamento a terras da União compete à Secretaria do Patrimônio da União, sujeita, porém, a prévia audiência: a) dos Ministérios da Guerra, por intermédio dos Comandos das Regiões Militares; da Marinha, por intermédio das Capitanias dos Portos; da Aeronáutica, por intermédio dos Comandos das Zonas Aéreas, quando se tratar de terrenos situados dentro da faixa de fronteiras, da faixa de 100 (cem) metros ao longo da costa marítima ou de uma circunferência de 1.320 (mil trezentos e vinte) metros de raio em torno das fortificações e estabelecimentos militares; b) do Ministério da Agricultura, por intermédio dos seus órgãos locais interessados, quando se tratar de terras suscetíveis de aproveitamento agrícola ou pastoril; c) do Ministério da Viação e Obras Públicas, por intermédio de seus órgãos próprios locais, quando se tratar de terrenos situados nas proximidades de obras portuárias, ferroviárias, rodoviárias, de saneamento ou de irrigação; d) das Prefeituras Municipais, quando se tratar de terreno situado em zona que esteja sendo urbanizada (art. 100, alíneas "a", "b", "c" e "d", Decreto-Lei 9.760/1946).

Nos casos de aplicação do regime de aforamento gratuito com vistas na regularização fundiária de interesse social, ficam dispensadas as audiências previstas acima, ressalvados os bens imóveis sob administração do Ministério da Defesa e dos Comandos do Exército, da Marinha e da Aeronáutica. Igualmente, quando se tratar de imóvel

---

35. CAVALCANTI, Themistocles Brandão. *Tratado de direito administrativo*. 4. ed. Rio de Janeiro: Freitas Bastos, 1960, v. III, p. 481-482.

situado em áreas urbanas consolidadas e fora da faixa de segurança de que trata o § 3º do art. 49 do Ato das Disposições Constitucionais Transitórias, serão dispensadas as audiências previstas neste artigo e o procedimento será estabelecido em norma da Secretaria do Patrimônio da União (art. 100, §§ 6º e 7º, Decreto-Lei 9.760/1946).

Em decorrência da enfiteuse ou aforamento, os terrenos aforados pela União ficam sujeitos ao foro de 0,6% (seis décimos por cento) do valor do respectivo domínio pleno, que será anualmente atualizado. O não pagamento do foro durante três anos consecutivos, ou quatro anos intercalados, importará a caducidade do aforamento. O aforamento extinguir-se-á: I –por inadimplemento de cláusula contratual; II – por acordo entre as partes; III – pela remissão do foro, nas zonas onde não mais subsistam os motivos determinantes da aplicação do regime enfitêutico; IV – pelo abandono do imóvel, caracterizado pela ocupação, por mais de 5 (cinco) anos, sem contestação, de assentamentos informais de baixa renda, retornando o domínio útil à União; ou V – por interesse público, mediante prévia indenização (arts. 101 e 103, I, II, III, IV e V, Decreto-Lei 9.760/1946).

Consistindo o inadimplemento de cláusula contratual no não pagamento do foro durante três anos consecutivos, ou quatro anos intercalados, é facultado ao foreiro, sem prejuízo do disposto no art. 120, revigorar o aforamento mediante as condições que lhe forem impostas. Na consolidação pela União do domínio pleno de terreno que haja concedido em aforamento, deduzir-se-á do valor do mesmo domínio a importância equivalente a 17% (dezessete por cento), correspondente ao valor do domínio direto (art. 103, §§ 1º e 2º, Decreto-Lei 9.760/1946).

A Lei 9.636 de 15 de maio de 1998 também dispõe sobre a matéria. Os imóveis dominiais da União, situados em zonas sujeitas ao regime enfitêutico, poderão ser aforados, mediante leilão ou concorrência pública, respeitado, como preço mínimo, o valor de mercado do respectivo domínio útil, estabelecido em avaliação de precisão, realizada, especificamente para esse fim, pela SPU ou, sempre que necessário, pela Caixa Econômica Federal, com validade de seis meses a contar da data de sua publicação. Na impossibilidade, devidamente justificada, de realização de avaliação de precisão, será admitida a avaliação expedita (art. 12, § 1º, Lei nº 9.636/1998).

Não serão objeto de aforamento os imóveis que: I – por sua natureza e em razão de norma especial, são ou venham a ser considerados indisponíveis e inalienáveis; e II – são considerados de interesse do serviço público, mediante ato do Secretário do Patrimônio da União do Ministério do Planejamento, Orçamento e Gestão (art. 12, § 3º, Lei nº 9.636/1998). Na concessão do aforamento, será dada preferência a quem, comprovadamente, em 10 de junho de 2014, já ocupava o imóvel há mais de 1 (um) ano e esteja, até a data da formalização do contrato de alienação do domínio útil, regularmente inscrito como ocupante e em dia com suas obrigações perante a Secretaria do Patrimônio da União do Ministério do Planejamento, Orçamento e Gestão (art. 13, Lei 9.636/1998).

CAPÍTULO 5 • GESTÃO DOS BENS PÚBLICOS

Por fim, o domínio útil, quando adquirido mediante o exercício da preferência, poderá ser pago: I – à vista; II – a prazo, mediante pagamento, no ato da assinatura do contrato de aforamento, de entrada mínima de 10% (dez por cento) do preço, a título de sinal e princípio de pagamento, e do saldo em até cento e vinte prestações mensais e consecutivas, devidamente atualizadas, observando-se, neste caso, que o término do parcelamento não poderá ultrapassar a data em que o adquirente completar oitenta anos de idade (art. 14, Lei nº 9.636/1998).

5.11 RESPONSABILIDADE DOS USUÁRIOS

A responsabilidade de usuários por dano causado aos bens do domínio público decorre do dever de *gestão* da coisa pública, que é incumbência das autoridades estatais. Isso porque o ato de "gerir" implica a regular administração da coisa pública, isto é, o seu devido zelo, a fim de promover a conservação de bens destinados à coletividade. Dessa forma, caso haja dano à coisa integrante do domínio público, deve-se apurar as condições em que o prejuízo ocorreu, assim como investigar eventual responsabilidade do agente culpado e buscar restaurar o bem.

Dessa forma, os *usuários* das coisas do domínio público, seja na modalidade de uso comum ou especial, respondem perante o Estado (União, Estado-membros, Distrito Federal e Municípios) caso, mediante uso anormal, provoquem dano à coisa integrante da dominialidade pública. Em outras palavras, o usuário responde pelos danos causados à coisa pública por prática de ato incomum ao regular uso do bem. O usuário do domínio público não é apenas as pessoas que diretamente usufruem da dominialidade estatal, como também os destinatários da coisa pública, isto é, são as pessoas a quem o domínio público encontra-se à disposição para fruição, que pode ser a coletividade (uso comum) ou pessoas determinadas (uso especial). O importante é que tanto os usuários diretos quanto os indiretos sujeitam-se à reparação dos danos causados, desde que preenchidos as devidas condições de responsabilidade.

Comumente, os usuários do domínio público respondem civil e penalmente, visto que a responsabilidade administrativa recai apenas sobre os funcionários públicos incumbidos de zelar pela coisa pública. Contudo, satisfeitos os requisitos legais, as responsabilidades civil, penal e administrativa são independentes e cumuláveis entre si, sendo cada uma aferível e imposta na sua esfera de competência.

A *responsabilidade penal* decorrente do domínio público é prevista na legislação especial, a exemplo da Lei nº 9.605/1998, que ao tratar de sanções por atividades lesivas ao meio ambiente, prevê a figura de crimes contra o patrimônio cultural, consistente, entre outros, em "destruir, inutilizar ou deteriorar: I – bem especialmente protegido por lei, ato administrativo ou decisão judicial; II – arquivo, registro, museu, biblioteca, pinacoteca, instalação científica ou similar protegido por lei, ato administrativo ou decisão judicial: Pena – reclusão, de um a três anos, e multa. Parágrafo único. Se o crime for culposo, a pena é de seis meses a um ano de detenção, sem prejuízo da multa".

Nesse caso, deve-se observar as disposições específicas regedoras da sanção penal, cujo processo se desenvolve no âmbito do Poder Judiciário.

A *responsabilidade administrativa* é aplicada aos servidores públicos caso cometam transgressão disciplinar, nos termos da lei. Assim, se o servidor praticar falta no exercício da função em detrimento das coisas integrantes do domínio público, é possível a sua responsabilização administrativa, a exemplo de proceder de maneira desidiosa da conservação dos bens públicos atribuídos à sua competência e controle direto, sujeitando-se à pena de demissão, nos termos do art. 117, XV c/c art. 132, XIII, da Lei nº 8.112 de 1990). Essa modalidade de responsabilidade se dá no âmbito da própria Administração Pública, sob a égide do contraditório e da ampla defesa, observados os meios e recursos a ela inerentes (art. 5º, LV, CF/1988).

A *responsabilidade civil* do usuário exsurge quando o uso é anormal, ou seja, quando o administrado utiliza da coisa pública de forma alheia daquilo que razoavelmente se espera do indivíduo e a finalidade que a coisa se destina, ensejando o detrimento de bem juridicamente protegido, causando prejuízo social. Nesse sentido, Rafael Bielsa preleciona: "se alguém, não obstante o direito de uso, destrói ou degrada uma coisa do domínio público, faz uso anormal, que não é lícito senão, ao contrário, gera responsabilidade, já que concorrem os elementos desta: dano jurídico e culpa. Em virtude disso, quem por uso anormal cause dano à coisa do domínio público, está obrigado à indenização, e é possível de multa"[36].

Sem embargo, para incidir a responsabilidade civil do usuário da coisa pública, faz-se necessário o atendimento dos seguintes requisitos: I – *ação ou omissão* (é necessária a existência de conduta); II – fundada em *dolo ou culpa* (traduz-se na intenção deliberada de causar dano ou na imprudência, negligência ou imperícia imputável à pessoa); III – o ato comissivo ou omissivo deve ser *ilícito*, ou seja, contrário ao Direito. (Não constituem ato ilícito os praticados em legítima defesa ou no exercício regular de um direito reconhecido, assim como a deterioração ou destruição da coisa alheia a fim de remover perigo iminente, nos termos dos arts. 186 e 188 do CC); IV – a conduta deve ocasionar um *dano anormal* à coisa pública, isto é, não pode ser mero desgaste natural decorrente do uso regular; V – o dano gerado à coisa pública deve ser *direto*, ou seja, a conduta ativa ou omissiva humana deve ser a causa imediata do dano causado, sendo imprescindível a comprovação do nexo de causalidade; VI – o usuário a quem se imputa o dano deve ser *determinado*, ou seja, deve ser possível a identificação da pessoa, sobretudo a individualização da conduta, uma vez que o cidadão não responde objetivamente, sendo rechaçada a culpa presumida; VII – *inexistência de excludente de responsabilidade* (caso fortuito ou força maior), pois estas rompem o nexo de causalidade, e por consequência afastam a responsabilidade individual, a exemplo do cidadão que destrói fachada de edifício público por acidente de veículo após sofrer mal súbito que não concorreu (v.g.: acidente vascular cerebral, infarto, cardiopatia congênita, aneurismas etc.).

---

36. BIELSA, Rafael. *Derecho Administrativo*. Cuarta edición. Buenos Aires: El Ateneo, 1947, t. II. p. 453.

CAPÍTULO 5 • GESTÃO DOS BENS PÚBLICOS **79**

Registre-se a responsabilidade civil do usuário da coisa pública por fato ocasionado por animal de sua propriedade que resulte dano à dominialidade estatal. Isso porque a responsabilidade decorre da ação ou omissão, isto é, pode resultar da intenção de causar dano à coisa pública ou até mesmo diante da omissão de cautela de semovente que lhe pertence. O artigo 936 do Código Civil Brasileiro é categórico: "O dono, ou detentor, do animal ressarcirá o dano por este causado, se não provar culpa da vítima ou força maior". Nesse caso, pode-se vislumbrar a responsabilidade, a exemplo do dono que deixa aberta ou destrancada a porta de sua residência, permitindo a saída do seu cachorro que adentra em espaço público e destrói obra de arte; assim como no espaço rural, quando inadvertidamente o dono ou seu preposto deixa cavalo solto e sem vigilância, que colide em veículo do Estado, causando dano ao patrimônio público.

Finalmente, a essa modalidade de responsabilidade aplicam-se as disposições do Código Civil relativamente à obrigação de indenizar e a indenização propriamente dita (arts. 927 a 954, CC), que se dá no âmbito judicial, após o regular processamento do feito, sob o manto dos princípios constitucionais do contraditório e da ampla defesa, assim com os meios e recursos a ela inerentes (art. 5º, LV, CF/1988).

5.12 JURISPRUDÊNCIA

1. Fundado em 1808 por Dom João VI, o Jardim Botânico do Rio de Janeiro é um dos tesouros do patrimônio natural, histórico, cultural e paisagístico do Brasil, de fama internacional, tendo sido um dos primeiros bens tombados, ainda em 1937, pelo Instituto do Patrimônio Histórico e Artístico Nacional, sob o pálio do então recém-promulgado Decreto-Lei 25/1937. 2. Os remanescentes 140 hectares, que atualmente formam o Jardim Botânico, são de propriedade da União, o que, independentemente das extraordinárias qualidades naturais e culturais, já obriga que qualquer utilização, uso ou exploração privada seja sempre de caráter excepcional, por tempo certo e cabalmente motivada no interesse público. 3. Não obstante leis de sentido e conteúdo induvidosos, que salvaguardam a titularidade dos bens confiados ao controle e gestão do Estado, a história fundiária do Brasil, tanto no campo como na cidade, está, infelizmente até os dias atuais, baseada na indevida apropriação privada dos espaços públicos, com frequência às claras e, mais grave, até com estímulo censurável, tanto por ação como por leniência, de servidores públicos, precisamente aqueles que deveriam zelar, de maneira intransigente, pela integridade e longevidade do patrimônio nacional. 4. Além de rasgar a Constituição e humilhar o Estado de Direito, substituindo-o, com emprego de força ou manobras jurídicas, pela "lei da selva", a privatização ilegal de espaços públicos, notadamente de bens tombados ou especialmente protegidos, dilapida o patrimônio da sociedade e compromete o seu gozo pelas gerações futuras. 6. A ocupação, a exploração e o uso de bem público – sobretudo os de interesse ambiental-cultural e, com maior razão, aqueles tombados – só se admitem se contarem com expresso, inequívoco, válido e atual assentimento do Poder Público, exigência inafastável tanto pelo Administra-

dor como pelo Juiz, a qual se mantém incólume, independentemente da ancianidade, finalidade (residencial, comercial ou agrícola) ou grau de interferência nos atributos que justificam sua proteção. 7. Datar a ocupação, construção ou exploração de longo tempo, ou a circunstância de ter-se, na origem, constituído regularmente e só depois se transformado em indevida, não purifica sua ilegalidade, nem fragiliza ou afasta os mecanismos que o legislador instituiu para salvaguardar os bens públicos. Irregular é tanto a ocupação, exploração e uso que um dia foram regulares, mas deixaram de sê-lo, como os que, por nunca terem sido, não podem agora vir a sê-lo. 8. No que tange ao Jardim Botânico do Rio, nova ou velha a ocupação, a realidade é uma só: o bem é público, tombado, e qualquer uso, construção ou exploração nos seus domínios demanda rigoroso procedimento administrativo, o que não foi, *in casu*, observado. 9. Na falta de autorização expressa, inequívoca, válida e atual do titular do domínio, a ocupação de área pública é mera detenção ilícita ("grilagem", na expressão popular), que não gera – nem pode gerar, a menos que se queira, contrariando a mens legis, estimular tais atos condenáveis – direitos, entre eles o de retenção, garantidos somente ao possuidor de boa-fé pelo Código Civil. Precedentes do STJ. 10. Os imóveis pertencentes à União Federal são regidos pelo Decreto-Lei 9.760/46, que em seu art. 71 dispõe que, na falta de assentimento (expresso, inequívoco, válido e atual) da autoridade legitimamente incumbida na sua guarda e zelo, o ocupante poderá ser sumariamente despejado e perderá, sem direito a indenização, tudo quanto haja incorporado ao solo, ficando ainda sujeito ao disposto nos arts. 513, 515 e 517 do Código Civil de 1916. 11. A apropriação, ao arrepio da lei, de terras e imóveis públicos (mais ainda de bem tombado desde 1937), além de acarretar o dever de imediata desocupação da área, dá ensejo à aplicação das sanções administrativas e penais previstas na legislação, bem como à obrigação de reparar eventuais danos causados. 12. Aplica-se às benfeitorias e acessões em área ou imóvel público a lei especial que rege a matéria, e não o Código Civil, daí caber indenização tão só se houver prévia notificação do proprietário (art. 90 do Decreto-lei 9.760/46). 13. Simples detenção precária não dá ensejo a indenização por acessões e benfeitorias, nem mesmo as ditas necessárias, definidas como "as que têm por fim conservar o bem ou evitar que se deteriore" (Código Civil, art. 96, § 3°). Situação difícil de imaginar em construções que deverão ser demolidas, por imprestabilidade ou incompatibilidade com as finalidades do Jardim Botânico (visitação pública e conservação da flora), a antítese do fim de "conservar o bem ou evitar que se deteriore". 14. Para fazer jus a indenização por acessões e benfeitorias, ao administrado incumbe o ônus de provar: a) a regularidade e a boa-fé da ocupação, exploração ou uso do bem, lastreadas em assentimento expresso, inequívoco, válido e atual; b) o caráter necessário das benfeitorias e das acessões; c) a notificação, escorreita na forma e no conteúdo, do órgão acerca da realização dessas acessões e benfeitorias. 15. Eventual indenização, em nome das acessões e benfeitorias que o ocupante ilegal tenha realizado, deve ser buscada após a desocupação do imóvel, momento e instância em que o Poder Público também terá a oportunidade, a preço de mercado, de cobrar-lhe pelo período em que, irregularmente, ocupou ou explorou o imóvel e por despesas de demolição, assim como pelos danos que tenha causado ao

CAPÍTULO 5 • GESTÃO DOS BENS PÚBLICOS **81**

próprio bem, à coletividade e a outros valores legalmente protegidos. 16. Inexiste boa-fé contra expressa determinação legal. Ao revés, entende-se agir de má-fé o particular que, sem título expresso, inequívoco, válido e atual ocupa imóvel público, mesmo depois de notificação para abandoná-lo, situação típica de esbulho permanente, em que cabível a imediata reintegração judicial. 17. Na ocupação, uso ou exploração de bem público, a boa-fé é impresumível, requisitando prova cabal a cargo de quem a alega. Incompatível com a boa-fé agir com o reiterado ânimo de se furtar e até de burlar a letra e o espírito da lei, com sucessivas reformas e ampliações de construção em imóvel público, por isso mesmo feitas à sua conta e risco. 18. Na gestão e controle dos bens públicos impera o princípio da indisponibilidade, o que significa dizer que eventual inércia ou conivência do servidor público de plantão (inclusive com o recebimento de "aluguel") não tem o condão de, pela porta dos fundos da omissão e do consentimento tácito, autorizar aquilo que, pela porta da frente, seria ilegal, caracterizando, em vez disso, ato de improbidade administrativa (Lei 8.429/1992), que como tal deve ser tratado e reprimido. 19. A grave crise habitacional que continua a afetar o Brasil não será resolvida, nem seria inteligente que se resolvesse, com o aniquilamento do patrimônio histórico-cultural nacional. Ricos e pobres, cultos e analfabetos, somos todos sócios na titularidade do que sobrou de tangível e intangível da nossa arte e história como Nação. Daí que mutilá-lo ou destruí-lo a pretexto de dar casa e abrigo a uns poucos corresponde a deixar milhões de outros sem teto e, ao mesmo tempo, sem a memória e a herança do passado para narrar e passar a seus descendentes". (STJ – Segunda Turma – REsp 808708/RJ – Rel. Min. Herman Benjamin – Data do Julgamento 18.08.2009).

"Administrativo. Ocupação de área pública por particulares. Construção. Benfeitorias. Indenização. Impossibilidade. 2. O legislador brasileiro, ao adotar a Teoria Objetiva de Ihering, definiu a posse como o exercício de algum dos poderes inerentes à propriedade (art. 1.196 do CC). 3. O art. 1.219 do CC reconheceu o direito à indenização pelas benfeitorias úteis e necessárias, no caso do possuidor de boa-fé, além do direito de retenção. O correlato direito à indenização pelas construções é previsto no art. 1.255 do CC. 4. O particular jamais exerce poderes de propriedade (art. 1.196 do CC) sobre imóvel público, impassível de usucapião (art. 183, § 3º, da CF). Não poderá, portanto, ser considerado possuidor dessas áreas, senão mero detentor. 5. Essa impossibilidade, por si só, afasta a viabilidade de indenização por acessões ou benfeitorias, pois não prescindem da posse de boa-fé (arts. 1.219 e 1.255 do CC). Precedentes do STJ. 6. Os demais institutos civilistas que regem a matéria ratificam sua inaplicabilidade aos imóveis públicos. 7. A indenização por benfeitorias prevista no art. 1.219 do CC implica direito à retenção do imóvel, até que o valor seja pago pelo proprietário. Inadmissível que um particular retenha imóvel público, sob qualquer fundamento, pois seria reconhecer, por via transversa, a posse privada do bem coletivo, o que está em desarmonia com o Princípio da Indisponibilidade do Patrimônio Público. 8. O art. 1.255 do CC, que prevê a indenização por construções, dispõe, em seu parágrafo único, que o possuidor poderá adquirir a propriedade do imóvel se "a construção ou a plantação exceder consideravelmente o valor do terreno". O dispositivo deixa cristalina a inaplicabilidade do instituto aos bens da coletividade, já que o Direito Público não se coaduna com prerrogativas de aquisição por particulares, exceto quando atendidos os requisitos legais (desafetação, licitação etc.). 9. Finalmente, a indenização por benfeitorias ou acessões, ainda que fosse admitida no caso de áreas públicas, pressupõe vantagem, advinda dessas intervenções, para o proprietário (no caso, o Distrito Federal). Não é o que ocorre em caso de ocupação de áreas públicas. 10. Como regra, esses imóveis são construídos ao arrepio da legislação ambiental e urbanística, o que impõe ao Poder Público o dever de demolição ou, no mínimo, regularização. Seria incoerente impor à Administração a obrigação de indenizar por imóveis irregularmente construídos que, além de não terem utilidade para o Poder Público, ensejarão dispêndio de recursos do Erário para sua demolição. 11. Entender de modo diverso é atribuir à detenção efeitos próprios da posse, o que enfraquece a dominialidade pública, destrói as premissas básicas do Princípio da Boa-Fé Objetiva, estimula invasões e construções ilegais e legitima, com a garantia de indenização, a apropriação privada do espaço público". (STJ – Segunda Turma – REsp 945055/DF – Rel. Min. Herman Benjamin –Data do Julgamento 02.06.2009).

PARTE II
DOMÍNIO PÚBLICO NO DIREITO ADMINISTRATIVO

Capítulo 1
DOMÍNIO PÚBLICO

1.1 INTRODUÇÃO

Inicialmente, esclareça-se que a expressão "domínio público no Direito Administrativo" é utilizada como forma de distinguir de outro instituto, comumente designado de propriedade intelectual ou direitos autorais, que integra o Direito Privado. O domínio público no direito privado é fenômeno que ocorre quando uma obra – em razão do decurso do tempo, ou de serem de autores falecidos que não tenham deixado sucessores e as de autor desconhecido (art. 45. Lei nº 9.610 de 1998) – não está mais protegida pelos direitos autorais, afigurando-se desnecessária autorização para utilização da mesma. Por sua vez, o "domínio público no Direito Administrativo" alude ao poder do Estado sobre determinadas coisas, a fim de atender ao interesse coletivo.

Dito isso, a instituição e organização do domínio público pelo Estado decorre do direito de conquista que atribuía o domínio do solo ao vencedor, sendo "aplicado às terras descobertas na América, reconhecendo-se esse domínio às nações em cujo nome foram feitas essas descobertas. Em virtude desse domínio eminente, proclamado e reconhecido por todos, não se pode pôr em dúvida o direito da nação para prescrever as regras pelas quais a propriedade pode ser adquirida e conservada. Esse direito e atos do poder público que dizem respeito à organização da propriedade, emanam da própria soberania política e o Estado os exerce e pratica, por virtude de atribuições próprias e 'não como proprietário na acepção do direito civil'. E assim é porque tal domínio não se funda em princípios do direito privado, mas decorre da própria soberania territorial, atributo da nação politicamente organizada, nos termos de sua lei básica, definido e regulado por leis de direito público, entendido este como o conjunto de normas que tem por fim direto o interesse público, coletivo ou geral, em contraposição às normas do direito privado e que regulam as relações dos indivíduos em que prevalecem a razão ou intuito de seus interesses particulares"[1]. Como se vê, o domínio público funda-se na soberania do Estado, isto é, origina-se da relação de supremacia da pessoa jurídica coletiva sobre os sujeitos que a elas estão subordinados.

Outrossim, cabe ressaltar que o "domínio público" do Estado difere do "domínio privado" estatal em razão da distinção do regime jurídico de ambas as categorias de

---

1. CAMPOS, M. P. Siqueira. *As Terras Devolutas entre os bens públicos patrimoniais*. São Paulo: Imprensa Oficial do Estado, 1936, p. 15-16.

bens. Isso porque o domínio público submete-se à relação publicística – a exemplo da inalienabilidade e imprescritibilidade dos bens –, ao passo que os bens de domínio privado do Estado são regidos por regras comuns da propriedade privada, salvo algumas modificações. Além disso, é distinto o vínculo entre o particular e o Estado quando a relação se funda no domínio público ou no domínio privado. As normas que regulam o domínio público na vinculação com os particulares baseiam-se nos ditames constantes no direito público (normas de subordinação), enquanto que a relação Estado com o particular na esfera do direito privado é pautada por preceitos privatístico (normas de coordenação). No domínio público, ocorre a subordinação do sujeito ao Estado, ao passo que no domínio privado se dá a articulação, o ajuste de vontades. Portanto, a diferença reside no regime jurídico das respectivas categorias dominiais[2].

1.2 CONCEITO

O vocábulo "domínio" advém do latim *dominium* (propriedade, direito de propriedade), de *dominus* (senhor, proprietário), significando em sentido amplo "toda soma de poder ou direito, que se tem sobre uma coisa ou sobre uma coisa". Por sua vez, o vocábulo *público* deriva do latim *publicus*, formado de *populicus*, *populus* (povo, habitantes), significando aquilo que é comum, o que pertence a todos, ou seja, o que de titularidade do povo em geral. "Público é o que pertence a todo o povo, considerado coletivamente, isto é, tido em sua expressão de organismo político. "Comum" é o que pertence ou se estende distributivamente ao povo ou a todos, considerados como indivíduos". De igual modo, a palavra "público" pode expressar as coisas que não pertencem a ninguém em particular, mas a todos, ao passo que a palavra "comum" se refere que todas as pessoas podem usufruir das utilidades proporcionadas pelas referidas coisas[3].

Conforme magistério de René de Récy, a locução *domínio* implica a ideia de poder sobre uma coisa. O domínio nacional refere-se às coisas pertencentes ao Estado, seja este na função de soberano, seja este na condição de proprietário. A soberania da nação, expressa mediante o Estado, recai sobre os bens existentes em seu território, sendo o Estado proprietário de certos objetos determinados. Por conseguinte, o domínio público recai sobre as coisas que escapam a qualquer apropriação pública ou privada e cujo uso seja comum a todas as pessoas, a exemplo do ar, água, mar etc. O domínio público não se destina a ninguém especificamente, nem ao Estado, tampouco a particulares. Ao contrário, o domínio público tem como função atender a todos, ou seja, os bens integrantes da dominialidade pública devem satisfazer à generalidade das pessoas. Em razão da soberania estatal e com o objetivo de manter a destinação coletiva, sobre tais

---

2. MARIENHOFF, Miguel S. *Tratado del Dominio Público*. Buenos Aires: Tipografica Editora Argentina, 1960, p. 25-27.

3. SILVA, De Plácido e. *Vocabulário jurídico*. 26. ed. Rio de Janeiro: Forense, 2005, p. 497 e 1134.

bens incide a regulamentação e medidas de polícia. Assim, as coisas que são objeto da soberania estatal formam o domínio público[4].

O domínio público indica um regime jurídico que recai sobre determinados bens ou coisas. Nesse sentido, a ideia de domínio público consubstancia um status, ou seja, é uma qualidade jurídica atribuída a uma coisa, consistente no *estatuto da dominialidade*. José Carlos Moreira define a dominialidade como "um regime especialmente destinado a garantir, a certos bens administrativos, um estado jurídico compatível com a natureza especial da sua função". Ballbé informa que entre os elementos formadores da essência do domínio público, destaca-se o elemento normativo, que designa a submissão de certas coisas a um regime de direito público, perfazendo um "instituto dotado de substantividade própria". O domínio público significa a atribuição a um regime jurídico específico de direito público a determinados bens (bens do domínio público, bens dominicais ou coisas públicas). "Assim, cada vez que o legislador qualifica uma coisa ou um tipo de coisas como domínio público, isso significa que sobre aqueles vão recair particulares efeitos jurídicos característicos da <<qualidade jurídica>> pré-existente que lhe é atribuída" (Sandulli)[5].

Ao reconhecer um <<estatuto da dominialidade>> aponta-se no sentido da autonomização de um regime jurídico do domínio público que recai sobre determinados bens, caracterizado por três vetores: institucional, subjetivo e funcional. O *vetor institucional* correlaciona-se à disciplina jurídica informada pela Direito Administrativo, ou seja, um conjunto de preceitos que disciplinam a função administrativa como instituição pública, formando um estatuto. Dado o caráter institucional, o domínio público autoriza uma intervenção mais intensa dos poderes administrativos sobre os bens que ostentem essa condição, de modo a assegurar o atendimento ao interesse coletivo. O *vetor subjetivo* significa que apenas entidades públicas podem ser titulares de um conjunto de poderes e faculdades no disciplinamento e implementação do domínio público, pois representa o poder estatal sobre os bens comuns e até mesmo sobre os particulares dos jurisdicionados. O *vetor funcional* significa que o estatuto da dominialidade apenas deve incidir sobre um bem ou coisa se e enquanto a mesma estiver cumprindo a função – erigida pelo legislador ou administrador público – que justificou a sua submissão a um regime especial de Direito Administrativo. Esse vetor assume notável importância no tocante ao nível de aquisição e de cessação do estatuto pela coisa, no âmbito objetivo do regime, nas possibilidades de utilização da coisa e sobre o alcance dos poderes administrativos, que apenas podem ser exercidos enquanto necessários para proteger a funcionalidade desempenhada pelos bens[6].

---

4. RÉCY, René de. *Traité du Domaine Public*. Deuxième Édition. Tome premier. Paris: Paul Dupont, 1894, p. 183-184,

5. MONIZ, Ana Raquel Gonçalves. Coordenadores: OTERO, Paulo; GONÇALVES, Pedro. *Tratado de Direito Administrativo Especial*. Coimbra: Almedina, 2011, v. V, p. 15.

6. MONIZ, Ana Raquel Gonçalves. Coordenadores: OTERO, Paulo; GONÇALVES, Pedro. *Tratado de Direito Administrativo Especial*. Coimbra: Almedina, 2011, v. V, p. 15-17.

De acordo com René de Récy, a destinação primordial do domínio público é promover a conveniência e segurança das relações da vida social. Dessa forma, as vias de comunicação (vias terrestres, férreas, fluviais e marítimas) formam a primeira forma de conexão. Em segundo lugar, o domínio público favorece as conexões destinadas à defesa do território, proporcionando a segurança das relações. Por último, a existência de certos edifícios abertos a todos para o exercício de promoção das relações sociais ou para o exercício da vida pública formam a terceira destinação fundamental do domínio público. Esses conceitos podem ser sintetizados no domínio público de circulação, domínio público militar e domínio público monumental[7].

Em sentido amplo, o domínio público consiste no poder que o Estado exerce tanto sobre os bens de natureza pública quanto os bens que pertencentes ao patrimônio privado que satisfaçam o interesse público, mas que são submetidos à disciplina normativa estatal. O disciplinamento estatal mesmo sobre os bens privados se dá porque tais bens são coisas existentes no referido Estado, submetendo-se ao domínio eminente, aliado ainda ao fato de serem relevantes na perspectiva coletiva, razão pela qual incide as normas do direito público. Noutro giro, a domínio público em sentido estrito significa o conjunto de bens especificamente considerados que integram a dominialidade estatal, ou seja, os bens imóveis, móveis, materiais, imateriais e demais coisas úteis à coletividade, isto é, coisas representantes de interesse macrossocial, por esse motivo justificando a normatização pelo Poder Público.

A expressão "domínio público" alude ao poder que o Estado detém sobre as coisas existentes em seu território, em decorrência da soberania que lhe é inerente, de modo que o Poder Público possa dispor, atendido aos requisitos legais, sobre os bens que representem interesse comum da sociedade. Em razão disso, sobre tais bens recaem o regime do direito público em detrimento de disposições privatísticas, de modo a reduzir a ampla liberdade sobre esses bens, a fim de atender à coletividade.

Segundo Léon Duguit, a expressão "domínio público" era utilizada com o mesmo sentido de "domínio nacional", conforme a Lei de 22 de novembro de 1790. Em seguida, o vocábulo *domínio público* compreendeu todos os bens, móveis e imóveis, pertencentes à nação, ou que esta tenha sobre eles um pleno direito de propriedade ou simplesmente um direito real. Esse conjunto de bens formam o domínio nacional ou o domínio público[8].

De acordo com Guido Zanobini, a disciplina jurídica dos bens do Estado resulta da distinção fundamental entre <<*demanio*>> e <<*patrimonio*>>. Em sentido amplo, o vocábulo *demanio*, derivado do francês *domaine* e do latim *dominium*, indica todos os bens que são de propriedade do Estado, ou seja, o conjunto de bens pertencentes à pessoa jurídica estatal. Por conseguinte, a expressão <<*demanio*>> é entendida em alusão ao domínio público, diferentemente do domínio privado, que corresponde ao sentido de patrimônio.

---

7. RÉCY, René de. *Traité du Domaine Public*. Deuxième Édition. Tome premier. Paris: Paul Dupont, 1894, p. 185.
8. DUGUIT, Léon. *Traité de Droit Constitutionnel*. Tome Troisième. La Théorie Générale de L'État. Paris: Fontemoing, 1923, p. 319.

A qualificação <<público>> agregada ao domínio para melhor distingui-lo do patrimônio, a denominação de <<bem público>> utilizado pela lei contábil como sinônimo de bem dominial e a outra de <<bem possuído a título de propriedade privada>> como correspondente aos bens patrimoniais: estes são os elementos que já mostram, ainda que de forma genérica, os diferentes estatutos jurídicos das duas categorias. Os bens do domínio público são em grande parte afastados dos princípios que regulam a propriedade privada e sujeitos a um regime predominantemente publicístico. De outra banda, os bens patrimoniais pertencem ao Estado na mesma qualidade e nas mesmas condições em que a maior parte dos bens pertencem a particulares e se regem fundamentalmente pelas regras de direito privado. Portanto, os bens sujeitos ao poder do Estado são constituídos pelo domínio público e pelos bens patrimoniais.

A – O domínio público é constituído pelos bens que atendem à finalidade pública de forma mais direta, isto é, atendendo imediatamente às necessidades mais importantes do público em geral, a exemplo dos portos, rios, estradas, fortificações militares etc. A condição jurídica do bem é determinada de acordo com uma série de princípios, alguns de ordem negativa e outros com ordem positiva. A *regra negativa* resume-se ao princípio da incomercialidade, ou seja, os "bens dominiais são por sua natureza inalienáveis". Por sua vez, o princípio de ordem positiva (*regra positiva*) consiste na retirada dos bens de domínio público do regime de direito privado para incluí-los no regime de direito público. Dessa forma, os bens integrantes da dominialidade pública sujeitam-se às normas editadas pelo Administração Pública, entendida esta como a atividade desenvolvida pelo Estado de maneira ampla. Assim, este regime publicístico caracteriza a condição jurídica de domínio, justificando a denominação de <<*res publicae*>> e de <<*res publici iuris*>>, usada pela doutrina romanística para designar os bens que o constituem.

B – Noutro giro, todos os bens estatais que não estejam compreendidos no conceito de domínio público constituem patrimônio do Estado e igualmente dos municípios, das províncias e dos demais organismos públicos em geral. Estes bens sujeitam-se às regras do Código Civil quando assumirem o regime de propriedade privada, salvo as disposições constantes das leis especiais que lhes disporem o contrário. Os bens patrimoniais distinguem-se em duas categorias, de acordo com a diversa destinação que possuem. A primeira refere-se aos bens que servem ao alcance direto de determinado fim público, a exemplo dos edifícios públicos, seu mobiliário e o equipamento técnico necessário para a gestão dos serviços públicos etc. Em razão dessa natureza, tais bens são indisponíveis, isto é, denotam o caráter da indisponibilidade. De outra banda, há os bens destinados apenas indiretamente aos fins colimados pelo Estado, tal como o terreno dado em decorrência de perigo interno ou externo, o capital que rende juros etc. Nesses casos, os bens são disponíveis, ou seja, carregam em si a disponibilidade da coisa[9].

---

9. ZANOBINI, Guido. *Corso di Diritto Amministrativo*. Terza Edizione. Milano: Dott. A. Giuffrè, 1948, v. quarto: I Mezzi Dell'azione Amministrativa, p. 4-7.

Assim, o domínio público recai sobre coisas que representem interesse público. Otto Mayer assinala: "existe coisa pública quando a coisa representa por si mesma uma parte da Administração Pública; quando, por ela, o Estado administra diretamente e quando o interesse do serviço é sobremodo importante e está ligado intimamente ao estado jurídico da coisa para deixa-la exposta a vicissitudes dos atos do direito civil". Para que determinado objeto se torne uma coisa pública, necessário "se trate de interesse vital da sociedade e suscetível, ao mesmo tempo, de sentir os menores embaraços que a livre disposição da coisa poderia sofrer a consequência de um direito constituído em favor de um terceiro"[10]. Desse modo, o domínio público recais sobre as coisas que representem notável relevo social, de modo que ao torná-las submetidas ao domínio público, as referidas coisas continuem a satisfazer os interesses coletivos. Exemplificadamente, o domínio público no setor elétrico, no qual se afigura necessário que o Estado regule e fiscalize o seguimento, a fim de que a energia elétrica esteja disponível à todas as pessoas, porquanto se trata de um recurso essencial à sociedade e ao desenvolvimento socioeconômico do país.

Arturo M. Bas preleciona que o "domínio público é exercido pelo Estado sobre bens perfeitamente individualizados, cujo proprietário, como disse Freytas, é o povo mesmo, correspondendo a seu uso e gozo, a todos e a cada um dos membros da coletividade". Esses bens, enquanto representarem o caráter público, estão fora do comércio, sendo inalienáveis e imprescritíveis, tendo por objetivo assegurar o uso e gozo comum[11].

Segundo Miguel Marienhoff, o domínio público é um instrumento estatal que recai sobre o conjunto de bens submetidos a um regime jurídico especial de direito público, de modo a repercutir na condição e situação legal da coisa ou bem. Em outras palavras, o domínio público "é um conjunto de bens que, de acordo com o ordenamento jurídico, pertencem às pessoas da comunidade política, sendo destinados ao uso público – direto ou indireto – dos habitantes. Tal definição inclui os quatro elementos constitutivos da dominialidade: conjunto de bens (elemento objetivo) que, de acordo com o ordenamento jurídico (elemento normativo ou legal), pertencem à pessoa da comunidade política (elemento subjetivo), sendo destinados ao uso público – direto ou indireto – dos habitantes (elemento teleológico ou finalista)"[12].

Para Ernst Forsthoff, o domínio público alude às coisas públicas, sendo um conjunto de bens formadores de um patrimônio estatal. Os patrimônios agrupados nas mãos do Estado ou de qualquer outro órgão da Administração Pública servem aos fins da Administração. "As coisas públicas são aqueles objetos do Estado ou outro órgão administrativo que se encontrem diretamente ao serviço dos fins da Administração, ou seja, por razão mesma de seu uso. Dentre as coisas públicas, há que se distinguir aquelas

---

10. MAYER, Otto. *Derecho Administrativo Alemán*. Parte Especial: El derecho público de las cosas. 2. ed. Buenos Aires: Depalma, 1982, t. III, p. 121 e 130.

11. BAS, Arturo M. Conferencias. *Derecho Público Providencial*. Córdoba: F. Domenici, 1909, p. 246.

12. MARIENHOFF, Miguel S. *Tratado del Dominio Publico*. Buenos Aires: Tipográfica Editora Argentina, 1960, p. 34-41 e 141.

que estão destinadas de maneira determinada ao serviço de todos – coisas públicas de uso comum – e os objetos que servem à Administração para o cumprimento de seus fins. As coisas públicas constituem o patrimônio administrativo". Em razão da natureza, os Direito das coisas públicas é uma matéria regulada pelo Direito Público[13].

De acordo com Marcello Caetano, o domínio público "significa que a categoria das coisas, quer os poderes de Administração sobre as coisas públicas, sobre certos espaços sujeitos à mera soberania do Estado, e sobre as coisas as próprias coisas particulares (servidões administrativas)[14]. Consectariamente, o domínio público engloba os bens públicos e os bens particulares em decorrência da soberania do Estado, tendo em vista que tais bens representam utilidade social, devendo ser submetidos ao regime jurídico de direito público.

Na lição clássica de M. Proudhon, comumente o domínio público abrange as coisas que "sem pertencer a propriedade de ninguém, foram civilmente dedicadas ao serviço da sociedade". Dessa forma, a expressão "domínio público" refere-se ao poder exercido pelo Estado sobre os objetos desse domínio, sejam as coisas públicas – que são reguladas pelas leis – assim como o poder destinado à assegurar o uso de coisas cuja propriedade não pertence à qualquer pessoa individualmente, a exemplo dos caminhos públicos, estradas, rios navegáveis etc. Os bens integram o domínio público tendo em vista a destinação que eles possuem, isto é, tais bens submetem-se ao controle estatal porque o uso é facultado ao público em geral, de modo a exigir do Estado a proteção dos referidos bens para que todos possam usufruir continuamente. Por conseguinte, materialmente o domínio público abarca tanto os bens de propriedade do Estado quanto os bens de particulares, pois é priorizada a destinação coletiva promovida por essas coisas. Assim, o domínio público não atribui a ninguém como dono, (como se propriedade privada fosse), nem mesmo o Estado, pois o uso é assegurado a todas as pessoas[15].

Do ponto de vista ativo, o domínio público pode ser compreendido como o poder que o Poder Público exerce sobre os objetos necessários para a realização dos serviços públicos (poder). Na perspectiva passiva, alude às coisas submetidas à dominialidade estatal, sujeitando-se ao uso e proteção de todos, malgrado não serem propriedade privada de ninguém (coisas). Ademais, o domínio público difere essencialmente do domínio privado visto que na relação entre o titular e a coisa não se tem por finalidade promover lucro ou vantagem particular. Ao contrário, o domínio público exercido pelo Estado traduz um domínio de proteção, isto é, um poder utilizado para garantir a fruição dos bens de interesse público a todas as pessoas[16].

Portanto, o domínio público é formado basicamente por quatro elementos, a saber: i) *poder* – capacidade de determinar coativamente a respeito de algo; ii) *coisa* – objeto

---

13. FORSTHOFF, Ernst. *Tratado de Derecho Administrativo*. Madrid: Instituto de Estudios Politicos, 1958, p. 482-484.
14. CAETANO, Marcello. *Manual de direito administrativo*. 7. ed. Lisboa: Coimbra, 1965, p. 205.
15. PROUDHON, M. *Traité du domaine public*. Tome premier. Dijon: Victor Lagier, 1833, p. 262-267.
16. PROUDHON, M. *Traité du domaine public*. Tome premier. Dijon: Victor Lagier, 1833, p. 268-269.

que satisfaça interesse social no qual recai o poder; iii) *destinação* pública – o poder estatal sobre as coisas existentes no território nacional somente se justifica domínio público desde que seja uma forma de promover o interesse coletivo, notadamente a disponibilidade de usufruto do bem pela sociedade; e iv) *regime jurídico* – em razão da natureza e relevância que ostentam na sociedade, as coisas integrantes do domínio público são regidas por leis editadas pelo Estado, isto é, por normas de caráter público, de modo a atender ao interesse coletivo.

Para Cassagne e Riva, o domínio público é caracterizado por quatro elementos estruturais, a saber: 1 – *elemento subjetivo* (relativo ao titular dos bens que integram o domínio); 2 – *elemento objetivo* (refere-se ao tipo de bens que podem ser abarcados); 3 – *elemento teleológico* (alude à finalidade própria desta categoria de bem jurídico); 4 – *normativo* (refere-se à necessidade de que exista um ato legislativo que decida incorporar os bens em questão à categoria de bens públicos)[17]. Igualmente, preleciona Marienhoff: "os elementos essenciais que integram a noção conceitual de dominialidade são quatro: o objetivo, que se refere ao sujeito ou titular do direito sobre os bens dominiais; o objetivo, que se relaciona com os objetos (bens ou coisas) susceptíveis de integrar o domínio público; o teleológico, referente ao 'fim' a que deve responder a inclusão de uma coisa ou bem no domínio público; por último, o elemento normativo ou legal, cujo mérito se determina quando uma coisa ou em que reúna os demais caracteres tem que ser tido como dominial, pois enquanto um setor da doutrina admite que os bens do domínio público são tais, o que podem sê-lo por sua natureza, outro setor – em cujo qual me incluo – sustenta que nenhum bem ou coisa pode ter caráter dominial sem lei que sirva de fundamento"[18].

Assim, o domínio público consiste nos bens cuja titularidade é exercida pelo Poder Público, abrangendo bens móveis, imóveis, materiais, imateriais e quaisquer outras coisas que sirvam como elemento realizador de interesses da sociedade, sendo instituídos e disciplinados pelo ordenamento jurídico, mormente a Constituição e as leis. Nesse caso, o Estado é o titular do domínio público a fim de ser o gestor dos referidos bens, permitindo, dessa forma, que a normatização atenda aos interesses coletivos (*aspecto subjetivo*). No que concerne aos bens sujeitos à dominialidade pública, o conceito é abrangente, visto que diversos objetos podem de alguma forma atender ao interesse supraindividual, daí porque não é possível limitá-los restritivamente (*aspecto objetivo*). Ademais, sempre a finalidade do domínio público será satisfazer às necessidades sociais, sendo esta a razão justificadora da dominialidade estatal (*aspecto finalístico*). Demais disso, a dominialidade pública deve ser sempre baseada no sistema jurídico – atos normativos –, pois assim será respeitado os direitos fundamentais, sobretudo a

---

17. CASSAGNE, Juan Carlos; RIVA, Ignacio M. de La. Formación, trayectoria y significado actual del dominio público en la Argentina. Derecho Administrativo. *Revista de Doctrina, Jurisprudencia, Legislación y Práctica* n. 93. Buenos Aires: AbeledoPerrot, 2014, p. 800-801.

18. MARIENHOFF, Miguel S. *Tratado del Dominio Publico*. Buenos Aires: Tipográfica Editora Argentina, 1960, p. 50.

propriedade privada e o devido processo legal, afastando, por consequência, eventuais arbitrariedades (*aspecto normativo*). Por último, ressalte-se que no contexto da dominialidade pública, destaca-se a figura do Poder Judiciário, que poderá ser acionado por quaisquer pessoas que se sintam violadas em seus direitos individuais ante a atuação do Estado, podendo anular atos administrativos caso sejam ilegais ou incompatíveis com a Constituição (*aspecto controlatório*).

Para o mestre português Marcello Caetano, a "dominialidade pública" resulta basicamente de dois critérios, a saber: i) destino das coisas; ii) características que apresentam. "Atendendo ao *destino dos bens*, foram formulados três critérios principais: o do uso público, o do serviço público e o do fim administrativo. A) Pelo critério do uso público entende-se que devem ser públicas as coisas destinadas ao uso de todos. B) O critério do serviço público é o preconizado pelos escritores que pretendem construir todo o Direito administrativo sobre essa noção, especialmente os escritores franceses da escola de Duguit. Para Duguit, a afetação de uma coisa, sob qualquer forma e a qualquer título, ao serviço público, imprime-lhe caráter público. Tanto faz, pois, que os bens sejam instrumento do serviço, como simples objeto dele. As estradas e as florestas do Estado são coisas públicas, porque são objeto de serviços de conservação e proteção. Os edifícios onde funcionam as repartições são igualmente coisas públicas. Segundo Jèze, o domínio público só deverá abranger os bens pertencentes à Administração que num serviço público essencial desempenham um papel principal. E exemplifica: 'As casernas, as escolas, os palácios de justiça, ainda que diretamente afetos a um serviço público não fazem parte do domínio público, porque o edifício não desempenha no serviço público um papel principal: são os soldados, os professores e os juízes que o desempenham. Por último, o critério do fim administrativo, sustentado por Santi Romano, considera públicas as coisas pertencentes a uma pessoa de direito público que satisfaçam a um dos fins desta pela simples aplicação ou emprego direto (que formem objeto imediato da administração pública). Os bens que sejam simples meio de que a pessoa coletiva se sirva para exercer uma atividade destinada à prossecução de um fim, não são dominiais, mas instrumentais ou patrimoniais"[19].

O segundo critério da dominialidade pública alude às características jurídicas ou naturais das coisas. "Em primeiro lugar deve mencionar-se o critério da afetação proposto por Hauriou. Para ele o que indicava a publicidade era a afetação formal à utilidade pública de uma coisa que fosse objeto de propriedade administrativa. Seria um critério prático, fácil de verificar e que explicaria o fato de o domínio compreender edifícios e terrenos. Portanto, o ato de afetação à utilidade pública, eis o que imprime caráter às coisas públicas". Pertence à mesma classe o critério positivista de Zanobini que só considera dominiais as coisas que a lei submeta ao regime integral da propriedade pública"[20].

---

19. CAETANO, Marcello. *Manual de direito administrativo*. 7. ed. Lisboa: Coimbra, 1965, p. 191-194.
20. CAETANO, Marcello. *Manual de direito administrativo*. 7. ed. Lisboa: Coimbra, 1965, p. 194-195.

No magistério de Plácido e Silva, *domínio público* pode ser compreendido como "a soma de bens pertencentes às entidades jurídicas de Direito Público, como a União, Estado e Munícipio, que se destinam ao uso comum do povo ou os de uso especial, mas considerados improdutivos. Constitui-se do acervo de vens particularmente indispensáveis à utilidade e necessidade pública, pelo que se consideram subordinados a um regime jurídico excepcional, decorrente do uso a que se destinam, reputados de utilidade coletiva"[21]. Nesse sentido, o domínio público é fundado no critério da destinação dos bens, isto é, o domínio público recai sobre os bens que tenham por atribuição precípua a satisfação de interesse coletivo e, por conseguinte, submete-se às normas estatais.

Cretella Júnior conceitua *domínio público* como o "conjunto dos bens móveis e imóveis de que é detentora a Administração, afetados quer a seu próprio uso, quer ao uso direto ou indireto da coletividade, submetidos a regime jurídico de direito público derrogatório e exorbitante do direito comum". Para Villegas Basavilbaso, domínio público consiste no "conjunto de bens submetidos a um regime jurídico substancialmente distinto daquele que rege o domínio privado", isto é, "a soma de bens, pertencentes a pessoas jurídico-públicas, afetados ao uso direto ou indireto dos habitantes". Igualmente, Marienhoff define domínio público como "um conjunto de bens submetido a um regime jurídico especial, distinto do que rege os bens do domínio privado". Bielsa conceitua o domínio público como o "conjunto de coisas afetadas ao uso direto da coletividade referida a uma entidade administrativa de base territorial, destinada ao uso público dos administrados, não suscetíveis, portanto, de apropriação privada. Bonnard entende o domínio público como 'a parte do domínio constituída pelas propriedades administrativas que são afetadas ao uso de todos ou ao funcionamento de um serviço público e, por consequência, submetidos a um regime especial". Para Trotabas, "o domínio público é uma forma de propriedade administrativa, que se diferencia da propriedade privada por sua proteção e seus encargos particulares. O domínio público compreende, então, o conjunto de bens afetados à satisfação das necessidades públicas". De acordo com Gabino Fraga, o domínio público consiste no "conjunto de bens materiais que, de modo direto ou indireto, servem ao Estado para realizar suas atribuições, constitui o domínio do próprio Estado"[22]. Para Planiol, o domínio público é composto por bens coletivos de uma nação, visto que, os bens que formam o domínio público reconhecidamente são afetados ao uso público, sobretudo as vias de comunicação do país (terrestres e fluviais)[23].

Na lição de Diego de Figueiredo Moreira Neto, "para cumprir sua destinação política, o Estado necessita, entre outros meios, de dispor de bens, de toda natureza, de maneira semelhante à disposição que os particulares têm sobre aqueles que conformam seu próprio patrimônio privado. Por essa semelhança, tais bens, que foram, são ou serão

---

21. SILVA, De Plácido e. *Vocabulário jurídico*. 26. ed. Rio de Janeiro: Forense, 2005, p. 499.
22. CRETELLA JÚNIOR, José. *Tratado do domínio público*. Rio de Janeiro: Forense, 1984, p. 29-30.
23. PLANIOL. *Traité Élémentaire de Droit Civil*. Refondu et complété par Georges Ripert et Jean Boulanger. Tome Premier. Paris: Librairie Générale de Droit et de Jurisprudence, 1950, p. 859.

confiados ao Estado para aquele fim político, conformam o domínio público patrimonial em sentido estrito, ou, abreviadamente, o domínio público. Todavia, o Estado não exerce sobre esses bens um direito de propriedade, como o que se institui no Direito Privado, com sua extensa e amplíssima disponibilidade. Ao contrário, o vínculo, que relaciona o bem público ao Estado, tem outra natureza e é definido e regulado não só em suas grandes linhas, pela Constituição Federal, como, concomitantemente, pelas Constituições, Leis Orgânicas e leis administrativas dos três graus federativos. É que esses bens, que conformam o *domínio público*, os bens públicos, estão vinculados ao atendimento de finalidades públicas, e só para este fim se encontram disponíveis. Para quaisquer outras finalidades, não importam quais sejam, são indisponíveis". Dessa forma, o domínio público consiste no poder do Estado sobre os bens existentes em seu território, sendo que este poder decorre da soberania estatal. Assim, a soberania estatal incide sobre os bens, expressando o "poder de domínio do Estado"[24].

No magistério de Hely Lopes, "o conceito de domínio público não é uniforme na doutrina, mas os administrativistas concordam em que tal domínio, como direito de propriedade, só é exercido sobre os bens pertencentes às entidades públicas e, como poder de Soberania interna, alcança tanto os bens públicos como as coisas particulares de interesse coletivo. A expressão 'domínio público' ora significa o poder que o Estado exerce sobre os bens próprios e alheios, ora designa a condição desses bens. A mesma expressão pode ainda ser tomada como o conjunto de bens destinados ao uso público (direto ou indireto – geral ou especial – *uti singuli ou uti universi*), como pode designar o regime a que se subordina esse complexo de coisas afetadas de interesse público. O domínio público em sentido amplo é o poder de dominação ou de regulamentação que o Estado exerce sobre os bens do seu patrimônio (bens públicos), ou sobre os bens do patrimônio privado (bens particulares de interesse público) ou sobre as coisas inapropriáveis individualmente, mas de fruição geral da coletividade (res nullius). Nesse sentido amplo e genérico o domínio público abrange não só os bens das pessoas jurídicas de Direito Público interno como as demais coisas que, por sua utilidade coletiva, merecem a proteção do Poder Público, tais como as águas, as jazidas, as florestas, a fauna, o espaço aéreo e as que interessam ao patrimônio histórico e artístico nacional. Exterioriza-se, assim, o domínio público em poderes de soberania e em direitos de propriedade. Aqueles se exercem sobre todas as coisas de interesse público, sob a forma de *domínio eminente*; estes só incidem sobre os bens pertencentes às entidades públicas, sob a forma de domínio patrimonial"[25].

Por fim, Planiol observa que o domínio público é composto por diversas categorias de bens, consistentes em *bens naturais* (domínio marítimo, fluvial, lacustre e terrestre) e *bens artificiais*, que é criado por ato da administração (portos, estradas, edifícios

---

24. MOREIRA NETO, Diogo de Figueiredo. *Curso de direito administrativo*. Parte introdutória. 12. ed. Rio de Janeiro: Forense, 2002, p. 332 e 329.
25. MEIRELLES, Hely Lopes. *Direito administrativo brasileiro*. 20. ed. São Paulo: Malheiros, 1995, p. 428.

etc.), variando a titularidade conforme o órgão detentor do domínio público (nacional, regional ou municipal)[26].

1.3 NATUREZA JURÍDICA

A questão ora examinada destina investigar qual do direito que as pessoas jurídicas de direito público exercem em relação aos bens constantes do domínio público. Consoante lição de Cretella Júnior, "as pessoas jurídicas públicas são 'proprietárias' dos bens imóveis e móveis que lhes formam o domínio. Dividem-se tais bens em duas classes, os que constituem o domínio privado e os que formam o domínio público. O domínio privado está submetido às regras típicas do direito civil (mas com derrogações se o Estado é o proprietário) e o domínio público está sujeito ao regime jurídico do direito administrativo, informado por princípios publicísticos, como o da intangibilidade dos bens públicos".

A doutrina biparte-se em duas correntes, os que são contrários à ideia de que a dominialidade pública denota direito de propriedade e, de outra banda, os que são favoráveis à ideia de propriedade no âmbito da dominialidade pública.

Dito isso, pode-se resumir a controvérsia da seguinte forma: *posição contrária à ideia de propriedade.* "A quase totalidade dos autores do século anterior sustentou a tese de que a dominialidade pública nada tem de comum com a propriedade, parecendo a todos que este instituto – a propriedade privada – se revestia, necessariamente, do aspecto categórico da propriedade quiritária romana. Proudhon, professor da Faculdade de Direito de Dijon, em seu famoso 'Traité du Dumaine Public', fundamento em elementos colhido nas obras dos civilistas comentadores do Código Civil (Pardessus, Toullier, Delvincourt, Duranton), sustenta que a ideia de propriedade deve ser rejeitada, porque é essencialmente um direito exclusivo. No mesmo sentido, raciocinam Ducrocq e Berthélemy, para os quais o domínio público é formado por bens insusceptíveis de propriedade, visto que o Estado não é detentor do domínio público nem do *usus*, que pertence ao público, nem do *fructus*, que não existe, nem dos abusos, sendo o domínio público inalienável. Afastada a ideia de propriedade, que não aceitam, estes autores analisam o direito da Administração como um direito de guarda, de fiscalização, de tutela, de supervisão. Esta colocação negativa, que tem seu ponto de partida nos artigos do Código Civil e exclui do domínio público todos os móveis e todos os edifícios públicos ('o traço distinto dos bens públicos é constituído pelas porções de territórios afetados ao uso de todos e não suscetíveis de propriedade privada') é defendida, em tempos modernos, por autoridades de grande renome como Aubry Et Rau, Colin-Capitant, De La Morandière, Moreau, Demolombe, Gaudry, Récy e Tisserand"[27].

---

26. PLANIOL. *Traité Élémentaire de Droit Civil.* Refondu et complété par Georges Ripert et Jean Boulanger. Tome Premier. Paris: Librairie Générale de Droit et de Jurisprudence, 1950, p. 804.

27. CRETELLA JÚNIOR, José. *Tratado do domínio público.* Rio de Janeiro: Forense, 1984, p. 36-38.

CAPÍTULO 1 • DOMÍNIO PÚBLICO **97**

Noutro giro, merece registro a *posição favorável à ideia de propriedade*. O maior expoente é Maurice Hauriou, que propugna a existência de propriedade na dominialidade pública. Exemplificadamente, cita os departamentos públicos, consistentes em dependências artificiais, como os prédios à serviço da Administração, as Cortes dos tribunais, as sedes das prefeituras, as prisões, os asilos, as escolas, os centros de saúde etc. Esses bens são afetados ao serviço do Estado e integram o domínio público[28].

Coube "a Maurice Hauriou o mérito de haver introduzido, na doutrina, a ideia de propriedade das pessoas jurídicas públicas, territoriais ou autárquicas, sobre seu domínio público. Segundo este autor, a teoria do domínio público é obra da doutrina, mas fundada nos textos do Código Civil. As dependências do domínio público são propriedades administrativas, afetadas formalmente à utilidade pública. Não aceitando a existência de um acervo de coisas *res nullius*, afetadas aos serviços públicos, sustentou Hauriu que os bens públicos não podem ser objeto de 'propriedade' dos particulares, visto que são afetados à dominialidade pública, mas podem ser objeto de propriedade subjetivas por parte das administrações públicas a cujos serviços estão afetados. [...] Escreve Hauriou que a propriedade administrativa 'não é uma propriedade latente e eventual, que desapareceria se a coisa cessasse de fazer parte do domínio público; trata-se, isso sim, de uma propriedade atual, dominial, visto que a ação de reivindicação que se lhe corresponde é dominial e imprescritível como a coisa.'"[29]

Para a *doutrina alemã*, de acordo com lição de Otto Mayer, "todas as coisas que pertencem ao Estado se encontram destinadas, ao fim e ao cabo, a servir a Administração Pública". Os bens administrativos correlacionam-se diretamente com a Administração estatal e com a esfera de direito público que a circunda. "Tais como são, estes bens constituem os meios pelos quais o Estado persegue a realização dos interesses públicos, mediante seu uso é realizada a administração pública. Sem embargo, o Estado não se encontra na referida situação quando se limita a prepara-los e administrá-los somente no interesse deles mesmos; esta atividade conserva mas bem seu caráter jurídico próprio e em geral, se trata, então de relações que podem apresentar-se com respeito a um indivíduo particular e que, em consequência, estão destinadas a regular-se pelo direito civil. Um contrato de suprimentos para os cárceres, por exemplo, um arrendamento de locais destinados a escolas, a contratação de pessoas para o serviço de limpeza das ruas, assim como as disposições que se tomarão em virtude destes convênios, são todas situações que não constituem ainda a administração pública mesmo a qual elas devem servir, portanto, estão regidas pelo direito civil. O mesmo ocorreria se se tratasse de coisas corporais destinadas a servir ao mesmo objeto e à disposição que se encontra os direitos assim adquiridos. Apesar de o objetivo último em vista do qual se realiza todo este, ele pertence em si, por sua natureza, a economia privada, que está, portanto,

---

28. HAURIOU, Maurice. *Précis de Droit Administratif et de Droit Public Général*. Quatrième édition. Paris: Larose, 1900, p. 638-639.
29. CRETELLA JÚNIOR, José. *Tratado do domínio público*. Rio de Janeiro: Forense, 1984, p. 38-39.

submetido ao direito civil"[30]. Dessa forma, há casos em que o Estado exerce o direito de propriedade privada assim como as demais pessoas, tendo em vista à necessidade de administrar bens para promover a realização de serviço público em benefício da sociedade.

Para a *doutrina italiana*, com escólio em Santi Romano, "existem várias instituições, algumas das quais foram introduzidas, por sua própria natureza, reconectados em um conceito de exercício privado de funções públicas"[31]. "O direito de propriedade, como de resto todo direito real, não é uma figura essencialmente e exclusivamente de direito público ou de direito privado, mas, ao contrário, é uma figura geral e comum a um e outro. No entanto, nas várias manifestações em que aparece, é qualificado diversamente, visto que o destino da coisa, sendo funcional, importa um regulamento de direito público, ou, sendo meramente lícita e, pois, dentro de certos limites, livre, importa um regulamento privatístico que leva em grande consideração a autonomia do proprietário. A propriedade pública aparece assim como paralela à propriedade privada, da qual não é uma simples modificação e, muito menos, uma antítese. A tendência a recorrer ao conceito de propriedade privada, todas as vezes que se acena com o conceito de propriedade, em geral, deriva de razões históricas e tradicionais, há muito superadas, em relação às quais todo o direito administrativo se considerava um 'desvio' do direito comum, isto é, do direito privado"[32].

Alessi informa que o conceito de propriedade "está por assim dizer acima do direito público e do direito privado, mas se especifica, assumindo configuração diversa, conforme se trate do direito privado ou do direito público. A propriedade é *genus*, do qual as duas propriedades do direito privado e do direito público são *species*. E cada espécie, tendo embora uma estrutura comum, um substrato único (que é o vínculo que une as coisas ao sujeito com exclusão de outros direitos análogos que se referem a outros sujeitos), assume caraterísticas próprias. Não é, pois, a propriedade pública uma modificação, uma adaptação da propriedade privada, mas caminha paralelamente a esta. A propriedade pública é caracterizada pela limitação que se impõe ao sujeito, isto é, pela destinação que se confere à coisa pública. Desse modo, todas as faculdades do sujeito são admissíveis, desde que não contrariem tais finalidades, ao passo que, no direito privado, vigora o princípio, se bem que entendido de modo exato, do *jus utendi et abutendi*, no campo do direito público vige um princípio totalmente oposto: o princípio da 'referência à finalidade'. Cretella Júnior preleciona que "a natureza dos bens constitutivos do domínio público não difere da índole que tipifica os bens constitutivos do domínio privado, porque, lato senso, tal domínio é um perfeito direito de propriedade do Estado. Os caracteres jurídicos específicos, originados pelo fim da utilidade

---

30. MAYER, Otto. *Derecho Administrativo Alemán*. Parte Especial: El derecho público de las cosas. 2. ed. Buenos Aires: Depalma, 1982, t. III, p. 112-113.
31. ROMANO, Santi. *Principii di Diritto Amministrativo Italiano*. Seconda edizione. Milano: Società Editrice Libraria, 1906, p. 175.
32. CRETELLA JÚNIOR, José. *Tratado do domínio público*. Rio de Janeiro: Forense, 1984, p. 41.

comum a que se destinam, não chegam para transformá-lo em direito de propriedade pública. Existe um direito de domínio sobre os bens públicos, cujo titular é o Estado, sendo tal natureza jurídica quase da mesma índole que a do domínio privado, regulado pelo direito comum, com as restrições impostas por sua inclinação ao interesse público. Com efeito, a propriedade do domínio público é propriedade diferente da propriedade privada, tendo Hauriou lhe dado com razão o nome de *propriedade administrativa*, para ressaltar que se trata de uma categoria transporta do direito civil com um fundo essencial comum, mas com diferenças, como o 'contrato administrativo' em relação ao 'contrato do direito civil'. O efeito de semelhante transposição é o de paralisar as consequências habituais da propriedade ordinária em todos os casos em que seriam incompatíveis com a afetação (Laubadère)"[33].

De fato, o Estado é o titular da propriedade pública e o domínio público também é formado por bens dominicais (de propriedade privado do Estado). Assim, esta corrente entende ser plenamente cabível a existência do direito de propriedade na esfera do domínio público, sendo titularidade pelo Estado, ao qual deve zelar pelo patrimônio público em benefício da coletividade e submetendo-se ao ordenamento jurídico, especialmente à Constituição e às leis em geral.

Outrossim, a Constituição Federal dispõe expressamente que "são bens da União: I – os que atualmente lhe pertencem e os que lhe vierem a ser atribuídos; V – os recursos naturais da plataforma continental e da zona econômica exclusiva; IX – os recursos minerais, inclusive os do subsolo; (art. 20, I, V e IX da CF/1988). Além disso, as jazidas, em lavra ou não, e demais recursos minerais e potenciais de energia hidráulica pertencem à União, somente sendo possível a pesquisa e a lavra de recursos minerais com prévia autorização ou concessão da União (art. 176, § 1º, CF de 1988).

Nesse sentido, o art. 98 do Código Civil de 2002 declara que "são públicos os bens de domínio nacional pertencentes às pessoas jurídicas de direito público interno". Igualmente, o art. 99, III do Código Civil estabelece serem públicos os bens dominicais, "que constituem o patrimônio das pessoas jurídicas de direito público, como objeto de direito pessoal, ou real, de cada uma dessas entidades".

De igual modo, o Direito Financeiro reconhece expressamente o patrimônio público como elemento integrante da Administração Pública, titularizado pelo Estado e, em razão disso, cabe zelar pela guarda e conservação, assim como realizar o balanço patrimonial, composto pelos seguintes elementos: ativo financeiro, ativo permanente, passivo financeiro, passivo permanente, saldo patrimonial e as contas de compensação (art. 94 c/c art. 105 da Lei nº 4.320 de 1964). Além disso, como forma de preservar o patrimônio público, é vedada a aplicação da receita de capital da alienação de bens e direitos para o financiamento de despesa corrente, salvo se destinada por lei ao regime de previdência (art. 44, LC nº 101 de 2000). Acresça-se ainda que na escrituração da consolidação das contas públicas, deve ser demonstrada a variação patrimonial, des-

---

33. CRETELLA JÚNIOR, José. *Tratado do domínio público*. Rio de Janeiro: Forense, 1984, p. 40-42.

tacando-se a origem e destino dos recursos provenientes da alienação de ativos (art. 50, VI, LC nº 101 de 2000).

Portanto, as pessoas jurídicas de direito público detêm o direito de propriedade sobre os bens integrantes do domínio público, mormente sobre os bens dominicais, sempre tendo em vista o atendimento ao interesse coletivo. Em razão disso, cabe ao Estado exercer a tutela dos bens componentes da dominialidade pública, preservando-o contra o malbaratamento, abusos ou perda de bens em prejuízo da sociedade. Para tanto, é dever do Estado disciplinar a afetação, o uso e a desafetação dos bens públicos, além de exercer todos os procedimentos administrativos e de gestão fiscal, além de adotar as ações judiciais cabíveis a fim de preservar a integralidade do patrimônio público.

1.4 CARACTERÍSTICAS DA DOMINIALIDADE

Dada a importância da função que ostentam, impende salientar uma característica fundamental no domínio público é que a relação do Estado com a coisa objeto de dominialidade baseia-se na promoção do interesse da coletividade, e não em interesses meramente individuais. Em outras palavras, o ato governamental que titulariza e submete ao domínio público certos bens tem por escopo alcançar o interesse de todos, haja vista que a coisa pública sujeita ao regime dominial público constitui objeto de interesse comum[34].

Para atingir tal mister, a figura do domínio público sujeita-se a disposições especiais, de modo que os bens públicos são detentores de princípios, consistentes na inalienabilidade, impenhorabilidade e imprescritibilidade, sendo expressão da indisponibilidade dos interesses públicos.

"Durante muito tempo, escreve Roger Bonnard, 'o conteúdo do regime especial do domínio público foi considerado como constituído, em essência, pela regra da inalienabilidade e limitado a essa regra, ponto de vista este que decorria do fato de ser o domínio público identificado com as dependências inalienáveis do domínio. Atualmente, porém, com a nova concepção da dominialidade pública, tem-se a tendência em admitir que o domínio público extravasa a parte inalienável do domínio e, além disso, que o domínio inalienável é submetido a outras regras especiais, afora a regra da inalienabilidade. É assim que o regime de domínio público é concebido, em nossos dias, como constituído por um conjunto de regras que recaem sobre diferentes pontos, a saber: para a alienação, a regra da inalienabilidade e a imprescritibilidade; para a aquisição, os modos especiais de aquisição, como a desapropriação; a requisição é o processo de fornecimento; para o transporte, um regime especial para os trabalhos denominados trabalhos públicos; para a determinação de limites, modos especiais de delimitação para a utilização dos particulares, um regime especial para esse uso"[35].

---

34. PROUDHON, M. *Traité du domaine public*. Tome premier. Dijon: Victor Lagier, 1833, p. 269-270.
35. CRETELLA JÚNIOR, José. *Tratado do domínio público*. Rio de Janeiro: Forense, 1984, p. 32.

Como forma de proteger os aludidos bens, o regime jurídico impõe certas restrições, a fim de proteger o aspecto material dos bens integrantes do domínio público. Menezes Cordeiro elenca os vetores normativos atinentes ao domínio público, consistentes em: i) a constituição, a transmissão, a modificação e a extinção da situação dominial pública são reguladas pelo Direito público e, designadamente: a) só a lei pode determinar a publicização de um bem ou a sua desafetação ; b) a comercialidade dos bens públicos não é possível em termos de Direito privado; c) só podem ser titulares pessoas coletivas de Direito público; ii) o aproveitamento dos bens se dá nas condições estabelecidas pelo Direito público, de modo a corresponder aos fins do Estado; iii) a defesa do bens integrantes do domínio público é feita diretamente pelo Estado, dispensando-se prévia provocação jurisdicional, visto que emana de seu *ius imperii*[36].

Desse modo, os bens integrantes do domínio público possuem como característica a constante vigilância por parte do Estado, como forma de manter íntegra a finalidade dos referidos bens em benefício do interesse público. Otto Mayer informa que, para manter a existência intacta e o seu funcionamento adequado, adota-se medidas com caráter de polícia contra eventuais transtornos que possam ser acometidos à dominialidade pública. "A instituição da polícia das coisas públicas revela, com evidência convincente, que a administração desta espécie de bens está colocada, por si mesma, fora da órbita da vida privada", salvaguardando-a de "transtornos ilícitos", ou seja, uso ilegal da coisa pública. Fala-se, assim, de polícia da coisa pública[37]. Consoante lição de Marienhoff, o vocábulo "polícia" pode ser compreendido como a "função ou atividade administrativa que tem por objeto a proteção da segurança, moralidade ou salubridade pública e a economia pública". Para atingir tal mister, adota-se o "poder de polícia", que é definido como o "poder regulador do exercício dos direitos e do cumprimento dos deveres constitucionais dos habitantes"[38]. González Calderón assinala que o poder dc polícia é um "atributo necessário e inerente a toda soberania, anterior às leis e não necessita ser concedido ou reconhecido pelas constituições porque é inalienável; por conseguinte, dentro do alcance de sua autoridade suprema e exercendo os poderes que expressamente há conferido a Constituição, o Congresso está facultado para sancionar medidas relativas à polícia pública da Nação"[39]. Por último, conforme Rafael Bielsa, o poder de polícia pode ser exercido em três modalidades, a saber: 1ª – a regulamentação (quando o Estado proíbe ou limita por meio de ato normativo, a exemplo de leis, regulamentos ou ordenanças); 2ª – coerção (são os meios diretos e compulsivos que a Administração exerce para restabelecer a ordem pública alterada, utilizando para isso

---

36. CORDEIRO, António Menezes. *Tratado de direito civil III*. Parte Geral – Coisas. 4. ed. Coimbra: Almedina, 2019, p. 83-84.

37. MAYER, Otto. *Derecho Administrativo Alemán*. Parte Especial: El derecho público de las cosas. 2. ed. Buenos Aires: Depalma, 1982, t. III, p. 114-115.

38. MARIENHOFF, Miguel S. *Tratado de Derecho Aministrativo*. Segunda edición. Buenos Aires: Abeledo-Perrot, 1975, t. IV, p. 511 e 514.

39. GONZÁLEZ-CALDERÓN, Juan A. *Derecho Constitucional Argentino*. Buenos Aires: J. Lajouane, 1923, t. III, p. 135.

medidas preventivas ou reparadoras); 3ª – repressão (as normas de polícia são geralmente "leis perfeitas", ou seja, elas preveem a conduta proibida e a respectiva sanção, notadamente a pena de multa, apreensão, interdição no estabelecimento etc.[40].

Disso resulta que o poder de polícia constitui característica da dominialidade pública, ou seja, as medidas de polícia são instrumentos utilizados pelo Estado na salvaguarda dos bens de interesse da coletividade. Como forma de conferir efetividade à proteção das coisas públicas, o Estado pode fiscalizar e regulamentar o uso adequado dos referidos bens, assim como impor sanções e executar as medidas impositivas, porquanto são imanentes ao poder de polícia. Exemplo típico é o *tombamento*, que consiste no ato administrativo – baseado no valor histórico, artístico, cultural, turístico ou paisagístico – que finda por submeter bens de natureza pública ou privada ao regime jurídico público, especialmente às disposições do Decreto-Lei nº 25 de 1937 e à Constituição Federal. O tombamento incide sobre coisas pertencentes à pessoa natural ou à pessoa jurídica de direito privado, efetivando-se de forma voluntária ou compulsória. Em decorrência do tombamento, mesmo as coisas pertencentes à pessoa privada sofrem restrições contidas na lei, de modo que "as coisas tombadas ficam sujeitas à vigilância permanente do Serviço do Patrimônio Histórico e Artístico Nacional, que poderá inspecioná-los sempre que for julgado conveniente, não podendo os respectivos proprietários ou responsáveis criar obstáculos à inspeção, sob pena de multa", afora que os atentados cometidos contra os bens tombados são equiparados aos cometidos contra o patrimônio nacional[41].

Portanto, as coisas que representem interesse público são regidas por medidas específicas, inclusive sujeitando-se ao poder de polícia. Ademais, as características especiais que moldam os elementos constantes do domínio público permitem que o Estado obtenha os bens necessários ao atendimento dos interesses coletivos, disciplinando-os e preservando-lhes contra aniquilação da fundamental utilidade que representam à sociedade, salvaguardando o bem comum.

1.5 CLASSIFICAÇÃO DO DOMÍNIO PÚBLICO

A classificação do domínio público refere-se ao ato de categorizar os bens ou coisas da dominialidade de acordo com a sua origem, isto é, consiste na divisão das coisas integrantes do domínio público conforme a sua natureza, a sua procedência; assim como em decorrência da titularidade do respectivo bem. Dito de outro modo, o domínio público classifica-se de acordo com a sua origem ou o titular que exerce poder de jurisdição sobre a coisa.

Relativamente à *origem* ou formação, o domínio público subdivide-se em natural ou artificial. O domínio público natural são os bens declarados públicos pelo legislador

---

40. BIELSA, Rafael. *Derecho Constitucional*. Terceira edición. Buenos Aires: Depalma, 1959, p. 461-463.
41. BRASIL. Decreto-Lei nº 25, de 30 de novembro de 1937. *Organiza a proteção do patrimônio histórico e artístico nacional*. Disponível em: http://www.planalto.gov.br/ccivil_03/decreto-lei/del0025.htm. Acesso em: 27 fev. 2021.

considerando-se o seu estado natural, ou seja, em razão do estado que a natureza os apresenta ou oferece. Exemplificadamente, as águas, os rios, lagos, ilha, floresta etc. Noutro giro, o domínio público artificial alude aos bens declarados públicos pelo legislador, mas cuja criação ou existência da coisa submetida à dominialidade depende de um fato humano, isto é, são os bens construídos pela ação do homem. Incluem-se nessa categoria os prédios, uma obra de arte, uma rua, os cemitérios etc.

Já no que concerne à *titularidade* ou jurisdição, o domínio público divide-se em federal, estadual, distrital ou municipal, de acordo com o ente estatal que exerce poder sobre o bem. Isto é, essa classificação baseia-se na unidade política habilitada para regular os referidos bens, inclusive o uso e demais características imanentes à coisa. A classificação do domínio público em relação à sua origem ou titularidade não se trata de mera questão doutrinária, visto que repercute decisivamente no regime da afetação e da desafetação, além de outros aspectos. Acerca desse tema, Marienhoff assinala: "Segundo o qual seja a natureza do bem de que se trate, a afetação e a desafetação poderão efetuar-se por fatos ou atos administrativos ou será indispensável o pertinente ato legislativo. Igualmente, a origem ou formação 'natural' ou 'artificial' do bem repercute na delimitação e alienação dos bens públicos. A 'delimitação' se vincula aos bens naturais, enquanto que a 'alienação' se refere aos artificiais"[42].

Além disso, a classificação em comento possui transcendência jurídica evidente, haja vista que reverbera diretamente na identificação da unidade política competente para regular o bem ou coisa sujeita ao domínio público. Assim, somente a União deterá competência para dispor sobre os bens federais, ao passo que os Estados/Distrito Federal terão competência para tratar dos bens públicos estaduais/distritais, e apenas aos Municípios incumbirão o disciplinamento dos respectivos bens municipais. Logicamente, deverão ser observadas as regras constitucionais acerca da competência legislativa comum e concorrente, nos termos dos artigos 23 e 24 da Constituição da República.

Os bens também se distinguem no tocante à acepção subjetiva e objetiva. A feição *subjetiva* traduz-se no pertencimento do bem público a um ente estatal, quer dizer, um bem integra a dominialidade por pertencer a um órgão público. A feição *objetiva* significa que o bem ou coisa submetida ao estatuto da dominialidade decorre da utilidade promovida à coletividade, ou seja, quando atende ao interesse da sociedade como um todo ou ao público de maneira geral. Nesse caso, pode-se exemplificar com o tombamento de bens, visto que resguardam a história, a cultura e a identidade nacional.

O domínio público também se diferencia em formal e material. O *domínio público formal* é aquele no qual o regime jurídico diferenciado decorre por determinação do ordenamento jurídico (Constituição, lei ou ato normativo), visto que em regra o caráter da dominialidade de um bem pressupõe uma norma de direito positivo nesse sentido. Nesse caso, o domínio público instituído pode ser de natureza constitucional ou legal.

---

42. MARIENHOFF, Miguel S. *Tratado del Dominio Publico*. Buenos Aires: Tipográfica Editora Argentina, 1960, p. 146-148.

O domínio público constitucional se verifica quando a Constituição elenca determinados bens como coisas integrantes do domínio público, ou seja, quando determina que certos bens compõem a dominialidade estatal. (Ex.: art. 216, § 5º, da CF de 1988: "Ficam tombados todos os documentos e os sítios detentores de reminiscências históricas dos antigos quilombos"). Já o domínio público legal é aquele instituído pela lei, ou seja, por ato normativo primário. (Ex: arts. 1º e 2º, do Decreto-Lei nº 25 de 1937: "Constitui o patrimônio histórico e artístico nacional o conjunto dos bens móveis e imóveis existentes no país e cuja conservação seja de interesse público, quer por sua vinculação a fatos memoráveis da história do Brasil, quer por seu excepcional valor arqueológico ou etnográfico, bibliográfico ou artístico. Os bens a que se refere o presente artigo só serão considerados parte integrante do patrimônio histórico o artístico nacional, depois de inscritos separada ou agrupadamente num dos quatro Livros do Tombo").

Por sua vez, o *domínio público material* é aquele que incide em razão da natureza do objeto e importância na perspectiva social, ou seja, decorre da relevância e significado que o bem representa para a coletividade, visto que o seu conteúdo transcende o mero interesse individual. Isso porque certas coisas, independentemente de qualquer previsão textual ou normativa, pertencem à dominialidade pública uma vez que as mesmas se destinam ao atendimento de necessidades da sociedade de toda a sociedade e, assim, não podem ficar subtraídos à disponibilidade dos particulares. Determinados bens representam um conjunto de valores sociais, de modo que estarão submetidos ao poder do Estado. Logicamente, esses bens variam conforme o momento social, político e histórico, que estabelecerá o respectivo regime jurídico. A título de ilustração, pode-se citar os recursos que compõem o meio ambiente, especialmente a água, que é um bem essencial aos seres vivos; os mares; as rodovias; as praças; as fortificações, equipamentos e construções militares etc.[43]

1.6 CONSTRUÇÃO DUALISTA DO DOMÍNIO PÚBLICO

A construção dualista do domínio público consiste em aplicar na esfera da propriedade pública as normas civis de propriedade juntamente com as normas do direito público, com prevalência destas últimas sobre as primeiras, moldando-as ao interesse coletivo. Em outras palavras, sobre a propriedade pública recai simultaneamente normas do direito civil e normas de direito público, tendo primazia os preceitos publicísticos em caso de eventual conflito normativo.

Consoante lição de Menezes Cordeiro, "a construção dualista das coisas públicas parte de considerações simples. Ao contrário do que sucederia no Direito romano, a coisa pública não é, hoje, simplesmente uma coisa fora do comércio (Ernst Forsthoff). Sobre ela recai a propriedade do Estado, como repetidamente é reconhecido pelos tribunais (BGH 30-abr.-1953, BGHZ 9 (1953), 373-389 (380), [...] e BGH 30-out.-1970,

---

43. MONIZ, Ana Raquel Gonçalves. Coordenadores: OTERO, Paulo; GONÇALVES, Pedro. *Tratado de Direito Administrativo Especial*. Coimbra: Almedina, 2011, v. V, p. 23-30.

NJW 1971, 94-95 (95). Simplesmente além desse elemento, haveria de jogar com um outro: todo um conjunto de regras de Direito público, relativas à coisa e que a colocariam numa situação de submissão ao interesse público e ao poder do Estado. A propriedade pública seria, então, o produto das regras de propriedade (civis) e de normas de Direito público, com prevalência destas, no seu campo de aplicação, sobre as primeiras e que lhe dariam a sua especial colaboração. A doutrina admite ainda que, em princípio, a lei possa construir uma 'propriedade pública' unitária; não é esse o procedimento normal, no Direito alemão. A construção dualista da propriedade teria uma série de vantagens. Ela permitiria uma melhor integração sistemática, drenando para o Direito público normas experimentadas e totalmente coerentes – as do Direito privado – e facultando uma mais fácil coordenação com outros institutos, designadamente com a responsabilidade"[44].

"A determinação da natureza pública de uma coisa – genericamente proclamada com visando, pelo seu uso imediato, servir fins públicos – obedece a dois critérios: o do uso direto pelo público e o da colocação num *status* especial. Na primeira hipótese, a qualificação é imediata; na segunda, ele depende de um ato de afetação (a *Widmung*). Esse ato pode ser uma declaração de vontade pública (a interpretar e a integrar segundo o BGB), uma lei, um regulamento, um estatuto, uma norma consuetudinária ou um ato administrativo. Afigura-se-nos importante reter, da experiência alemã, a ideia de que, excluindo os casos de evidente uso comunitário o qual, em regra, traduz uma inviolabilidade de apropriação exclusivista por uma pessoa, se caminha da propriedade púbica para as coisas públicas (Schmidt-Jortzig). Ou seja: há um regime jurídico historicamente determinado que coloca as coisas ao serviço da Administração Pública, em moldes especializados e, nessa medida, diversos dos Direito civil. E é a sujeição a esse regime que permite falar numa 'coisa pública'. Pergunta-se se a noção do § 90 do BGB é adequada para as coisas públicas. Volta a frisar-se: a natureza pública advém do regime e não da coisa. Logo, nada inquina, à partida, o § 90, no campo público. Todavia, a estreiteza desse preceito permite, a alguma doutrina, afirmar que ele é insuficiente, no Direito Público (Wilfried Erbguth)".

"Por fim, fica a questão: existe uma efetiva teoria unitária das coisas públicas, ao ponto de se poder falar numa teoria geral dos direitos reais públicos? As bases legais são frágeis e muito dispersas, uma vez que as normas públicas disponíveis, fortemente moldadas pelas realidades a que se aplicam (estradas, canais ou instalações militares, por exemplo) não permitem regras sólidas comuns. Um âmbito geral tem sido negado (Peter Axer), enquanto as tentativas afirmativas assentam num paralelo com o Direito privado. Procuram-se, nas coisas públicas, os princípios do *numerus clausus*, da publicidade, da especialidade, da abstração e imediação, como exemplos (Michael Kromer). Tudo isso permite apreciar as vantagens, no Direito alemão, da construção dualista: aplica-se o Direito civil, quando não afastado por normas públicas especiais"[45].

---

44. CORDEIRO, António Menezes. *Tratado de direito civil III*. Parte Geral – Coisas. 4. ed. Coimbra: Almedina, 2019, p. 65-66.

45. CORDEIRO, António Menezes. *Tratado de direito civil III*. Parte Geral – Coisas. 4. ed. Coimbra: Almedina, 2019, p. 66- 68.

1.7 DOMÍNIO EMINENTE

Consoante lição de Zachariae, "o ser coletivo que se chama Estado tem, a respeito dos bens que estão em seu território, um poder, um direito superior de legislação, de jurisdição e de contribuição, que é aplicado aos imóveis, não é outra coisa senão uma parte da soberania territorial interior. A este direito do Estado, que não é um verdadeiro direito de propriedade ou domínio, corresponde somente ao dever dos proprietários de submeter seus direitos às restrições necessárias ao interesse geral e de contribuir aos gastos necessários à existência, ao maior bem do Estado"[46].

Assim, o *domínio público eminente* é fundado na soberania estatal, significando a "disposição estatal obre todos os bens em seu território ou que, de alguma forma, estejam institucionalmente sujeitos à sua ordem jurídica. Esse exercício, todavia, não é absoluto, manifestando-se na extensão materialmente possível e sob os limites juridicamente estabelecidos pelo próprio Estado, o que equivale dizer que o domínio eminente é um conceito político, inerente ao poder soberano, mas o seu exercício é um conceito jurídico, e não um conceito de fato, dependente apenas da definição legal que se lhe seja atribuída *in abstractu* no ordenamento jurídico". Outra consequência do domínio público eminente consiste no disciplinamento da propriedade, visto que o Estado ordena a abrangência desse direito, sendo a propriedade privada limitada e condicionada "pelos parâmetros estabelecidos pela ordem jurídica, sintetizados no atendimento de sua função social". Portanto, o domínio eminente se manifesta sobre os bens públicos, sobre os bens privados e sobre os bens de ninguém (*res nullius*)[47].

Para Maria Helena Diniz, a locução "domínio eminente" alude ao "poder do Estado sobre seu território e propriedade privada, podendo restringir esta última, desapropriando-a ou requisitando-a para atender aos reclamos do interesse público, em razão do princípio constitucional da função social da propriedade"[48].

Arturo M. Bas assinala que o domínio eminente é "fundado na missão do Estado, de velar pelo interesse geral da coletividade e emergindo da soberania, é conferido um direito superior de legislação, jurisdição e administração sobre a totalidade de bens, seja do domínio público ou privado, por estar compreendido dentro dos limites territoriais do mesmo". O domínio eminente "não se refere a objetos determinados, nem confere diretamente ao Estado o direito de disposição sobre os bens em que se exercita; a autoridade somente é colocada sob seu império para submeter, por exemplo, o exercício do direito de propriedade, em prol das restrições exigidas pelo interesse geral, para exigir o pagamento de impostos e ainda a faculdade de

---

46. SALVAT, Raymundo M. *Tratado de Derecho Civil Argentino*. Derechos Reales II Dominio. Cuarta edición. Buenos Aires, Tipográfica Editora Argentina, 1952, p. 42.
47. MOREIRA NETO, Diogo de Figueiredo. *Curso de direito administrativo*. Parte introdutória. 12. ed. Rio de Janeiro: Forense, 2002, p. 329-331.
48. DINIZ, Maria Helena. *Dicionário jurídico*. São Paulo: Saraiva, 1998, v. 2, p. 240.

disposição da propriedade particular por causa de utilidade pública, mediante uma justa indenização"[49].

Assim, de acordo com Hely Lopes, o "domínio eminente" consiste no "poder político pelo qual o Estado submete à sua vontade todas as coisas de seu território. É uma das manifestações da Soberania interna: não é direito de propriedade. Como expressão da Soberania Nacional, não encontra limites senão no ordenamento jurídico-constitucional estabelecido pelo próprio Estado. Esse domínio alcança não só os bens pertencentes às entidades públicas como a propriedade privada e as coisas inapropriáveis, de interesse público. Em nome do domínio eminente é que são estabelecidas as limitações ao uso da propriedade privada, as servidões administrativas, a desapropriação, as medidas de polícia e o regime jurídico especial de certos bens particulares de interesse público".

De outra banda, o *domínio patrimonial* do Estado é a relação direta sobre os bens que lhes pertencem, ou seja, "é direito de propriedade, mas direito de propriedade pública, sujeito a um regime administrativo especial. A esse regime subordinam-se todos os bens das pessoas administrativas, assim considerados bens públicos e, como tais, regidos pelo Direito Público, embora supletivamente se lhes apliquem algumas regras de propriedade privada. Mas advirta-se que as normas civis não regem o domínio público; suprem, apenas, as omissões das leis administrativas"[50].

Com efeito, a figura do *domínio eminente* torna-se necessário, a fim de o Estado ter condições de disciplinar os bens existentes em seu território – inclusive os privados –, de modo a ser possível atender ao interesse público. Se ao Estado fosse vedada tal interferência, não seria possível regular a generalidade dos bens, prejudicando a realização dos interesses da sociedade, isto é, os interesses da comunidade politicamente organizada (p. ex. os bens privados, que se submetem às requisições e limitações administrativas). No que alude ao *domínio patrimonial*, este decorre da necessidade inerente de o Estado ter meios materiais e imateriais para ofertar serviços públicos ou promover atividades de satisfação coletiva. Nesse caso, os referidos bens são propriedade do Estado, mas sempre tendo por objetivo o atendimento do interesse comum. Por exemplo, os prédios das repartições públicas, que ofertam inúmeros serviços em prol da coletividade (escolas, unidades de saúde, delegacias, postos da previdência social etc.).

Assente-se que o domínio público inclui a categoria das *universalidades públicas*, mas de nenhum modo restringe-se conceitualmente a essa modalidade de coisas jurídicas. Isso porque as universalidades públicas consistem no "complexo de coisas jurídicas pertencentes ao mesmo sujeito de direito público e afetadas ao mesmo fim de utilidade pública que a Ordem jurídica submete ao regime administrativo como se se tratasse de coisas públicas singulares. É o que acontece, por exemplo, com uma linha férrea, com uma biblioteca ou com um museu, e em geral com os estabelecimentos afetos a serviços

---

49. BAS, Arturo M. Conferencias. *Derecho Público Providencial*. Córdoba: F. Domenici, 1909, p. 245-246.
50. MEIRELLES, Hely Lopes. *Direito administrativo brasileiro*. 20. ed. São Paulo: Malheiros, 1995, p. 428-429.

públicos concedidos quando a lei lhes confira caráter público"[51]. Assim, os institutos do domínio público e o das universalidades públicas não se confundem, apesar deste último fazer parte do primeiro, que é mais abrangente.

1.8 HISTÓRICO NAS CONSTITUIÇÕES BRASILEIRAS

Ao longo das Constituições brasileiras, por vezes era atribuído aos entes o vocábulo "domínio" sobre alguma coisa localizado no território nacional. Noutras vezes, o texto constitucional referiu-se como "bens" ou coisas "pertencentes" aos entes federados.

"No Estado unitário que era o Brasil antes da República, 'bens nacionais' eram os bens do Império, que sobre eles legislava, muito embora, como se viu, pudessem as Províncias ter seus próprios bens. O Código Civil de 1916, no art. 65, definiu os bens públicos como sendo os bens do 'domínio nacional' pertencentes à União, aos Estados, ou aos Municípios e, semelhantemente, o Código Civil de 2002, no art. 98, qualifica como públicos 'os bens do domínio nacional pertencentes à pessoa jurídica de direito público interno'. A expressão domínio nacional compreende hoje, portanto, os bens pertencentes à União, aos Estados, ao Distrito Federal, aos Municípios e suas respectivas autarquias, fundações públicas, associações públicas (As associações públicas foram criadas pela Lei nº 11.107, de 16.04.2003). Não se confunde, porém, com o território nacional, conceito ligado à estrutura política e ao Estado Federal, considerado este não como pessoa jurídica de direito público interno, como ocorre com a União, mas como pessoa de direito internacional"[52].

1.8.1 Constituição de 1891

A Constituição de 1891 tratava do tema no art. 64, dispondo que: "Art. 64 – Pertencem aos Estados as minas e terras devolutas situadas nos seus respectivos territórios, cabendo à União somente a porção do território que for indispensável para a defesa das fronteiras, fortificações, construções militares e estradas de ferro federais. Parágrafo único. Os próprios nacionais, que não forem necessários para o serviço da União, passarão ao domínio dos Estados, em cujo território estiverem situados".

João Barbalho, nos Comentários à Constituição de 1891, preleciona: "tendo sido as antigas províncias brasileiras elevadas à categoria de 'Estados' e sendo destes um elemento essencial o território, é patente que as terras nele compreendidas e não ocupadas ou abandonadas por seus antigos possuidores são do domínio do Estado em que elas se acham. De modo que bastariam os arts. 2 e 4 da Constituição para resolver a questão do domínio das terras devolutas, se não existisse o art. 64, cuja presença entre as disposições constitucionais menos necessárias se tornava para afirmar aquele direito

---

51. CAETANO, Marcello. *Manual de direito administrativo*. 7. ed. Lisboa: Coimbra, 1965, p. 199.
52. CANOTILHO, J. J. Gomes; MENDES, Gilmar Ferreira; SARLET, Ingo Wolfgang; STRECK, Lenio Luiz. *Comentários à Constituição do Brasil*. 2. ed. São Paulo: Saraiva, 2018, p. 778.

dos Estados, do que para assegurar à União meio de satisfazer as necessidades de caráter federal a que o mesmo artigo se refere. E por aqui se vê quão desarrazoada é a grita contra esta disposição, bradando-se que a União foi despojada 'de suas terras'. (E não admira haver-se pretendido instituírem-se Estados sem os direitos que, nessa qualidade lhes competem quanto ao território, quando se viu querer-se que eles se organizassem sem Poder Judiciário seu, sem justiça sua, sendo a guarda de suas leis constitucionais e ordinárias confiada a um poder estranho, a uma magistratura fora de sua jurisdição)."

Acerca da previsão contida no parágrafo único do art. 64 da CF de 1891, que mencionava os "próprios nacionais", João Barbalho esclarecia que se tratava de um acervo de bens existentes ao tempo da promulgação da Constituição que deveriam ser partilhados entre a União e os Estados. "Antes do ato adicional à Constituição do Império, achavam-se enfeixados os interesses das províncias com os gerais, sob a gestão superior do governo central. Pela reforma de 12 de agosto de 1834, porém, a província deixou de ser simples circunscrição administrativa e devia ter certa autonomia, desmembrando-se do governo geral, em favor dela direitos, funções, prerrogativas que então se lhe atribuíram. Nessa partilha não se podia deixar de fazer entrar a dos terrenos, edifícios e propriedade até aquela época possuídos e administrados pelo governo geral: o ato adicional estabelecido que ficava pertencendo à província regular a administração de seus bens, sendo que, uma lei geral ordinária deveria discriminar os bens que passariam a pertencer às províncias (art. 11, § 4°). O aviso de 6 de abril de 1835 prometeu que no ano seguinte se passariam a extremar os bens provinciais dos que deveriam continuar a ser próprios nacionais. E o de 21 de abril de 1837, tratando de resolução de assembleia provincial acerca de terrenos devolutos, mandou que se aguardasse a divisão dos bens gerais e provinciais prometida pelo ato adicional, art. 11 § 4°. Sobre o assunto baixaram ainda os avisos de 21 de julho de 1837 e n. 346, de 10 de agosto de 1861. Quanto à realização dessa promessa, um projeto da Câmara dos Deputados, em 23 de junho de 1835, curava isso, e em 27 de agosto de 1838 foi nomeada uma comissão para extremar os bens gerais dos provinciais. Mas essa partilha nunca se fez (apenas encontramos na legislação do Império a Lei n° 779, de 6 de setembro de 1854, que no art. 18 declarou ficar pertencendo à Bahia, Minas Gerais, Paraíba e Ceará um dos próprios nacionais existentes em cada uma dessas províncias); continuou a comunhão e quando se proclamou a República ainda se achavam *pro indiviso* os bens a repartir com as províncias".

É evidente, portanto, que as províncias eram consenhoras, com o governo geral, dos próprios nacionais existentes ao tempo da Proclamação da República. E é evidente também que, estabelecido o novo regime e com ele dada a elevação das províncias à categoria de Estados, em satisfação à antiga aspiração federativa delas, não foi proposto da nova Constituição dar aos Estados menos do que tinham as províncias e reduzir-lhes o patrimônio". Desse modo, com a previsão contida no parágrafo único do art. 64 da CF de 1891, estabeleceu-se a "base para a partilha, prometida desde o ato adicional: do acervo separam-se para quinhão da União os próprios necessários aos seus serviços; nos outros ficam aquinhoados os Estados, cabendo a cada um destes os bens que se acharem em seus respectivos territórios e que não tenham tocado à União pelo fato de serem desnecessários aos serviços dela"[53].

1.8.2 Constituição de 1934

A Constituição de 1934 inovou ao declarar categoricamente a categoria de coisas de "domínio" da União e as que seriam de "domínio" dos Estados, isto é, ocorreu a divisão e especificação da relação jurídica de "domínio". Tal disposição era prevista nos artigos 20 e 21, nos seguintes termos: "Art. 20 – São do domínio da União: I – os bens que a esta pertencem, nos termos das leis atualmente em vigor; II – os lagos e quaisquer correntes em terrenos do seu domínio ou que banhem mais de um Estado, sirvam de limites com outros países ou se estendam a território estrangeiro; III – as ilhas fluviais e lacustres nas zonas fronteiriças. Art. 21 – São do domínio dos Estados: I – os bens da propriedade destes pela legislação atualmente em vigor, com as restrições do artigo antecedente; II – as margens dos rios e lagos navegáveis, destinadas ao uso público, se por algum título não forem do domínio federal, municipal ou particular".

A esse respeito, assinala Pontes de Miranda: "os arts. 20 e 21 falam de domínio da União e dos Estados-membros. A noção aí inserta não tem qualquer carácter de essencialmente ligada à estrutura política. O território dimensão material dos corpos sociais, é dito *nacional,* quando correspondente ao Estado (pessoa de Direito das gentes), isto é, à República, à União (na defeituosa terminologia da Constituição), e *estadual,* quando correspondente a Estado-membro. Não é de *território* que se trata nos arts. 20 e 21. Por outro lado, sob a palavra *domínio,* a Constituição encambulhou os bens de uso comum do povo, tais como os mares, rios, estradas, ruas e praças, ou de uso especial, tais como os edifícios ou terrenos aplicados a serviço ou estabelecimento federal, estadual ou municipal, e os chamados pelo Código Civil dominicais, isto é, os que constituem o patrimônio da União, dos Estados-membros ou dos Municípios, e como objeto de direito real ou pessoal de cada uma dessas entidades (Código Civil, art. 66). A enumeração do art. 20 é a principal; a do art. 21 fica dependente daquela"[54].

1.8.3 Constituição de 1937

A Carta de 1937 também elencou expressamente a categoria de coisas pertencentes ao domínio da União e atribuídas ao domínio dos Estados-membros, conforme o art. 36 e 37 da CF de 1937: "Art. 36 – São do domínio federal: a) os bens que pertencerem à União nos termos das leis atualmente em vigor; b) os lagos e quaisquer correntes em terrenos do seu domínio ou que banhem mais de um Estado, sirvam de limites com

---

53. BARBALHO, João U. C. *Constituição Federal Brasileira. Commentários.* 2. ed. Rio de Janeiro: F. Briguiet e Cia Editores, 1924, p. 360-363.
54. MIRANDA, Pontes de. *Comentários à Constituição da República dos E. U. do Brasil.* Rio de Janeiro: Editora Guanabara, 1936, t. I, p. 430 e 432.

outros países ou se estendam a territórios estrangeiros; c) as ilhas fluviais e lacustres nas zonas fronteiriças. Art. 37 – São do domínio dos Estados: a) os bens de propriedade destes, nos termos da legislação em vigor, com as restrições cio artigo antecedente; b) as margens dos rios e lagos navegáveis destinadas ao uso público, se por algum título não forem do domínio federal, municipal ou particular".

Nos comentários à Carta de 1937, Araújo Castro assinala: "de acordo com o citado art. 36, letra 'a', pertencem à União: a) as ilhas formadas nos mares territoriais ou nos rios, lagos e lagoas federais; b) a porção do território de que a União se apropriar para a defesa das fronteiras, fortificações e construções militares (art. 64 da Constituição de 1891); c) a zona a que se refere o art. 3º da Constituição de 1891; c) os terrenos da marinha e os acrescidos ['Terrenos da marinha são os banhados pelas águas do mar ou dos rios navegáveis, em sua foz, até trinta e três metros, para a parte de terra, contados do ponto a que chega o preamar médio. Terrenos acrescidos são os que, natural ou artificiosamente, se formam da linha do preamar médio para a parte do mar ou das águas dos rios']; e) os terrenos devolutos ditos no Distrito Federal, que não sejam por qualquer título jurídico do patrimônio do mesmo Distrito; f) as terras adquiridas em virtude de compra ou cessão dos Estados; g) as margens dos rios navegáveis e as terras devolutas do Território do Acre"[55].

1.8.4 Constituição de 1946

A Constituição de 1946 inovou no disciplinamento da matéria, visto que não se previu a figura do "domínio" da União ou dos Estados sobre determinadas coisas que caberiam aos entes federados. Agora, o texto constitucional declarou que certa categoria de coisas seriam "bens" da União ou do Estado-membro, conforme os artigos 34 e 35 da CF de 1946: Art. 34 - incluem-se entre os bens da União: I – os lagos e quaisquer correntes de água em terrenos do seu domínio ou que banhem mais de um Estado, sirvam de limite com outros países ou se estendam a território estrangeiro, e bem assim as ilhas fluviais e lacustres nas zonas limítrofes com outros países; II – a porção de terras devolutas indispensável à defesa das fronteiras, às fortificações, construções militares e estradas de ferro. Art. 35 – incluem-se este os bens do Estado os lagos e rios em terrenos do seu domínio e os que têm nascente e fez no território estadual".

Nos comentários à Constituição de 1946, Themistocles Brandão Cavalcanti assinala: "como se vê, não se preocupou o legislador Constituinte em discriminá-los, mas limitou-se a mencionar alguns desses bens. No silencio da Constituição, porém, subsiste no domínio já existente da União, ex vi legis, sobre os bens que antes eram de sua propriedade, cabendo à lei ordinária alterar as discriminações existentes. Esses bens ou se incluem entre as águas ou parte do território. Em relação às águas temos: 1) os lagos e correntes de água ou do seu domínio, ou que banham mais de um Estado ou

---

55. CASTRO, Araújo. *A Constituição de 1937*. 2. ed. Rio de Janeiro: Freitas Bastos, 1941, p. 145-146.

que servem de limites com outros países – do domínio da União; 2) os lagos e rios que não excedem o território do estado – do domínio respectivo de cada Estado. Em relação ao território, o princípio geral é o domínio dos Estados, ficando reservadas à União apenas, além dos bens de seu domínio, as terras devolutas indispensáveis à defesa das fronteiras, fortificações, construções militares e estradas de ferro"[56].

1.8.5 Constituição de 1967 e Emenda Constitucional de 1969

A Constituição de 1967 adotou o modelo estabelecido no texto anterior ao prever a figura dos "bens" da União e "bens" dos Estados-membros, consoante os artigos 4º e 5º da CF de 1967: "Art. 4º – Incluem-se entre os bens da União: I – a porção de terras devolutas indispensável à defesa nacional ou essencial ao seu desenvolvimento econômico; II – os lagos e quaisquer correntes de água em terrenos de seu domínio, ou que banhem mais de um Estado, que sirvam de limite com outros países ou se estendam a território estrangeiro, as ilhas oceânicas, assim como as ilhas fluviais e lacustres nas zonas limítrofes com outros países; III – a plataforma submarina; IV – as terras ocupadas pelos silvícolas; V – os que atualmente lhe pertencem. Art. 5º – Incluem-se entre os bens dos Estados os lagos e rios em terrenos de seu domínio e os que têm nascente e foz no território estadual, as ilhas fluviais e lacustres e as terras devolutas não compreendidas no artigo anterior". Manoel Gonçalves Ferreira Filha observa que a Constituição cuidou de "enumerar os bens pertencentes, *ex vi legis*, à União a fim de evitar disputa a esse respeito. Afora tais bens aqui enumerados, evidentemente pertencem à União os bens por ela adquiridos *inter vivos* ou *causa mortis*"[57].

Por sua vez, a Emenda Constitucional de 1969 pouco mudou com relação à natureza e titularidade das coisas pertencentes à União e aos Estados-membros, mantendo a nomenclatura de "bens" titularizado pelos respectivos entes federados, conforme os arts. 4º e 5º da EC de 1969: "Art. 4º. Incluem-se entre os bens da União: I – a porção de terras devolutas indispensável à segurança e ao desenvolvimento nacionais; II – os lagos e quaisquer correntes de água em terrenos de seu domínio, ou que banhem mais de um Estado, constituam limite com outros países ou se estendam a território estrangeiro; as ilhas oceânicas, assim como as ilhas fluviais e lacustres nas zonas limítrofes com outros países; III – a plataforma continental; IV – as terras ocupadas pelos silvícolas; V – os que atualmente lhe pertencem; e VI – o mar territorial. Art. 5º. Incluem-se entre os bens dos Estados os lagos em terrenos de seu domínio, bem como os rios que neles têm nascente e foz, as ilhas fluviais e lacustres e as terras devolutas não compreendidas no artigo anterior".

---

56. CAVALCANTI, Themistocles Brandão. *A Constituição Federal comentada*. 3. ed. Rio de Janeiro: Konfino, 1956, v. I, p. 413-414.

57. FERREIRA FILHO, Manoel Gonçalves. *Comentários à Constituição brasileira* (Emenda Constitucional nº 1, de 17.10.1969, com as alterações introduzidas pelas Emendas Constitucionais até a de nº 22, de 29.06.1982). 4. ed. São Paulo: Saraiva, 1983, p. 57.

1.8.6 Constituição de 1988

A Constituição Federal de 1988 manteve a nomenclatura de "bens" pertencentes à União e "bens" atribuídos aos Estados-membros. Pinto Ferreira preleciona: "filosoficamente, bem é tudo quanto pode proporcionar qualquer satisfação ao homem. [...] Juridicamente falando, 'bens' são valores materiais ou imateriais que podem ser objeto de uma relação de direito"[58].

Os artigos 20 e 26 da Carta Magna contém a seguinte redação: "Art. 20. São bens da União: I – os que atualmente lhe pertencem e os que lhe vierem a ser atribuídos; II – as terras devolutas indispensáveis à defesa das fronteiras, das fortificações e construções militares, das vias federais de comunicação e à preservação ambiental, definidas em lei; III – os lagos, rios e quaisquer correntes de água em terrenos de seu domínio, ou que banhem mais de um Estado, sirvam de limites com outros países, ou se estendam a território estrangeiro ou dele provenham, bem como os terrenos marginais e as praias fluviais; IV – as ilhas fluviais e lacustres nas zonas limítrofes com outros países; as praias marítimas; as ilhas oceânicas e as costeiras, excluídas, destas, as que contenham a sede de Municípios, exceto aquelas áreas afetadas ao serviço público e a unidade ambiental federal, e as referidas no art. 26, II; V – os recursos naturais da plataforma continental e da zona econômica exclusiva; VI – o mar territorial; VII – os terrenos de marinha e seus acrescidos; VIII – os potenciais de energia hidráulica; IX – os recursos minerais, inclusive os do subsolo; X – as cavidades naturais subterrâneas e os sítios arqueológicos e pré-históricos; XI – as terras tradicionalmente ocupadas pelos índios". "Art. 26. Incluem-se entre os bens dos Estados: I – as águas superficiais ou subterrâneas, fluentes, emergentes e em depósito, ressalvadas, neste caso, na forma da lei, as decorrentes de obras da União; II – as áreas, nas ilhas oceânicas e costeiras, que estiverem no seu domínio, excluídas aquelas sob domínio da União, Municípios ou terceiros; III – as ilhas fluviais e lacustres não pertencentes à União; IV – as terras devolutas não compreendidas entre as da União".

Como visto, a Carta Magna inovou na disposição da matéria ao elencar pormenorizadamente os bens da União, abrangendo-os de modo significativo. Ademais, assegurou expressamente à União, aos Estados, ao Distrito Federal e aos Municípios a participação no resultado da exploração de petróleo ou gás natural, de recursos hídricos para fins de geração de energia elétrica e de outros recursos minerais no respectivo território, plataforma continental, mar territorial ou zona econômica exclusiva, ou compensação financeira por essa exploração. Manoel Gonçalves Filho preleciona: "a norma distingue entre participação e compensação. Esta última pressupõe um 'prejuízo' decorrente da exploração. Já a participação constitui uma associação nos benefícios. Compreende-se que o ente federativo que no seu território sofra a exploração seja por ela compensado, ou até nela tenha participação. Menos aceitável é que faça jus a uma participação quando a exploração se der na plataforma continental, mar territorial ou

---

58. FERREIRA, Pinto. *Comentários à Constituição brasileira*. São Paulo: Saraiva, 1989, 1º v., p. 460.

zona econômica exclusiva, que não integram o território. Quanto à compensação, esta seria ainda admissível, sob a condição do prejuízo"[59].

Outrossim, a Constituição de 1988 inaugurou expressamente novos institutos jurídicos, nomeadamente a figura das agências reguladoras, a saber: órgão regulador na área de telecomunicações (art. 21, XI) e órgão regulador do monopólio da União, relativo a petróleo, gás natural e hidrocarbonetos fluidos (art. 177, § 2º, III). Em razão do mandamento constitucional, foram criadas a Agência Nacional de Telecomunicações (ANATEL) e a Agência Nacional do Petróleo (ANP), respectivamente. Atualmente, conforme a Lei nº 13.848 de 2019, existem onze agências reguladoras, quais sejam: I – a Agência Nacional de Energia Elétrica (Aneel); II – a Agência Nacional do Petróleo, Gás Natural e Biocombustíveis (ANP); III – a Agência Nacional de Telecomunicações (Anatel); IV – a Agência Nacional de Vigilância Sanitária (Anvisa); V – a Agência Nacional de Saúde Suplementar (ANS); VI – a Agência Nacional de Águas (ANA); VII – a Agência Nacional de Transportes Aquaviários (Antaq); VIII – a Agência Nacional de Transportes Terrestres (ANTT); IX – a Agência Nacional do Cinema (Ancine); X – a Agência Nacional de Aviação Civil (Anac); e XI – a Agência Nacional de Mineração (ANM).

Conceitualmente, de acordo com Maria Sylvia Di Pietro, "agência reguladora, em sentido amplo, seria, no direito brasileiro, qualquer órgão da Administração Direta ou entidade da Administração Indireta com função de regular a matéria específica que lhe está afeta. Se for entidade da Administração indireta, esta está sujeita ao 'princípio da especialidade', significando que cada qual exerce e é especializada na matéria que lhe foi atribuída por lei. Aliás, a ideia de especialização sempre inspirou a instituição das agências norte-americanas, como também foi uma das inspiradoras da instituição de autarquias no direito europeu-continental. Regular, no caso, significa organizar determinado setor afeto à agência, bem como controlar as entidades que atuam nesse setor. Nas palavras de Calixto Salomão Filho, a regulação em sentido amplo, 'engloba toda forma de organização da atividade econômica através do Estado, seja a intervenção através da concessão de serviço público ou o exercício de poder de polícia'. Dentro dessa função regulatória, considerada no duplo sentido assinalado pelo autor, pode-se considerar a existência de dois tipos de agências reguladoras no direito brasileiro: a) as que exercem, com base em lei, típico poder de polícia, com a imposição de limitações administrativas, previstas em lei, fiscalização, repressão; é o caso, por exemplo, da Agência Nacional de Vigilância Sanitária (Anvisa), da Agência Nacional de Saúde Pública Suplementar (ANS), da Agência Nacional de Águas; b) as que regulam e controlam as atividades que constituem objeto de concessão, permissão ou autorização do serviço público (telecomunicações, energia elétrica, transportes etc.) ou de concessão para exploração de bem público (petróleo e outras riquezas minerais, rodovias etc.)"[60].

---

59. FERREIRA FILHO, Manoel Gonçalves. *Comentários à Constituição brasileira de 1988.* 2. ed. São Paulo: Saraiva, 1997, v. 1 – Arts. 1º a 103, p. 150.

60. DI PIETRO, Maria Sylvia Zanella. *Direito administrativo.* 26. ed. São Paulo: Atlas, 2013, p. 529-530.

Portanto, a figura das agências reguladoras é sobremodo relevante como instrumento normatizador do domínio público, uma vez que as normas técnicas editadas pelos órgãos competentes regulam atividades essenciais para a sociedade (a exemplo de energia elétrica, telecomunicações, infraestrutura e transportes), como forma de prestar um bom serviço à população, mormente em atendimento à qualidade, eficiência, atualidade, continuidade e universalidade do serviço à toda população. Além disso, as agências reguladoras preservam a integralidade do patrimônio do Estado ao tratar da concessão para explorar bem de natureza pública (a exemplo do petróleo, gás natural, outros hidrocarbonetos fluidos etc.), de modo que os benefícios sejam repassados ao Erário e à sociedade.

Deve-se mencionar ainda que a Carta Magna previu de forma expressa a figura do domínio público cultural e histórico, afirmando categoricamente que "constituem patrimônio cultural brasileiro os bens de natureza material e imaterial, tomados individualmente ou em conjunto, portadores de referência à identidade, à ação, à memória dos diferentes grupos formadores da sociedade brasileira, nos quais se incluem: I – as formas de expressão; II – os modos de criar, fazer e viver; III – as criações científicas, artísticas e tecnológicas; IV – as obras, objetos, documentos, edificações e demais espaços destinados às manifestações artístico-culturais; V – os conjuntos urbanos e sítios de valor histórico, paisagístico, artístico, arqueológico, paleontológico, ecológico e científico". Para atingir tal mister, o "Poder Público, com a colaboração da comunidade, promoverá e protegerá o patrimônio cultural brasileiro, por meio de inventários, registros, vigilância, tombamento e desapropriação, e de outras formas de acautelamento e preservação". Desse modo, cabe à administração pública, na forma da lei, a gestão da documentação governamental e as providências para franquear sua consulta a quantos dela necessitem. Por último, a própria Constituição Federal declarou o tombamento de todos os documentos e os sítios detentores de reminiscências históricas dos antigos quilombos (arts. 215 e 216 da CF de 1988), de modo a ampliar substancialmente e valorizar o patrimônio cultural brasileiro.

1.9 JURISPRUDÊNCIA

"Agravo regimental no recurso extraordinário. Reiteração da tese do recurso inadmitido. Subsistência da decisão agravada. Faixas de domínio público. Bem de uso comum do povo. Instalação de equipamentos destinados à prestação de serviço público por concessionária. Indevida a retribuição pecuniária à concessionária diversa. Preponderância do interesse público. Tema 261 da repercussão geral. Majoração de honorários. Agravo a que se nega provimento. II – Ainda que se trate de trecho de rodovia, objeto de concessão de serviço público, é indevida a retribuição pecuniária por utilização de faixa de domínio público de vias públicas, por constituir bem de uso comum do povo. Precedente" (STF – Segunda Turma – RE 1074418 AgR – Rel. Min. Ricardo Lewandowski – Julgamento: 31.08.2020).

"Empresas prestadoras de serviços públicos. Uso ou ocupação de bens de domínio público necessários à prestação do serviço. Contraprestação cobrada pelos municípios. Inconstitucionalidade. Agravo improvido. III – O Plenário do Supremo Tribunal Federal, no julgamento do RE 581.947/RO, Rel. Min. Eros Grau, entendeu pela impossibilidade do ente Municipal cobrar contraprestação, de empresas prestadores de serviço público, pelo uso e ocupação de bens de domínio público, quando necessário à execução do serviço por elas desempenhado e não conduzir à extinção de direitos. IV – Agravo regimental improvido". (STF – Segunda Turma – RE 636998 AgR – Rel. Min. Ricardo Lewandowski – Julgamento: 16.04.2013).

"O Plenário do Supremo Tribunal Federal, no julgamento do RE 581.947/RO, rel. Min. Eros Grau, DJe 27.08.2010, firmou o entendimento de que o Município não pode cobrar indenização das concessionárias de serviço público em razão da instalação de equipamentos necessários à prestação do serviço em faixas de domínio público de vias públicas (bens públicos de uso comum do povo), a não ser que a referida instalação resulte em extinção de direitos. 2. O Município do Rio de Janeiro, ao instituir retribuição pecuniária pela ocupação do solo para a prestação de serviço público de telecomunicações, invadiu a competência legislativa privativa da União (art. 22, IV, da CF/88). Precedente. 3. Agravo regimental a que se nega provimento". (STF – Segunda Turma – RE 494163 AgR – Rel.ª Min.ª Ellen Gracie – Julgamento: 22.02.2011).

"Agravo regimental. Usucapião de domínio útil de bem público (terreno de marinha). Violação ao art. 183, § 3º, da Constituição. Inocorrência. O ajuizamento de ação contra o foreiro, na qual se pretende usucapião do domínio útil do bem, não viola a regra de que os bens públicos não se adquirem por usucapião. Precedente: RE 82.106, RTJ 87/505. Agravo a que se nega provimento". (STF – Segunda Turma – RE 218324 AgR – Rel. Min. Joaquim Barbosa – Julgamento: 20.04.2010).

"1. Às empresas prestadoras de serviço público incumbe o dever-poder de prestar o serviço público. Para tanto a elas é atribuído, pelo poder concedente, o também dever-poder de usar o domínio público necessário à execução do serviço, bem como de promover desapropriações e constituir servidões de áreas por ele, poder concedente, declaradas de utilidade pública. 2. As faixas de domínio público de vias públicas constituem bem público, inserido na categoria dos bens de uso comum do povo. 3. Os bens de uso comum do povo são entendidos como propriedade pública. Tamanha é a intensidade da participação do bem de uso comum do povo na atividade administrativa que ele constitui, em si, o próprio serviço público [objeto de atividade administrativa] prestado pela Administração. 4. Ainda que os bens do domínio público e do patrimônio administrativo não tolerem o gravame das servidões, sujeitam-se, na situação a que respeitam os autos, aos efeitos da restrição decorrente da instalação, no solo, de equipamentos necessários à prestação de serviço público. A imposição dessa restrição não conduzindo à extinção de direitos, dela não decorre dever de indenizar" (STF – Tribunal Pleno – RE 581947 – Rel. Min. Eros Grau – Julgamento: 27.05.2010).

CAPÍTULO 1 • DOMÍNIO PÚBLICO **117**

"1. Imóveis situados no porto, área de domínio público da União, e que se encontram sob custódia da companhia, em razão de delegação prevista na Lei de Concessões Portuárias. Não incidência do IPTU, por tratar-se de bem e serviço de competência atribuída ao poder público (artigos 21, XII, "f" e 150, VI, da Constituição Federal). 2. Taxas. Imunidade. Inexistência, uma vez que o preceito constitucional só faz alusão expressa a imposto, não comportando a vedação a cobrança de taxas. Agravo regimental a que se nega provimento". (STF – Primeira Turma – AI 458856 AgR – Rel. Min. Eros Grau – Julgamento: 05.10.2004).

"1. Imóveis situados no porto, área de domínio público da União, e que se encontram sob custódia da companhia em razão de delegação prevista na Lei de Concessões Portuárias. Não incidência do IPTU, por tratar-se de bem e serviço de competência atribuída ao poder público (artigos 21, XII, 'f' e 150, VI, da Constituição Federal). (STF – Segunda Turma – RE 265749 – Rel. Min. Maurício Corrêa – Julgamento: 27.05.2003).

"Domínio público: propriedade, posse e detenção precaríssima. 2. Ao contrário do que poderia sugerir a história fundiária do Brasil, o domínio público não se encontra em posição jurídica de inferioridade perante o domínio privado, como se equivalesse a algo de segunda classe ou, pior, de nenhuma classe. Longe disso, o legislador, com o objetivo primordial de salvaguardar interesses maiores da coletividade do hoje e do amanhã, encarregou-se de instituir um superdireito de propriedade do Estado, conferindo-lhe qualidades e prerrogativas peculiares, como indisponibilidade (inalienabilidade e imprescritibilidade) e autotutela administrativa, inclusive desforço imediato. Por isso, as garantias estabelecidas nos arts. 1.210 do Código Civil e 560 do Código de Processo Civil/2015 ganham densidade, realce e urgência extremos no campo do patrimônio público, embora normas especiais possam afastar, sempre e exclusivamente para ampliar, o grau de proteção, o regime civilístico e processual ordinário (*lex specialis derogat legi generali*). 3. Em boa técnica jurídica, ocupação, uso ou aproveitamento irregulares de bem público repelem atributos de posse nova, velha ou de boa-fé, dado ecoarem apenas detenção precaríssima, decorrência da afronta nua e crua a numerosas normas constitucionais e legais. Rechaçada a natureza jurídica de posse, inútil requerer ou produzir prova de ser a ocupação de longa data, visto que o tempo em nada influencia ou altera o regime dessa categoria de coisas, disciplinadas nos arts. 98 e seguintes do Código Civil. 4. Representa despropósito pretender, sob o pálio do art. 43 do Código Civil, transmudar o particular que esbulha imóvel público em vítima de dano causado pelo Estado que, sem liberdade alguma, precisa atuar no exercício legítimo do direito de reavê-lo, administrativa ou judicialmente, de quem o ocupa, usa, aproveita ou explora ilegalmente. Se a apropriação do bem público opera *contra legem*, intuitivo que gere multiplicidade de obrigações contra o esbulhador, mas não direitos exercitáveis contra a vítima, mormente efeitos possessórios. Postulado nuclear do Estado de Direito é que ninguém adquira direitos passando por cima do Direito e que o ato ilícito, para o infrator, não gere vantagens, só obrigações, ressalvadas hipóteses excepcionais, ética e socialmente justificadas, de enfraquecimento da antijuridicidade, como a prescrição e a boa-fé de terceiro inocente. À luz do art. 8º do Código de Processo Civil/2015, afronta os "fins sociais" do ordenamento, as "exigências do bem comum", a "legalidade" e a "razoabilidade" o juiz assegurar ao usurpador de bem público consectários típicos da posse, habilitando-o a reclamar seja retenção e indenização por construções, acessões, benfeitorias e obras normalmente de nenhuma ou mínima utilidade para o proprietário, seja prerrogativas, sem respaldo legal, derivadas de "cessão de direitos" feita por quem patavina poderia ceder, por carecer de título (*si non habuit, ad eum qui accipit nihil transfert*). Esbulho de bem público. 5. O legislador atribui ao Administrador inafastável obrigação de agir, dever-poder não discricionário de zelar pelo patrimônio público, cujo descumprimento provoca reações de várias ordens para o funcionário relapso, desidioso, medroso, ímprobo ou corrupto. Entre as medidas de tutela de imóveis públicos, incluem-se: a) despejo sumário e imissão imediata na posse (art. 10, *caput*, da Lei 9.636/1998 e art. 71, caput, do Decreto-Lei 9.760/1946); b) "demolição e/ou remoção do aterro, construção, obra, cercas ou demais benfeitorias, bem como dos equipamentos instalados, à conta de quem os houver efetuado" (art. 6º, § 4º, IV, do Decreto-Lei 22.398/1987); c) perda, "sem direito a qualquer indenização", de eventuais acessões e benfeitorias realizadas (art. 71, caput, do Decreto-Lei 9.760/1946), exceto as necessárias, desde que com notificação prévia e inequívoca ao Estado; d) ressarcimento-piso tarifado pela mera privação da posse da União (art. 10, parágrafo único, da Lei 9.636/1998); e) pagamento complementar por benefícios econômicos auferidos, apurados em perícia, sobretudo se houver exploração comercial do bem (vedação de enriquecimento sem causa, art. 884, caput, do Código Civil); f) restauração integral do imóvel ao seu estado original, g) indenização por danos morais coletivos, nomeadamente quando o imóvel estiver afetado a uso comum do povo ou a uso especial; h) cancelamento imediato de anotações imobiliárias existentes (art. 10, caput, da Lei 9.636/1998), inclusive "registro de posse", inoponível à União; i) impossibilidade de alegar direito de retenção. Enriquecimento sem causa: ressarcimento pela ocupação, uso ou aproveitamento irregular de bem público. 6. O legislador se encarregou de arbitrar, em percentual prefixado mínimo, remuneração a ser paga pelo ocupante ilegal, tomando por base o valor de mercado da coisa (art. 10, parágrafo único, da Lei 9.636/1998). Na perspectiva jurídica, não se cuida nem de pena, nem propriamente de indenização por danos causados ao bem ou ao proprietário, mas de ressarcimento ao Estado – reservado a evitar enriquecimento sem causa – pela mera "privação" do imóvel. Na essência, está-se diante de dever de "restituir o indevidamente auferido" com a ocupação "sem justa causa" do bem. Conforme o art. 884, caput, do Código Civil, caracteriza enriquecimento sem causa ocupar, usar ou aproveitar ilicitamente a totalidade ou parte do patrimônio alheio, comportamento agravado quando envolve privatização e exploração comercial de bens constitucional ou legalmente afetados ao serviço da sociedade e das gerações futuras. 7. O percentual de 10% vem amparado em duas únicas causas objetivas: o domínio público e a ocupação irregular, nada mais. Configuração que se equipara a dano presumido, *in re ipsa*, alheia quer à má-fé do esbulhador, quer à demonstração matemática, pela União, de lesão concreta e de sua extensão, já que o legislador trouxe a si o arbitramento de percentual razoável, calculado a partir do valor de mercado, real e atualizado, do bem. Em síntese, paga-se exclusivamente pela ilicitude da ocupação e pelo desfalque direto e indireto do patrimônio federal. A tarifação em 10% não obsta que a União busque, em acréscimo, mediante prova pericial, restituição do "indevidamente auferido" (art. 884, *caput*, do Código Civil), de modo a retirar do infrator tudo – centavo a centavo – o que lucrou com uso e aproveitamento irregulares do imóvel, mormente se para finalidade comercial. Potente mecanismo talhado outrossim para evitar que a ilicitude compense financeiramente, desidratação monetária que constrange incentivos à massificação, banalização e perpetuação de esbulho do patrimônio público. 11. Repita-se, no universo do domínio público é incabível, como regra geral, discussão de elemento subjetivo. Quando a lei, contudo, dispuser em sentido diverso, incorre a máxima segundo a qual, se o sujeito figurar em posição de incontestável ilicitude, boa-fé e probidade – como proposições de defesa – não se presumem, exigem prova cabal por aquele que delas se aproveita, nos termos do art. 373, II, do Código de Processo Civil". (STJ – Segunda Turma – REsp 1755340/RJ – Rel. Min. Herman Benjamin – Data do Julgamento 10.03.2020).

"Agravo interno. Recurso especial. Civil e processual. Usucapião. Faixa de fronteira. Possibilidade. Precedentes. 1. A Segunda Seção do Superior Tribunal de Justiça tem firmado sua orientação no sentido de que o terreno localizado em faixa de fronteira, apenas por essa circunstância, não é considerado de domínio público, sendo ônus do Estado comprovar a titularidade pública do bem. Precedentes". (STJ – Quarta Turma – AgInt no REsp 1508890 / RS – Rel.ª Min.ª Maria Isabel Gallotti – Data do Julgamento 11.02.2020).

"2. Em harmonia com o acórdão e a perícia realizada, entende-se que faixa de domínio público de rodovias inclui não só suas margens externas, mas também o canteiro central pois, em última análise, perfaz a margem interna de separação entre uma pista de rolamento e a outra. Canteiro central, como acessório, segue a natureza jurídica de bem de uso comum do povo da respectiva estrada, avenida e rua (o principal). Alteração desse status legal demanda regular desafetação, na qual deve ficar cabalmente comprovado o interesse público preponderante na alteração pretendida e a inexistência de risco para pedestres e tráfico". (STJ – Segunda Turma – REsp 1781151/DF – Rel. Min. Herman Benjamin – Data do Julgamento 07.11.2019).

Capítulo 2
COMPETÊNCIA LEGISLATIVA

2.1 SUJEITOS DO DOMÍNIO PÚBLICO

A relação de sujeição do domínio público ocorre tendo em vista que "encontrando-se uma coisa subordinada ao estatuto da dominialidade, e pressupondo este estatuto um acervo de poderes a exercer sobre um bem (com óbvios reflexos em todo o ordenamento jurídico) revela-se imprescindível compreender quais podem ser os sujeitos com legitimidade para titular tais poderes ('poderes do titular em virtude da relação dominial', outorgados à entidade sobre a qual se ergue a proteção dos fins que motivaram a qualificação da uma coisa como dominial – González Garcia). Independentemente da resposta a esta questão, cumpre acentuar que as prerrogativas emergentes para os sujeitos do domínio público assumem sempre natureza funcional, impondo-se o respectivo exercício para tutela *(lato senso)* da destinação pública da coisa que constitui o seu objeto"[1].

Nesse sentido, os sujeitos do domínio público são as entidades territoriais (pessoas coletivas) e outros entes que receberem tal titularidade, a exemplo das autarquias. A titularidade dos bens dominiais é exercida pelo Estados (pessoas coletivas) pelo fato de que os referidos bens destinam-se à coletividade, ou seja, pertence a todos os cidadãos, de modo que o domínio público é representado pelas organizações políticas territoriais (entes federados). A consequência é que tais bens estarão sujeitos à coercibilidade do Estado, isto é, os entes públicos poderão utilizar as prerrogativas do poder de polícia na normatização e administração dos bens que integram o domínio público. Outro consectário lógico é que os titulares do domínio público, em razão dos poderes exclusivos que detêm, são os responsáveis por formular a gestão e a maneira de exploração dos bens dominiais[2].

Portanto, os *sujeitos* do domínio público referem-se à titularidade ativa e passiva na relação do domínio público. Os sujeitos ativos são os entes federativos competentes para legislar ou exercer atos em decorrência do domínio público, bem como as autarquias e fundações públicas que tenham recebido atribuição legal para atuar nesse âmbito estatal, consistentes na União, nos Estados-membros, no Distrito Federal, nos

---

1. MONIZ, Ana Raquel Gonçalves. In: OTERO, Paulo; GONÇALVES, Pedro (Coord.). *Tratado de direito administrativo especial.* Coimbra: Almedina, 2011, v. V, p. 105.
2. MONIZ, Ana Raquel Gonçalves. In: OTERO, Paulo; GONÇALVES, Pedro (Coord.). *Tratado de direito administrativo especial.* Coimbra: Almedina, 2011, v. V, p. 106-112.

Municípios, nas autarquias e nas fundações públicas. Por sua vez, o sujeito passivo alude a quem se submete às disposições ou atos promanados com fulcro no domínio público, isto é, o sujeito ao qual recai o poder imanente à dominialidade estatal. Nesse caso, são sujeitos passivos as pessoas físicas ou jurídicas, de direito público ou de direito privado (resguardados os preceitos constitucionais, sobretudo a competência legislativa).

A título de ilustração, pode ser mencionada a Fundação Nacional do Índio, cuja autorização de instituição foi dada pela Lei nº 5.371 de 1967, que tem entre outras finalidades: garantir a posse permanente das terras que habitam e o usufruto exclusivo dos recursos naturais, a preservação do equilíbrio biológico e cultura do índio, gerir o patrimônio indígena etc. Outro exemplo é o tombamento, que com o objetivo de resguardar o patrimônio histórico e artístico, pode recair sobre bens pertencentes à União, aos Estados e aos Municípios, inclusive de ofício (arts. 1º, 2º e 5º, Decreto-lei nº 25 de 1937).

2.2 COMPETÊNCIA LEGIFERANTE

A competência legiferante refere-se à aptidão constitucional de o ente federado legislar sobre temas afetos aos bens públicos ou às coisas submetidas ao domínio público, ou seja, é a legitimidade de criar normas jurídicas válidas.

O Brasil adota o modelo de Estado-federal, sendo a organização político-administrativa composta pela União, pelos Estados-membros, pelo Distrito Federal e pelos Municípios, todos autônomos, nos termos da Constituição Federal de 1988 (art. 18, *caput*).

De fato, foram atribuídas competências legislativas aos entes federados (União, Estados, DF e Municípios), de modo que todos eles detêm aptidão constitucional para legislar sobre matérias de sua alçada, incluindo, logicamente, as coisas integrantes do domínio público. Por exemplo, nos termos do art. 20, II, III e IX, à União foi atribuído como bens as terras devolutas indispensáveis à defesa das fronteiras, das fortificações e construções militares (domínio público militar); os lagos, rios e quaisquer correntes de água em terrenos de seu domínio (domínio público natural); os recursos minerais (domínio público geológico) etc. Além disso, o texto constitucional expressamente conferiu ao Congresso Nacional dispor sobre os bens do domínio da União (art. 48, V, parte final, CF/88). Desse modo, também cabe ao Poder Legislativo dos Estados, do DF e dos Municípios disporem sobre os bens de domínio dos entes regionais, distrital e municipais, em razão do princípio da simetria e autonomia federativa.

Igualmente, por força do art. 26 I e II da CF/88, ao Estado foi atribuído como bens as águas superficiais ou subterrâneas (domínio público natural); as áreas, nas ilhas oceânicas e costeiras que estiverem em seu domínio (domínio público terrestre) etc. Conforme o art. 30, VIII e IX da CF/88, aos Municípios compete promover o adequado ordenamento territorial (domínio público terrestre); promover a proteção do patrimônio histórico (domínio público cultural e histórico) etc. Por sua vez, ao Distrito

Federal são atribuídas as competência legislativas reservadas aos Estados e Municípios, cabendo, por conseguinte, legislar sobre o domínio público municipal e estadual.

Como se vê, todos os entes possuem competência legislativa em alguma matéria referente ao domínio público, sobretudo se considerado as espécies de domínio público (domínio público terrestre; domínio público hídrico; domínio público aéreo; domínio público militar; domínio público natural; domínio público artificial; domínio público cultural e histórico; domínio público geológico; domínio público energético e telecomunicações e domínio público genético).

Isso porque em razão do federalismo, impõe-se a distribuição de competências em matérias legislativas, cabendo aos entes legislarem nos assuntos que lhe são de sua alçada. Nesse sentido, devem ser observadas as matérias de competência privativa da União (art. 22, CF/88), as matérias de competência concorrente da União, dos Estados e do Distrito Federal (art. 24, CF/88) e as matérias de competência comum da União, dos Estados, do DF e dos Municípios (art. 23, CF/88).

Assente-se que atualmente destaca-se o federalismo cooperativo, marcado pela colaboração dos entes federados nas áreas de atuação comuns e concorrentes, a fim de concretizá-las de maneira eficaz em benefício da sociedade. Segundo Enoch Rovira, o federalismo de nossos dias é identificado pela característica basilar da cooperação. "Cooperação, em sua acepção geral, equivale simplesmente a colaboração, trabalho em comum (*Zusammenarbeit*). Por ele, a palavra 'cooperação' empregada como qualificativo geral do federalismo não contribui na realidade nada novo, pois não é possível conceber um Estado federal sem que no meio de duas relações interestatais não haja certos níveis de colaboração entre seus dois centros de governo. O próprio conceito de federalismo reclama um mínimo de colaboração, e esta, de fato, com maior ou menor intensidade se há produzido sempre entre as duas instâncias do poder estatal, embora nos sistemas que mais ênfase eles colocaram na independência, igualdade e autonomia das partes"[3].

Outrossim, considerando a que Constituição Federal de 1988 repartiu competências de natureza legislativa entre a União, os Estados, o Distrito Federal e os Municípios, conforme o arts. 22, 23 e 24, naturalmente todos os entes possuem aptidão, na medida da sua esfera de competência, para legislar sobre bens do domínio público, sendo efeito lógico da teoria dos poderes implícitos. Por conseguinte, os entes federados terão "todos os poderes incidentais e instrumentais necessários e adequados para exercer todas as atribuições expressas" na Constituição, porquanto a concessão dos poderes principais deve incluir os meios necessários e adequados para realizar a atividade constitucionalmente atribuída, sob pena de a atribuição tornar-se ineficaz[4].

---

3. ROVIRA, Enoch Alberti. *Federalismo y Cooperacion em la Republica Federal Alemana*. Madrid: Centro de Estudios Constitucionales, 1986, p. 345.
4. COOLEY, Thomas M. The General *Principles of Constitutional Law in the United States of America*. Boston: Little, Brown, 1880, p. 91-92.

Disso resulta que os entes federados legislam sobre o domínio público na medida da sua competência atribuída constitucionalmente, de modo que cada um coopere na normatização dos bens que revelem interesse social em vista da sua destinação coletiva. Nesse sentido, Diógenes Gasparini arremata: "guardada a competência da União para legislar sobre direito civil (CF, art. 22, I), cabe a cada uma das pessoas políticas (União, Estado-membro, Distrito Federal e Município) regular alguns aspectos da aquisição, do uso, da administração e da alienação dos bens que integram seus respectivos patrimônios, visto que essa atribuição é da essência da autonomia dos entes federados. É por esse motivo que o art. 48, V da Constituição Federal e o art. 19, IV, V e VII da Constituição paulista atribuem, respectivamente, ao Congresso Nacional e à Assembleia Legislativa do Estado de São Paulo a competência para disporem sobre bens públicos da União e do Estado de São Paulo"[5].

2.3 ESFERAS DE COMPETÊNCIA DO DOMÍNIO PÚBLICO

A esfera de competência alude à titularidade da pessoa jurídica de direito público para dispor, normativamente, sobre as coisas integrantes do domínio público. Esclareça-se que a expressão *competência constitucional* significa "a faculdade juridicamente atribuída a uma entidade ou a um órgão ou agente do Poder Público para emitir decisões. Competências são as diversas modalidades de poder de que se servem os órgãos ou entidades estatais para realizar suas funções"[6].

Considerando o modelo federal, que enseja a repartição de competência entre os entes federativos, a União, os Estados-membros, o Distrito Federal e os Municípios detêm legitimidade ativa para disciplinar os bens submetidos ao domínio público, nos termos da Carta Magna de 1988.

O disciplinamento normativo do domínio público deve coexistir com base na *competência privativa* da União sobre determinadas matérias (art. 22, CF/88), *competência comum* da União, dos Estados-membros, do Distrito Federal e os Municípios nos assuntos que lhe foram atribuídos (art. 23, CF/88) e na *competência concorrente* conferida à União, aos Estados-membros e ao Distrito Federal (art. 24, CF/88). No âmbito da legislação concorrente, a competência da União limita-se ao estabelecimento de normas gerais, cabendo aos Estados-membros, ao Distrito Federal e aos Municípios suplementar a respectiva legislação federal (art. 24, § 1º, § 2º, CF/88). Se não existir lei federal sobre normas gerais de competência concorrente, os Estados e o Distrito Federal poderão exercer a competência legislativa plena, para atender a suas peculiaridades, suspendendo-se a eficácia da lei estadual ou distrital, naquilo que for contrário, quando houver superveniência de lei federal sobre normas gerais (art. 24, § 4º, CF/88). Na competência comum, todos os entes federados (União, Estados-membros, Distrito

---

5. GASPARINI, Diógenes. *Direito administrativo*. 17. ed. São Paulo: Saraiva, 2012, p. 965.
6. SILVA, José Afonso da. *Curso de direito constitucional positivo*. 33. ed. São Paulo: Malheiros, 2010, p 479.

Federal e Municípios) detém competência simultânea para legislar sobre determinadas matérias atribuídas constitucionalmente, em razão do interesse recíproco e a necessidade de todos os entes envidarem esforços na proteção de certos bens jurídicos de notável relevo constitucional.

Por sua vez, a competência privativa é a capacidade jurídica de decidir monopolisticamente, isto é, de maneira centralizada, de acordo com a escolha adotada pelo titular da atribuição constitucional. Por se competência privativa, é possível que o ente competente, no caso a União, delegue parte da atribuição aos Estados-membros, a fim de legislarem sobre questões específicas. A delegação deverá ser feita conforme autorizado em lei complementar, nos termos do parágrafo único do art. 22 da Constituição Federal de 1988. De fato, a União Federal concentra a maior parte das matérias legislativas de interesse da sociedade, que logicamente incide sobre as coisas integrantes do domínio público. Não obstante, tal centralização justifica-se pela necessidade de normatização uniforme e equilibrada, de modo a promover a integração entre as diversas regiões do país, sobretudo no Brasil, que possui dimensões continentais.

Assim, são três as esferas de competência normativa que recaem sobre as coisas submetidas ao domínio público, quais sejam: 1 – esfera normativa da União (esfera federal); 2 – esfera normativa dos Estados-membro ou do Distrito Federal (esfera estadual ou distrital); 3 – esfera normativa dos municípios (esfera municipal). Consequentemente, a normatização do domínio público triparte-se em *domínio público federal*, *domínio público estadual* ou *distrital* e *domínio público municipal*, a depender da competência constitucional explícita ou implícita para legislar sobre os bens.

2.4 DOMÍNIO PÚBLICO FEDERAL, ESTADUAL, DISTRITAL E MUNICIPAL

A esfera de competência legislativa se divide em domínio público federal, domínio público estadual/distrital e domínio público municipal.

A divisão sistemática pode ser feita do seguinte modo: *domínio público federal* abrange o *domínio público terrestre* (pois são bens da União as terras devolutas indispensáveis à defesa das fronteiras, das fortificações e construções militares – art. 20, II, CF/88); *domínio público hídrico* (uma vez que são bens da União os lagos, rios e quaisquer correntes de água tem terrenos de seu domínio, ou que banhem mais de um Estado etc. – art. 20, III, CF/88); *domínio público aéreo* (visto que compete à União legislar sobre direito civil, direito aeronáutico e espacial e explorar a navegação aérea, aeroespacial e a infraestrutura aeroportuária – arts. 21, XII, "c" e 22, I, CF/88); *domínio público militar*, (pois compete à União assegurar a defesa nacional, legislar sobre defesa territorial, defesa aeroespacial, defesa marítima, requisições militares e fixação e modificação do efetivo das Forças Armadas – arts. 21, III, 22, XXVIII, 48, III, CF/88); *domínio público natural* (porque são bens da União os recursos naturais da plataforma continental e da zona econômica exclusiva – art. 20, V, CF/88); *domínio público artificial* (pois são bens da União as vias federais de comunicação, os edifícios públicos federais etc. – art. 20, I e II, parte final, CF/88); *domínio público cultural e histórico* (já que são bens da União os sítios arqueológicos e pré-históricos – art. 20, X, parte final, CF/88); *domínio público geológico* (porquanto os recursos minerais são bens da União – art. 20, IX, CF/88); *domínio público energético e telecomunicações* (haja vista que cabe à União explorar, diretamente ou mediante autorização, concessão ou permissão, os serviços de energia e telecomunicações – art. 21, XI, XII, "b", CF/88); e *domínio público genético* (pois cabe à União, por meio do Ministério do Meio Ambiente, coordenar a elaboração e a implementação de políticas para a gestão do acesso ao patrimônio genético e ao conhecimento tradicional associado e da repartição de benefícios existentes no país – art. 225, § 1º, II e § 4º, da CF de 88 c/c art. 6º da Lei nº 13.123 de 2015).

Por sua vez, o *domínio público estadual* ou *domínio público distrital* abrange o *domínio público terrestre* (pois são bens dos Estados-membro as terras devolutas não compreendidas entre as da União – art. 26, IV, CF/88); *domínio público hídrico* (incluem-se entre os bens dos Estados as águas superficiais ou subterrâneas, fluentes, emergentes e em depósito – art. 26, I, CF/88); *domínio público natural* (haja vista que é competência concorrente dos Estados e DF legislar sobre florestas, caça, pesca, fauna, conservação da natureza e dos recursos naturais, proteção do meio ambiente e controle da poluição – art. 24, VI, CF/88); *domínio público artificial* (os Estados-membros e o DF exercem o domínio público sobre bens de sua propriedade oriundos da criação humana, a exemplo dos prédios públicos estaduais e distritais, rodovias estaduais e distritais etc.); *domínio público cultural e histórico* (compete aos Estados-membros e ao DF legislar concorrentemente sobre proteção do patrimônio histórico, cultural, artístico, turístico e paisagístico – art. 24, VII, CF/88).

Finalmente, o *domínio público municipal* engloba o *domínio público terrestre* (pois os Municípios exercem o domínio sobre ruas públicas, logradouros e praças públicas municipais; competindo ao ente municipal promover a ordenação do território, controle do uso, do parcelamento e da ocupação do solo urbano – art. 30, VIII, CF/88); *domínio público hídrico* (pertencem aos Municípios as águas públicas de uso comum quando situadas exclusivamente em seus territórios, a exemplo de lagos e lagoas navegáveis ou flutuáveis, fontes, reservatórios públicos e nascentes localizados no município etc. – art. 2º, "b", "d", "e" c/c art. 29, III, Decreto-Lei nº 24.643 de 1934 – Código das Águas); *domínio público natural* (é competência comum dos Municípios legislar sobre proteção ao meio ambiente, combate à poluição em qualquer de suas formas e preservar as florestas, a fauna e a flora – art. 23, VI, VII, CF/88); *domínio público artificial* (os Municípios exercem o domínio sobre os prédios públicos municipais, sobre os seus bens, serviços e instalações, podendo inclusive constituir Guarda Municipal para protegê-los, conforme o art. 144, § 8º, CF/88); *domínio público cultural e histórico* (compete reservadamente aos Municípios promover a proteção do patrimônio histórico-cultural de âmbito local, assim como é de competência comum dos Municípios proteger os documentos, as obras e outros bens de valor histórico, artístico e cultural, os monumentos, as paisagens naturais notáveis e os sítios arqueológicos – art. 23, III e art. 30, IX, CF/88).

CAPÍTULO 2 • COMPETÊNCIA LEGISLATIVA

A título de ilustração, no Estado do Rio Grande do Sul foi editado o Decreto nº 42.819, de 14 de janeiro de 2004, que dispõe sobre a competência a Procuradoria do Domínio Público Estadual exercer a representação judicial e a consultoria jurídica nas matérias relacionadas com os bens públicos, meio ambiente, regularização fundiária, trânsito, desapropriação, licitações e contratos administrativos, com competência residual em relação aos demais órgãos de execução com funções especializadas em razão da matéria da Procuradoria-Geral do Estado (art. 12)[7]. Semelhantemente, no Município de São Paulo, a Lei nº 15.442, de 9 de setembro de 2011, dispõe sobre a limpeza de imóveis, o fechamento de terrenos não edificados e a construção e manutenção de passeios e calçadas[8], ou seja, trata do domínio público terrestre municipal.

Logicamente, a normatização acima delineada não se trata de classificação pormenorizada ou exclusiva, visto que o bem sujeito ao domínio público pode ser, simultaneamente, objeto de legislação federal, estadual, distrital e municipal, haja vista a competência legislativa concorrente e a competência legislativa comum dos entes federados. Por fim, considerando a possibilidade de existência plúrima de leis sobre um mesmo assunto, em caso de eventual conflito normativo, deve-se aplicar o princípio da *predominância do interesse*, "segundo o qual à União caberão aquelas matérias e questões de predominante interesse geral, nacional, ao passo que aos Estados tocarão as matérias e assuntos de predominante interesse regional, e aos Municípios concernem os assuntos de interesse local"[9].

---

7. PGE-RS. Procuradoria-Geral do Estado do Rio Grande do Sul. *Decreto 42.819, de 14 de janeiro de 2004*. Regulamenta a estrutura orgânica da Procuradoria-Geral do Estado (PGE) e dá outras providências. Disponível em: https://www.pge.rs.gov.br/upload/arquivos/201702/07125208-decreto-n-42-819-de-14-de-janeiro-de-2004.pdf. Acesso em: 15 mar. 2021.
8. PREFEITURA-SP. Prefeitura do Município de São Paulo. Legislação Municipal. *Lei 15.442, de 9 de setembro de 2011*. Dispõe sobre a limpeza de imóveis, o fechamento de terrenos não edificados e a construção e manutenção de passeios, bem como cria o Disque-Calçadas. Disponível em: http://legislacao.prefeitura.sp.gov.br/leis/lei-15442-de-09-de-setembro-de-2011/. Acesso em: 15 mar. 2021.
9. SILVA, José Afonso da. *Curso de direito constitucional positivo*. 33. ed. São Paulo: Malheiros, 2010, p. 478.

Capítulo 3
CRIAÇÃO E EXTINÇÃO DOS BENS DE DOMÍNIO PÚBLICO

3.1 AFETAÇÃO

A afetação constitui um instrumento de criação dos bens de domínio público, ou seja, mediante tal modalidade de ato estatal, elevam-se determinados bens ao regime jurídico do domínio público.

De acordo com Ernst Forsthoff, as coisas públicas se convertem como tais devido à sua condição natural ou em virtude de um ato particular: a utilização, a afetação a um fim público determinado. "As correntes naturais de água e as costas marítimas estão destinadas por sua própria natureza ao uso geral. São, pois, coisas públicas no sentido de que a missão da Administração consiste em regular este uso geral. Sem embargo, as ruas, as escolas e os mercados são criações artificiais que tem sido criadas com vistas a uma finalidade administrativa determinada e postas em serviço. Na medida em ocorre assim, as coisas, enquanto coisas públicas, caem sob o império do Direito público. Sua utilização e seu serviço com vistas a um fim administrativo se medem com as regras do Direito público".

Dessa forma, considera-se a afetação como um ato jurídico com efeitos específicos e de amplo alcance. A afetação se diferencia dos atos administrativos em geral, visto que carece de destinatário. Isso porque a afetação é dirigida em face de uma coisa e não de uma pessoa, e o eventual proprietário não pode sequer considerar-se destinatário. Assim, a afetação pressupõe um poder de disposição sobre a coisa decorrente do ato afetatório. Faz-se necessária a observância dos requisitos legais regedores da afetação a fim de assegurar a sua eficácia jurídica, sob pena de invalidade se a afetação operar-se irregularmente. Além disso, a afetação altera o status do seu objeto para o Direito Público, produzindo na prática um efeito principalmente preventivo, pois assegura a utilização da coisa pública, estabelecida por registro a um fim, contra toda intervenção perturbadora. A afetação exerce importante função na proteção de bens culturais[1].

Para Otto Mayer, a afetação pode ser definida como "a manifestação de vontade pela qual, uma vez preenchidas as condições de seu estado exterior, ela entra em fun-

---

1. FORSTHOFF, Ernst. *Tratado de Derecho Administrativo*. Madrid: Instituto de Estudios Politicos, 1958, p. 487-497.

ção e se torna coisa pública. A afetação é um ato de vontade que pertence à esfera da administração pública, mas não é um ato administrativo. A afetação não determina relações entre o cidadão e o poder público; o único que faz é criar uma situação na qual resultarão essas relações. Isto se parece com as com as modificações que na vida privada faz o proprietário em sua coisa a fim de dar um destino que terá importância para suas relações jurídicas futuras. Esse arranjo não tem em si mesmo o caráter de um ato jurídico; tampouco a afetação é um ato administrativo". A afetação pode adotar formas diversas, podendo realizar-se: I – por um ato depois de efetuar trabalhos necessários para pôr a coisa em um estado adequado (a exemplo das ruas públicas, as pontes etc.); II – após manifestação de atividade positiva pela Administração ante o exercício sobre a coisa (a exemplo das fortificações e vias férreas); III – a continuidade de uma situação já existente, a exemplo de uma rua privada que servia de fato ao uso de todos e depois passa ao domínio do município por um ato de direito público (desapropriação) ou por convenção de direito privado (venda, permuta, doação etc.; e IV – por uma situação especial que certas coisas são destinadas a servir a uma finalidade pública (a exemplo dos rios navegáveis, lagos etc., cujas coisas sempre estiveram ao serviço da comunidade, mas que modifica a sua condição jurídica para bem público)[2].

Na lição de Marienhoff, a "afetação é o fato ou a manifestação de vontade do poder público, em cuja virtude a coisa finda incorporada ao uso e gozo da comunidade". Registre-se que para que seja realizada a afetação e esta opere os seus efeitos jurídicos, faz-se necessário o cumprimento de certos requisitos. Assim, a afetação pode consistir em um "fato" ou em uma "manifestação" de vontade do poder público.

A doutrina diverge acerca da natureza jurídica da afetação. Otto Mayer entende que a afetação é um ato de vontade, pertencente à esfera da Administração Pública; todavia, não constituiu um ato administrativo, visto que não determina relações entre o cidadão e o poder público. Segundo ele, a afetação não faz mais do que criar uma situação de que resultarão essas relações. Por sua vez, Maurice Hauriou considera que a afetação consiste em um "fato" que determina a utilização da coisa específica a um fim público, fato esse que resulta tanto de acontecimentos materiais combinados com declarações administrativas como de declarações exclusivamente administrativas. Já para Ernst Forsthoff, a afetação é um ato jurídico, com efeitos específicos e de amplo alcance, mas a seu entender se diferencia dos atos administrativos em geral porque carece de destinatário. Villegas Basavilbaso distingue os atos de afetação a depender de tratar-se de bens naturais ou de bens artificiais, de modo que a natureza jurídica corresponde a atos legislativos ou administrativos, conforme se refira a bens públicos naturais ou artificiais, respectivamente.

Assim, no que alude à natureza jurídica, a afetação pode ser efetuada pela lei, por ato administrativo ou por um fato da Administração. Em tal caso, trata-se de bens

---

2. MAYER, Otto. *Derecho Administrativo Alemán*. Parte Especial: El derecho público de las cosas. 2. ed. Buenos Aires: Depalma, 1982, t. III, p. 140-143.

artificiais, ou seja, criados pela ação do homem. Dessa forma, a natureza jurídica da afetação de bens ao domínio público é a de um ato legislativo, um ato administrativo ou de um fato jurídico, conforme o caso.

Imperioso ressaltar a consequência jurídica fundamental da afetação. Isso porque o bem ou a coisa, desde esse momento, finda efetivamente incorporado ao domínio público e submetido às regras e aos princípios que regem a referida instituição. Dito de outro modo, somente depois de realizada a "afetação" do bem ao uso e gozo da comunidade a coisa afetada é regida pelas normas de direito público com natureza de dependência dominial. Por conseguinte, a afetação significa que determinado bem ou coisa declarado dominial é efetivamente incorporado ao uso público[3].

Como informado anteriormente, a afetação requer o cumprimento de certos requisitos para surtir efeitos jurídicos. Diante disso, aplicam-se lhe as seguintes observações: a) a afetação tende a tornar efetiva a satisfação de uma necessidade ou de um interesse público, sendo o fundamento de uma afetação idônea; b) a coisa ou o bem afetado deve ser liberado ao uso público de forma efetiva e atual, sob pena de a afetação não surtir os seus efeitos jurídicos de incorporação ante o não atendimento do caráter teleológico da dominialidade pública; c) para que a Administração Pública possa afetar validamente um bem ou uma coisa ao uso público, é indispensável que a referida coisa se ache em poder do Estado em virtude de um título jurídico que lhe tenha permitido adquirir o domínio validamente, em respeito ao princípio constitucional da inviolabilidade da propriedade privada. Para tanto, o Estado pode valer-se de diversos meios para adquirir a coisa, tanto previstos no direito público quanto no direito privado, a exemplo da desapropriação, compra e venda, doação, cessão, dação em pagamento etc.; d) a afetação válida de bens naturais (oriundos da natureza) se dá por meio da lei, não requerendo um ato administrativo específico afetatório; e) quando uma coisa é afetada a um determinado uso, a mudança de utilização não requer nova afetação, pois o efeito jurídico do referido instituto administrativo é de submeter a coisa ao regime da dominialidade, de modo a atender ao interesse público. Assim, a modificação por si só do destino da coisa afetada não exige novo ato de afetação, bastando que seja realizada por autoridade competente e que o uso seja efetivo e atual[4].

Segundo Ernst Forsthoff, a afetação requer o uso da coisa, de modo que o nascimento da coisa pública exige, além da afetação, que seja posta em uso. "Esta não constitui um ato jurídico, senão uma ação efetiva que marca o momento em que nasce a vida da coisa pública". Impende salientar que a afetação da coisa pública versa sobre uma determinada utilização da mesma, de modo que, se se produzir uma mudança qualquer na sua utilização, será necessário modificar igualmente a afetação, a exemplo de uma calçada destinada aos pedestres que é reformada para o trânsito de veículos.

---

3. MARIENHOFF, Miguel S. *Tratado del Dominio Publico*. Buenos Aires: Tipográfica Editora Argentina, 1960, p. 151-156.
4. MARIENHOFF, Miguel S. *Tratado del Dominio Publico*. Buenos Aires: Tipográfica Editora Argentina, 1960, p. 162-169.

Por outro lado, a coisa pública termina ou pelo seu desaparecimento ou pela supressão de sua qualidade jurídica. "Naturalmente, esta supressão não é possível a respeito daquelas coisas que são públicas por uma condição natural delas mesmas. Mas se esta condição desaparecer, também as coisas perderiam sua qualidade de públicas. Quando a origem de uma coisa pública é exclusivamente a afetação, sua condição jurídica pode desaparecer por ato contrário aquela. Seu sentido e eficácia jurídica é equivalente; igual que a afetação constitui um ato jurídico sem destinatário e de índole conformadora. Tampouco requer uma forma especial. De fato que a afetação é um ato sem destinatário e, por conseguinte, não institui a ninguém como favorecido ou gravado *de jure*, resulta que tampouco podem dar-se direitos de terceiros sobre a subsistência de dedicação. A revogação da afetação – chamada genericamente comisso no Direito de viação – pertence, portanto, às faculdades discricionárias, não limitadas pelo Direito"[5].

Para Rafael Bielsa, a afetação de coisas ou o seu destino ao uso público pode ter sua origem na lei ou no uso do bem. Quando o bem é afetado mediante a lei, ocorre a *afetação formal*, ao passo que quando já existe o uso do bem, fala-se em *afetação real*. Como se vê, a afetação formal é jurídica, uma vez que o ato afetatório é baseado no Direito; enquanto que a afetação real é fática, pois resulta do uso efetivo da coisa, independentemente de qualquer outra formalidade. Dessa forma, o uso do bem teria o condão de gerar a afetação da coisa ao domínio público, passando-se do domínio privado para a dominialidade pública, a exemplo da prescrição entre particulares, de modo a não impedir a aplicação desse princípio em favor da coletividade representada pela Administração Pública (Nação, Estado ou Município). A afetação real – que resulta na afetação baseada no uso público em favor da coletividade – desde o tempo imemorial é uma das formas tradicionais que existia em Roma a respeito das vias públicas. Por sua vez, a afetação formal – que resulta de uma declaração legislativa – é uma modalidade que depende da declaração afetatória por meio de norma jurídica, ou seja, trata-se de uma afetação estabelecida pela lei[6].

Na lição de Cretella Júnior, a afetação alude à ideia de "destinação ou consagração a um uso determinado", isto é, consiste em destinar coisas – materiais ou jurídicas – à finalidade pública, de modo a serem utilizadas pelo Estado para a consecução dos seus fins últimos. "Para atingir os fins últimos que tem em mira, a Administração precisa utilizar bens, quer de sua propriedade, quer de propriedade dos particulares. Afetar é destinar, consagrar, carismar, batizar determinados bens, que se acham fora do mundo jurídico, ou no mundo jurídico, mas com outra destinação e traços, para que, devidamente aparelhados, entrem para o mundo do direito administrativo, aptos para a produção de determinados efeitos. Decorrendo de ato administrativo, ou de prática permitida pela Administração, no sentido de manifestar a intenção de consagração ao bem público, ou ainda, de mero fato, a afetação erige-se como operação inconfundível

---

5. FORSTHOFF, Ernst. *Tratado de Derecho Administrativo*. Madrid: Instituto de Estudios Politicos, 1958, p. 497-499.
6. BIELSA, Rafael. *Derecho Administrativo*. Cuarta edición. Buenos Aires: El Ateneo, 1947, t. II, p. 433-434.

do direito administrativo, sem símile no direito privado, definindo-se como o fato ou o pronunciamento do Estado que incorpora uma coisa à dominialidade da pessoa jurídica pública. Um fato, pois, uma lei ou um ato administrativo podem dar origem à afetação".

Em outras palavras, "a afetação pode produzir-se de fato. Nem sempre quando o Estado constrói estrada ou edifício, a declaração de sua afetação é feita de modo expresso. Admite-se, ao contrário, que a afetação pode produzir-se tacitamente, e que o destino dado aos bens necessários a um fim público é, por si só, bastante para conferir-lhe a qualidade jurídica de afetados e, com esta, as consequências de seu respectivo regime jurídico". Ademais, a afetação pode derivar também da lei ou de ato administrativo[7].

Para Maurice Hauriou, a afetação decorre da destinação de utilidade pública que é atribuída a certas coisas, isto é, da determinação de utilidade da coisa para um fim público, constituindo o domínio público, resultante tanto de eventos naturais quanto de atos administrativos[8].

Assim a doutrina diverge acerca da natureza jurídica da afetação, entendendo-a como ato jurídico (Ernst Forsthoff), ato de vontade (Otto Mayer), determinação de utilidade (Hauriou) e ato legislativo ou administrativo (Marienhoff).

Finalmente, no tocante à competência para afetar bens, todos os entes federativos possuem a capacidade afetatória, ou seja, a União, os Estados-membros, o Distrito Federal e os Municípios podem afetar bens como forma de atender ao interesse público, bastando que seja observado as disposições constantes do ordenamento jurídico – a exemplo do ente federativo titular ou responsável pelo bem. Nesse sentido, Diógenes Gasparini preleciona: "as operações de afetação e desafetação são de competência única e exclusiva da pessoa política proprietária do bem, a quem também se reconhece a competência exclusiva para dizer se e quando um bem que integra seu patrimônio poderá ser afetado ou desafetado. Essas competências são expressões de autonomia que a Constituição outorgou a cada uma das entidades componentes da Federação no trato de bens de sua propriedade. Guardada a competência da União para legislar sobre Direito Civil (CF, art. 22, I), cabe a cada uma das pessoas políticas (União, Estado-membro, Distrito Federal e Município) regular alguns aspectos da aquisição, do uso, da administração e da alienação dos bens que integram seus respectivos patrimônios"[9].

3.2 DESAFETAÇÃO

A *desafetação* significa a operação inversa do ato afetatório, ou seja, consiste na retirada do destino do bem ao uso público, de modo a desincorporá-lo, desconsagrá-lo ou desqualificá-lo dessa condição. Na lição de Cretella Júnior, "desafetação é a desdesti-

---

7. CRETELLA JÚNIOR, José. *Tratado do domínio público*. Rio de Janeiro: Forense, 1984, p. 150-153.
8. HAURIOU, Maurice. *Précis de Droit Administratif et de Droit Public Général*. Cinquième édition. Paris: Larose, 1903, p. 584-585.
9. GASPARINI, Diógenes. *Direito administrativo*. 17. ed. São Paulo: Saraiva, 2012, p. 964.

nação, desinvestimento ou desconsagração de um bem que é subtraído do uso público para ingressar no domínio privado, do Estado ou do administrado. Desafetação é o fato ou a manifestação de vontade do poder público mediante a qual o bem do domínio público é subtraído à dominialidade pública para ser incorporado ao domínio privado, do Estado ou do administrado. Em suma, a desafetação é a cessão da dominialidade não em virtude do desaparecimento repentino ou violento da coisa, caso em que se rompe a dominialidade pela extinção do direito de propriedade por falta de objeto sobre que se exerça, como no caso em que terremotos, incêndios ou o tempo inutilizam bens públicos, ou ainda, um rio navegável ou lago seca, mas sim em virtude de decisão expressa da Administração ou com seu consentimento tácito. Enfim, o ato constitutivo que declara a afetação e o ato desconstitutivo que declara a desafetação têm por objetivos relevantes, mas precisos: os de, respectivamente, fazer ingressar um bem no domínio público e o de fazer um bem sair do âmbito da dominialidade"[10].

De acordo com Rafael Bielsa, a desafetação de uma coisa integrante do domínio público determina a mudança de regime jurídico e em sua virtual incorporação em domínio patrimonial, seja em benefício de particulares, seja em prol do Estado. Todavia, a desafetação requer, a princípio, um ato de direito público e somente excepcionalmente se desafeta por fatos, a exemplo da mudança do curso de um rio (e, portanto, de seu leito); mas mesmo assim faz-se necessária a retificação administrativa, isto é, a edição de um ato administrativo. Nesse caso, a desafetação converte o terreno que formou parte do leio do rio em domínio privado do Estado, de modo que a coisa perto os atributos jurídicos do domínio público, podendo ser adquirida por meio do direito privado, a exemplo da prescrição[11].

Para Marienhoff, *desafetar* um bem significa "subtrair de seu destino o uso público, fazendo-se sair, portanto, do domínio público para ingressar no domínio privado, seja do Estado ou dos administrados". A regra geral é que os bens desafetados ingressem no domínio privado do Estado; a exceção é que os referidos bens ingressem no domínio privado dos administrados. "O instituto da desafetação pode consistir em um 'fato' ou uma 'manifestação de vontade' do poder público". Essa "manifestação de vontade" pode realizar-se mediante a edição de um "ato legislativo" ou de um "ato administrativo". A seu turno, o "fato" que serve de fundamento para a desafetação tanto pode ser de ordem "natural" como "humano".

A natureza jurídica da desafetação corresponde à mesma da afetação, ou seja, ostenta feição de um ato legislativo, de um ato administrativo ou de um fato jurídico, conforme os casos que lhe deram origem.

Saliente-se que a desafetação produz fundamentalmente efeitos jurídicos, ou seja, consequências que lhes são essenciais. O principal efeito da desafetação consiste na mudança da condição jurídica antes assumida pelo bem, visto que passa da natureza

---

10. CRETELLA JÚNIOR, José. *Tratado do domínio público*. Rio de Janeiro: Forense, 1984, p. 160-162.
11. BIELSA, Rafael. *Derecho Administrativo*. Cuarta edición. Buenos Aires: El Ateneo, 1947, t. II, p. 446-447.

"pública" para a natureza "privada", cuja titularidade, a princípio, seguirá correspondendo ao Estados e, por excepcionalmente, aos administrados ou particulares. Tal destinação dependerá da previsão contida no ordenamento jurídico. Os efeitos principais da desafetação são os seguintes: a) o bem ou coisa afetada sai do domínio público e passa para o domínio privado; b) cessam os direitos de uso – comum ou especial – que eram exercidos sob o bem ou a coisa; c) cessam igualmente todas as consequências derivadas do caráter de "inalienabilidade", que recaiam sobre a coisa afetada; d) as coisas ou bens "acessórios" perdem seu caráter de dominicais[12].

De acordo com Marienhoff, qualquer bem público pode ser desafetado, já que se trata de bens integrantes do chamado "domínio público natural" (bens oriundos da natureza) ou de bens componentes do chamado "domínio público artificial" (bens oriundos da ação humana). Isso porque o caráter público de um bem é um "conceito jurídico", quer dizer, pode ser modificado por outro conceito dado pelo Estado. Além disso, não há bens públicos por sua própria natureza, tampouco por direito natural, pois é o Estado quem estabelece o caráter público das coisas; por isso que um dos elementos essenciais integrantes da noção conceitual de domínio público é o "normativo" ou "legal". Assim, "não existe razão alguma que se oponha à desafetação de qualquer bem público, sejam os que integram o domínio chamado 'natural' ou dos que integram o domínio chamado 'artificial', desafetação que pode efetuar-se por quaisquer dos meios reconhecidos a este respeito pelo direito – compatível com a índole do respectivo bem. Em consequência, a desafetação de um bem ou dependência dominial, lograda ou efetuada por qualquer meio reconhecido pelo direito, sempre e quando efetue ou disponha a autoridade competente para o fazer, importa o exercício legítimo de uma potestade legal".

No que concerne ao modo de operar-se a desafetação, esta pode efetivar-se de diversos modos, que constituem outras tantas espécies. Ela pode consistir em uma manifestação de vontade do poder público, sendo chamada de *desafetação formal*, assim como pode consistir em fatos, cuja origem pode ser natural ou humana, sendo denominada de *desafetação por fatos ou factual*.

A *desafetação formal* oferece distintas modalidades, a depender de ocorrer sobre o domínio público natural ou sobre o domínio público artificial. Tratando-se de bens componentes do "domínio público natural" (oriundos da natureza, a exemplo dos rios, lagos, florestas), a desafetação distingue-se entre manter a coisa subsistente em sua individualidade ou por gerar a transformação do bem, modificando a sua individualidade. Na primeira modalidade, que mantém coisa subsistente, a individualidade ou a natureza física permanece idêntica, a exemplo da desafetação de um rio ou uma ilha, que continuarão sendo os mesmos ainda que sofram a desafetação. Pode-se nomenclaturar tal fenômeno como *desafetação formal não modificativa*. De outra banda, a desafetação que transforma o bem enseja a modificação estrutural da coisa, isto é, altera a sua natureza

---

12. MARIENHOFF, Miguel S. *Tratado del Dominio Publico*. Buenos Aires: Tipográfica Editora Argentina, 1960, p. 175-177.

física. Pode-se citar como exemplos a desafetação que promove o enchimento de todo ou parte de um curso d'água, transmudando a paisagem ambiental antes existente; ou a secagem de um lago para dar outra destinação, como a construção de uma hidrelétrica ou de imóveis residenciais; ou a desintegração de uma ilha etc. Nesses casos, pode-se denominar tal fenômeno como *desafetação formal modificativa*.

A seu turno, quando a desafetação formal atingir o "domínio público artificial", pode resultar na extinção do bem ou a simples modificação da sua condição jurídica, a depender do bem que se trate. Na primeira hipótese, a desafetação possui o condão de extinguir o bem ou a coisa antes afetada ao interesse público. Nesse caso, a coisa deixa de existir para o futuro, perdendo a sua individualidade, a exemplo de uma rua ou cemitério que, com a desafetação, podem se tornar em um terreno comum, que assumirá a nova condição jurídica agora ostentada. Ou seja, tais coisas não serão mais uma rua ou um cemitério, sendo convertidos em outra coisa, desaparecendo como objetos jurídicos destinadas a essa finalidade específica. Esse fenômeno pode ser denominado como *desafetação formal extintiva*. Noutro giro, a desafetação do domínio público artificial pode simplesmente alterar a sua condição jurídica, isto é, pode manter a individualidade do bem ou da coisa, mas transmudar o seu caráter legal. Essa modalidade pode ser verificada a exemplo da mudança de destino de um edifício de natureza pública para ostentar a qualidade de coisa privada do Estado. Nesse caso, o edifício continuará existindo fisicamente, mas alterada a sua destinação, sendo agora bem integrante do domínio estatal, e não mais destinado ao uso comum da população. O referido bem deixará de ser um bem de "uso" ou bem "final" para transformar-se em um simples bem "instrumental", isto é, a ser utilizado como objeto pelo Estado. Esse fenômeno pode ser designado de *desafetação formal modificativa*.

Noutro giro, além da desafetação formal, existe a desafetação proveniente de fatos. A *desafetação por fatos* ou *factual* é a que ocorre por força da natureza ou pela ação do homem. Tal fenômeno pode atingir bens naturais ou artificiais, ou seja, tem por objeto o domínio público natural (bens oriundos da natureza, a exemplo dos rios) ou o domínio público artificial (bens oriundos da criação humana, a exemplo dos edifícios).

Os "bens públicos naturais" podem desafetados por fatos provenientes da natureza, a exemplo da mudança do curso de um rio que determina a desafetação do antigo canal, que passa a ser um bem privado. Também pode ser ilustrado o caso de um rio ser desafetado em razão da seca, tornando-se um terreno baldio. Igualmente, a desafetação de bens públicos naturais pode resultar da ação do homem, a exemplo do ato legislativo que destina floresta pública para colônia agrícola indígena.

Ademais, os "bens públicos artificiais" podem ser desafetados por fatos decorrentes da natureza ou do ser humano. No primeiro caso, pode ocorrer a destruição de um edifício público por um terremoto ou inundação, assim como o afundamento de um navio estatal por uma tempestade. No segundo caso, ou seja, a desafetação de bens artificiais por conduta humana, esta decorre da ação estatal, a exemplo do ato legislativo que altera a destinação de determinado imóvel, transmudando a utilização pública para o uso patrimonial do Estado. Também pode ser mencionada a destruição de uma biblioteca pública pelos bombeiros, por razões de polícia, em razão da necessidade de combater o fogo de edifícios vizinhos; o cultivo em terreno que antes servia de rua; o translado de um cemitério para outro lugar; o fechamento definitivo de uma rua para o trânsito; a implosão de prédio público condenado pela Defesa Civil, sendo determinada a sua derrubada por razões de segurança e a utilização como jardim público; etc.

Não deve ser confundida a "desafetação" da coisa dominial com a sua "destruição" realizada por terceiros. Isso porque a desafetação constitui uma instituição ou procedimento jurídico modificatório da natureza jurídica da coisa; ao passo que a destruição consiste na extinção ou desaparecimento material do bem, situando-se fora da regularidade normativa, isto é, fora dos limites do direito. Assim, a destruição da coisa, qualquer que seja a causa, não constitui tecnicamente a figura da "desafetação", senão a extinção dos direitos de propriedade pública pelo desaparecimento do objeto sobre o qual se exercia[13].

Por sua vez, Cretella Júnior classifica a desafetação em duas modalidades, sendo expressa (ou formal) e a tácita. A *desafetação expressa* ou *formal* consiste em um pronunciamento inequívoco da Administração Pública, concretizando em ato administrativo específico; ao passo que a *desafetação tácita* se dá em razão da vontade implícita presente e concordante por parte do Estado que, além de não se opor, permite o aparecimento de certas constâncias unívocas que completam a inércia inexpressa do Poder Público. Dessa forma, essa modalidade desafetatória resulta não de ato legislativo ou administrativo, mas sim da prática consequente à perda da utilidade pública dos bens (Marcello Caetano). "Verifica-se a desafetação tácita quando a *res* deixa de servir a seu fim de utilidade pública para integrar o rol do domínio privado da Administração como, por exemplo, a estrada velha que, pela abertura de outra com a mesma utilidade, deixa de ser utilizada para o trânsito, ou a fortaleza que, por obsoleta e desguarnecida, passa a não oferecer garantias, sendo, por isso, abandonada. 'O leito de um rio' escreve Villegas Basavilbaso, 'é público, mas se é abandonado (*alveus derelictus*) por causas naturais, estranhas à vontade do homem – fenômeno da natureza – esse fato produz-lhe a desafetação. O álveo cessa de ser público e adquire a condição jurídica de privado.'"[14]

Finalmente, no tocante à natureza jurídica da desafetação, esta triparte-se em *lei*, em *ato administrativo* ou em *fato jurídico*, a depender da causa ensejadora da mudança da destinação do bem. "Desse modo, concretizando-se a desafetação ou por manifestação da vontade do Estado (lei ou ato administrativo), ou por fatos, da natureza ou do homem, a índole do instituto é clara, identificando-se, no primeiro caso, como o ato legislativo ou com o ato administrativo, explicando-se, no segundo caso, pela concreção do fato jurídico, ou seja, pelo fato do mundo com implicações jurídicas"[15].

---

13. MARIENHOFF, Miguel S. *Tratado del Dominio Publico*. Buenos Aires: Tipográfica Editora Argentina, 1960, p. 178-182.
14. CRETELLA JÚNIOR, José. *Tratado do domínio público*. Rio de Janeiro: Forense, 1984, p. 164-165.
15. CRETELLA JÚNIOR, José. *Tratado do domínio público*. Rio de Janeiro: Forense, 1984, p. 166.

PARTE III
ESPÉCIES DE DOMÍNIO PÚBLICO

Capítulo 1
DOMÍNIO PÚBLICO TERRESTRE

O *domínio público terrestre* consiste no poder estatal sobre o conjunto de coisas submetidas à regime jurídico próprio, em razão do poder atribuído ao Estado decorrente da soberania, tendo por objetivo promover a ordenação de bens como o solo e as partes sólidas da superfície da terra, afim de atender ao interesse coletivo. Em outras palavras, essa dominialidade alude às coisas relativas ao solo, constituída por substâncias minerais ou mineralizadas no decorrer dos diversos períodos da história física da Terra, isto é, refere-se à parte sólida do globo terrestre.

O domínio público terrestre abrange as terras públicas, as terras devolutas, as vias e logradouros públicos, os terrenos da marinha, os terrenos acrescidos, os terrenos reservados ou marginais, as terras indígenas, as ilhas, as praias, a plataforma continental e a faixa de fronteira.

1.1 TERRAS PÚBLICAS

As terras públicas constituem a primeira modalidade de bens integrantes do domínio público terrestre. As *terras públicas* significam a porção do território pertencente ao domínio de pessoa jurídica de direito público (União, Estados-membros, Distrito Federal ou Municípios), destinada ou não ao uso público. Segundo Hely Lopes Meirelles, no Brasil, originalmente todas as terras eram públicas, visto que pertenciam à Nação Portuguesa por direito de conquista. Depois, passaram ao Império e em seguida à República, sempre como um domínio do Estado. "A transferência de terras públicas aos particulares deu-se paulatinamente por meio de concessões de sesmarias e de data ('concessão de sesmaria' foi a forma primitiva de doação condicionada de terras públicas para cultivo e trato particular, feito pelos governadores gerais e provinciais; 'concessão de data' era a doação que as Municipalidades faziam de terrenos das cidades e vilas para a edificação particular), compra e venda, doação, permuta e legitimação de posses. Daí a regra de que toda terra sem título de propriedade particular é do domínio público"[1].

Diante disso, as terras públicas são regidas por normas do direito público, isto é, submetem-se a um regime jurídico próprio – notadamente o direito constitucional e administrativo – a fim de atender aos interesses da coletividade. Abrange a categoria de terras públicas as que sejam de propriedade das pessoas políticas (União, Estados-

---

1. MEIRELLES, Hely Lopes. *Direito administrativo brasileiro*. 26. ed. São Paulo: Malheiros, 2001, p. 504-505.

-membros, DF e Municípios), as reservadas pelas unidades federadas para a realização de serviços ou obras de qualquer natureza, e as terras adquiridas, desapropriadas, arrecadadas, reconhecidas, doadas, adjudicadas, discriminadas, incorporadas, transferidas, cedidas, confiscadas, revertidas de domínio, ou em processo de obtenção, pelo Estado, nas quais se encontram instalados projetos de assentamento, nas suas mais diversas tipologias (INCRA).

As terras devolutas também integram a categoria de terras públicas, mas dadas as peculiaridades, afigura-se salutar o estudo em tópico específico.

1.2 TERRAS DEVOLUTAS

As terras devolutas constituem a segunda modalidade de bens integrantes do domínio público terrestre.

1.2.1 Histórico

Consoante lição de Diógenes Gasparini, "de início, todas as terras existentes no Brasil eram públicas e de propriedade da Coroa portuguesa, pois descobertas por Pedro Álvares Cabral em missão realizada por determinação de Portugal. Tais terras, com vistas à colonização, foram divididas em capitanias hereditárias, cujos capitães podiam distribuir sesmarias (glebas concedidas a particulares interessados em cultivá-las, mediante o pagamento de certo valor calculado sobre os frutos). O processo de colonização foi suspenso pouco antes da Independência, em face da ausência de leis a respeito, a colonização se processou por simples ocupação. As pessoas apossavam-se das terras, faziam dela sua morada habitual e a cultivavam. Esses fatos passaram a ser razões suficientes à legitimidade da ocupação. Tudo, no entanto, era muito precário e, por isso mesmo, gerava abusos. Visando regularizar essa situação confusa, definir o domínio público, obstar os abusos na ocupação e legitimar as posses consumadas, o governo imperial editou a Lei nº 601, de 18 de setembro de 1850"[2].

De fato, verifica-se relativa desordem na disposição dos bens imóveis no país. Marçal Justen Filho assinala que, originalmente, "o descobrimento do Brasil conduziu à atribuição de todas as terras ao domínio de Portugal. (Embora isso represente certo exagero, seria possível afirmar que, à época, o território do Brasil configurava bem de uso especial da Coroa portuguesa). Portanto e na origem, todos os imóveis eram de titularidade da Cora. Não havia terras privadas. Num primeiro momento, foram praticados inúmeros atos de atribuição de direitos de propriedade a particulares. O sistema de capitanias hereditárias significou a atribuição aos donatários da titularidade do poder jurídico sobre os imóveis, inclusive para fins de transferência para terceiros. Sob certo ângulo, pode-se afirmar que o sistema de capitanias hereditárias

---

2. GASPARINI, Diógenes. *Direito administrativo*. 17. ed. São Paulo: Saraiva, 2012, p. 1032-1033.

CAPÍTULO 1 • DOMÍNIO PÚBLICO TERRESTRE

permitia, ao menos teoricamente, a transferência de todo o território nacional para terceiros. Bastaria a vontade do titular da capitania para que tal se efetivasse. O sistema de capitanias hereditárias gerou, então, uma pluralidade de situações diversas. Muitas capitanias jamais foram ocupadas. Em outros casos, houve a farta distribuição de terras para os integrantes dos grupos ligados aos senhores da terra, por meio das sesmarias e outros atos similares".

"A extinção das capitanias hereditárias não afetou, no entanto, as titulações eventualmente existentes. A Coroa portuguesa acabou por retomar as terras que não tivessem sido atribuídas formalmente a terceiros, mantendo a prática de conferir direitos de propriedades sobre os bens de sua titularidade (Apenas para simplificar, pode-se lembrar que D. Pedro II outorgou, como dote de casamento, à sua filha Francisca e ao Príncipe de Joinville uma larga extensão de terras no litoral de Santa Catarina. Depois da Proclamação da República, a área foi alienada para uma empresa privada que promoveu projeto de urbanização. Daí derivou a atual cidade de Joinville, que envolve áreas públicas – por fundamento próprio do direito público – e áreas privadas)". Lembre-se, por outro lado, que era costumeira (especialmente nos períodos iniciais da existência do Brasil) a pura e simples ocupação das terras para exploração agropecuária e mineral. Em alguns casos, essa ocupação não se prolongava no tempo (quando se tratava, por exemplo, da retirada de florestas naturais). Mas a exploração agropecuária gerava ocupação por períodos mais longos. Essa situação fática não era retratada de modo perfeito e adequado em registros públicos. Isso significou, em meados do século XIX, uma enorme confusão e uma profunda incerteza sobre a titularidade da propriedade imobiliária no Brasil".

"Para eliminar essa incerteza e estabelecer regras definidas foi editada em 18 de setembro de 1850 a Lei 601, conhecida como Lei de Terras e destinada a regularizar a situação fundiária brasileira. À época da vigência do diploma, existiam três situações jurídicas distintas. Havia imóveis ocupados pelos poderes públicos (Coroa imperial, províncias e municípios), com ou sem título. Depois, havia bens na titularidade inquestionável de sujeitos privados (ainda que a titulação jurídica tivesse sido produzida por diversas vias, tais como as capitanias hereditárias, as sesmarias e outros atos de diferente configuração). E, em terceiro lugar, havia uma enorme de parcela de terras cuja situação jurídica era indeterminada. Ou estavam abandonadas ou eram ocupadas sem qualquer título formal por um particular. Essa terceira categoria foi qualificada como 'terras devolutas', sendo integrada no domínio público. A Lei de Terras fundou-se no pressuposto de que os imóveis em situação jurídica regular se encontravam sob a titularidade (ainda que fática) do Poder Público ou sob a titularidade formal de um sujeito privado. Todas as demais áreas imóveis eram 'devolutas' e passaram a ser consideradas como públicas. Em suma, todos os bens imóveis abandonados, não ocupados por um sujeito privado com título formal ou não possuídos pelo Poder Público eram qualificados como 'terras devolvidas' ('devolutas'). Então, seriam reputadas como terras que tinham sido transferidas para os particulares por força do sistema de capitanias hereditárias, mas que teriam sido devolvidas (ainda que sem uma manifestação formal de vontade) pelos beneficiários para a Coroa portuguesa ou Brasileira"[3].

Esclareça-se que a história constitucional não incluiu entre as terras devolutas os terrenos da marinha, os ribeirinhos e os acrescidos. Carlos Maximiliano pontifica: "Certamente o código supremo adotou a tecnologia jurídico-administrativa em vigor na época em que se proclamou a República: logo não abrangeu, sob a denominação de terras devolutas, os terrenos da marinha, os ribeirinhos e os acrescidos. Nunca se confundiram, sob o Império. As disposições referentes aos primeiros não se aplicavam aos demais. Definira os últimos o Decreto nº 4.105, de 22 de fevereiro de 1868"[4].

1.2.2 Conceito

A expressão "terras devolutas" forma-se pela junção do vocábulo "terra" (porção da superfície do globo terrestre, isto é, território geograficamente delimitado) com o vocábulo "devoluta" (terreno desocupado, vago, vazio, sendo adquirido por devolução)[5]. Assim, pode-se compreender a locução *terras devolutas* como a porção delimitada da superfície do globo terrestre que esteja desocupada ou sem titularidade pré-definida, sendo por isso devolvida ao domínio do Estado, em razão do poder eminente decorrente da soberania.

Siqueira de Campos, ao realizar estudo específico sobre o tema em 1936, define "terras devolutas" como "aquelas que voltaram para o domínio da nação, em virtude da caducidade das concessões feitas, que estiverem vagas, quer ocupadas". Isso porque o termo "devoluto" expressa a ideia do que "passa ao senhor superior donde procedeu: v.g. – o feudo ficou devoluto ao Império. [...] As terras que pertencem ao domínio da nação não são vagas em sentido jurídico. E tanto que não são que Lafayette (Dir. das Coisas, § 33-A) tratando da ocupação como meio de aquisição do domínio das coisas sem dono ou que 'foram abandonadas pelo se antigo dono', (vagas portanto) exclui desse modo de aquisição 'por pertencerem ao Estado', as terras devolutas. Por quê? Porque a Lei 601 de 18 de setembro de 1850, que criou e definiu o instituto jurídico das terras devolutas 'aboliu aquele costume e tornou dependentes de legitimação as posses adquiridas por ocupação primária ou havidas do primeiro ocupante até a sua data. Ora, conhecendo-se o cuidado meticuloso do legislador do Império, no redigir as leis e o sentido rigorosamente exato dos termos empregados pelos juristas de então, não é possível confundir-se Terras Devolutas com terras vagas"[6].

Marçal Justen Filho define "terras devolutas" como "os bens imóveis que, qualificados como públicos pela Lei 601/1850, porque, na data da vigência dela, não se

---

3. JUSTEN FILHO, Marçal. *Curso de direito administrativo*. 10. ed. São Paulo: Ed. RT, 2014, p. 1162-1163.
4. MAXIMILIANO, Carlos. *Comentários à Constituição brasileira*. 4. ed. Rio de Janeiro: Freitas Bastos, 1948, p. 388.
5. SILVA, De Plácido e. *Vocabulário jurídico*. 26. ed. Rio de Janeiro: Forense, 2005, p. 1383 e HOUAISS. *Dicionário da língua portuguesa*. Rio de Janeiro: Objetiva, 2009, p. 676 e 1834.
6. CAMPOS, M. P. Siqueira. *As terras devolutas entre os bens públicos patrimoniais*. São Paulo: Imprensa Oficial do Estado, 1936, p. 14.

CAPÍTULO 1 • DOMÍNIO PÚBLICO TERRESTRE **145**

encontravam nem (a) afetados ao desenvolvimento de atividades estatais nem (b) sob a posse privada, não receberam uma outra qualificação jurídica posteriormente. O instituto jurídico da terra devoluta é próprio do direito brasileiro e resulta da evolução político-jurídica nacional. A identificação das terras devolutas envolve a situação jurídica dos bens por ocasião da vigência da Lei 601/1850. Não foram criadas novas terras devolutas em momento posterior. Mas a qualificação do bem como terra devoluta em 1850 pode ter sido alterada ao longo do tempo"[7].

Para Maria Helena Diniz, "terra devoluta" consiste na "terra que, constituindo patrimônio de pessoa jurídica de direito público, não se destina a uso público", ou seja, o "bem imóvel pertencente aos Estados ou à União em áreas reservadas (faixas de fronteira etc.) que ainda não são objeto de registro"[8].

Na lição de Plácido e Silva, devolutas são "as terras que, embora não destinadas nem aplicadas a algum uso público, nacional, estadual ou municipal, nem sendo objeto de nenhuma concessão, ou utilização particular, ainda se encontram sob o domínio público, como bens integrantes do domínio da União, dos Estados ou dos Municípios. Assim, são terras ainda vagas, ou não aproveitadas, destinando-se à venda aos particulares, consoante regras e exigências dispostas em leis próprias. Por estas vendas, ou concessões, os particulares tornam-se seus adquirentes, ou adquirentes das glebas, que lhes foram cedidas, sendo, por esse motivo, transformados em seus proprietários. São considerados bens da União e se destinam à defesa das fronteiras, das fortificações e construções militares, das vias federais de comunicação e à preservação ambiental. A sua destinação deverá ainda compatibilizar-se com a política agrícola e com o plano nacional de reforma agrária. São indisponíveis por ações discriminatórias, se necessárias à proteção dos ecossistemas naturais"[9].

De maneira concisa, Diógenes Gasparini define "terras devolutas" como a terra que "não está destinada a qualquer uso público nem legitimamente integrada ao patrimônio particular"[10]. Semelhantemente, José dos Santos Carvalho Filho conceitua "terras devolutas" como "as áreas que, integrando o patrimônio das pessoas federativas, não são utilizadas para quaisquer finalidades públicas específicas"[11].

No plano legislativo, o art. 3º da Lei nº 601 de 1850 definiu *terras devolutas* como: i) as terras que não se acharem aplicadas a algum uso público nacional, provincial ou municipal; ii) as que não se acharem no domínio particular por qualquer título legítimo, nem forem havidas por sesmarias e outras concessões do Governo Geral ou Provincial, não incursas em comisso por falta do cumprimento das condições de medição, confirmação e cultura; iii) as que não se acharem dadas por sesmarias, ou outras concessões do Governo, que, apesar de incursas em comisso, forem revalidadas por esta Lei; e iv) as que não se acharem

---

7. JUSTEN FILHO, Marçal. *Curso de direito administrativo*. 10. ed. São Paulo: Ed. RT, 2014, p. 1161-1162.
8. DINIZ, Maria Helena. *Dicionário jurídico*. São Paulo: Saraiva, 1998, v. 4, p. 541.
9. SILVA, De Plácido e. *Vocabulário jurídico*. 26. ed. Rio de Janeiro: Forense, 2005, p. 1384.
10. GASPARINI, Diógenes. *Direito administrativo*. 17. ed. São Paulo: Saraiva, 2012, p. 1033.
11. CARVALHO FILHO, José dos Santos. *Manual de Direito Administrativo*. 23. ed. Rio de Janeiro: Lumen Juris, 2010, p. 1309.

ocupadas por posses, que, apesar de não se fundarem em título legal, forem legitimadas por esta Lei[12]. De igual modo, o art. 5º do Decreto-Lei nº 9.760 de 1946 definiu terras devolutas como "as terras que, não sendo próprios nem aplicadas a algum uso público federal, estadual territorial ou municipal, não se incorporaram ao domínio privado"[13].

Como forma de discriminar as terras devolutas da União, foi promulgada a Lei nº 6.383, de 7 de dezembro de 1976, sendo estabelecido o processo discriminatório de natureza administrativa ou judicial. Na esfera administrativa, o processo discriminatório administrativo será instaurado por Comissões Especiais constituídas de três membros, a saber: um bacharel em direito do Serviço Jurídico do Instituto Nacional de Colonização e Reforma Agrária – INCRA, que a presidirá; um engenheiro agrônomo e um outro funcionário que exercerá as funções de secretário (art. 2º). Por sua vez, o processo discriminatório judicial será promovido: I – quando o processo discriminatório administrativo for dispensado ou interrompido por presumida ineficácia; II – contra aqueles que não atenderem ao edital de convocação ou à notificação (artigos 4º e 10 da presente Lei); e III – quando configurada a hipótese do art. 25 desta Lei [quando houver atentado ao patrimônio estatal, a exemplo da alteração de divisa na área discriminada após o início do processo discriminatório, quando derrubada a cobertura vegetal ou construídas cercas, bem como transferências de benfeitorias a qualquer título, sem assentimento do representante da União][14].

1.2.3 Natureza jurídica

Quanto à natureza jurídica, as terras devolutas constituem espécie de bem público dominical, visto que, em que pesem não terem uma destinação específica, essas terras integram o patrimônio dominical do Estado-membro. De acordo com o magistério de Diógenes Gasparini, "as terras devolutas são bens públicos dominicais, nos precisos termos do art. 99, III, do Código Civil. Nem poderia ser de outro modo, pois não têm qualquer destinação – afetação pública"[15]. De igual modo, José dos Santos Carvalho Filho assinala: "as terras devolutas fazem parte do domínio terrestre da União, dos Estados, do Distrito Federal e dos Municípios e, enquanto devolutas, não têm uso para serviços administrativos. Por serem bens patrimoniais com essas características, tais áreas enquadram-se na categoria de bens dominicais"[16].

---

12. BRASIL. Lei nº 601, de 18 de setembro de 1850. *Dispõe sobre as terras devolutas do Império.* Disponível em: http://www.planalto.gov.br/ccivil_03/leis/l0601-1850.htm. Acesso em: 20 fev. 2021.
13. BRASIL. Decreto-Lei nº 9.760, de 5 de setembro de 1946. *Dispõe sobre os bens imóveis da União e dá outras providências.* Disponível em: http://www.planalto.gov.br/ccivil_03/decreto-lei/del9760.htm. Acesso em: 20 fev. 2021.
14. BRASIL. Lei nº 6.383, de 7 de dezembro de 1976. *Dispõe sobre o Processo Discriminatório de Terras Devolutas da União, e dá outras Providências.* Disponível em: http://www.planalto.gov.br/ccivil_03/leis/l6383.htm. Acesso em: 20 fev. 2021.
15. GASPARINI, Diógenes. *Direito administrativo.* 17. ed. São Paulo: Saraiva, 2012, p. 1033.
16. CARVALHO FILHO, José dos Santos. *Manual de direito administrativo.* 23. ed. Rio de Janeiro: Lumen Juris, 2010, p. 1309.

Marçal Justen Filho adverte que "o enquadramento do bem em outra categoria conduz à eliminação da qualificação como terra devoluta. Assim, se for implantado um prédio público sobre uma terra dita devoluta, o resultado será o surgimento de um bem público de uso especial. Lembre-se que, como foi vedada a usucapião de bens públicos a partir de 1916, a ocupação das terras devolutas tornou-se insuficiente para gerar automaticamente direitos para o possuidor – ressalvadas soluções constitucionais e legislativas dispondo em contrário". Ademais, a terra devoluta pode ter utilidade diferenciada em razão de alguma circunstância peculiar, relacionada a uma utilidade específica, que pode ser potencial ou efetiva. "Assim, por exemplo, o art. 225, § 5º da CF/1988 estabelece: São indisponíveis as terras devolutas ou arrecadadas pelos Estados, por ações discriminatórias, necessárias à proteção dos ecossistemas naturais. Por seu turno, o art. 5º, parágrafo único, do Dec.-lei 9.760/1946 previu que a outorga de posse pela União sobre terras devolutas existentes na faixa de fronteira se sujeitaria a limites determinados"[17].

Ademais, as terras devolutas da União possuem finalidade específica, consistente na defesa das fronteiras, das fortificações e construções militares, das vias federais de comunicação e à preservação ambiental, nos termos do art. 20, II da Carta Magna[18].

1.2.4 Titularidade

No decorrer da história constitucional brasileira, modificaram-se os titulares das terras devolutas. Diógenes Gasparini assinala que, inicialmente, "as terras devolutas pertenceram a Portugal, no período colonial; à Coroa, na fase imperial; aos Estados--Membros, na fase republicana, salvo as reservadas à União, nos termos do art. 34 da Constituição de 1891. Segundo a vigente Lei Maior, essas terras pertencem à União, consoante prevê o art. 20, II, e, aos Estados-membros, nos termos do art. 26, IV, as restantes. Com efeito, à União pertencem somente as terras devolutas indispensáveis à defesa das fronteiras, das fortificações e construções militares, das vias federais de comunicação e à preservação ambiental, definidas em lei, e, aos Estados-Federados, as não compreendidas entre as da União, portanto as sobejantes. O Município não é, por força da Constituição, titular de terras devolutas. Apenas são de seu domínio as que pela legislação estadual anterior lhe foram atribuídas e que já estão discriminadas. Nesses casos, nenhuma dificuldade se apresenta quando ao domínio municipal, dado que, em rigor, já não se trata de terras devolutas. Também são do Município as terras devolutas que o Estado, eventualmente, lhes transpassar. De sorte que não têm sentido previsões consignadas em leis orgânicas municipais que atribuem ao Município a propriedade dessas terras situadas em seu território, como faz a Lei Orgânica do Município de São Paulo, em seu art. 110, § 1º"[19].

---

17. JUSTEN FILHO, Marçal. *Curso de direito administrativo*. 10. ed. São Paulo: Ed. RT, 2014, p. 1165.
18. CANOTILHO, J. J. Gomes; MENDES, Gilmar Ferreira; SARLET, Ingo Wolfgang; STRECK, Lenio Luiz. *Comentários à Constituição do Brasil*. 2. ed. São Paulo: Saraiva, 2018, p. 780.
19. GASPARINI, Diógenes. *Direito administrativo*. 17. ed. São Paulo: Saraiva, 2012, p. 1034.

Consectariamente, "é perfeitamente possível que, ao longo do tempo, a Coroa, a União ou os Estados tenham atribuído aos Municípios áreas então qualificadas como devolutas. Essas áreas passaram a integrar o patrimônio público municipal, enquadrando-se em uma das três espécies de bens públicos. Essa destinação específica significou que tais áreas, ainda que hoje desocupadas e considerados como bens dominicais, não são mais qualificadas como terras devolutas"[20].

No mesmo sentido, José dos Santos Carvalho Filho assevera que "essas terras pertenciam originariamente à Coroa e, depois ao Império, até que sobreveio a República. Tendo esta adotado o regime da federação, as terras devolutas passaram aos Estados-membros, reservando-se à União somente as áreas em que estivesse presente o interesse nacional, como as áreas de fronteiras com outros países e as necessárias à segurança nacional. Os Estados, por sua vez, transferiram a muitos Municípios parte de suas terras devolutas, formando-se o atual regime dominial. Sendo assim, tanto a União como os Estados e Municípios possuem terras devolutas. A regra, todavia, é que pertençam aos Estados"[21].

Posto isso, nos termos da Constituição Federal de 1988, a titularidade em geral as terras devolutas pertencem aos Estados-membros, sendo bens da União federal somente quando as aludidas terras forem indispensáveis à defesa das fronteiras, das fortificações e construções militares, das vias federais de comunicação e à preservação ambiental, definidas em lei (art. 20, II c/c art. 26, IV da CF/88).

Dessa forma, as terras devolutas incluem-se entre os bens dos Estados-membros (ressalvada quando atribuídas à União ou transferidas aos Municípios), de modo que cabe aos entes regionais legislarem e administrarem as aludidas terras, conforme as peculiaridades locais. Isso porque que certa autonomia aos entes regionais é característica inerente ao federalismo, sendo limitada a autonomia para dispor sobre a matéria somente quando necessária à manutenção da garantia federal[22]. Disso resulta que cabe à União legislar sobre a ação discriminatória, por se tratar de matéria processual (art. 22, I, CF/1988), ao passo que cabe aos Estados-membros legislarem sobre o aspecto material das terras devolutas, devendo ser observados os preceitos constantes da Constituição Federal (art. 26, IV, CF/1988).

Tal raciocínio funda-se na "presunção geral de competência dos Estados-membros (*Länder*), compreendendo a administração legislativa de matérias "tanto da chamada 'administração acessória da lei' (*gesetzakzessorische Verwaltung*) como a 'administração livre da lei' (*gesetzfreie Verwaltung*), de modo a estender sobre todos os âmbitos materiais aos quais requeiram administração estatal[23]. Consectariamente, por força do art.

---

20. JUSTEN FILHO, Marçal. *Curso de direito administrativo*. 10. ed. São Paulo: Ed. RT, 2014, p. 1166.
21. CARVALHO FILHO, José dos Santos. *Manual de direito administrativo*. 23. ed. Rio de Janeiro: Lumen Juris, 2010, p. 1309.
22. AUBERT, Jean-François. *Traité de Droit Constitutionnel Suisse*. Neuchâtel/Suisse: Ides Et Calendes, 1967, p. 215-216.
23. ROVIRA, Enoch Alberti. *Federalismo y Cooperacion em la Republica Federal Alemana*. Madrid: Centro de Estudios Constitucionales, 1986, p. 97.

26, IV da CF/1988, é de atribuição do Estado-membro legislar sobre as terras devolutas localizadas em seu território, constituindo um "direito próprio" dos entes regionais (*Länder*), pois aos Estados-membros (*Länder*) "corresponde um núcleo determinado de competências próprias e inalienáveis que lhes permitam desenvolver sua estalidade. São, todas elas, matérias que pertencem ao âmbito interno próprio dos *Länder*, que conformam seu 'enxoval familiar' ou 'tarefa doméstica'. Definitivamente, é um assunto próprio dos Estados-membros (*Länder*)", visto que, pertence ao âmbito próprio dos entes regionais as matérias cuja competência foram atribuídas pela Constituição, bem como a "execução de seu direito estatal, a administração do Estado, sua organização e procedimento", proveniente do poder organizativo dos Estados (*Länder*), isto é, da organização do seu poder (*Organisationsgewalt*)[24].

Esclarecido esse ponto, impende mencionar a forma de identificar a natureza jurídica de determinada terra nas proximidades de certa unidade da federação, Cretella Júnior preleciona: "o método jurídico-científico para identificar, sem possibilidade de erro, a natureza jurídica de determinada terra, classificada pela Unidade como devoluta, deverá ser o seguinte: a) partir do princípio de que a gleba considerada se inclui entre os bens do Estado-membro em que se situa, a não ser que pertença à União, pela aplicação da regra jurídica constitucional que a considera, por lei, como indispensável à defesa das fronteiras, das fortificações e das construções militares, das vias federais de comunicação e à preservação ambiental; b) indagar se a gleba está na posse de particular e, nesse caso, convocá-lo para a solução administrativa, graciosa, voluntária ou amigável do caso; c) não atendida a convocação ou não encontrado o *dominus* da gleba, será proposta pela pessoa jurídica, que entender ser titular da terra, a competente ação judicial discriminatória, trazendo à lide, na qualidade de réu, o ocupante, e, na qualidade de assistentes, as demais pessoas jurídicas públicas, que não a autora, eventuais titulares da terras; d) providenciar a expedição do título de domínio, deferindo-o à pessoa, pública ou privada, identificada pelo Judiciário como titular legítimo da terra devoluta. Mesmo assim, o titular das terras devolutas pode perde-las, em favor da União, se posterior regra jurídica constitucional afetá-las ou destiná-las a determinados fins, constantes da Carta Política promulgada".

Por conseguinte, "incluem-se entre os bens do Estado-membro as terras devolutas não compreendidas entre as da União (art. 20, II e art. 26, IV), tendo, quanto a elas, o Estado-membro, em que se acham localizadas, de providenciar, de imediato, a respectiva ação judicial discriminatória, para que afinal tenham natureza jurídica definida, integrando o patrimônio do particular, do Estado, da União ou do Município, conforme decida o Poder Judiciário"[25].

---

24. GUEDÓN, Sonsoles Arias. *Las Constituciones de los Länder de la República Federal de Alemania*. Madrid: Centro de Estudios Políticos y Constitucinales, 2016, p. 81-82.
25. CRETELLA JÚNIOR, José. *Comentários à Constituição Brasileira de 1988*. 2. ed. Rio de Janeiro: Forense Universitária, 1992, p. 1854.

Imperioso ressaltar que as "terras devolutas não são terras sem dono, adéspotas ou *res nullius;* são sempre terras públicas, ainda que a entidade titular do direito sobre elas possa desconhecer sua extensão. Para desfazer essa incerteza, o instrumento jurídico próprio é a ação discriminatória. A sentença proferida nessa ação tem, pois, natureza declaratória. As terras devolutas, possuindo natureza pública, mesmo antes de discriminadas são insuscetíveis de aquisição por usucapião"[26].

Tema gerador de discussões alude à prova sobre a propriedade. A esse respeito, Jose dos Santos Carvalho Filho assinala: "para uma corrente, todas as terras deveriam ser, por presunção, consideradas públicas, devendo o interessado comprovar que foram transferidas para o domínio privado mediante algum título hábil. Para outra, a presunção haveria de militar em favor do particular, devendo o Poder Público comprovar sua propriedade. O ponto comum nesses entendimentos reside na natureza da presunção: sempre se tratará de presunção relativa (*iuris tantum*), que, como sabido, pode ser elidida por prova contrária. O próprio STF decidiu ora de acordo com uma, ora com outra das correntes. Em nosso entender, porém, melhor é a primeira corrente. Se as terras eram originariamente públicas, passando ao domínio privado pelas antigas concessões de sesmarias e de datas, parece-nos lógico que os particulares é que precisam demonstrar, de algum modo, a transferência da propriedade. A hesitação, porém, se justifica pela circunstância de que a característica mais significativa das terras devolutas reside na indeterminação física do bem, ou seja, tais áreas não são determinadas, mas determináveis. Resulta que a determinação dessas áreas deverá ser obtida pela ação discriminatória regulada pela Lei 6.383/76[27].

Com efeito, as terras se presumem públicas, sendo ônus do interessado comprovar documentalmente a transferência do bem de domínio público para o domínio privado por meio de título hábil. Isso porque, com a descoberta do Brasil por Pedro Álvares Cabral em 1500, as terras que compunham o território nacional foram transferidas para o domínio da Coroa portuguesa, em razão do direito de conquista. Diante disso, com a colonização, todo o território brasileiro estava sob o domínio de Portugal, a quem cabia administrar as terras públicas e dispor sobre a propriedade privada.

A Lei nº 601, de 18 de setembro de 1850, tratou sobre o tema, reconhecendo como legítimas as posses mansas e pacíficas, adquiridas por ocupação primária, ou havidas do primeiro ocupante, que se acharem cultivadas, ou com princípio de cultura, e morada, habitual do respectivo posseiro, ou de quem o represente, guardadas as regras seguintes: i – Cada posse em terras de cultura, ou em campos de criação, compreenderá, além do terreno aproveitado ou do necessário para pastagem dos animais que tiver o posseiro, outro tanto mais de terreno devoluto que houver contiguo, contanto que em nenhum caso a extensão total da posse exceda a de uma sesmaria para cultura ou criação, igual

---

26. CANOTILHO, J. J. Gomes; MENDES, Gilmar Ferreira; SARLET, Ingo Wolfgang; STRECK, Lenio Luiz. *Comentários à Constituição do Brasil*. 2. ed. São Paulo: Saraiva, 2018, p. 781.

27. CARVALHO FILHO, José dos Santos. *Manual de direito administrativo*. 23. ed. Rio de Janeiro: Lumen Juris, 2010, p. 1310.

CAPÍTULO 1 • DOMÍNIO PÚBLICO TERRESTRE **151**

ás ultimas concedidas na mesma comarca ou na mais vizinha; ii – As posses em circunstâncias de serem legitimadas, que se acharem em sesmarias ou outras concessões do Governo, não incursas em comisso ou revalidadas por esta Lei, só darão direito á indemnização pelas benfeitorias (art. 5º, §§ 1º e 2º).

Igualmente, o Decreto nº 1.318, de 30 de janeiro de 1854, tratou sobre a revalidação e legitimação de terras nos seguintes termos: "Todo o possuidor de terras, que tiver título legitimo da aquisição do seu domínio, quer as terras, que fizerem parte dele, tenham sido originariamente adquiridas por posses de seus antecessores, quer por concessões de sesmarias não medidas, ou não confirmadas, nem cultivadas, se acha garantido em seu domínio, qualquer que for a sua extensão, por virtude do disposto no § 2º do Art. 3º da Lei nº 601 de 18 de Setembro de 1850, que exclui do domínio público, e considera como não devolutas, todas as terras, que se acharem no domínio particular por qualquer título legitimo. Estes possuidores, bem como os que tiverem terras havidas por sesmarias, e outras concessões do Governo Geral, ou Provincial não incursas em comisso por falta de cumprimento das condições de medição, confirmação, e cultura, não tem precisão de revalidação, nem de legitimação, nem de novos títulos para poderem gozar, hipotecar, ou alienar os terrenos, que se acham no seu domínio" (arts. 22 e 23). Portanto, assiste razão à primeira corrente, cabendo ao interessado provar a posse ou propriedade por meio de título hábil, pois as terras presumem-se públicas.

Finalmente, eventuais concessões de terras devolutas em área situada na faixa de fronteira autorizam tão somente o uso pelos particulares, de modo a permanecer o domínio com a União Federal, nos termos da súmula 477 do STF: "As concessões de terras devolutas situadas na faixa de fronteira, feitas pelos Estados, autorizam, apenas, o uso, permanecendo o domínio com a União, ainda que se mantenha inerte ou tolerante, em relação aos possuidores".

1.2.5 Transferência das terras devolutas da União para os Estados-membros

Na vigência do Império, as terras devolutas pertenciam ao ente nacional, não constituindo originalmente bens das províncias. O início da transferência das terras devolutas aos entes regionais ocorreu por meio da Lei nº 514, de 28 de outubro de 1848. Isso porque a lei concedia a cada uma das províncias seis léguas em quadra de terras devolutas, as quais deveriam ser exclusivamente destinadas à colonização, não podendo ser roteadas por braços escravos. Além disso, estas terras não podiam ser transferidas pelos colonos enquanto não estiverem efetivamente roteadas e aproveitadas, revertendo-se ao domínio Provincial se dentro de cinco anos os colonos respectivos não tivessem cumprido esta condição (art. 16 da Lei nº 514 de 1848)[28]. Definiam-se "terras devolutas" como as terras que não se achassem aplicadas a algum uso público nacional,

---

28. SENADO FEDERAL. *Lei nº 514, de 28 de outubro de 1848*. Fixando a Despesa e Orçando a Receita para o exercício de 1849-1850, e ficando em vigor desde a sua publicação. Disponível em: https://legis.senado.leg.br/norma/541944/publicacao/15633210. Acesso em: 21 fev. 2021.

provincial ou municipal, conforme o art. 3º, § 1º da Lei nº 601 de 1850. Posteriormente, a Lei nº 3.396 de 24 de novembro de 1888 concedeu às províncias o produto da venda das terras públicas cedidas para o desenvolvimento e serviço da colonização (art. 4º).

Em seguida, com o advento da primeira Constituição Republicana de 1891, foram atribuídas aos Estados-membros as terras devolutas situadas nos seus respectivos territórios, cabendo à União somente a porção do território que fosse indispensável para a defesa das fronteiras, fortificações, construções militares e estradas de ferro federais (art. 64, CF de 1891).

João Barbalho, nos comentários à Constituição de 1891, assinala que "já no antigo regime, posto que não fossem ainda as províncias entidades políticas, propriamente tais, tinham, entretanto (se bem que limitado e devido a cessão do governo central), dispunham de terras públicas suas, pertencia-lhes parte das terras devolutas. Com a organização federativa, tornaram-se verdadeiras entidades políticas, passaram a ser 'Estados' e gozar, nesta qualidade, das prerrogativas e direitos inerentes, entre estes o domínio territorial, sem o qual não se concebe a existência do 'Estado', qualquer que seja o regime sob o qual se ache e seja qual for sua extensão. Era natural, era forçoso, pois, que aos Estados ficassem as terras devolutas, como estabelecido no art. 64. Espíritos, subjugados por ideias centralistas, avezados ao Governo – providencia – que devia remediar a tudo e ir levar o sopro vital até as mais longínquas paragens do império, crendo-se ser para isso essencial que dispusesse de imensos meios materiais e de enormes riquezas, espíritos atreitos a uma tal concepção do Estado e do governo geral escandalizaram-se com o que não é mais que uma consequência do novo sistema adotado entraram a proclamar a União empobrecida, sem meios de vida, quase mendiga"[29].

Em que pese as críticas à transferência das terras devolutas aos Estados-membros, estas não se justificavam, tendo sido vantajoso à União livrar-se das despesas advindas de tais bens, porquanto não havia compensação com as vendas correspondentes, já que o produto auferido era dos Estados-membros, conforme o art. 4º da Lei nº 3.396 de 24 de novembro de 1888.

João Barbalho explicita o fenômeno: "A este propósito, vem aqui de molde as seguintes conceituosas palavras do senador Lauro Miller (na sessão de 19 de novembro de 1900): 'Não sou dos que pensam que a Constituição legislou mal, passando as terras devolutas aos Estados. Não há, a meu ver, na crítica que se faz a esta disposição constitucional haver passado para os Estados as maiores riquezas que a União possuía. Essas riquezas, porém, ainda em ser, são riquezas muito contestáveis. A riqueza do território nacional poderá vir, como a de todos os territórios, do seu povoamento e da sua cultura. Comparemos o regime do tempo do império com o regime constitucional da República e vejamos qual é aquele que mais onera e qual é aquele que mais desafoga a União. No regime da Constituição do Império e da legislação, a União era, sem dúvidas,

---

29. BARBALHO, João U. C. *Constituição Federal brasileira. Commentários.* 2. ed. Rio de Janeiro: F. Briguiet e Cia Editores, 1924, p. 361.

dona dos terrenos devolutos. Mas, provinha-lhe daí alguma riqueza? Ao contrário, o Senado sabe que a União era, por esse mesmo fato, incumbida de povoá-los, de manter propaganda e de pagar passagens para este fim, de mandar demarcar territórios, de fornecer sementes, de fornecer instrumentos, enfim, de fazer uma despesa que regulava no último contrato por 14.000 contos anuais e que, pelos contratos ainda existentes, ainda haveria de elevar-se, de acordo com o que fora orçado, a cerca de 180.000 contos. Tudo isso, com a passagem das terras devolutas, saiu das obrigações da União para fazer parta das obrigações dos Estados. Dir-se-á, porém << a União tinha compensação disto pela venda das terras>>. Não a tinha, porque o produto da venda das terras já era, pela própria legislação do Império, entregue às então províncias para a sua viação. Assim, nesse regime, as terras devolutas eram uma fonte de ônus para a União, ônus superiores a 14.000:000 $ anuais. No regime atual, estes ônus passaram aos Estados que, separadamente, cuidam da parte que a cada um compete. Onde, pois, a riqueza que se tirou da União? Onde, pois, a renda que se lhe foi tirar do orçamento? Este fato pode ser invocado, como se invoca, para dizer que o orçamento da União tem dificuldades, porque se lhes tiraram essas riquezas? A verdade é que, neste particular, tirou-se da União em ônus muito grande para transferi-los aos Estados"[30].

Por fim, o parágrafo único do art. 64 da CF de 1891 transferiu ao domínio dos Estados-membros os próprios bens nacionais, em cujo território estivessem situados, desde que não fossem necessários aos serviços da União. Tal fato sucedeu porque "inaugurado o regime federativo, muitos serviços a cargo do Governo Geral de outrora passaram para o regional. Por isso providenciou o parágrafo único, a fim de que os Estados recebessem gratuitamente os próprios nacionais necessários para os seus novos encargos e inúteis para a União. Logo, apenas se transferiram os imóveis em que estavam localizados serviços (palácios, quartéis etc.), e não os que constituíam fontes de renda ou aliviavam as despesas dos Tesouro (fazendas de criação e de cultura, ilhas etc.). Tem-se interpretado o dispositivo como se referindo à partilha imediata para se inaugurar, na sua plenitude, o regime federativo; posteriormente ficou ao Congresso reconhecida a faculdade de ceder imóveis desnecessários para o desempenho de encargos nacionais nos Estados e a particulares, a título gratuito ou oneroso"[31].

1.3 VIAS E LOGRADOUROS PÚBLICOS

As vias e logradouros públicos constituem a terceira modalidade de bens integrantes do domínio público terrestre. *Via* é o caminho que parte de um ponto específico que conduz a outro, ou seja, é um lugar por onde se passa, se vai ou se é levado, permitindo o trânsito de veículos e pedestres. A *via pública* é composta pelas avenidas, estradas,

---

30. BARBALHO, João U. C. *Constituição Federal brasileira. Commentários.* 2. ed. Rio de Janeiro: F. Briguiet e Cia Editores, 1924, p. 361-362.

31. MAXIMILIANO, Carlos. *Commentários à Constituição brasileira.* 2. ed. Rio de Janeiro: Jacintho Ribeiro dos Santos, 1923, p. 624-625.

rodovias, ruas, caminhos, calçadas, entre outros, constituindo um instrumento que permite que pessoas, veículos e animais circulem e procedam à parada, estacionamento ou operação de carga e descarga dentro do perímetro urbano ou rural. Conforme o Código de Trânsito Brasileiro, são vias terrestres urbanas e rurais as ruas, as avenidas, os logradouros, os caminhos, as passagens, as estradas e as rodovias, que terão seu uso regulamentado pelo órgão ou entidade com circunscrição sobre elas, de acordo com as peculiaridades locais e as circunstâncias especiais (art. 2º CTB). As vias externas são as que permitem a ampla circulação pública independentemente da origem que se inicia o percurso, ao passo que as vias internas são as que pertencem aos condomínios constituídos por unidades autônomas ou vias de estacionamento de estabelecimentos privados de uso coletivo.

Logradouro público é toda parcela do território de propriedade estatal destinado ao uso comum pela população, ou seja, é o espaço aberto ou lugar onde todos podem desfrutar, como as ruas, avenidas, alameda, travessa, beco, ladeira, largo, travessa, praças, viaduto, ponte, galeria, parques, jardins, passeios etc. Na lição de José Afonso da Silva, "*rua* é a via pública ladeada à direita e à esquerda de casas, paredes ou muros no interior das povoações ou predispostas a isso. Ruas são vias de comunicação, linhas de percurso de deslocamento dentro dos núcleos urbanos. *Avenida* era uma via direta, larga, orlada de árvores especialmente em canteiros centrais, que se destinava a pessoas dos habitantes à noitinha ou às tardes dos dias santos e feriados e domingos, o que significava fazer a avenida, isto é, passear despreocupadamente, recreativamente, na avenida, num lazer de ir e vir sossegado. Isso acabou nas grandes cidades. Mas o tipo de via ornamentada, com duas ou mais pistas de rolamento, e canteiros ajardinados e arborizados no centro, ainda é a característica da avenida. *Alameda*, primitivamente, era a designação de rua orlada de álamos [árvore, geralmente alta, tronco reto e folhas ovais, lanceoladas]; por extensão, passou-se a nomear rua orlada de outras árvores. A diferença em relação à avenida está em que a alameda é orlada de árvores nas laterais, de sorte que o leito da via fica entre o arvoredo disposto simetricamente com suas ramagens tendendo a cobrir a via. Por isso, em regra, a alameda é via estreita com uma única faixa de rolamento, e via secundária ou de caráter local. A avenida, ao contrário, tende a ser via prolongada, arterial, estrutural".

"*Travessa* é rua estreita e curta, que atravessa o meio do quarteirão ligando duas outras vias. *Beco*: rua estreita, sem passeio, sem edificação que se abra para ela, de pouca prestança para a circulação ordinária. *Ladeira*: rua com acentuada declividade, inadequada para circulação ordinária. Presta-se para ligações entre duas outras vias, para trânsito de pedestres, nos quarteirões prolongados, a fim de evitar longos percursos a pé, quando se necessita passar de uma rua a outra paralela. *Praça*, em termos urbanísticos, é o logradouro público constituído de área arredondada, quadrada etc., com arborização e ajardinamento central cortada de vias ou alamedas para circulação de pedestres, contornada por vias de circulação de veículos geralmente decorrentes de prolongamento de ruas, se a praça é quadrada ou retangular, ou destinada a receber a corrente de trânsito provinda das ruas que acabam nela, quando a praça é redonda ou arredondada. É cercada, do lado externo das vias de circulação de veículos, por edificações, enquanto que do lado interno dessas vias fica a área de lazer, passeio e descanso. Na verdade, a finalidades das praças não é a circulação, mas as atividades e funções mais solenes, as reuniões religiosas, cívicas, políticas e recreativas e atividades de comércio, como feiras e mercados. *Largo* é uma praça despida de ornatos e ajardinamento mais requintado. É uma praça aberta em que não se distinguem as vias de circulação, nem se presta para lazer e descanso. Destina-se mais aos encontros de caráter negocial"[32].

Considerando o preponderante interesse local, compete aos Municípios legislar sobre as vias e logradouros públicos, que se dá por meio do plano diretor, da lei de uso, parcelamento e ocupação do solo, do Código de Edificações, entre outros instrumentos a cargo das municipalidades (art. 30, I, CF de 1988). Assim, subordina-se aos interesses do Município a abertura de logradouros em qualquer parte de seu território, feita pela iniciativa pública ou privada, através de projeto de loteamento ou arruamento, sejam quais forem as zonas de sua localização, tipo e dimensões. Além disso, todos os projetos necessários para a abertura de logradouros, e seus detalhamentos, serão avaliados e aprovados pelos órgãos municipais competentes (art. 27, Projeto de Lei Complementar nº 29/2013 do Município do Rio de Janeiro).

1.4 TERRENOS DE MARINHA

Os terrenos de marinha constituem a quarta modalidade de bens integrantes do domínio público terrestre. Historicamente, em razão da necessidade de proteção do território nacional das constantes invasões estrangeiras no Brasil-Colônia, a Coroa portuguesa passou a ser a proprietária das terras localizadas na faixa de 15 braças (33 metros), medida de linha do preamar médio (maré cheia de 1881, para a parte da terra de toda Costa Brasileira[33]. Assim, os terrenos de marinha incluíam-se entre os bens de singular importância, tanto sob o ponto de vista patrimonial quanto político. "Patrimonial pela riqueza de sua contribuição para o domínio público, e renda arrecadada pelo Tesouro dos foros e laudêmios devidos pelos concessionários. Sob o ponto de vista político porque, compreendendo a faixa marítima a nossa fronteira com o Oceano, existe um interesse imediato em assegurar-se o domínio direto dos aludidos terrenos pelo Estado, a fim de poder ali construir as defesas que se tornarem necessárias à proteção de nosso território. Esta orientação, aliás, não é nova. Por isso é que a Ordem Régia de 21 de outubro de 1710, dizia, 'que as sesmarias nunca deveriam compreender a marinha que sempre deve estar desimpedida para qualquer incidente do meu serviço, e defensa

---

32. SILVA, José Afonso da. *Direito urbanístico brasileiro*. 2. ed. São Paulo: Malheiros, 1997, p. 178-182.
33. BRASIL. Delegacia da Capitania dos Portos em Itajaí. *Terreno de marinha*. Marinha do Brasil. Disponível em: https://www.marinha.mil.br/delitajai/terreno. Acesso em: 14 ago. 2022.

da terra' (Esta mesma preocupação se encontra em numerosas Ordens e Avisos, notadamente na Ordem Régia de 10 de dezembro de 1776)"[34].

A referência para a demarcação dos terrenos de marinha não é a configuração do mar como se encontra hoje, mas sim a Linha do Preamar Média (LPM), que considera as marés máximas do ano de 1831. O ano de 2020 foi adotado como referência para dar garantia jurídica às demarcações, pois, caso contrário, o Terreno de Marinha poderia avançar cada vez mais para dentro do continente ou das ilhas costeiras com sede de Município, haja vista o avanço das marés ao longo dos anos. "A ocupação privada dos Terrenos de Marinha, bem como dos acrescidos de marinha, seja por particulares, comércios ou indústrias, enseja o pagamento de uma retribuição pelo uso de um bem público, isto é, que pertence a todos os brasileiros. A depender do regime de ocupação do terreno, o responsável deverá recolher anualmente o foro ou a taxa de ocupação. Além disso, sempre que houver comercialização de um imóvel em Terreno de Marinha deve haver o recolhimento do laudêmio. Os recursos arrecadados dessa forma são conhecidos como 'receitas patrimoniais.'"[35]

Compete ao Serviço do Patrimônio da União (S.P.U.) a determinação da posição das linhas do preamar médio do ano de 1831 e da média das enchentes ordinárias. A determinação será feita à vista de documentos e plantas de autenticidade irrecusável, relativos àquele ano, ou, quando não obtidos, a época que do mesmo se aproxime. Antes de dar início aos trabalhos demarcatórios e com o objetivo de contribuir para sua efetivação, a Secretaria do Patrimônio da União do Ministério do Planejamento, Orçamento e Gestão realizará audiência pública, preferencialmente, na Câmara de Vereadores do Município ou dos Municípios onde estiver situado o trecho a ser demarcado. Após a realização dos trabalhos técnicos que se fizerem necessários, o Superintendente do Patrimônio da União no Estado determinará a posição da linha demarcatória por despacho (arts. 9º a 12, Decreto-Lei nº 9.760 de 1046).

De acordo com Plácido e Silva, os *terrenos de marinha* podem ser definidos como "os terrenos que, banhados pelo mar, ou pelas lagoas e rios, onde se faça sentir a influência das marés, estão compreendidos numa faixa de 33 m (15 braças caveiras) para dentro da terra, medidos normalmente à linha de preamar média de 1831, mais conhecida pelo nome de linha da preamar média antiga. Também se computam, como terrenos de marinha, os que se situam em idêntica faixa, que contornem as ilhas existentes em lagoas, lagos e rios, sujeitos à influência das marés. A influência das marés é caracterizada pela oscilação periódica de 5 cm, pelo menos, do nível das águas, ocorrente em qualquer época do ano. Assemelhados aos terrenos de marinha são os terrenos marginais dos rios navegáveis, mesmo fora do alcance das marés,

---

34. CAVALCANTI, Themistocles Brandão. *Tratado de direito administrativo*. 4. ed. Rio de Janeiro: Freitas Bastos, 1960, v. III, p. 404.

35. BRASIL. Ministério da Economia. *Terrenos de Marinha*. Publicado em: 10.09.2020, 12h03. Disponível em: https://www.gov.br/economia/pt-br/assuntos/patrimonio-da-uniao/bens-da-uniao/terrenos-de-marinha. Acesso em: 14 ago. 2022.

compreendidos em uma faixa de 15 m medidos para a terra e contados da linha média das enchentes ordinárias"[36].

Para o Código de Águas (Decreto nº 24.643, de 10 de julho de 1934), são terrenos de marinha todos os que, banhados pelas águas do mar ou dos rios navegáveis, vão até 33 metros para a parte da terra, contados desde o ponto a que chega o preamar médio (art. 13). Nos termos do Decreto-Lei nº 9.760, de 5 de setembro de 1946, "são terrenos de marinha, em uma profundidade de 33 (trinta e três) metros, medidos horizontalmente, para a parte da terra, da posição da linha do preamar-médio de 1831: a) os situados no continente, na costa marítima e nas margens dos rios e lagoas, até onde se faça sentir a influência das marés; b) os que contornam as ilhas situadas em zona onde se faça sentir a influência das marés" (art. 2º). Compete ao Serviço do Patrimônio da União a determinação da posição das linhas do preamar médio do ano de 1831 e da média das enchentes ordinárias (art. 9).

Celso Antônio Bandeira de Mello conceitua *terrenos de marinha* como "as faixas de terra fronteiras ao mar numa largura de 33m contados da linha do preamar médio de 1831 para o interior do continente, bem como as que se encontram à margem dos rios e lagoas que sofrem a influência das marés, até onde esta se faça sentir, e mais as que contornam ilhas situadas em zonas sujeitas a esta mesma influência. Considera-se influência das marés a oscilação periódica do nível médio das águas igual ou superior a 5cm". Os terrenos de marinha pertencem à União e detêm natureza de bens públicos dominicais[37]. O Código de Águas declara expressamente: "são públicos dominicais, se não estiverem destinados ao uso comum, ou por algum título legítimo não pertencerem ao domínio particular: 1º, os terrenos de marinha" (art. 11, item 1, Decreto nº 24.643 de 1934).

A esse respeito, Diogenes Gasparini assinala: "os terrenos da marinha são bens dominicais ou disponíveis que integram o patrimônio da União. Não são bens de uso comum do povo porque não podem ser usados indistintamente por qualquer administrado. Também não são bens de uso especial, pois não estão afetados, em tese, ao serviço público. Nem mesmo a sua destinação primeira (defesa das cidades) os coloca entre os bens de uso especial. Ademais, a segurança do território não está diretamente ligada a esses bens. A simples existência deles, mesmo que considerada a localização para a defesa de nosso território, não autoriza afirmar que pertençam à espécie dos bens de uso especial". Além disso, "as marinhas podem ser classificadas, em razão da respectiva localização, em: continentais, costeiras e insulares. *Continentais* são as que estão situadas no interior do continente; *costeiras* são as localizadas na costa; e *insulares* são as situadas nas ilhas costeiras e oceânicas. Ainda podem ser classificadas, em relação às águas que as banham, em: marítimas, fluviais e lacustres. São marítimas as banhadas pelas águas do mar; fluviais, as banhadas pelas águas dos rios; e lacustres as

---

36. SILVA, De Plácido e. *Vocabulário jurídico*. 26. ed. Rio de Janeiro: Forense, 2005, p. 1386-1387.
37. MELLO, Celso Antônio Bandeira de. *Curso de direito administrativo*. 26. São Paulo: Malheiros, 2009, p. 911-912

banhadas pelas águas dos lagos, quando nessas duas últimas espécies, as águas sofrerem influência das marés"[38].

Os terrenos de marinha são bens da União, cabendo-lhe administrar e editar as normas competentes (art. 20, VII, CF de 1988). Todavia, tratando-se de áreas urbanas ou urbanizáveis, as construções e atividades civis nelas realizadas sujeitam-se à regulamentação e tributação municipal e estadual, assim como as demais atividades particulares. Dessa forma, a reserva dominial da União destina-se a promover a defesa e segurança nacional, mas não restringe a competência estadual e municipal no ordenamento territorial e urbanístico dos terrenos de marinha quando forem utilizados por particulares para fins civis[39]. Diogenes Gasparini assinala: "a ação política do Município alcança qualquer pessoa ou coisa que esteja no interior de sua área de competência, ressalvadas as vedações constitucionais. A proteção que os bens públicos recebem do ordenamento jurídico não pode entravar a realização dos interesses a cargo do Estado e, no caso, especialmente, do Município. Donde a sujeição das marinhas à legislação edilícia, tributária, urbanística e de uso do solo vigorante no Município em que estão localizadas. A edificação nos terrenos de marinha há de obedecer à legislação municipal, quer seja promovida por foreiras da União, quer por ela própria. O interessado em edificar nas marinhas ou em outros bens da União ou do Estado-Membro há de seguir integralmente a legislação local. Certamente, não se submetem à legislação edilícia municipal os edifícios especiais, a exemplo dos fortes, quartéis, portos e aeroportos, necessários aos serviços de segurança nacional a cargo da União. Sobre essas construções não atua o poder de polícia municipal ou estadual"[40].

A título de ilustração de normas estaduais e municipais que tratam de terrenos de marinha, o Estado do Rio de Janeiro editou a Lei nº 3.346, de 29 de dezembro de 1999, que, ao autorizar o Poder Executivo a criar o Banco de Dados Ambientais – BDA, incluiu os terrenos de marinha no referido cadastro. Nos termos dessa norma, "fica o Poder Executivo autorizado a criar o Banco de Dados Ambientais – BDA, que constituirá um conjunto de informações sistematizadas, e será organizado e gerenciado pelos órgãos competentes do próprio Poder Executivo. No BDA deverão constar, entre outros temas e itens: Registro Estadual de Espaços Protegidos, contemplando: a – ilhas, ecossistemas fluviais e lagunares, praias e demais terrenos de marinha que integram os bens ambientais públicos" (arts. 1º e 2º, VII, a)[41]. Igualmente, o Município do Rio de Janeiro publicou a Lei nº 3.372, de 27 de março de 2002, que tornou *non aedificandi* as áreas que compreendem os campos de futebol que sejam de agremiações e instituições localizados em instalações pertencentes à Marinha do Brasil, no Município. Com a

---

38. GASPARINI, Diógenes. *Direito administrativo*. 17. ed. São Paulo: Saraiva, 2012, p. 1014-1015.
39. MEIRELLES, Hely Lopes. *Direito administrativo brasileiro*. 26. ed. São Paulo: Malheiros, 2001, p. 511.
40. GASPARINI, Diógenes. *Direito administrativo*. 17. ed. São Paulo: Saraiva, 2012, p. 1024-1025.
41. RIO DE JANEIRO. Leis Estaduais. *Lei Ordinária nº 3.336, de 29 de dezembro de 1999*. Disponível em: https://leisestaduais.com.br/rj/lei-ordinaria-n-3346-1999-rio-de-janeiro-autoriza-o-poder--executivo-a-criar-o-banco-de-dados-ambientais-bda?q=terrenos%20de%20marinha. Acesso em: 14 ago. 2022.

edição dessa norma, cancelou-se qualquer licença de edificação anteriormente concedida para os terrenos objeto desta lei (art. 1º, XXXIX e art. 2º)[42]. Por sua vez, o Estado de Santa Catarina editou a Lei nº 9.492, de 28 de janeiro de 1994, que dispõe sobre a aquisição, por compra, do imóvel que especifica, no município de São Francisco do Sul. Em virtude dessa norma, o Poder Executivo ficou autorizado a adquirir, por compra, o imóvel onde se acha instalado o Museu Nacional do Mar, localizado no Município de São Francisco do Sul. O imóvel é constituído de terrenos e respectivas benfeitorias localizadas em terreno de Marinha, situada na rua Manoel Lourenço de Andrade e rua Quintino Bocaiúva, zona urbana, de formato irregular e topografia plana, conforme especificações constantes na referida lei (art. 1º, II e II)[43].

Afora isso, cabe ressaltar que, apesar de essas áreas pertencerem à União, é possível o uso por particulares pelo regime da *enfiteuse*, no qual a União detém o senhorio direto e o transfere do domínio útil ao particular, o enfiteuta, tendo este a obrigação de pagar anualmente a título de foro ou pensão. Nos termos do Decreto-Lei nº 9.760 de 1946, os terrenos aforados pela União ficam sujeitos ao foro de 0,6% (seis décimos por cento) do valor do respectivo domínio pleno, que será anualmente atualizado. O não pagamento do foro durante três anos consecutivos, ou quatro anos intercalados, importará a caducidade do aforamento. O aforamento extinguir-se-á: I – por inadimplemento de cláusula contratual; II – por acordo entre as partes; III – pela remissão do foro, nas zonas onde não mais subsistam os motivos determinantes da aplicação do regime enfitêutico; V – pelo abandono do imóvel, caracterizado pela ocupação, por mais de cinco anos, sem contestação, de assentamentos informais de baixa renda, retornando o domínio útil à União; ou V – por interesse público, mediante prévia indenização (arts. 101 e 103).

É admitido ainda o uso de terras públicas federais, inclusive os terrenos de marinha, por meio do instituto da *ocupação*, no qual se autoriza a permanência dos habitantes que já utilizam do bem estatal. Nesse caso, a lei exige o cadastramento de tais ocupantes pelo Serviço Patrimonial da União e o pagamento da taxa de ocupação[44]. Conforme o Decreto-Lei nº 9.760 de 1946, os atuais ocupantes de terrenos da União, sem título outorgado, ficam obrigados ao pagamento anual da taxa de ocupação. O pagamento da taxa será devido a partir da inscrição de ocupação, efetivada de ofício ou a pedido do interessado, não se vinculando ao cadastramento do imóvel. Caso o imóvel objeto do pedido de inscrição de ocupação não se encontre cadastrado, a Secretaria do Patrimônio da União do Ministério do Planejamento, Orçamento e

---

42. RIO DE JANEIRO. Câmara Municipal do Rio de Janeiro. Leis Ordinárias. *Lei nº 3.372, de 27 de março de 2002*. Disponível em: http://www.camara.rio/atividade-parlamentar/legislacao/municipal/leis-ordinarias. Acesso em: 14 ago. 2022.
43. SANTA CATARINA. Leis Estaduais. *Lei Ordinária 9.492, de 28 de janeiro de 1994*. Disponível em: https://leisestaduais.com.br/sc/lei-ordinaria-n-9492-1994-santa-catarina-dispoe-sobre-a-aquisicao-por-compra--do-imovel-que-especifica-no-municipio-de-sao-francisco-do-sul-e-da-outras-providencias?q=terrenos%20de%20marinha. Acesso em: 15 ago. 2022.
44. CARVALHO FILHO, José dos Santos. *Manual de direito administrativo*. 23. ed. Rio de Janeiro: Lumen Juris, 2010, p. 1311.

Gestão efetuará o cadastramento. Entretanto, inscrição e o pagamento da taxa de ocupação não importam, em absoluto, no reconhecimento, pela União, de qualquer direito de propriedade do ocupante sobre o terreno ou ao seu aforamento (arts. 127 a 131). Registre-se que, conforme a jurisprudência do STJ, "no caso das taxas de ocupação dos terrenos de marinha, é despiciendo procedimento administrativo prévio com participação dos administrados interessados, bastando que a Administração Pública siga as normas do Decreto nº 2.398/87 no que tange à matéria" (AgInt nos EREsp 1354562/SC, data do julgamento: 19.10.2021).

Também é possível a utilização de terrenos da marinha por meio da *cessão* (art. 18, Lei 9.636 de 1998). A critério do Poder Executivo poderão ser cedidos, gratuitamente ou em condições especiais, sob qualquer dos regimes previstos no Decreto-Lei no 9.760, de 1946, imóveis da União a: I – Estados, Distrito Federal, Municípios e entidades sem fins lucrativos das áreas de educação, cultura, assistência social ou saúde; II – pessoas físicas ou jurídicas, em se tratando de interesse público ou social ou de aproveitamento econômico de interesse nacional. A cessão poderá ser realizada, ainda, sob o regime de concessão de direito real de uso resolúvel, previsto no art. 7º do Decreto-lei nº 271, de 28 de fevereiro de 1967, aplicando-se, inclusive, em terrenos de marinha e acrescidos, dispensando-se o procedimento licitatório para associações e cooperativas que se enquadrem na legislação especial. A cessão será autorizada em ato do Presidente da República e se formalizará mediante termo ou contrato, do qual constarão expressamente as condições estabelecidas, entre as quais a finalidade da sua realização e o prazo para seu cumprimento, e tornar-se-á nula, independentemente de ato especial, se ao imóvel, no todo ou em parte, vier a ser dada aplicação diversa da prevista no ato autorizativo e consequente termo ou contrato. A competência para autorizar a cessão poderá ser delegada ao Ministro de Estado da Fazenda, permitida a subdelegação.

A norma também prevê a *concessão de uso especial para fins de moradia* sobre os terrenos de marinha, conforme a Lei nº 9.636 de 1998: "A concessão de uso especial para fins de moradia aplica-se às áreas de propriedade da União, inclusive aos terrenos de marinha e acrescidos, e será conferida aos possuidores ou ocupantes que preencham os requisitos legais estabelecidos na Medida Provisória nº 2.220, de 4 de setembro de 2001. Contudo, esse direito não se aplica a imóveis funcionais (art. 22-A).

Registre-se que o pagamento pelo uso de terrenos de marinha, em razão da enfiteuse, da ocupação ou da cessão detém natureza de *receita patrimonial* ou de *receita originária*, visto que resulta da exploração, pelo Estado, do seu próprio patrimônio. O crédito originado de receita patrimonial submete-se ao prazo decadencial de dez anos para sua constituição e prazo prescricional de cinco anos para sua exigência, contados do lançamento. O prazo de decadência conta-se do instante em que o respectivo crédito poderia ser constituído, a partir do conhecimento por iniciativa da União ou por solicitação do interessado das circunstâncias e fatos que caracterizam a hipótese de incidência da receita patrimonial, ficando limitada a cinco anos a cobrança de créditos relativos a período anterior ao conhecimento (art. 47, Lei nº 9.636 de 1998).

CAPÍTULO 1 • DOMÍNIO PÚBLICO TERRESTRE | 161

Dada a relevância do tema, segue abaixo jurisprudência do Superior Tribunal de Justiça:

"1. A Corte Especial do Superior Tribunal de Justiça, no julgamento dos EREsp 1.104.363/PE, Rel. Min. Teori Albino Zavascki, Dje 02.09.2010, firmou entendimento no sentido de que a transferência de domínio útil de imóvel para integralização de capital social de empresa é ato oneroso, de modo que é devida a cobrança de laudêmio, nos termos do art. 3º do Decreto-Lei 2.398/87. 2. [...] Acórdão submetido ao regime do art. 543-C do CPC". (REsp 1165276 PE, Rel. Ministro Arnaldo Esteves Lima, Primeira Seção, julgado em 12.12.2012, DJe 14.02.2013)

"4. Esta Corte Superior possui entendimento pacificado no sentido de que o registro imobiliário não é oponível em face da União para afastar o regime dos terrenos de marinha, servindo de mera presunção relativa de propriedade particular – a atrair, p. ex., o dever de notificação pessoal daqueles que constam deste título como proprietário para participarem do procedimento de demarcação da linha preamar e fixação do domínio público –, uma vez que a Constituição da República vigente (art. 20, inc. VII) atribui originariamente àquele ente federado a propriedade desses bens. [...] 5. [...] Julgamento submetido à sistemática do art. 543-C do CPC e à Resolução n. 8/2008". (REsp 1183546 ES, Rel. Ministro Mauro Campbell Marques, Primeira Seção, julgado em 08.09.2010, DJe 29.09.2010)

"3. Na forma que dispõe o art. 1º do Decreto n. 2.398/87, compete ao Serviço do Patrimônio da União – SPU a atualização anual da taxa de ocupação dos terrenos de marinha. 4. A norma contida no art. 28 da Lei n. 9.784/99 cede lugar à aplicação do art. 1º do Decreto n. 2.398/87. 5. Em primeiro lugar, porque o Decreto n. 2.398/87 é diploma normativo específico, incidindo, no caso, os arts. 2º, § 2º, da Lei de Introdução ao Código Civil e 69 da Lei n. 9.784/99. 6. Em segundo lugar, porque não se trata de imposição de deveres ou ônus ao administrado, mas de atualização anual da taxa de ocupação dos terrenos de marinha. À luz do art. 28 da Lei n. 9.784/99 – e da jurisprudência desta Corte Superior –, a classificação de certo imóvel como terreno de marinha, esta sim depende de prévio procedimento administrativo, com contraditório e ampla defesa, porque aí há, em verdade, a imposição do dever. 7. Ao contrário, a atualização das taxas de ocupação – que se dá com a atualização do valor venal do imóvel – não se configura como imposição ou mesmo agravamento de um dever, mas sim recomposição de patrimônio, devida na forma da lei. Daí porque inaplicável o ditame do dispositivo mencionado. 8. Não fosse isso suficiente, cumpre destacar que é possível a incidência, na espécie, embora com adaptações, daquilo que vem sendo decidido pelo Superior Tribunal de Justiça acerca da atualização da planta de imóveis para fins de cobrança de IPTU. 9. Nestes casos, é necessária a edição de lei (princípio da legalidade), mas não é necessário que o Poder Público abra procedimento administrativo prévio para justificar os comandos legais que venham a ser publicados. 10. A Súmula n. 160 desta Corte Superior diz que "[é] defeso, ao Município, atualizar o IPTU, mediante decreto, em percentual superior ao índice oficial de correção monetária". 11. Veja-se, no entanto, que a vedação imposta pelo verbete sumular diz respeito apenas ao meio utilizado para a atualização – qual seja, o decreto –, por conta do princípio da legalidade tributária, nada tendo a ver com uma impossibilidade genérica de atualização anual da base de cálculo do imposto através de revisitação da planta de valores venais ou com a necessidade de que, antes de editada a norma adequada para revisão da base de cálculo, seja aberto contraditório e ampla defesa a todos os interessados. 12. Similarmente, no caso das taxas de ocupação dos terrenos de marinha, é despiciendo procedimento administrativo prévio com participação dos administrados interessados, bastando que a Administração Pública siga as normas do Decreto n. 2.398/87 no que tange à matéria. 13. Após a divulgação da nova planta de valores venais e da atualização dela advinda, aí sim os administrados podem recorrer administrativa e judicialmente dos pontos que consideram ilegais ou abusivos. 14. Não há, portanto, que se falar em necessidade de contraditório para a incidência do art. 1º do Decreto n. 2.398/87. 15. [...] Acórdão submetido ao regime do art. 543-C do CPC e da Resolução STJ n. 8/08". (REsp 1150579 SC, Rel. Ministro Mauro Campbell Marques, Primeira Seção, julgado em 10.08.2011, DJe 17.08.2011)

"1. O prazo prescricional, para a cobrança da taxa de ocupação de terrenos de marinha, é de cinco anos, independentemente do período considerado, uma vez que os débitos posteriores a 1998, se submetem ao prazo quinquenal, à luz do que dispõe a Lei 9.636/98, e os anteriores à citada lei, em face da ausência de previsão normativa específica, se subsumem ao prazo encartado no art. 1º do Decreto-Lei 20.910/1932. Precedentes do STJ: [...] 2. A relação de direito material que enseja o pagamento da taxa de ocupação de terrenos de marinha é regida pelo Direito Administrativo, por isso que inaplicável a prescrição delineada no Código Civil. [...] 4. Em síntese, a cobrança da taxa in foco, no que tange à decadência e à prescrição, encontra-se assim regulada: (a) o prazo prescricional, anteriormente à edição da Lei 9.363/98, era quinquenal, nos termos do art. 1º, do Decreto 20.910/32; (b) a Lei 9.636/98, em seu art. 47, institui a prescrição quinquenal para a cobrança do aludido crédito; (c) o referido preceito legal foi modificado pela Lei 9.821/99, que passou a vigorar a partir do dia 24 de agosto de 1999, instituindo prazo decadencial de cinco anos para constituição do crédito, mediante lançamento, mantendo-se, todavia, o prazo prescricional quinquenal para a sua exigência; (d) consectariamente, os créditos anteriores à edição da Lei nº 9.821/99 não estavam sujeitos à decadência, mas somente a prazo prescricional de cinco anos (art. 1º do Decreto nº 20.910/32 ou 47 da Lei nº 9.636/98); (e) com o advento da Lei 10.852/2004, publicada no DOU de 30 de março de 2004, houve nova alteração do art. 47 da Lei 9.636/98, ocasião em que foi estendido o prazo decadencial para dez anos, mantido o lapso prescricional de cinco anos, a ser contado do lançamento. [...] 9. Os créditos objeto de execução fiscal que não ostentam natureza tributária, como sói ser a taxa de ocupação de terrenos de marinha, têm como marco interruptivo da prescrição o despacho do Juiz que determina a citação, a teor do que dispõe o art. 8º, § 2º, da Lei 6.830/1980, sendo certo que a Lei de Execuções Fiscais é lei especial em relação ao art. 219 do CPC. Precedentes do STJ: [...] 13. [...] Acórdão submetido ao regime do art. 543-C do CPC e da Resolução STJ 08/2008". (REsp 1133696 PE, Rel. Ministro Luiz Fux, Primeira Seção, julgado em 13.12.2010, DJe 17.12.2010)

1.5 TERRENOS ACRESCIDOS

Os terrenos acrescidos constituem a quinta modalidade de bens integrantes do domínio público terrestre. Os *terrenos acrescidos* são objeto de regulação desde a época do Império. Nos termos do Decreto nº 4.105, de 22 de fevereiro de 1868, que tratava da concessão dos terrenos de marinha, dos reservados nas margens dos rios e dos acrescidos natural ou artificialmente, declarava que: "são terrenos acrescidos todos os que natural ou artificialmente se tiverem formado ou formarem além do ponto determinado nos §§ 1º e 2º para a parte do mar ou das aguas dos rios" (art. 1º, § 3º). Posteriormente, no período republicano, o Código Civil de 1916 tratava dos terrenos acrescidos, dispondo que "os acréscimos formados por depósitos e aterros naturais, ou pelo desvio das águas dos rios, ainda que estes sejam navegáveis, pertencem aos donos dos terrenos marginais" (art. 538).

Pode-se definir os *terrenos acrescidos* como o conjunto de substâncias minerais ou mineralizados acumuladas que se tiverem formado, natural ou artificialmente, para o lado do mar ou dos rios e lagoas, em seguimento aos terrenos de marinha (art. 3º, Decreto-Lei nº 9.760 de 1946). Os terrenos acrescidos são bens da União (art. 20, VII, CF de 1988). Na lição de José dos Santos Carvalho Filho, "esse domínio depende de os acréscimos se terem agregados aos terrenos de marinha. Como estes se situam no domínio federal, federais serão também os terrenos a eles acrescidos. Se os acrescidos se tiverem formado em terrenos situados às margens de rios e lagos, poderão pertencer ao domínio público ou ao particular. Em se tratando de acréscimos formados em águas comuns ou das correntes públicas de uso comum, pertencerão aos proprietários pri-

CAPÍTULO 1 • DOMÍNIO PÚBLICO TERRESTRE **163**

vados ribeirinhos. Se se agregarem nas águas públicas dominicais, serão bens públicos dominicais, salvo se estiverem servindo ao uso comum ou se pertencerem a particular"[45].

Segundo Celso Antônio Bandeira de Mello, os terrenos acrescidos "são os que, por aluvião ou por avulsão, se incorporam aos terrenos da marinha ou aos terrenos marginais, aquém do ponto a que chega o preamar médio ou do ponto médio das enchentes ordinárias, respectivamente, bem como a parte do álveo que se descobrir por afastamento das águas (art. 16 do Código de Águas)"[46].

Para Hely Lopes Meirelles, os terrenos acrescidos "são todos aqueles que formam com a terra carreada pela caudal. Tais terrenos pertencem aos proprietários das terras marginais a que aderirem". Como se vê, a doutrina diverge acerca da titularidade dos terrenos acrescidos. O saudoso administrativista asseverava: "divergimos dos que entendem que ao art. 16 do Código de Águas – Dec. federal 24.643, de 10.7.34 – revogou o art. 538 do CC [de 1916]. A defeituosa redação dos parágrafos dos arts. 11 a 16 do Código de Águas, reproduzindo a péssima linguagem do art. 39 da Lei Imperial 1.507, de 26.9.1867, é que gerou a confusão entre domínio público e servidão pública, uma vez que o legislador do Império, pouco afeito à técnica do Direito Público, confundiu propriedade pública com servidão pública ou administrativa, levando o intérprete a equivocar-se na conceituação das terras públicas e o dos terrenos reservados para serviços públicos"[47].

Com relação à natureza jurídica, os terrenos acrescidos que por aluvião, ou artificialmente, se produzirem nas águas públicas ou dominicais, são públicos dominicais se não estiverem destinados ao uso comum ou se por algum título legítimo não forem do domínio particular (art. 16, § 1º, Código das Águas).

Por fim, colaciona-se a seguir julgados do Tribunal da Cidadania: "o procedimento de demarcação de terrenos de marinha e seus acrescidos não atinge o direito de propriedade de particulares, pois não se pode retirar a propriedade de quem nunca a teve. 3. A ação declaratória de nulidade dos atos administrativos (inscrição de imóvel como terreno de marinha) não tem natureza de direito real. Aplicável a norma contida no art. 1º do Decreto 20.910/32, contando-se o prazo prescricional a partir da conclusão do procedimento administrativo que última a demarcação" (STJ – Segunda Turma – REsp 1147589/RS – Rel.ª Min.ª Eliana Calmon – Data do julgamento: 16.03.2010). "4. O Superior Tribunal de Justiça já firmou o entendimento de que os títulos de domínio privado não podem ser opostos à União, porque a titularidade dos terrenos de marinha e acrescidos, conferida por lei, tem natureza originária". (STJ – Primeira Turma – REsp 1019820/RS – Rel.ª Min.ª Denise Arruda – Data do julgamento: 16.04.2009).

---

45. CARVALHO FILHO, José dos Santos. *Manual de direito administrativo*. 23. ed. Rio de Janeiro: Lumen Juris, 2010, p. 1312.
46. MELLO, Celso Antônio Bandeira de. *Curso de direito administrativo*. 26. São Paulo: Malheiros, 2009, p. 913.
47. MEIRELLES, Hely Lopes. *Direito administrativo brasileiro*. 26. ed. São Paulo: Malheiros, 2001, p. 511.

1.6 TERRENOS RESERVADOS OU MARGINAIS

Os terrenos reservados ou marginais constituem a sexta modalidade de bens integrantes do domínio público terrestre. Historicamente, os *terrenos reservados* ou *marginais* foram disciplinados por diversas normas, desde a época do império. A Lei nº 1.507, de 26 de setembro de 1867, que fixava a despesa e orçava a receita geral do Império, previa a figura dos terrenos reservados. O texto continha a seguinte redação: "Fica reservada para a servidão pública nas margens dos rios navegáveis e de que se fazem os navegáveis, fora do alcance das marés, salvas as concessões legitimas feitas até a data da publicação da presente lei, a zona de sete braças contadas do ponto médio das enchentes ordinárias para o interior, e o Governo autorizado para concedê-la em lotes razoáveis na forma das disposições sobre os terrenos de marinha" (art. 39). O Decreto nº 4.105, de 22 de fevereiro de 1968, que regulava a concessão dos terrenos de marinha, dos reservados nas margens dos rios e dos acrescidos natural ou artificialmente, dispunha que: "são terrenos reservados para a servidão pública nas margens dos rios navegáveis e de que se fazem os navegáveis, todos os que banhados pelas aguas dos ditos rios, fora do alcance das marés, vão até a distância de 7 braças craveiras (15,4 metros) para a parte de terra, contadas desde o ponto médio das enchentes ordinárias", nos termos do art. 1º, § 2º.

No período republicano, o Código de Águas – Decreto nº 24.643, de 10 de julho de 1934 – definiu normativamente os terrenos reservados: "Os terrenos reservados são os que, banhados pelas correntes navegáveis, fora do alcance das marés, vão até a distância de 15 metros para a parte de terra, contados desde o ponto médio das enchentes ordinárias" (art. 14). Em seguida, o Decreto-Lei nº 9.760, de 5 de setembro de 1946, que dispõe sobre os bens imóveis da União, também conceituou os terrenos marginais de maneira semelhante ao regramento anterior: "São terrenos marginais os que banhados pelas correntes navegáveis, fora do alcance das marés, vão até a distância de 15 (quinze) metros, medidos horizontalmente para a parte da terra, contados desde a linha média das enchentes ordinárias" (art. 4º).

Pode-se definir *terrenos reservados* ou *marginais* como o conjunto de substâncias minerais ou mineralizados acumulados que, banhados pelas correntes navegáveis, fora do alcance das marés, vão até a distância de 15 (quinze) metros, medidos horizontalmente para a parte da terra, contados desde a linha média das enchentes ordinárias. Igualmente, podem ser compreendidos como os terrenos banhados pelos rios, lagos ou quaisquer correntes de águas e fora do alcance das marés – porque se há influência de marés, o terreno caracteriza-se como Terreno de Marinha, também de propriedade da União[48]. Vale dizer, os terrenos reservados ou marginais distinguem-se dos terrenos de marinha justamente porque aqueles estão fora do alcance das marés, conforme in-

---

48. BRASIL. Ministério da Economia. *Terrenos Marginais*. Publicado em: 10.09.2020, 12h03. Disponível em: https://www.gov.br/economia/pt-br/assuntos/patrimonio-da-uniao/bens-da-uniao/terrenos-marginais. Acesso em: 10 ago. 2022.

dicado na legislação específica, de modo que, se os terrenos estiverem sob a influência das marés, serão classificados como terrenos de marinha, e não terrenos reservados, ainda que sejam dotados de menor largura[49].

Na lição de Celso Antônio Bandeira de Mello, os terrenos reservados ou marginais, também chamados de ribeirinhos, "são bens públicos constituídos pelas faixas de terra à margem dos risos públicos livres da influência das marés, numa extensão de 15m, contados da linha média das enchentes médias ordinárias. Excluem-se, entretanto, dos reservados ou marginais das correntes públicas que apenas concorrem para tornar outras navegáveis ou flutuáveis"[50].

Segundo Piragibe, os terrenos reservados constituem uma "faixa de terra de quinze metros a partir do ponto das enchentes ordinárias e ao longo dos rios navegáveis"[51]. Para Maria Helena Diniz, os terrenos reservados consistem em uma faixa de terra formada por acréscimo, como o terreno aluvial por exemplo. O terreno aluvial "é o resultante de acréscimos oriundos de aterros naturais ou de desvio da água de um rio"[52].

No tocante à titularidade, os terrenos reservados ou marginais pertencerão ao ente público que exercer o domínio da respectiva corrente de água ou lago navegável, haja vista o princípio de que o acessório segue o principal. Assim, os terrenos reservados podem ser domínio da União, do Estado-membro ou do município, além dos particulares, nos termos do Código das Águas: "pertencem aos Estados os terrenos reservados as margens das correntes e lagos navegáveis, si, por algum título, não forem do domínio federal, municipal ou particular" (art. 31, Decreto-Lei nº 24.643 de 1934). Essas faixas de terra serão de domínio da União se forem marginais aos "os lagos, rios e quaisquer correntes de água em terrenos de seu domínio, ou que banhem mais de um Estado, sirvam de limites com outros países, ou se estendam a território estrangeiro ou dele provenham", conforme o texto constitucional (art. 20, III, CF de 1988). Por sua vez, essas terras serão de domínio dos Estados-membros se provierem de águas superficiais, fluentes, emergentes ou em depósito, ressalvadas, neste caso, na forma da lei, as decorrentes de obras da União (art. 26, I, CF de 1988).

Com relação à natureza jurídica, são bens públicos dominicais, se não estiverem destinados ao uso comum, ou por algum título legítimo não pertencerem ao domínio particular, os terrenos reservados nas margens das correntes públicas de uso comum, assim como dos canais, lagos e lagoas da mesma espécie. Ressalva-se essa hipótese quanto às correntes que, não sendo navegáveis nem flutuáveis, concorrem apenas para formar outras simplesmente flutuáveis, e não navegáveis (art. 11, item 2, Decreto nº 24.643 de 1934). Mesmo assim, será tolerado o uso desses terrenos pelos ribeirinhos, principal-

---

49. GASPARINI, Diógenes. *Direito administrativo*. 17. ed. São Paulo: Saraiva, 2012, p. 1030.
50. MELLO, Celso Antônio Bandeira de. *Curso de direito administrativo*. 26. São Paulo: Malheiros, 2009, p. 912.
51. MAGALHÃES, Esther C. Piragibe; MAGALHÃES, Marcelo C. Piragibe. *Dicionário jurídico Piragibe*. 9. ed. Rio de Janeiro: Lumen Juris, 2007, p. 1195.
52. DINIZ, Maria Helena. *Dicionário jurídico*. São Paulo: Saraiva, 1998, v. 4, p. 542-543.

mente os pequenos proprietários, que os cultivem, sempre que o mesmo não colidir por qualquer forma com o interesse público (art. 11, § 2º, Decreto nº 24.643 de 1934).

Todavia, as margens dos rios navegáveis, ainda que compostas por terrenos reservados, são de domínio público e, por conseguinte, o seu uso não implica lesão ao direito de propriedade, tampouco enseja reparação civil. O Supremo Tribunal Federal possui jurisprudência pacífica nesse sentido, conforme o verbete da Súmula 479: "as margens dos rios navegáveis são de domínio público, insuscetíveis de expropriação e, por isso mesmo, excluídas de indenização". Jose do Santos Carvalho Filho arremata: "pelo entendimento da mais alta Corte do país, foi considerada a antiga tradição do Direito brasileiro de considerar do domínio público os terrenos marginais. Deve interpretar-se a posição do STF, todavia, excluindo de sua abrangência as áreas marginais que houverem sido legitimamente transferidas pelo Poder Público ao domínio privado. Entretanto, se o proprietário ribeirinho não dispuser de título legítimo que prove o domínio privado, os terrenos reservados pertencerão realmente ao domínio público. Conclui-se, por conseguinte, que os terrenos marginais podem ser do domínio público, que é a regra geral, ou do domínio privado, quando provada a transmissão legítima da área"[53].

Sem embargo, impende mencionar recente julgado do Superior Tribunal de Justiça, que asseverou não mais existir domínio privado sobre os terrenos reservados no atual regime constitucional. A ementa contém a seguinte redação: "1. A Segunda Turma do STJ, após amplo debate no âmbito do REsp 508.377/MS, que culminou com a retificação do voto do eminente relator, Ministro João Otávio de Noronha, concluiu que, no atual regime constitucional, não existe domínio privado sobre terrenos marginais (ou reservados). Somente há possibilidade de indenização do particular em caso de enfiteuse ou concessão. 2. De fato, essa é a correta interpretação dos arts. 11, 12, 14 e 31 do Decreto 24.643, de 10.07.1934 (Código de Águas), à luz da Súmula 479/STF, segundo a qual 'as margens dos rios navegáveis são de domínio público, insuscetíveis de expropriação e, por isso mesmo, excluídas da indenização'. 3. Portanto, inviável o domínio privado das margens dos rios". (STJ – Segunda Turma – REsp 1800313/SP – Rel. Min. Herman Benjamin – Data do julgamento: 20.08.2019).

No mesmo sentido: "1. A jurisprudência desta Corte assentou-se pelo reconhecimento do caráter público dos bens conhecidos como terrenos de reserva e pela consequente impossibilidade de indenização por tais áreas, em regra. 2. O STJ admite como exceções à regra acima os títulos em favor de particular decorrentes de enfiteuse ou concessão, e não os de caráter real. 3. As áreas marginais a rios navegáveis, como a da hipótese, incluem-se entre os terrenos reservados". (STJ – Segunda Turma – REsp 1285720/MS – Rel. Min. Og Fernandes – Data do julgamento: 20.02.2018). 3. O Código de Águas (Decreto 24.643/1934) deve ser interpretado à luz do sistema da Constituição Federal de 1988 e da Lei 9.433/1997 (Lei da Política Nacional de Recursos Hídricos),

---

53. CARVALHO FILHO, José dos Santos. *Manual de direito administrativo*. 23. ed. Rio de Janeiro: Lumen Juris, 2010, p. 1313.

que admitem apenas domínio público sobre os recursos hídricos. 4. Na forma dos arts. 20, III, e 26, I, da Constituição, abolida está a propriedade privada de lagos, rios, águas superficiais ou subterrâneas, fluentes, emergentes ou em depósito, bem como a de quaisquer correntes de água. 5. Nesse sentido, a interpretação do art. 31 do Código de Águas, segundo o qual "pertencem aos Estados os terrenos reservados às margens das correntes e lagos navegáveis, se, por algum título, não forem do domínio federal, municipal ou particular", implica a propriedade do Estado sobre todas as margens dos rios estaduais, tais como definidos pelo art. 26 da CF, excluídos os federais (art. 20 da CF), tendo em vista que já não existem rios municipais nem particulares. 6. O título legítimo em favor de particular, previsto nos arts. 11 e 31 do Código de Águas, que poderia, em tese, subsidiar pleito do particular, é apenas o decorrente de enfiteuse ou concessão, jamais dominial, pois juridicamente impossível. Precedentes do STJ: REsp 508.377/MS, rel. Min. João Otávio de Noronha, j. 23.10.2007; REsp 995.290/SP, Rel. Min. Castro Meira, j. 11.11.2008; REsp 763.591/MS, Rel. Min. Mauro Campbell Marques, DJe 23.10.2008. (STJ – Segunda Turma – REsp 1352673/SP – Rel. Min. Herman Benjamin – Data do julgamento: 06.05.2014).

Por fim, o julgado a seguir esclarece a evolução da jurisprudência pelo Tribunal da Cidadania: "2. Sobre o mérito da demanda, a jurisprudência do Superior Tribunal de Justiça vinha adotando posicionamento pelo afastamento da Súmula 479/STF em hipóteses que era possível identificar algum título legítimo pertencente ao domínio particular. Concluía-se que os terrenos marginais presumiam-se de domínio público, podendo, excepcionalmente, integrar o domínio de particulares, desde que objeto de concessão legítima, expressamente emanada da autoridade competente. 3. Hodiernamente, a Segunda Turma, por ocasião do julgamento do Resp 508.377/MS, em sessão realizada em 23.10.2007, sob a relatoria do eminente Ministro João Otávio de Noronha e voto-vista do Ministro Herman Benjamin, reviu o seu posicionamento para firmar-se na linha de que a Constituição Federal aboliu expressamente a dominialidade privada dos cursos de água, terrenos reservados e terrenos marginais, ao tratar do assunto em seu art. 20, inciso III (Art. 20: São bens da União: III – os lagos, rios e quaisquer correntes de água em terrenos de seu domínio, ou que banhem mais de um Estado, sirvam de limites com outros países, ou se estendam a território estrangeiro ou dele provenham, bem como os terrenos marginais e as praias fluviais;). Desse modo, a interpretação a ser conferida ao art. 11, *caput*, do Código de Águas ("ou por algum título legítimo não pertencerem ao domínio particular"), que, teoricamente, coaduna-se com o sistema constitucional vigente e com a Lei das Águas (Lei 9.433/1997), é a de que, no que tange a rios federais e estaduais, o título legítimo em favor do particular que afastaria o domínio pleno da União seria somente o decorrente de enfiteuse ou concessão, este último de natureza pessoal, e não real. Ou seja, admissível a indenização advinda de eventuais benefícios econômicos que o particular retiraria da sua contratação com o Poder Público". (STJ – Segunda Turma – REsp 1152028/MG – Rel. Min. Mauro Campbell Marques – Data do julgamento: 17.03.2011).

1.7 TERRAS INDÍGENAS

As terras indígenas constituem a sétima modalidade de bens integrantes do domínio público terrestre. *Terras indígenas* traduzem-se nas terras pertencentes aos índios, isto é, designam a porção de terreno originariamente ocupada e de titularidade da população autóctone de uma comunidade já estabelecida como uma organização social, detentora de costumes, línguas, crenças e tradições próprias quando do início de um processo colonizador.

Nos termos da Constituição Federal de 1988, são bens da União as terras tradicionalmente ocupadas pelos índios (art. 20, XI). São reconhecidos aos índios sua organização social, costumes, línguas, crenças e tradições, e os direitos originários sobre as terras que tradicionalmente ocupam, competindo à União demarcá-las, proteger e fazer respeitar todos os seus bens. São terras tradicionalmente ocupadas pelos índios as por eles habitadas em caráter permanente, as utilizadas para suas atividades produtivas, as imprescindíveis à preservação dos recursos ambientais necessários a seu bem-estar e as necessárias a sua reprodução física e cultural, segundo seus usos, costumes e tradições. As terras tradicionalmente ocupadas pelos índios destinam-se a sua posse permanente, cabendo-lhes o usufruto exclusivo das riquezas do solo, dos rios e dos lagos nelas existentes. O aproveitamento dos recursos hídricos, incluídos os potenciais energéticos, a pesquisa e a lavra das riquezas minerais em terras indígenas só podem ser efetivados com autorização do Congresso Nacional, ouvidas as comunidades afetadas, ficando-lhes assegurada participação nos resultados da lavra, na forma da lei. Essas terras são inalienáveis e indisponíveis, e os direitos sobre elas, imprescritíveis (art. 231, §§ 1º ao 4º, CF de 1988).

É vedada a remoção dos grupos indígenas de suas terras, salvo, "ad referendum" do Congresso Nacional, em caso de catástrofe ou epidemia que ponha em risco sua população, ou no interesse da soberania do País, após deliberação do Congresso Nacional, garantido, em qualquer hipótese, o retorno imediato logo que cesse o risco. São nulos e extintos, não produzindo efeitos jurídicos, os atos que tenham por objeto a ocupação, o domínio e a posse das terras a que se refere este artigo, ou a exploração das riquezas naturais do solo, dos rios e dos lagos nelas existentes, ressalvado relevante interesse público da União, segundo o que dispuser lei complementar, não gerando a nulidade e a extinção direito a indenização ou a ações contra a União, salvo, na forma da lei, quanto às benfeitorias derivadas da ocupação de boa-fé. Os índios, suas comunidades e organizações são partes legítimas para ingressar em juízo em defesa de seus direitos e interesses, intervindo o Ministério Público em todos os atos do processo (art. 231, §§ 5º e 6º c/c art. 232, CF de 1988).

Conforme o Estatuto do Índio, reputam-se terras indígenas as terras ocupadas ou habitadas pelos índios, as áreas reservadas à posse e ocupação pelos índios e as terras de domínio das comunidades indígenas. As terras indígenas não podem ser objeto de arrendamento ou de qualquer ato ou negócio jurídico que restrinja o pleno exercício da posse direta pela comunidade indígena ou pelos silvícolas. Nessas áreas, é vedada a qualquer pessoa estranha aos grupos tribais ou comunidades indígenas a prática da caça, pesca ou coleta de frutos, assim como de atividade agropecuária ou extrativa. As terras indígenas, por iniciativa e sob orientação do órgão federal de assistência ao índio, serão administrativamente demarcadas, de acordo com o processo estabelecido em decreto do Poder Executivo. A demarcação promovida nos termos deste artigo, homologada pelo Presidente da República, será registrada em livro próprio do Serviço do Patrimônio da União (SPU) e do registro imobiliário da comarca da situação das terras. Contra a demarcação processada nos termos deste artigo não caberá a concessão de interdito possessório, facultado aos interessados contra ela recorrer à ação petitória ou à demarcatória (arts. 17 a 19, Lei nº 6.001 de 1973).

Em caráter excepcional e por qualquer dos motivos adiante enumerados, poderá a União intervir, se não houver solução alternativa, em área indígena, determinada a providência por decreto do Presidente da República. A intervenção poderá ser decretada: a) para pôr termo à luta entre grupos tribais; b) para combater graves surtos epidêmicos, que possam acarretar o extermínio da comunidade indígena, ou qualquer mal que ponha em risco a integridade do silvícola ou do grupo tribal; c) por imposição da segurança nacional; d) para a realização de obras públicas que interessem ao desenvolvimento nacional; e) para reprimir a turbação ou esbulho em larga escala; f) para a exploração de riquezas do subsolo de relevante interesse para a segurança e o desenvolvimento nacional. A intervenção executar-se-á nas condições estipuladas no decreto e sempre por meios suasórios, dela podendo resultar, segundo a gravidade do fato, uma ou algumas das medidas seguintes: a) contenção de hostilidades, evitando-se o emprego de força contra os índios; b) deslocamento temporário de grupos tribais de uma para outra área; c) remoção de grupos tribais de uma para outra área. Somente caberá a remoção de grupo tribal quando de todo impossível ou desaconselhável a sua permanência na área sob intervenção, destinando-se à comunidade indígena removida área equivalente à anterior, inclusive quanto às condições ecológicas. A comunidade indígena removida será integralmente ressarcida dos prejuízos decorrentes da remoção. O ato de intervenção terá a assistência direta do órgão federal que exercita a tutela do índio (art. 20, Lei 6.001 de 1973).

As terras espontânea e definitivamente abandonadas por comunidade indígena ou grupo tribal reverterão, por proposta do órgão federal de assistência ao índio e mediante ato declaratório do Poder Executivo, à posse e ao domínio pleno da União. Cabe aos índios ou silvícolas a posse permanente das terras que habitam e o direito ao usufruto exclusivo das riquezas naturais e de todas as utilidades naquelas terras existentes. As terras ocupadas pelos índios, nos termos deste artigo, serão bens inalienáveis da União. Considera-se posse do índio ou silvícola a ocupação efetiva da terra que, de acordo com os usos, costumes e tradições tribais, detém e onde habita ou exerce atividade indispensável à sua subsistência ou economicamente útil. O usufruto assegurado aos índios ou silvícolas compreende o direito à posse, uso e percepção das riquezas naturais e de todas as utilidades existentes nas terras ocupadas, bem assim ao produto da exploração econômica de tais riquezas naturais e utilidades. Incluem-se, no usufruto, que se estende aos acessórios e seus acrescidos, o uso dos mananciais e das águas dos trechos das vias fluviais compreendidos nas terras ocupadas. É garantido ao índio o exclusivo exercício da caça e pesca nas áreas por ele ocupadas, devendo ser executadas por forma suasória as medidas de polícia que em relação a ele eventualmente tiverem de ser aplicadas (arts. 21 a 24, Lei nº 6.001 de 1973).

O reconhecimento do direito dos índios e grupos tribais à posse permanente das terras por eles habitadas independerá de sua demarcação, e será assegurado pelo órgão federal de assistência aos silvícolas, atendendo à situação atual e ao consenso histórico sobre a antiguidade da ocupação, sem prejuízo das medidas cabíveis que, na omissão ou erro do referido órgão, tomar qualquer dos Poderes da República. Ademais, a União poderá estabelecer, em qualquer parte do território nacional, áreas destinadas à posse e ocupação pelos índios, onde possam viver e obter meios de subsistência, com direito ao usufruto e utilização das riquezas naturais e dos bens nelas existentes, respeitadas as restrições legais. As áreas reservadas na forma deste artigo não se confundem com as de posse imemorial das tribos indígenas, podendo organizar-se sob uma das seguintes modalidades: i – reserva indígena; ii – parque indígena; iii – colônia agrícola indígena. Reserva indígena é uma área destinada a servidor de habitat a grupo indígena, com os meios suficientes à sua subsistência (arts. 25 a 27, Lei nº 6.001 de 1973).

Parque indígena é a área contida em terra na posse de índios, cujo grau de integração permita assistência econômica, educacional e sanitária dos órgãos da União, em que se preservem as reservas de flora e fauna e as belezas naturais da região. Na administração dos parques serão respeitados a liberdade, usos, costumes e tradições dos índios. As medidas de polícia, necessárias à ordem interna e à preservação das riquezas existentes na área do parque, deverão ser tomadas por meios suasórios e de acordo com o interesse dos índios que nela habitem. O loteamento das terras dos parques indígenas obedecerá ao regime de propriedade, usos e costumes tribais, bem como às normas administrativas nacionais, que deverão ajustar-se aos interesses das comunidades indígenas. Colônia agrícola indígena é a área destinada à exploração agropecuária, administrada pelo órgão de assistência ao índio, onde convivam tribos aculturadas e membros da comunidade nacional. Território federal indígena é a unidade administrativa subordinada à União, instituída em região na qual pelo menos um terço da população seja formado por índios (arts. 28 a 30, Lei 6.001 de 1973).

São de propriedade plena do índio ou da comunidade indígena, conforme o caso, as terras havidas por qualquer das formas de aquisição do domínio, nos termos da legislação civil. O índio, integrado ou não, que ocupe como próprio, por dez anos consecutivos, trecho de terra inferior a cinquenta hectares, adquirir-lhe-á a propriedade plena. Esse preceito não se aplica às terras do domínio da União, ocupadas por grupos tribais, às áreas reservadas de que trata esta Lei, nem às terras de propriedade coletiva de grupo tribal. Finalmente, o órgão federal de assistência ao índio poderá solicitar

CAPÍTULO 1 • DOMÍNIO PÚBLICO TERRESTRE   **171**

a colaboração das Forças Armadas e Auxiliares e da Polícia Federal, para assegurar a proteção das terras ocupadas pelos índios e pelas comunidades indígenas. Cabe ao órgão federal de assistência ao índio a defesa judicial ou extrajudicial dos direitos dos silvícolas e das comunidades indígenas. Compete à União adotar as medidas administrativas ou propor, por intermédio do Ministério Público Federal, as medidas judiciais adequadas à proteção da posse dos silvícolas sobre as terras que habitem (arts. 32 a 36, Lei nº 6.001 de 1973).

Portanto, as terras indígenas ostentam caráter protetivo em relação aos índios e a comunidade indigenista, resguardando o seu habitat natural, a fim de serem mantidos a sua tradição, costumes e descendência genética no meio em que vivem. "Nessas áreas existe a afetação a uma finalidade pública, qual seja, a de proteção a essa categoria social. Não é estritamente um serviço administrativo, mas há objetivo social perseguido pelo Poder Público. Sendo assim, trata-se de bens públicos enquadrados na categoria de bens de uso especial"[54].

Abaixo, segue transcrição de importantes julgados do Supremo Tribunal Federal acerca das terras indígenas:

> Conforme entendimento consubstanciado na Súmula 650/STF, o conceito de "terras tradicionalmente ocupadas pelos índios" não abrange aquelas que eram possuídas pelos nativos no passado remoto. (...) Renitente esbulho não pode ser confundido com ocupação passada ou com desocupação forçada, ocorrida no passado. Há de haver, para configuração de esbulho, situação de efetivo conflito possessório que, mesmo iniciado no passado, ainda persista até o marco demarcatório temporal atual (vale dizer, a data da promulgação da Constituição de 1988), conflito que se materializa por circunstâncias de fato ou, pelo menos, por uma controvérsia possessória judicializada. (ARE 803.462 AgR, rel. min. Teori Zavascki, j. 09.12.2014, 2ª T, DJE de 12.02.2015)
>
> Somente o "território" enquanto categoria jurídico-política é que se põe como o preciso âmbito espacial de incidência de uma dada Ordem Jurídica soberana, ou autônoma. O substantivo "terras" é termo que assume compostura nitidamente sociocultural, e não política. A Constituição teve o cuidado de não falar em territórios indígenas, mas, tão só, em "terras indígenas". A traduzir que os "grupos", "organizações", "populações" ou "comunidades" indígenas não constituem pessoa federada. Não formam circunscrição ou instância espacial que se orne de dimensão política. Daí não se reconhecer a qualquer das organizações sociais indígenas, ao conjunto delas, ou à sua base peculiarmente antropológica a dimensão de instância transnacional. Pelo que nenhuma das comunidades indígenas brasileiras detém estatura normativa para comparecer perante a Ordem Jurídica Internacional como "Nação", "País", "Pátria", "território nacional" ou "povo" independente. Sendo de fácil percepção que todas as vezes em que a Constituição de 1988 tratou de "nacionalidade" e dos demais vocábulos aspeados (País, Pátria, território nacional e povo) foi para se referir ao Brasil por inteiro. (...) Áreas indígenas são demarcadas para servir concretamente de habitação permanente dos índios de uma determinada etnia, de par com as terras utilizadas para suas atividades produtivas, mais as "imprescindíveis à preservação dos recursos ambientais necessários a seu bem-estar" e ainda aquelas que se revelarem "necessárias à reprodução física e cultural" de cada qual das comunidades étnico-indígenas, "segundo seus usos, costumes e tradições" (usos, costumes e tradições deles, indígenas, e não usos, costumes e tradições dos não índios). (...) A Constituição de 1988 faz dos usos, costumes e tradições indígenas o engate lógico para a compreensão, entre outras, das semânticas da posse, da permanência, da habitação, da produção econômica e da reprodução física e cultural das etnias nativas.

---

54. CARVALHO FILHO, José dos Santos. *Manual de direito administrativo*. 23. ed. Rio de Janeiro: Lumen Juris, 2010, p. 1314.

> O próprio conceito do chamado "princípio da proporcionalidade", quando aplicado ao tema da demarcação das terras indígenas, ganha um conteúdo peculiarmente extensivo. (Pet 3.388, rel. min. Ayres Britto, j. 19.03.2009, P, DJE de 1º.07.2010.
>
> A exclusividade de usufruto das riquezas do solo, dos rios e dos lagos nas terras indígenas é conciliável com a eventual presença de não índios, bem assim com a instalação de equipamentos públicos, a abertura de estradas e outras vias de comunicação, a montagem ou construção de bases físicas para a prestação de serviços públicos ou de relevância pública, desde que tudo se processe sob a liderança institucional da União, controle do Ministério Público e atuação coadjuvante de entidades tanto da administração federal quanto representativas dos próprios indígenas. O que já impede os próprios índios e suas comunidades, por exemplo, de interditar ou bloquear estradas, cobrar pedágio pelo uso delas e inibir o regular funcionamento das repartições públicas. (Pet 3.388, rel. min. Ayres Britto, j. 19.03.2009, P, DJE de 1º.07.2010)

Ademais, as terras indígenas também possuem proteção no direito internacional. A Convenção nº 169 da Organização Internacional do Trabalho trata sobre os Povos Indígenas e Tribais. Nos termos da referida norma, "os governos deverão respeitar a importância especial que para as culturas e valores espirituais dos povos interessados possui a sua relação com as terras ou territórios, ou com ambos, segundo os casos, que eles ocupam ou utilizam de alguma maneira e, particularmente, os aspectos coletivos dessa relação. A utilização do termo 'terras' deverá incluir o conceito de territórios, o que abrange a totalidade do habitat das regiões que os povos interessados ocupam ou utilizam de alguma outra forma. Dever-se-á reconhecer aos povos interessados os direitos de propriedade e de posse sobre as terras que tradicionalmente ocupam. Além disso, nos casos apropriados, deverão ser adotadas medidas para salvaguardar o direito dos povos interessados de utilizar terras que não estejam exclusivamente ocupadas por eles, mas às quais, tradicionalmente, tenham tido acesso para suas atividades tradicionais e de subsistência. Nesse particular, deverá ser dada especial atenção à situação dos povos nômades e dos agricultores itinerantes. Os governos deverão adotar as medidas que sejam necessárias para determinar as terras que os povos interessados ocupam tradicionalmente e garantir a proteção efetiva dos seus direitos de propriedade e posse. Deverão ser instituídos procedimentos adequados no âmbito do sistema jurídico nacional para solucionar as reivindicações de terras formuladas pelos povos interessados" (arts. 13 e 14, Convenção nº 169 da OIT).

"Os direitos dos povos interessados aos recursos naturais existentes nas suas terras deverão ser especialmente protegidos. Esses direitos abrangem o direito desses povos a participarem da utilização, administração e conservação dos recursos mencionados. Em caso de pertencer ao Estado a propriedade dos minérios ou dos recursos do subsolo, ou de ter direitos sobre outros recursos, existentes nas terras, os governos deverão estabelecer ou manter procedimentos com vistas a consultar os povos interessados, a fim de se determinar se os interesses desses povos seriam prejudicados, e em que medida, antes de se empreender ou autorizar qualquer programa de prospecção ou exploração dos recursos existentes nas suas terras. Os povos interessados deverão participar sempre que for possível dos benefícios que essas atividades produzam, e receber indenização equitativa por qualquer dano que possam sofrer como resultado dessas atividades. A lei deverá prever sanções apropriadas contra toda intrusão não autorizada nas terras dos

CAPÍTULO 1 • DOMÍNIO PÚBLICO TERRESTRE

povos interessados ou contra todo uso não autorizado das mesmas por pessoas alheias a eles, e os governos deverão adotar medidas para impedirem tais infrações" (arts. 15 e 18, Convenção nº 169 da OIT).

1.8 ILHAS

As ilhas constituem a oitava modalidade de bens integrantes do domínio público terrestre. O vocábulo *ilha* deriva do latim *insula* (ilha), "geograficamente se entende toda porção de terra cercada de águas por todos os lados. 'Ilha oceânica ou costeira' é a que se forma ou existe nos oceanos ou na costa. 'Ilha fluvial' é a que se forma pela bifurcação ou pelos braços dos rios. 'Ilha lacustre' é a que se situa nas lagoas ou nos lagos". As ilhas, sejam oceânicas ou costeiras, fluviais e lacustres, estas nas zonas limítrofes com outros países, entendem-se como domínio da União (CF/1988, art. 20, IV)[55].

De acordo com o dicionário de geologia, o vocábulo *ilha* significa as "porções relativamente pequenas de terras emersas circundadas de água doce ou salgada. As ilhas constituem massas de terras emersas cuja definição é a mesma que se dá para os continentes. Porém, a grande diferença está no grau da escala referida, isto é, na extensão. As ilhas têm geralmente extensões pequenas. A Austrália, por exemplo, pode ser considerada como o menor dos continentes ou a maior das ilhas. Outra característica é que existem ilhas cujas terras estão circundadas apenas por água doce, enquanto os litorais de todos os continentes estão cercados por água salgada. As ilhas podem ser classificadas em dois grandes grupos: I) Ilhas continentais ou costeiras: 1 – ilhas de erosão, 2 – ilhas de sedimentação, 3 – ilhas de erosão e afundamento, 4 – ilhas de afundamento, 5 – ilhas residuais; II) Ilhas oceânicas ou isoladas: 1 – ilhas vulcânicas, 2 – ilhas de origem biológica"[56].

No magistério de Maria Helena Diniz, a palavra "ilha" é designada no direito administrativo como "bem público dominical se formado no álveo de corrente pública ou no oceano, exceto de estiver destinado ao uso comum". Distingue-se da "ilha artificial", que é a porção de terra cercada de água por todos os lados, "resultante de obra pública, na qual se aproveitam, mediante recursos da técnica moderna, os elementos da própria natureza, como pedras, terras etc."[57].

Para Hely Lopes Meirelles, "as ilhas dos rios e lagos públicos interiores pertencem aos Estados-membros e as dos rios e lagos públicos limítrofes com Estados estrangeiros são do domínio público da União. Este entendimento não é pacífico entre os autores e julgados, que ora consideram tais ilhas pertencentes à União (Themístocles Brandão Cavalcanti), ora ao Estado-membro (José Matos de Vasconcelos)"[58]. Para resolver o

---

55. SILVA, De Plácido e. *Vocabulário jurídico*. 26. ed. Rio de Janeiro: Forense, 2005, p. 697-698.
56. GUERRA, Antônio Teixeira; GUERRA, Antônio José Teixeira. *Novo dicionário geológico-geomorfológico*. 6. ed. Rio de Janeiro: Bertrand Brasil, 2008, p. 348.
57. DINIZ, Maria Helena. *Dicionário jurídico*. São Paulo: Saraiva, 1998, v. 2, p. 758-759.
58. MEIRELLES, Hely Lopes. *Direito administrativo brasileiro*. 20. ed. São Paulo: Malheiros, 1995, p. 464-465.

debate doutrinário, a Emenda Constitucional 45 de 2005 alterou a redação do art. 20, IV da CF de 1988, pacificando a matéria. Assim, incluem-se entre os bens dos Estados--membros as ilhas fluviais e lacustres não pertencentes à União, sendo bens da União somente as ilhas fluviais e lacustres nas zonas limítrofes com outros países e as ilhas oceânicas e as costeiras, excluídas destas últimas as que contenham a sede de Municípios, salvo aquelas áreas afetadas ao serviço público e a unidade ambiental federal (art. 20, IV c/c art. 26, III da CF de 1988).

Segundo o Código das Águas, as *ilhas* ou ilhotas, que se formarem no álveo de uma corrente, pertencem ao domínio público, no caso das águas públicas, e ao domínio particular, no caso das águas comuns ou particulares. Além disso, as ilhas ou ilhotas, quando de domínio público, consideram-se coisas patrimoniais, salvo se estiverem destinadas ao uso comum (art. 23 c/c art. 25 da Decreto nº 24.643, de 10 de julho de 1934). Por sua vez, a ilha fluvial constitui bem da União quando localizadas nas zonas limítrofes com outros países, bem como as ilhas oceânicas, estas últimas excluídas as que contenham sede de Municípios, salvo aquelas áreas afetadas ao serviço público e à unidade ambiental federal (art. 20, IV, CF de 1988). Por conseguinte, a ilha será pública ou privada a depender da natureza do rio, havendo relação de acessoriedade, isto é, relação de causa e efeito (águas públicas = ilha de domínio público, ao passo que as águas particulares = ilha de domínio particular).

Registre-se que as ilhas de domínio público são consideradas bens patrimoniais, salvo se estiverem destinadas ao uso comum (art. 25 do Código das Águas), isto é, "as ilhas públicas são bens dominicais, salvo quando se lhes tiver dado outro destino"[59]. São bens da União as ilhas fluviais localizadas nas zonas limítrofes com outros países, assim como as ilhas oceânicas e as costeiras, excluídas, destas, as que contenham a sede de Municípios, exceto aquelas áreas afetadas ao serviço público e a unidade ambiental federal (art. 20, IV, CF de 1988). Por sua vez, incluem-se entre os bens dos Estados-membros as áreas, nas ilhas oceânicas e costeiras, que estiverem no seu domínio, excluídas aquelas sob domínio da União, Municípios ou terceiros, assim como as ilhas fluviais e lacustres não pertencentes à União (art. 26, II e III, CF de 1988).

As ilhas oceânicas que pertencem ao Brasil são: i – *Arquipélago de Fernando de Noronha* (situado no Estado do Pernambuco, distante 545 km de Recife, com área de 17.017 km², contendo 21 ilhas e de origem geológica vulcânica); ii – *Ilhas de Trindade e Martim Vaz* (fixadas no Estado do Espírito Santo, distante da costa do ES em 1.100 km, com área de 10,4 km², contendo 2 ilhas e de origem geológica vulcânica); iii – *Penedos de São Pedro e São Paulo* (localizados no Estado de Pernambuco, distante de Natal em 987 km, com área de 0,013 km², com várias ilhas rochosas e pedregosas e de origem geológica de manto abissal); iv – *Atol das Rocas* (situado no Estado do Rio Grande do Norte, distante de Natal em 267 km, com área de 378,2 km², com 1 atol e de origem resultante de recife de corais; v - *Arquipélago de Abrolhos* (encontrado no Estado da

---

59. MELLO, Celso Antônio Bandeira de. *Curso de direito administrativo*. 26. São Paulo: Malheiros, 2009, p. 913.

Bahia, distante da costa em 80 km, com área de 913 km², contendo 5 pequenas ilhas e de origem geológica vulcânica); vi – *Ilha de São Vicente* (localizada no litoral do estado de São Paulo); vii – *Ilha de Santa Catarina* (fixada na cidade de Florianópolis); viii – *Ilha de Vitória* (situada na maior parte da cidade de Vitória, no Estado do Espírito Santo); ix - *Ilha de Comandatuba* (localizado no litoral Sul do estado da Bahia)[60]; x – *Ilha da Trindade* (Espírito Santo); e xi – *Arquipélago de Martin Vaz* (Espírito Santo)[61].

Por fim, conforme o Plano Setorial para os Recurso do Mar, "a importância estratégica das ilhas oceânicas foi consolidada pela CNUDM [Convenção das Nações Unidas sobre o Direito do Mar], que garante o direito de o Brasil estabelecer Mar Territorial (MT) e Zona Econômica Exclusiva (ZEE) ao redor das ilhas. Assim, é acrescentada uma área marítima de raio de 200 milhas ao redor de cada ilha oceânica, garantindo ao País exclusividade para explorar, conservar e gerir os respectivos recursos naturais, vivos e não vivos, da massa líquida, do solo e do subsolo marinhos, o que acrescenta considerável importância econômica para a nação brasileira. As ilhas oceânicas também possuem importante valor científico, socioeconômico e ambiental, em função da singularidade de seus ecossistemas, das espécies endêmicas, da constituição e da evolução geológica e da possibilidade de geração de dados essenciais para previsões meteorológicas, estudos geológicos, geotécnicos, oceanográficos e climáticos, entre outros"[62].

1.9 PRAIAS

As praias constituem a nona modalidade de bens integrantes do domínio público terrestre. O vocábulo *praia*, do latim *plaga*, que significa extensão de terra ou espaço, é palavra usada na terminologia jurídica para designar toda orla de terra, geralmente coberta de areia, banhada pelas águas do mar, dos rios ou das lagoas. Nesse sentido, a rigor, praia compreende apenas as faixas de terras que confinam com as águas e estão sujeitas às marés, ou seja, periodicamente são cobertas pelas mesmas águas no seu fluxo e refluxo. Todavia, em sentido amplo, "praia" pode ser definida como toda extensão de terra coberta de areia, que se limita com as águas, mesmo na parte que não é banhada ou coberta por elas[63].

Segundo o dicionário de geologia, o vocábulo *praia* significa o "depósito de areias acumuladas pelos agentes de transportes fluviais ou marinhos. As praias representam cintas anfíbias de grão de quartzo, apresentando uma largura maior ou menor, em função da maré. Algumas vezes podem ser totalmente encobertas por ocasião das marés de sizígia. Quanto ao material que compõe as praias, há um domínio quase absoluto

---

60. ROCHA, Ana Augusta; LINSKER, Roberto. *Ilhas Oceânicas do Brasil*. Disponível em: https://www.suapesquisa. com/geografia_do_brasil/ilhas_oceanicas_brasil.htm. Acesso em: 10 ago. 2022.
61. BRASIL. Guia Geográfico. *Ilhas oceânicas do Brasil*. Disponível em: https://www.brasil-turismo.com/ilhas-o-ceanicas.htm. Acesso em: 10 ago. 2022.
62. PSRM. Plano Setorial para os Recursos do Mar. *Pesquisas científicas nas ilhas oceânicas*. Marinha do Brasil. Disponível em: https://www.marinha.mil.br/secirm/pt-br/psrm/ilhasoceanicas. Acesso em: 10 ago. 2022.
63. SILVA, De Plácido e. *Vocabulário jurídico*. 26. ed. Rio de Janeiro: Forense, 2005, p. 1069.

dos grãos de quartzo, isto é, as areias. Os depósitos de praia, quando situados a alguns metros acima do alcance das marés de sizígia, servem como indicadores da oscilação entre o nível dos oceanos e das terras. Os depósitos de praias permitem ainda a seguinte divisão: a) praias ordinárias e b) praias de tempestades. Estas últimas são constituídas pelo acúmulo de areias lançadas na costa pelas vagas de tempestade"[64].

A Lei nº 7.661, de 16 de maio de 1988, que instituiu o Plano Nacional de Gerenciamento Costeiro, define *praia* como "a área coberta e descoberta periodicamente pelas águas, acrescida da faixa subsequente de material detrítico, tal como areias, cascalhos, seixos e pedregulhos, até o limite onde se inicie a vegetação natural, ou, em sua ausência, onde comece um outro ecossistema" (art. 10, § 3º). No tocante à natureza jurídica, as praias são bens públicos de uso comum do povo, sendo assegurado, sempre, o livre e franco acesso a elas e ao mar, em qualquer direção e sentido, ressalvados os trechos considerados de interesse de segurança nacional ou incluídos em áreas protegidas por legislação específica. Considerando que as praias são bens de uso público, é proibida a urbanização ou qualquer forma de utilização que impeça ou dificulte o acesso a todos (art. 10, § 1º).

As praias fluviais e as praias marítimas são bens da União, nos termos do art. 20, incisos III e IV da Constituição Federal de 1988. A seguir, segue ementa do Parecer nº 83/2020/NUCJUR/E-CJU, da Advocacia-Geral da União: "I – Praias marítimas. Propriedade da União. CF/88, art. 20. II – Termo de adesão para a transferência da gestão das praias marítimas urbanas, inclusive as áreas de bens de uso comum com exploração econômica, firmado com o Município de Balneário Camboriú. Fundamento legal: art. 14 da Lei nº 13.240, de 30 de dezembro de 2015. III – Com a transferência da gestão das praias, o Município tem o dever de observar a legislação federal que rege a matéria, inclusive o dever de apresentar o plano de Gestão Integrada, feito com a participação da sociedade civil, do Poder Público das três esferas e do Comitê de Gestão de orlas local. IV – Lei Municipal que permite a prática de esportes em determinada área da praia, sem estabelecer a exclusividade. Constitucionalidade. V – Possibilidade de retomada da gestão pela União por razões de interesse público ou descumprimento do Termo de Adesão à Gestão de Praias"[65].

Por fim, Pinto Ferreira assinala: "as praias são bens públicos de uso comum, inalienáveis e perpetuamente consagradas à utilidade geral dos habitantes de determinada comunidade, motivo pelo qual somente através de autorização do poder competente podem ser permitidas as construções de caráter precário sobre elas, seja através de autorização especial, seja através de tolerância equivalente a uma autorização tácita.

---

64. GUERRA, Antônio Teixeira; GUERRA, Antônio José Teixeira. *Novo dicionário geológico-geomorfológico*. 6. ed. Rio de Janeiro: Bertrand Brasil, 2008, p. 503.

65. AGU. Advocacia-Geral da União. *Parecer nº 00083/2020/NUCJUR/E*. Consultoria Jurídica da União Especializada Virtual de Patrimônio. Disponível em: https://www.gov.br/agu/pt-br/composicao/cgu/e-cjus/pareceres-referenciais-das-e-cjus/patrimonio-1/pareceres-2020-1/PARECERn.00083.2020.NUCJUR.ECJU. PATRIMNIO.CGU.AGU.pdf. Acesso em: 10 ago. 2022.

CAPÍTULO 1 • DOMÍNIO PÚBLICO TERRESTRE **177**

Por isso, a jurisprudência pacífica do País tem advertido que os mares costeiros e as praias do mar são inalienáveis e imprescritíveis, por se acharem fora do comércio, e são absolutamente nulos quaisquer atos de alienação, locação, posse e constituição de ônus reais sobre tais bens. Nesse sentido a jurisprudência brasileira tem decidido que as concessões antigas ou modernas para as construções sobre o mar, rios navegáveis e seus braços nunca importam em transferência de propriedade e são essencialmente revogáveis ou modificáveis, sem indenização. O direito à indenização se funda desde que o concessionário sofra dano com a revogação e se a concessão foi a título oneroso, mas não tem direito à indenização se a concessão foi gratuita"[66].

1.10 PLATAFORMA CONTINENTAL

A plataforma continental constitui a décima modalidade de bens integrantes do domínio público terrestre. Segundo o dicionário de geologia, a *plataforma continental* consiste em um "planalto submerso que orla todos os continentes. O aspecto topográfico é de uma superfície quase plana, cujos declives são pouco acentuados até a cota de – 200 metros. Na morfologia submarina é nele que encontramos o maior número de acidentes, pelo fato de o efeito da erosão submarina não se fazer sentir a grandes profundidades. A plataforma continental possui depósitos de origem continental, algumas vezes grosseiros, que se vão tornando mais finos à medida que aumentam a profundidade e a distância da linha da costa. A região da plataforma continental aparece em continuação às terras firmes, ou melhor, às terras emersas, e constitui um prolongamento da área continental emersa. Em termos numéricos temos, por conseguinte, para a plataforma continental, a área que vai desde o nível zero até a isóbata de 200 metros. O planalto continental representa, por assim dizer, o limite batimétrico da penetração da luz solar e das variações da temperatura, em função da mudança das estações. Marca, ainda, o planalto continental o limite da existência da vegetação submarina e, consequentemente, da fauna herbívora. Abaixo dessa zona oceânica, isto é, a partir do talude continental, encontramos uma fauna carnívora"[67].

Na lição de Celso de Albuquerque Mello, "os continentes não estão diretamente, de modo abrupto, sobre o fundo dos oceanos, mas repousam em uma plataforma, geralmente, de ligeira inclinação. O território de um Estado não desaparece de imediato com o mar, mas prolonga-se submerso. É a plataforma continental, cuja profundidade média vai até 200m, ou cem braças (180m para os anglo-saxões), quando tem início o talude continental ou rebordo oceânico, que vai até a profundidade média de média de 500 metros e, posteriormente, vem a região pelágica, para finalmente mergulhar nas grandes profundidades da região abissal. A noção geográfica da plataforma continental já é encontrada no século XVIII com o marquês de Marsilli, fundador da oceanogra-

---

66. FERREIRA, Pinto. *Comentários à Constituição brasileira*. Arts. 1º a 21. São Paulo: Saraiva, 1989, 1º v., p. 485.
67. GUERRA, Antônio Teixeira; GUERRA, Antônio José Teixeira. *Novo dicionário geológico-geomorfológico*. 6. ed. Rio de Janeiro: Bertrand Brasil, 2008, p. 495-496.

fia. A largura da plataforma continental varia de acordo com o relevo terrestre, sendo normalmente menor quando o relevo for montanhoso. Em certas regiões ela chega a 750 milhas de largura; é o que ocorre, por exemplo, entre a Noruega e a Sibéria. Em outras regiões, como no Pacífico (Peru e Chile), ela praticamente não existe, devido à proximidade da cordilheira dos Andes, ondo o mar cai, junto à costa, a grandes profundidades. A maioria das plataformas continentais via até a profundidade de 133m (Shepard). Todavia, não se pode fixar uma definição, mesmo geográfica, de plataforma continental a partir da sua profundidade, uma vez que ela é variável".

"Não é a plataforma continental tão lisa como seu nome parece indicar; é, pelo contrário, normalmente acidentada, em contraste com as grandes profundidades marinhas, que são geralmente uniformes. Ela possui vales formados por verdadeiras montanhas. Diversas teorias procuram explicar a origem das plataformas continentais: a) abrasão marinha; b) sedimentação marinha (seria resultante de produtos retirados do continente, por exemplo, pelos grandes rios); c) seria a plataforma o rebordo dos continentes cujas grandes fraturas teria formado os Oceanos Atlântico e Índico; d) a plataforma teria surgido de uma invasão do mar no continente. Esta última teoria é a que mais conta seguidores nos dias de hoje. Na verdade, nenhuma concepção é inteiramente certa, uma vez que as plataformas tiveram as mais diferentes causas e em consequência todas as teorias expostas têm a sua parte de verdade". Há que mencionar também que a plataforma continental indica noção biológica, pois constitui um meio próprio para as espécies marinhas, nela se localizando a maioria das espécies comestíveis; além de a plataforma continental ser rica em recursos minerais, possuindo grande quantidade de petróleo, carvão, urânio, ferro, chumbo, prata, ouro etc.[68]

De acordo com Hildebrando Accioly, "o desenvolvimento dos estudos e pesquisas oceanográficas e o conhecimento do relevo do solo das regiões submarinas nas proximidades dos continentes levaram homens de ciência e estadistas a pensar no aproveitamento dos recursos naturais situados nas áreas submersas adjacentes à zona do mar territorial. Tais pesquisas e estudos mostraram que, muitas vezes, os continentes não baixam abruptamente até as profundezas oceânicas e que, ao contrário, em muitos casos, existe uma espécie de planície submarina ao longo das costas a qual se inclina natural e gradualmente até grande distância do litoral, formando aquilo a que se denominou a plataforma continental ou plataforma submarina; e que sobre esta e em seu subsolo existem importantes riquezas naturais suscetíveis de aproveitamento pelo homem. Essa plataforma é, pois, conforme definiu o Prof. Brierli, 'uma formação particular do leito do mar em certas costas, onde a água pouco profunda se estende a uma distância considerável a partir da terra e depois da qual o leito do mar se precipita a grandes profundidades'. Essa denominação se justifica, visto que, segundo informam os geólogos, "os continentes, em muitas regiões, parecem assentar sobre uma espécie de base ou plataforma submersa, que se prolonga em declive suave até chegar a uma

---

68. MELLO, Celso D. de Albuquerque. *Direito internacional público*. 3. ed. Rio de Janeiro: Freitas Bastos, 1971, 2. v., p. 559-560.

profundidade de perto de 200 metros ou, aproximadamente, 100 braças ou 600 pés, daí caindo, subitamente, para as profundezas abismais"[69].

Para o Serviço Geológico do Brasil, a plataforma continental "é a porção do fundo oceânico que margeia os continentes, indo da linha da costa até a profundidade de aproximadamente 200 m. É plana, com uma inclinação muito suave (1 m de declive para cada 1.000 m de extensão) e largura variável (70 a 80 km em média, podendo chegar a várias centenas). Essa largura é maior em oceanos como o Atlântico, com margens continentais passivas. No Brasil, é bem mais larga na região Sudeste do que no Nordeste. Em oceanos como o Pacífico, com margens continentais tectonicamente ativas, a plataforma tem largura reduzida. É recoberta por sedimentos de origem continental trazidos principalmente pelos rios, mas também por geleiras e ventos. Abriga importantes concentrações de recursos minerais, fornecendo também grande parte da produção atual de petróleo. Normalmente é dividida em plataforma continental proximal (porção mais próxima do continente), plataforma continental média e plataforma continental distal, cada uma delas com suas características biológicas, geomorfológicas e sedimentológicas. As águas oceânicas acima da plataforma e fora da influência das marés constituem, do ponto de vista biológico, a zona nerítica, a mais importante para a pesca. Compreende formas de vida sésseis, ou seja, que vivem fixas ao fundo do mar (como os corais) e nectônicas (como os peixes). É a unidade mais importante do relevo submarino. Além dos recursos minerais que contém, nela o sol atinge praticamente todo o fundo marinho, permitindo a fotossíntese e o crescimento do plâncton. Por isso, ali estão as maiores regiões pesqueiras"[70].

Valério Mazzuoli conceitua plataforma continental como "uma planície submersa adjacente à costa, como decorrência da formação particular do leito do mar em certos litorais, que se estende a determinada distância a partir da terra e cuja profundidade normalmente não ultrapassa a duzentos metros (ou, aproximadamente, 100 braças ou 600 pés), depois da qual o leito do mar baixa abruptamente para as grandes profundidades a região abissal (localizada a muitos milhares de metros de profundidade). Em outras palavras, a plataforma continental é uma extensão suave que se inicia no litoral, onde termina a terra firme, e vai até certa distância da costa, para além das águas territoriais, onde se inclina radicalmente até cair nas extremas profundezas do alto-mar. Trata-se, como se vê, de um conceito geológico"[71].

O instituto também é disciplinado pelo Direito Internacional, notadamente a Convenção das Nações Unidas sobre o Direito do Mar, concluída em Montego Bay, em 10 de dezembro de 1982. Nos termos desse instrumento, "a plataforma continental de um Estado costeiro compreende o leito e o subsolo das áreas submarinas que se estendem além do seu mar territorial, em toda a extensão do prolongamento natural do seu

---

69. ACCIOLY, Hildebrando. *Manual de direito internacional público*. 11. ed. São Paulo: Saraiva, 1979, p. 205-206.
70. SGB. Serviço Geológico Brasileiro. *Plataforma Continental*. Disponível em: http://www.cprm.gov.br/publique/SGB-Divulga/Canal-Escola/Relevo-Oceanico-2624.html. Acesso em: 10 ago. 2022.
71. MAZZUOLI, Valério de Oliveira. *Curso de direito internacional público*. 10. ed. São Paulo: Ed. RT, 2016, p. 867.

território terrestre, até ao bordo exterior da margem continental, ou até uma distância de 200 milhas marítimas das linhas de base a partir das quais se mede a largura do mar territorial, nos casos em que o bordo exterior da margem continental não atinja essa distância" (art. 76, item 1).

No âmbito interno, a Lei nº 8.617, de 4 de janeiro de 1993, dispõe que "a plataforma continental do Brasil compreende o leito e o subsolo das áreas submarinas que se estendem além do seu mar territorial, em toda a extensão do prolongamento natural de seu território terrestre, até o bordo exterior da margem continental, ou até uma distância de duzentas milhas marítimas das linhas de base, a partir das quais se mede a largura do mar territorial, nos casos em que o bordo exterior da margem continental não atinja essa distância". Além disso, "o Brasil exerce direitos de soberania sobre a plataforma continental, para efeitos de exploração dos recursos naturais. Na plataforma continental, o Brasil, no exercício de sua jurisdição, tem o direito exclusivo de regulamentar a investigação científica marinha, a proteção e preservação do meio marinho, bem como a construção, operação e o uso de todos os tipos de ilhas artificiais, instalações e estruturas" (arts. 11 a 13).

Finalmente, no tocante à titularidade, registre-se que são bens da União os recursos naturais da plataforma continental (art. 20, V, CF de 1988). Não obstante, conforme a jurisprudência do Supremo Tribunal Federal, "embora os recursos naturais da plataforma continental e os recursos minerais sejam bens da União (CF, art. 20, V e IX), a participação ou compensação aos Estados, Distrito Federal e Municípios no resultado da exploração de petróleo, xisto betuminoso e gás natural são receitas originárias destes últimos entes federativos (CF, art. 20, § 1º). É inaplicável, ao caso, o disposto no art. 71, VI, da Carta Magna, que se refere, especificamente, ao repasse efetuado pela União – mediante convênio, acordo ou ajuste – de recursos originariamente federais" (MS 24.312, rel. min. Ellen Gracie, j. 19.02.2003, P, DJ de 19.12.2003).

1.11 FAIXA DE FRONTEIRA

A faixa de fronteira constitui a décima primeira modalidade de bens integrantes do domínio público terrestre. A locução *faixa de fronteira* significa o pedaço longo e estreito de terra, localizado na parte interna do País, que delimita o espaço geográfico do Estado, sendo os limites determinados por linhas divisórias dentro das quais o Estado exerce a soberania. Disso resulta que a faixa de fronteira possui finalidade delimitatória e protetiva, isto é, determina a expansão física do Estado, distinguindo-o do espaço de outro Estado, bem como protege o território nacional de incursões estrangeiras. Na esfera do direito internacional, "os 'limites' sãos as linhas divisórias ou de separação (retas, curvas ou sinuosas) que definem geometricamente a extensão precisa do território do Estado. Eles separam o território do Estado do território dos Estados vizinhos, bem assim das áreas que diretamente pertençam à sociedade internacional. As 'fronteiras', por sua vez, são zonas espaciais (ou geográficas) bem menos precisas que os limites, de

CAPÍTULO 1 • DOMÍNIO PÚBLICO TERRESTRE **181**

maior ou menor extensão, que correspondem a cada lado da linha estabelecida pelos limites geográficos dos Estados. São faixas que contornam o território do Estado e que se estendem até a sequência de pontos formadores das linhas chamadas limites. Os limites estatais podem ser naturais (também chamados de arcifínios) e/ou artificiais (conhecidos também por intelectuais, convencionais, matemáticos ou astronômicos)[72].

No magistério de Maria Helena Diniz, faixa de fronteira é a "porção de território nacional, situada ao longo de suas fronteiras, reservada para garantir a segurança do País, através de fortificações militares, estrada de ferro ou qualquer outro meio de comunicação estratégico", tratando-se de "zona indispensável à defesa nacional"[73].

Normativamente, a Constituição Federal define *faixa de fronteira* como "a faixa de até cento e cinquenta quilômetros de largura ao longo das fronteiras terrestres, em razão do caráter fundamental para a defesa do território nacional, sendo sua ocupação e utilização reguladas por lei (art. 20, § 2º, CF/1988). Regulamentando a matéria, foi recepcionada a Lei nº 6.634, de 2 de maio de 1979, dispondo que "é considerada área indispensável à Segurança Nacional a faixa interna de 150 Km (cento e cinquenta quilômetros) de largura, paralela à linha divisória terrestre do território nacional, que será designada como Faixa de Fronteira". Tendo em vista a fundamentalidade da faixa de fronteira para a defesa nacional, salvo com o assentimento prévio do Conselho de Segurança Nacional, será vedada, na Faixa de Fronteira, a prática dos atos referentes a: I – alienação e concessão de terras públicas, abertura de vias de transporte e instalação de meios de comunicação destinados à exploração de serviços de radiodifusão de sons ou radiodifusão de sons e imagens; II – Construção de pontes, estradas internacionais e campos de pouso; III – estabelecimento ou exploração de indústrias que interessem à Segurança Nacional, assim relacionadas em decreto do Poder Executivo; IV – instalação de empresas que se dedicarem às seguintes atividades: a) pesquisa, lavra, exploração e aproveitamento de recursos minerais, salvo aqueles de imediata aplicação na construção civil, assim classificados no Código de Mineração; b) colonização e loteamento rurais; V – transações com imóvel rural, que impliquem a obtenção, por estrangeiro, do domínio, da posse ou de qualquer direito real sobre o imóvel; VI – participação, a qualquer título, de estrangeiro, pessoa natural ou jurídica, em pessoa jurídica que seja titular de direito real sobre imóvel rural[74].

Como dito, na "faixa de fronteira" é vedada a alienação e concessão de terras públicas, bem como a instalação de empresas que se dediquem à colonização e loteamentos rurais (art. 2º da Lei nº 6.634/79). Noutro giro, nas "terras devolutas" é possível a destinação como área urbana ou rural, se assim for disposto pelo respectivo Estado-membro,

---

72. MAZZUOLI, Valério de Oliveira. *Curso de direito internacional público*. 10. ed. São Paulo: Ed. RT, 2016, p. 539-541.

73. DINIZ, Maria Helena. *Dicionário jurídico*. São Paulo: Saraiva, 1998, v. 2, p. 503.

74. BRASIL. Lei nº 6.634, de 2 de maio de 1979. *Dispõe sobre a Faixa de Fronteira, altera o Decreto-lei 1.135, de 3 de dezembro de 1970, e dá outras providências*. Disponível em: http://www.planalto.gov.br/ccivil_03/leis/l6634. htm. Acesso em: 20 fev. 2021.

de acordo com a liberdade de conformação do legislador estadual. Exemplificadamente, consoante o Instituto de Defesa Agropecuária e Florestal do Espírito Santo (IDAF, da Secretaria de Estado da Agricultura, Abastecimento, Aquicultura e Pesca (SEAG), "no caso do Estado do Espírito Santo, quase todas as terras devolutas estão ocupadas por terceiros". Ademais, "compete ao Governo do Estado, por meio do IDAF, adotar as medidas administrativas ou judiciais, visando promover a legitimação das terras devolutas aos detentores da posse". Para tanto, os ocupantes de terreno rural ou urbano que tenha a posse do imóvel de forma mansa e pacífica e que, pelas características de ocupação, a área seja presumidamente devoluta devem atentar para os seguintes requisitos : a) declarar e comprovar, por qualquer meio, a posse mansa e pacífica da área pelo prazo mínimo de cinco anos, permitindo a soma de tempo de ocupação de posseiros antecessores; b) limite máximo permitido de área inferior a 250 hectares; c) Comprovar cultivo de, pelo menos, um terço da área agricultável ou produtividade; d) serão passíveis de legitimação, condicionada ao preenchimento dos demais requisitos da lei, as áreas onde houver comprovação da existência de fragmento florestal de Mata Atlântica. No caso de área urbano, os requisitos consistem em: a) declarar e comprovar, por qualquer meio, a posse mansa e pacífica da área pelo prazo mínimo de cinco anos, permitindo a soma de tempo de ocupação de posseiros antecessores; b) limite máximo permitido de área: 1.500 metros quadrados[75].

Desse modo, não se confundem as "terras devolutas" com a "faixa de fronteira", sendo distintos ambos os institutos quanto à natureza, finalidade e normas regedoras, além da titularidade, sendo as primeiras em geral de competência dos Estados-membros e a segunda modalidade de competência da União federal. Ressalte-se apenas que a terra devoluta será incluída como bem imóvel da União quando se tratar de porção indispensável para a defesa das fronteiras, fortificações, construções militares, estradas de ferro federais, vias federais de comunicação e à preservação ambiental, nos termos do art. 1º, "e" do Decreto-Lei 9.760 de 1946 c/c art. 20, II, da CF de 1988.

1.12 JURISPRUDÊNCIA

Ação cível originária. Terras públicas estaduais. Área de 155,72 alqueires. Concessão de domínio pelo estado após ação discriminatória na década de cinquenta do século xx. Área correspondente a trezentos e setenta e seis hectares. Propriedade concedida a dezesseis famílias. Demanda objetivando a anulação dos títulos de domínio e atos subsequentes. Caráter reivindicatório da ação reconhecido. Domínio anterior da área com sua correta individuação não demonstrado nos autos. Aspecto atual da área a revelar casario correspondente a bairro urbano nela incrustado. Segurança jurídica. Ação ajuizada pela união que se julga improcedente. 1. *Terras devolutas* pertencentes

---

75. ESPÍRITO SANTO, Governo do Estado do. Secretaria de Estado da Agricultura, Abastecimento, Aquicultura e Pesca (SEAG). Instituto de Defesa Agropecuária e Florestal do Espírito Santo (IDAF). *Regularização de terra devoluta*. Disponível em: https://idaf.es.gov.br/regularizacao-de-terra-devoluta. Acesso em: 20 fev. 2021.

ao Estado de São Paulo por força da Constituição da República de 1891 e concedidas a particulares mediante ação discriminatória. 2. Anulação de títulos pretendida pela União com fundamento em direito de propriedade supostamente preexistente. Reconhecimento do caráter reivindicatório da ação anulatória. 3. Domínio da área, pela União, com sua correta individuação de forma apta a demonstrar se tratar dos imóveis descritos na inicial, antes da entrada em vigor da Constituição da República de 1891, não comprovado nos autos. 4. À incerteza da propriedade preexistente, soma-se a excepcional consequência consistente no expressivo tempo decorrido desde a concessão dos títulos de domínio – mais de cinco décadas –, com o desenvolvimento urbano da região, hoje repleta de residências, justificando-se, em respeito à segurança jurídica, a manutenção dos atos jurídicos que se buscam anular. Situação, mutatis mutandis, já resguardada por esta Suprema Corte em hipótese igualmente excepcional (ACO 79, Plenário, 15.3.2012, DJe 28.05.2013). 5. Ação julgada improcedente. (STF – ACO 158 – Tribunal Pleno – Re. Min. Rosa Weber – Julgamento: 12.03.2020 – Publicação: 23.06.2020).

4. Ação reivindicatória cumulada com anulação de registro. 5. *Terras devolutas*. Situação jurídica consolidada. Comprovação de domínio privado desde 1940, pelo menos, anterior ao registro da União, em 1984/1985. 6. Ressalva prevista no art. 5º, "b", do Decreto-lei 1.164/1971, revogado pelo Decreto-lei 2.375/1987. Jurisprudência do STF. (STF – ACO 689 AgR – Tribunal Pleno – Rel. Min. Gilmar Mendes – Julgamento: 15.04.2020 – Publicação: 30.04.2020).

A jurisprudência do STF, por diversas vezes, reconheceu que as terras dos aldeamentos indígenas que se extinguiram antes da Constituição de 1891, por haverem perdido o caráter de bens destinados a uso especial, passaram à categoria de terras devolutas. Uma vez reconhecidos como terras devolutas, por força do art. 64 da Constituição de 1891, os aldeamentos extintos transferiram-se ao domínio dos Estados. [STF – ADI 255, rel. p/ o ac. min. Ricardo Lewandowski, j. 16.03.2011, P, DJE de 24.05.2011.] RE 212.251, rel. min. Ilmar Galvão j. 23.06.1998, 1ª T, DJ de 16.10.1998].

Terras devolutas – União *versus* Estado-membro. Não são passíveis de enquadramento como terras devolutas, para o efeito previsto no caput do artigo 2º do Decreto-Lei nº 2.375/87, as glebas que tiveram situação jurídica devidamente constituída ou em processo de formação. Tal é o caso de imóvel matriculado no registro de imóveis em nome da União, ao tempo em que ocorre a tramitação de processos objetivando a titulação por posseiros via o Instituto Nacional de Colonização e Reforma Agrária (INCRA). STF – ACO 481 – Tribunal Pleno – Rel. Min. Marco Aurélio – Julgamento: 27.05.1998 – Publicação: 23.02.2001).

4. A ação discriminatória é o procedimento judicial adequado para separar as *terras devolutas* das particulares e também se presta ao cancelamento dos títulos de domínio, não havendo necessidade da proposição de ação exclusiva para a regularidade ou nulidade dos registros imobiliários (ex vi do art. 27, c/c o art. 13 da Lei n. 6.383/1976, 214, 249 e 250 da Lei n. 6.015/1973). 6. A Corte Especial do Superior Tribunal de Justiça, ao

julgar o EREsp 617.428/SP (DJe 17.06.2014), firmou o entendimento de que, "se as terras devolutas são definidas pelo critério de exclusão, cabe ao Estado na ação discriminatória demonstrar que a terra não se encontra no domínio de particular, podendo fazê-lo por meio de certidão cartorária" ou outros meios em direito permitidos (*ex vi* dos arts. 333, I, e 390 do CPC/1973). STJ – Primeira Turma – AREsp 888195/PI – Rel. Min. Gurgel de Faria – Data do Julgamento 18.02.2020 – Data da Publicação/Fonte DJe 28.02.2020

3. O STJ, por diversas vezes, já se pronunciou sobre a possibilidade de discussão do domínio em ações de desapropriação movidas pelo Incra para regularização fundiária no Estado de Santa Catarina em área situada na faixa de fronteira e assentou o entendimento de que, no caso em tela, não há direito à indenização dos expropriados, porquanto as *terras devolutas* localizadas na faixa de fronteira são de propriedade da União, sendo nulos os títulos dominiais concedidos pelos Estados, nos termos da Súmula 477 do STF. Precedentes: AgRg nos EDcl no REsp 1.104.441/SC, Rel. Ministro Luiz Fux, Primeira Turma, DJE de 30.06.2010; REsp 1.227.965/SC, Rel. Ministro Herman Benjamin, Segunda Turma, DJE de 15.06.2011; REsp 769.244/PR, Rel. Ministro Teori Albino Zavascki, Primeira Turma, DJE de 22.09.2008. (STJ – Segunda Turma – AgRg no AREsp 444530/SC – Min. Herman Benjamin – Data do Julgamento 04.12.2014 – Data da Publicação/Fonte DJe 16.12.2014).

1. Hipótese em que União e Município de São Paulo discutem a posse e o domínio do "Campo de Marte", em São Paulo, aeroporto que abrigou a aviação bélica alinhada com os paulistas na Revolução Constitucionalista de 1932 e que, nesse contexto, foi conquistado pelas forças federais. 2. Com o fim do Estado Novo, em 1945, e a retomada de parcela da autonomia local, foram iniciadas tratativas para a devolução do imóvel. Frustradas as negociações, o Município propôs Ação Possessória, com pedido subsidiário de indenização, em 1958. 3. A área integrava, na época colonial, sesmaria dos jesuítas, até ser confiscada em 1759 com a expulsão da Companhia de Jesus pelo Marquês de Pombal. Com o advento da República, o Estado de São Paulo, considerando o imóvel devoluto, cedeu-o ao Município de São Paulo. Foi dada destinação pública à área somente em 1912, com sua ocupação pelo corpo de cavalaria e, posteriormente, pela aviação bélica paulista. 4. A União argumenta que a área lhe pertence. Pelo fato de ter sido confiscada dos jesuítas, não poderia ter sido considerada terra devoluta, pois não se enquadraria na definição do art. 3º da Lei 601/1850 (Lei de Terras). 7. Discussão que se restringe à caracterização da área como devoluta (ou não) em 1891. Se o era, foi transferida ao Estado pela primeira Constituição Republicana, que, por sua vez, cedeu-a ao Município naquele mesmo ano (fatos incontroversos). Se não era devoluta, a cessão pelo Estado para o Município seria inválida e ineficaz, inexistindo justo título em seu favor. 8. A Companhia de Jesus possuía vasto patrimônio imobiliário no Brasil, em outras colônias e no próprio solo português, todo ele confiscado pelo Marquês de Pombal em 1759. 9. Não se pode excluir do conceito de terras devolutas as áreas antes ocupadas pela Companhia de Jesus, sobretudo se abandonadas e nunca destinadas a uma finalidade pública. Do contrário, seria criar uma espécie de propriedade da União,

abarcando um imenso território, incerto e incomensurável. Pior, os Estados surgidos com a República, titulares das terras devolutas por força da CF/1891, seriam obrigados a pesquisar quase quatro séculos de histórico fundiário para descobrirem se as terras abandonadas em seu território pertenceram aos jesuítas e foram confiscadas no século XVIII, hipótese em que não seriam devolutas. Tal exigência inviabilizaria a delimitação dessas áreas, gerando inegável insegurança jurídica quanto à situação fundiária no País, exatamente aquilo que a Lei 601/1850 procurou evitar. 10. A Lei de Terras surgiu para regularizar os títulos de propriedade derivados das sesmarias, as quais, em quase sua totalidade, caíram em comisso por descumprimento dos requisitos de ocupação, moradia, cultura e medição. O fim mediato era dar ao País um instrumento de retomada dos imóveis improdutivos e permitir a efetiva ocupação da terra. A maior parte dos dispositivos da Lei 601/1850 trata exatamente da alienação de terras devolutas, inclusive a colonos estrangeiros, além do fomento à imigração com recursos do tesouro público. Nesse contexto é que deve ser interpretada a definição de terras devolutas por ela veiculada. 11. Nos termos do art. 3º da Lei 601/1850, terras devolutas são aquelas de domínio público e sem destinação pública específica. Irrelevante a origem da terra pública (conquistada, confiscada, comprada, caída em comisso etc.). 12. Sendo incontroverso que a área onde hoje se encontra o Campo de Marte somente foi ocupada pelo poder público em 1912, constata-se que era devoluta em 1891 e, portanto, integrante do domínio Estadual. Também não se discute a sua cessão, pelo Estado, ao Município, nos termos da Lei de Organização Municipal de 13.11.1891. 13. "Será deferida a posse a quem, evidentemente, tiver o domínio, se com base neste for ela disputada" (Súmula 487/STF). 14. A área estritamente afetada ao serviço público federal não pode ser reintegrada ao Município, ressalvado o remédio da indenização. 15. Determinação de retorno dos autos à instância de origem, para análise da área insuscetível de reintegração e apreciação do pedido subsidiário de indenização. 16. Recurso Especial provido. (STJ – Segunda Turma – REsp 991243/SP – Rel. Min. Herman Benjamin – Data do Julgamento 22.04.2008 – Data da Publicação/Fonte DJe 21.09.2009).

Capítulo 2
DOMÍNIO PÚBLICO HÍDRICO

2.1 INTRODUÇÃO

O *domínio público hídrico* trata do disciplinamento das águas, sendo esta matéria objeto de estudo pela hidrologia. De acordo com Adriano Paz, conceitualmente, a hidrologia "é a ciência que trata da água na Terra, sua ocorrência, circulação e distribuição, suas propriedades físicas e químicas e sua reação com o meio ambiente, incluindo sua relação com as formas vivas" (definição do *U.S. Federal Council of Service and Technology*, citada por Chow, 1959, apud Tucci, 2000). A hidrologia é uma ciência consideravelmente ampla, cujo escopo de trabalho abrange diversas subáreas mais específicas, como a hidrometeorologia (trata da água na atmosfera), a limnologia (estuda os lagos e reservatórios), a potamologia (estuda os rios), a oceanografia (estuda os oceanos), a hidrogeologia (estudas as águas subterrâneas), a glaciologia (trata da ocorrência de neve/gelo na natureza).

Verifica-se a importância da água na história da humanidade quando se observa que os povos e civilizações se desenvolveram às margens de corpos d'água, como rios e lagos. A seguir serão listados alguns fatos marcantes da história da hidrologia, de maneira superficial: "Diversos autores citam registros de que no Egito Antigo, na época dos faraós, existiram obras de irrigação e drenagem. Também na Mesopotâmia, na região conhecida como Crescente Fértil, entre os rios Tigre e Eufrates, a água já era usada para irrigação. Os filósofos gregos são considerados os primeiros a estudar a hidrologia como ciência. Por exemplo, Anaxágoras, que viveu entre 500 e 428 a. C, tinha conhecimento de que as chuvas eram importantes na manutenção do equilíbrio hídrico na Terra. Mas apenas na época de Leonardo da Vinci é que o ciclo hidrológico veio a ser melhor compreendido. Um fato relevante foi o realizado por Perrault, no século 17, que analisou a relação precipitação-vazão, comparando a precipitação com dados de vazão. No século 19 dá-se o início de medições sistemáticas de vazão e precipitação. Até a década de 30, prevalece o empirismo, procurando descrever os fenômenos naturais, enquanto até a década de 50 é predominante o uso de indicadores estatísticos dos processos envolvidos. Com o advento do computador em conjunto com o aprimoramento de técnicas estatísticas e numéricas, deu-se um grande avanço na hidrologia. Foram desenvolvidos modelos precipitação-vazão e avanços na hidrologia estocástica. O escoamento subterrâneo, a limnologia e a modelação matemática de processos constituem outros desenvolvimentos importantes"[1].

---

1. PAZ, Adriano Rolim. *Hidrologia Aplicada*. Disciplina Ministrada na Universidade Estadual do Rio Grande do Sul, para o curso de graduação em Engenharia de Bioprocessos e Biotecnologia na unidade de Caxias do Sul. Setembro/2004, p. 2-5.

No tocante à ocorrência de água na Terra, "considera-se, atualmente, que a quantidade total de água na Terra, estimada em cerca de 1.386 milhões de km3, tem permanecido de modo aproximadamente constante durante os últimos 500 milhões de anos. Entretanto, as quantidades de água estocadas na Terra sob as diferentes formas (ou nos diferentes "reservatórios") variaram substancialmente nesse período. Verifica-se que cerca de 97,5% do volume total de água na Terra estão nos oceanos (água salgada), sendo apenas 2,5% do total constituído por água doce. Por sua vez, a água doce é encontrada principalmente sob a forma de geleiras, que representam 68,7% do total de água doce. Considerando que as águas doces contidas em rios e lagos constituem as formas mais acessíveis ao uso humano e de ecossistemas, tem-se um percentual muito pequeno de água disponível – em torno de 0,27% da água doce o que corresponde a 0,007% do volume total de água. Assim, embora a Terra apresente 1.386 milhões de km3 de água, considera-se que o que está disponível ao uso humano é apenas 0,007% dessa quantidade"[2].

2.2 REGIÕES HIDROGRÁFICAS

Como forma de facilitar a administração dos recursos hídricos, o Governo dividiu o país em doze regiões hidrográficas. Conforme a Agência Nacional de Águas, "a Divisão Hidrográfica Nacional, instituída pelo Conselho Nacional de Recursos Hídricos (CNRH), estabelece as doze Regiões Hidrográficas brasileiras. São regiões hidrográficas: bacias, grupo de bacias ou sub-bacias hidrográficas próximas, com características naturais, socais e econômicas similares. Esse critério de divisão das regiões visa orientar o planejamento e gerenciamento dos recursos hídricos em todo o país. A *Região Hidrográfica Amazônica* (RH Amazônica) ocupa 45% do território nacional, abrangendo sete Estados (Acre, Amazonas, Rondônia, Roraima, Amapá, Pará e Mato Grosso). Possui uma extensa rede de rios com grande abundância de água, sendo os mais conhecidos: Amazonas, Xingu, Solimões, Madeira e Negro. A densidade populacional é 10 vezes menor que a média nacional, entretanto, a região concentra 81% da disponibilidade de águas superficiais do país. Cerca de 85% da área da RH Amazônica permanece com cobertura vegetal nativa. A *Região Hidrográfica Atlântico Leste* ocupa 3,9% do território do país, abrangendo quatro Estados (Bahia, Minas Gerais, Sergipe e Espírito Santo). Grande parte de sua área está situada na região semiárida, que possui períodos de prolongadas estiagens. A RH Atlântico Leste possui a segunda menor disponibilidade hídrica, dentre as doze regiões hidrográficas brasileiras".

Em seguida, a *Região Hidrográfica Atlântico Sudeste* "ocupa 2,5% do território nacional e abrange cinco estados: Minas Gerais, Espírito Santo, Rio de Janeiro, São Paulo e Paraná. É a região hidrográfica mais povoada, com densidade demográfica seis vezes

---

2. PAZ, Adriano Rolim. *Hidrologia aplicada*. Disciplina Ministrada na Universidade Estadual do Rio Grande do Sul, para o curso de graduação em Engenharia de Bioprocessos e Biotecnologia na unidade de Caxias do Sul. Setembro/2004, p. 5-6.

maior que a média brasileira. Apresenta alta diversidade de atividades econômicas e significativo parque industrial, constituindo-se em uma das regiões mais economicamente desenvolvidas do país. *A Região Hidrográfica Atlântico Nordeste Ocidental* ocupa 3% do território nacional, abrangendo quase a totalidade do estado do Maranhão e pequena parcela do Pará. O uso urbano da água é preponderante e estão presentes na região três biomas brasileiros: Caatinga, Cerrado e Amazônico. *A Região Hidrográfica Atlântico Nordeste Oriental* ocupa 3,4% do território nacional, abrangendo seis estados: Piauí, Ceará, Rio Grande do Norte, Paraíba, Pernambuco e Alagoas. A densidade demográfica da região é cerca de 4 vezes maior do que a média brasileira. Quase a totalidade de sua área pertence à Região do Semiárido Brasileiro, caracterizada por apresentar períodos de estiagens prolongadas e temperaturas elevadas durante todo o ano. Esta é a região hidrográfica com a menor disponibilidade hídrica do Brasil".

Por sua vez, a *Região Hidrográfica Tocantins-Araguaia* "corresponde a 10,8% do território brasileiro, abrangendo seis estados: Goiás, Tocantins, Pará, Maranhão, Mato Grosso e Distrito Federal. Na Região, estão presentes os biomas Floresta Amazônica, ao norte e noroeste, e Cerrado nas demais áreas. A precipitação média anual na região é bem menor do que a média nacional. Possui grande potencial turístico: pesca esportiva, turismo ecológico, praias fluviais, a maior ilha fluvial do mundo (Ilha do Bananal), o polo turístico de Belém, o Parque Estadual do Jalapão (TO) e o Parque Nacional da Chapada dos Veadeiros (GO), reconhecido pelas belas cachoeiras. *A Região Hidrográfica Parnaíba* ocupa 3,9% do território brasileiro, abrangendo três estados: Ceará, Piauí e Maranhão. Em grande parte localizada no semiárido brasileiro, caracteriza-se pela intermitência das chuvas, com precipitação média anual muito abaixo da média nacional. O principal uso da água na região é a irrigação".

Já a *Região Hidrográfica São Francisco* "ocupa 7,5% do território brasileiro, abrangendo sete estados: Bahia, Minas Gerais, Pernambuco, Alagoas, Sergipe, Goiás e Distrito Federal. A precipitação média anual na RH São Francisco é muito abaixo da média nacional, apresentando frequentes situações de escassez de água. Entretanto, a RH tem importante papel na geração de energia para a região nordeste do país. *A Região Hidrográfica Atlântico Sul* ocupa 2,2% do território nacional e abrange parte dos Estados de São Paulo, Paraná, Santa Catarina e Rio Grande do Sul. Destaca-se por abrigar um expressivo contingente populacional, pelo desenvolvimento econômico e por sua importância turística. Possui densidade demográfica cerca de 3 vezes maior que a média brasileira. *A Região Hidrográfica Paraguai* ocupa 4,3% do território brasileiro, abrangendo parte dos estados de Mato Grosso e Mato Grosso do Sul, o que inclui a maior parte do Pantanal-mato-grossense, a maior área úmida contínua do planeta. A densidade demográfica da região é cerca de 3,5 vezes menor que a média nacional".

Finalmente, a *Região Hidrográfica Paraná* ocupa 10% do território brasileiro, abrangendo sete estados: São Paulo, Paraná, Mato Grosso do Sul, Minas Gerais, Goiás, Santa Catarina e Distrito Federal. É a região mais populosa e de maior desenvolvimento econômico do país. Por isso, possui as maiores demandas por recursos hídricos, tendo como destaque o uso industrial. É também a região com maior área irrigada e maior aproveitamento do potencial hidráulico disponível. A *Região Hidrográfica Uruguai* ocupa cerca de 3% do território brasileiro, abrangendo porções dos estados do Rio Grande do Sul e Santa Catarina. A região possui atividades agroindustriais desenvolvidas e grande potencial hidrelétrico. O clima é temperado, com chuvas distribuídas ao longo de todo o ano, mas com maior concentração no inverno (maio a setembro)"[3].

2.3 USOS DA ÁGUA

Segundo a Associação Brasileira de Recurso Hídricos, os principais usos humanos da água são destinados: I – abastecimento humano; II – irrigação; III – dessedentação animal; IV – geração de energia elétrica; V – abastecimento industrial; VI – navegação; VII – diluição de efluentes; VIII – pesca; IX – recreação; e X – paisagismo. "Os usos da água são, normalmente, classificados em consuntivos e não consuntivos. Usos consuntivos alteram substancialmente a quantidade de água disponível para outros usuários. Uso não consuntivos alteram pouco a quantidade de água, mas podem modificar sua qualidade. O uso de água para a geração de energia hidrelétrica, por exemplo, é um uso não consuntivo, uma vez que a água é utilizada para movimentar as turbinas de uma usina, mas sua qualidade não é alterada. Da mesma forma, a navegação é um uso não consuntivo, porque não altera a quantidade de água disponível no rio ou lago. Por outro lado, o uso de água para irrigação é um uso consuntivo, porque apenas uma pequena parte da água aplicada na lavoura retorna na forma de escoamento. A maior parte da água utilizada na irrigação volta para atmosfera na forma de evapotranspiração"[4].

O *abastecimento humano* é considerado o uso mais nobre da água, haja vista que o homem depende da água para a sua sobrevivência. Estima-se que o consumo de água em ambiente doméstico é de 200 litros por habitante por dia. "Aproximadamente 80% desse consumo retorna das residências na forma de esgoto doméstico, obviamente com uma qualidade bastante inferior". A *irrigação* é o suprimento adicional de água que é utilizado nas plantações nos períodos em que a chuva é insuficiente para manter as condições ideais de crescimento das plantas. A irrigação é utilizada na agricultura para obter melhor produtividade e para que a atividade agrícola esteja menos sujeita às incertezas climáticas, proporcionando uma segurança no plantio. Na *geração de energia elétrica*, "a água é utilizada para a geração de energia elétrica em usinas hidrelétricas que aproveitam a energia potencial existente quando a água passa por um desnível do terreno. A potência de uma usina hidrelétrica é proporcional ao produto da descarga (ou vazão) pela queda. A queda é definida pela diferença de altitude do nível da água a

---

3. ANA. Agência Nacional de Águas e Saneamento Básico. *As Regiões Hidrográficas*. Disponível em: https://www.gov.br/ana/pt-br/assuntos/gestao-das-aguas/panorama-das-aguas/regioes-hidrograficas. Acesso em: 02 mar. 2022.

4. COLLISCHONN, Walter; DORNELLES, Fernando. *Hidrologia para engenharia e ciências ambientais*. Porto Alegre: Associação Brasileira de Recursos Hídricos, 2015, p. 14.

montante e a jusante da turbina. A descarga em um rio depende das características da bacia hidrográfica, como o clima, a geologia, os solos, a vegetação. No Brasil, a geração de energia elétrica está fortemente ligada à hidrologia porque grande parte da energia elétrica gerada e consumida é oriunda de usinas hidrelétricas".

O *abastecimento industrial* relaciona-se ao uso da água nos processos de fabricação, processo de refrigeração, uso no produto final, produção de vapor e limpeza, de modo que a fabricação de diversos produtos exige diferentes consumos de água. A *navegação* é um uso não consuntivo da água, ocasião em que os rios e lagos são utilizados como vias de transporte. A opção pelo transporte fluvial ou lacustre pode ser bastante atrativa na perspectiva econômica, sobretudo para cargas com baixo valor por tonelada, como minérios e grãos. Todavia, tal modalidade requer uma profundidade adequada de corpo d'água, e não pode ser praticada com rios com velocidade de água excessiva. Na *recreação*, há um uso não consuntivo da água. Tal uso é bastante comum em rios com qualidade de água relativamente boa, incluindo atividades de contato direto, como a natação e a prática de esportes aquáticos como a vela e a canoagem. Também podem existir atividades de recreação de contato indireto, a exemplo da pesca esportiva[5].

2.4 CONCEITO

O *domínio público hídrico* alude ao poder do Estado de reger assuntos relativamente às águas nacionais. De acordo com o Dicionário Houaiss, a água é uma substância ($H2O$) líquida e incolor, insípida e inodora, essencial para a vida da maior parte dos organismos vivos e excelente solvente para muitas outras substâncias. A água é a parte líquida que cobre aproximadamente 70% da superfície terrestre, sob a forma de mares, lagos e rios[6]. Segundo o Serviço Geológico do Brasil, "a água é o único líquido inorgânico encontrado na natureza, sendo também o único composto químico que ocorre no meio ambiente nos três estados físicos, sólido, líquido e gasoso. A água pura é incolor, inodora, insípida e transparente, entretanto, como é um ótimo solvente e uma substância quimicamente muito ativa, é capaz de incorporar grandes quantidades de substâncias ao entrar em contato com os minerais constituintes dos solos e rochas, nos quais circula"[7].

Assim, o domínio público hídrico consiste no conjunto de águas submetidas ao regime jurídico estatal, em razão no poder atribuído ao Poder Público decorrente da soberania, tendo por objetivo disciplinar as águas públicas em benefício da sociedade. O domínio público nessa área constitui mecanismo que propicia ao Estado dispor adequadamente sobre os recursos hídricos, equilibrando os diversos usos no atendimento às necessidades humanas juntamente com a preservação do meio ambiente. A água é

---

5. COLLISCHONN, Walter; DORNELLES, Fernando. *Hidrologia para engenharia e ciências ambientais*. Porto Alegre: Associação Brasileira de Recursos Hídricos, 2015, p. 14-15.
6. HOUAISS. *Dicionário da língua portuguesa*. Rio de Janeiro: Objetiva, 2009, p. 72-73 e 1019.
7. FEITOSA, Fernando A. C.; MANOEL FILHO, João; FEITOSA, Edilton Carneiro; DEMÉTRIO, J. Geilson A. *Hidrogeologia: Conceito e aplicações*. 3. ed. Rio de Janeiro: CPRM, 2008, p. 330-331.

um bem que integra o meio ambiente, ou seja, é um recurso ambiental essencial aos seres vivos, cabendo ao Poder Público disciplinar racionalmente o seu uso, a fim de garantir a existência desse recurso para a presente e futuras gerações.

Conforme Celso Antônio Bandeira de Mello, "são bens do domínio hídrico as águas salgadas e doces, compreendendo o mar territorial e as águas correntes e dormentes qualificáveis como públicas. São bens públicos tanto as águas correntes (rios, riachos, canais) e dormentes (lagos, lagoas e reservatórios executados pelo Poder Público) navegáveis ou flutuáveis bem como as correntes de que se façam estas águas, quando as nascentes forem de tal modo consideráveis que, por si sós, constituam o *caput* fluminis, como ainda os braços das correntes públicas, desde que influam na navegabilidade ou flutuabilidade delas, e mais as águas situadas nas zonas periodicamente assoladas pelas secas, nos termos e forma que legislação especial dispuser sobre elas"[8].

Na lição de Cretella Júnior, "as águas públicas que, sem dúvida, formam uma das mais importantes categorias do domínio, quer por seu interesse aos fins da economia nacional, quer pela complexidade da legislação e profundidade dos estudos teóricos e práticos a que deram origem, suscitaram e continuam a suscitar as mais várias discussões, no campo da doutrina e da jurisprudência, no capítulo que se refere à sua qualificação jurídica, entre os diversos tipos de bens. Entre as águas públicas, sobressai pela importância o mar, que é de todos, cabendo ao Estado facilitar-lhe a utilização pelos trabalhos de arte tais como o de construção de diques, portos, faróis, reservando-se também a Administração a tarefa de regular-lhe o uso para coibir o abuso"[9].

Finalisticamente, as normas jurídicas estabelecem certos preceitos que regem a sociedade no tocante ao uso e preservação dos recursos hídricos. Para tanto, adotam-se os seguintes princípios no domínio público hídrico, a exemplo de Portugal[10]:

a) Princípio do valor social da água, que consagra o acesso universal à água para as necessidades humanas básicas, a custo socialmente aceitável, e sem constituir fator de discriminação ou exclusão;

b) Princípio da exploração e da gestão públicas da água, aplicando-se imperativamente aos sistemas multimunicipais de abastecimento público de água e de saneamento;

c) Princípio da dimensão ambiental da água, nos termos do qual se reconhece a necessidade de um elevado nível de proteção da água, de modo a garantir a sua utilização sustentável;

d) Princípio do valor económico da água, por força do qual se consagra o reconhecimento da escassez atual ou potencial deste recurso e a necessidade de garantir

---

8. MELLO, Celso Antônio Bandeira de. *Curso de direito administrativo*. 26. São Paulo: Malheiros, 2009, p. 908.
9. CRETELLA JÚNIOR, José. *Tratado do domínio público*. Rio de Janeiro: Forense, 1984, p. 199-200.
10. PORTUGAL. *Lei da Água*. Lei nº 58/2005. Diário da República nº 249/2005, Série I-A de 2005-12-29. Disponível em: https://dre.pt/dre/legislacao-consolidada/lei/2005-34506275-43612975: Acesso em: 02 mar. 2022.

a sua utilização economicamente eficiente, com a recuperação dos custos dos serviços de águas, mesmo em termos ambientais e de recursos, e tendo por base os princípios do poluidor-pagador e do utilizador-pagador;

e) Princípio de gestão integrada das águas e dos ecossistemas aquáticos e terrestres associados e zonas húmidas deles diretamente dependentes, por força do qual importa desenvolver uma atuação em que se atenda simultaneamente a aspectos quantitativos e qualitativos, condição para o desenvolvimento sustentável;

f) Princípio da precaução, nos termos do qual as medidas destinadas a evitar o impacte negativo de uma ação sobre o ambiente devem ser adoptadas, mesmo na ausência de certeza científica da existência de uma relação causa-efeito entre eles;

g) Princípio da prevenção, por força do qual as ações com efeitos negativos no ambiente devem ser consideradas de forma antecipada por forma a eliminar as próprias causas de alteração do ambiente ou reduzir os seus impactes quando tal não seja possível;

h) Princípio da correção, prioritariamente na fonte, dos danos causados ao ambiente e da imposição ao emissor poluente de medidas de correção e recuperação e dos respectivos custos;

i) Princípio da cooperação, que assenta no reconhecimento de que a proteção das águas constitui atribuição do Estado e dever dos particulares;

j) Princípio do uso razoável e equitativo das bacias hidrográficas partilhadas, que reconhece aos Estados ribeirinhos o direito e a obrigação de utilizarem o curso de água de forma razoável e equitativa tendo em vista o aproveitamento optimizado e sustentável dos recursos, consistente com a sua proteção.

No Brasil, o domínio público hídrico é regido por diversas normas, entre as quais se destaca a Lei nº 9.433, de 8 de janeiro de 1997, que institui a Política Nacional de Recursos Hídricos e cria o Sistema Nacional de Gerenciamento de Recursos Hídricos. Desse modo, a água é um bem de domínio público, sendo um recurso natural limitado, dotado de valor econômico; em situações de escassez, o uso prioritário dos recursos hídricos é o consumo humano e a dessedentação de animais; a gestão dos recursos hídricos deve sempre proporcionar o uso múltiplo das águas; a bacia hidrográfica é a unidade territorial para implementação da Política Nacional de Recursos Hídricos e atuação do Sistema Nacional de Gerenciamento de Recursos Hídricos; e a gestão dos recursos hídricos deve ser descentralizada e contar com a participação do Poder Público, dos usuários e das comunidades (art. 1º, Lei nº 9.433/1997).

A Política Nacional de Recursos Hídricos tem por objetivos: I – assegurar à atual e às futuras gerações a necessária disponibilidade de água, em padrões de qualidade adequados aos respectivos usos; II – a utilização racional e integrada dos recursos hídricos, incluindo o transporte aquaviário, com vistas ao desenvolvimento sustentável;

III – a prevenção e a defesa contra eventos hidrológicos críticos de origem natural ou decorrentes do uso inadequado dos recursos naturais; IV – incentivar e promover a captação, a preservação e o aproveitamento de águas pluviais (art. 2º, Lei nº 9.433/1997).

Como forma de implementar a Política Nacional de Recurso Hídricos, são utilizados os seguintes instrumentos: I – os Planos de Recursos Hídricos; II – o enquadramento dos corpos de água em classes, segundo os usos preponderantes da água; III – a outorga dos direitos de uso de recursos hídricos; IV – a cobrança pelo uso de recursos hídricos; V – a compensação a municípios; VI – o Sistema de Informações sobre Recursos Hídricos (art. 5º, Lei nº 9.433/1997).

Na implementação da Política Nacional de Recursos Hídricos, compete ao Poder Executivo Federal: I – tomar as providências necessárias à implementação e ao funcionamento do Sistema Nacional de Gerenciamento de Recursos Hídricos; II – outorgar os direitos de uso de recursos hídricos, e regulamentar e fiscalizar os usos, na sua esfera de competência; III – implantar e gerir o Sistema de Informações sobre Recursos Hídricos, em âmbito nacional; IV – promover a integração da gestão de recursos hídricos com a gestão ambiental (art. 29, Lei nº 9.433/1997).

Ademais, na implementação da Política Nacional de Recursos Hídricos, cabe aos Poderes Executivos Estaduais e do Distrito Federal, na sua esfera de competência: I – outorgar os direitos de uso de recursos hídricos e regulamentar e fiscalizar os seus usos; II – realizar o controle técnico das obras de oferta hídrica; III – implantar e gerir o Sistema de Informações sobre Recursos Hídricos, em âmbito estadual e do Distrito Federal; IV – promover a integração da gestão de recursos hídricos com a gestão ambiental. Outrossim, na implementação da Política Nacional de Recursos Hídricos, os Poderes Executivos do Distrito Federal e dos municípios promoverão a integração das políticas locais de saneamento básico, de uso, ocupação e conservação do solo e de meio ambiente com as políticas federal e estaduais de recursos hídricos (arts. 30 e 31, Lei nº 9.433/1997).

A norma em apreço prevê ainda o Sistema Nacional de Gerenciamento de Recursos Hídricos, o Conselho Nacional de Recursos Hídricos, os Comitês de Bacia Hidrográfica, a Agências de Água, a figura das organizações civis de recursos hídricos, entre outros (arts. 32 a 47, Lei nº 9.433/1997).

2.5 HISTÓRICO NORMATIVO

Segundo Themistocles Brandão Cavalcanti, "a nossa legislação de águas pode-se dividir em três períodos. O primeiro – colonial, regime das Ordenações, da Resolução de 1775, do Alvará de 27 de novembro de 1804. Este regime colonial, sob o ponto de vista legislativo, prolongou-se até a República, quando o assunto já, na segunda década, veio preocupar os governos estaduais, e o governo federal com o projeto do Código de Águas da autoria de Alfredo Valadão, projeto que dormiu, durante mais de 20 anos, nas comissões parlamentares, apesar de importância capital de sua aprovação. No terceiro período, iniciado em 1930, generalizou-se o debate em torno do problema, estudado que foi na subcomissão legislativa criada pelo governo revolucionário e constituída pelos Drs. Alfredo Valadão, Veríssimo de Mello e Castro Nunes, cujo projeto, revisto, transformou-se no Código de Águas pelo Decreto n. 24.643, de 10 de julho de 1934, assinado pelo Chefe do Governo Provisório Getúlio Vargas e seu Ministro da Agricultura Juarez Távora, a quem se deve, em grande parte, a aprovação do Código".

Nesse período, podem ser mencionados os seguintes atos normativos: Decreto n. 20.395, de 15 de setembro de 1931, que submete à aprovação do Governo a transferência de fontes de energia; Decreto de 2 de abril de 1932, que trata da divisão dos rios em públicos e particulares; Decreto n. 24.643, de 10 de julho de 1934, que dispõe sobre o Código de Águas; Decreto-lei n. 1.285, que criou o Conselho de Águas e Energia Elétrica; Decreto-lei n. 1.348, de 14 de junho de 1939, que dispõe sobre o fornecimento de energia; Decreto-lei n. 3.128, de 19 de março de 1941, que versa o tombamento dos bens de empresa de eletricidade; Decreto-lei n. 2.281, de 5 de junho de 1940, que trata sobre a atribuição das empresas de energia elétrica e hidráulica; e especialmente o Decreto-lei n. 852, de 11 de novembro de 1938, que modifica parte do Código de Águas[11].

Atualmente, diversas normas regem o domínio público hídrico, destacando-se: o *Decreto n. 24.643, de 10 de julho de 1934*, que trata do Código de Águas; a *Lei nº 6.938, de 31 de agosto de 1981*, que dispõe sobre a Política Nacional do Meio Ambiente, seus fins e mecanismos de formulação e aplicação; a *Constituição Federal de 1988*, que além de tratar da atribuição de bens públicos, dispõe sobre o meio ambiente; a *Lei n. 9.433, de 8 de janeiro de 1997*, que institui a Política Nacional de Recursos Hídricos e cria o Sistema Nacional de Gerenciamento de Recursos Hídricos; a *Lei n. 9.605, de 12 de fevereiro de 1998*, que dispõe sobre as sanções penais e administrativas derivadas de condutas e atividades lesivas ao meio ambiente; a *Lei n. 9.966, de 28 de abril de 2000*, que dispõe sobre a prevenção, o controle e a fiscalização da poluição causada por lançamento de óleo e outras substâncias nocivas ou perigosas em águas sob jurisdição nacional; a *Lei n. 9984, de 17 de julho de 2000*, que cria a Agência Nacional de Águas e Saneamento Básico (ANA), entidade federal de implementação da Política Nacional de Recursos Hídricos, integrante do Sistema Nacional de Gerenciamento de Recursos Hídricos (Singreh) e responsável pela instituição de normas de referência para a regulação dos serviços públicos de saneamento básico, e estabelece regras para sua atuação, sua estrutura administrativa e suas fontes de recursos; a *Lei n. 9985, de 18 de julho de 2000*, que institui o Sistema Nacional de Unidades de Conservação, que tem entre outros objetivos proteger e recuperar recursos hídricos (art. 4º, VIII); o *Código Civil de 2002*, que ao tratar sobre os direitos de vizinhança, dispõe sobre águas nos artigos 1.288 a 1296; as *Resoluções do CONAMA*, a exemplo da Res. n. 357, de 17 de março de 2005, que dispõe sobre a classificação dos corpos de água e diretrizes ambientais para o seu enquadramento, bem como estabelece as condições e padrões de lançamento de efluentes; etc.

---

11. CAVALCANTI, Themistocles Brandão. *Tratado de direito administrativo*. 4. ed. Rio de Janeiro: Freitas Bastos, 1960, v. III. p. 177-178.

2.6 SANÇÕES

A inobservância das normas regedoras do domínio público hídrico enseja a cominação de *sanções administrativas*, a exemplo da Lei de Recursos Hídricos. Constitui infração das normas de utilização de recursos hídricos superficiais ou subterrâneos: I – derivar ou utilizar recursos hídricos para qualquer finalidade, sem a respectiva outorga de direito de uso; II – iniciar a implantação ou implantar empreendimento relacionado com a derivação ou a utilização de recursos hídricos, superficiais ou subterrâneos, que implique alterações no regime, quantidade ou qualidade dos mesmos, sem autorização dos órgãos ou entidades competentes; III – (vetado) IV – utilizar-se dos recursos hídricos ou executar obras ou serviços relacionados com os mesmos em desacordo com as condições estabelecidas na outorga; V – perfurar poços para extração de água subterrânea ou operá-los sem a devida autorização; VI – fraudar as medições dos volumes de água utilizados ou declarar valores diferentes dos medidos; VII – infringir normas estabelecidas no regulamento desta Lei e nos regulamentos administrativos, compreendendo instruções e procedimentos fixados pelos órgãos ou entidades competentes; VIII – obstar ou dificultar a ação fiscalizadora das autoridades competentes no exercício de suas funções (art. 49, Lei nº 9.433/1997).

Por infração de qualquer disposição legal ou regulamentar referente à execução de obras e serviços hidráulicos, derivação ou utilização de recursos hídricos, ou pelo não atendimento das solicitações feitas, o infrator, a critério da autoridade competente, ficará sujeito às seguintes penalidades, independentemente de sua ordem de enumeração: I – advertência por escrito, na qual serão estabelecidos prazos para correção das irregularidades; II – multa, simples ou diária, proporcional à gravidade da infração, de R$ 100,00 (cem reais) a R$ 50.000.000,00 (cinquenta milhões de reais); III – embargo provisório, por prazo determinado, para execução de serviços e obras necessárias ao efetivo cumprimento das condições de outorga ou para o cumprimento de normas referentes ao uso, controle, conservação e proteção dos recursos hídricos; IV – embargo definitivo, com revogação da outorga, se for o caso, para repor incontinenti, no seu antigo estado, os recursos hídricos, leitos e margens, nos termos dos arts. 58 e 59 do Código de Águas ou tamponar os poços de extração de água subterrânea (art. 50, Lei nº 9.433/1997).

Também é possível a aplicação de *sanção civil* ao poluidor em decorrência de dano causado a recurso hídrico. Nos termos da Lei nº 6.938, de 31 de agosto de 1981, a Política Nacional do Meio Ambiente visará à imposição, ao poluidor e ao predador, da obrigação de recuperar e/ou indenizar os danos causados, e ao usuário, de contribuição pela utilização de recursos ambientais com fins econômicos (art. 4º, VII). Ademais, a reparação por danos é objetiva, visto que "o poluidor obrigado, independentemente da existência de culpa, a indenizar ou reparar os danos causados ao meio ambiente e a terceiros, afetados por sua atividade. O Ministério Público da União e dos Estados terá legitimidade para propor ação de responsabilidade civil e criminal, por danos causados ao meio ambiente" (art. 14, § 1º, Lei nº 6.938/1981).

O ordenamento jurídico prevê ainda *sanções penais* por poluição a recurso hídrico, a exemplo da Lei nº 9.605, de 12 de fevereiro de 1988, que dispõe sobre sanções penais e administrativas derivadas de condutas e atividades lesivas ao meio ambiente:

Art. 54. Causar poluição de qualquer natureza em níveis tais que resultem ou possam resultar em danos à saúde humana, ou que provoquem a mortandade de animais ou a destruição significativa da flora:

Pena – reclusão, de um a quatro anos, e multa.

§ 1º Se o crime é culposo:

Pena – detenção, de seis meses a um ano, e multa.

§ 2º Se o crime:

I – tornar uma área, urbana ou rural, imprópria para a ocupação humana;

II – causar poluição atmosférica que provoque a retirada, ainda que momentânea, dos habitantes das áreas afetadas, ou que cause danos diretos à saúde da população;

III – causar poluição hídrica que torne necessária a interrupção do abastecimento público de água de uma comunidade;

IV – dificultar ou impedir o uso público das praias;

V – ocorrer por lançamento de resíduos sólidos, líquidos ou gasosos, ou detritos, óleos ou substâncias oleosas, em desacordo com as exigências estabelecidas em leis ou regulamentos:

Pena – reclusão, de um a cinco anos.

§ 3º Incorre nas mesmas penas previstas no parágrafo anterior quem deixar de adotar, quando assim o exigir a autoridade competente, medidas de precaução em caso de risco de dano ambiental grave ou irreversível.

O tipo penal previsto no art. 54 da Lei nº 9.605/1988, consistente na *poluição de qualquer natureza*, abarca a "poluição das águas interiores e do mar; da atmosfera; do solo; através dos resíduos domésticos, dos resíduos perigosos; a poluição sonora; a poluição mineral". Além disso, a respectiva norma prevê a figura da poluição hídrica qualificada, que ocorre quando em razão da poluição hídrica torne necessária a interrupção do abastecimento público de água de uma comunidade. Basta que a poluição interrompa o abastecimento público por horas para que o crime seja consumado. O abastecimento de água protegido pela lei é aquele que é paralisado, sendo a vítima a comunidade de um quarteirão, bairro ou conjunto de bairros, uma cidade inteira ou um núcleo rural. Para a ocorrência do crime não há necessidade de que a poluição tenha causado danos à saúde humana, sendo suficiente que, por medida de precaução, e em razão da poluição constatada, o abastecimento tenha sido suspenso"[12].

2.7 ESPÉCIES HÍDRICAS

2.7.1 Águas interiores e exteriores

As *águas interiores* são tanto aquelas que se encontram no território do Estado soberano, sendo por este administradas e utilizadas (ou seja, cercadas por terras por todos os lados, tais como os lagos ou os mares propriamente internos ao País, sendo chamadas de

---

12. MACHADO, Paulo Affonso Leme. *Direito ambiental brasileiro*. 14. ed. São Paulo: Malheiros, 2006, p. 703-706.

"águas doces") – sentido geográfico –, como também as águas que se encontram aquém da linha de base ou de partida do mar territorial, mas que desembocam nesse último (estando, por conseguinte, no domínio das "águas salgadas"). Elas correspondem aos portos, aos golfos, às baías, às enseadas, os recortes muito acentuados das costas (fiordes, rias) e às baías históricas, assim como o solo e o subsolo destas zonas e o espaço aéreo correspondente – sentido jurídico. A soma das águas situadas no interior da linha de base do mar territorial resulta na composição das águas interiores do Estado (art. 8º, § 1º, Convenção de Montego Bay)[13].

Já as *águas exteriores* ou *externas* são as águas que estão situadas no exterior da linha de base do mar territorial, isto é, localizam-se fora da jurisdição do Estado, de modo que a soberania sobre os respectivos recursos hídricos é exercida apenas de acordo com os limites traçados pelo Direito Internacional. Isso porque as águas exter-nas não pertencem exclusivamente a um Estado específico, sendo regidas por normas internacionais, a fim de atender aos interesses dos diversos países, que são igualmente soberanos. Nesse sentido, destaca-se a Convenção das Nações Unidas sobre o Direito do Mar, conhecida como Convenção de Montego Bay. Esse tratado internacional foi adotado em Montego Bay, Jamaica, em 10.12.1982, aprovado no Brasil pelo Decreto Legislativo nº 5, de 09.11.1987, e promulgado pelo Decreto nº 99.165, de 12 de março de 1990. Todavia, este último Decreto foi revogado pelo Decreto nº 99.263, de 24.05.1990, sendo novamente declarada sua entrada em vigor em 16.11.1994 pelo Decreto nº 1530, de 22.06.1995.

Logicamente, o *domínio público hídrico* recai sobre as águas interiores, ou seja, sobre aquelas que sejam submetidas ao controle estatal, cabendo-lhe disciplinar a matéria como manifestação da soberania.

2.7.2 Águas públicas

Conceitualmente, conforme Plácido e Silva, as *águas públicas* "são aquelas que, por direito, pertencem ao domínio do Estado, não podendo ser apropriadas por particular. Assim, são considerados bens da União os lagos, rios e quaisquer correntes de água em terrenos de seu domínio, ou que banhem mais de um Estado-membro, sirvam de limites com outros países, ou se estendam a território estrangeiro ou dele provenham (CF/88, art. 20, III); incluem-se entre os bens dos Estados-membros as águas superficiais ou subterrâneas, fluentes, emergentes e em depósito, ressalvadas, nesse último caso, e na forma de lei, as decorrentes de obras da União (CF/88, art. 26, I)"[14].

Para Maria Helena Diniz, as *águas públicas* são as que estão sob o domínio público da União, dos Estados, do Distrito Federal e dos Municípios, classificando-se em águas públicas de uso comum e águas públicas dominicais. "Estas são as águas situadas em

---

13. MAZZUOLI, Valério de Oliveira. *Curso de direito internacional público*. 10. ed. São Paulo: Ed. RT, 2016, p. 848.
14. SILVA, De Plácido e. *Vocabulário jurídico*. 26. ed. Rio de Janeiro: Forense, 2005, p. 87.

terrenos que também o sejam, quando elas não forem públicas de uso comum ou comuns. Já aquelas referem-se aos mares territoriais, incluindo seus golfos, baías, enseadas e portos; as correntes, canais, lagos e lagoas navegáveis ou flutuáveis; as correntes de que se façam essas águas; as nascentes quando forem de volume considerável; os braços de quaisquer correntes públicas, desde que os mesmos influam na navegabilidade ou flutuabilidade; as águas situadas em zonas periodicamente assoladas pelas secas (obs.: caracterizam as águas públicas de uso comum a sua perenidade)"[15].

Nos termos do Código de Águas, as *águas públicas* podem ser de uso comum ou dominicais. São águas públicas de uso comum: a) os mares territoriais, nos mesmos incluídos os golfos, bahias, enseadas e portos; b) as correntes, canais, lagos e lagoas navegáveis ou flutuáveis; c) as correntes de que se façam estas águas; d) as fontes e reservatórios públicos; e) as nascentes quando forem de tal modo consideráveis que, por si só, constituam o *"caput fluminis"*; f) os braços de quaisquer correntes públicas, desde que os mesmos influam na navegabilidade ou flutuabilidade. Uma corrente navegável ou flutuável se diz feita por outra quando se torna navegável logo depois de receber essa outra. Todavia, não se compreendem como águas públicas de uso comum os lagos ou lagoas situadas em um só prédio particular e por ele exclusivamente cercado, quando não sejam alimentados por alguma corrente de uso comum (arts. 1º e 2º, Dec. nº 24.643/1934).

Impende salientar que a perenidade das águas é condição essencial para que elas se possam considerar públicas, sendo ainda consideradas perenes as águas que secarem em algum estio forte. Além disso, uma corrente considerada pública não perde este caráter porque em algum ou alguns de seus trechos deixe de ser navegável ou flutuável. Ainda se consideram públicas, de uso comum todas as águas situadas nas zonas periodicamente assoladas pelas secas, nos termos e de acordo com a legislação especial sobre a matéria. São públicas dominicais todas as águas situadas em terrenos que também o sejam, quando as mesmas não forem do domínio público de uso comum, ou não forem comuns (arts. 3º, 4º, 5º e 6º, Dec. nº 24.643/1934).

Outrossim, pertencem à União os terrenos de marinha e os acrescidos natural ou artificialmente, conforme a legislação especial sobre o assunto. Pertencem aos Estados os terrenos reservados as margens das correntes e lagos navegáveis, si, por algum título, não forem do domínio federal, municipal ou particular (arts. 30 e 31, Dec. nº 24.643/1934).

No que tange ao aproveitamento das águas comuns de todos, é assegurado o uso gratuito de qualquer corrente ou nascente de águas, para as primeiras necessidades da vida, se houver caminho público que a torne acessível. Se não houver este caminho, os proprietários marginais não podem impedir que os seus vizinhos se aproveitem das mesmas para aquele fim, contanto que sejam indenizados do prejuízo que sofrerem com o trânsito pelos seus prédios. Essa servidão só se dará, verificando-se que os ditos vizinhos não podem haver água de outra parte, sem grande incômodo ou dificuldade.

---

15. DINIZ, Maria Helena. *Dicionário jurídico*. São Paulo: Saraiva, 1998, v. 1, p. 151.

O direito do uso das águas, a que este artigo se refere, não prescreve, mas cessa logo que as pessoas a quem ele é concedido possam haver, sem grande dificuldade ou incômodo, a água de que carecem. Quando se tratar do aproveitamento das águas públicas, é permitido a todos usar de quaisquer águas públicas, conformando-se com os regulamentos administrativos. O uso comum das águas pode ser gratuito ou retribuído, conforme as leis e regulamentos da circunscrição administrativa a que pertencerem (arts. 34, 35 e 36, Dec. nº 24.643/1934).

2.7.3 Águas particulares

Na lição de Plácido e Silva, as *águas particulares*, também chamada de águas privadas, podem ser definidas como as "águas de qualquer natureza que possam estar sob o domínio privado. Em princípio, somente podem ser objeto de apropriação particular as águas dos rios, ribeiros ou regatos, que não sejam navegáveis ou flutuáveis, as quais, assim, poderão ser transformadas em propriedade particular, mesmo assim, quando elas atravessarem mais de um prédio ou imóvel, segundo as leis que regulam as servidões delas, devem ser respeitados os direitos dos demais proprietários, no sentido de que também se sirvam das águas que passam pelos seus terrenos"[16].

Para Maria Helena Diniz, as *águas privadas* são "aquelas que estão sob o domínio do proprietário das terras particulares por ela atravessadas, por não serem navegáveis ou flutuáveis"[17].

Nos termos do Código de Águas, são particulares as nascentes e todas as águas situadas em terrenos que também o sejam, quando as mesmas não estiverem classificadas entre as águas comuns de todos, as águas públicas ou as águas comuns (art. 8º, Dec. nº 24.643/1934). Além disso, os artigos 1292 e 1293 do Código Civil Brasileiro prevê o represamento de águas para fins particulares:

> Art. 1.292. O proprietário tem direito de construir barragens, açudes, ou outras obras para represamento de água em seu prédio; se as águas represadas invadirem prédio alheio, será o seu proprietário indenizado pelo dano sofrido, deduzido o valor do benefício obtido.
>
> Art. 1.293. É permitido a quem quer que seja, mediante prévia indenização aos proprietários prejudicados, construir canais, através de prédios alheios, para receber as águas a que tenha direito, indispensáveis às primeiras necessidades da vida, e, desde que não cause prejuízo considerável à agricultura e à indústria, bem como para o escoamento de águas supérfluas ou acumuladas, ou a drenagem de terrenos.

Sem embargo, a doutrina e a jurisprudência tecem importantes ressalvas. Na lição de Marçal Justem Filho, "a Constituição [de 1988] não deixou espaço para a propriedade privada ou municipal de águas que se apresentem com relevância qualitativa ou quantitativa. Segundo a Constituição, as águas ou são de titularidade da União ou são atribuídas aos Estados. Rigorosamente, não restam outras hipóteses para atribuição à

---

16. SILVA, De Plácido e. *Vocabulário jurídico*. 26. ed. Rio de Janeiro: Forense, 2005, p. 87.
17. DINIZ, Maria Helena. *Dicionário jurídico*. São Paulo: Saraiva, 1998, v. 1. p. 151.

propriedade de outros sujeitos. No entanto, deve ser adotada interpretação norteada pelas finalidades buscadas pela Constituição. A Constituição assegura a existência humana digna, o que exige o uso da água para fins individuais. Logo, tem de admitir-se que a Constituição reconheceu a propriedade privada sobre a água, especialmente quando configurável como manifestação de um mínimo existencial. Deve-se admitir que todas as reservas de água construídas para assegurar a vida individual digna são de propriedade privada. Assim, é privada a água captada da chuva e destinada aos fins de sobrevivência individual digna. Também se pode admitir como privada a água captada pelo particular mediante autorização do ente estatal competente, desde que para fins determinados específicos".

"Assim, será particular a água contida em um dique construído pelo particular para manutenção de um rebanho de gado. No entanto, o representante da água dependerá de autorização estatal, a qual poderá ser condicionada ao pagamento de uma remuneração. Logo, o art. 1.292 do Código Civil não pode ser concebido como fundamento da instituição de uma faculdade puramente privada. Admite-se o represamento de rios, mas somente mediante a autorização estatal – ressalvados os casos em que a acumulação resultante for irrelevante. Também será considerada privada aquela água cuja titularidade é atribuída a um particular em virtude do pagamento da importância remuneratória (seja por taxa ou tarifa, seja por outorga). Ressalvadas as considerações acima, não se admite a propriedade privada sobre água em depósito ou fluente. A circunstância de um depósito de água estar localizado em terreno privado, ainda que sem conexão com correntes oriundas de ou destinadas a terras públicas, é irrelevante. Não se produz a titularidade privada, porque o art. 26, I, da CF/1988 não adotou qualquer ressalva nesse sentido. Lembre-se que mesmos as águas subterrâneas foram atribuídas à titularidade dos Estados – o que torna descabido admitir que, vindo essas águas a aflorar em terra privada, isso afetaria o domínio público. O que se pode admitir, porém, é que o particular obtenha autorização para usar e fruir da água depositada ou fluente, especialmente quando não envolver questão de maior relevância"[18].

2.7.4 Rios públicos

De acordo com Plácido e Silva, o vocábulo *rio* deriva do latim *rivus* (corrente de água), é empregado na linguagem comum para designar qualquer curso de água natural, independentemente da sua importância volumétrica. "E, assim, regatos, riachos, ribeiros, ribeiras, designam-se rios. Toda corrente de água, desta maneira, é tida como rio, desde que emanada de nascente natural. Mas, juridicamente, a expressão genérica é curso de água ou correntes de água, por seu volume ou importância, distinguidas em regatos, riachos, córregos, arroios, ribeiros, ribeiras e rios. O rio é o curso de água mais importante, devendo apresentar-se mais ou menos caudaloso, isto é, de águas abundantes, prestando-se ou não à navegação ou à flutuação. Juridicamente, a expressão não

---

18. JUSTEN FILHO, Marçal. *Curso de direito administrativo*. 10. ed. São Paulo: Ed. RT, 2014, p. 1174.

designa simplesmente o curso de água ou a corrente de água; mas, o conjunto destas com o leito ou álveo, em que correm, e respectivas margens ou terras adjacentes, que retêm as águas, para que não extravasem de seu leito. O conjunto destes elementos, formando um só todo, considerado de natureza imobiliária, compõe o rio, em sua significação jurídica".

No conceito jurídico, os rios podem ser classificados em navegáveis ou não navegáveis, em flutuáveis ou não flutuáveis, em permanentes ou temporários, e finalmente em públicos ou particulares. Relativamente à sua dependência com relação a outros rios, distinguem-se em tributários ou caudatários, também ditos de afluentes ou confluentes, e reais ou independentes. Assim, os *rios públicos* são aqueles que pertencem ao domínio público do Estado, sendo um bem público inalienável, impenhorável e imprescritível[19].

Em que pese caber privativamente à União legislar sobre águas (art. 22, IV, CF/1988), incumbe à União, aos Estados-membros, ao Distrito Federal e aos Municípios preservar os rios no seu âmbito territorial, em decorrência do dever institucional de proteger o meio ambiente e combater a poluição em qualquer de suas formas (art. 23, VI, CF/1988).

Além disso, os rios são bens públicos de uso comum do povo, nos termos do Código Civil de 2002: "São bens públicos: I – os de uso comum do povo, tais como *rios*, mares, estradas, ruas e praças" (art. 99, I, CC). A esse respeito, Affonso Leme Machado assinala: "os rios sempre foram classificados, no Direito brasileiro, como bens de uso comum do povo, seguindo-se o Direito Romano, como se vê nas *Institutas* de Justiniano"[20].

2.7.5 Mar territorial

O mar territorial faz parte das águas externas do Estado, sendo regido pelo Direito Internacional, especialmente a Convenção de Montego Bay. Desse modo, a jurisdição estatal sobre a respectiva área é limitada, já que deve respeitar normas internacionais.

Segundo Valério Mazzuoli, "o mar territorial constitui modernamente a parte externa do domínio marítimo estatal. De longe, o mar territorial é o mais estudado instituto do Direito do Mar, tendo sido objeto de inúmeros estudos ao longo do tempo. O mar territorial pode ser conceituado como a faixa marítima que banha o litoral de um Estado e onde, até um limite prefixado, o mesmo exerce sua jurisdição e competência. Trata-se de uma zona intermediária entre o alto-mar e a terra firme (de domínio exclusivo do Estado costeiro), cuja existência encontra-se justificada pela necessidade de segurança, conservação e defesa do Estado ribeirinho, bem como por motivos econômicos (navegação, cabotagem, pesca etc.) e, ainda, de polícia aduaneira e fiscal. Pode-se então dizer que a soberania do Estado, quanto ao seu mar territorial, estende-se à faixa de terra (e respectivo subsolo) recoberta pelas águas respectivas,

---

19. SILVA, De Plácido e. *Vocabulário jurídico*. 26. ed. Rio de Janeiro: Forense, 2005, p. 1237.
20. MACHADO, Paulo Affonso Leme. *Direito ambiental brasileiro*. 14. ed. São Paulo: Malheiros, 2006, p. 431.

bem como ao espaço atmosférico situado sobre elas. Assim, juridicamente, embora não geograficamente, o leito e o subsolo subjacentes ao mar territorial, bem assim o espaço aéreo correspondente, são considerados como se dele fizessem parte. Em toda essa área o Estado detém praticamente os mesmos poderes soberanos relativos ao seu território terrestre"[21].

Para Plácido e Silva, o *mar territorial* pode ser definido como "a margem ou faixa de mar exterior, que orla e cinge as costas territoriais de um Estado, sobre a qual tenha jurisdição e pode fazer respeitar a sua soberania. Diz-se mar adjacente. É, assim, a parte do oceano, que vai da costa do território do Estado até os limites do mar-alto. E esta faixa ou parte se mede, segundo a doutrina que se tem procurado firmar, até onde o poder defensivo do Estado pode manter seu poder jurisdicional. O mar territorial, assim, faz parte do território do Estado: é parte integrante dele. E, assim, nele exerce o Estado todos os poderes de jurisdição e de política. Organiza suas alfândegas e dita as imposições (impostos) correspondentes, estabelecendo as regras que devem ser atendidas para a navegação nele. Doutrinariamente se tem estabelecido que o mar territorial compreende uma faixa mínima de três milhas, medidas do litoral, até o máximo de 12 milhas"[22].

Na perspectiva normativa, o *mar territorial* brasileiro compreende uma faixa de doze milhas marítima de largura, medidas a partir da linha de baixa-mar do litoral continental e insular, tal como indicada nas cartas náuticas de grande escala, reconhecidas oficialmente no Brasil. Nos locais em que a costa apresente recorte profundos e reentrâncias ou em que exista uma franja de ilhas ao longo da costa na sua proximidade imediata, será adotado o método das linhas de base retas, ligando pontos apropriados, para o traçado da linha de base, a partir da qual será medida a extensão do mar territorial (art. 1°, Lei n° 8.617/1993).

A soberania do Brasil estende-se ao mar territorial, ao espaço aéreo sobrejacente, bem como ao seu leito e subsolo. É reconhecido aos navios de todas as nacionalidades o direito de passagem inocente no mar territorial brasileiro. A passagem será considerada inocente desde que não seja prejudicial à paz, à boa ordem ou à segurança do Brasil, devendo ser contínua e rápida. A passagem inocente poderá compreender o parar e o fundear, mas apenas na medida em que tais procedimentos constituam incidentes comuns de navegação ou sejam impostos por motivos de força ou por dificuldade grave, ou tenham por fim prestar auxílio a pessoas a navios ou aeronaves em perigo ou em dificuldade grave. Os navios estrangeiros no mar territorial brasileiro estarão sujeitos aos regulamentos estabelecidos pelo Governo brasileiro (arts. 2° e 3°, Lei n° 8.617/1993).

Por último, são águas públicas de uso comum as águas integrantes dos mares territoriais, nos termos do art. 2°, "a", do Código de Águas (Dec. 24.643/1934).

---

21. MAZZUOLI, Valério de Oliveira. *Curso de direito internacional público*. 10. ed. São Paulo: Ed. RT, 2016, p. 851-853.
22. SILVA, De Plácido e. *Vocabulário jurídico*. 26. ed. Rio de Janeiro: Forense, 2005, p. 892.

2.7.6 Zona contígua

A zona contígua faz parte das águas externas do Estado, sendo regida pelo Direito Internacional, especialmente a Convenção de Montego Bay. Desse modo, a jurisdição estatal sobre a respectiva área é limitada, já que deve respeitar normas internacionais.

A *zona contígua* pode ser definida como "a faixa de alto-mar que se inicia imediatamente após o limite exterior do mar territorial e, em princípio, de mesma largura, sobre a qual o Estado costeiro tem o direito de tomar as medidas de fiscalização que julgar convenientes na defesa de seu território, exercendo o necessário controle no sentido de prevenir ou punir infrações aos seus regulamentos aduaneiros, fiscais, sanitários, de imigração e de segurança, que tenham sido tais infrações cometidas em seu domínio terrestre ou no mar territorial. A zona contigua se estende para além do mar territorial até um limite de 24 milhas marítimas contadas a partir da linha de base. Portanto, a largura da zona contígua, contando-se sua extensão desde o final das 12 milhas do mar territorial, é também 12 milhas marítimas".

Registre- que "a natureza jurídica da zona contígua não se confunde com a do mar territorial. É a zona contígua uma parte ou faixa do alto-mar adjacente às águas territoriais. Ela pertence, portanto, ao alto-mar, diferentemente do que ocorre com o mar territorial, que é parte do 'território submerso' do Estado (e em relação ao qual este exerce a plenitude de sua soberania). Em sua faixa o Estado exerce três tipos de competências: a) aduaneira e fiscal (prevenindo ou punindo infrações e fraudes aos seus regulamentos); b) segurança (em seus múltiplos aspectos, como saúde, navegação e interesse militar) e; c) conservação e exploração das riquezas animais e minerais"[23].

Em conformidade com normas internas, a zona contígua brasileira compreende uma faixa que se estende das doze às vinte e quatro milhas marítimas, contadas a partir das linhas de base que servem para medir a largura do mar territorial. Na zona contígua, o Brasil poderá tomar as medidas de fiscalização necessárias para: I – evitar as infrações às leis e aos regulamentos aduaneiros, fiscais, de imigração ou sanitários, no seu território, ou no seu mar territorial; II – reprimir as infrações às leis e aos regulamentos, no seu território ou no seu mar territorial (art. 4º, Lei nº 8.617, de 4 de janeiro de 1993).

2.7.7 Zona econômica exclusiva

A zona econômica exclusiva faz parte das águas externas do Estado, sendo regida pelo Direito Internacional, especialmente a Convenção de Montego Bay. Desse modo, a jurisdição estatal sobre a respectiva área é limitada, já que deve respeitar normas internacionais.

De acordo com Valério Mazzuoli, origem histórica da zona econômica exclusiva decorre da declaração do Presidente dos Estados Unidos que, em 1946, visava ampliar

---

23. MAZZUOLI, Valério de Oliveira. *Curso de direito internacional público*. 10. ed. São Paulo: Ed. RT, 2016, p. 856.

unilateralmente a jurisdição norte americana para além do seu mar territorial para fins de proteção da pesca. "A partir daí, vários outros países, cujas indústrias pesqueiras sofriam as mesmas dificuldades, passaram a declarar seus direitos sobre a tal zona, em especial o Peru, o Chile e o Equador. Posteriormente, em 1972, com a Declaração de São Domingos, reconheceu-se aos Estados costeiros direitos soberanos a uma faixa posterior ao mar territorial (então chamado de mar patrimonial) para fins de exploração econômica sobre os recursos renováveis ou não das águas, do leito e do subsolo dessa área com extensão delimitada em 200 milhas. Assim, o interesse dos Estados na zona econômica exclusiva surgiu com finalidades quase que exclusivamente econômicas, passando somente depois a ligar-se a questões de preservação e conservação ambiental".

Conceitualmente, a *zona econômica exclusiva* "é a área marítima situada para além do mar territorial e adjacente a este, que tem início a partir do limite exterior deste último e vai até o limite máximo de 188 milhas marítimas (descontando-se assim as 12 milhas do mar territorial), perfazendo uma extensão máxima de 200 milhas contadas a partir da linha de base normal ou reta, isso é, a partir da costa. Nessa faixa pode o Estado ribeirinho exercer direitos de soberania sobre os recursos naturais vivos e não vivo, bem como a jurisdição, de acordo com o que dispõe a Convenção de Montego Bay"[24].

O Estado costeiro exerce direitos e deveres sobre a zona econômica exclusiva, notadamente: a) direitos de soberania para fins de exploração e aproveitamento, conservação e gestão dos recursos naturais, vivos ou não vivos das águas sobrejacentes ao leito do mar, do leito do mar e seu subsolo, e no que se refere a outras atividades com vista à exploração e aproveitamento da zona para fins econômicos, como a produção de energia a partir da água, das correntes e dos ventos; c) jurisdição, de conformidade com as disposições pertinentes da presente Convenção, no que se refere a: i) colocação e utilização de ilhas artificiais, instalações e estruturas; ii) investigação científica marinha; iii) proteção e preservação do meio marinho. Sem embargo, no exercício dos seus direitos e no cumprimento dos seus deveres na zona econômica exclusiva, o Estado costeiro deve observar os direitos e deveres dos outros Estados, agindo de forma compatível com as disposições da Convenção de Montego Bay (art. 56, 1 e 2).

Ademais, na zona econômica exclusiva, todos os Estados, quer costeiros quer sem litoral, gozam das liberdades de navegação e sobrevoo e de colocação de cabos e dutos submarinos, bem como de outros usos do mar internacionalmente lícitos, relacionados com as referidas liberdades, tais como os ligados à operação de navios, aeronaves, cabos e dutos submarinos e compatíveis com as demais disposições da Convenção de Montego Bay (art. 58, 1).

No âmbito interno, direito brasileiro trata da zona econômica exclusiva. Nos termos da legislação infraconstitucional, a zona econômica exclusiva brasileira compreende uma faixa que se estende das doze às duzentas milhas marítimas, contadas a partir das

---

24. MAZZUOLI, Valério de Oliveira. *Curso de direito internacional público*. 10. ed. São Paulo: Ed. RT, 2016, p. 863-864.

linhas de base que servem para medir a largura do mar territorial (art. 6º, Lei nº 8.617, de 4 de janeiro de 1993).

Na zona econômica exclusiva, o Brasil tem direitos de soberania para fins de exploração e aproveitamento, conservação e gestão dos recursos naturais, vivos ou não vivos, das águas sobrejacentes ao leito do mar, do leito do mar e seu subsolo, e no que se refere a outras atividades com vistas à exploração e ao aproveitamento da zona para fins econômicos. Na zona econômica exclusiva, o Brasil, no exercício de sua jurisdição, tem o direito exclusivo de regulamentar a investigação científica marinha, a proteção e preservação do meio marítimo, bem como a construção, operação e uso de todos os tipos de ilhas artificiais, instalações e estruturas. A investigação científica marinha na zona econômica exclusiva só poderá ser conduzida por outros Estados com o consentimento prévio do Governo brasileiro, nos termos da legislação em vigor que regula a matéria. (arts. 7º e 8º, Lei nº 8.617, de 4 de janeiro de 1993).

A realização por outros Estados, na zona econômica exclusiva, de exercícios ou manobras militares, em particular as que impliquem o uso de armas ou explosivas, somente poderá ocorrer com o consentimento do Governo brasileiro. São reconhecidos a todos os Estados o gozo, na zona econômica exclusiva, das liberdades de navegação e sobrevoo, bem como de outros usos do mar internacionalmente lícitos, relacionados com as referidas liberdades, tais como os ligados à operação de navios e aeronaves (arts. 9º e 10, Lei nº 8.617, de 4 de janeiro de 1993).

2.7.8 Alto-mar

O alto mar faz parte das águas externas do Estado, sendo regido pelo Direito Internacional, especialmente a Convenção de Montego Bay. Originalmente, o alto mar, chamado por muitos de *mare liberum*, foi definido pela antiga Convenção sobre Alto-mar de Genebra, de 1958 como "o vasto espaço marítimo situado além do mar territorial, não pertencendo nem a este nem às águas interiores do Estado costeiro". Esse conceito guarda correlação com a definição baseada nas lições de Ulpiano, "que dizia ser o alto-mar uma porção da água aberta a todos (*mare quod natura omnibus patet*), e de Celso, que, equiparando-o ao ar, dizia ser o alto-mar um bem comum de todo a humanidade (*mare communem usum omnibus hominibus ut aeris*)"[25].

Acerca desse assunto, Menezes Cordeiro assinala: "no século XVII, discutiu-se se o mar alto podia ser apropriado pelos Estados. Defrontaram-se, na época, os partidários do *mare liberum*, designadamente defendido por Grotius e do *mare clausum*, propugnado sucessivamente pelos estudiosos ibéricos (Marcelo Caetano) e ingleses (Seldon). Prevaleceria o *mare liberum*; todavia, aos Estados com fronteira marítima, foi reconhecida a possiblidade de se defenderem, exercendo a soberania sobre uma

---

25. MAZZUOLI, Valério de Oliveira. *Curso de direito internacional público*. 10. ed. São Paulo: Ed. RT, 2016, p. 875-876.

faixa litoral de largura equivalente ao alcance de um tiro de canhão colocado na costa; for a regra adotada por Portugal, em Alvará de 4 de maio de 1805. O crescente alcance dos canhões levou a fixar esse limite nas 3 milhas marítimas (cerca de 5.500 m), depois alargadas para 6 como zona de respeito e, mais tarde, como espaço territorial"[26]. Atualmente, "todo Estado tem o direito de fixar a largura do seu mar territorial até um limite que não ultrapasse 12 milhas marítimas", conforme o art. 3º da Convenção das Nações Unidas sobre o Direito do Mar.

Para a Convenção de Montego Bay, o *alto mar* pode ser definido como "todas as partes do mar não incluídas na zona econômica exclusiva, no mar territorial ou nas águas interiores de um Estado, nem nas águas arquipelágicas de um Estado arquipélago" (art. 86). Como se vê, adota-se critério excludente para a identificação do alto mar, de modo a compatibilizá-lo com outros institutos.

O alto mar está aberto a todos os Estados, quer costeiros quer sem litoral. A liberdade do alto mar é exercida nas condições estabelecidas na presente Convenção e nas demais normas de direito internacional. Compreende, *inter alia*, para os Estados quer costeiros quer sem litoral: a) liberdade de navegação; b) liberdade de sobrevoo; c) liberdade de colocar cabos e dutos submarinos; d) liberdade de construir ilhas artificiais e outras instalações permitidas pelo direito internacional; e) Liberdade de pesca, observadas certas condições; f) liberdade de investigação científica. Tais liberdades devem ser exercidas por todos os Estados, tendo em devida conta os interesses de outros Estados no seu exercício da liberdade do alto mar, bem como os direitos relativos às atividades na Área previstos na Convenção de Montego Bay (art. 87).

Imperioso ressaltar que o alto-mar não faz parte do território particular de nenhum Estado, de modo que não se sujeita a nenhum domínio, diferentemente do que ocorre com o mar territorial, onde o Estado costeiro exerce soberania. "O alto-mar não é *res nullius*, expressão que conota algo sem dono, ou algo sujeito à apropriação do Estado, mas sim *res communis*, ou seja, coisa de uso livre e comum, destinado ao benefício de todo a sociedade internacional, o que exclui o direito de usar (*jus utendi*), gozar (*fruendi*) e dispor (*abutendi*). Justamente por existir liberdade de atuação no alto-mar – claro que com disciplina imposta pelas normas internacionais – é que os Estados têm interesses cada vez mais crescente na sua utilização. Atualmente, a importância do alto-mar transcende o fato de ser ele boa via de comunicação. As descobertas científicas revelaram já há tempos ser o alto-mar fonte imensa de recursos vivos e minerais, motivo pelo qual tem sido grandemente afetado pelo desenvolvimento cada vez mais constante da tecnologia"[27].

Assente-se que alto mar deve ser utilizado para fins pacíficos, não podendo nenhum Estado pretender submeter qualquer parte do alto mar à sua soberania. Além disso,

---

26. CORDEIRO, António Menezes. *Tratado de direito civil III*. Parte Geral – Coisas. 4. ed. Coimbra: Almedina, 2019, p. 97.
27. MAZZUOLI, Valério de Oliveira. *Curso de direito internacional público*. 10. Ed. São Paulo: Ed. RT, 2016, p. 876.

todos os Estados, que costeiros quer sem litoral, têm o direito de fazer navegar no alto mar navios que arvorem a sua bandeira. No alto mar, todo Estado deve exercer, de modo efetivo, a sua jurisdição e seu controle em questões administrativas, técnicas e sociais sobre navios que arvorem a sua bandeira. Os navios de guerra no alto mar gozam de completa imunidade de jurisdição relativamente a qualquer outro Estado que não seja o da sua bandeira (arts. 88 a 95, Convenção de Montego Bay).

Em caso de abalroamento ou de qualquer outro incidente de navegação ocorrido a um navio no alto mar que possa acarretar uma responsabilidade penal ou disciplinar para o capitão ou para qualquer outra pessoa ao serviço do navio, os procedimentos penais e disciplinares contra essas pessoas só podem ser iniciados perante as autoridades judiciais ou administrativas do Estado de bandeira ou perante as do Estado do qual essas pessoas sejam nacionais. Nenhum apresamento ou retenção do navio pode ser ordenado, nem mesmo como medida de investigação, por outras autoridades que não as do Estado de bandeira (art. 97, Convenção de Montego Bay).

Por último, Todo Estado deverá exigir do capitão de um navio que arvore a sua bandeira, desde que o possa fazer sem acarretar perigo grave para o navio, para a tripulação ou para os passageiros, que: a) preste assistência a qualquer pessoa encontrada no mar em perigo de desaparecer; b) se dirija, tão depressa quanto possível, em socorro de pessoas em perigo, desde que esteja informado de que necessitam de assistência e sempre que tenha uma possibilidade razoável de fazê-lo; c) preste, em caso de abalroamento, assistência ao outro navio, à sua tripulação, e aos passageiros e, quando possível, comunique ao outro navio o nome do seu próprio navio, o porto de registro e o porto mais próximo em que fará escala. Todo Estado costeiro deve promover o estabelecimento, o funcionamento e a manutenção de um adequado e eficaz serviço de busca e salvamento para garantir a segurança marítima e aérea, e, quando as circunstâncias o exigirem, cooperar para esse fim com os Estados vizinhos por meio de ajustes regionais de cooperação mútua (art. 98, Convenção de Montego Bay).

2.8 JURISPRUDÊNCIA

"3. Hodiernamente, a Segunda Turma, por ocasião do julgamento do Resp 508.377/MS, em sessão realizada em 23.10.2007, sob a relatoria do eminente Ministro João Otávio de Noronha e voto-vista do Ministro Herman Benjamin, reviu o seu posicionamento para firmar-se na linha de que a Constituição Federal aboliu expressamente a dominialidade privada dos cursos de água, terrenos reservados e terrenos marginais, ao tratar do assunto em seu art. 20, inciso III (Art. 20: São bens da União: III – os lagos, rios e quaisquer correntes de água em terrenos de seu domínio, ou que banhem mais de um Estado, sirvam de limites com outros países, ou se estendam a território estrangeiro ou dele provenham, bem como os terrenos marginais e as praias fluviais;). Desse modo, a interpretação a ser conferida ao art. 11, caput, do Código de Águas ("ou por algum título legítimo não pertencerem ao domínio particular"), que, teoricamente, coaduna-se com o sistema constitucional vigente e com a Lei das Águas (Lei 9.433/1997), é a de que, no que tange a rios federais e estaduais, o título legítimo em favor do particular que afastaria o domínio pleno da União seria somente o decorrente de enfiteuse ou concessão, este último de natureza pessoal, e não real. Ou seja, admissível a indenização advinda de eventuais benefícios econômicos que o particular retiraria da sua contratação com o Poder Público" (STJ – Segunda Turma – REsp. 1.152.028/MG, Rel. Min. Campbell Marques – Data do Julgamento 17.03.2011)

"1. O Código de Águas (Decreto 24.643/1934) deve ser interpretado à luz do sistema da Constituição Federal de 1988 e da Lei 9.433/97 (Lei da Política Nacional de Recursos Hídricos), que só admitem duas modalidades de domínio sobre os recursos hídricos – águas federais e águas estaduais. 2 Na forma dos arts. 20, III, e 26, I, da Constituição, não mais existe propriedade municipal ou privada de lagos, rios, águas superficiais ou subterrâneas, fluentes, emergentes ou em depósito, e quaisquer correntes de água. 3. A propriedade dos terrenos marginais (ou reservados) e das praias fluviais segue a do recurso hídrico (CF art. 20, III). Descabe, portanto, falar em domínio privado dessas áreas. 4. O título legítimo, previsto no art. 11 do Código de Águas, que pode, em tese, subsidiar pleito indenizatório em desapropriação, é apenas o decorrente de enfiteuse ou concessão. Neste último caso, haveria título pessoal, não real, e possível indenização adviria de eventuais benefícios econômicos que o particular retiraria da sua contratação com o Poder Público. 5. Nas demais hipóteses, inviável indenização dos terrenos marginais reservados, nos termos da Súmula 279/STF" (STJ – Segunda Turma, voto-vista, REsp. 508.377/MS – Rel. Min. João Otávio de Noronha – Data do julgamento: 23.10.2007).

"4. A água é bem público de uso comum (art. 1º da Lei nº 9.433/97), motivo pelo qual é insuscetível de apropriação pelo particular. 5. O particular tem, apenas, o direito à exploração das águas subterrâneas mediante autorização do Poder Público cobrada a devida contraprestação (arts. 12, II e 20, da Lei n.º 9.433/97) 6. Ausente a autorização para exploração a que o alude o art. 12, da Lei n.º 9.443/97, atentando-se para o princípio da justa indenização, revela-se ausente o direito à indenização pelo desapossamento de aquífero" (STJ – Primeira Turma – REsp 518744/RN – Rel. Min. Luiz Fux – Data do Julgamento 03.02.2004).

Capítulo 3
DOMÍNIO PÚBLICO AÉREO

3.1 GENERALIDADES

De acordo com Hans Kelsen, "o território de um Estado, como esfera territorial de validade da ordem jurídica nacional, não é um plano, mas um espaço de três dimensões. A validade, assim como a eficácia, da ordem jurídica nacional estende-se não apenas em largura e comprimento, mas também em profundidade e altura. Como a Terra é um globo, a forma geométrica desse espaço – o espaço do Estado – é, aproximadamente, a de um cone invertido. O vértice desse cone está no centro da Terra, onde os espaços cônicos, os chamados territórios de todos os Estados, se encontram. O que a teoria tradicional define como 'território do Estado', aquela porção da superfície terrestre delimitada pelas fronteiras do Estado, é apenas um plano visível formado pelo corte transversal do espaço cônico do Estado. O espaço acima e abaixo desse plano pertence juridicamente ao Estado até onde se estende o seu poder coercitivo, e isso significa juridicamente a eficácia da ordem jurídica nacional"[1]. Consectariamente, o domínio estatal abrange o espaço terrestre, o espaço aéreo e o subsolo.

O domínio do espaço aéreo decorre do domínio do espaço terrestre, isto é, o domínio do solo se estende ao espaço aéreo correspondendo-lhe em linhas perpendiculares. O domínio do espaço aéreo se justifica em razão da indispensabilidade como mecanismo assegurador da eficácia prática do domínio da superfície, caso contrário, restaria prejudicada a dominialidade estatal. "A propriedade do espaço aéreo se determina geometricamente por meio de linhas perpendiculares à superfície, é dizer, a linha formada pelo contorno. Dentro deste perímetro, a propriedade se estende ilimitadamente até acima"[2].

Dessa forma, "o Estado exerce soberania plena sobre os ares situados acima de seu território e de seu mar territorial. Projeta-se no espaço aéreo o mesmo regime jurídico da superfície subjacente. Ao contrário, porém, do que sucede no mar territorial, não há no espaço aéreo um direito de passagem inocente que seja fruto de princípio geral ou norma costumeira. Senhor absoluto desse espaço, o Estado subjacente só o libera à aviação de outros países mediante a celebração de tratados ou permissões avulsas"[3].

---

1. KELSEN, Hans. *Teoria geral do direito e do estado.* 3. ed. São Paulo: Martins Fontes, 2000, p. 312.
2. SALVAT, Raymundo M. *Tratado de Derecho Civil Argentino.* Derechos Reales II Dominio. Cuarta edición. Buenos Aires, Tipográfica Editora Argentina, 1952, p. 57.
3. REZEK, Francisco. *Direito internacional público.* Curso elementar. 11. ed. São Paulo: Saraiva, 2008, p. 326.

Assente-se que "não existe ainda um espaço de ar livre análogo ao espaço do mar livre. Do mesmo modo, não há tais limites para baixo (= ad ínferos), ao menos praticamente, visto que o limite ideal – o ponto central da terra – está situado muito mais além do que hoje poderia alcançar"[4]

O Estado exerce domínio sobre o espaço aéreo em decorrência da sua soberania, cabendo ao Poder Público disciplinar as regras acerca do uso do espaço aéreo brasileiro, a fim de proteger a segurança aeroviária e a integridade do território nacional.

3.2 CONCEITO

O domínio aéreo "compreende as camadas aéreas superiores ao território, para além dos limites que a lei fixar em benefício do proprietário do solo". O espaço dominial do Estado começa a partir dos limites insuscetíveis de apropriação pelo particular, de grande importância sobretudo em virtude da navegação aérea e das telecomunicações. "A integração do espaço atmosférico no domínio público é consequência do princípio do reconhecimento da soberania do Estado subjacente sobre a coluna de ar que lhe fica superior. O domínio corresponde neste caso à reserva que o Estado faz do poder de consentir ou autorizar certos usos, de proibir ou condicionar outros, mas o espaço atmosférico é, como o mar, insuscetível por natureza de apropriação no seu conjunto"[5].

Conforme Cretella Júnior, "forma o espaço aéreo a parte de território na porção compreendida em linhas perpendiculares para o alto, indefinidamente, elevadas sobre os limites do território. Não se confunde o espaço aéreo com o ar, sendo aquele o continente, este o conteúdo. O ar é elemento etéreo, sem medidas ou limites, móvel e fluido, totalmente inapropriável, integrando o rol de res *communis omnium*, que *quisque de populo* pode livremente usar e possuir; o espaço aéreo, ao contrário, é bem definido, suscetível de ser limitado, fixo e constante. É o espaço aéreo dependência do domínio público, cabendo ao Estado regular-lhe o uso, como acontece com qualquer outro bem público. Discute-se, em doutrina, se o espaço aéreo é uma coisa ou não, entendendo alguns que sendo ele objeto de direito é, evidentemente, uma res, porque, em caso contrário, não se conceberia sua apropriação, entendendo outros que o espaço aéreo não reúne aptidões físicas para se objeto de apropriação. Na realidade, o espaço aéreo não tem a qualidade de ser coisa apropriável, o que não quer dizer que não tenha o atributo de coisa utilizável"[6].

Assim, o espaço aéreo é a área que cobre a superfície do espaço terrestre de determinado Estado, em paralelo ao respectivo âmbito territorial ou que esteja submetido à sua soberania. O *domínio público aéreo* consiste no poder conferido ao Estado para disciplinar normativamente o espaço acima da superfície terrestre, regulando o seu uso, assegurando direitos e impondo restrições, a fim de atender ao interesse público.

---

4. CRETELLA JÚNIOR, José. *Tratado do domínio público*. Rio de Janeiro: Forense, 1984, p. 234.
5. CAETANO, Marcello. *Manual de direito administrativo*. 7. ed. Lisboa: Coimbra, 1965, p. 209-210.
6. CRETELLA JÚNIOR, José. *Tratado do domínio público*. Rio de Janeiro: Forense, 1984, p. 234-235.

O domínio público aéreo tem por objetivo promover a segurança, a ordem e a fluidez do transporte aéreo, a proteção do meio ambiente, bem como promover a integridade do território nacional, protegendo-o contra incursões estrangeiras.

Pérez Conejo informa que "o caráter dominial do espaço aéreo tem uma acepção jurídico-positiva", haja vista três fatores essenciais: i) o Estado dispõe de um poder regulador do tráfego aéreo, substancialmente análogo à autoridade de regular o trânsito das vias de comunicações terrestres, que lhe outorga o poder sobre o uso público do espaço aéreo; ii) as dimensões de espaço destinadas ao transporte aéreo e à segurança nacional não são submetidas à propriedade privada; iii) a obrigatoriedade de os donos dos imóveis subjacentes de suportar a navegação aérea, ainda que reconhecido o direito à indenização pelos danos e prejuízos diretos e imediatos que sofrerem. Também existem as servidões legais sobre as propriedades adjacentes com os aeroportos, denominadas de servidões aeroportuárias. Disso resulta que a propriedade privada é um bem cuja extensão é limitada, excluindo-se "a extensão indefinida em altura da referida propriedade. A esse respeito, o Tribunal Constitucional já em uma sentença de 1982 decidiu que o espaço aéreo é um bem comum", expressando o espaço aéreo como um bem submetido à dominialidade pública, por ser suporte físico para a prestação de serviços à coletividade, a exemplo de serviços como a televisão, telefonia móvel, satélites etc.[7].

Em razão do domínio público no espaço aéreo, ninguém poderá opor-se, em razão de direito de propriedade na superfície, ao sobrevoo de aeronave, sempre que este se realize de acordo com as normas vigentes, nos termos do art. 16 do Código Brasileiro de Aeronáutica. Assim, no caso de pouso de emergência ou forçado, o proprietário ou possuidor do solo não poderá opor-se à retirada ou partida da aeronave, desde que lhe seja dada garantia de reparação do dano. De igual modo, o prejuízo decorrente do sobrevoo, do pouso de emergência, do lançamento de objetos ou alijamento poderá ensejar responsabilidade (art. 16, Lei nº 7.565 de 1986).

Outrossim, tradicionalmente propugna-se que o espaço aéreo não tem limites. Sem embargo, acima do espaço aéreo do respectivo Estado existe o espaço cósmico, que é bem de interesse de todos os países, podendo ser explorado e utilizado livremente por todos os Estados, sem qualquer discriminação, em condições de igualdade e em conformidade com o Direito Internacional, não podendo o espaço cósmico ser objeto de apropriação nacional por proclamação de soberania, por uso ou ocupação, nem por qualquer outro meio (arts. I, II e III do Tratado sobre Exploração e Uso do Espaço Cósmico[8]). Assim, a afirmação de que o espaço aéreo não tem limites ao referido Estado deve ser sopesado à luz do Tratado sobre Espaço Cósmico.

---

7. PÉREZ CONEJO, Lorenzo. *Lecciones de Dominio Público*. Universidad de Málaga: Servicio de Publicaciones e Intercambio Científico, 2004, p. 191-192.

8. BRASIL. Decreto nº 64.362, de 17 de abril de 1969. *Promulga o Tratado sobre Exploração e Uso do Espaço Cósmico*. Disponível em: http://www.planalto.gov.br/ccivil_03/decreto/1950-1969/D64362.html. Acesso em: 10 mar. 2021.

3.3 TEORIAS SOBRE O ESPAÇO AÉREO

As teorias sobre o espaço aéreo discutem a titularidade, se o respectivo espaço é ou não suscetível de apropriação, se o espaço é submetido ou não à soberania de Estado etc.

Ambrosini estudou as teorias que explicam a condição jurídica do espaço aéreo, de modo que ao espaço aéreo aplicam-se os seguintes regimes jurídicos: "a) o espaço, como parte integrante e indivisível do solo, do qual segue a condição jurídica, é objeto do direito de propriedade dos particulares e do direito de soberania dos Estados; b) a soberania só se estende até uma certa altitude, além da qual o espaço aéreo é livre; c) a soberania é limitada, sob reserva dos direitos necessários à conservação dos Estados subjacentes; d) o espaço aéreo não é susceptível de soberania alguma; e) o espaço aéreo, único e indivisível, encontra-se em estado de comunhão forçada e perpétua, sujeito à soberania comum de todas as pessoas de direito internacional público, que não podem legislar a respeito senão de comum acordo e para a totalidade da atmosfera"[9].

Como se vê, são várias as teorias e as implicações jurídicas consequentes ao se adotar uma e rejeitar outra. Não obstante, o espaço aéreo é regido por diversos preceitos, não podendo adotar isoladamente uma certa corrente doutrinária, visto que os regimes jurídicos são plúrimos, isto é, existem normas nacionais e internacionais que regem o espaço aéreo, devendo-as coexistir harmonicamente.

Desse modo, as diversas teorias podem ser utilizadas simultaneamente para reger o espaço aéreo, a depender da relação jurídica envolvida e dos sujeitos (direito nacional ou internacional). Exemplificadamente, o espaço aéreo é objeto de direito de propriedade pelos particulares e direito de soberania dos Estados, conforme art. 1229 do Código Civil de 2002: "A propriedade do solo abrange a do espaço aéreo e subsolo correspondentes, em altura e profundidade úteis ao seu exercício, não podendo o proprietário opor-se a atividades que sejam realizadas, por terceiros, a uma altura ou profundidade tais, que não tenha ele interesse legítimo em impedi-las". Igualmente, o art. 11 do Código Brasileiro de Aeronáutica declara: "o Brasil exerce completa e exclusiva soberania sobre o espaço aéreo acima de seu território e mar territorial". Nesse sentido, aplica-se a teoria "a" elencada por Ambrosini.

Todavia, também pode-se aplicar a teoria "b" de Ambrosini no direito brasileiro, visto que em razão do Tratado do Espaço Cósmico, a soberania dos Estados é limitada a uma certa altitude, porquanto "o espaço cósmico, inclusive a Lua e demais corpos celestes, poderá ser explorado e utilizado livremente por todos os Estados" (art. I). "O espaço cósmico, inclusive a Lua e demais corpos celestes, não poderá ser objeto de apropriação nacional por proclamação de soberania, por uso ou ocupação, nem por qualquer outro meio" (art. II). Além disso, "as atividades dos Estados Partes deste Tratado, relativas à exploração e uso do espaço cósmico, inclusive da Lua e demais corpos celestes, deverão efetuar-se em conformidade com o direito internacional, inclusive a Carta das Nações

---

9. CRETELLA JÚNIOR, José. *Tratado do domínio público*. Rio de Janeiro: Forense, 1984, p. 236.

CAPÍTULO 3 • DOMÍNIO PÚBLICO AÉREO **215**

Unidas, com a finalidade de manter a paz e a segurança internacional e de favorecer a cooperação e a compreensão internacionais" (art. III). Consectariamente, há um certo limite no que alude ao espaço aéreo, não sendo absolutamente ilimitada a soberania.

Por fim, as teorias "d" e "e" elencadas por Ambrosini podem ser aplicadas sobre o espaço extra-atmosférico, pois este não pode ser submetido a soberania alguma (art. II); e o espaço extra-atmosférico sujeita-se à soberania comum, de acordo com as regras do Direito Internacional Público, conforme arts. I, II e IV do Tratado sobre Exploração e Uso do Espaço Cósmico de 1969.

3.4 TITULARES DO ESPAÇO AÉREO

A titularidade do espaço aéreo é de natureza pública ou privada. "O proprietário do solo é dono do espaço aéreo correspondente à superfície, em linhas perpendiculares, podendo erguer suas construções e impedir as obras dos vizinhos que avancem sobre seu espaço. Não se concebe, na época atual, que o proprietário exerça direitos *usque ad sidera*, expressão literária e teórica, por configurar hipótese imaginária. O limite do direito do proprietário tem de ser procurado em razão da utilização real do espaço aéreo, dentro de uma razoabilidade de edificação. Qualquer edifício ou construção que ultrapasse determinada altura pode prejudicar outro particular, ou a coletividade, colocando em risco o tráfego aéreo, civil ou militar. Por isso, o limite do direito do superficiário é entendido, de maneira objetiva, em relação ao interesse prático que a utilização do espaço aéreo correspondente possa oferecer, porque além de determinada altura tal espaço perde a razão de ser, esvazia-se do conteúdo ético para converter-se em chicana, fomentando discórdias e colocando os vizinhos em pé de guerra"[10].

Ao proprietário cabe a titularidade sobre determinada quantidade do espaço aéreo desde que a área respectiva seja necessária para a utilização plena da superfície terrestre ou desde que seja fundado em interesse legítimo, ou seja, que lhe promova algum benefício legítimo de maneira direta e imediata. Salvat pontifica: "A doutrina moderna restringe a propriedade do espaço aéreo na medida do interesse legítimo do proprietário, é dizer, na medida que seja necessário para assegurar o gozo efetivo da propriedade da superfície"[11].

Em razão disso é que o direito de propriedade privada garante ao titular a propriedade do espaço aéreo correspondente à dimensão horizontal do solo, mas desde que a altura seja útil ao seu exercício, não podendo o proprietário inibir a realização de atividades de terceiros cuja altura não tenha o proprietário legítimo interesse em impedi-las. O art. 1229 do Código Civil de 2002 é categórico: "a propriedade do solo abrange a do espaço aéreo e subsolo correspondentes, em altura e profundidade úteis ao seu exercício, não podendo o proprietário opor-se a atividades que sejam realizadas,

---

10. CRETELLA JÚNIOR, José. *Tratado do domínio público*. Rio de Janeiro: Forense, 1984, p. 237-238.
11. SALVAT, Raymundo M. *Tratado de Derecho Civil Argentino*. Derechos Reales II Dominio. Cuarta edición. Buenos Aires, Tipográfica Editora Argentina, 1952, p. 58.

por terceiros, a uma altura ou profundidade tais, que não tenha ele interesse legítimo em impedi-las". Além disso, não cabe ao proprietário proibir a realização de atividades após certa altura, desde que não tenha motivo obstativo razoável, porquanto "são defesos os atos que não trazem ao proprietário qualquer comodidade, ou utilidade, e sejam animados pela intenção de prejudicar outrem", nos termos do art. 1.228, § 2º do Código Civil. Afora isso, a propriedade privada deve atender à sua finalidade social, de forma que devem ser promovidos simultaneamente o interesse particular do proprietário e o interesse coletivo da sociedade no uso do espaço aéreo, conforme o art. 5º, XXIII da Constituição Federal de 1988, equilibrando-se ambos os interesses.

Consectariamente, "razões de segurança pública, inclusive estratégica, militarão a favor do policiamento do espaço aéreo, impedindo a violação desse espaço, inclusive pelos proprietários particulares dos terrenos subjacentes. A partir de certa altura a titularidade do espaço aéreo pertence à nação, que tem a jurisdição exclusiva e absoluta do espaço aéreo, estadual, provincial, municipal, em matéria de segurança e defesa do Estado, comunicações radioelétricas e aeronavegação, internacional e interlocal. Constitui o espaço aéreo uma dependência do domínio público, suscetível de servir para diversos usos ou atividades. A natureza da atividade ou a forma pela qual se exerce podem determinar que a jurisdição respectiva corresponda à Nação ou às Províncias, Estados-Membros, Municípios. Por outro lado, se a porção do solo pertence ao Estado, o espaço aéreo faz parte da dominialidade pública. Há espaço aéreo sobre os vários tipos de bens públicos"[12].

A Convenção de Chicago sobre Aviação Civil Internacional declara "os Estados contratantes reconhecem ter cada Estado a soberania exclusiva e absoluta sobre o espaço aéreo sobre seu território", sendo considerado como território de um Estado, a extensão terrestre e as águas territoriais adjacentes, sob a soberania, jurisdição, proteção ou mandato do citado Estado. (arts. 1º e 2º, aprovada pelo Decreto nº 21.713, de 27 de agosto de 1946). Igualmente, o Código Brasileiro de Aeronáutica trata do espaço aéreo brasileiro, estabelecendo que "o Brasil exerce completa e exclusiva soberania sobre o espaço aéreo acima de seu território e mar territorial" (art. 11, Lei nº 7.565 de 1986). Ademais, compete à União legislar sobre direito aeronáutico e espacial (art. 22, I, CF de 1988) bem como explorar, diretamente ou mediante autorização, concessão ou permissão a navegação aérea, aeroespacial e a infraestrutura aeroportuária; (art. 21, XII, "c", CF de 1988). A função de polícia aeroportuária é exercida pela Polícia Federal (art. 144, § 1º, III, CF/1988).

Portanto, ao particular cabe exercer o direito de propriedade do espaço aéreo imediatamente acima da superfície na qual exerce o domínio, desde que haja utilidade racional, sendo vedado ao proprietário praticar atos que não lhe tragam comodidade ou benefício, proibindo-se atos com intenção de causar prejuízo a terceiros, em respeito ao princípio da função social da propriedade.

Por sua vez, incluem-se no domínio público do Estado "as camadas aéreas superiores ao território acima do limite reconhecido ao proprietário ou superficiário e as

---

12. CRETELLA JÚNIOR, José. *Tratado do domínio público*. Rio de Janeiro: Forense, 1984, p. 238.

camadas aéreas superiores aos terrenos e às águas do domínio público, bem como as situadas sobre qualquer imóvel do domínio privado para além dos limites fixados na lei em benefício do proprietário do solo". Desse modo, para identificar qual o limite do proprietário particular, há se perquirir sobre o uso racional e a utilidade no tamanho do respectivo espaço aéreo, para que o proprietário não pratique abuso de direito ao exceder os limites razoáveis, de acordo com a natureza e finalidade do imóvel particular. Assim, o domínio público aéreo "começa para lá da altitude onde o interesse do proprietário já não chega (Trata-se, todavia, de matéria a regulamentar: a construção de um viaduto a grande altura, que sobrevoe um prédio particular pode dar-se a uma altitude que nunca seria ocupada pelo respectivo proprietário; todavia, ele tem todo o interesse em não ser 'sobrevoado' pelo viaduto"[13].

Os Estados exercem o domínio público sobre o espaço aéreo haja vista os países terem soberania completa e exclusiva sobre o espaço aéreo que cobre o seu território, compreendendo-se inclusive sobre as águas territoriais (art. 1º, Convenção de Chicago sobre Aviação Civil Internacional). "Trata-se de uma orientação que mais do que atribuir um bem em propriedade (pública) para ser gozado, estabelece uma reserva de soberania, com fins de defesa, de segurança e de polícia. Para além dos limites da atmosfera, o espaço é considerado internacional"[14]. Considerando tais pressupostos, cabe ao Estado normatizar o uso do espaço aéreo, estabelecendo aéreas destinadas à navegação civil, áreas proibidas, áreas reservadas, áreas de sobrevoo, áreas de livre uso à população (para a prática de esportes por exemplo) etc.

Laubadère adverte que não se confunde o domínio aéreo com o domínio aeronáutico, pois este último correlaciona-se com respeito aos aeroportos e infraestrutura aeroportuária. Dante Gaeta informa que cabe à lei definir os privados e os públicos e ainda, nesta última categoria, os que se incluem sob o domínio público[15].

3.5 DOMÍNIO PÚBLICO AÉREO E PROPRIEDADE PRIVADA

Considerando que o domínio público resulta no poder atribuído ao Poder Público para disciplinar as coisas concernentes ao sistema aéreo em benefício da coletividade, a propriedade privada pode sofrer restrições. O particular sujeita-se às intervenções do Estado, tais como desapropriação, limitações, servidões e ocupações administrativas etc. Como forma de a propriedade privada atender ao interesse público, tais bens submetem-se às limitações administrativas e às medidas de polícia[16].

---

13. CORDEIRO, António Menezes. *Tratado de direito* civil III. Parte Geral – Coisas. 4. ed. Coimbra: Almedina, 2019, p. 105.
14. CORDEIRO, António Menezes. *Tratado de direito* civil III. Parte Geral – Coisas. 4. ed. Coimbra: Almedina, 2019, p. 105.
15. CORDEIRO, António Menezes. *Tratado de direito civil* III. Parte Geral – Coisas. 4. ed. Coimbra: Almedina, 2019, p. 106.
16. MARIENHOFF, Miguel S. *Tratado de Derecho Aministrativo*. Segunda edición. Buenos Aires: Abeledo-Perrot, 1975, t. IV. p. 19-20.

Nesse sentido, o Código Brasileiro de Aeronáutica trata das "zonas de proteção" aos aeródromos e instalações auxiliares à navegação aérea. As propriedades vizinhas dos aeródromos e das instalações de auxílio à navegação aérea estão sujeitas a restrições especiais. As restrições a que se refere este artigo são relativas ao uso das propriedades quanto a edificações, instalações, culturas agrícolas e objetos de natureza permanente ou temporária, e tudo mais que possa embaraçar as operações de aeronaves ou causar interferência nos sinais dos auxílios à radionavegação ou dificultar a visibilidade de auxílios visuais. As restrições elencadas anteriormente são as especificadas pela autoridade aeronáutica, mediante aprovação dos seguintes planos, válidos, respectivamente, para cada tipo de auxílio à navegação aérea: I – Plano Básico de Zona de Proteção de Aeródromos; II – Plano de Zoneamento de Ruído; III – Plano Básico de Zona de Proteção de Helipontos; IV – Planos de Zona de Proteção e Auxílios à Navegação Aérea. Em conformidade com as conveniências e peculiaridades de proteção ao voo, a cada aeródromo poderão ser aplicados Planos Específicos, observadas as prescrições, que couberem, dos Planos Básicos.

O Plano Básico de Zona de Proteção de Aeródromos, o Plano Básico de Zoneamento de Ruído, o Plano de Zona de Proteção de Helipontos e os Planos de Zona de Proteção e Auxílios à Navegação Aérea serão aprovados por ato do Presidente da República. Os Planos Específicos de Zonas de Proteção de Aeródromos e Planos Específicos de Zoneamento de Ruído serão aprovados por ato do Ministro da Aeronáutica e transmitidos às administrações que devam fazer observar as restrições. As Administrações Públicas deverão compatibilizar o zoneamento do uso do solo, nas áreas vizinhas aos aeródromos, às restrições especiais, constantes dos Planos Básicos e Específicos. As restrições especiais estabelecidas aplicam-se a quaisquer bens, quer sejam privados ou públicos. A responsabilidade pela instalação, operação e manutenção dos equipamentos de sinalização de obstáculos será do proprietário, titular do domínio útil ou possuidor das propriedades dos aeródromos e das instalações da navegação aérea.

A fim de promover efetividade às normas que regem o setor, a autoridade aeronáutica poderá embargar a obra ou construção de qualquer natureza que contrarie os Planos Básicos ou os Específicos de cada aeroporto, ou exigir a eliminação dos obstáculos levantados em desacordo com os referidos planos, posteriormente à sua publicação, por conta e risco do infrator, que não poderá reclamar qualquer indenização. Todavia, quando as restrições estabelecidas impuserem demolições de obstáculos levantados antes da publicação dos Planos Básicos ou Específicos, terá o proprietário direito à indenização.

3.6 ESPAÇO AÉREO SOBRE BENS DE USO COMUM, DE USO ESPECIAL E DOMINICAL

Consoante magistério de Cretella Júnior, "nos tempos modernos, o acúmulo das populações nas cidades impeliu os homens e o poder público a considerações sobre o espaço aéreo, antes apenas cogitado em caráter de exceção. As cidades, principalmente os centros de grande aglomeração urbana, passaram a elevar-se verticalmente. Constrói-se no espaço aéreo, aproveita-se o espaço vertical que se estende sobre a base terrestre. E essa utilização, frequente e importante, cai na esfera limitadora do poder público. Edifica-se para cima e para baixo. Elevam-se os arranha-céus e escavam-se em profundidade, garagens, lojas e galerias, no subsolo. O espaço, antes indefinível, alheio às metragens, é agora suscetível de ser medido, calculado, sujeito a restrições impostas pelo poder de polícia. Deixando, por ora, o espaço aéreo situado sobre bens particulares, para considerar-se a possibilidade de utilização do espaço aéreo situado, perpendicularmente, sobre os bens públicos, a primeira conclusão a que se chega é a da existência das porções aéreas sobre bens de uso comum, de uso especial e dominicais, ou seja, de três modalidades de espaços aéreos públicos. Vinculado ao suporte terrestre correspondente, o espaço aéreo suscitará problemas administrativos e fiscais diversos, conforme esteja sobre bens públicos de uso comum, sobre bens de uso especial ou bens dominicais"[17].

3.6.1 Espaço aéreo sobre bens de uso comum

Naturalmente, a prestação de serviço de transporte aéreo incide sobre os bens que estão no solo, haja vista que as aeronaves sobrevoam diversos espaços físicos no decorrer do percurso. Em razão disso, cabe ao Estado disciplinar o espaço aéreo, sobretudo a segurança de voo, as rotas, a malha aeroviária etc., de modo que haja integração entre as regiões do país ao mesmo tempo em que sejam preservados os bens de uso comum e as áreas com elevado adensamento populacional. Assim, para a prestação de serviços aéreos públicos, faz-se necessário que o interessado obtenha previamente a concessão ou autorização. Dessa forma, a exploração de serviços aéreos públicos dependerá sempre da prévia concessão, quando se tratar de transporte aéreo regular, ou de autorização no caso de transporte aéreo não regular ou de serviços especializados. Impende ressaltar que a concessão ou autorização não é concedida para pessoas físicas, mas somente a pessoas jurídicas. Em outras palavras, a concessão ou a autorização somente será concedida a pessoa jurídica constituída sob as leis brasileiras, com sede e administração no País. Além disso, as concessões ou autorizações serão regulamentadas pelo Poder Executivo e somente poderão ser cedidas ou transferidas mediante anuência da autoridade competente (art. 180 a 183 do Código Brasileiro de Aeronáutica).

Outrossim, para a implantação da infraestrutura de telecomunicações que recaia sobre o espaço aéreo, necessário o licenciamento para a instalação de infraestrutura e de redes de comunicação em área urbana, conforme a Lei nº 13.116 de 2015. Nesse caso, deve-se observar: I – a razoabilidade e proporcionalidade; II – a eficiência e celeridade; III – integração e complementaridade entre as atividades de instalação de infraestrutura de suporte e de urbanização; IV – redução do impacto paisagístico da infraestrutura de telecomunicações, sempre que tecnicamente possível e economicamente viável. A

---

17. CRETELA JÚNIOR, José. *Tratado do Domínio Público*. Rio de Janeiro: Forense, 1984, p. 385-386.

instalação de infraestrutura de rede de telecomunicações em área urbana não poderá: I – obstruir a circulação de veículos, pedestres ou ciclistas; II – contrariar parâmetros urbanísticos e paisagísticos aprovados para a área; III – prejudicar o uso de praças e parques; IV –prejudicar a visibilidade dos motoristas que circulem em via pública ou interferir na visibilidade da sinalização de trânsito; V – danificar, impedir acesso ou inviabilizar a manutenção, o funcionamento e a instalação de infraestrutura de outros serviços públicos; VI – pôr em risco a segurança de terceiros e de edificações vizinhas; VII – desrespeitar as normas relativas à Zona de Proteção de Aeródromo, à Zona de Proteção de Heliponto, à Zona de Proteção de Auxílios à Navegação Aérea e à Zona de Proteção de Procedimentos de Navegação Aérea, editadas pelo Comando da Aeronáutica. As licenças necessárias para a instalação de infraestrutura de suporte em área urbana serão expedidas mediante procedimento simplificado, sem prejuízo da manifestação dos diversos órgãos competentes no decorrer da tramitação do processo administrativo.

Se a instalação, em área urbana, de infraestrutura de redes de telecomunicações de pequeno porte, conforme definido em regulamentação específica, será dispensável a emissão das licenças. Não será exigida contraprestação em razão do direito de passagem em vias públicas, em faixas de domínio e em outros bens públicos de uso comum do povo, ainda que esses bens ou instalações sejam explorados por meio de concessão ou outra forma de delegação. Logicamente, a dispensa do pagamento de contraprestação não abrange os custos necessários à instalação, à operação, à manutenção e à remoção da infraestrutura e dos equipamentos, que deverão ser arcados pela entidade interessada, e não afeta obrigações indenizatórias decorrentes de eventual dano efetivo ou de restrição de uso significativa.

É obrigatório o compartilhamento da capacidade excedente da infraestrutura de suporte, exceto quando houver justificado motivo técnico. A obrigação a que se refere o caput será observada de forma a não prejudicar o patrimônio urbanístico, histórico, cultural, turístico e paisagístico. Haja vista o interesse comum, a construção e a ocupação de infraestrutura de suporte devem ser planejadas e executadas com vistas a permitir seu compartilhamento pelo maior número possível de prestadoras. O compartilhamento de infraestrutura será realizado de forma não discriminatória e a preços e condições justos e razoáveis, tendo como referência o modelo de custos setorial. As obras de infraestrutura de interesse público deverão comportar a instalação de infraestrutura para redes de telecomunicações, conforme regulamentação específica.

A instalação das estações transmissoras de radiocomunicação deve ocorrer com o mínimo de impacto paisagístico, buscando a harmonização estética com a edificação e a integração dos equipamentos à paisagem urbana. As estações transmissoras de radiocomunicação, incluindo terminais de usuário, deverão atender aos limites de exposição humana aos campos elétricos, magnéticos e eletromagnéticos estabelecidos em lei e na regulamentação específica. A fiscalização do atendimento aos limites legais mencionados no caput é de competência do órgão regulador federal de telecomunicações. Os órgãos estaduais, distritais ou municipais deverão oficiar ao órgão regulador federal de

CAPÍTULO 3 • DOMÍNIO PÚBLICO AÉREO **221**

telecomunicações no caso de eventuais indícios de irregularidades quanto aos limites legais de exposição humana a campos elétricos, magnéticos e eletromagnéticos[18].

O espaço aéreo não se reduz às disposições da União, havendo também importância no âmbito estadual e municipal, pois os Estados-membros e Municípios possuem competência legislativa comum, nos termos do art. 23, VI da Constituição Federal. Nesse sentido, Cretella Júnior preleciona: "deixando de lado o espaço aéreo sobre bens de uso comum da União e dos Estados para considerar apenas o que se eleva sobre os do Município, ou seja, ruas, praças, jardins, logradouros em geral, estradas e caminhos públicos municipais, é fácil calcular a importância dessa porção do domínio público, quando se localiza nos concorridos centros urbanos. Nos bens municipais de uso comum do povo, assim como os veículos circulam pelas ruas, outros veículos mais modernos que têm possibilidades de voo, a baixa altitude ou a altitude maior, circularão também com liberdade de trânsito, desde que o uso de uns não impeça o uso dos outros, ou desde que a utilização aérea, circulante, não ponha em perigo a coletividade. Observando-se as leis e regulamentos, *quisque de populo* utiliza o espaço aéreo sobre os bens de uso comum, da mesma maneira que faz uso do espaço terrestre correspondente. Para um uso mais prolongado, isto é, para o uso privativo do espaço aéreo sore bem municipal de uso comum, haverá necessidade de solicitação às autoridades municipais competentes. Estão, nesse caso, as construções que avançam sobre as ruas, calçadas, praças, logradouros em geral, sob a forma de balaustradas ou balcões, librando-se no espaço aéreo perpendicular àquelas vias públicas; os anúncios, luminosos ou não, que se prolongam das casas comerciais ou particulares e se dispõem sobre as ruas; os corredores que ligam por cima dois edifícios do mesmo proprietário ou proprietários diversos, de comum acordo, cruzando uma via pública, balões cativos com inscrições de propaganda, nas ruas centrais perpendiculares a praças ou ruas; anúncios em postes erguidos nas vias públicas. Nesses casos, a utilização do espaço aéreo vai depender de permissão, autorização ou concessão do poder público, titular do bem"[19].

Há que se mencionar ainda o uso de *drones* sobre espaço aéreo de uso comum, a exemplo de parques, ruas, praças etc. Como forma de promover o interesse da coletividade, a "a ANAC criou regras para as operações civis de aeronaves não tripuladas, também conhecidas como drones. O Regulamento Brasileiro de Aviação Civil Especial nº 94/2017 (RBAC-E nº 94/2017) da ANAC é complementar às normas de operação de drones estabelecidas pelo Departamento de Controle do Espaço Aéreo (DECEA) e pela Agência Nacional de Telecomunicações (ANATEL). Pelo regulamento da ANAC, aeromodelos são as aeronaves não tripuladas remotamente pilotadas usadas para recreação e lazer e as aeronaves remotamente pilotadas (RPA) são as aeronaves não tripuladas utilizadas para outros fins como experimentais, comerciais ou institucionais. Os dois

---

18. ANAC. Agência Nacional de Telecomunicações. Lei nº 13.116, de 20 de abril de 2015. *Estabelece normas gerais para implantação e compartilhamento da infraestrutura de telecomunicações*. Disponível em: https://www.anatel. gov.br/legislacao/leis/807-lei-13116.

19. CRETELA JÚNIOR, José. *Tratado do domínio público*. Rio de Janeiro: Forense, 1984, p. 386-387.

tipos (aeromodelos e RPA) só podem ser operados em áreas com no mínimo 30 metros horizontais de distância das pessoas não anuentes ou não envolvidas com a operação e cada piloto remoto só poderá operar um equipamento por vez. Para operar um aeromodelo, as normas da ANAC são bem simples! Basta respeitar a distância-limite de terceiros e observar as regras do DECEA e da ANATEL. Aeromodelos com peso máximo de decolagem (incluindo-se o peso do equipamento, de sua bateria e de eventual carga) de até 250 gramas não precisam ser cadastrados junto à ANAC. Os aeromodelos operados em linha de visada visual até 400 pés acima do nível do solo devem ser cadastrados e, nesses casos, o piloto remoto do aeromodelo deverá possuir licença e habilitação. O detentor de um Certificado de Aeronavegabilidade Especial de RPA – CAER, ou aquele com quem for compartilhada sua aeronave, é considerado apto pela ANAC a realizar voos recreativos e não recreativos no Brasil, com aeronave não tripulada cujo projeto está aprovado, em conformidade com os regulamentos aplicáveis da ANAC, em especial o distanciamento de 30 metros laterais de pessoas não anuentes e a necessidade de se realizar avaliação de risco operacional, dentre outras. É responsabilidade do operador tomar as providências necessárias para a operação segura da aeronave, assim como conhecer e cumprir os regulamentos do DECEA, da Anatel, e de outras autoridades competentes. Pilotos remotos de aeronaves remotamente pilotadas classes 1 ou 2, ou que pretendam voar acima de 400 pés acima do nível do solo, precisam possuir licença e habilitação válida emitida pela ANAC"[20].

Por fim, o uso de espaço aéreo sobre bens de uso comum pode ostentar natureza gratuita ou retribuída, conforme seja estabelecido legalmente pela entidade a cuja administração pertencerem, nos termos do art. 103 do Código Civil.

3.6.2 Espaço aéreo sobre bens de uso especial

O uso do espaço aéreo pode recair sobre os bens de uso especial, que são os edifícios, os terrenos e os instrumentos pelos quais o Estado possui meios de realizar suas atividades finalísticas. De acordo com Maria Sylvia Di Pietro, os "bens de uso especial são todas as coisas, móveis ou imóveis, corpóreas ou incorpóreas, utilizadas pela Administração Pública para realização de suas atividades e consecução de seus fins"[21]. Clóvis Bevilaqua informa que o Projeto Revisto do Código Civil estabelecia as fortalezas, fortificações e construções militares como bens de uso especial da União[22].

Dessa forma, pode suceder que o uso de espaço aéreo recaia sobre patrimônio de ente federado, terrenos, bem imóvel, fortalezas, fortificações, construções militares, de modo que seja necessário prévia licença, autorização ou concessão do Poder Público competente. É possível que a infraestrutura aeronáutica necessite da utilização do espaço

---

20. ANAC. Agência Nacional de Aviação Civil. *Drones*. Disponível em: https://www.anac.gov.br/assuntos/paginas-tematicas/drones. Acesso em: 13 mar. 2021.
21. DI PIETRO, Maria Sylvia Zanella. *Direito administrativo*. 26. ed. São Paulo: Atlas, 2013, p. 736.
22. BEVILAQUA, Clóvis. *Código Civil dos Estados Unidos do Brasil*. 5. ed. Rio de Janeiro: Editora Rio, 1980, p. 301-302.

aéreo correspondente aos bens de uso especial da União, dos Estados, do Distrito Federal ou Municípios para promover a segurança, regularidade e eficiência para a navegação aérea, principalmente o sistema aeroportuário, como os aeródromos e os aeroportos.

Com relação aos aeródromos, os aeródromos públicos serão construídos, mantidos e explorados: I – diretamente, pela União; II – por empresas especializadas da Administração Federal Indireta ou suas subsidiárias, vinculadas ao Ministério da Aeronáutica; III – mediante convênio com os Estados ou Municípios; IV – por concessão ou autorização. A fim de assegurar uniformidade de tratamento em todo o território nacional, a construção, administração e exploração, sujeitam-se às normas, instruções, coordenação e controle da autoridade aeronáutica. A operação e a exploração de aeroportos e heliportos, bem como dos seus serviços auxiliares, constituem atividade monopolizada da União, em todo o Território Nacional, ou das entidades da Administração Federal Indireta a que se refere este artigo, dentro das áreas delimitadas nos atos administrativos que lhes atribuírem bens, rendas, instalações e serviços. Compete à União ou às entidades da Administração Indireta a que se refere este artigo, estabelecer a organização administrativa dos aeroportos ou heliportos, por elas explorados, indicando o responsável por sua administração e operação, fixando-lhe as atribuições e determinando as áreas e serviços que a ele se subordinam. A autoridade de aviação civil poderá expedir regulamento específico para aeródromos públicos situados na área da Amazônia Legal, adequando suas operações às condições locais, com vistas a promover o fomento regional, a integração social, o atendimento de comunidades isoladas, o acesso à saúde e o apoio a operações de segurança. Os aeródromos públicos poderão ser usados por quaisquer aeronaves, sem distinção de propriedade ou nacionalidade, mediante o ônus da utilização, salvo se, por motivo operacional ou de segurança, houver restrição de uso por determinados tipos de aeronaves ou serviços aéreos. Os preços de utilização serão fixados em tabelas aprovadas pela autoridade aeronáutica, tendo em vista as facilidades colocadas à disposição das aeronaves, dos passageiros ou da carga, e o custo operacional do aeroporto (arts. 25 a 37 do Código Brasileiro de Aeronáutica).

Por sua vez, os aeroportos constituem universalidades, equiparadas a bens públicos federais, enquanto mantida a sua destinação específica, embora não tenha a União a propriedade de todos os imóveis em que se situam. 1º Os Estados, Municípios, entidades da Administração Indireta ou particulares poderão contribuir com imóveis ou bens para a construção de aeroportos, mediante a constituição de patrimônio autônomo que será considerado como universalidade. Quando a União vier a desativar o aeroporto por se tornar desnecessário, o uso dos bens referidos no parágrafo anterior será restituído ao proprietário, com as respectivas acessões. O operador aeroportuário poderá fazer a remoção de aeronaves, de equipamentos e de outros bens deixados nas áreas aeroportuárias sempre que restrinjam a operação, a ampliação da capacidade ou o regular funcionamento do aeroporto ou ocasionem riscos sanitários ou ambientais (art. 38 do Código Brasileiro de Aeronáutica).

Portanto, quando o uso do espaço aéreo recair sobre bens de uso especial da União, dos Estados, do Distrito Federal ou Municípios, far-se-á necessária a obtenção de ato administrativo autorizador (autorização, permissão ou concessão), podendo ainda ser de natureza gratuita ou retribuída.

3.6.3 Espaço aéreo sobre bens dominicais

O uso do espaço aéreo pode recair sobre os bens dominicais, que constituem patrimônio das pessoas jurídicas de direito público, como objeto de direito pessoal ou real, da União, dos Estados, do Distrito Federal e Municípios (art. 99, III, Código Civil de 2002). Segundo Cretella Júnior, os bens dominicais "constituem o domínio privado do Estado", constituindo bens que não "são afetados a nenhum serviço público, ou seja, bens não 'destinados à utilização imediata, mas de forma mediata (em segundo grau); por isso mesmo, do mesmo modo que os bens do patrimônio privado podem ser alienados a qualquer momento, sempre que a venda ou a alienação traga para o patrimônio do Estado uma vantagem econômico-financeira, ou uma vantagem para a economia geral do país"[23].

Por conseguinte, os entes federativos podem explorar seus bens dominicais para fins de uso do espaço aéreo, exigindo-se o pagamento de contraprestação financeira correspondente. Isso porque tradicionalmente "os bens dominicais comportam uma função patrimonial ou financeira, porque se destinam a assegurar rendas ao Estado e submetem-se a um regime jurídico de direito privado, pois a Administração Pública age, em relação a eles, como um proprietário privado"[24]. Consoante estudo de Mônica Serrano, "eventual cobrança pela utilização de bem público caracteriza receita originária, que decorre de exploração econômica de patrimônio do Estado, e não receita derivada, como seria no caso de tributo, o qual advém, em regra, do patrimônio dos particulares, não do Estado. Ademais, a taxa pode ser cobrada pela utilização potencial, sendo a previsão de cobrança decorrência legal, ao contrário do preço público, cuja eventual remuneração se dá pela efetiva utilização e, ainda, decorre de contrato e não de lei"[25].

Tal medida amolda-se à natureza do bem, visto que tratando-se de bem público dominical, isto é, pertencente ao patrimônio do ente federado, o particular poderá fazer uso do espaço aéreo mediante concessão, permissão ou autorização, "transferindo-se, nesse caso, o espaço aéreo correspondente, na perpendicular que acompanha a superfície, mas hipótese haverá em que se permita ao particular apenas a utilização do espaço aéreo sobre um bem do patrimônio público disponível, desde que isso não prejudique interesses públicos ou de segurança nacional"[26].

---

23. CRETELA JÚNIOR, José. *Tratado do domínio público*. Rio de Janeiro: Forense, 1984, p. 137-138.
24. DI PIETRO, Maria Sylvia Zanella. *Direito administrativo*. 26. ed. São Paulo: Atlas, 2013, p. 739-740.
25. SERRANO, Mônica de Almeida Magalhães. Utilização de bens públicos e remuneração pelo uso do solo e espaço aéreo em face de concessionárias de serviço público: nuances jurídicas. *Cadernos Jurídicos*, ano 20, n. 47, p. 221, São Paulo, jan./fev. 2019. Disponível em: https://www.tjsp.jus.br/download/EPM/Publicacoes/CadernosJuridicos/47.15.pdf?d=636909377789222583. Acesso em: 13 mar. 2021.
26. CRETELA JÚNIOR, José. *Tratado do Domínio Público*. Rio de Janeiro: Forense, 1984, p. 388.

CAPÍTULO 3 • DOMÍNIO PÚBLICO AÉREO **225**

Logo, quando o uso do espaço aéreo recair sobre bens dominicais da União, dos Estados, do Distrito Federal ou Municípios, far-se-á necessária a obtenção de ato administrativo autorizador (autorização, concessão ou permissão), podendo ainda ser exigida contraprestação financeira pelo uso de bem público, a critério do ente federado titular do bem.

3.7 NORMAS SOBRE ESPAÇO AÉREO

Existem várias normas que regem o espaço aéreo, tanto normas internacionais quanto nacionais, sendo amplo o marco legal. Abaixo serão mencionadas brevemente as principais normas pertinentes.

3.7.1 Convenção de Chicago sobre Aviação Civil Internacional

A Convenção de Chicago trata da Aviação Civil Internacional, promulgada pelo Brasil mediante o Decreto nº 21.713, de 27 de agosto de 1946. Com base no tratado internacional, os Estados contratantes reconhecem ter cada Estado a soberania exclusiva e absoluta sobre o espaço aéreo sobre seu território. As disposições aplicam-se somente a aeronaves civis, e não a aeronaves de propriedades do Governo, sendo consideradas aeronaves de propriedade do Governo aquelas usadas para serviços militares, alfandegários ou policiais. Nenhuma aeronave governamental pertencente a um estado contratante poderá voar sobre o território de outro Estado, ou aterrissar no mesmo sem autorização outorgada por acordo especial ou de outro modo e de conformidade com as condições nele estipuladas. Além disso, os Estados contratantes, quando estabelecerem regulamentos para aeronaves governamentais se comprometem a tomar em devida consideração a segurança da navegação das aeronaves civis.

A Convenção veda o abuso no exercício da aviação civil, de modo que cada Estado contratante concorda em não utilizar a aviação civil para fins incompatíveis com os propósitos desta Convenção. Os Estados contratantes concordam em que, todas as aeronaves de outros Estados contratantes que não se dediquem a serviços aéreos internacionais regulares, tenham direito nos termos desta Convenção a voar e transitar sem fazer escala sobre seu território, e a fazer escalas para fins não comerciais sem necessidades de obter licença prévia, sujeitos porém ao direito do Estado sobre o qual o voo de exigir aterrissagem. Os Estados contratantes se reservam no entanto o direito, por razões de segurança da navegação aérea, de exigir que as aeronaves que desejam voar sobre regiões inacessíveis ou que não contém com as facilidades adequadas para a navegação aérea, de seguir rotas determinadas ou de obter licenças especiais para esses voos. Tais aeronaves, quando dedicadas ao transporte de passageiros, carga ou correio, remunerada ou fretada, em serviços internacionais submetem-se às normas do Estado onde se faça o embarque ou desembarque, pois tem o direito de impor os regulamentos, condições e restrições que considerar necessários.

Por razões militares ou de segurança pública, os Estados contratantes poderão limitar ou proibir de maneira uniforme que as aeronaves de outros Estados voem sobre certas zonas do seu território, sempre que não façam distinção entre suas próprias aeronaves fazendo serviços internacionais regulares de transporte aéreo, e as aeronaves dos outros Estados contratantes que se dediquem a serviços idênticos. Estas zonas proibidas terão uma extensão razoável e serão situadas de modo a não prejudicar inutilmente a navegação aérea. Os limites das zonas proibidas situadas no território de um Estado contratante e toda modificação a eles feita posteriormente deverão ser comunicados coma maior brevidade possível aos demais Estados contratantes e a Organização internacional de Aviação Civil. Os Estados contratantes se reservam também o direito, em circunstância excepcionais ou durante um período de emergência, ou ainda no interesse da segurança pública, e para que tenha efeito imediato, de limitar ou proibir temporariamente os voos sobre a totalidade ou parte do seu território contanto que estas restrições se apliquem às aeronaves de todos os demais Estados sem distinção de nacionalidade.

Em razão do princípio da igualdade do Estados, as leis e regulamentos de um Estado contratante, relativos à entrada no ou saída do seu território, de aeronaves empregadas na navegação aérea internacional ou relativos a operação e navegação de tais aeronaves enquanto estejam em seu território se aplicarão às aeronaves de todos os estados contratantes sem distinção de nacionalidade, estas aeronaves as observarão ao entrar e ao sair do território deste Estado ou enquanto nele se encontrem. Afora isso, os Estados obrigam-se a observar as regras de tráfego. Cada um dos Estados contratantes se compromete a tomar as medidas necessárias para assegurar que todas aeronaves que voem sobre seu território, ou manobrem dentro dele e todas as aeronaves que levem o distintivo de sua nacionalidade, onde quer que se encontrem, observem as regras e regulamentos que regem voos e manobras de aeronaves. Cada um dos Estados contratantes se compromete a manter seus próprios regulamentos tanto quanto possível, semelhantes aos que venham a ser estabelecidos em virtude da Convenção. Cada um dos Estados contratantes se compromete a processar todos os infratores dos regulamentos em vigor.

A fim de evitar a disseminação de doenças, cada um dos Estados concorda em tomar medidas eficazes para impedir que, por meio da navegação, se promulguem a cólera, tifo (epidêmico), a varíola, a febre amarela, a peste bubônica e qualquer outra enfermidade contagiosa que os Estados contratantes, oportunamente designem; para esse fim, os Estados contratantes farão consultas frequentes às organizações que tratam de regulamentos internacionais relativos a medidas sanitárias aplicáveis a aeronaves. Estas consultas não deverão prejudicar a aplicação de qualquer Convenção internacional existente sobre esta matéria de que façam parte os Estados contratantes.

Todo aeroporto de um Estado contratante que esteja aberto ao uso público de suas aeronaves nacionais, estará também aberto, sujeito ao disposto no artigo 68, em condições uniformes de igualdade às aeronaves de todos os Estados contratantes. Essas condições uniformes aplicar-se-ão ao uso pelas aeronaves de todos os Estados contratantes de todas as facilidades de navegação aérea, incluindo os serviços de rádio e meteorologia, que estejam à disposição do público para a segurança e rapidez da navegação aérea.

Acerca da busca nas aeronaves, as autoridades competentes de cada um dos Estados contratantes terão direito de busca nas aeronaves dos demais Estados contratantes, por ocasião de sua entrada e saída, sem causar demora desnecessária, e de examinar os certificados e outros documentos prescritos por esta Convenção.

Com relação à nacionalidade das aeronaves, as aeronaves terão a nacionalidade do Estado em que estejam registradas, sendo que nenhuma aeronave poderá registra-se legalmente em mais de um Estado para outro. O registro ou transferência de registro de uma aeronave de um Estado Contratante se fará de conformidade com as suas leis e regulamentos. Como forma de identificar a aeronave, toda aeronave empregada para a navegação aérea internacional levará distintivos apropriados de sua nacionalidade e registro.

Com o escopo de facilitar a navegação aérea, sugere-se a simplificação de formalidades. Por conseguinte, cada um dos Estados contratantes concorda em adotar todas as medidas possíveis, mediante regulamentos especiais ou de qualquer outro modo, para facilitar e fomentar a navegação de aeronaves entre os territórios dos Estados Contratantes e evitar todo atraso desnecessário às aeronaves, tripulações, passageiros e carga especialmente no que se refere à aplicação das leis de imigração, quarentena, alfândega e despacho.

Em razão do auxílio mútuo na aviação civil internacional, os Estados Contratantes se comprometem a proporcionar todo auxílio possível às aeronaves que se achem em perigo em seu território e a permitir, sujeito ao controle de suas próprias autoridades, que os donos das aeronaves, ou as autoridades do Estado Contratante onde estejam registradas prestem o auxílio que as circunstâncias exigirem. Todos os Estados Contratantes, ao empreenderem a busca de aeronaves perdidas, colaborarão de conformidade com as medidas coordenadas que tenham sido recomendados por ocasião oportuna em virtude desta Convenção. No caso em que uma aeronave de um Estado contratante, acarretando morte ou ferimentos graves, ou indicando sérios defeitos técnicos na aeronave ou nas facilidades de navegação aérea, os Estados onde tiver ocorrido o acidente procederá a um inquérito sobre as circunstâncias que provocarão o acidente, de conformidade, dentro do permissível por suas próprias leis com o procedimento que possa ser recomendado nas circunstâncias pela Organização Internacional de Aviação Civil. Será oferecido ao Estado de registro da aeronave a oportunidade de designar observadores para assistirem as investigações, e o Estado onde se esteja processando o inquérito transmitirá ao outro Estado as informações e conclusões apuradas.

Tendo em vista a importância da existência de instrumentos auxiliares à navegação aérea e sistemas uniformes, na medida do possível, cada um dos Estados contratantes se compromete: i) estabelecer em seu território aeroportos, serviços de rádio – comunicação, serviços de meteorologia e outras facilidades para a navegação aérea internacional, de conformidade com as normas e processos que forem recomendados ou estabelecidos oportunamente em virtude desta Convenção; ii) a adotar e pôr em vigor os sistemas uniformes apropriados de comunicações, processo, código, distintivos, sinais, luzes e outras normas ou regulamentos que se recomendem ou se estabeleçam oportunamente de conformidade com esta Convenção; iii) a colaborar, a fim de garantir a publicação de mapas e cartas aeronáuticas conforme com as normas que se recomendem e se estabeleçam em virtude desta Convenção.

A Convenção estabelece sobre condições a serem cumpridas relativas a aeronaves. Toda aeronave de um Estado contratante que se dedique a navegação internacional, deverá levar os seguintes documentos de conformidade com as condições presentes nesta Convenção: a) Certificado de registro; b) Certificado de navegabilidade; c) Licença apropriada para cada membro da tripulação; d) Diário de bordo; e) Se a aeronave estiver equipada com aparelhos de rádio, a licença da estação de rádio da aeronave; f) Se levar passageiros, uma lista dos nomes e dos lugares de embarque e pontos de destino; g) Se levar carga, um manifesto e declarações detalhadas da mesma. Além disso, toda aeronave que se dedique à navegação internacional será munida de um certificado de navegabilidade expedido ou declarado válido pelo Estado em que esteja registrada.

Outrossim, o normativo internacional previu a criação da Organização Internacional de Aviação Civil. Os fins e objetivos da Organização consistem em desenvolver os princípios e a técnica da navegação aérea internacional e de favorecer o estabelecimento e estimulante o desenvolvimento de transportes aéreos internacionais a fim de poder: a) Assegurar o desenvolvimento seguro o ordeiro da aviação civil internacional no mundo; b) Incentivar a técnica de desenhar aeronaves e sua operação para fins pacíficos; c) Estimular o desenvolvimento de aerovias, aeroportos e facilidades à navegação aérea na aviação civil internacional; d) Satisfazer às necessidades dos povos do mundo no tocante e transporte aéreo seguro, regular, eficiente e econômico; e) Evitar o desperdício de recursos econômicos causados por competição desarrazoável; f) Assegurar que os direitos dos Estados contratantes sejam plenamente respeitados, e que todo o Estado contratante tenha uma oportunidade equitativa de operar empresas aéreas internacionais; g) Evitar a discriminação entre os Estados contratantes; h) Contribuir para a segurança dos voos na navegação aérea internacional; i) Fomentar, de modo geral, o desenvolvimento de todos os aspectos de todos os aspectos da aeronáutica civil internacional[27].

---

27. BRASIL. Decreto nº 21.713, de 27 de agosto de 1946. *Promulga a Convenção sobre Aviação Civil Internacional, concluída em Chicago a 7 de dezembro de 1944 e firmado pelo Brasil, em Washington, a 29 de maio de 1945.* Disponível em: http://www.planalto.gov.br/ccivil_03/decreto/1930-1949/d21713.htm. Acesso em: 11 mar. 2021.

3.7.2 Convenção de Montreal sobre Unificação de Certas Regras no Transporte Aéreo Internacional

A Convenção sobre Transporte Aéreo Internacional de Montreal se aplica a todo transporte internacional de pessoas, bagagem ou carga, efetuado em aeronaves, mediante remuneração. Se presentes as condições supracitadas, a presente Convenção incide sobre o transporte efetuado pelo Estado ou pelas demais pessoas jurídicas de direito público. Aplica-se igualmente ao transporte gratuito efetuado em aeronaves, por uma empresa de transporte aéreo. A expressão "transporte internacional" significa todo transporte em que, conforme o estipulado pelas partes, o ponto de partida e o ponto de destino, haja ou não interrupção no transporte, ou transbordo, estão situados, seja no território de dois Estados Partes, seja no território de um só Estado Parte, havendo escala prevista no território de qualquer outro Estado, ainda que este não seja um Estado Parte. O transporte entre dois pontos dentro do território de um só Estado Parte, sem uma escala acordada no território de outro Estado, não se considerará transporte internacional, para os fins da presente Convenção.

No que concerne à documentação relativa ao transporte de passageiros e bagagem, no transporte de passageiros será expedido um documento de transporte, individual ou coletivo, que contenha i) a indicação dos pontos de partida e de destino; ii) se os pontos de partida e de destino estão situados no território de um só Estado Parte e, caso haja sido prevista uma ou mais escalas no território de outro Estado, a indicação de pelo menos uma dessas escalas. Já no transporte de carga, será expedido um conhecimento aéreo. O conhecimento aéreo ou o recibo de carga deverão incluir: i) a indicação dos pontos de partida e destino; ii) se os pontos de partida e destino estão situados no território de um só Estado Parte, e havendo uma ou mais escalas previstas no território de outro Estado, a indicação de pelo menos uma dessas escalas; e iii) a indicação do peso da remessa. Além disso, poderá ser exigido do expedidor que entregue um documento indicando a natureza da carga, se isso for necessário para o cumprimento das formalidades de aduana, polícia e outras autoridades públicas similares. Esta disposição não cria para o transportador qualquer dever, obrigação ou responsabilidade resultantes do anteriormente estabelecido.

Com relação ao valor probatório dos documentos, tanto o conhecimento aéreo como o recibo de carga constituem presunção, salvo prova em contrário, da celebração do contrato, da aceitação da carga e das condições de transporte que contenham. As declarações do conhecimento aéreo ou do recibo de carga relativas ao peso, dimensões e embalagem da carga, assim como ao número de volumes, constituem presunção, salvo prova em contrário, dos dados declarados; as indicações relativas à quantidade, volume e estado da carga não constituem prova contra o transportador, salvo quando este as haja comprovado na presença do expedidor e haja feito constar no conhecimento aéreo ou no recibo de carga, ou que se trate de indicações relativas ao estado aparente da carga.

A fim de cumprir as formalidades de aduana, polícia e outras autoridades públicas, o expedidor deve proporcionar a informação e os documentos que sejam necessários para cumprir as formalidades aduaneiras, policiais e de qualquer outra autoridade pública, antes da entrega da carga ao destinatário. O expedidor é responsável perante o transportador por todos os danos que possam resultar da falta, insuficiência ou irregularidade da referida informação ou dos documentos, salvo se os mesmos se devam à culpa do transportador ou de seus prepostos. O transportador não está obrigado a examinar se tal informação ou os documentos são exatos ou suficientes.

A Convenção de Montreal traz importantes disposições sobre a responsabilidade do transportador e indenização do dano. Isso porque, normativamente, o transportador é responsável pelo dano causado em caso de morte ou de lesão corporal de um passageiro, desde que o acidente que causou a morte ou a lesão haja ocorrido a bordo da aeronave ou durante quaisquer operações de embarque ou desembarque. Além disso, o transportador é responsável pelo dano causado em caso de destruição, perda ou avaria da bagagem registrada, no caso em que a destruição, perda ou avaria haja ocorrido a bordo da aeronave ou durante qualquer período em que a bagagem registrada se encontre sob a custódia do transportador. Não obstante, o transportador não será responsável na medida em que o dano se deva à natureza, a um defeito ou a um vício próprio da bagagem. No caso da bagagem não registrada, incluindo os objetos pessoais, o transportador é responsável, se o dano se deve a sua culpa ou a de seus prepostos. Se o transportador admite a perda da bagagem registrada, ou caso a bagagem registrada não tenha chegado após vinte e um dias seguintes à data em que deveria haver chegado, o passageiro poderá fazer valer contra o transportador os direitos decorrentes do contrato de transporte. A menos que se indique de outro modo, na presente Convenção o termo "bagagem" significa tanto a bagagem registrada como a bagagem não registrada.

Dessa forma, o transportador é responsável pelo dano decorrente da destruição, perda ou avaria da carga, sob a única condição de que o fato que causou o dano haja ocorrido durante o transporte aéreo. Não obstante, o transportador não será responsável na medida em que prove que a destruição ou perda ou avaria da carga se deve a um ou mais dos seguintes fatos: i) natureza da carga, ou um defeito ou um vício próprio da mesma; ii) embalagem defeituosa da carga, realizada por uma pessoa que não seja o transportador ou algum de seus prepostos; iii) ato de guerra ou conflito armado; iv) ato de autoridade pública executado em relação com a entrada, a saída ou o trânsito da carga. Além disso, o transportador é responsável pelo dano ocasionado por atrasos no transporte aéreo de passageiros, bagagem ou carga. Sem embargo, o transportador não será responsável pelo dano ocasionado por atraso se prova que ele e seus prepostos adotaram todas as medidas que eram razoavelmente necessárias para evitar o dano ou que lhes foi impossível, a um e a outros, adotar tais medidas.

Registre-se que se o transportador provar que a pessoa que pede indenização ou a pessoa da qual se origina seu direito causou o dano ou contribuiu para ele por negligência, erro ou omissão, ficará isento, total ou parcialmente, de sua responsabilidade com respeito ao reclamante, na medida em que tal negligência, ou outra ação ou omissão indevida haja causado o dano ou contribuído para ele. Desse modo, quando uma pessoa que não seja o passageiro pedir indenização em razão da morte ou lesão deste último, o transportador ficará igualmente exonerado de sua responsabilidade, total ou parcialmente, na medida em que prove que a negligência ou outra ação ou omissão indevida do passageiro causou o dano ou contribuiu para ele.

Por fim, a ação de indenização de danos deverá ser iniciada, à escolha do autor, no território de um dos Estados Partes, seja ante o tribunal do domicílio do transportador, da sede da matriz da empresa, ou onde possua o estabelecimento por cujo intermédio se tenha realizado o contrato, seja perante o tribunal do lugar de destino. Impende salientar que o direito à indenização se extinguirá se a ação não for iniciada dentro do prazo de dois anos, contados a partir da data de chegada ao destino, ou do dia em que a aeronave deveria haver chegado, ou do da interrupção do transporte. A forma de computar esse prazo será determinada pela lei nacional do tribunal que conhecer da questão[28].

3.7.3 Código Brasileiro de Aeronáutica

O Código Brasileiro de Aeronáutica se aplica a nacionais e estrangeiros em todo o Território Nacional, assim como no exterior, até onde for admitida a sua extraterritorialidade. Ressalvadas normas específicas previstas em lei, cabe ao Ministério da Aeronáutica orientar, coordenar, controlar e fiscalizar: I – a navegação aérea; II – o tráfego aéreo; III – a infraestrutura aeronáutica; IV – a aeronave; V – a tripulação; VI – os serviços, direta ou indiretamente relacionados ao voo. Em razão de o Brasil exercer completa e exclusiva soberania sobre o espaço aéreo acima de seu território e mar territorial, a autoridade aeronáutica pode deter aeronave em voo no espaço aéreo ou em pouso no território brasileiro quando, em caso de flagrante desrespeito às normas de direito aeronáutico, de tráfego aéreo ou às condições estabelecidas nas respectivas autorizações, coloque em risco a segurança da navegação aérea ou de tráfego aéreo, a ordem pública, a paz interna ou externa.

Imperioso mencionar que nenhuma aeronave militar ou civil a serviço de Estado estrangeiro e por este diretamente utilizada poderá, sem autorização, voar no espaço aéreo brasileiro ou aterrissar no território subjacente. Igualmente, a entrada e o tráfego, no espaço aéreo brasileiro, da aeronave dedicada a serviços aéreos públicos, dependem de autorização, ainda que previstos em acordo bilateral. De outra banda, é livre o tráfego de aeronave dedicada a serviços aéreos privados mediante informações prévias sobre o voo planejado.

Por questão de segurança da navegação aérea ou por interesse público, é facultado fixar zonas em que se proíbe ou restringe o tráfego aéreo, estabelecer rotas de entrada ou saída, suspender total ou parcialmente o tráfego, assim como o uso de determinada aeronave, ou a realização de certos serviços aéreos. A prática de esportes aéreos tais

---

28. BRASIL. Decreto nº 5.910, de 27 de setembro de 2006. *Promulga a Convenção para a Unificação de Certas Regras Relativas ao Transporte Aéreo Internacional, celebrada em Montreal, em 28 de maio de 1999.* Disponível em: http://www.planalto.gov.br/ccivil_03/_ato2004-2006/2006/decreto/d5910.htm. Acesso em: 12 mar. 2021.

como balonismo, volovelismo, asas voadoras e similares, assim como os voos de treinamento, far-se-ão em áreas delimitadas pela autoridade aeronáutica. A utilização de veículos aéreos desportivos para fins econômicos, tais como a publicidade, submete-se às normas dos serviços aéreos públicos especializados.

Salvo permissão especial, nenhuma aeronave poderá voar no espaço aéreo brasileiro, aterrissar no território subjacente ou dele decolar, a não ser que tenha: I – marcas de nacionalidade e matrícula, e esteja munida dos respectivos certificados de matrícula e aeronavegabilidade; II – equipamentos de navegação, de comunicações e de salvamento, instrumentos, cartas e manuais necessários à segurança do voo, pouso e decolagem; III – tripulação habilitada, licenciada e portadora dos respectivos certificados, do Diário de Bordo da lista de passageiros, manifesto de carga ou relação de mala postal que, eventualmente, transportar.

No que alude à entrada e saída do espaço aéreo brasileiro, toda aeronave proveniente do exterior deve fazer, respectivamente, o primeiro pouso ou a última decolagem em aeroporto internacional. A lista de aeroportos internacionais será publicada pela autoridade aeronáutica, e suas denominações somente poderão ser modificadas mediante lei federal, quando houver necessidade técnica dessa alteração.

Por sua vez, a infraestrutura aeronáutica é composta pelo conjunto de órgãos, instalações ou estruturas terrestres de apoio à navegação aérea, para promover-lhe a segurança, regularidade e eficiência, compreendendo: I – o sistema aeroportuário; II – o sistema de proteção ao voo; III – o sistema de segurança de voo; IV – o sistema de Registro Aeronáutico Brasileiro; V – o sistema de investigação e prevenção de acidentes aeronáuticos; VI – o sistema de facilitação, segurança e coordenação do transporte aéreo; VII – o sistema de formação e adestramento de pessoal destinado à navegação aérea e à infraestrutura aeronáutica; VIII – o sistema de indústria aeronáutica; IX – o sistema de serviços auxiliares; X – o sistema de coordenação da infraestrutura aeronáutica. A instalação e o funcionamento de quaisquer serviços de infraestrutura aeronáutica, dentro ou fora do aeródromo civil, dependerão sempre de autorização prévia de autoridade aeronáutica, que os fiscalizará, respeitadas as disposições legais que regulam as atividades de outros Ministérios ou órgãos estatais envolvidos na área.

Conforme o Código Brasileiro de Aeronáutica, considera-se aeronave todo aparelho manobrável em voo, que possa sustentar-se e circular no espaço aéreo, mediante reações aerodinâmicas, apto a transportar pessoas ou coisas. A aeronave é bem móvel registrável para o efeito de nacionalidade, matrícula, aeronavegabilidade, transferência por ato entre vivos, constituição de hipoteca, publicidade e cadastramento geral. As aeronaves classificam-se em civis e militares. Consideram-se militares as integrantes das Forças Armadas, inclusive as requisitadas na forma da lei, para missões militares. As aeronaves civis compreendem as aeronaves públicas e as aeronaves privadas. As aeronaves públicas são as destinadas ao serviço do Poder Público, inclusive as requisitadas na forma da lei; todas as demais são aeronaves privadas. Salvo disposição em contrário, os preceitos deste Código não se aplicam às aeronaves militares, reguladas por legislação especial.

No que se refere à nacionalidade e matrícula das aeronaves, a aeronave é considerada da nacionalidade do Estado em que esteja matriculada. O Registro Aeronáutico Brasileiro, no ato da inscrição, após a vistoria técnica, atribuirá as marcas de nacionalidade e matrícula, identificadoras da aeronave. A matrícula confere nacionalidade brasileira à aeronave e substitui a matrícula anterior, sem prejuízo dos atos jurídicos realizados anteriormente. Serão expedidos os respectivos certificados de matrícula e nacionalidade e de aeronavegabilidade. A matrícula de aeronave já matriculada em outro Estado pode ser efetuada pelo novo adquirente, mediante a comprovação da transferência da propriedade; ou pelo explorador, mediante o expresso consentimento do titular do domínio. As marcas de nacionalidade e matrícula serão canceladas: I – a pedido do proprietário ou explorador quando deva inscrevê-la em outro Estado, desde que não exista proibição legal; II – *ex officio* quando matriculada em outro país; III – quando ocorrer o abandono ou perecimento da aeronave. As inscrições constantes do Registro Aeronáutico Brasileiro serão averbadas no certificado de matrícula da aeronave. Nenhuma aeronave poderá ser autorizada para o voo sem a prévia expedição do correspondente certificado de aeronavegabilidade que só será válido durante o prazo estipulado e enquanto observadas as condições obrigatórias nele mencionadas.

Esclareça-se que a propriedade da aeronave é adquirida mediante construção, usucapião, direito hereditário, inscrição do título de transferência no Registro Aeronáutico Brasileiro e por transferência legal. Na transferência da aeronave estão sempre compreendidos, salvo cláusula expressa em contrário, os motores, equipamentos e instalações internas. Os títulos translativos da propriedade de aeronave, por ato entre vivos, não transferem o seu domínio, senão da data em que se inscreverem no Registro Aeronáutico Brasileiro. Para fins de publicidade e continuidade, serão também inscritos no Registro Aeronáutico Brasileiro: I – as arrematações e adjudicações em hasta pública; II – as sentenças de divórcio, de nulidade ou anulações de casamento quando nas respectivas partilhas existirem aeronaves; III – as sentenças de extinção de condomínio; IV – as sentenças de dissolução ou liquidação de sociedades, em que haja aeronaves a partilhar; V – as sentenças que, nos inventários, arrolamentos e partilhas, adjudicarem aeronaves em pagamento de dívidas da herança; VI – as sentenças ou atos de adjudicação, assim como os formais ou certidões de partilha na sucessão legítima ou testamentária; VII – as sentenças declaratórias de usucapião.

De outra banda, perde-se a propriedade da aeronave pela alienação, renúncia, abandono, perecimento, desapropriação e pelas causas de extinção previstas em lei. Ocorre o abandono da aeronave ou de parte dela quando não for possível determinar sua legítima origem ou quando manifestar-se o proprietário, de modo expresso, no sentido de abandoná-la. Considera-se perecida a aeronave quando verificada a impossibilidade de sua recuperação ou após o transcurso de mais de 180 (cento e oitenta) dias a contar da data em que dela se teve a última notícia oficial. Verificado, em inquérito administrativo, o abandono ou perecimento da aeronave, será cancelada *ex officio* a respectiva matrícula. O contrato que objetive a transferência da propriedade de aeronave ou a constituição sobre ela de direito real poderá ser elaborado por instrumento público ou particular.

Assente-se que os serviços aéreos compreendem os serviços aéreos privados e os serviços aéreos públicos. Os serviços aéreos públicos abrangem os serviços aéreos especializados públicos e os serviços de transporte aéreo público de passageiro, carga ou mala postal, regular ou não regular, doméstico ou internacional. A relação jurídica entre a União e o empresário que explora os serviços aéreos públicos pauta-se pelas normas estabelecidas neste Código e legislação complementar e pelas condições da respectiva concessão ou autorização. A relação jurídica entre o empresário e o usuário ou beneficiário dos serviços é contratual, regendo-se pelas respectivas normas previstas neste Código e legislação complementar, e, em se tratando de transporte público internacional, pelo disposto nos Tratados e Convenções pertinentes. No contrato de serviços aéreos públicos, o empresário, pessoa física ou jurídica, proprietário ou explorador da aeronave, obriga-se, em nome próprio, a executar determinados serviços aéreos, mediante remuneração, aplicando-se o disposto nos artigos 222 a 245 quando se tratar de transporte aéreo regular. O transporte aéreo de mala postal poderá ser feito, com igualdade de tratamento, por todas as empresas de transporte aéreo regular, em suas linhas, atendendo às conveniências de horário, ou mediante fretamento especial. No transporte de remessas postais o transportador só é responsável perante a Administração Postal na conformidade das disposições aplicáveis às relações entre eles.

A exploração de serviços aéreos públicos dependerá sempre da prévia concessão, quando se tratar de transporte aéreo regular, ou de autorização no caso de transporte aéreo não regular ou de serviços especializados. A concessão ou a autorização somente será concedida a pessoa jurídica constituída sob as leis brasileiras, com sede e administração no País. As concessões ou autorizações serão regulamentadas pelo Poder Executivo e somente poderão ser cedidas ou transferidas mediante anuência da autoridade competente.

Impende mencionar que o Poder Executivo poderá intervir nas empresas concessionárias ou autorizadas, cuja situação operacional, financeira ou econômica ameace a continuidade dos serviços, a eficiência ou a segurança do transporte aéreo. A intervenção visará ao restabelecimento da normalidade dos serviços e durará enquanto necessária à consecução do objetivo. Na hipótese de ser apurada, por perícia técnica, antes ou depois da intervenção, a impossibilidade do restabelecimento da normalidade dos serviços: I – será determinada a liquidação extrajudicial, quando, com a realização do ativo puder ser atendida pelo menos a metade dos créditos; II – será requerida a falência, quando o ativo não for suficiente para atender pelo menos à metade dos créditos, ou quando houver fundados indícios de crimes falenciais. Além dos previstos em lei, constituem créditos privilegiados da União nos processos de liquidação ou falência de empresa de transporte aéreo: I – a quantia despendida pela União para financiamento ou pagamento de aeronaves e produtos aeronáuticos adquiridos pela empresa de transporte aéreo; II – a quantia por que a União se haja obrigado, ainda que parceladamente, para pagamento de aeronaves e produtos aeronáuticos, importados pela empresa de transporte aéreo.

Na liquidação ou falência de empresa de transporte aéreo, serão liminarmente adjudicadas à União, por conta e até o limite do seu crédito, as aeronaves e produtos aeronáuticos adquiridos antes da instauração do processo: I – com a contribuição financeira da União, aval, fiança ou qualquer outra garantia desta ou de seus agentes financeiros; II – pagos no todo ou em parte pela União ou por cujo pagamento ela venha a ser responsabilizada após o início do processo. A adjudicação será determinada pelo Juízo Federal, mediante a comprovação, pela União, da ocorrência das hipóteses previstas nos itens I e II deste artigo. A quantia correspondente ao valor dos bens será deduzida do montante do crédito da União, no processo de cobrança executiva, proposto pela União contra a devedora, ou administrativamente, se não houver processo judicial. Na expiração normal ou antecipada das atividades da empresa, a União terá o direito de adquirir, diretamente, em sua totalidade ou em partes, as aeronaves, peças e equipamentos, oficinas e instalações aeronáuticas, pelo valor de mercado.

Outrossim, os acordos entre exploradores de serviços aéreos de transporte regular, que impliquem em consórcio, pool, conexão, consolidação ou fusão de serviços ou interesses, dependerão de prévia aprovação da autoridade aeronáutica. Os serviços aéreos de transporte regular ficarão sujeitos às normas que o Governo estabelecer para impedir a competição ruinosa e assegurar o seu melhor rendimento econômico podendo, para esse fim, a autoridade aeronáutica, a qualquer tempo, modificar frequências, rotas, horários e tarifas de serviços e outras quaisquer condições da concessão ou autorização. As normas e condições para a exploração de serviços aéreos não regulares serão fixadas pela autoridade aeronáutica, visando a evitar a competição desses serviços com os de transporte regular, e poderão ser alteradas quando necessário para assegurar, em conjunto, melhor rendimento econômico dos serviços aéreos. Poderá a autoridade aeronáutica exigir a prévia aprovação dos contratos ou acordos firmados pelos empresários de serviços especializados, de serviço de transporte aéreo regular ou não regular, e operadores de serviços privados ou desportivos entre si ou com terceiros. Toda pessoa, natural ou jurídica, que explorar serviços aéreos, deverá dispor de adequadas estruturas técnicas de manutenção e de operação, próprias ou contratadas, devidamente homologadas pela autoridade aeronáutica.

A fiscalização será exercida pelo pessoal que a autoridade aeronáutica credenciar. Constituem encargos de fiscalização as inspeções e vistorias em aeronaves, serviços aéreos, oficinas, entidades aerodesportivas e instalações aeroportuárias, bem como os exames de proficiência de e aeroviários. Além da escrituração exigida pela legislação em vigor, todas as empresas que explorarem serviços aéreos deverão manter escrituração específica, que obedecerá a um plano uniforme de contas, estabelecido pela autoridade aeronáutica. A receita e a despesa de atividades afins ou subsidiárias não poderão ser escrituradas na contabilidade dos serviços aéreos. A autoridade aeronáutica poderá, quando julgar necessário, mandar proceder a exame da contabilidade das empresas que explorarem serviços aéreos e dos respectivos livros, registros e documentos. Toda empresa nacional ou estrangeira de serviço de transporte aéreo público regular obedecerá às tarifas aprovadas pela autoridade aeronáutica. No transporte internacional não regular, a autoridade aeronáutica poderá exigir que o preço do transporte seja submetido a sua aprovação prévia.

Cabe mencionar que os serviços de transporte aéreo público internacional podem ser realizados por empresas nacionais ou estrangeiras. A exploração desses serviços sujeitar-se-á: a) às disposições dos tratados ou acordos bilaterais vigentes com os respectivos Estados e o Brasil; b) na falta desses, ao disposto neste Código. Para operar no Brasil, a empresa estrangeira de transporte aéreo deverá: I – ser designada pelo Governo do respectivo país; II – obter autorização de funcionamento no Brasil; III – obter autorização para operar os serviços aéreos. A designação é ato de Governo a Governo, pela via diplomática, enquanto os pedidos de autorização, a que se referem os itens II e III deste artigo são atos da própria empresa designada.

Afora isso, o Código Brasileiro de Aeronáutica também normatiza o contrato de transporte aéreo. Pelo contrato de transporte aéreo, obriga-se o empresário a transportar passageiro, bagagem, carga, encomenda ou mala postal, por meio de aeronave, mediante pagamento. O empresário, como transportador, pode ser pessoa física ou jurídica, proprietário ou explorador da aeronave. Considera-se que existe um só contrato de transporte, quando ajustado num único ato jurídico, por meio de um ou mais bilhetes de passagem, ainda que executado, sucessivamente, por mais de um transportador. Em caso de transporte combinado, aplica-se às aeronaves o disposto neste Código. Considera-se transportador de fato o que realiza todo o transporte ou parte dele, presumidamente autorizado pelo transportador contratual e sem se confundir com ele ou com o transportador sucessivo. A falta, irregularidade ou perda do bilhete de passagem, nota de bagagem ou conhecimento de carga não prejudica a existência e eficácia do respectivo contrato.

No transporte de pessoas, o transportador é obrigado a entregar o respectivo bilhete individual ou coletivo de passagem, que deverá indicar o lugar e a data da emissão, os pontos de partida e destino, assim como o nome dos transportadores. O bilhete de passagem terá a validade de 1 (um) ano, a partir da data de sua emissão. O passageiro tem direito ao reembolso do valor já pago do bilhete se o transportador vier a cancelar a viagem. Em caso de atraso da partida por mais de 4 (quatro) horas, o transportador providenciará o embarque do passageiro, em voo que ofereça serviço equivalente para o mesmo destino, se houver, ou restituirá, de imediato, se o passageiro o preferir, o valor do bilhete de passagem. Quando o transporte sofrer interrupção ou atraso em aeroporto de escala por período superior a 4 (quatro) horas, qualquer que seja o motivo, o passageiro poderá optar pelo endosso do bilhete de passagem ou pela imediata devolução do preço. Todas as despesas decorrentes da interrupção ou atraso da viagem, inclusive transporte de qualquer espécie, alimentação e hospedagem, correrão por conta do transportador contratual, sem prejuízo da responsabilidade civil. A pessoa transportada deve sujeitar-se às normas legais constantes do bilhete ou afixadas à vista dos usuários, abstendo-se de ato que cause incômodo ou prejuízo aos passageiros, danifique a aeronave, impeça ou dificulte a execução normal do serviço. A execução do contrato de transporte aéreo de passageiro compreende as operações de embarque e desembarque, além das efetuadas a bordo da aeronave. Considera-se operação de embarque a que se realiza desde quando o passageiro, já despachado no aeroporto, transpõe o limite da área destinada ao público em geral e entra na respectiva aeronave, abrangendo o percurso feito a pé, por meios mecânicos ou com a utilização de viaturas. A operação de desembarque inicia-se com a saída de bordo da aeronave e termina no ponto de intersecção da área interna do aeroporto e da área aberta ao público em geral.

No contrato de transporte de bagagem, o transportador é obrigado a entregar ao passageiro a nota individual ou coletiva correspondente, em 2 (duas) vias, com a indicação do lugar e data de emissão, pontos de partida e destino, número do bilhete de passagem, quantidade, peso e valor declarado dos volumes. A execução do contrato inicia-se com a entrega ao passageiro da respectiva nota e termina com o recebimento da bagagem. Poderá o transportador verificar o conteúdo dos volumes sempre que haja valor declarado pelo passageiro. Além da bagagem registrada, é facultado ao passageiro conduzir objetos de uso pessoal, como bagagem de mão. O recebimento da bagagem, sem protesto, faz presumir o seu bom estado. Procede-se ao protesto, no caso de avaria ou atraso, na forma determinada na seção relativa ao contrato de carga.

No contrato de transporte aéreo de carga, será emitido o respectivo conhecimento, com as seguintes indicações: I – o lugar e data de emissão; II – os pontos de partida e destino; III – o nome e endereço do expedidor; IV – o nome e endereço do transportador; V – o nome e endereço do destinatário; VI – a natureza da carga; VII – o número, acondicionamento, marcas e numeração dos volumes; VIII – o peso, quantidade e o volume ou dimensão; IX – o preço da mercadoria, quando a carga for expedida contrapagamento no ato da entrega, e, eventualmente, a importância das despesas; X – o valor declarado, se houver; XI – o número das vias do conhecimento; XII – os documentos entregues ao transportador para acompanhar o conhecimento; XIII – o prazo de transporte, dentro do qual deverá o transportador entregar a carga no lugar do destino, e o destinatário ou expedidor retirá-la.

Sem prejuízo da responsabilidade penal, o expedidor responde pela exatidão das indicações e declarações constantes do conhecimento aéreo e pelo dano que, em consequência de suas declarações ou indicações irregulares, inexatas ou incompletas, vier a sofrer o transportador ou qualquer outra pessoa. O conhecimento faz presumir, até prova em contrário, a conclusão do contrato, o recebimento da carga e as condições do transporte. As declarações contidas no conhecimento aéreo, relativas a peso, dimensões, acondicionamento da carga e número de volumes, presumem-se verdadeiras até prova em contrário; as referentes à quantidade, volume, valor e estado da carga só farão prova contra o transportador, se este verificar sua exatidão, o que deverá constar do conhecimento. O transportador recusará a carga desacompanhada dos documentos exigidos ou cujo transporte e comercialização não sejam permitidos.

Presume-se entregue em bom estado e de conformidade com o documento de transporte a carga que o destinatário haja recebido sem protesto. O protesto far-se-á mediante ressalva lançada no documento de transporte ou mediante qualquer comunicação escrita, encaminhada ao transportador. O protesto por avaria será feito dentro do prazo de 7 (sete) dias a contar do recebimento. O protesto por atraso será feito dentro do prazo de 15 (quinze) dias a contar da data em que a carga haja sido posta à disposição do destinatário. Em falta de protesto, qualquer ação somente será admitida se fundada em dolo do transportador. Em caso de transportador sucessivo ou de transportador de fato o protesto será encaminhado aos responsáveis. O dano ou avaria e o extravio de carga importada ou em trânsito aduaneiro serão apurados de acordo com a legislação específica. A execução do contrato de transporte aéreo de carga inicia-se com o recebimento e persiste durante o período em que se encontra sob a responsabilidade do transportador, seja em aeródromo, a bordo da aeronave ou em qualquer lugar, no caso de aterrissagem forçada, até a entrega final. O período de execução do transporte aéreo não compreende o transporte terrestre, marítimo ou fluvial, efetuado fora de aeródromo, a menos que tenham sido feitos para proceder ao carregamento, entrega, transbordo ou baldeação de carga.

Por último, o Código Brasileira de Aeronáutica trata da responsabilidade civil do transportador, versando sobre a responsabilidade por danos a passageiro, à bagagem, à carga, por abalroamento, bem como dispõe sobre a garantia de responsabilidade, infrações e providências administrativas; detenção, interdição e apreensão de aeronaves; custódia e guarda de aeronaves; estabelece prazos extintivos e a autoriza o Ministério da Aeronáutica a instalar uma Junta de Julgamento da Aeronáutica com a competência de julgar, administrativamente, as infrações e demais questões dispostas neste Código (arts. 246 a 322)[29].

3.7.4   Lei da Agência Nacional de Aviação Civil

Com o objetivo de regular e fiscalizar as atividades de aviação civil e a infraestrutura aeronáutica e aeroportuária, a Lei nº 11.182, de 27 de setembro de 2005, criou a Agência Nacional de Aviação Civil – ANAC, entidade integrante da Administração Pública Federal indireta, submetida a regime autárquico especial, vinculada ao Ministério da Defesa, com prazo de duração indeterminado. A União Federal exerce as políticas estabelecidas pelos Poderes Executivo e Legislativo por intermédio da ANAC, que tem sede e foro no Distrito Federal.

A ANAC, no exercício de suas competências, deve observar e implementar as orientações, diretrizes e políticas estabelecidas pelo governo federal, especialmente no que se refere a: I – a representação do Brasil em convenções, acordos, tratados e atos de transporte aéreo internacional com outros países ou organizações internacionais de

---

29.   BRASIL. Lei nº 7.565, de 19 de dezembro de 1986. *Dispõe sobre o Código Brasileiro de Aeronáutica*. Disponível em: http://www.planalto.gov.br/ccivil_03/leis/l7565compilado.htm. Acesso em: 13 mar. 2021.

aviação civil; II – o estabelecimento do modelo de concessão de infraestrutura aeroportuária, a ser submetido ao Presidente da República; III – a outorga de serviços aéreos; IV – a suplementação de recursos para aeroportos de interesse estratégico, econômico ou turístico; e V – a aplicabilidade do instituto da concessão ou da permissão na exploração comercial de serviços aéreos.

A Agência Nacional de Aviação Civil possui natureza de autarquia especial, caracterizada por independência administrativa, autonomia financeira, ausência de subordinação hierárquica e mandato fixo de seus dirigentes. A ANAC atuará como autoridade de aviação civil, assegurando-se lhe as prerrogativas necessárias ao exercício adequado de sua competência. Com o objetivo de harmonizar suas ações institucionais na área da defesa e promoção da concorrência, a ANAC celebrará convênios com os órgãos e entidades do Governo Federal, competentes sobre a matéria.

Cabe à ANAC adotar as medidas necessárias para o atendimento do interesse público e para o desenvolvimento e fomento da aviação civil, da infraestrutura aeronáutica e aeroportuária do País, atuando com independência, legalidade, impessoalidade e publicidade, competindo-lhe: I – implementar, em sua esfera de atuação, a política de aviação civil; II – representar o País junto aos organismos internacionais de aviação civil, exceto nos assuntos relativos ao sistema de controle do espaço aéreo e ao sistema de investigação e prevenção de acidentes aeronáuticos; III – elaborar relatórios e emitir pareceres sobre acordos, tratados, convenções e outros atos relativos ao transporte aéreo internacional, celebrados ou a ser celebrados com outros países ou organizações internacionais; IV – realizar estudos, estabelecer normas, promover a implementação das normas e recomendações internacionais de aviação civil, observados os acordos, tratados e convenções internacionais de que seja parte a República Federativa do Brasil; V – negociar o estabelecimento de acordos e tratados sobre transporte aéreo internacional, observadas as diretrizes do CONAC; VI – negociar, realizar intercâmbio e articular-se com autoridades aeronáuticas estrangeiras, para validação recíproca de atividades relativas ao sistema de segurança de voo, inclusive quando envolvam certificação de produtos aeronáuticos, de empresas prestadoras de serviços e fabricantes de produtos aeronáuticos, para a aviação civil; VII – regular e fiscalizar a operação de serviços aéreos prestados, no País, por empresas estrangeiras, observados os acordos, tratados e convenções internacionais de que seja parte a República Federativa do Brasil; VIII – promover, junto aos órgãos competentes, o cumprimento dos atos internacionais sobre aviação civil ratificados pela República Federativa do Brasil; IX – regular as condições e a designação de empresa aérea brasileira para operar no exterior; X – regular e fiscalizar os serviços aéreos, os produtos e processos aeronáuticos, a formação e o treinamento de pessoal especializado, os serviços auxiliares, a segurança da aviação civil, a facilitação do transporte aéreo, a habilitação de tripulantes, as emissões de poluentes e o ruído aeronáutico, os sistemas de reservas, a movimentação de passageiros e carga e as demais atividades de aviação civil; XI – expedir regras sobre segurança em área aeroportuária e a bordo de aeronaves civis, porte e transporte de cargas perigosas, inclusive o porte ou transporte de armamento, explosivos, material bélico ou de quaisquer outros produtos, substâncias ou objetos que possam pôr em risco os tripulantes ou passageiros, ou a própria aeronave ou, ainda, que sejam nocivos à saúde; XII – regular e fiscalizar as medidas a serem adotadas pelas empresas prestadoras de serviços aéreos, e exploradoras de infraestrutura aeroportuária, para prevenção quanto ao uso por seus tripulantes ou pessoal técnico de manutenção e operação que tenha acesso às aeronaves, de substâncias entorpecentes ou psicotrópicas, que possam determinar dependência física ou psíquica, permanente ou transitória; XIII – regular e fiscalizar a outorga de serviços aéreos; XIV – conceder, permitir ou autorizar a exploração de serviços aéreos; XV – promover a apreensão de bens e produtos aeronáuticos de uso civil, que estejam em desacordo com as especificações; XVI – fiscalizar as aeronaves civis, seus componentes, equipamentos e serviços de manutenção, com o objetivo de assegurar o cumprimento das normas de segurança de voo; XVII – proceder à homologação e emitir certificados, atestados, aprovações e autorizações, relativos às atividades de competência do sistema de segurança de voo da aviação civil, bem como licenças de tripulantes e certificados de habilitação técnica e de capacidade física e mental, observados os padrões e normas por ela estabelecidos; XVIII – administrar o Registro Aeronáutico Brasileiro; XIX – regular as autorizações de horários de pouso e decolagem de aeronaves civis, observadas as condicionantes do sistema de controle do espaço aéreo e da infraestrutura aeroportuária disponível; XX – compor, administrativamente, conflitos de interesses entre prestadoras de serviços aéreos e de infraestrutura aeronáutica e aeroportuária; XXI – regular e fiscalizar a infraestrutura aeronáutica e aeroportuária, com exceção das atividades e procedimentos relacionados com o sistema de controle do espaço aéreo e com o sistema de investigação e prevenção de acidentes aeronáuticos; XXII – aprovar os planos diretores dos aeroportos; XXIV – conceder ou autorizar a exploração da infraestrutura aeroportuária, no todo ou em parte; XXV – estabelecer o regime tarifário da exploração da infraestrutura aeroportuária, no todo ou em parte; XXVI – homologar, registrar e cadastrar os aeródromos; fiscalizar a observância dos requisitos técnicos na construção, reforma e ampliação de aeródromos e aprovar sua abertura ao tráfego; XXIX – expedir normas e padrões que assegurem a compatibilidade, a operação integrada e a interconexão de informações entre aeródromos; XXX – expedir normas e estabelecer padrões mínimos de segurança de voo, de desempenho e eficiência, a serem cumpridos pelas prestadoras de serviços aéreos e de infraestrutura aeronáutica e aeroportuária, inclusive quanto a equipamentos, materiais, produtos e processos que utilizarem e serviços que prestarem; XXXI – expedir certificados de aeronavegabilidade; XXXII – regular, fiscalizar e autorizar os serviços aéreos prestados por aeroclubes, escolas e cursos de aviação civil; XXXIII – expedir, homologar ou reconhecer a certificação de produtos e processos aeronáuticos de uso civil, observados os padrões e normas por ela estabelecidos; XXXIV – integrar o Sistema de Investigação e Prevenção de Acidentes Aeronáuticos – SIPAER; XXXV – reprimir infrações à legislação, inclusive quanto aos direitos dos usuários, e aplicar as sanções cabíveis; XXXVI – arrecadar, administrar e

CAPÍTULO 3 • DOMÍNIO PÚBLICO AÉREO **241**

aplicar suas receitas; XXXVII – contratar pessoal por prazo determinado, de acordo com a legislação aplicável; XXXVIII – adquirir, administrar e alienar seus bens; etc. (art. 8º)

No que concerne à estrutura organizatória da ANAC, os membros da Diretoria Colegiada serão nomeados pelo Presidente da República, após aprovação pelo Senado Federal, cujo mandato é de cinco anos, vedada a recondução. Como forma de garantir autonomia, os diretores somente perderão o mandato em virtude de renúncia, de condenação judicial transitada em julgado, ou de pena demissória decorrente de processo administrativo disciplinar. A representação judicial da ANAC, com prerrogativas processuais de Fazenda Pública, será exercida pela Procuradoria. A Corregedoria fiscalizará a legalidade e a efetividade das atividades funcionais dos servidores e das unidades da ANAC, sugerindo as medidas corretivas necessárias, conforme disposto em regulamento. O Conselho Consultivo da ANAC, órgão de participação institucional da comunidade de aviação civil na Agência, é órgão de assessoramento da diretoria, tendo sua organização, composição e funcionamento estabelecidos em regulamento.

Com relação à tomada de decisão, o processo decisório da ANAC obedece aos princípios da legalidade, impessoalidade, eficiência, moralidade e publicidade, assegurado o direito ao contraditório e à ampla defesa. As iniciativas ou alterações de atos normativos que afetem direitos de agentes econômicos, inclusive de trabalhadores do setor ou de usuários de serviços aéreos, serão precedidas de audiência pública convocada e dirigida pela ANAC. Ressalvados os documentos e autos cuja divulgação possa violar a segurança do País, o segredo protegido ou a intimidade de alguém, todos os demais permanecerão abertos à consulta pública.

Ademais, há remuneração por serviços prestados e pela outorga de exploração de infraestrutura aeroportuária, sendo instituída a Taxa de Fiscalização da Aviação Civil – TFAC, cujo fato gerador é o exercício do poder de polícia decorrente das atividades de fiscalização, homologação e registros, nos termos do previsto na Lei nº 7.565, de 19 de dezembro de 1986 – Código Brasileiro de Aeronáutica. São sujeitos passivos da TFAC as empresas concessionárias, permissionárias e autorizatárias de prestação de serviços aéreos comerciais, os operadores de serviços aéreos privados, as exploradoras de infraestrutura aeroportuária, as agências de carga aérea, pessoas jurídicas que explorem atividades de fabricação, manutenção, reparo ou revisão de produtos aeronáuticos e demais pessoas físicas e jurídicas que realizem atividades fiscalizadas pela ANAC.

Por fim, a Taxa de Fiscalização da Aviação Civil não recolhida no prazo e na forma estabelecida em regulamento será cobrada com os seguintes acréscimos: I – juros de mora calculados na forma da legislação aplicável aos tributos federais; II – multa de mora de 20% (vinte por cento), reduzida a 10% (dez por cento) caso o pagamento seja efetuado até o último dia do mês subsequente ao do seu vencimento; e III – encargo de 20% (vinte por cento), substitutivo da condenação do devedor em honorários advocatícios, calculado sobre o total do débito inscrito em Dívida Ativa, que será reduzido para 10% (dez por cento) caso o pagamento seja efetuado antes do ajuizamento da execução. Os débitos de TFAC poderão ser parcelados na forma da legislação aplicável aos tributos federais.

3.8 JURISPRUDÊNCIA

2. Esta Corte de Justiça firmou entendimento de que não é possível a cobrança pelos entes da Federação em face de concessionária de serviço público pelo uso de solo, sub-solo ou espaço aéreo, admitindo-se, porém, nos termos do art. 11 da Lei n. 8.987/95, que a concessionária responsável pela administração da área cobre pelo uso de faixa de domínio por terceiros, inclusive quando seja concessionária de serviço público, para passagem de cabos ou dutos, não havendo ressalvas sobre o tipo de serviço prestado. (STJ – Primeira Turma – AgInt no REsp 1892769/PR – Rel. Min. Gurgel de Faria – Data do Julgamento 23.02.2021 – Data da Publicação/Fonte DJe 09.03.2021).

3. A Primeira Seção desta Corte de Justiça firmou entendimento de que a cobrança feita por entes da Administração Pública em face de concessionária de serviço público pelo uso de solo, subsolo ou espaço aéreo é ilegal, seja para a instalação de postes, dutos ou linhas de transmissão, uma vez que: "a) a utilização, neste caso, se reverte em favor da sociedade – razão pela qual não cabe a fixação de preço público; e b) a natureza do valor cobrado não é de taxa, pois não há serviço público prestado ou poder de polícia exercido" (REsp 1.144.399/PR, Relator Ministro Benedito Gonçalves, Primeira Seção, DJe 24.10.2017). STJ – Primeira Turma – EDcl no AgInt no AREsp 432765 / SP – Rel. Min. Gurgel de Faria – 25.11.2019 – Data da Publicação/Fonte DJe 04.12.2019.

2. A jurisprudência desta Corte é firme no sentido de que "É da competência da Justiça Federal processar e julgar delitos cometidos a bordo de aeronaves, nos termos do inciso IX do art. 109 da Constituição Federal. Devendo-se ressaltar ser despiciendo se a aeronave encontra-se em solo ou sobrevoando." (CC 143.343/MS, Rel. Ministro Joel Ilan Paciornik, Terceira Seção, DJe 30.11.2016). 3. O art. 106 da Lei n. 7.565/1986 estabelece que aeronave é "todo aparelho manobrável em voo, que possa sustentar-se e circular no espaço aéreo, mediante reações aerodinâmicas, apto a transportar pessoas ou coisas". 4. No caso em exame, contudo, ainda que de difícil definição jurídica, o termo aeronave deve ser aquele adotado pela Lei n. 7. 565/1986 em seu art. 106, o que de fato, afasta dessa conceituação "balões de ar quente tripulados". 5. Conflito conhecido para declarar a competência do Juízo de Direito da 1ª Vara Cível de Boituva/SP, o suscitado, para processamento e julgamento de eventual ação decorrente do IPL que deu origem ao presente conflito. (STJ – Terceira Seção – CC 143400/SP – Rel. Min. Ribeiro Dantas – Data do Julgamento 24.04.2019 – Data da Publicação/Fonte DJe 15.05.2019).

Capítulo 4
DOMÍNIO PÚBLICO MILITAR

4.1 INTRODUÇÃO

É cediço que o Estado é ente soberano em um determinado espaço geográfico. Todavia, como já advertia Montesquieu, "toda grandeza, toda força, todo poder é relativo. É preciso que se tome bastante cuidado para que, procurando aumentar a grandeza real, não se diminua a grandeza relativa". Assim, como forma de manter a integridade territorial, afigura-se imprescindível que o Estado disponha de forças defensivas que estejam de prontidão para que possa executar atos materiais caso sofra ato que importe ofensiva estrangeira. "Como aquele que ataca pode, no início, aparecer em todo lugar, é preciso que aquele que se defende também possa se mostrar em todo lugar; e, consequentemente, que a extensão do Estado seja mediana, para que seja proporcional ao grau de velocidade que a natureza deu aos homens para que se transportem de um a outro lugar. A França e a Espanha são precisamente do tamanho certo. As forças comunicam-se tão bem que logo se transportam para onde se quer; os exércitos reúnem-se e passam rapidamente de uma fronteira a outra; e não se teme nenhuma das coisas que necessitam de certo tempo para serem executadas". Mas quando o Estado atacado é vasto, é preciso muito tempo para que as tropas dispersas se reúnam. Por isso que quando o Estado é vasto, é necessário um exército de fronteira forte, a fim de impedir invasão estrangeira na capital do país[1].

Como forma de manter consolidação do espaço territorial e a paz interna, o Estado dispõe de forças defensivas, que se dá mediante a existência de organização militar. As forças promovedoras da proteção do Estado atuam na defesa contra ataques estrangeiros, guerra exterior, guerra civil, ajuda a outros países, desordens sociais gravíssimas etc.[2] A essas forças defensivas dá-se o nome de Forças Armadas, que também exercem função auxiliadora a outros países em guerra (a exemplo de missão de paz no Haiti, denominada de "Missão das Nações Unidas para Estabilização do Haiti – MINUSTAH"[3]) e atuação no desenvolvimento de pesquisas científicas (a exemplo de investigação científica na

---

1. MONTESQUIEU. *O espírito das leis*. São Paulo: Martins Fontes, 2005, p. 145 e 147.
2. FRIEDRICH, Carl J. *Teoría y realidad de la organización constitucional democrática*. Título en inglés: "Constitutional Goverment and Democracy". Pánuco/México: Fondo de Cultura Economica, 1946, p. 64-75.
3. EXÉRCITO BRASILEIRO. Ministério da Defesa. *Fim da missão das Nações Unidas para estabilização no Haiti*. Publicado em: 1º nov. 2017. Disponível em: http://www.eb.mil.br/web/noticias/noticiario-do-exercito/-/asset_publisher/MjaG93KcunQI/content/fim-da-missao-das-nacoes-unidas-para-estabilizacao-no-haiti. Acesso em: 28 fev. 2021.

Antártida (art. I, item 2 do Tratado da Antártida[4]). Com efeito, "qualquer nação necessita de um dispositivo de segurança a fim de manter a ordem e a paz pública interna, bem como garantir a defesa externa nas relações com outros países. Daí a necessidade da instituição das Forças Armadas para efeito de conseguir esse objetivo"[5].

Pinto Ferreira preleciona: "toda nação tem de aparelhar-se para aperfeiçoar e consolidar a segurança nacional. A segurança nacional não é só medida em termos de equipamento militar, na defesa do regime no plano interno e na defesa do país contra a agressão externa. A segurança nacional só existe em função do grau do desenvolvimento militar em qualidade de equipamento, com base em uma estrutura de bem-estar e de crescimento econômico, na paz interna entre os indivíduos, no crescente liberalismo e no respeito à Constituição como super lei – acima do capricho dos governantes, do saber e da tecnologia".

As Forças Armadas são constituídas pela Marinha, pelo Exército e pela Aeronáutica, instituições nacionais permanentes e regulares, destinadas à defesa da Pátria, à garantia dos poderes constitucionais e da lei e da ordem (art. 142, CF de 1988). "A Marinha, que é de guerra, efetiva a organização, o aparelhamento e o adestramento das Forças Navais, das Aeronaves e do Corpo de Fuzileiros Navais, inclusive propondo diretrizes para a polícia marítima nacional. Como atividade subsidiária, ela ordena e controla a Marinha Mercante Nacional, provendo a segurança nacional e a segurança da navegação (marítima, fluvial e lacustre), e exerce a política naval. O Exército tem como finalidade principal o aparelhamento, a qualificação e o adestramento das Forças terrestres. Compõe-se do pessoal ativo e da reserva, o primeiro no pleno exercício efetivo de sua atividade, o segundo, sujeito à incorporação, bem como as Forças auxiliares. Entre estas se incluem as Polícias Militares e os Corpos de Bombeiros. A Aeronáutica prepara e dirige a Força Aérea, adestrando e treinando o respectivo pessoal, estabelecendo diretrizes para a política aérea nacional. Como atividade subsidiária ela controla, supervisiona e fiscaliza as atividades aeronáuticas civis, comerciais, desportivas e particulares, disciplinando a operação da infraestrutura aeronáutica e operando o Correio Aéreo Nacional"[6].

A Carta Magna declara competir à União manter o correio aéreo nacional. O Correio Aéreo Nacional, iniciado em 12 de junho de 1931, tinha por objetivo inicial transportar malote dos correios e telégrafos, propiciando a comunicação da população brasileira nos lugares mais isolados do país. Hoje, "dão espaço às missões de transporte de pessoas, ajuda humanitária, evacuações aeromédicas, transporte de órgãos e urnas eletrônicas"[7]. Conforme o art. 63, VI do Decreto-lei 200 de 1967, cabe ao Ministério da Aeronáutica operar o Correio Aéreo Nacional.

---

4. BRASIL. Decreto nº 75.963, de 11 de julho de 1975. *Promulga o Tratado da Antártida*. Disponível em: http://www.planalto.gov.br/ccivil_03/decreto/1970-1979/d75963.htm. Acesso em: 28 fev. 2021.
5. FERREIRA, Pinto. *Comentários à Constituição brasileira*. São Paulo: Saraiva, 1992, 5. v., p. 221.
6. FERREIRA, Pinto. *Comentários à Constituição brasileira*. São Paulo: Saraiva, 1992, 5. v., p. 222.
7. FORÇA AÉREA. Ministério da Defesa. *Dia do Correio Aéreo Nacional e da Aviação de Transporte*. Disponível em: https://www.fab.mil.br/noticias/mostra/32273/ORDEM%20DO%20DIA%20-%20Dia%20do%20Cor-

"A história do Correio Aéreo Nacional (CAN) e da Aviação de Transporte começou a ser escrita na manhã do dia 12 de junho de 1931. O setor aeronáutico ainda iniciava seu desenvolvimento quando os Tenentes Casimiro Montenegro Filho e Nélson Freire Lavenère-Wanderley assumiram o desafio de transportar a primeira mala postal do então Correio Aéreo Militar. A escassez de ferramentas de comunicação, a instabilidade da meteorologia e as limitações de combustível não impediram que o biplano Curtiss Fledgling, matrícula K263, cumprisse a missão entre o Campo dos Afonsos, no Rio de Janeiro, com destino à cidade de São Paulo. Os anos se passaram e a Força Aérea Brasileira (FAB) ampliou sua capacidade de emprego em meios de Transporte Aéreo Logístico para apoiar as atividades operacionais e administrativas das Forças Armadas e da sociedade brasileira como um todo. As novas tecnologias, como a aeronave multimissão KC-390 Millennium, por exemplo, são responsáveis por garantir o fluxo de pessoal, equipamentos e suprimentos, demandado pelos mais diversos setores do país".

Por fim, acerca da Aviação de Transportes no Brasil, "ao todo, são 13 Unidades Aéreas da Aviação de Transporte na Força Aérea Brasileira. Atualmente, a Aviação é equipada com os modelos KC-390 Millennium, C-130 Hércules, C-105 Amazonas, C-99, C-97 Brasília, C-98 Caravan, C-95 Bandeirante, U-100 Phenom e U-55 Learjet. As Unidades estão sediadas em Manaus (AM), Belém (PA), Natal (RN), Rio de Janeiro (RJ), Canoas (RS), Campo Grande (MS), Anápolis (GO) e Brasília (DF)"[8].

4.2 CONCEITO

O domínio público militar engloba o conjunto de *obras de defesa militar* (trabalhos de construção, infraestrutura e engenharia militar, incluindo edifícios, galpões, bases militares, pontes, estradas, campos minados, aeródromos militares etc.); as *zonas territoriais* reservadas para a defesa militar (as áreas destinadas às organizações e instalações militares, incluindo as regiões afetas a operações militares – locais fortificados, baterias fixas, estradas e aeródromos militares, instalações de defesa aérea e outra integradas nos planos de defesa), bem como as zonas territoriais afetas à preparação e manutenção das forças armadas (aquartelamentos, campos de instrução, carreiras e polígonos de tiro, estabelecimentos fabris militares, depósitos de material de guerra, de munições, de explosivos, de mobilização, de combustível etc.); e os *bens de uso militar*, que são os instrumentos utilizados para o desempenho da atividade militar, a exemplo dos navios de guerra, as aeronaves, os veículos, as armas e demais equipamentos de uso militar, seja em treinamento ou em efetiva atividade bélica[9].

---

reio%20A%C3%A9reo%20Nacional%20e%20da%20Avia%C3%A7%C3%A3o%20de%20Transporte. Acesso em: 28 fev. 2021.

8. FORÇA AÉREA. Ministério da Defesa. *Aviação de Transporte. Lançar, suprir, resgatar!* Disponível em: https://www.fab.mil.br/noticias/mostra/35861/AVIA%C3%87%C3%83O%20DE%20TRANSPORTE%20-%20Lan%C3%A7ar,%20Suprir,%20Resgatar! Acesso em: 28 fev. 2021.

9. CAETANO, Marcello. *Manual de direito administrativo.* 7. ed. Lisboa: Coimbra, 1965, p. 214.

O domínio público militar consiste no conjunto de coisas submetidas ao regime jurídico militar, em razão no poder atribuído ao Estado decorrente da soberania, tendo por objetivo promover a defesa da Pátria, a garantia dos poderes constitucionais, da lei e da ordem, assim como realizar ações de ajuda humanitária e pesquisas científicas em benefício da sociedade. O domínio público nessa área constitui mecanismo que propicia ao Estado deter os objetos e a infraestrutura adequada ao sistema militar, visto que necessita de um conjunto de bens que permitam a promoção do interesse nacional e o auxílio à pacificação no cenário internacional.

Nesse último caso, sobreleva em importância a participação do Exército Brasileiro em missão de paz das Nações Unidas. "A primeira experiência histórica das Forças Armadas brasileiras em missão de paz das Nações Unidas foi o envio do 'Batalhão Suez', um Batalhão de Infantaria de aproximadamente 600 homens ao Egito (de janeiro de 1957 a julho de 1967) integrando a Força de Emergência das Nações Unidas I (UNEF I), organizada com a finalidade principal de separar forças egípcias e israelenses. A Missão foi criada para proteger e supervisionar a cessação das hostilidades, incluindo a retirada das forças armadas da França, de Israel e do Reino Unido do território egípcio e, após a retirada, para servir como um amortecedor entre forças egípcias e israelenses. Os seguintes países forneceram tropas para UNEF I: Brasil, Canadá, Colômbia, Dinamarca, Finlândia, Indochina, Índia, Noruega, Suécia e Iugoslávia. A atuação da UNEF I no Egito foi dividida em quatro fases: a primeira fase centrou-se na retirada das forças anglo-francesas da área de Port Said; a segunda diz respeito à retirada das forças israelenses da península do Sinai; a terceira centrou-se na retirada das forças israelenses da Faixa de Gaza e da região de Sharm-el-Sheikh (faixa na costa ocidental do Golfo de Aqaba que, atualmente, assegura a liberdade de navegação no Estreito de Tiran e no Golfo); e a quarta e última fase, que começou com a implantação de UNEF ao longo das fronteiras entre o Egito e Israel, abrangeu um período de mais de 10 anos, a partir de março 1957 até meados de 1967, quando a Força atuou como um tampão informal entre as forças egípcias e israelenses ao longo da Linha de Demarcação de Armistício, para observar e informar sobre todas as violações dessa Linha em terra, mar ou no ar, mantendo a paz nas área sensíveis"[10].

Destaca-se a missão de paz das Forças Armadas brasileira que ocorreu no Haiti, denominada de Minustah, iniciada em 2004 e encerrada em 2017. "A MINUSTAH, missão militar da ONU criada pela Resolução nº 1542, de 30 de abril de 2004, do Conselho de Segurança das Nações Unidas, com base no Capítulo VII da Carta da ONU (intervenção para restabelecer a segurança, a ordem ou a paz), teve como objetivo principal restaurar a ordem e pacificar o Haiti, que vivia momentos violentos, após os incidentes de fevereiro de 2004, que levaram a um estado de quase guerra civil e à queda do Presidente Jean-Bertrand Aristide. 3. A força da ONU aumentou seu contingente após o terremoto de 2010. Chegou a ter 8.940 militares no país. O Brasil sempre teve

---

10. EXÉRCITO BRASILEIRO. Ministério da Defesa. *Primeira Força de Emergência das Nações Unidas – UNEF I.* Disponível em: http://www.eb.mil.br/unef-i. Acesso em: 1º mar. 2021.

CAPÍTULO 4 • DOMÍNIO PÚBLICO MILITAR **247**

o maior contingente militar, em números que variaram e que chegaram a 2400, de um total de 7000 soldados internacionais, após o terremoto. O Brasil também sempre teve a liderança de todas as tropas. A MINUSTAH foi a mais latino-americana das missões de paz da ONU, porque mais da metade de seus integrantes eram do Brasil, Argentina, Bolívia, Chile, El Salvador, Equador, Guatemala, Honduras, Paraguai, Peru e Uruguai"[11].

Afora a atividade de missão de paz, importante mencionar os bens integrantes da dominialidade pública castrense. O domínio público militar abrange os bens e instalações militares; os locais destinados à atividade ou à administração militar; o patrimônio sob administração militar; as áreas indispensáveis para a segurança nacional, incluindo a defesa das fronteiras; as fortificações e as construções militares. Desse modo, submete-se às diretrizes do Estado o domínio militar – sendo este composto pelas organizações e instalações militares – as obras, os espaços territoriais reservados para a defesa militar, os imóveis, assim como os bens de titularidade das Forças Armadas ou sujeitos à administração militar, a exemplo dos navios, aeronaves, veículos, armamentos e demais locais e equipamentos direcionados à atividade militar.

O domínio público militar justifica-se em razão da necessidade de proteção da segurança nacional, de modo a estabelecer determinadas áreas de controle e uso militar. Portanto, submete-se ao domínio público militar os bens afetos à defesa do território nacional, abrangendo o espaço territorial, inclusive o subsolo, assim como o espaço aéreo e marítimo que estejam correlacionados à atividade militar.

4.3 BENS INTEGRANTES DO DOMÍNIO PÚBLICO MILITAR

No que concerne ao *aspecto territorial*, a Constituição Federal de 1988 declara ser bem da União as terras devolutas indispensáveis à defesa das fronteiras, das fortificações e construções militares. Além disso, a faixa de até cento e cinquenta quilômetros de largura, ao longo das fronteiras terrestres, é designada como faixa de fronteira e considerada de fundamental importância para a defesa do território nacional, devendo sua ocupação e utilização ser reguladas por lei (art. 20, II, § 2º, CF de 1988).

Na lição de Cretella Júnior, a zona de fronteira é também denominada de faixa de fronteira, que significa "uma determinada porção de terra contígua aos limites do país com países estrangeiros. Em nosso território, desde o tempo do império, constitui objetivo dos governantes a fixação de zona ou faixa com países limítrofes, parte territorial essa que tem sofrido variações, quanto ao tamanho, bem como tem sido objeto de considerações, quanto à sua natureza jurídica".

"Tríplice é o fundamento da criação da faixa de fronteira, em nosso direito, resumindo-se nos três desideratos seguintes: segurança, nacionalização e progresso. O

---

11. VIDAL, Fernando de Mello. Embaixador. *Relatório de Gestão. Embaixada do Brasil em Porto Príncipe*. Disponível em: https://legis.senado.leg.br/sdleg-getter/documento?dm=8030886&ts=1594006391913&disposition=inline. Acesso em: 1º mar. 2021.

primeiro objetivo é claro, insofismável. País de extensa faixa lindeira, limitando com todos os países da América do Sul, exceto com o Chile e com o Equador, viu-se forçado a exercer contínua vigilância sobre a zona limítrofe, o que se traduziu, em concreto, pelo estabelecimento de colônias militares, desde o tempo de império. Entende-se também o segundo fundamento, porque é nas fronteiras que mais se faz sentir influência estrangeira desnacionalizante. Por isso, cumpre criar e desenvolver núcleos de população nacional nos trechos situados defronte de zonas ou localidades prósperas do país vizinho e onde haja exploração de minas, indústria pastoril ou agrícola em mãos de estrangeiros do país limítrofe. Nessas aglomerações nacionais, verdadeiros centros de irradiação de nacionalismo, aos quais não faltarão núcleos cívicos e estabelecimentos de ensino – escolas de fronteira – serão incrementados os usos e costumes pátrios, o cultivo da língua brasileira, o amor à tradição, ao patriotismo. Longe da capital e dos centros populosos, à mercê das influências estrangeiras, a zona de fronteira será a sentinela avançada, à qual não faltarão auxílios par que cumpra a finalidade que tem em mira. Estando, portanto, a faixa de fronteira afastados dos centros de progresso do país, cumpre o incentivo de uma civilização brasileira forte para igualar, nesses pontos lindeiros, os país com os seus vizinhos". Destarte, "quaisquer que sejam as discussões a respeito, a natureza jurídica da faixa de fronteira é inequívoca – bem de uso especial da União, bem do domínio indisponível da União, afetada a serviço público federal relevante"[12].

Igualmente, Themistocles Cavalcanti assevera que a zona de fronteira ou faixa de fronteira classifica-se como bem de uso especial, atribuído à União por estar localizada ao longo das nossas fronteiras territoriais com os países vizinhos. Dentro da faixa de cento e cinquenta quilômetros o governo federal exerce um poder de vigilância de polícia, envolvendo restrições severas ao direito de propriedade, sob pena de os infratores sujeitarem-se à sanção[13].

Na faixa de fronteira, salvo com o assentimento prévio do Conselho de Segurança Nacional, é vedada a prática de atos referentes a: I – alienação e concessão de terras públicas, abertura de vias de transporte e instalação de meios de comunicação destinados à exploração de serviços de radiodifusão de sons ou radiodifusão de sons e imagens; II – construção de pontes, estradas internacionais e campos de pouso; III – estabelecimento ou exploração de indústrias que interessem à Segurança Nacional, assim relacionadas em decreto do Poder Executivo. IV – instalação de empresas que se dedicarem às seguintes atividades: a) pesquisa, lavra, exploração e aproveitamento de recursos minerais, salvo aqueles de imediata aplicação na construção civil, assim classificados no Código de Mineração; b) colonização e loteamento rurais; V – transações com imóvel rural, que impliquem a obtenção, por estrangeiro, do domínio, da posse ou de qualquer direito real sobre o imóvel; VI – participação, a qualquer título,

---

12. CRETELLA JÚNIOR, José. *Tratado do domínio público*. Rio de Janeiro: Forense, 1984, p. 365-370.
13. CAVALCANTI, Themistocles Brandão. *A Constituição Federal comentada*. 3. ed. Rio de Janeiro: Konfino, 1956, v. I, p. 432-440.

de estrangeiro, pessoa natural ou jurídica, em pessoa jurídica que seja titular de direito real sobre imóvel rural (art. 2º, Lei nº 6.634 de 1979).

Em que pese se sujeitar-se ao domínio público militar a faixa de fronteira e as áreas indispensáveis à segurança do País, cabe ao Conselho de Defesa Nacional propor os critérios e condições de utilização das áreas indispensáveis à segurança do território nacional e opinar sobre o uso da faixa de fronteira, nos termos do art. 91, § 1º, III, CF de 1988.

A fim de proteger a integridade do território nacional, compete à União promover a defesa das fronteiras, executar os serviços de polícia marítima, aeroportuária e de fronteiras, bem como legislar privativamente sobre defesa territorial, defesa aeroespacial, defesa marítima, defesa civil e mobilização nacional (art. 21, XXII e art. 22, XXVIII da CF de 1988).

No que alude aos *bens das forças armadas*, destaca-se os aviões e navios de guerra. "Navio de guerra" significa qualquer navio pertencente às forças armadas de um Estado, que ostente sinais exteriores próprios de navios de guerra da sua nacionalidade, sob o comando de um oficial devidamente designado pelo Estado cujo nome figure na correspondente lista de oficiais ou seu equivalente e cuja tripulação esteja submetida às regras da disciplina militar (art. 29, Convenção das Nações Unidas sobre o Direito do Mar). "Os navios de guerra encontram-se a todo momento sob a jurisdição do Estado de origem, gozando de imunidade mesmo quando em trânsito por mares territoriais alheios, ou ancorados em portos estrangeiros. Igual privilégio reconhece o costume internacional às embarcações pertencentes ao Estado e usado para fins não comerciais, qual um navio de representação"[14].

Difere da locução genérica "navio", que pode ser compreendido como "toda construção humana destinada à navegação (em mares, rios, lagos etc.) capaz de transportar pessoas ou coisas. Os navios podem ser divididos em públicos e privados, levando-se em consideração a natureza dos serviços por eles desenvolvidos. As embarcações que realizam atividades privadas ficam submetidas à jurisdição do Estado, sendo necessário, para tanto, que as mesmas se encontrem no território do Estado de que são nacionais ou em alto-mar. Já que no tange aos navios públicos, são eles comumente divididos em barcos militares e civis. São civis aqueles que desempenham funções administrativas de natureza pública, sem fins militares, a exemplo das embarcações utilizadas pelos serviços alfandegários e de polícia marítima, ou postas à disposição de soberanos, chefes de Estado ou de representantes diplomáticos. Os navios militares são os que se empregam nas atividades de defesa em geral, estando incorporados ao patrimônio nacional e, em particular, às forças armadas. Ao contrário do que ocorre com as embarcações privadas, os navios públicos gozam de amplas imunidades (frise-se que essa é uma regra costumeira) independentemente do local onde se encontrem"[15].

---

14. REZEK, Francisco. *Direito internacional público*. Curso elementar. 11. ed. São Paulo: Saraiva, 2008, p. 305.
15. MAZZUOLI, Valério de Oliveira. *Curso de direito internacional Público*. 10. ed. São Paulo: Ed. RT, 2016, p. 861-862.

Por sua vez, os "aviões de guerra" são as aeronaves militares destinadas para a prática de luta armada ou combate militar. Os aviões de guerra diferem das "aeronaves militares" em geral, que são aquelas integrantes das Forças Armadas, inclusive as requisitadas para missões militares, mas destinadas a diversas atividades, não sendo necessariamente hostis, a exemplo da promoção do correio aéreo nacional (art. 107, Lei nº 7.565 de 1986 c/c art. 63, VI do Decreto-Lei 200 de 1967).

As Forças Armadas dispõem de diversos modelos de *aeronaves* de combate. Em precioso artigo, Thiago Vinholes explicita acerca das aeronaves brasileiras. "*Monomotor turbo-hélice Super Tucano*: um dos meios de combate mais emblemáticos da FAB, o monomotor turbo-hélice Super Tucano é hoje um dos aviões de ataque leve mais avançados do mundo os modelos fabricados pela Embraer podem ser aplicados em missões de ataque ao solo, reconhecimento armado e até como caça, com capacidade para interceptar e abater aeronaves de baixo desempenho – alcança velocidade máxima de 590 km/h. O Super Tucano pode ser armado com metralhadoras, canhões, bombas, foguetes e mísseis orientados por infravermelho, como o MAA-1 'Piranha', projetado para perseguir o calor gerado pelo motor de aviões inimigos. A FAB tem a disposição 99 aparelhos desse tipo, adquiridos entre 2004 e 2012". O *AH-2 Sabre*: "helicóptero mais poderoso em operação no Brasil, o AH-2 Sabre é um dos principais meios de proteção na região da Amazônia. O nome do aparelho é a designação da FAB para o Mi-35, da fabricante russa Mil Helicopters, conhecida por desenvolver alguns dos helicópteros de combate mais temidos do mundo. Os modelos em serviço no país podem realizar ataques ao solo, interceptação e abate de aeronaves de baixo desempenho e têm capacidade antitanque, missão na qual utiliza foguetes e o míssil Ataka V, orientado por rádio. A força aérea conta com 12 unidades do AH-2 em operação, que ainda podem ser armados com metralhadoras, canhões e bombas. O helicóptero de ataque fabricado na Rússia também pode transportar até oito soldados. O modelo está em operação Brasil desde 2010".

Dentre as aeronaves, também se destaca o *P-3AM Orion*: "chegou à FAB em 2011 tendo passado por modernização executada na Espanha pela Airbus Military. Nove aparelhos de 12 inicialmente encomendados operam no Esquadrão Orungan, sediado na base aérea de Salvador (BA). Sua função de patrulhamento marítimo também inclui a vigilância da Amazônia Legal. Para isso, o quadrimotor utiliza um radar do tipo FLIR que monitora o espaço à frente por meio de infravermelho. Ele possui um compartimento interno de armamentos que pode lançar bombas de queda livre e também misseis anti-navio, como o AGM-84L Harpoon, de origem americana. O P-3 também conta com equipamentos para buscar submarinos". *A-1 (AMX)*: "O avião de ataque A-1 é um projeto binacional desenvolvido na década de 1980 entre Embraer e as companhias italianas Aeritalia e Aermacchi (hoje absorvidas pelo grupo Leonardo). A FAB encomendou 79 unidades, porém, apenas 56 jatos foram entregues, 15 deles da versão de reconhecimento. Em 2009, a FAB contratou a Embraer para modernizar os jatos para o padrão A-1M, mas cortes no orçamento de defesa suspenderam o programa

CAPÍTULO 4 • DOMÍNIO PÚBLICO MILITAR **251**

com apenas três unidades reformadas – o programa será retomado neste ano. O A-1 é equipado com dois canhões DEFA de 30 mm, transporta ainda dois mísseis de curto alcance nas pontas das asas (Sidewinder americano ou o brasileiro MAA-1 "Piranha"). Nos pilones sobre as asas, a aeronave pode ser carregada com uma variedade de armamentos, entre eles bombas de queda livre ou guiadas a laser, mísseis ar-superfície (como o novo A-Darter) e lançadores de foguetes". *P-95BM Bandeirulha*: "avião de patrulha naval da FAB é o P-95 Bandeirulha, aeronave baseada no Embraer EMB-110 Bandeirante. O nariz alongado esconde um radar de busca marítima capaz de localizar embarcações a quase 200 km de distância e acompanhar 200 objetos simultaneamente, além de realizar mapeamentos de terrenos e também vigiar outras aeronaves. A frota da Aeronáutica possui atualmente oito P-95BM, versão modernizada em operação desde 2015. Apesar de concebido mais para o patrulhamento do que para o ataque, o Bandeirulha pode ser armado com foguetes não guiados, que podem ser usados, por exemplo, para combater embarcações de pequeno porte que se mostrarem hostis"[16].

Possui destaque o *F-5M*, que é a "única aeronave das forças armadas brasileiras capaz de alcançar velocidades supersônicas (cerca de 1.700 km/h), Northrop F-5 Tiger II é a principal aeronave de defesa aérea do Brasil. Atualmente, a Aeronáutica opera o F-5M, versão modernizada entre 2001 e 2013 pela Embraer com sistemas de busca e armamentos mais recentes – o F-5 é um projeto do final da década de 1950 e em operação no Brasil desde 1973. As principais armas dos F-5 são um canhão de 20 mm, os mísseis de curto alcance Python III e Python IV, orientados por infravermelho, e o Derby, de médio alcance, guiado por radar. O caça também pode lançar foguetes e bombas (de diferentes portes e propósitos) de queda livre ou guiadas por laser e GPS. A FAB conta com quase 50 modelos F-5M, que serão as principais aeronaves de defesa do Brasil até a chegada dos novos caças Gripen NG". *Super Lynx*: "é um dos projetos mais bem sucedidos na chamada "guerra submarina". Em operação com a Marinha do Brasil desde 1978, que hoje possui 12 unidades, o helicóptero naval pode ser empregado em diversas funções, como transporte e patrulha, além de situações de combate, onde pode empregar armamentos ofensivos. Os Super Lynx (versão modernizada na década 1990) pode lançar mísseis ar-superfície (modelo Seacat) e anti-navio (SeaSkua). Já para o combate a submarinos, emprega torpedos de busca acústica (MK 44 e MK 46) e cargas de profundidade". *MH-16 Seahawk*: Helicóptero mais avançado em serviço entre as três forças armadas brasileiras, o MH-16 Seahawk, da fabricante norte-americana Sikorsky, pode voar em missões de busca e destruição de submarinos e navios de superfície. Tal como o Super Lynx, possui um radar de varredura 360° e ainda é equipado com um sonar que pode suspenso em voo e mergulhado na água. Os sensores de busca presentes nesse helicóptero permitem o lançamentos do míssil antinavio Penguin, orientado por radar e sistema de mira laser, e os torpedos de busca acústica (MK-46). A Marinha conta

---

16. VINHOLES, Thiago. Airway. Aviação Militar. *As aeronaves de combate das forças armadas brasileiras*. Publicado em: 14 de fevereiro de 2017. Disponível em: https://www.airway.com.br/as-aeronaves-de-combate-das-forcas-armadas-brasileiras/. Acesso em: 28 fev. 2021.

com quatro MH-16 na frota. O Seahawk é a versão naval do Blackhawk, operado pelo Exército e a FAB em missões de transporte"[17].

AF-1: "Jato naval e único de seu tipo no Brasil, o AF-1 é uma aeronave subsônica (alcança cerca de 1.080 km/h) e pode ser empregada como caça e bombardeiro. O nome do aparelho é a denominação nacional para o McDonnel Douglas A-4 Skyhawk, avião com uma longa ficha de combate com os EUA e Israel. Ao todo, a Marinha adquiriu 23 aparelhos. Os aviões foram comprados usados em 1998 de estoques do Kuwait para serem operados a partir do porta-aviões NAe São Paulo, atualmente parado para reformas. Parte da frota do caça naval é composta pela versão AF-1M, modernizada pela Embraer a partir de 2015 – a Marinha prevê a atualização e revitalização de até 12 unidades. Os Skyhawk em serviço no Brasil, os últimos do mundo usados por uma força militar, podem lançar bombas de queda livre e o míssil MAA-1 Piranha, de fabricação nacional. Tal como os F-5 da FAB, o A-4 é um projeto da década de 1950". Por último, o Fennec: "helicóptero AS 550 A2 Fennec é a versão militar do famoso Esquilo, muito comum no mercado civil. Os modelos em operação com o Exército Brasileiro foram fabricados pela Helibras, empresa brasileira do grupo Airbus – o Esquilo é um projeto originalmente concebido pela Eurocopter, atual Airbus Helicopters. Classificado como helicóptero multiuso, o Fennec também pode ser armado com duas metralhadoras .50 ou dois lançadores de foguetes, para missões de ataque ao solo, como combate a veículos com blindagens leves. Ao todo, o EB opera 16 unidades dessa aeronave"[18].

Igualmente, as Forças Armadas dispõem de diversos modelos de *navios* para proteger e fiscalizar as águas brasileiras. Os modelos de navios de denominados "Meios da Esquadra" são: Navio-Aeródromo Multipropósito; Fragatas (Classe Niterói); Fragatas (Classe Greenhalgh); Corvetas (Classe Inhaúma); Corvetas (Classe Barroso); Submarinos (Classe Tupi); Submarinos (Classe Tikuna); Navio de Socorro Submarino; Navio Doca Multipropósito; Navio de Desembarque de Carros de Combate; Navio-Escola; Navio Tanque; Navio Veleiro e Embarcação de Dbq. de Carga Geral. Por sua vez, os "Meios de Pesquisa" são: Navio de Apoio Oceanográfico; Navio Polar; Navio Oceanográfico; Navio Hidrográfico; Navio Hidroceanográfico Faroleiro; Navios Hidroceanográficos (H35 – "Amorim do Valle", H36 – "Taurus", H37 - "Garnier Sampaio", H38 – "Cruzeiro do Sul"); Navio de Pesquisa Hidroceanográfico (H39 – "Vital de Oliveira"); Aviso de Pesquisa Hidroceanográfico (H11 – "Aspirante Moura"). Os modelos de navios denominados "Meios Distritais" são: Navio de Apoio Logístico Fluvial; Corveta; Navios-Patrulha Oceânico; Navios de Apoio Oceânico (Classe Mearim); Navios-Patrulha (Classe Piratini); Navios-Patrulha Fluvial (Classe

---

17. VINHOLES, Thiago. Airway. Aviação militar. *As aeronaves de combate das forças armadas brasileiras*. Publicado em: 14 de fevereiro de 2017. Disponível em: https://www.airway.com.br/as-aeronaves-de-combate-das-forcas-armadas-brasileiras/. Acesso em: 28 fev. 2021.

18. VINHOLES, Thiago. Airway. Aviação Militar. *As aeronaves de combate das forças armadas brasileiras*. Publicado em 14 de fevereiro de 2017. Disponível em: https://www.airway.com.br/as-aeronaves-de-combate-das-forcas--armadas-brasileiras/. Acesso em: 28 fev. 2021.

Pedro Teixeira); Navios-Patrulha Fluvial (Classe Roraima); Navios-Patrulha (Classe Grajaú); Navios-Patrulha (Classe Bracuí); Navios-Patrulha (Classe Macaé); Navios--Varredores (Classe Aratu); Rebocadores de Alto-Mar (Classe Triunfo); Monitor; Navios de Assistência Hospitalar; Navio-Auxiliar; Navio-Transporte Fluvial; Aviso Hidroceanográfico Fluvial; Navio Hidroceanográfico Fluvial e Navios Hidrográficos Balizadores[19].

Também podem ser citadas as *armas* do Exército Brasileiro, que são os instrumentos destinados à atividade fim da atividade militar, a exemplo das Armas de Infantaria, Armas de Cavalaria, Armas de Artilharia, Armas de Engenharia, Armas de Comunicações e Armas de Material Bélico. "As Armas dividem-se em dois grupos: as Armas-Base (Infantaria e Cavalaria) e as Armas de Apoio ao Combate (Artilharia, Engenharia e Comunicações). A Infantaria define o combatente a pé, aquele que pode deslocar-se por qualquer tipo de região e que conquista, ocupa e mantém o terreno, em operações ofensivas e defensivas; pela variedade de missões o infante também tem suas especializações, tais como: de selva, blindado, de montanha, paraquedista, Polícia do Exército e muitas outras, que estão ilustradas neste site. A Cavalaria reconhece, proporciona segurança às demais formações em combate e combate por seus próprios meios; seja blindada ou mecanizada mantém nos seus atuais veículos as capacidades das tradicionais formações hipomóveis (a cavalo)".

"As Armas de apoio complementam a missão das armas-base, quer pelo apoio de fogo de seus obuses, canhões, foguetes e mísseis (Artilharias de Campanha e Antiaérea – EsACosAAe; pela mobilidade e contramobilidade (Engenharia) e pela instalação e manutenção dos sistemas de C2 (Comando e Controle) e de Guerra Eletrônica – CCOM-GEx/DF (Comunicações). Os oficiais e sargentos de carreira, das diferentes Armas, são oriundos da Academia Militar das Agulhas Negras – AMAN (Resende/RJ) e da Escola de Sargentos das Armas – EsSA (Três Corações/MG), respectivamente"[20].

Outrossim, como forma de promover a atividade militar, as Forças Armadas dispõem de *bens imóveis* para serem usados em prol da administração militar e dos militares. Consoante estudo de Thais Yamamoto, "os espaços militares têm uma grande força de permanência, num sentido comparável a das instituições religiosas e seus edifícios, bem como uma lógica espacial subordinada a seus interesses e objetivos particulares. Foram esses elementos que orientaram onde e como determinadas áreas da cidade passaram a ser incorporadas para o desenvolvimento de suas atividades. [...] Os bens imóveis destinados a atender às demandas militares, ao desempenharem seu desiderato de defesa nacional, estarão, ao fim e ao cabo, contribuindo para a soberania nacional, fundamento primeiro da República Federativa do Brasil consoante expressamente consta da Constituição" [...] "bem patrimonial

---

19. MARINHA DO BRASIL. Ministério da Defesa. *Navios e aeronaves*. Disponível em: https://www.marinha.mil.br/meios-navais. Acesso em: 28 fev. 2021.
20. EXÉRCITO BRASILEIRO. Mistério da Defesa. *Armas, quadros e serviços*. Disponível em: https://www.eb.mil.br/armas-quadros-e-servicos. Acesso em: 28 fev. 2021.

militar é um bem público. Sendo assim, o patrimônio militar se insere no âmbito público e precisa se guiar por todas as normas jurídicas deste contexto, além das normas militares específicas aliadas a cada instituição das Forças Armadas". Por último, os imóveis militares podem ser definidos como as "áreas destinadas pela União ao atendimento das necessidades militares, bens públicos de uso especial." Esses autores explicam que os imóveis militares, quando não estão sendo usados diretamente em atividade operacional de defesa, por vezes podem ser aproveitados em alienações mediante permuta por obras necessárias à modernização das Forças Armadas, conforme necessidade de defesa da pátria e que todos os imóveis das Forças Armadas têm destinação pública, com afetação militar, até mesmo quando usados em permutas para reaparelhamento das Forças"[21].

Ressalte-se que é possível a desafetação de bens imóveis da União de uso das Forças Armadas, de modo que tais bens podem ter outra destinação, a fim modernizar a gestão patrimônio público. Sendo o bem desafetado, afigura-se possível a alienação, a exemplo da venda de terrenos, edifícios e apartamentos que antes eram utilizados por militares. Além disso, atendidos aos requisitos legais, é possível proceder à locação, aforamento, ocupação, cessão, permissão de uso, concessão de uso especial, permuta e doação (Decreto-lei nº 9.760 de 1946 c/c Lei nº 9.636 de 1998).

Ademais, a Lei nº 5.651 de 1970 autoriza o Ministério do Exército a proceder a venda ou permuta de bens imóveis da União, de qualquer natureza sob sua jurisdição, cuja utilização ou exploração não atenda mais as necessidades do Exército. Para cada caso deve haver aprovação expressa do Ministro do Exército. O produto das operações realizadas será incorporado ao Fundo do Exército e contabilizado em separado, sendo que esse produto somente será empregado na construção e aquisição de bens imóveis, bem como na compra de equipamentos, de acordo com os planos de aplicação, previamente aprovados pelo Presidente da República (arts. 1º e 2º da Lei nº 5.651 de 1970).

Da mesma forma, a Lei nº 5.658 de 1971 autorizou os Ministérios da Aeronáutica e da Marinha a proceder à venda ou permuta de bens imóveis da União, de qualquer natureza, sob suas jurisdições, cuja utilização ou exploração não atenda mais às necessidades da Marinha e da Aeronáutica. Para cada caso deve haver aprovação expressa do respectivo Ministro. O produto das operações realizadas será incorporado ao Fundo Naval e ao Fundo de Aeronáutica, do respectivo Ministério, e contabilizado em separado, sendo que este produto somente será empregado na construção e aquisição de bens imóveis, bem como na compra de equipamentos, de acordo com os planos de aplicação, previamente aprovados pelo Presidente da República (arts. 1º e 2º da Lei nº 5.658 de 1971).

---

21. YAMAMOTO, Thais. *Gestão do Patrimônio dos Imóveis militares: uma contribuição sobre a literatura pertinente.* Revista da UNIFA, Rio de Janeiro, v. 33, n. 1, p. 55 – 64, jan./jun. 2020. Disponível em: https://www2.fab.mil. br/unifa/images/revista/pdf/v33n1/Art_154_Gesto_R3.pdf. Acesso em: 1º mar. 2021.

4.4 REQUISIÇÕES MILITARES

A requisição militar constitui importe instrumento no uso de coisas particulares pelas Forças Armadas, em decorrência de suas funções de proteger o território nacional e a população, expressando um dos aspectos do domínio militar.

A requisição militar é prevista no art. 22, III da Constituição Federal de 1988, que é autorizada constitucionalmente em caso de iminente perigo e em tempo de guerra. A disposição é completada pelo art. 5º, XXV da CF de 1988, que declara "no caso de iminente perigo público, a autoridade competente poderá usar da propriedade particular, assegurada ao proprietário indenização ulterior, se houver dano".

O vocábulo "requisição" do latim *requisitio*, de *requirere* (requerer, pedir), originalmente contém a ideia de requerimento, exigência. "A requisição, nesse sentido, é a exigência legal ou a ordem emanada da autoridade para que se cumpra, para que se faça ou para que se preste o que é exigido, ordenado ou pedido". A ordem de requisição pode recair sobre a entrega de coisas e prestações de serviços. "As requisições militares, geralmente ocorrentes em caso de guerra ou de mobilização, são as que se fazem por intermédio de oficiais ou de agentes militares, devidamente autorizados"[22]. Miguel Marienhoff informa que "em suas origens, a requisição foi um meio jurídico de satisfazer as urgentes necessidades da guerra. Seus antecedentes são, pois, 'castrenses'. Constituía um procedimento exclusivamente militar. Do âmbito castrense, a requisição se deslocou ao âmbito civil: já que não se limitou a satisfazer as necessidades da guerra"[23].

Com efeito, as requisições possuem natureza de "atos administrativos unilaterais pelos quais o Poder Público, mediante indenização ulterior, impõe aos particulares, ou mesmo a outra entidade de direito público, a obrigação de entregar o bem requisitado". As requisições militares são as que são feitas pelas autoridades militares para fins militares em tempo de guerra. Cabe à União Federal legislar sobre as autoridades competentes para requisitar, assim como os critérios e objetos das requisições. Como dito, cabe à lei informar os objetos submetidos à requisição, "mas poderá ser qualquer bem móvel, imóvel ou semovente, e também os serviços (alojamentos, alimentação, material, máquinas, ferramentas, instalações industriais, guias, mensageiros, condutores de veículos, serviços médicos e hospitalares, redes telefônicas telegráficas, vias férreas, meios de transporte marítimo, fluvial ou aéreo etc.[24]

A requisição constitui direito pessoal da Administração Pública[25], ou seja, é uma relação jurídica na qual o particular (sujeito passivo) possui a obrigação de oferecer

---

22. SILVA, De Plácido e. *Vocabulário jurídico*. 26. ed. Rio de Janeiro: Forense, 2005, p. 1210.
23. MARIENHOFF, Miguel S. *Tratado de Derecho Aministrativo*. Segunda edición. Buenos Aires: Abeledo-Perrot, 1975, t. IV. p. 446.
24. SILVA, José Afonso. *Comentários contextual à Constituição*. 2. ed. São Paulo: Malheiros, 2006, p. 265-266.
25. CARVALHO FILHO, José dos Santos. *Manual de direito administrativo*. 23. ed. Rio de Janeiro: Lumen Juris, 2010, p. 858.

(prestação) o bem ou serviço exigido pelo Estado (sujeito ativo), fundando-se tal vínculo jurídico pelas normas de direito público, sobretudo a Constituição Federal de 1988.

Desse modo, a requisição militar, prevista na Carta Magna de 1988, funda-se em caso de iminente perigo e em tempo de guerra, consistindo na exigência do uso de coisa ou serviço de propriedade alheia, a fim de ser utilizada em atividade militar, para ser usada em benefício da proteção do povo brasileiro. A requisição militar não significa venda, oneração ou transferência de domínio, mas tão somente autoriza o uso pelos militares e, em razão disso, somente caberá indenização caso o uso resulte em dano ao particular. A título de ilustração, pode ser realizada a requisição militar para uso de imóvel de particular (com o objetivo de abrigar a tropa que se direciona para incursão militar), plantações e alimentos em geral podem ser requisitados para alimentar a tropa, assim como aeronaves e veículos podem ser requisitados para o transporte de militares ou de seus respectivos equipamentos, a exemplo de aviões, helicópteros, caminhões, carretas, automóveis, barcos, lanchas, Jet Sky etc.

Reitere-se que a requisição importa no "uso temporário, nas situações constitucionalmente previstas, devendo retornar ao proprietário, uma vez ultrapassada a crise ou anormalidade, a menos que a devolução seja impossível, como no caso de bens que tenham sido consumidos" ou destruídos em razão do uso, cabendo ao proprietário, ao final da requisição, indenização por dano eventualmente sofrido[26]. Considerando que cabe à União legislar sobre requisições militares e que as Forças Armadas compõem estrutura orgânica da União, eventuais ações indenizatórias deverão ser ajuizadas na Justiça Federal, porquanto cabe aos juízes federais processar e julgar as causas em que a União for interessada na condição de autora, ré, assistente ou oponente, nos termos do art. 109, I da CF de 1988.

4.4.1 Histórico das legislações

A Lei nº 4.263, de 14 de janeiro de 1921, disciplinava as requisições militares. As requisições incidiam sobre "tudo quanto for indispensável para completar os meios de aprovisionamento e transporte das forças armadas de terra ou mar, quando, total ou parcialmente, mobilizadas, em virtude do estado de guerra ou em consequência de comoção intestina e estado de sítio". Formalmente, cabia o Poder Executivo determinar por decreto, o dia em que deverá começar, em todo ou em parte do território nacional, a obrigação de cada pessoa atender às requisições fritas por autoridade competente e na forma desta lei. A requisição deveria ser feita por escrito e assinada pelo requisitante, com a declaração do posto, cargo, qualidade ou função que lhe conferia o direito de realizá-la, cabendo entregar recibo ao requisitado das coisas requisitadas e entregues. O direito de requisitar era exercido pela autoridade militar, de terra ou mar, segundo o seu objeto. Em tempo de guerra o Poder Executivo poderá requisitar, em todo ou

---

26. CANOTILHO, J. J. Gomes; MENDES, Gilmar Ferreira; SARLET, Ingo Wolfgang; STRECK, Lenio Luiz. *Comentários à Constituição do Brasil*. 2. ed. São Paulo: Saraiva, 2018, p. 800.

em parte do território nacional, tudo quanto for necessário a alimentação, abrigo e vestuário da população civil, bem como o que for preciso como combustível e meios de iluminação das cidades, vilas, povoados e respectivas casas. Essas requisições serão feitas pela mesma forma, segundo as mesmas regras e com as mesmas garantias estabelecidas nos artigos anteriores.

O objeto das requisições militares eram coisas e serviços de interesse militar, como exemplo: 1º o alojamento e o acantonamento nas casas dos particulares; 2º, a alimentação diária das tropas alojadas nas habitações particulares, na proporção dos recursos dos seus donos ou inquilinos; 3º, os viveres, forragens, combustíveis, meios de iluminação e palha para a cama das tropas; 4º, os meios de atrelagem e de transporte de qualquer espécie, inclusive os navios marítimos e fluviais; os caminhos de ferro e o material de transporte aéreo, com o seu pessoal e suas instalações e dependências; os combustíveis e fontes de força motora, assim como todos os materiais, mercadorias e objetos acumulados, para o emprego, na exploração e extensão das linhas de transporte; 5º, o material, as maquinas e as ferramentas necessárias a construção, reparação e demolição das obras e caminhos, segundo as exigências do serviço militar; 6º, as instalações industriais de qualquer categoria, as empresas agrícolas, minas de combustíveis, instalações de força hidráulica ou elétrica: todas essas somente em tempo de guerra e por ordem especial do Ministério da Guerra ou comandante em chefe das forças em operações; 7º, os guias, mensageiros, condutores de veículos hipomóveis e automóveis, assim como os operários e serventes necessários a execução dos trabalhos de interesse militar; 8º, o tratamento dos doentes e dos feridos em casas dos particulares; os medicamentos, objetos de curativo e os instrumentos de medicina e cirurgia, existentes no comércio; 9º, as matérias primas, peças isoladas, objetos fabricados, instalações, ferramentas e machinhas, necessárias à fabricarão e ao concerto do material de fardamento, equipamento, armamento, acampamento, arreamento e dormitório das tropas; 10, as redes telefônicas e telegráficas, com ou sem fio, assim como o respectivo pessoal; e; 11, tudo quanto, embora não indicado nos números acima, for necessário ao serviço da defesa da Nação (art. 9º, Lei nº 4.263/1921).

A lei protegia a subsistência e materiais imprescindíveis aos cidadãos, concedendo-lhes isenções a requisições militares. Assim, não podiam ser requisitados: 1º, os viveres destinados ao consumo da família durante um mês; 2º, as forragens destinadas a alimentação dos animais durante quinze dias; 3º, os materiais, mercadorias e objetos destinados ao funcionamento normal dos estabelecimentos industriais, não requisitados, durante três meses; 4º, os meios de transporte dos médicos, cirurgiões e parteiros; 5º, os bens imóveis e moveis indispensáveis ás obras de caridade e assistência; 6º, os bens de qualquer natureza de uso dos agentes diplomáticos e consulares dos países que concedam igual isenção aos agentes diplomáticos, e consulares do Brasil (art. 19, Lei nº 4.263/1921).

Todavia, como forma de conferir efetividade à requisição, "a autoridade militar executará com o emprego da força as requisições indevidamente recusadas sob qualquer pretexto. Toda a autoridade ou toda a pessoa que, em tempo de guerra, se recuse ou se subtrairia à execução de uma requisição, será passível das penas estabelecidas pelos arts. 166 e seguinte do Código Penal Militar, e processada e julgada pela justiça militar. Toda a autoridade ou pessoa, que, em matéria de requisição, abusar dos poderes que lhe são conferidos, ou recusar entregar recibo legal dos fornecimentos ou serviços requisitados, fica sujeita a pena de um a dois anos de prisão e será processada e julgada pela justiça militar. Todo o militar que fizer requisição sem qualidade para isso será punido com as penas previstas no Código Penal Militar, para os crimes de estelionato, sem prejuízo das indemnizações a que ficará sujeito" (art. 20, §§ 7º a 10, Lei nº 4.263/1921).

Por último, o pagamento das indenizações pelos fornecimentos feitos ou serviços prestados em virtude de requisições eram efetuados segundo as tarifas ou as tabelas de preços ou de bases para o cálculo destes, organizadas pelos Ministérios da Guerra e da Marinha por proposta da Comissão Central de Requisições, que fica criado, com sede no Ministério da Guerra. Ou seja, não havia contraditório na fixação do preço, visto que era unilateralmente fixado pelos próprios órgãos requisitantes, o que poderia ensejar uma fixação subvalorizada do preço real, em prejuízo aos cidadãos. De qualquer modo, restava aos prejudicados acionar a Justiça para assegurar os seus direitos[27] (art. 21, Lei nº 4.263/1921).

Em seguida, adveio o Decreto-lei nº 4.812, de 8 de outubro de 1942. Permite-se a requisição do que for indispensável ao aprestamento, aprovisionamento e transporte das forças armadas de terra, mar e ar, quando empenhadas em operações de guerra ou de defesa da segurança nacional. O objeto da requisição consiste nas coisas moveis, dos serviços pessoais e da ocupação temporária de propriedade particular, que forem efetivamente necessárias à defesa e à segurança nacional, observarão as formalidades do referido decreto-lei. Além disso, no interesse da defesa nacional e da salvaguarda do Estado, é também lícito requisitar a ocupação e utilização de empresas e instituições de fins econômicos ou não, que se tornarem necessários à mobilização do país (arts. 1º, 2º e 3º)

De fato, a referida norma conferiu ampliação nos objetos materiais passíveis de requisição militar, de que: "são permitidas, ainda, em todo o território nacional ou em parte dele, as requisições de tudo quanto forem necessário à alimentação, abrigo ou habitação e vestuário da população civil e alimentação de solípedes, gado, aves, animais uteis, bem como as de combustíveis e meios de iluminação das cidades, vilas e povoados e respectivas casas, de meios de transporte em geral, urbanos, interurbanos e interestaduais, de serviços de abastecimento d'água e tudo, enfim, quanto for útil à vida normal das populações, do indivíduo e dos animais uteis, quando se verificar aumento sem causa justificada do custo de vida ou quando houver deslocamento de populações ou de grupos de pessoas em virtude do necessidades militares. A norma igualmente previu objetos imateriais, consistente na prestação de serviços por parte de terceiros, visto que:

---

27. BRASIL. Lei 4.263, de 14 de janeiro de 1921. *Regula as requisições militares*. Disponível em: http://www.planalto. gov.br/ccivil_03/LEIS/1901-1929/L4263.htm. Acesso em: 10 mar. 2021.

"estão sujeitos a requisição os serviços pessoais, de indivíduos ou coletividades, quando indispensáveis à defesa ou segurança do país. Para tanto, só poderão ser requisitados os serviços de pessoas maiores de 18 anos, nacionais ou estrangeiras. Essa requisição pode atingir os funcionários aposentados, desde que julgados aptos em inspeção de saúde. Malgrado a obrigatoriedade, o serviço é remunerado, sendo que o pagamento dos serviços obedecerá à assemelharão de funções retribuídas (arts. 4º e 5º).

Formalmente, o direito de requisição será exercido em virtude de decretos do Poder Executivo Federal, e nos termos e condições que os mesmos deverão estabelecer de conformidade com a Lei. Não se tratando de mobilização geral, os decretos do Governo determinarão as partes do território onde poderá exercer-se o direito de requisição, e nelas deverão ser publicados. Nenhuma requisição poderá ser feita senão por escrito, em duas vias, assinadas pelo requisitante, com a declaração do posto, cargo, qualidade ou função que lhe confere o direito de fazê-la. Ressalte-se que todos os fornecimentos feitos e serviços prestados em virtude de requisições dão direito à indenização correspondente ao justo valor dos mesmos. No que alude à competência, o direito de requisitar será exercido nos casos previstos no arts. 2º, 3º, 4º e 5º pelos Ministros de Estado dos Negócios da Guerra, da Marinha, da Aeronáutica, da Justiça e Negócios Interiores ou pessoas que os representem com poderes expressos, de modo que as requisições podem ser feitas pelos oficiais militares que tenham recebido tal delegação. A depender da necessidade, o Presidente da República poderá estender o direito de requisitar a outros Ministros de Estado, a Interventores ou Governadores que o poderão exercer na forma e nas maneiras prescritas. Como forma de proteger o cidadão, a requisição só obriga o requisitado a satisfazê-la e só tem valor para o efeito do recebimento da indenização respectiva, quando for feita por escrito e assinada por extenso e com clareza pela autoridade requisitante, com a declaração do posto, cargo, qualidade ou função que lhe confere o direito de fazê-la (arts. 6º ao 13).

O art. 15 do Decreto-Lei nº 4.812 de 1942 especifica os bens e coisas sujeitas à requisição, especificando-se em seguida as requisições das vias férreas, das redes telegráficas e telefônicas (podendo-se realizar interpretação evolutiva e incluir as redes de informática e de telecomunicações), assim como a lei prevê a requisição dos meios de transportes marítimos, fluvial e lacustre, transportes aéreos, das requisições necessárias à defesa passiva da população, dos recursos necessários à alimentação, da requisição de estabelecimentos industrial. Além disso, a norma prevê bens isentos de requisições e a modalidade executiva, garantindo o emprego da força caso haja recusa (arts. 15 a 31).

Por último, a norma prevê aplicação de penalidades, tanto à autoridade quanto à pessoa que descumpre a requisição. "Art. 39. Toda a autoridade ou pessoa que, na vigência de estado de guerra, se recuso ou se subtraia à execução de uma requisição será possível de pena de dois a quatro anos de prisão com trabalho, e será processada e julgada pela Justiça Militar. Art. 40. Toda a autoridade ou pessoa que, em matéria de requisição, abusar dos poderes que lhe forem conferidos ou recusar entregar recibo dos fornecimentos ou serviços prestados ou requisitados, fica sujeita à pena de um a dois anos de prisão e será processada e julgada pela Justiça Militar, por crime previsto no art. 3º do Código Penal Militar. Art. 41. Todo o militar ou civil que fizer requisição ser: qualidade para isso será punido com as penas previstas no art. 3º. do Código Penal Militar, e, sendo civil, será processado e julgado pela Justiça Militar, sem prejuízo da obrigação do ressarcimento dos prejuízos causados e apurados segundo as leis civis"[28].

Complementarmente, algumas leis específicas tratam das requisições, a exemplo do Decreto-lei nº 7.315-A, de 10 de fevereiro de 1945, sobre requisição de imóveis destinados à defesa nacional; a Lei Delegada nº 4, de 26 de setembro de 1962, que trata sobre requisição de serviços; o Decreto-lei nº 2, de 14 de janeiro de 1966, que trata sobre requisição de gêneros ou serviços essenciais ao abastecimento da população; bem como seu Regulamento, o Decreto nº 57.844, de 18 de fevereiro de 1966, que atribui competência à SUNAB no que concerne às requisições[29].

4.5 JURISPRUDÊNCIA

Requisição administrativa de bens e serviços para atendimento de necessidades coletivas, urgentes e transitórias decorrentes de situações de perigo iminente, de calamidade pública ou de irrupção de epidemias. (...) Mesmo que os bens públicos estejam vocacionados ao atendimento de uma finalidade pública (o que é indiscutível) e que o pressuposto único indispensável para a requisição seja o atendimento de situação de perigo público iminente (e não a natureza do bem requisitado), seu uso excepcional e transitório por ente federativo que não aquele a que está vinculado o bem (ou serviço), ainda que a pretexto de acudir a uma situação fática de extrema necessidade, fere a autonomia do ente cujo bem seja requisitado e lhe acarreta incontestável desorganização. A validade constitucional do dispositivo questionado está condicionada à exclusão da possibilidade de que a norma recaia sobre bens e serviços públicos, uma vez que tal preceito se volta a disciplinar a relação entre o Poder Público e o particular, constituindo-se em garantia desse em face daquele. No tocante aos entes federativos, suas relações se caracterizam pela cooperação e pela horizontalidade, não se admitindo a ente federativo requisitar bem ou serviço pertencente a outro, sob pena de ferimento da autonomia desse ente e, consequentemente, ofensa ao pacto federativo (STF – ADI 3.454, rel. min. Dias Toffoli, j. 21.06.2022, P, DJE de 17.08.2022).

A requisição administrativa "para atendimento de necessidades coletivas, urgentes e transitórias, decorrentes de situações de perigo iminente, de calamidade pública ou de irrupção de epidemias" — prevista na Lei Orgânica do Sistema Único de Saúde (Lei 8.080/1990) — não recai sobre bens e/ou serviços públicos de outro ente federativo. (STF – ADI 3.454, rel. min. Dias Toffoli, j. 20.06.2022, P, Informativo 1.059).

---

28. BRASIL. Decreto-Lei nº 4.812, de 8 de outubro de 1942. *Dispõe sobre a requisição de bens imóveis e moveis, necessários às forças armadas e à defesa passiva da população, e dá outras providências.* Disponível em: http://www.planalto.gov.br/ccivil_03/decreto-lei/1937-1946/del4812.htm. Acesso em: 10 mar. 2021.

29. SILVA, José Afonso. *Comentários contextual à Constituição.* 2. ed. São Paulo: Malheiros, 2006, p. 266.

Civil e processual. Ação de reintegração de posse. Terrenos incrustados em área militar e ocupados por civis. I – Não há dúvida quanto à inconveniência da permanência de civis residindo e explorando economicamente áreas de instalações militares. Todavia, em nenhum momento logrou a União demonstrar que algum tempo tenha sido detentora da posse. Não basta ao autor da ação provar o domínio. Exige-se que demonstre "a sua posse" (art. 927 do CPC). II – Matéria de prova (Súmula 07/STJ). III – Recurso não conhecido. (STJ – Terceira Turma – REsp 150931/PE – Rel. Min. Waldemar Zveiter – Data do julgamento 06.10.1998).

Capítulo 5
DOMÍNIO PÚBLICO CULTURAL, HISTÓRICO E ARTÍSTICO

5.1 INTRODUÇÃO

O domínio público cultural, histórico e artístico alude ao poder estatal sobre o conjunto de bens materiais e imateriais, ligados pela identidade, ação e memória dos diferentes grupos formadores da cultura, história e arte da nação brasileira. "A expressão linguística *cultura* dentro de um ambiente antropossocial aparece pela primeira vez na Alemanha de 1793, desde o substantivo *Kultur*, significando o aperfeiçoamento do espírito humano de um povo". A cultura pode ser definida como o "conjunto de atributos e produtos resultantes das sociedades que não são transmitidas através da hereditariedade biológica, vale dizer, todo o registro, memória ou informação não escrita no biológico, no sistema genético-celular, ou no por último, no sistema nervoso. Cultura é, pois, um processo, ou melhor, um procedimento do ser humano sobrejacente ou justajacente à natureza". Sem embargo, "a ideia de cultura não pode ser encontrada numa perspectiva monolítica do objeto indagado. Vários são os cenários possíveis para o sujeito que interroga sobre a cultura. Assim, o conceito antropológico, o etimológico, o sociológico, o jurídico e outras tantas formas de aproximação de seu objeto"[1].

Por sua vez, "a palavra 'história' (em todas as línguas românicas e em inglês) vem do grego antigo *historie*, em dialeto jônico [Keuck, 1934]. Esta forma deriva da raiz indoeuropeia *wid-*, *weid* 'ver'. Daí o sânscrito *vettas* 'testemunha' e o grego *histor* 'testemunha' no sentido de 'aquele que vê'. Esta concepção da visão como fonte essencial de conhecimento leva-nos à ideia que *histor* 'aquele que vê' é também aquele que *sabe*; *historein* em grego antigo é 'procurar saber', 'informar-se'. *Historie* significa pois 'procurar'. É este o sentido da palavra em Heródoto, no início das suas Histórias, que são 'investigações', 'procuras' [cf. Benveniste, 1969, t. II, pp. 173-74; Hartog, 1980]. Ver, logo saber, é um primeiro problema"[2]. Assim, o vocábulo *história* significa o "conjunto de conhecimentos relativos ao passado da humanidade e sua evolução, segundo o lugar,

---

1. CANOTILHO, J. J. Gomes; MENDES, Gilmar Ferreira; SARLET, Ingo Wolfgang; STRECK, Lenio Luiz. *Comentários à Constituição do Brasil*. 2. ed. São Paulo: Saraiva, 2018, p. 2060-2061.
2. GOFF, Jacques Le. *História e memória*. Campinas, SP: Editora da UNICAMP, 1990, p. 13.

à época, o ponto de vista escolhido", bem como a "ciência que estuda eventos passados com referência a um povo, país, período ou indivíduo específico"[3].

O vocábulo *artístico* correlaciona-se ao conceito de arte, que pode ser compreendido como: "Criação humana de valores estéticos (beleza, equilíbrio, harmonia, revolta etc.) que sintetizam suas emoções, sua história, seus sentimentos e sua cultura; Capacidade do homem de criar e expressar-se, transmitindo ideias, sensações e sentimentos através da manipulação de materiais e meios diversos; Atividade humana ligada a manifestações de ordem estética, feita por artistas a partir de percepção, emoções e ideias, com o objetivo de estimular esse interesse de consciência em um ou mais espectadores, e cada obra de arte possui um significado único e diferente; Reflexo do ser humano que muitas vezes representam a sua condição social- histórica e sua essência de ser pensante; Habilidade ou disposição dirigida para a execução de uma finalidade prática ou teórica, realizada de forma consciente, controlada e racional; Composto de meios e procedimentos realizados pelo homem, através dos quais é possível a obtenção de finalidades práticas ou a produção de objetos; técnica para criar algo; Conjunto de obras de determinado período histórico, nação, povos, movimento artístico, por exemplo, Arte Medieval, Arte Africana, Arte Realista etc."

"A arte está ligada à estética, porque é considerada uma faculdade ou ato pelo qual, trabalhando uma matéria, a imagem ou o som, o homem cria beleza ao se esforçar por dar expressão ao mundo material ou imaterial que o inspira. A obra de arte instiga a reflexão e os sentidos. Existe uma parte da Filosofia, chamada Estética, que se ocupa de pensar a arte e o belo. A palavra estética vem do grego *aesthetiká*, ou seja, coisas percebidas pelos sentidos, pelas sensações. Seria assim, a parte da Filosofia dedicada a compreender os efeitos das sensações provocadas pela arte"[4].

Para Paulo Affonso Machado, dentre as diversas concepções de cultura, destacam-se duas acepções: "a) complexo de atividades, instituições, padrões sociais ligados à criação e difusão das belas-artes, ciências humanas e afins" e "b) o processo ou estado de desenvolvimento social de um grupo, um povo, uma Nação, que resulta do aprimoramento de seus valores, instituições, criações".

Assim, "o processo de desenvolvimento cultural vai ser encontrado em várias gerações. O estabelecimento dos vínculos com as diversas fases culturais relacionadas com as gerações humanas faz nascer um patrimônio cultural. 'Patrimônio' é um termo que em do Latim *patrimonium*. Seu primeiro significado é 'herança paterna', pois está ligado a pater – pai; ou, de forma um pouco mais ampla, 'bem de família', ou 'herança comum' (Pierre Larousse e Claude Augé). O conceito de patrimônio está ligado a um conjunto de bens que foi transmitido para a geração presente. O *patrimônio cultural* representa o trabalho, a criatividade, a espiritualidade e as crenças, o cotidiano e o ex-

---

3. HOUAISS. *Dicionário da língua portuguesa*. Rio de Janeiro: Objetiva, 2009, p. 1029.
4. HISTÓRIA DAS ARTES. *O que é arte?* Disponível em: https://www.historiadasartes.com/olho-vivo/o-que-e--arte/. Acesso em: 15 ago. 2021.

traordinário de gerações anteriores, diante do qual a geração presente terá que emitir um juízo de valor, dizendo o que quererá conservar, modificar ou até mesmo demolir. Esse patrimônio é recebido sem mérito da geração que o recebe, mas não continuará a existir sem seu apoio. O patrimônio cultural deve ser fruído pela geração presente, sem prejudicar a possibilidade de fruição da geração futura".

"O fato de existir na Constituição da República um conjunto de normas sobre o patrimônio cultural não garante, por si só, sua sustentabilidade; mas não deixa de ser um potente farol para guiar a ação dos poderes públicos e da sociedade civil. Na implementação do conceito de patrimônio cultural há duas partes, uma estática e outra dinâmica. A criação de uma legislação do patrimônio cultural irá propiciar as formas de sua conservação e os tipos de gestão desse patrimônio"[5].

Para fins de esclarecimento, registre-se que o "patrimônio histórico e artístico" integra o conceito de "patrimônio cultural", pois aquele faz parte deste. Todavia, neste estudo os termos serão utilizados em conjunto para fins didáticos, facilitando a exposição da temática.

5.2 DOMÍNIO PÚBLICO CULTURAL, HISTÓRICO E ARTÍSTICO

O domínio público cultural, histórico e artístico manifesta-se por meio da normatização dos bens públicos ou privados de natureza material e imaterial, tomados individualmente ou em conjunto, portadores de referência à identidade, à ação, à memória dos diferentes grupos formadores da sociedade brasileira. Em razão da relevância valorativa dos bens, o Estado assume a função de disciplinar o seu uso, com o escopo de garantir a preservação para as presentes e futuras gerações.

Nos termos da Constituição Federal de 1988, o Estado garantirá a todos o pleno exercício dos direitos culturais e acesso às fontes da cultura nacional, e apoiará e incentivará a valorização e a difusão das manifestações culturais. O Estado protegerá as manifestações das culturas populares, indígenas e afro-brasileiras, e das de outros grupos participantes do processo civilizatório nacional. A lei disporá sobre a fixação de datas comemorativas de alta significação para os diferentes segmentos étnicos nacionais. A lei estabelecerá o Plano Nacional de Cultura, de duração plurianual, visando ao desenvolvimento cultural do País e à integração das ações do poder público que conduzem à: I –defesa e valorização do patrimônio cultural brasileiro; II – produção, promoção e difusão de bens culturais; III – formação de pessoal qualificado para a gestão da cultura em suas múltiplas dimensões; IV – democratização do acesso aos bens de cultura; V – valorização da diversidade étnica e regional (art. 215, CF/1988).

De forma geral, o domínio público cultural, histórico e artístico é caracterizado por três aspectos básicos e cumulativos, a saber: *i – objeto* (conjunto de bens materiais

---

5. MACHADO, Paulo Affonso Leme. *Direito ambiental brasileiro*. 14. ed. São Paulo: Malheiros, 2006, p. 902-903.

e imateriais, públicos ou privados, móveis e imóveis, existentes no País, proveniente da ação do homem ou obra da natureza, cuja origem seja do passado ou contemporânea); *ii – interesse social* (tais bens ostentam interesse público na sua conservação, por estarem vinculado a fatos memoráveis da história nacional ou pelo seu excepcional valor artístico, arqueológico, etnográfico, bibliográfico ou ambiental, bem como por ser portadores de referência à identidade, à ação, à memória dos diferentes grupos formadores da sociedade brasileira); *iii – regramento jurídico* (em decorrência da notável relevância valorativa, esses bens são submetidos ao controle do Estado, que normatizam o seu uso, a fim de garantir a conservação).

O primeiro aspecto refere-se às coisas que integram o patrimônio público, independentemente da titularidade do sujeito ativo (público ou privado), isto é, abrange o conjunto de bens corpóreos ou incorpóreos de significativo valor cultural, histórico ou artístico. O segundo aspecto traduz-se na necessidade de conservação dos referidos bens, tendo em vista o seu interesse coletivo, consistentes na preservação da memória e dos valores nacionais, de modo a resguardar a história e a identidade do País. Já o terceiro aspecto alude às normas jurídicas que disciplinam o patrimônio cultural, histórico e artístico, ou seja, o conjunto de regras estatais reguladoras da conservação e utilização dos referidos bens.

Diante de tais premissas, funda-se a legitimidade e fundamentalidade da normatização da matéria pelo Estado. Conceitualmente, o *domínio público cultural, histórico e artístico* consiste no conjunto de coisas submetidas ao regime jurídico estatal, em razão no poder atribuído ao Estado decorrente da soberania, tendo por objetivo conservá-los, ante o interesse público que representam, quer por sua vinculação a fatos memoráveis da história do Brasil, quer por seu excepcional valor arqueológico ou etnográfico, bibliográfico ou artístico, ou por serem portadores de referência à identidade, à ação, à memória dos diferentes grupos formadores da sociedade brasileira. O domínio público constitui mecanismo que promove a proteção do patrimônio cultural brasileiro, assegurando a continuidade da sua existência e incolumidade, salvaguardando-o como bem integrante dos valores nacionais. Ademais, o domínio público nessa área promove o controle das atividades relativas ao uso, alienação, deslocamento, exportação, reparação, restauração e construção dos bens que a eles estejam relacionados direta ou indiretamente, a fim de que o patrimônio público cultural seja mantido íntegro, garantindo a sua existência para as presentes e futuras gerações.

Na perspectiva normativa, domínio público cultural, histórico e artístico é disciplinado por diversas normas, destacando-se a *Constituição Federal de 1988* (arts. 215, 216 e 216-A); o *Decreto-lei nº 25*, de 30 de novembro de 1937; a *Lei nº 3.924*, de 26 de julho de 1961; a *Lei nº 11.904*, de 14 de janeiro de 2009, que institui o Estatuto de Museus; a *Lei nº 11.906*, de 20 de janeiro de 2009, que cria o Instituto Brasileiro de Museus – IBRAM, o *Decreto nº 3.551*, de 4 de agosto de 2000; o *Decreto nº 8.124*, de 17 de outubro de 2013; o *Decreto nº 7.387*, de 9 de dezembro de 2010, a *Convenção para Proteção de Bens Culturais em caso de conflito armado*, aprovada pelo Decreto Legislativo nº 32 de 14 de agosto de 1956; a *Convenção sobre as Medidas a serem Adotadas para Proibir e impedir a Importação, Exportação e Transportação e Transferência de Propriedade Ilícitas dos Bens Culturais*, aprovada pelo Decreto Legislativo nº 71 de 28 de novembro de 1972 e promulgada pelo Decreto presidencial nº 72.312 de 31 de maio de 1973; a *Convenção para a Proteção do Patrimônio Mundial, Cultural e Natural*, aprovada pelo Decreto Legislativo nº 74, de 30 de junho de 1974 e promulgada pelo decreto presidencial nº 80.978, de 12 de dezembro de 1977; a *Convenção para a Salvaguarda do Patrimônio Cultural Imaterial*, aprovada pelo Decreto Legislativo nº 22 de 1º de fevereiro de 2006 e promulgada pelo decreto presidencial nº 5.753, de 12 de abril de 2006 e a *Convenção sobre a Proteção e Promoção da Diversidade das Expressões Culturais*, aprovada por meio do Decreto Legislativo no 485, de 20 de dezembro de 2006 e promulgada pelo Decreto presidencial nº 6.177, de 1º de agosto de 2007.

5.3 CONCEITO

Para Hely Lopes Meirelles, "o conceito de *patrimônio histórico e artístico nacional* abrange todos os bens, móveis e imóveis, existentes no País, cuja conservação seja de interesse público, por sua vinculação a fatos memoráveis da História pátria, ou por seu excepcional valor artístico, arqueológico, etnográfico, bibliográfico ou ambiental. Tais bens tanto podem ser realizações humanas como obras da Natureza; tanto podem ser preciosidades do passado como criações contemporâneas. A proteção de todos esses bens é realizada por meio do tombamento, ou seja, da inscrição da coisa em livros especiais – Livros do Tombo – na repartição competente, para que sua utilização e conservação se façam de acordo com o prescrito na respectiva lei. O valor histórico, artístico, cultural, científico ou ambiental é proclamado pelo órgão administrativo incumbido dessa apreciação"[6].

Da mesma forma, o Decreto-lei nº 25 de 1937 estabelece que constitui o *patrimônio histórico e artístico nacional* o conjunto dos bens móveis e imóveis existentes no país e cuja conservação seja de interesse público, quer por sua vinculação a fatos memoráveis da história do Brasil, quer por seu excepcional valor arqueológico ou etnográfico, bibliográfico ou artístico. Esses bens só serão considerados parte integrante do patrimônio histórico o artístico nacional, depois de inscritos separada ou agrupadamente num dos quatro Livros do Tombo. Equiparam-se aos bens integrantes do patrimônio histórico e artístico nacional, sujeitando-se ao tombamento os monumentos naturais, os sítios e paisagens que importe conservar e proteger pela feição notável com que tenham sido dotados pela natureza ou agenciados pela indústria humana (art. 1º).

Importante mencionar que não se inclui no patrimônio histórico e artístico nacional as obras de origem estrangeira: i) que pertençam às representações diplomáticas ou consulares acreditadas no país; ii) que adornem quaisquer veículos pertencentes

---

6. MEIRELLES, Hely Lopes. *Direito administrativo brasileiro*. 26. ed. São Paulo: Malheiros, 2001, p. 534-535.

a empresas estrangeiras, que façam carreira no país; iii) que se incluam entre os bens referidos no art. 10 da Introdução do Código Civil, e que continuam sujeitas à lei pessoal do proprietário; iv) que pertençam a casas de comércio de objetos históricos ou artísticos; v) que sejam trazidas para exposições comemorativas, educativas ou comerciais; vi) que sejam importadas por empresas estrangeiras expressamente para adorno dos respectivos estabelecimentos (art. 3º).

Registre-se que a atual Carta Magna ressignificou o conceito de *patrimônio cultural brasileiro*, ampliando-o para incluir não só os bens materiais (móveis e imóveis), como também os bens imateriais, ou seja, aqueles elementos destituídos de matéria física, mas com grande valor intangível. Em razão disso, incluem-se na definição as formas de expressão, os modos de criar, fazer e viver, as criações científicas, artísticas e tecnológicas (art. 216, I, II, e III, CF/1988).

Nesse sentido, para Maria Helena Diniz, a expressão *patrimônio cultural brasileiro* pode ser definido como o "complexo de bens materiais e imateriais relativos à identidade, à ação e à memória dos diferentes grupos componentes da sociedade brasileira, nos quais se incluem: as formas de expressão, os modos de criar, fazer e viver; as criações científicas, artísticas e tecnológicas; as obras objetos, documentos, edificações e demais espaços destinados a manifestações artístico-culturais; os conjuntos urbanos e sítios de valor histórico, paisagístico, artístico, arqueológico, paleontológico, ecológico e científico. O Poder Público promove e protege tal patrimônio por meio de inventários, registros, vigilância, tombamento, desapropriação e outras formas de acautelamento e preservação"[7].

Conforme o IPHAN, "a Constituição Federal de 1988, em seu Artigo 216, ampliou o conceito de patrimônio estabelecido pelo Decreto-lei nº 25, de 30 de novembro de 1937, substituindo a nominação Patrimônio Histórico e Artístico, por Patrimônio Cultural Brasileiro. Essa alteração incorporou o conceito de referência cultural e a definição dos bens passíveis de reconhecimento, sobretudo os de caráter imaterial. A Constituição estabelece ainda a parceria entre o poder público e as comunidades para a promoção e proteção do Patrimônio Cultural Brasileiro, no entanto mantém a gestão do patrimônio e da documentação relativa aos bens sob responsabilidade da administração pública"[8].

Em conformidade com a atual Constituição da República, constituem *patrimônio cultural brasileiro* os bens de natureza material e imaterial, tomados individualmente ou em conjunto, portadores de referência à identidade, à ação, à memória dos diferentes grupos formadores da sociedade brasileira, nos quais se incluem: I – as formas de expressão; II – os modos de criar, fazer e viver; III – as criações científicas, artísticas e tecnológicas; IV – as obras, objetos, documentos, edificações e demais espaços destinados às manifestações artístico-culturais; V – os conjuntos urbanos e sítios de valor

---

7. DINIZ, Maria Helena. *Dicionário jurídico*. São Paulo: Saraiva, 1998, v. 3, p. 542.
8. IPHAN. Instituto do Patrimônio Histórico e Artístico Nacional. *Patrimônio cultural*. Disponível em: http://portal.iphan.gov.br/pagina/detalhes/218. Acesso em: 16 ago. 2021.

CAPÍTULO 5 • DOMÍNIO PÚBLICO CULTURAL, HISTÓRICO E ARTÍSTICO   **269**

histórico, paisagístico, artístico, arqueológico, paleontológico, ecológico e científico (art. 216, incisos I a V, CF/1988).

Na lição de Paulo Affonso Leme Machado, o vocábulo "*identidade* é o 'processo de construção de significado com base em um atributo cultural, ou ainda um conjunto de atributos culturais inter-relacionados, o(s) qual(is) prevalece(m) sobre outras fontes de significado. A construção de identidades vale-se da matéria-prima fornecida pela História, Geografia, Biologia, instituições produtivas e reprodutivas, pela memória coletiva e por fantasias pessoais, pelos aparatos de poder e revelações de cunho religioso. Todos esses materiais são processados pelos indivíduos, grupos sociais e sociedades, que reorganizam seu significado em função de tendências sociais e projetos culturais enraizados em sua estrutura social, bem como em sua visão de tempo/espaço' (Manuel Castells).

A seu turno, "a ação é revelada por realizações materiais ou imateriais, consideradas individual ou coletivamente. *Memória* é o que se reteve no passado ou se quer guardar sobre qualquer coisa. A *memória cultural* é a conservação de fatos ou ações do passado ou do presente visando ao tempo futuro. *Manifestação* pode ser entendido como dar a conhecer qualquer coisa, isto é, tornar público algo; ou a expressão, disciplinada ou tumultuosa, de comportamentos e sentimentos compartilhados por uma coletividade. O repetido emprego do vocábulo 'manifestação' na Constituição mostra um decidido posicionamento jurídico da obrigação de divulgar a cultura ou tudo que integra o patrimônio cultural, tornando-o acessível a todos. Esse patrimônio não pode ficar escondido, não classificado, não exposto e não protegido. A manifestação do patrimônio cultural brasileiro é uma das formas de garantir o 'pleno exercício dos direitos culturais' (art. 216, caput, da CF).

A locução *conjunto urbanos* possui significado mais amplo que o conceito de "cidade". Nessa esteira, "ruas, becos, bairros, vielas, distritos, aglomerações e cidades estão compreendidos na expressão 'conjunto urbanos'. Estão compreendidos entre os sítios que podem integrar o patrimônio cultural brasileiro: os de valor histórico, paisagístico, artístico, arqueológico, paleontológico, ecológico e científico. O *patrimônio rupestre* (gravado ou traçado na rocha) como o *patrimônio espeleológico* (é o estudo e exploração das cavidades naturais do solo: grutas, cavernas, fontes etc.) estão abrangidos. O conceito constitucional de patrimônio cultural é dinâmico, caminha no tempo, unindo as gerações. É uma noção ampla, e que poderíamos chamar de patrimônio cultural social nacional. É a expressão cultural, ainda que focalizada de forma isolada, que passa a ter repercussão num âmbito maior, que é a 'sociedade brasileira' (art. 216 da CF)[9].

Entende-se por "cavidade natural subterrânea" todo e qualquer espaço subterrâneo acessível pelo ser humano, com ou sem abertura identificada, popularmente conhecido como caverna, gruta, lapa, toca, abismo, furna ou buraco, incluindo seu ambiente, conteúdo mineral e hídrico, a fauna e a flora ali encontrados e o corpo rochoso onde

---

9. MACHADO, Paulo Affonso Leme. *Direito ambiental brasileiro*. 14. ed. São Paulo: Malheiros, 2006, p. 903-905.

os mesmos se inserem, desde que tenham sido formados por processos naturais, independentemente de suas dimensões ou tipo de rocha encaixante. As cavidades naturais subterrâneas existentes no território nacional devem ser protegidas, de modo a permitir estudos e pesquisas de ordem técnico-científica, bem como atividades de cunho espeleológico, étnico-cultural, turístico, recreativo e educativo. A cavidade natural subterrânea será classificada de acordo com seu grau de relevância em máximo, alto, médio ou baixo, determinado pela análise de atributos ecológicos, biológicos, geológicos, hidrológicos, paleontológicos, cênicos, histórico-culturais e socioeconômicos, avaliados sob enfoque regional e local (Decreto nº 99.556 de 1990). Assente-se que as cavidades naturais subterrâneas e os sítios arqueológicos e pré-históricos são bens da União (art. 20, X, CF/1988).

Na perspectiva internacional, a Convenção para a Proteção do Patrimônio Mundial, Cultural e Natural, da Organização das Nações Unidas, em conferência realizada em 1972, estabelece: "são considerados *patrimônio cultural*: – os monumentos: obras arquitetônicas, esculturas ou pinturas monumentais, objetos ou estruturas arqueológicas, inscrições, grutas e conjuntos de valor universal excepcional do ponto de vista da história, da arte ou da ciência, – os conjuntos: grupos de construções isoladas ou reunidas, que, por sua arquitetura, unidade ou integração à paisagem, têm valor universal excepcional do ponto de vista da história, da arte ou da ciência, – os sítios: obras do homem ou obras conjugadas do homem e da natureza, bem como áreas, que incluem os sítios arqueológicos, de valor universal excepcional do ponto de vista histórico, estético, etnológico ou antropológico" (art. 1º)[10].

Segundo a Convenção para a Salvaguarda do Patrimônio Cultural Imaterial, "entende-se por *patrimônio cultural imaterial* as práticas, representações, expressões, conhecimentos e técnicas – junto com os instrumentos, objetos, artefatos e lugares culturais que lhes são associados – que as comunidades, os grupos e, em alguns casos, os indivíduos reconhecem como parte integrante de seu patrimônio cultural. Este patrimônio cultural imaterial, que se transmite de geração em geração, é constantemente recriado pelas comunidades e grupos em função de seu ambiente, de sua interação com a natureza e de sua história, gerando um sentimento de identidade e continuidade e contribuindo assim para promover o respeito à diversidade cultural e à criatividade humana. Para os fins da presente Convenção, será levado em conta apenas o patrimônio cultural imaterial que seja compatível com os instrumentos internacionais de direitos humanos existentes e com os imperativos de respeito mútuo entre comunidades, grupos e indivíduos, e do desenvolvimento sustentável. O 'patrimônio cultural imaterial', conforme definido no parágrafo 1 acima, se manifesta em particular nos seguintes campos: a) tradições e expressões orais, incluindo o idioma como veículo do patrimônio cultural imaterial; b) expressões artísticas; c) práticas sociais, rituais e atos festivos; d)

---

10. ONU. Organização das Nações Unidas. *Convenção para a Proteção do Patrimônio Mundial, Cultural e Natural.* UNESCO, 1972. Disponível em: https://unesdoc.unesco.org/ark:/48223/pf0000133369_por. Acesso em: 15 ago. 2021.

CAPÍTULO 5 • DOMÍNIO PÚBLICO CULTURAL, HISTÓRICO E ARTÍSTICO **271**

conhecimentos e práticas relacionados à natureza e ao universo; e) técnicas artesanais tradicionais (arts. 1º e 2º)[11].

Portanto, verifica-se que a Carta Magna de 1988 adota o critério utilizado na "Convenção para a Salvaguarda do Patrimônio Cultural Imaterial" na definição do patrimônio cultural brasileiro, demostrando evolução no disciplinamento normativo.

5.4 ABRANGÊNCIA

Para Marcello Caetano, o domínio público monumental, cultural e artístico abrange: i – os museus nacionais; ii – as bibliotecas; iii – os palácios nacionais (monumentos públicos); e iv – monumentos nacionais do Estado[12].

Na lição de Celso Antônio Pacheco Fiorillo, "o bem que compõe o chamado patrimônio cultural traduz a história de um povo, a sua formação, cultura e, portanto, os próprios elementos identificadores de sua cidadania, que constitui princípio fundamental norteador da República Federativa do Brasil"[13].

Conforme o art. 216 da Constituição Federal, constituem patrimônio cultural brasileiro os bens de natureza material e imaterial, tomados individualmente ou em conjunto, portadores de referência à identidade, à ação, à memória dos diferentes grupos formadores da sociedade brasileira, nos quais se incluem: I – as formas de expressão; II – os modos de criar, fazer e viver; III – as criações científicas, artísticas e tecnológicas; IV – as obras, objetos, documentos, edificações e demais espaços destinados às manifestações artístico-culturais; V – os conjuntos urbanos e sítios de valor histórico, paisagístico, artístico, arqueológico, paleontológico, ecológico e científico.

O patrimônio cultural é composto pelo *patrimônio material* (bens culturais classificados segundo sua natureza, conforme os quatro Livros do Tombo: arqueológico, paisagístico e etnográfico; histórico; belas artes; e das artes aplicadas); *patrimônio arqueológico* (i – as jazidas de qualquer natureza, origem ou finalidade, que representem testemunhos de cultura dos paleoameríndios do Brasil, tais como sambaquis, montes artificiais ou tesos, poços sepulcrais, jazigos, aterrados, estearias e quaisquer outras não especificadas aqui, mas de significado idêntico a juízo da autoridade competente; ii – os sítios nos quais se encontram vestígios positivos de ocupação pelos paleoameríndios tais como grutas, lapas e abrigos sob rocha; iii – os sítios identificados como cemitérios, sepulturas ou locais de pouso prolongado ou de aldeiamento, "estações" e "cerâmicos", nos quais se encontram vestígios humanos de interesse arqueológico ou paleoetnográfico; iv – as inscrições rupestres ou locais como sulcos de polimentos de utensílios e outros vestígios de atividade de paleoameríndios – Lei nº 3.924/1961) e

---

11. BRASIL. Decreto nº 5.753, de 12 de abril de 2006. *Promulga a Convenção para a Salvaguarda do Patrimônio Cultural Imaterial.* Disponível em: http://www.planalto.gov.br/ccivil_03/_ato2004-2006/2006/decreto/d5753. htm. Acesso em: 18 ago. 2021.
12. CAETANO, Marcello. *Manual de direito administrativo.* 7. ed. Lisboa: Coimbra, 1965, p. 215-216.
13. FIORILLO, Celso Antônio Pacheco. *Curso de direito ambiental brasileiro.* 12. ed. São Paulo: Saraiva, 2011, p. 76.

pelo *patrimônio imaterial* (aludem àquelas práticas e domínios da vida social que se manifestam em saberes, ofícios e modos de fazer; celebrações; formas de expressão cênicas, plásticas, musicais ou lúdicas; e nos lugares, a exemplo dos mercados, feiras e santuários que abrigam práticas culturais coletivas. Transmite-se o patrimônio imaterial de geração a geração, sendo constantemente recriado pelas comunidades e grupos em função de seu ambiente, de sua interação com a natureza e de sua história, gerando um sentimento de identidade e continuidade, contribuindo para promover o respeito à diversidade cultural e à criatividade humana)[14].

Para atingir tal mister, o Poder Público, com a colaboração da comunidade, deve proteger o patrimônio cultural brasileiro, por meio de inventários, registros, vigilância, tombamento e desapropriação, e de outras formas de acautelamento e preservação. Cabem à administração pública, na forma da lei, a gestão da documentação governamental e as providências para franquear sua consulta a quantos dela necessitem. Os danos e ameaças ao patrimônio cultural serão punidos, na forma da lei. Ficam tombados todos os documentos e os sítios detentores de reminiscências históricas dos antigos quilombos. Como forma de incentivar a obtenção de recursos, é facultado aos Estados e ao Distrito Federal vincular a fundo estadual de fomento à cultura até cinco décimos por cento de sua receita tributária líquida, para o financiamento de programas e projetos culturais (art. 216, §§ 1º, 2º, 3º, 4º, 5º e 6º, CF/1988).

Além disso, por meio da Emenda Constitucional nº 71 de 2012, foi criado o Sistema Nacional de Cultura, organizado em regime de colaboração, de forma descentralizada e participativa, institui um processo de gestão e promoção conjunta de políticas públicas de cultura, democráticas e permanentes, pactuadas entre os entes da Federação e a sociedade, tendo por objetivo promover o desenvolvimento humano, social e econômico com pleno exercício dos direitos culturais.

O Sistema Nacional de Cultura fundamenta-se na política nacional de cultura e nas suas diretrizes, estabelecidas no Plano Nacional de Cultura, e rege-se pelos seguintes princípios: I – diversidade das expressões culturais; II – universalização do acesso aos bens e serviços culturais; III – fomento à produção, difusão e circulação de conhecimento e bens culturais; IV – cooperação entre os entes federados, os agentes públicos e privados atuantes na área cultural; V – integração e interação na execução das políticas, programas, projetos e ações desenvolvidas; VI – complementaridade nos papéis dos agentes culturais; VII – transversalidade das políticas culturais; VIII – autonomia dos entes federados e das instituições da sociedade civil; IX – transparência e compartilhamento das informações; X – democratização dos processos decisórios com participação e controle social; XI – descentralização articulada e pactuada da gestão, dos recursos e das ações; XII – ampliação progressiva dos recursos contidos nos orçamentos públicos para a cultura (art. 216-A, § 1º, CF/1988).

---

14. IPHAN. Instituto do Patrimônio Histórico e Artístico Nacional. *Patrimônio Cultural.* Patrimônio Material, Patrimônio Arqueológico, Patrimônio Imaterial. Disponível em: http://portal.iphan.gov.br/pagina/detalhes/218; http://portal.iphan.gov.br/pagina/detalhes/276; http://portal.iphan.gov.br/pagina/detalhes/1376/; http://portal.iphan.gov.br/pagina/detalhes/234. Acesso em: 16 ago. 2021.

5.4.1 Museus

Os *museus* constituem um instrumento essencial para a preservação do patrimônio cultural, histórico e artístico brasileiro, sendo disciplinados por normas específicas, sobretudo a Lei nº 11.904, de 14 de janeiro de 2009, que instituiu o Estatuto de Museus. Nos termos da legislação, consideram-se museus as instituições sem fins lucrativos que conservam, investigam, comunicam, interpretam e expõem, para fins de preservação, estudo, pesquisa, educação, contemplação e turismo, conjuntos e coleções de valor histórico, artístico, científico, técnico ou de qualquer outra natureza cultural, abertas ao público, a serviço da sociedade e de seu desenvolvimento. Enquadrar-se-ão nesta Lei as instituições e os processos museológicos voltados para o trabalho com o patrimônio cultural e o território visando ao desenvolvimento cultural e socioeconômico e à participação das comunidades (art. 1º).

São princípios fundamentais dos museus: I – a valorização da dignidade humana; II – a promoção da cidadania; III – o cumprimento da função social; IV – a valorização e preservação do patrimônio cultural e ambiental; V – a universalidade do acesso, o respeito e a valorização à diversidade cultural; VI – o intercâmbio institucional (art. 2º). Os bens culturais dos museus, em suas diversas manifestações, podem ser declarados como de interesse público, no todo ou em parte. Consideram-se bens culturais passíveis de musealização os bens móveis e imóveis de interesse público, de natureza material ou imaterial, tomados individualmente ou em conjunto, portadores de referência ao ambiente natural, à identidade, à cultura e à memória dos diferentes grupos formadores da sociedade brasileira. Será declarado como de interesse público o acervo dos museus cuja proteção e valorização, pesquisa e acesso à sociedade representar um valor cultural de destacada importância para a Nação, respeitada a diversidade cultural, regional, étnica e linguística do País (art. 5º).

Cumpre ressaltar que a criação de museus por qualquer entidade é livre, independentemente do regime jurídico, nos termos estabelecidos pela Lei nº 11.904 de 2009. A criação, a fusão e a extinção de museus serão efetivadas por meio de documento público. Os museus poderão estimular a constituição de associações de amigos dos museus, grupos de interesse especializado, voluntariado ou outras formas de colaboração e participação sistemática da comunidade e do público (arts. 7º, 8º e 9º). Registre-se que a denominação de museu estadual, regional ou distrital só pode ser utilizada por museu vinculado a Unidade da Federação ou por museus a quem o Estado autorize a utilização desta denominação. A denominação de museu municipal só pode ser utilizada por museu vinculado a Município ou por museus a quem o Município autorize a utilização desta denominação (arts. 11 e 12).

A Lei nº 11.904 de 2009 também trata dos museus públicos. Consideram-se *museus públicos* as instituições museológicas vinculadas ao poder público, situadas no território nacional. O poder público firmará um plano anual prévio, de modo a garantir o funcionamento dos museus públicos e permitir o cumprimento de suas finalidades. Os museus públicos serão regidos por ato normativo específico e poderá estabelecer convênios para a sua gestão. Todavia, é vedada a participação direta ou indireta de pessoal técnico dos museus públicos em atividades ligadas à comercialização de bens culturais. Atividades de avaliação para fins comerciais serão permitidas aos funcionários em serviço nos museus, nos casos de uso interno, de interesse científico, ou a pedido de órgão do Poder Público, mediante procedimento administrativo cabível (arts. 13 a 16).

Além disso, os museus devem garantir a conservação e a segurança de seus acervos. Os programas, as normas e os procedimentos de preservação, conservação e restauração serão elaborados por cada museu em conformidade com a legislação vigente. Aplicar-se-á o regime de responsabilidade solidária às ações de preservação, conservação ou restauração que impliquem dano irreparável ou destruição de bens culturais dos museus, sendo punível a negligência. Os museus devem dispor das condições de segurança indispensáveis para garantir a proteção e a integridade dos bens culturais sob sua guarda, bem como dos usuários, dos respectivos funcionários e das instalações. Cada museu deve dispor de um Programa de Segurança periodicamente testado para prevenir e neutralizar perigos. A fim de proteger os bens, é facultado aos museus estabelecer restrições à entrada de objetos e, excepcionalmente, pessoas, desde que devidamente justificadas; sendo que as entidades de segurança pública poderão cooperar com os museus, por meio da definição conjunta do Programa de Segurança e da aprovação dos equipamentos de prevenção e neutralização de perigos. Por sua vez, os museus devem colaborar com as entidades de segurança pública no combate aos crimes contra a propriedade e tráfico de bens culturais (arts. 21 a 26).

Em seguida, a Lei nº 11.906, de 20 de janeiro de 2009, criou o Instituto Brasileiro de Museus – IBRAM, autarquia federal, dotada de personalidade jurídica de direito público, com autonomia administrativa e financeira, vinculada ao Ministério da Cultura, com sede e foro na Capital Federal, podendo estabelecer escritórios ou dependências em outras unidades da Federação (art. 1º).

O IBRAM tem as seguintes finalidades: I – promover e assegurar a implementação de políticas públicas para o setor museológico, com vistas em contribuir para a organização, gestão e desenvolvimento de instituições museológicas e seus acervos; II – estimular a participação de instituições museológicas e centros culturais nas políticas públicas para o setor museológico e nas ações de preservação, investigação e gestão do patrimônio cultural musealizado; III – incentivar programas e ações que viabilizem a preservação, a promoção e a sustentabilidade do patrimônio museológico brasileiro; IV – estimular e apoiar a criação e o fortalecimento de instituições museológicas; V – promover o estudo, a preservação, a valorização e a divulgação do patrimônio cultural sob a guarda das instituições museológicas, como fundamento de memória e identidade social, fonte de investigação científica e de fruição estética e simbólica; VI – contribuir para a divulgação e difusão, em âmbito nacional e internacional, dos acervos museológicos brasileiros; VII – promover a permanente qualificação e a valorização de recursos humanos do setor; VIII – desenvolver processos de comunicação, educação e ação cultural, relativos ao patrimônio cultural sob a guarda das instituições museológicas para o reconhecimento dos diferentes processos identitários, sejam eles de caráter nacional, regional ou local, e o respeito à diferença e à diversidade cultural do povo brasileiro; e IX – garantir os direitos das comunidades organizadas de opinar sobre os processos de identificação e definição do patrimônio a ser musealizado (art. 3º)

Por último, foi editado o Decreto nº 8.124, de 17 de outubro de 2013, que regulamenta dispositivos da Lei nº 11.904, de 14 de janeiro de 2009, que institui o Estatuto de Museus, e da Lei nº 11.906, de 20 de janeiro de 2009, que cria o Instituto Brasileiro de Museus – IBRAM.

5.5 TOMBAMENTO

O tombamento constitui importante instrumento utilizado pelo Estado na proteção do patrimônio cultural, histórico e artístico brasileiro.

Segundo José dos Santos Carvalho Filho, "o vocábulo *tombamento* é de origem antiga e provém do verbo 'tombar', que no Direito português tem o sentido de inventariar, registrar ou inscrever bens. O inventário dos bens era feito no Livro do Tombo, o qual assim denominava porque guardado na Torre do Tombo. Neste local ficam depositados os arquivos de Portugal. Por extensão semântica, o termo passou a representar todo registro indicativo de bens sob a proteção especial do Poder Público". Nesse sentido, "tombamento é a forma de intervenção na propriedade pela qual o Poder Público procura proteger o patrimônio cultural brasileiro. Quando o Estado intervém na propriedade privada para proteger o patrimônio cultural, pretende preservar a memória nacional. É o aspecto histórico de um país, como por todos reconhecido, que faz parte da própria cultura do povo e representa a fonte sociológica de identificação dos vários fenômenos sociais, políticos e econômicos existentes na atualidade"[15].

Para Hely Lopes Meirelles, o tombamento "é a declaração do Poder Público do valor histórico, artístico, paisagístico, turístico, cultural ou científico de coisas ou locais que, por essa razão, devam ser preservados, de acordo com a inscrição em livro próprio"[16].

Diogo de Figueiredo Moreira Neto define tombamento como "espécie de intervenção ordinária e concreta do Estado na propriedade privada, limitativa de exercício de direitos de utilização e de disposição, gratuita, permanente e indelegável, destinada à preservação, sob regime especial, dos bens de valor cultural, histórico, arqueológico, artístico, turístico ou paisagístico". O Estado civilizado, que valoriza a cultura, vale-se do

---

15. CARVALHO FILHO, José dos Santos. *Manual de direito administrativo*. 23. ed. Rio de Janeiro: Lumen Juris, 2010, p. 867-868.
16. MEIRELLES, Hely Lopes. *Direito administrativo brasileiro*. 26. ed. São Paulo: Malheiros, 2001, p. 535

domínio eminente para estender sua proteção sobre bens de especial interesse público na sua utilização e disposição[17].

No magistério de Paulo Affonso Leme Machado, "o tombamento é uma forma de implementar a função social da propriedade, protegendo e conservando o patrimônio privado ou público, através da ação dos poderes públicos, tendo em vista seus aspectos históricos, artísticos, naturais, paisagísticos e outros relacionados à cultura, para a fruição das presentes e futuras gerações"[18].

O domínio público se aplica às coisas pertencentes às pessoas naturais, bem como às pessoas jurídicas de direito privado e de direito público interno, visto que a norma salvaguarda os bens representativos de valores nacionais, independentemente do sujeito que ostente a titularidade dos referidos bens (art. 2º, DL nº 25/1937).

Conforme o Decreto-lei nº 25, de 30 de novembro de 1937, O Serviço do Patrimônio Histórico e Artístico Nacional possuirá quatro Livros do Tombo, nos quais serão inscritas as obras a que se refere o art. 1º desta lei, a saber: 1 – no Livro do Tombo Arqueológico, Etnográfico e Paisagístico, as coisas pertencentes às categorias de arte arqueológica, etnográfica, ameríndia e popular; 2 – no Livro do Tombo Histórico, as coisas de interesse histórico e as obras de arte histórica; 3 – no Livro do Tombo das Belas Artes, as coisas de arte erudita, nacional ou estrangeira; 4 – no Livro do Tombo das Artes Aplicadas, as obras que se incluírem na categoria das artes aplicadas, nacionais ou estrangeiras (art. 4º).

Saliente-se que o tombamento dos bens pertencentes à União, aos Estados e aos Municípios é feito de ofício, por ordem do diretor do Serviço do Patrimônio Histórico e Artístico Nacional, mas deverá ser notificado à entidade a quem pertencer, ou sob cuja guarda estiver a coisa tombada, afim de produzir os necessários efeitos (art. 5º).

O tombamento de coisa pertencente à pessoa natural ou à pessoa jurídica de direito privado se fará voluntária ou compulsoriamente. Proceder-se-á ao tombamento voluntário sempre que o proprietário o pedir e a coisa se revestir dos requisitos necessários para constituir parte integrante do patrimônio histórico e artístico nacional, a juízo do Conselho Consultivo do Serviço do Patrimônio Histórico e Artístico Nacional, ou sempre que o mesmo proprietário anuir, por escrito, à notificação, que se lhe fizer, para a inscrição da coisa em qualquer dos Livros do Tombo (arts. 6º e 7º).

Dá-se o tombamento compulsório quando o proprietário se recusar a anuir à inscrição da coisa. O tombamento compulsório se fará de acordo com o seguinte processo: 1) o Serviço do Patrimônio Histórico e Artístico Nacional, por seu órgão competente, notificará o proprietário para anuir ao tombamento, dentro do prazo de quinze dias, a contar do recebimento da notificação, ou para, si o quiser impugnar, oferecer dentro do mesmo prazo as razões de sua impugnação; 2) no caso de não haver impugnação dentro

---

17. MOREIRA NETO, Diogo de Figueiredo. *Curso de direito administrativo*. Parte introdutória. 12. ed. Rio de Janeiro: Forense, 2002, p. 368-369.

18. MACHADO, Paulo Affonso Leme. *Direito ambiental brasileiro*. 14. ed. São Paulo: Malheiros, 2006, p. 918.

do prazo assinado, que é fatal, o diretor do Serviço do Patrimônio Histórico e Artístico Nacional mandará por simples despacho que se proceda à inscrição da coisa no competente Livro do Tombo; 3) se a impugnação for oferecida dentro do prazo assinado, far-se-á vista da mesma, dentro de outros quinze dias fatais, ao órgão de que houver emanado a iniciativa do tombamento, afim de sustentá-la. Em seguida, independentemente de custas, será o processo remetido ao Conselho Consultivo do Serviço do Patrimônio Histórico e Artístico Nacional, que proferirá decisão a respeito, dentro do prazo de sessenta dias, a contar do seu recebimento. Dessa decisão não caberá recurso (art. 9º).

O tombamento dos bens, de coisa pertencente à pessoa natural ou à pessoa jurídica de direito privado, será considerado provisório ou definitivo, conforme esteja o respectivo processo iniciado pela notificação ou concluído pela inscrição dos referidos bens no competente Livro do Tombo. Para todas os efeitos, salvo a transcrição de domínio cartorária, o tombamento provisório se equiparará ao definitivo (art. 10).

Em decorrência dos *efeitos do tombamento*, as coisas tombadas pertencentes à União, aos Estados ou aos Municípios são inalienáveis por natureza, além disso, só poderão ser transferidas de uma à outra das referidas entidades. Se for feita a transferência, dela deve o adquirente dar imediato conhecimento ao Serviço do Patrimônio Histórico e Artístico Nacional (art. 11).

Impende registrar que, como forma de garantir a integridade e a fiscalização dos bens, alienabilidade das obras históricas ou artísticas tombadas, de propriedade de pessoas naturais ou jurídicas de direito privado sofre restrições contidas no Decreto-lei nº 25/1937 (art. 12). Assim, no caso de transferência de propriedade dos bens protegidos pela norma, deverá o adquirente, dentro do prazo de trinta dias, sob pena de multa de dez por cento sobre o respectivo valor, fazê-la constar do registro, ainda que se trate de transmissão judicial ou causa mortis. Na hipótese de deslocação de tais bens, deverá o proprietário, dentro do mesmo prazo e sob pena da mesma multa, inscrevê-los no registro do lugar para que tiverem sido deslocados. A transferência deve ser comunicada pelo adquirente, e a deslocação pelo proprietário, ao Serviço do Patrimônio Histórico e Artístico Nacional, dentro do mesmo prazo e sob a mesma pena (art. 13).

Além disso, a coisa tombada não poderá sair do país, senão por curto prazo, sem transferência de domínio e para fim de intercâmbio cultural, a juízo do Conselho Consultivo do Serviço do Patrimônio Histórico e Artístico Nacional. Tentada, a não ser no caso previsto no artigo anterior, a exportação, para fora do país, da coisa tombada, será esta sequestrada pela União ou pelo Estado em que se encontrar. Apurada a responsabilidade do proprietário, ser-lhe-á imposta a multa de cinquenta por cento do valor da coisa, que permanecerá sequestrada em garantia do pagamento, e até que este se faça. No caso de reincidência, a multa será elevada ao dobro. A pessoa que tentar a exportação de coisa tombada, além de incidir na multa a que se referem os parágrafos anteriores, incorrerá, nas penas cominadas no Código Penal para o crime de contrabando (arts. 14 e 15).

No caso de extravio ou furto de qualquer objeto tombado, o respectivo proprietário deverá dar conhecimento do fato ao Serviço do Patrimônio Histórico e Artístico Nacional, dentro do prazo de cinco dias, sob pena de multa de dez por cento sobre o valor da coisa. As coisas tombadas não poderão, em caso nenhum ser destruídas, demolidas ou mutiladas, nem, sem prévia autorização especial do Serviço do Patrimônio Histórico e Artístico Nacional, ser reparadas, pintadas ou restauradas, sob pena de multa de cinquenta por cento do dano causado. Tratando-se de bens pertencentes à União, aos Estados ou aos municípios, a autoridade responsável pela infração do presente artigo incorrerá pessoalmente na multa (arts. 16 e 17).

Com o escopo de salvaguardar a indenidade dos bens, sem prévia autorização do Serviço do Patrimônio Histórico e Artístico Nacional, não se poderá, na vizinhança da coisa tombada, fazer construção que lhe impeça ou reduza a visibilidade, nem nela colocar anúncios ou cartazes, sob pena de ser mandada destruir a obra ou retirar o objeto, impondo-se neste caso a multa de cinquenta por cento do valor do mesmo objeto. Se o proprietário de coisa tombada, que não dispuser de recursos para proceder às obras de conservação e reparação que a mesma requerer, levará ao conhecimento do Serviço do Patrimônio Histórico e Artístico Nacional a necessidade das mencionadas obras, sob pena de multa correspondente ao dobro da importância em que for avaliado o dano sofrido pela mesma coisa. Recebida a comunicação, e consideradas necessárias as obras, o diretor do Serviço do Patrimônio Histórico e Artístico Nacional mandará executá-las, a expensas da União, devendo as mesmas ser iniciadas dentro do prazo de seis meses, ou providenciará para que seja feita a desapropriação da coisa. À falta de qualquer das providências previstas no parágrafo anterior, poderá o proprietário requerer que seja cancelado o tombamento da coisa. Uma vez que verifique haver urgência na realização de obras e conservação ou reparação em qualquer coisa tombada, poderá o Serviço do Patrimônio Histórico e Artístico Nacional tomar a iniciativa de projetá-las e executá-las, a expensas da União, independentemente da comunicação a que alude este artigo, por parte do proprietário (arts. 18 e 19).

Assente-se ainda que as coisas tombadas ficam sujeitas à vigilância permanente do Serviço do Patrimônio Histórico e Artístico Nacional, que poderá inspecioná-los sempre que for julgado conveniente, não podendo os respectivos proprietários ou responsáveis criar obstáculos à inspeção, sob pena de multa de cem mil réis, elevada ao dobro em caso de reincidência. Finalmente, os atentados cometidos contra os bens integrantes do patrimônio histórico e artístico nacional são equiparados aos cometidos contra o patrimônio nacional (arts. 20 e 21).

5.6 REGISTRO DE BENS CULTURAIS

O Registro de Bens Culturais constitui instrumento que identifica e formaliza bens integrantes da cultura imaterial do País. O Decreto nº 3.551, de 4 de agosto de 2000, instituiu o *Registro de Bens Culturais de Natureza Imaterial*, que constituem patrimônio cultural brasileiro. Esse registro é feito em um dos seguintes livros: I – Livro

CAPÍTULO 5 • DOMÍNIO PÚBLICO CULTURAL, HISTÓRICO E ARTÍSTICO | **279**

de Registro dos Saberes, onde serão inscritos conhecimentos e modos de fazer enraizados no cotidiano das comunidades; II – Livro de Registro das Celebrações, onde serão inscritos rituais e festas que marcam a vivência coletiva do trabalho, da religiosidade, do entretenimento e de outras práticas da vida social; III – Livro de Registro das Formas de Expressão, onde serão inscritas manifestações literárias, musicais, plásticas, cênicas e lúdicas; IV – Livro de Registro dos Lugares, onde serão inscritos mercados, feiras, santuários, praças e demais espaços onde se concentram e reproduzem práticas culturais coletivas (art. 1º, § 1º).

A inscrição num dos livros de registro terá sempre como referência a continuidade histórica do bem e sua relevância nacional para a memória, a identidade e a formação da sociedade brasileira (art. 1º, § 2º). "A continuidade histórica é identificada por meio de estudos históricos e etnográficos que apontem as características essenciais da manifestação, sua manutenção através do tempo e a tradição à qual se vincula" (Márcia Sant'Anna)[19]. Outros livros de registro poderão ser abertos para a inscrição de bens culturais de natureza imaterial que constituam patrimônio cultural brasileiro e não se enquadrem nos livros definidos anteriormente (art. 1º, § 3º).

Para provocar a instauração do processo de registro, possuem legitimidade: I – o Ministro de Estado da Cultura; II – instituições vinculadas ao Ministério da Cultura; III – Secretarias de Estado, de Município e do Distrito Federal; IV – sociedades ou associações civis (art. 2º).

As propostas para registro, acompanhadas de sua documentação técnica, serão dirigidas ao Presidente do Instituto do Patrimônio Histórico e Artístico Nacional – IPHAN, que as submeterá ao Conselho Consultivo do Patrimônio Cultural. A instrução dos processos de registro será supervisionada pelo IPHAN. A instrução constará de descrição pormenorizada do bem a ser registrado, acompanhada da documentação correspondente, e deverá mencionar todos os elementos que lhe sejam culturalmente relevantes. A instrução dos processos poderá ser feita por outros órgãos do Ministério da Cultura, pelas unidades do IPHAN ou por entidade, pública ou privada, que detenha conhecimentos específicos sobre a matéria, nos termos do regulamento a ser expedido pelo Conselho Consultivo do Patrimônio Cultural (art. 3º, §§ 1º, 2º e 3º).

Sendo ultimada a instrução, o IPHAN emitirá parecer acerca da proposta de registro e enviará o processo ao Conselho Consultivo do Patrimônio Cultural, para deliberação. O parecer que trata dessa matéria será publicado no Diário Oficial da União, para eventuais manifestações sobre o registro, que deverão ser apresentadas ao Conselho Consultivo do Patrimônio Cultural no prazo de até trinta dias, contados da data de publicação do parecer (art. 3º, §§ 4º e 5º).

O processo de registro, já instruído com as eventuais manifestações apresentadas, será levado à decisão do Conselho Consultivo do Patrimônio Cultural. Em

---

19. MACHADO, Paulo Affonso Leme. *Direito ambiental brasileiro*. 14. ed. São Paulo: Malheiros, 2006, p. 913.

caso de decisão favorável do Conselho Consultivo do Patrimônio Cultural, o bem será inscrito no livro correspondente e receberá o título de "Patrimônio Cultural do Brasil" (arts. 4º e 5º).

No que alude à competência, cabe ao Ministério da Cultura assegurar ao bem registrado: I – documentação por todos os meios técnicos admitidos, cabendo ao IPHAN manter banco de dados com o material produzido durante a instrução do processo; II – ampla divulgação e promoção. Ademais, o IPHAN fará a reavaliação dos bens culturais registrados, pelo menos a cada dez anos, e a encaminhará ao Conselho Consultivo do Patrimônio Cultural para decidir sobre a revalidação do título de "Patrimônio Cultural do Brasil". Sendo negada a revalidação, será mantido apenas o registro, como referência cultural de seu tempo (arts. 6º e 7º).

De acordo com Márcia Sant'Anna, "o patrimônio cultural imaterial se manifesta por meio dos saberes e modos de fazer, das celebrações, das formas de expressão e dos lugares de concentração de práticas culturais coletivas, que constituem referências para a memória e a identidade dos grupos formadores da sociedade brasileira e possuem continuidade histórica. A noção de bem cultural imaterial diz respeito então a domínios da vida social e coloca no centro do processo de salvaguarda os grupos e indivíduos responsáveis pela vigência dessas práticas – os seus 'detentores'. A salvaguarda desses bens, portanto, está orientada para o apoio àqueles que os transmitem e mantêm e, por isso, devem participar ativamente da identificação, do reconhecimento patrimonial e do fomento à sua continuidade e sustentabilidade".

Assim, "como são as pessoas que mantêm e transmitem os bens culturais imateriais, é importante compartilhar métodos e instrumentos com elas. Durante o processo de salvaguarda, os grupos, indivíduos e comunidades que dele participam são capacitados a produzir conhecimento e documentação sobre seu patrimônio, bem como a empreender ações de organização e de articulação de parcerias. A articulação com políticas públicas das áreas de educação, meio ambiente, desenvolvimento econômico e social é fundamental, pois esses bens culturais são frequentemente afetados por problemas que estão fora da alçada da cultura e demandam a intervenção de outros setores do governo. Para que as ações de salvaguarda ocorram de modo integrado entre as esferas governamentais e a sociedade, é fundamental o compartilhamento de métodos, categorias de análise e informações. Por isso, as metodologias de identificação utilizadas pelo Iphan estão disponíveis para parceiros governamentais e não governamentais bastando, para tanto, encaminhar projeto para análise e firmar Termo de Uso e Responsabilidade com a instituição".

"O instituto do Registro, criado pelo Decreto nº 3.551/2000, é um instrumento de reconhecimento patrimonial que firma o compromisso do Estado com o fortalecimento das condições que propiciam a continuidade dos bens culturais imateriais. Equivale, resumidamente, a aprofundar o conhecimento sobre a história e a trajetória da expressão cultural em foco, sobre as condições sociais, materiais e ambientais que propiciam sua existência e a diagnosticar os problemas que comprometem sua continuidade e reprodução. O Registro é o "retrato" de um momento e deve ser refeito após dez anos do reconhecimento oficial. O objetivo é acompanhar as transformações ocorridas no bem ou no contexto que viabiliza sua existência e reavaliar o registro realizado. É importante não se perder de vista que esse tipo de bem cultural é passível de desaparecimento não somente devido a ameaças ou fatores exógenos, mas também por eventual perda de função simbólica, tecnológica ou mesmo econômica junto à base social que o sustenta. Por isso, como documentação exaustiva da expressão cultural, o Registro permite preserva sua memória para a posteridade".

"Os bens culturais registrados fazem jus à implementação de planos de salvaguarda que se destinam a apoiar e fomentar sua continuidade e sustentabilidade. São formulados a partir do conhecimento produzido e do diagnóstico realizado nos processos inventário e de Registro, em conjunto com os produtores ou detentores do bem cultural. Contêm, basicamente, um conjunto de ações, de curto, médio e longo prazo, destinadas a apoiar processos de transmissão às novas gerações; a melhorar condições de produção e reprodução do bem cultural; a promover e difundir informações; a defender direitos relacionados ao uso e à difusão desse patrimônio e a capacitar detentores a liderar e gerir processos de salvaguarda. A continuidade de expressões culturais imateriais também é fortalecida por meio de ações de difusão do conhecimento produzido ou sistematizado sobre esses bens culturais e, ainda, por meio de sua promoção, inclusive, nos meios de comunicação. É necessário, entretanto, garantir que essa promoção beneficie, primordialmente, processos de salvaguarda e os detentores envolvidos".

Finalmente, "ações de fomento a projetos de salvaguarda desenvolvidos pela sociedade têm sido realizadas, principalmente, no âmbito do Programa Nacional do Patrimônio Imaterial (PNPI), também criado pelo Decreto nº 3.551/2000. Por meio dos processos seletivos desse programa têm sido firmadas parcerias com organismos estaduais, municipais e com instituições sem fins lucrativos, fomentando-se a pesquisa, a documentação, a produção e o tratamento de informações, assim como iniciativas de apoio à produção e reprodução de expressões tradicionais e à transmissão, capacitação e organização comunitária"[20].

5.7 NORMAS INTERNACIONAIS

Dada a sua relevância, o patrimônio cultural, histórico e artístico é objeto de inúmeras convenções, de modo a estabelecer normas que preservem os referidos bens, uma vez que se trata de tema pertinente não só à esfera doméstica, mas sim expressa interessa da comunidade internacional.

A seguir, serão mencionados brevemente os principais atos normativos na ordem internacionalista.

---

20. SANT'ANNA, Márcia. A política federal salvaguarda do patrimônio cultural imaterial. *IPEA*: Desafios do desenvolvimento. ano 7. ed. 62, 23.07.2010. Disponível: https://www.ipea.gov.br/desafios/index.php?option=com_content&view=article&id=1101:catid=28&Itemid=23. Acesso em: 17 ago. 2021.

5.7.1 Convenção para a Proteção de Bens Culturais em Caso de Conflito Armado

A Convenção para Proteção de Bens Culturais em caso de conflito armado, foi assinada na Conferência Internacional reunida em Haia, de 21 de abril a 12 de maio de 1954 e aprovada pelo Decreto Legislativo nº 32, de 14 de agosto de 1956.

Para os fins da presente Convenção são considerados bens culturais, seja qual for a sua origem e o seu proprietário: a) os bens, móveis ou imóveis, que tenham uma grande importância para o patrimônio cultural dos povos, tais como os monumentos de arquitetura, de arte ou de história, religiosos ou seculares, os lugares que oferecem interesse arqueológico, os grupos de edificações que, em vista de seu conjunto, apresentem um elevado interesse histórico ou artístico, as obras de arte, manuscritos, livros e outros objetos de interesse histórico, artístico ou arqueológico, bem como as coleções científicas e as coleções importantes de livros, de arquivos, ou de reproduções dos bens acima definidos; b) os edifícios cuja finalidade principal e real seja a de conservar e expor os bens culturais móveis definidos na alínea a), tais como os museus, as grandes bibliotecas, os depósitos de arquivos bem como os abrigos destinados a proteger em caso de conflito armado os bens culturais móveis definidos na alínea a); c) os centros que contenham um número considerável de bens culturais elencados acima, os quais serão denominados "centros que contêm monumentos (art. I).

A proteção dos bens culturais para os fins da presente Convenção, abrange a salvaguarda e o respeito de tais bens. As Altas Partes Contratantes comprometem-se a preparar em tempo de paz a salvaguarda dos bens culturais situados em seu próprio território contra as consequências previsíveis de um conflito armado adotando as providências que julgarem apropriadas (arts. II e III).

As Altas Partes Contratantes comprometem-se a respeitar os bens culturais situados, tanto em seu próprio território, quanto no território das outras Altas Partes Contratantes, abstendo-se de utilizar esses bens, seus sistemas de proteção e suas redondezas para fins que possam expor tais bens à destruição ou deterioração em casos de conflito armado e privando-se de todo ato de hostilidade para com esses bens. As obrigações definidas no parágrafo primeiro do presente artigo só poderão deixar de ser cumpridas quando uma necessidade militar impedir de maneira imperativa o seu cumprimento. As Altas Partes Contratantes comprometem-se outrossim a proibir, a impedir e a fazer cessar, quando necessário, qualquer ato de roubo, de pilhagem e de apropriação indevida de bens culturais, qualquer que seja a forma de que venham revertidos esses atos, e, igualmente, todos os atos de vandalismo para com os bens mencionados. Comprometem-se também a não requisitar bens culturais móveis situado no território de outra Alta Parte Contratante. Comprometem-se a não tomar medidas de represália contra os bens culturais (art. IV).

As Altas Partes Contratantes que ocupem total ou parcialmente o território de outra Alta Parte Contratante devem, na medida do possível, prestar o seu apoio às autoridades nacionais competentes do território ocupado, a fim de assegurar a salvaguarda e a conservação dos bens culturais ali existentes. Se a conservação dos bens culturais, situados em território ocupado e danificados no decorrer das operações militares, requerer medidas urgentes, as autoridades nacionais competentes não estiverem em condições de tomar essas medidas, a Potência ocupante adotará, com a possível eficiência e em estreita colaboração com essas autoridades, as medidas mais necessárias à conservação (art. V).

A Convenção também prevê medidas educativas de ordem militar, uma vez que as Altas Partes Contratantes se comprometem a introduzir, em tempo de paz, nos regulamentos ou instruções para uso de suas tropas disposições que sejam próprias a assegurar a Observância da presente Convenção e comprometem, também a incutir no espirito do pessoal de suas forças armadas o respeito à cultura e aos bens culturais de todos os povos. Comprometem-se outrossim, a organizar ou estabelecer, em tempo de paz e no interior de suas forças armadas, serviços ou pessoal especializado cuja missão consista em zelar pelo respeito aos bens culturais e colaborar com as autoridades civis encarregadas de sua conservação (art. VII).

Impende salientar que a norma internacional prevê a figura da concessão de proteção especial. Podem ser colocados sob proteção especial um número registrado de abrigos destinados a preservar os bens culturais móveis em caso de conflito armado, de centros que contêm monumentos e de outros bens culturais imóveis de grande importância (art. VIII). As Altas Partes Contratantes comprometem-se a garantir a imunidade dos bens culturais sob proteção especial, abstendo-se, desde o momento da inscrição no Registro Internacional, de qualquer ato de hostilidade para com os mesmos, e de toda e qualquer utilização dos mencionados bens ou de suas proximidades imediatas para fins militares. No decurso de um conflito armado, os bens culturais sob proteção especial deverão ser providos do emblema descrito no artigo 16 e poderão ser objeto de inspeção e vigilância internacional, conforme previsto na Convenção (arts. IX e X).

A Convenção também dispõe sobre o transporte de bens culturais, concedendo-se, para tanto, proteção especial aos bens em deslocamento para outro território. A operação de transporte que seja objeto de proteção especial realizar-se-á sob a inscrição internacional prevista no Regulamento da presente Convenção e os veículos serão providos do emblema, a fim de permitir a identificação. As Altas Partes Contratantes abster-se-ão de todo e qualquer ato de hostilidade contra uma operação de transporte efetuada sob proteção especial (art. XII). Em casos de urgência, se uma Alta Partes julgar que a segurança de certos bens culturais requer a sua transferência, e se, por motivo de urgência o procedimento previsto anteriormente não puder ser observado, especialmente ao declarar-se um conflito armado, o emblema protetivo poderá ser utilizado na operação de transporte, a menos que o pedido de imunidade tenha sido previamente formulado e recusado (art. XIII).

Outrossim, gozam da imunidade de embargo, de captura e de aprisionamento: a) os bens culturais que se beneficiem da proteção decorrente do transporte especial ou da proteção em virtude do transporte em casos de urgência; b) os meios de transporte dedicados exclusivamente à transferência dos mencionados bens – art. XIV.

Assente-se que o Brasil aderiu ao *Segundo Protocolo* relativo à *Convenção para a Proteção de Bens Culturais em Caso de Conflito Armado*, celebrado na Haia, em 26 de março de 1999. O Segundo Protocolo foi aprovado por meio do Decreto Legislativo nº 782, de 8 de julho de 2005 e promulgado pelo Decreto presidencial nº 5.760, de 24 de abril de 2006.

O Segundo Protocolo prevê medidas preparatórias tomadas em tempo de paz para a salvaguarda dos bens culturais contra os efeitos previsíveis de um conflito armado, consistentes na elaboração de inventários, o planejamento de medidas de emergência para proteção dos bens culturais contra perigo de incêndio ou desabamento, a preparação para a retirada dos bens culturais móveis ou o fornecimento de proteção in situ adequada para tais bens, e a designação de autoridades competentes responsáveis pela salvaguarda dos bens culturais (art. 5º).

A norma estabelece a necessidade de respeito aos bens culturais, precauções em operações militares, precauções contra os efeitos dos ataques, proteção dos bens culturais em território ocupado, proteção reforçada sobre um bem cultural, imunidade dos bens culturais sob proteção reforçada, responsabilidade criminal por infringência à Convenção, assistência jurídica mútua etc. (arts. 6º ao 19).

Por fim, instituiu-se o Comitê para a Proteção dos bens culturais em caso de conflito armado, sendo composto por doze Partes, eleitas pela Reunião das Partes. O Comitê reunir-se-á uma vez por ano em sessão ordinária e sempre que julgar necessário em sessão extraordinária. Ao determinar a composição do Comitê, as Partes deverão assegurar uma representação equilibrada das diferentes culturas e regiões do mundo. As Partes membros do Comitê escolherão como seus representantes pessoas qualificadas nos campos do patrimônio cultural, da defesa ou do Direito Internacional, e esforçar-se-ão, mediante consulta mútua, em zelar para que o Comitê como um todo reúna as competências adequadas em todos esses campos (art. 24).

5.7.2 Convenção para Proibir a Importação, Exportação e Transferência de Propriedade Ilícitas dos Bens Culturais

A Convenção sobre as Medidas a serem Adotadas para Proibir e impedir a Importação, Exportação e Transportação e Transferência de Propriedade Ilícitas dos Bens Culturais foi aprovada pelo Decreto Legislativo nº 71, de 28 de novembro de 1972 e promulgada pelo Decreto presidencial nº 72.312, de 31 de maio de 1973.

Para esta Convenção, a expressão "bens culturais" significa quaisquer bens que, por motivos religiosos ou profanos, tenham sido expressamente designados por cada Estado como de importância para a arqueologia, a pré-história, a história, a literatura, a arte ou a ciência, e que pertençam às seguintes categorias: *a)* as coleções e exemplares raros de zoologia, botânica, mineralogia e anatomia, e objeto de interesse paleontológico;

CAPÍTULO 5 • DOMÍNIO PÚBLICO CULTURAL, HISTÓRICO E ARTÍSTICO **285**

b) os bens relacionados com a história, inclusive a história da ciência e da tecnologia, com a história militar e social, com a vida dos grandes estadistas, pensadores, cientistas e artistas nacionais e com os acontecimentos de importância nacional; *c)* o produto de escavação arqueológicas (tanto as autorizadas quanto as clandestinas) ou de descobertas arqueológicas; *d)* elementos procedentes do desmembramento de monumentos artísticos ou históricos e de lugares de interesse arqueológico; *e)* antiguidade de mais de cem anos, tais como inscrições, moedas e selos gravados; *f)* objetos de interesse etnológico; *g)* os bens de interesse artístico, tais como: i) quadros, pinturas e desenhos feitos inteiramente a mão sobre qualquer suporte e em qualquer material (com exclusão dos desenhos industriais e dos artigos manufaturados decorados a mão); ii) produções originais de arte estatuária e de escultura em qualquer material; iii) gravuras, estampas e litografias originais; iv) conjuntos e montagens artísticas em qualquer material; *h)* manuscritos raros e incunábulos, livros, documentos e publicações antigos de interesse especial (histórico, artístico, científico, literário etc.), isolados ou em coleções; *i)* selos postais, fiscais ou análogos, isoladas ou em coleções; *j)* arquivos, inclusive os fonográficos, fotográficos e cinematográficos; *k)* peças de mobília de mais de cem anos e instrumentos musicais antigos (art. 1º).

Os Estados-Partes reconhecem que a importação, a exportação e a transferência de propriedade ilícitas dos bens culturais constituem uma das principais causas do empobrecimento do patrimônio cultural dos países de origem de tais bens, e que a cooperação internacional constitui um dos meios mais eficientes para proteger os bens culturais de cada país contra os perigos resultantes daqueles atos. Para tal fim, os Estados-Partes comprometem-se a combater essas práticas com meios de que disponham, sobretudo suprimindo suas causas, fazendo cessar seu curso, e ajudando a efetuar as devidas reparações. São ilícitas a importação, exportação ou transferência de propriedade de bens culturas realizadas em infração das disposições adotadas pelos Estados-Partes nos termos da presente Convenção (art. 2º).

Além disso, os Estados-Partes reconhecem que fazem parte do patrimônio cultural de cada Estado os bens pertencentes a cada uma das seguintes categorias: a) os bens culturais criados pelo gênio individual ou coletivo de nacionais do Estado em questão, e bens culturais de importância para o referido Estado criados, em seu território, por nacionais de outros Estados ou por apátridas residentes em seu território; b) bens culturais achados no território nacional; c) bens culturais adquiridos por missões arqueológicas, etnológicas ou ciências naturais com o consentimento das autoridades competentes do país de origem dos referidos bens; d) bens culturais que hajam sido objeto de um intercâmbio livremente acordado; e) bens culturais recebidos a título gratuito ou comprados legalmente com o consentimento das autoridades competentes do pais de origem dos referidos bens (art. 4º).

A fim de assegurar a proteção de seus bens culturais contra a importação, a exportação e a transferência de propriedade ilícitas, os Estados-Partes se comprometem, nas condições adequadas a cada país, a estabelecer em seu território, se ainda não existirem, um ou mais serviços de proteção ao patrimônio cultural dotados de pessoal qualifica-do em número suficiente para desempenhar as seguintes funções: a) contribuir para a preparação de projetos de leis e regulamentos destinados a assegurar a proteção ao patrimônio cultural e particularmente a prevenção da importação, exporta e transfe-rência de propriedade ilícitas de bens culturais importantes; b) estabelecer e manter em dia, com base em um inventário nacional de bens sob proteção, uma lista de bens culturais públicos e privados importantes, cuja exportação constituiria um considerável empobrecimento do patrimônio cultural nacional; c) promover o desenvolvimento ou a criação das instituições científicas e técnicas (museus, bibliotecas, arquivos, labo-ratórios, oficinas etc.) necessárias para assegurar a preservação e a boa apresentação dos bens culturais; d) organizar a supervisão das escavações arqueológicas, assegurar a preservação in situ de certos bens culturais, e proteger certas áreas reservadas para futuras pesquisas arqueológicos; e) estabelecer, com destino aos interessados (adminis-tradores de museus colecionadores, antiquários etc.), normas em conformidade com os princípios éticos enunciados na presente Convenção, e tomar medidas para assegurar o respeito a essas normas; f) tomar medidas de caráter educacional para estimular e desenvolver o respeito ao patrimônio cultural de todos o conhecimento das disposições da presente Convenção; g) cuidar para que seja dada a publicidade apropriada aos casos de desaparecimento de um bem cultural (art. 5º).

Outrossim, os Estados-Partes se comprometem a: a) estabelecer um certificado apropriado no qual o Estado exportador especifique que a exportação do bem ou bens culturais em questão foi autorizada. Tal certificado deverá acompanhar todos os bens culturais exportados em conformidade com o regulamento; b) proibir a exportação de bens culturais de seu território, salvo se acompanhados de certificados de exporta-ção acima mencionado; c) dar publicidade a essa proibição pelos meios apropriados, especialmente ente as pessoas que possam exportar e importar bens culturais (art. 6º).

Igualmente, os Estados-Partes se comprometem a: *a)* tomar as medidas necessá-rias, em conformidade com a legislação nacional, para impedir que museus e outras instituições similares situadas em seu território adquiram bens culturais, procedentes de outro Estado-Parte, que tenham sido legalmente exportados após a entrada em vigor da presente Convenção para os Estados em questão; informar, sempre que possível, um Estado-Parte na presente Convenção, sobre alguma oferta de bens culturais ilegalmente removidos daquele Estado após a entrada em vigor da presente Convenção para ambos os Estados; *b)* (i) proibir a importação de bens culturais roubados de um museu, de um monumento público civil ou religioso, ou de uma instituição similar situados no território de outro Estado-Parte na presente Convenção, após a entrada em vigor para os Estados em questão, desde que fique provado que tais bens fazem parte do inven-tário daquela instituição; ii) tomar as medidas apropriadas, mediante solicitação do Estado-Parte de origem, para recuperar e restituir quaisquer bens culturais roubados e importados após a entrada em vigor da presente Convenção para ambos os Estados interessados, desde que o Estado solicitante pague justa compensação a qualquer com-

CAPÍTULO 5 • DOMÍNIO PÚBLICO CULTURAL, HISTÓRICO E ARTÍSTICO

prador de boa-fé ou a qualquer pessoal que detenha a propriedade legal daqueles bens. As solicitações de recuperação e restituição serão feitas por via diplomática. A Parte solicitante deverá fornecer, a suas expensas, a documentação e outros meios de prova necessários para fundamentar sua solicitação de recuperação e restituição. As Partes não cobrarão direitos aduaneiros ou outros encargos sobre os bens culturais restituídos em conformidade com este artigo. Todas as despesas relativas a restituição e à entrega dos bens culturais serão pagas pela Parte Solicitante (art. 7º).

A fim de proteger os bens culturais, os Estados-Partes devem a impor sanções penais ou administrativas a qualquer pessoa responsável pela infração das proibições previstas na referida Convenção (art. 8º).

Registre-se que qualquer Estado-Parte, cujo patrimônio cultural esteja ameaçado em consequência da pilhagem de materiais arqueológicos ou etnológicos, poderá apelar para os outros Estados-Partes que estejam envolvidos. Os Estados se comprometem, em tais circunstâncias, a participar de uma ação internacional concertada para determinar e aplicar as medidas concretas necessárias, inclusive o controle das exportações e importações do comércio internacional dos bens culturais em questão. Enquanto aguarda a celebração de um acordo. Cada Estado interessado deverá tomar medidas provisórias, dentro do possível, para evitar danos irremediáveis ao patrimônio cultural do Estado Solicitante (art. 9º).

Os Estados-Partes devem: a) restringir, através da educação informação e vigilância, a circulação de qualquer bem cultural removido ilegalmente de qualquer Estado-Parte na presente Convenção, e, na forma apropriada para cada pais, obrigar os antiquários, sob pena se sofrerem sanções penais ou administrativas, a manter um registro que mencione a procedência de cada bem cultural, o nome e o endereço do fornecedor, a descrição e o preço de cada bem vendido, assim como a informarem ao comprador um bem cultural da proibição de exportação à qual possa estar sujeito tal bem; b) esforçar-se, por meios educacionais, para incutir e desenvolver na mentalidade pública a consciência do valor dos bens culturais e da ameaça que representam para o patrimônio cultural o roubo, as escavações clandestinas e a exportação ilícita (art. 10).

A exportação e a transferência de propriedade compulsória de bens culturais, que resultem direta ou indiretamente da ocupação de uma pais, por uma potência estrangeira, serão consideradas ilícitas (art. 11). Os Estados-Partes na presente Convenção comprometem-se, também – obedecida a legislação interna de cada Estado, a: *a)* impedir, por todos os meios apropriados, as transferências de propriedade de bens culturais que tendam a favorecer a importação ou exportação ilícitas de tais bens; *b)* assegurar que seus serviços competentes cooperem para facilitar a restituição o mais breve possível, a restituição o mais breve possível, a seu proprietário de direito, de bens culturais licitamente exportados; *c)* admitir ações reivindicatórias de bens culturais roubados ou perdidos movidas por seus proprietários de direito ou em seu nome; *d)* reconhecer o direito imprescritível de cada Estado-Parte na presente Convenção de classificar e declarar inalienáveis certos bens culturais, os quais, ipso facto, não poderão ser exportados, e facilitar a recuperação de tais bens pelo Estado interessado, no caso de haverem sido exportados (art. 13).

Por último, como forma de favorecer a implementação dos acordos internacionais, cada Estado se compromete a destinar verba adequada para proteger o seu patrimônio cultural, bem como enviar relatórios à Organização das Nações Unidas para a Educação, a Ciência e a Cultura sobre a adoção de medidas legislativas e administrativas (arts. 14 e 16).

5.7.3 Convenção para a Proteção do Patrimônio Mundial, Cultural e Natural

A Convenção para a Proteção do Patrimônio Mundial, Cultural e Natural da Organização das Nações Unidas, aprovada pelo Decreto Legislativo nº 74, de 30 de junho de 1974 e promulgada pelo decreto presidencial nº 80.978, de 12 de dezembro de 1977.

Além de definir o conceito de patrimônio cultural, a Convenção estabelece o dever de cada Estado de identificar e delimitar os respectivos bens, situados em seu território, de modo a identificá-los, protegê-los, conservá-los, valorizá-los e transmiti-los às futuras gerações (arts. 1º, 3º e 4º).

A fim de garantir a adoção de medidas eficazes para a proteção conservação, e valorização do patrimônio cultural situado em seu território, os Estados-Partes na presente Convenção procurarão na medida do possível, e nas condições apropriadas a cada país: a) adotar uma política geral que vise a dar ao patrimônio cultural uma função na vida da coletividade e a integrar a proteção desse patrimônio nos programas de planificação geral; b) instituir em seu território, na medida em que não existam, um ou mais serviços de proteção, conservação e valorização do patrimônio cultural, dotados de pessoal e meios apropriados que lhes permitam realizar as tarefas a eles confiadas; c) desenvolver os estudos e as pesquisas científicas e técnicas e aperfeiçoar os métodos de intervenção que permitam a um Estado face aos perigos que ameaçam seu patrimônio cultural; d) tomar as medidas jurídicas, científicas, técnicas, administrativas e financeiras adequadas para a identificação, proteção, conservação, revalorização e reabilitação desse patrimônio; e e) facilitar a criação ou o desenvolvimento de centros nacionais ou regionais de formação no campo da proteção, conservação e revalorização do patrimônio cultural e estimular a pesquisa científica nesse campo (art. 5º).

Respeitando plenamente a soberania dos Estados em cujo território esteja situado o patrimônio cultural, e sem prejuízo dos direitos reais previstos pela legislação nacional sobre tal patrimônio, os Estados-Partes na presente Convenção reconhecem que esse constitui um patrimônio universal em cuja proteção a comunidade internacional inteira tem o dever de cooperar. Os Estados-Partes comprometem-se, consequentemente a prestar seu concurso para a identificação, proteção, conservação e revalorização do patrimônio cultural (art. 6º).

Além disso, cada um dos Estados-Partes apresentará, na medida do possível, ao Comitê do Patrimônio Mundial um inventário dos bens do patrimônio cultural situados em seu território que possam ser incluídos na Lista do Patrimônio Mundial. Esse inventário, que não será considerado como exaustivo, deverá conter documentação sobre o local onde estão situados esses bens e sobre o interesse que apresentem. Com base no inventário apresentado pelos Estados, o Comitê organizará, manterá em dia e publicará, sob o título de "Lista do Patrimônio Mundial", uma lista dos bens do patrimônio cultural que considere como tendo valor universal excepcional segundo os critérios que haja estabelecimento. Uma lista atualizada será distribuída pelo menos uma vez em cada dois anos. A inclusão de um bem na Lista do patrimônio Mundial não poderá ser feita sem o consentimento do Estado interessado. A inclusão de um bem situado num território que seja objeto de reivindicação de soberania ou jurisdição por parte de vários Estados não prejudicará em absoluto os direitos das partes em litígio (art. 11).

O Comitê organizará, manterá em dia e publicará, quando o exigirem as circunstâncias, sob o título de "Lista do Patrimônio Mundial em Perigo", uma lista dos bens constantes da Lista do Patrimônio Mundial para cuja salvaguarda sejam necessários grandes trabalhos e para os quais haja sido assistência, nos termos da presente Convenção. Nessa lista será indicado o custo aproximado das operações. Em tal lista somente poderão ser incluídos os bens do patrimônio cultural e natural que estejam ameaçados de perigos sérios e concretos, tais como ameaça de aparecimento devido a degradação, acelerada, projetos e grandes obras públicas ou privadas, rápido desenvolvimento urbano e turístico, destruição devida a mudança de utilização ou de propriedade da terra, alterações profundas devidas a uma causa desconhecida, abandono por quaisquer razões, conflito armado que haja irrompido ou ameace irromper, catástrofes e cataclismas, grande incêndio, terremotos, deslizamentos de terreno, erupções vulcânicas, alteração do nível das águas, inundações e maremotos. Em caso de urgência, poderá o Comitê, a qualquer tempo, incluir novos bens na Lista do Patrimônio e dar a tal inclusão uma difusão imediata (art. 11, parágrafo 4)

Sem embargo, o fato de que um bem do patrimônio cultural não tenha sido incluído numa ou outra da *Lista do Patrimônio Mundial* ou da *Lista do Patrimônio Mundial em Perigo* não significará, em absoluto, que ele não tenha valor universal excepcional para fins distintos dos que resultam da inclusão nessas listas (art. 12).

Outrossim, a Convenção criou um Fundo para a Proteção do Patrimônio Mundial Cultural e Natural de Valor Universal Excepcional, denominado "o Fundo do Patrimônio Mundial", constituído como fundo fiduciário, em conformidade com o Regulamento Financeiro da Organização das Nações Unidas para a Educação, a Ciência e a Cultura (art. 15).

5.7.4 Convenção para a Salvaguarda do Patrimônio Cultural Imaterial

A Convenção para a Salvaguarda do Patrimônio Cultural Imaterial foi aprovada pelo Decreto Legislativo nº 22, de 1º de fevereiro de 2006 e promulgada pelo decreto presidencial nº 5.753, de 12 de abril de 2006.

A Convenção tem as seguintes finalidades: a) a salvaguarda do patrimônio cultural imaterial; b) o respeito ao patrimônio cultural imaterial das comunidades, grupos e indivíduos envolvidos; c) a conscientização no plano local, nacional e internacional da importância do patrimônio cultural imaterial e de seu reconhecimento recíproco; d) a cooperação e a assistência internacionais – art. 1º.

A norma internacional em apreço tem por objetivo salvaguardar o patrimônio cultural imaterial. Entende-se por "salvaguarda" as medidas que visam garantir a viabilidade do patrimônio cultural imaterial, tais como a identificação, a documentação, a investigação, a preservação, a proteção, a promoção, a valorização, a transmissão – essencialmente por meio da educação formal e não formal – e revitalização deste patrimônio em seus diversos aspectos (art. 2º, parágrafo 3).

Como forma de atingir o escopo da Convenção, cabe cada Estado-Parte: a) adotar as medidas necessárias para garantir a salvaguarda do patrimônio cultural imaterial presente em seu território; b) entre as medidas de salvaguarda, deve-se identificar e definir os diversos elementos do patrimônio cultural imaterial presentes em seu território, com a participação das comunidades, grupos e organizações não-governamentais pertinentes (art. 11).

Ademais, para assegurar a identificação, com fins de salvaguarda, cada Estado-Parte estabelecerá um ou mais inventários do patrimônio cultural imaterial presente em seu território, em conformidade com seu próprio sistema de salvaguarda do patrimônio. Os referidos inventários serão atualizados regularmente. Ao apresentar seu relatório periódico ao Comitê, cada Estado-Parte prestará informações pertinentes em relação a esses inventários (art. 12).

Para assegurar a salvaguarda, o desenvolvimento e a valorização do patrimônio cultural imaterial presente em seu território, cada Estado-Parte empreenderá esforços para: *a)* adotar uma política geral visando promover a função do patrimônio cultural imaterial na sociedade e integrar sua salvaguarda em programas de planejamento; *b)* designar ou criar um ou vários organismos competentes para a salvaguarda do patrimônio cultural imaterial presente em seu território; *c)* fomentar estudos científicos, técnicos e artísticos, bem como metodologias de pesquisa, para a salvaguarda eficaz do patrimônio cultural imaterial, e em particular do patrimônio cultural imaterial que se encontre em perigo; *d)* adotar as medidas de ordem jurídica, técnica, administrativa e financeira adequadas para: i) favorecer a criação ou o fortalecimento de instituições de formação em gestão do patrimônio cultural imaterial, bem como a transmissão desse patrimônio nos foros e lugares destinados à sua manifestação e expressão; ii) garantir o acesso ao patrimônio cultural imaterial, respeitando ao mesmo tempo os costumes que regem o acesso a determinados aspectos do referido patrimônio; iii) criar instituições de documentação sobre o patrimônio cultural imaterial e facilitar o acesso a elas (art. 13).

A Convenção também prevê instrumentos como a educação e a conscientização para fortalecer a proteção ao patrimônio cultural imaterial. Assim, cada Estado-Parte se empenhará, por todos os meios oportunos, no sentido de: *a)* assegurar o reconhecimento, o respeito e a valorização do patrimônio cultural imaterial na sociedade, em particular mediante: i) programas educativos, de conscientização e de disseminação de informações voltadas para o público, em especial para os jovens; ii) programas educativos e de capacitação específicos no interior das comunidades e dos grupos envolvidos; iii) atividades de fortalecimento de capacidades em matéria de salvaguarda do patrimônio cultural imaterial, e especialmente de gestão e de pesquisa científica; e iv) meios não formais de transmissão de conhecimento; *b)* manter o público informado das ameaças que pesam sobre esse patrimônio e das atividades realizadas em cumprimento da presente Convenção; *c)* promover a educação para a proteção dos espaços naturais e lugares de memória, cuja existência é indispensável para que o patrimônio cultural imaterial possa se expressar (art. 14).

Igualmente, é salutar a participação da comunidade, grupos e indivíduos nas atividades de salvaguarda do patrimônio cultural imaterial, devendo cada Estado-Parte assegurar a participação mais ampla possível das comunidades, dos grupos e, quando cabível, dos indivíduos que criam, mantêm e transmitem esse patrimônio e associá-los ativamente à gestão do mesmo (art. 15).

A norma internacional prevê a figura da *Lista representativa do patrimônio cultural imaterial da humanidade*, que tem por objetivo assegurar maior visibilidade do patrimônio cultural imaterial, aumentar o grau de conscientização de sua importância, e propiciar formas de diálogo que respeitem a diversidade cultural. Para tanto, o Comitê, por proposta dos Estados-Partes interessados, criará, manterá atualizada e publicará uma Lista representativa do patrimônio cultural imaterial da humanidade (art. 16); bem como a *Lista do patrimônio cultural imaterial que requer medidas urgentes de salvaguarda*, com vistas a adotar as medidas apropriadas ao patrimônio cultural imaterial que necessite medidas urgentes de salvaguarda, inscrevendo-o na Lista por solicitação do Estado-Parte interessado (arts. 16 e 17).

A Convenção também estabelece normas de cooperação e assistência internacionais, notadamente o intercâmbio de informações, experiências e iniciativas comuns; assim como o auxílio em estudos relativos aos diferentes aspectos da salvaguarda, serviços de especialistas e outras pessoas com experiência prática em patrimônio cultural imaterial, capacitação de todo o pessoal necessário, elaboração de medidas normativas ou de outra natureza, criação e utilização de infraestruturas, aporte de material e de conhecimentos especializados etc. (arts. 19 a 21).

Finalmente, a norma criou um "Fundo para a Salvaguarda do Patrimônio Cultural Imaterial" - dispondo sobre as contribuições dos Estados-Partes – e dispôs sobre a apresentação de relatórios ao Comitê (arts. 25, 29 e 30).

5.7.5 Convenção sobre a Proteção e Promoção da Diversidade das Expressões Culturais

A Convenção sobre a Proteção e Promoção da Diversidade das Expressões Culturais foi aprovada por meio do Decreto Legislativo no 485, de 20 de dezembro de 2006 e promulgada pelo Decreto presidencial n° 6.177, de 1° de agosto de 2007.

Os objetivos da Convenção em apreço são: a) proteger e promover a diversidade das expressões culturais; b) criar condições para que as culturas floresçam e interajam livremente em benefício mútuo; c) encorajar o diálogo entre culturas a fim de assegurar intercâmbios culturais mais amplos e equilibrados no mundo em favor do respeito intercultural e de uma cultura da paz; d) fomentar a interculturalidade de forma a desenvolver a interação cultural, no espírito de construir pontes entre os povos; e) promover o respeito pela diversidade das expressões culturais e a conscientização de seu valor nos planos local, nacional e internacional; f) reafirmar a importância do vínculo entre cultura e desenvolvimento para todos os países, especialmente para países em desenvolvimento, e encorajar as ações empreendidas no plano nacional e internacional para que se reconheça o autêntico valor desse vínculo; g) reconhecer natureza específica das atividades, bens e serviços culturais enquanto portadores de identidades, valores e significados; h) reafirmar o direito soberano dos Estados de conservar, adotar e implementar as políticas e medidas que considerem apropriadas para a proteção e promoção da diversidade das expressões culturais em seu território; i) fortalecer a cooperação e a solidariedade internacionais em um espírito de parceria visando, especialmente, o aprimoramento das capacidades dos países em desenvolvimento de protegerem e de promoverem a diversidade das expressões culturais (art. 1°).

A Convenção estabeleceu os seguintes princípios diretores:

1° Princípio do respeito aos direitos humanos e às liberdades fundamentais (a diversidade cultural somente poderá ser protegida e promovida se estiverem garantidos os direitos humanos e as liberdades fundamentais, tais como a liberdade de expressão, informação e comunicação, bem como a possibilidade dos indivíduos de escolherem expressões culturais. Ninguém poderá invocar as disposições da presente Convenção para atentar contra os direitos do homem e as liberdades fundamentais consagrados na Declaração Universal dos Direitos Humanos e garantidos pelo direito internacional, ou para limitar o âmbito de sua aplicação);

2° Princípio da soberania (de acordo com a Carta das Nações Unidas e com os princípios do direito internacional, os Estados têm o direito soberano de adotar medidas e políticas para a proteção e promoção da diversidade das expressões culturais em seus respectivos territórios);

3° Princípio da igual dignidade e do respeito por todas as culturas (a proteção e a promoção da diversidade das expressões culturais pressupõem o reconhecimento da igual dignidade e o respeito por todas as culturas, incluindo as das pessoas pertencentes a minorias e as dos povos indígenas);

4º Princípio da solidariedade e cooperação internacionais (a cooperação e a solidariedade internacionais devem permitir a todos os países, em particular os países em desenvolvimento, criarem e fortalecerem os meios necessários a sua expressão cultural – incluindo as indústrias culturais, sejam elas nascentes ou estabelecidas – nos planos local, nacional e internacional);

5º Princípio da complementaridade dos aspectos econômicos e culturais do desenvolvimento (sendo a cultura um dos motores fundamentais do desenvolvimento, os aspectos culturais deste são tão importantes quanto os seus aspectos econômicos, e os indivíduos e povos têm o direito fundamental de dele participarem e se beneficiarem);

6º Princípio do desenvolvimento sustentável (a diversidade cultural constitui grande riqueza para os indivíduos e as sociedades. A proteção, promoção e manutenção da diversidade cultural é condição essencial para o desenvolvimento sustentável em benefício das gerações atuais e futuras);

7º Princípio do acesso equitativo (o acesso equitativo a uma rica e diversificada gama de expressões culturais provenientes de todo o mundo e o acesso das culturas aos meios de expressão e de difusão constituem importantes elementos para a valorização da diversidade cultural e o incentivo ao entendimento mútuo);

8º Princípio da abertura e do equilíbrio (ao adotarem medidas para favorecer a diversidade das expressões culturais, os Estados buscarão promover, de modo apropriado, a abertura a outras culturas do mundo e garantir que tais medidas estejam em conformidade com os objetivos perseguidos pela presente Convenção) – art. 2º.

Para os fins da presente Convenção, compreende-se "diversidade cultural" como a multiplicidade de formas pelas quais as culturas dos grupos e sociedades encontram sua expressão. Tais expressões são transmitidas entre e dentro dos grupos e sociedades. A diversidade cultural se manifesta não apenas nas variadas formas pelas quais se expressa, se enriquece e se transmite o patrimônio cultural da humanidade mediante a variedade das expressões culturais, mas também através dos diversos modos de criação, produção, difusão, distribuição e fruição das expressões culturais, quaisquer que sejam os meios e tecnologias empregados. "Conteúdo cultural" refere-se ao caráter simbólico, dimensão artística e valores culturais que têm por origem ou expressam identidades culturais. "Expressões culturais" são aquelas expressões que resultam da criatividade de indivíduos, grupos e sociedades e que possuem conteúdo cultural. "Atividades, bens e serviços culturais" refere-se às atividades, bens e serviços que, considerados sob o ponto de vista da sua qualidade, uso ou finalidade específica, incorporam ou transmitem expressões culturais, independentemente do valor comercial que possam ter. As atividades culturais podem ser um fim em si mesmas, ou contribuir para a produção de bens e serviços culturais.

Por sua vez, a locução "indústrias culturais" refere-se às indústrias que produzem e distribuem bens e serviços culturais, tais como definidos acima. "Políticas e medidas culturais" refere-se às políticas e medidas relacionadas à cultura, seja no plano local, regional, nacional ou internacional, que tenham como foco a cultura como tal, ou cuja finalidade seja exercer efeito direto sobre as expressões culturais de indivíduos, grupos ou sociedades, incluindo a criação, produção, difusão e distribuição de atividades, bens e serviços culturais, e o acesso aos mesmos. "Proteção" significa a adoção de medidas que visem à preservação, salvaguarda e valorização da diversidade das expressões culturais. "Proteger" significa adotar tais medidas. "Interculturalidade" refere-se à existência e interação equitativa de diversas culturas, assim como à possibilidade de geração de expressões culturais compartilhadas por meio do diálogo e respeito mútuo (art. 4º).

No marco de suas políticas e medidas culturais, cada Parte poderá adotar medidas destinadas a proteger e promover a diversidade das expressões culturais em seu território. Tais medidas poderão incluir: a) medidas regulatórias que visem à proteção e promoção da diversidade das expressões cultuais; b) medidas que, de maneira apropriada, criem oportunidades às atividades, bens e serviços culturais nacionais – entre o conjunto das atividades, bens e serviços culturais disponíveis no seu território –, para a sua criação, produção, difusão, distribuição e fruição, incluindo disposições relacionadas à língua utilizada nessas atividades, bens e serviços; c) medidas destinadas a fornecer às indústrias culturais nacionais independentes e às atividades no setor informal acesso efetivo aos meios de produção, difusão e distribuição das atividades, bens e serviços culturais; d) medidas voltadas para a concessão de apoio financeiro público; e) medidas com o propósito de encorajar organizações de fins não lucrativos, e também instituições públicas e privadas, artistas e outros profissionais de cultura, a desenvolver e promover o livre intercâmbio e circulação de ideias e expressões culturais, bem como de atividades, bens e serviços culturais, e a estimular tanto a criatividade quanto o espírito empreendedor em suas atividades; f) medidas com vistas a estabelecer e apoiar, de forma adequada, as instituições pertinentes de serviço público; g) medidas para encorajar e apoiar os artistas e todos aqueles envolvidos na criação de expressões culturais; h) medidas objetivando promover a diversidade da mídia, inclusive mediante serviços públicos de radiodifusão (art. 6º).

Ademais, os Estados procurarão criar em seu território um ambiente que encoraje indivíduos e grupos sociais a: a) criar, produzir, difundir, distribuir suas próprias expressões culturais, e a elas ter acesso, conferindo a devida atenção às circunstâncias e necessidades especiais da mulher, assim como dos diversos grupos sociais, incluindo as pessoas pertencentes às minorias e povos indígenas; b) ter acesso às diversas expressões culturais provenientes do seu território e dos demais países do mundo. As Partes buscarão também reconhecer a importante contribuição dos artistas, de todos aqueles envolvidos no processo criativo, das comunidades culturais e das organizações que os apoiam em seu trabalho, bem como o papel central que desempenham ao nutrir a diversidade das expressões culturais (art. 7º).

Por último, a Convenção prevê ainda medidas para a proteção das expressões culturais; intercâmbio de informações e transparência; educação e conscientização

CAPÍTULO 5 • DOMÍNIO PÚBLICO CULTURAL, HISTÓRICO E ARTÍSTICO   **295**

pública; incentivo à participação da sociedade civil; promoção da cooperação internacional; integração da cultura no desenvolvimento sustentável; cooperação para o desenvolvimento; a instituição de um Fundo Internacional para a Diversidade Cultural; intercâmbio, análise e difusão de informações relativos à coleta de dados e estatísticas sobre a diversidade das expressões culturais; consulta e coordenação internacional para promover os objetivos e princípios da Convenção; uma Conferência das Partes; um Comitê Intergovernamental e o estabelecimento da solução de controvérsias mediante a negociação (arts. 8º ao 25).

5.8 JURISPRUDÊNCIA

2. No exame da ADI 3110 (Min. Edson Fachin, DJ de 10.06.2020), o Plenário desta Corte julgou inconstitucional lei local que tratava da instalação de antenas transmissoras de telefonia celular, por invadir a competência privativa da União para legislar sobre telecomunicações, exercida por meio das Leis 9.472/1997 e 11.934/2009. 3. No julgamento do ARE 929.378 AgR (Min. Luiz Fux, DJ de 04.09.2020), a Primeira Turma assentou que "a promoção do adequado ordenamento territorial, mediante planejamento e controle do uso, do parcelamento e da ocupação do solo urbano, e a proteção do patrimônio histórico-cultural local não autorizam os municípios a dispor sobre matérias que a própria Constituição Federal reserva às competências legislativa e material da União" (STF – RE 981825 AgR-segundo-ED – Órgão julgador: Primeira Turma – Relator(a): Min. Rosa Weber – Redator(a) do acórdão: Min. Alexandre de Moraes – Julgamento: 30.11.2020 – Publicação: 11.12.2020).

2. Direito Administrativo. 3. Ação civil pública. Bem público. Prédio central da UFPR. Reconhecimento do seu valor histórico e cultural. Necessidade de tombamento pelo IPHAN. O art. 216, §1º, da CF abrange não apenas o Poder Executivo, mas também os Poderes Legislativo e Judiciário. (STF – RE 1099660 – Órgão julgador: Segunda Turma – Relator(a): Min. Gilmar Mendes – Julgamento: 27+09.2019 – Publicação: 09.10.2019)

A proteção jurídica do patrimônio cultural brasileiro, enquanto direito fundamental de terceira geração, é matéria expressamente prevista no texto constitucional (art. 216 da CRFB/1988). A ordem constitucional vigente recepcionou o DL 25/1937, que, ao organizar a proteção do patrimônio histórico e artístico nacional, estabeleceu disciplina própria e específica ao instituto do tombamento, como meio de proteção de diversas dimensões do patrimônio cultural brasileiro (STF – ACO 1.966 AgR, rel. Min. Luiz Fux, j. 17.11.2017, P, DJE de 27.11.2017).

Plenário conheceu em parte de ação direta de inconstitucionalidade e, por maioria, julgou parcialmente procedente o pedido para aplicar a técnica da interpretação conforme à Constituição, sem redução de texto: a) ao § 2º do art. 4º da Lei 11.952/2009, a fim de afastar qualquer entendimento que permita a regularização fundiária das terras públicas ocupadas por quilombolas e outras comunidades tradicionais da Amazônia Legal em nome de terceiros ou de forma a descaracterizar o modo de apropriação da terra por esses grupos; e b) ao art. 13 do mesmo diploma, a fim de afastar quaisquer interpretações que concluam pela desnecessidade de fiscalização dos imóveis rurais até quatro módulos fiscais, devendo o ente federal utilizar-se de todos os meios referidos em suas informações para assegurar a devida proteção ambiental e a concretização dos propósitos da norma, para somente então ser possível a dispensa da vistoria prévia, como condição para a inclusão da propriedade no programa de regularização fundiária de imóveis rurais de domínio público na Amazônia Legal (STF – ADI 4.269, rel. Min. Edson Fachin, j. 18.10.2017, Informativo 882).

Federação: competência comum: proteção do patrimônio comum, incluído o dos sítios de valor arqueológico (CF, arts. 23, III, e 216, V): encargo que não comporta demissão unilateral. Lei estadual 11.380, de 1999, do Estado do Rio Grande do Sul, confere aos Municípios em que se localizam a proteção, a guarda e a responsabilidade pelos sítios arqueológicos e seus acervos, no Estado, o que vale por excluir, a propósito de tais bens do patrimônio cultural brasileiro (CF, art. 216, V), o dever de proteção e guarda e a consequente responsabilidade não apenas do Estado, mas também da própria União, incluídas na competência comum dos entes da Federação, que substantiva incumbência de natureza qualificadamente irrenunciável. A inclusão de determinada função administrativa no âmbito da competência comum não impõe que cada tarefa compreendida no seu domínio, por menos expressiva que seja, haja de ser objeto de ações simultâneas das três entidades federativas: donde, a previsão, no parágrafo único do art. 23, CF, de lei complementar que fixe normas de cooperação (v. sobre monumentos arqueológicos e pré-históricos, a Lei 3.924/1961), cuja edição, porém, é da competência da União e, de qualquer modo, não abrange o poder de demitirem-se a União ou os Estados dos encargos constitucionais de proteção dos bens de valor arqueológico para descarregá-los ilimitadamente sobre os Municípios (STF – ADI 2.544, rel. Min. Sepúlveda Pertence, j. 28.06.2006, P, DJ de 17.11.2006).

Ementa: Recurso extraordinário. Limitação administrativa. Prédio urbano: patrimônio cultural e ambiental do bairro do Cosme Velho. Decreto municipal 7.046/87. Competência e legalidade. 1. Prédio urbano elevado à condição de patrimônio cultural. Decreto Municipal 7.046/87. Legalidade. Limitação administrativa genérica, gratuita e unilateral ao exercício do direito de propriedade, em prol da memória da cidade. Inexistência de ofensa à Carta Federal. 2. Conservação do patrimônio cultural e paisagístico. Encargo conferido pela Constituição (EC 01/69, artigo 15, II) ao Poder Público, dotando-o de competência para, na órbita de sua atuação, coibir excessos que, se consumados, poriam em risco a estrutura das utilidades culturais e ambientais. Poder-dever de polícia dos entes estatais na expedição de normas administrativas que visem a preservação da ordem ambiental e da política de defesa do patrimônio cultural. Recurso extraordinário conhecido e provido. (STF – RE 121140 – Órgão julgador: Segunda Turma – Rel. Min. Maurício Corrêa – Julgamento: 26.02.2002 – Publicação: 23.08.2002).

Ementa: Ação Direta de Inconstitucionalidade – Lei nº 11.744/2002 do Estado do Rio Grande do Sul – Declaração de que determinado imóvel público qualifica-se como Bem integrante do patrimônio cultural e histórico do estado – Ato de natureza concreta – Insuficiência De densidade normativa – Inviabilidade da instauração do processo de fiscalização abstrata de constitucionalidade – Doutrina – Precedentes do Supremo Tribunal Federal – Ação Direta não conhecida (STF – ADI 2686 – Órgão julgador: Tribunal Pleno – Relator(a): Min. Celso de Mello – Julgamento: 03.10.2002 – Publicação: 19.12.2013).

I – "[...] a Constituição da República Federativa do Brasil de 1988 representou um marco evolutivo em termos de reconhecimento e proteção jurídica do patrimônio cultural brasileiro. Reconheceu-se, a nível constitucional expresso, a necessidade de tutelar e salvaguardar o patrimônio histórico-cultural, enquanto direito fundamental de terceira geração, isto é, de titularidade difusa, não individualizado, mas pertencente a uma coletividade. (STF – RE 1222920 AgR – Órgão julgador: Segunda Turma – Rel. Min. Ricardo Lewandowski – Julgamento: 20.03.2020 Publicação: 31.03.2020).

Direito constitucional. Recurso extraordinário com repercussão geral. Proteção ao meio ambiente. Liberdade religiosa. Lei 11.915/2003 do estado do rio grande do sul. Norma que dispõe sobre o sacrifício ritual em cultos e liturgias das religiões de matriz africana. Competência concorrente dos estados para legislar sobre florestas, caça, pesca, fauna, conservação da natureza, defesa do solo e dos recursos naturais, proteção do meio ambiente e controle da poluição. Sacrifício de animais de acordo com preceitos religiosos. Constitucionalidade. 1. Norma estadual que institui Código de Proteção aos Animais sem dispor sobre hipóteses de exclusão de crime amoldam-se à competência concorrente dos Estados para legislar sobre florestas, caça, pesca, fauna, conservação da natureza, defesa do solo e dos recursos naturais, proteção do meio ambiente e controle da poluição (art. 24, VI, da CRFB). 2. A prática e os rituais relacionados ao sacrifício animal são patrimônio cultural imaterial e constituem os modos de criar, fazer e viver de diversas comunidades religiosas, particularmente das que vivenciam a liberdade religiosa a partir de práticas não institucionais. 3. A dimensão comunitária da liberdade religiosa é digna de proteção constitucional e não atenta contra o princípio da laicidade. 4. O sentido de laicidade empregado no texto constitucional destina-se a afastar a invocação de motivos religiosos no espaço público como justificativa para a imposição de obrigações. A validade de justificações públicas não é compatível com dogmas religiosos. 5. A proteção específica dos cultos de religiões de matriz africana é compatível com o princípio da igualdade, uma vez que sua estigmatização, fruto de um preconceito estrutural, está a merecer especial atenção do Estado. 6. Tese fixada: "É constitucional a lei de proteção animal que, a fim de resguardar a liberdade religiosa, permite o sacrifício ritual de animais em cultos de religiões de matriz africana". 7. Recurso extraordinário a que se nega provimento. (STF – RE 494601 – Órgão julgador: Tribunal Pleno – Relator(a): Min. Marco Aurélio – Redator(a) do acórdão: Min. Edson Fachin – Julgamento: 28.03.2019 – Publicação: 19.11.2019).

Tombamento de bem público da União por Estado. (...) Hierarquia verticalizada, prevista na Lei de Desapropriação (DL 3.365/1941). Inaplicabilidade no tombamento. Regramento específico. DL 25/1937 (arts. 2º, 5º e 11). (...) Possibilidade de o Estado tombar bem da União. Doutrina. (ACO 1.208 AgR, rel. Min. Gilmar Mendes, j. 24.11.2017, P, DJE de 04.12.2017).

Tombamento de bem imóvel para limitar sua destinação às atividades artístico-culturais. Preservação a ser atendida por meio de desapropriação. Não pelo emprego da modalidade do chamado tombamento de uso. Recurso da Municipalidade do qual não se conhece, porquanto não configurada a alegada contrariedade, pelo acórdão recorrido, do disposto no art. 216, § 1º, da Constituição (RE 219.292, rel. Min. Octavio Gallotti, j. 07.12.1999, 1ª T, DJ de 23.06.2000).

– O ordenamento positivo brasileiro – dando consequência e efetividade à cláusula constitucional que impõe ao Poder Público a obrigação de proteger os bens e valores culturais – legitima a punição criminal daquele cuja conduta desrespeita e ofende a integridade do patrimônio artístico, arqueológico ou histórico nacional (CP, arts. 165 e 166). Esses preceitos do Código Penal brasileiro, que tipificam os crimes de dano cultural, objetivam tornar mais efetiva a proteção estatal destinada a resguardar a inviolabilidade do acervo histórico, arqueológico e artístico do País. Inépcia da denúncia e princípio do *due process of law* – A inépcia da denúncia caracteriza situação configuradora de desrespeito estatal ao postulado do devido processo legal. É que a imputação penal contida na peça acusatória não pode ser o resultado da vontade pessoal e arbitrária do órgão acusador. Este, para validamente formular a denúncia, deve ter por suporte necessário uma base empírica idônea, a fim de que a acusação penal não se converta em expressão ilegítima da vontade arbitrária do Estado. Incumbe ao Ministério Público, em processo de estrutura acusatória, regido por valores e princípios que dão fundamento ao Estado Democrático de Direito, apresentar denúncia que veicule, de modo claro e objetivo, com todos os elementos estruturais, essenciais e circunstancias que lhe são inerentes, a descrição do fato delituoso, em ordem a viabilizar o exercício legítimo da ação penal e a ensejar, a partir da estrita observância dos pressupostos estipulados no art. 41 do CPP, a possibilidade de efetiva atuação, em favor daquele que é acusado, da cláusula constitucional da plenitude de defesa. Competência penal originária de Tribunal Regional Federal – Prefeito municipal. – A jurisprudência do Supremo Tribunal Federal firmou-se no sentido de reconhecer que, nos crimes praticados contra bens, serviços ou interesse da União, de suas autarquias ou de empresas públicas federais, a competência penal originária para processar e julgar os Prefeitos Municipais pertence ao Tribunal Regional Federal. Precedente. Ação civil pública e ação penal condenatória – Inexistência de litispendência – Possibilidade de simultânea tramitação. – A natureza da ação civil pública – que constitui instrumento de tutela jurisprudencial dos direitos e interesses metaindividuais – não permite seja ela confundida, em seus objetivos (Lei nº 7.347/85), com a ação penal condenatória, que se destina, considerada a finalidade que lhe é exclusivamente peculiar, a promover a responsabilidade criminal do infrator pela prática de fatos delituosos, inexistindo, sob tal aspecto, qualquer situação de litispendência ou de prejudicialidade entre as ações judiciais em causa. (STF – HC

72506 / MG – Relator(a): Min. Celso De Mello – Julgamento: 23.05.1995 – Publicação: 18.09.1998 – Órgão julgador: Primeira Turma).

Ementa: Reclamação. Processo de tombamento da região conhecida como "Encontro das Águas dos Rios Negro e Solimões". Autonomia estatal na gestão de seus recursos naturais. Conflito federativo configurado. Competência do STF para julgar "as causas e os conflitos entre a união e os estados" (art. 102, I, f, CF/88). Reclamação procedente. 1. Reclamação constitucional ajuizada com o fito de resguardar a competência originária do STF para julgar "as causas e os conflitos entre a União e os Estados, a União e o Distrito Federal, ou entre uns e outros, inclusive as respectivas entidades da administração indireta" (art. 102, I, f, da CF/88). 2. Há contraposição da pretensão da União Federal em preservar o cenário paisagístico como patrimônio cultural brasileiro mediante o tombamento do "Encontro das Águas dos Rios Negro e Solimões" com o interesse jurídico, econômico, financeiro e social do Estado do Amazonas de ter autonomia na gestão de seus recursos naturais. 3. O conflito entre os entes federados tem densidade suficiente para abalar o pacto federativo, e, portanto, está apto a deslocar a competência da ação para a Suprema Corte. 4. Reclamação julgada procedente para determinar a remessa à Suprema Corte da Ação Ordinária nº 780-89.2011.4.01.3200 e das Ações Civis Públicas nºs 10007-40.2010.4.01.3200 e 11-81.2011.4.01.3200, em trâmite na 7ª Vara Federal da Seção Judiciária do Amazonas. (STF – Rcl 12957 – Órgão julgador: Primeira Turma – Relator(a): Min. Dias Toffoli – Julgamento: 26.08.2014 – Publicação: 04.11.2014).

Ementa: Recurso extraordinário. Imóvel tombado pela união. Desapropriação do mesmo bem pelo município, com imissão provisória na posse. Desistência da ação de desapropriação. Responsabilidade pelos danos causados. Valendo-se o município da vertente mais larga de proteção do patrimônio cultural – a desapropriação, com imissão provisória na posse – cumpre-lhe o dever de reparar eventuais danos causados no imóvel. (RE 168917 – Órgão julgador: Segunda Turma – Relator(a): Min. Francisco Rezek – Julgamento: 19.12.1996 – Publicação: 06.06.1997)

A legislação brasileira qualifica com a nota da tipicidade penal a conduta daquele que transgride a inviolabilidade do patrimônio artístico, arqueológico ou histórico nacional (CP, arts. 165 e 166). Esses preceitos do Código Penal brasileiro objetivam tornar mais efetiva a proteção estatal destinada a resguardar a integridade do acervo cultural do País. – O remédio jurídico-processual do habeas corpus revela-se incompatível com a pretendida comprovação da alegada atipicidade da conduta do agente, eis que o exame dessa postulação envolve, necessariamente, a análise aprofundada da prova penal, insuscetível de apreciação na via estreita do writ constitucional. Precedentes (STF – HC 73449 – Órgão julgador: Primeira Turma – Relator(a): Min. Celso de Mello – Julgamento: 02.04.1996 – Publicação: 07.02.1997).

No tocante ao § 1º do art. 216 da CF, não ofende esse dispositivo constitucional a afirmação constante do acórdão recorrido no sentido de que há um conceito amplo e um conceito restrito de patrimônio histórico e artístico, cabendo à legislação infraconstitucional adotar um desses dois conceitos para determinar que sua proteção se fará por tombamento ou por desapropriação, sendo que, tendo à legislação vigente sobre tombamento adotado a conceituação mais restrita, ficou, pois, a proteção dos bens, que integram o conceito mais amplo, no âmbito da desapropriação (RE 182.782, rel. Min. Moreira Alves, j. 14.11.1995, 1ª T, DJ de 09.02.1996).

5. O tombamento provisório e os efeitos dele decorrentes somente se iniciam com a notificação do proprietário, que poderá anuir à inscrição da coisa ou oferecer impugnação, equiparando-se ao definitivo, que se dá com o registro no Livro do Tombo e a homologação, o que torna o ato definitivamente eficaz, salvo recurso provido (*ex vi* dos arts. 9º e 10 do Decreto-lei n. 25/1937, c/c o Decreto nº 3.866/1941). 6. O Decreto-lei n. 25/1937, contudo, não estipula os requisitos da notificação e, embora o contraditório e a ampla defesa sejam uma garantia constitucional e legal, na fase provisória do tombamento eventual vício de índole formal não tem o condão de invalidar todo o procedimento administrativo, surtindo o ato efeitos imediatos ao público em geral, inclusive em relação aos proprietários, notadamente nos casos de tombo coletivo. 7. Segundo a jurisprudência desta Corte de Justiça, a fase provisória do tombamento constitui, na realidade, ato de natureza declaratória e ostenta caráter preventivo, consistindo em uma antecipação dos efeitos impostos à coisa, a fim de garantir a imediata preservação do patrimônio histórico e artístico. 8. Concluído o processo de tombamento definitivo, a nulidade do ato administrativo exige a demonstração da existência de vício insanável no decorrer do procedimento que afete a higidez do tombo ou a própria validade da conclusão do Conselho de Defesa do Patrimônio, situação inocorrente na espécie (STJ – RMS 55090/MG – Rel. Min. Gurgel de Faria – Primeira Turma – Data do Julgamento 21.11.2019).

2. A proteção do patrimônio histórico-cultural, bem da Nação, é direito de todos e dever do proprietário e do Estado. Não se trata de modismo fortuito ou mero favor vanguardista em benefício da coletividade, mas de ônus inerente ao âmago do domínio e da posse em si, inafastável condição absoluta para sua legitimidade e reconhecimento pelo ordenamento jurídico. Com base nessa obrigação primária, decorrente da função memorativa do direito de propriedade, incumbe ao Estado instituir, in concreto, eficaz regime de limitações administrativas, portador de obrigações secundárias ou derivadas, utilizando-se, para tanto, de instrumentos variados, entre os quais o tombamento. 3. As obrigações que compõem a ordem pública do patrimônio histórico e cultural derivam de princípios gerais do direito e de normas nacionais (federais, estaduais e municipais, inclusive constitucionais) e internacionais. Na legislação brasileira, sobressaem o Decreto-lei 25/1937 e o próprio Código Civil, que expressamente inclui, entre as "finalidades econômicas e sociais" do direito de propriedade, a preservação do "patrimônio histórico e artístico" (art. 1.228, § 1º). Ademais, há tratados internacionais sobre a matéria, como a Convenção Relativa à Proteção do Patrimônio Mundial, Cultural e Natural, aprovada pela Conferência Geral da Unesco, realizada em Paris, de 17 de outubro a 21 de novembro de 1972, e recepcionada entre nós pelo Decreto Legislativo 74/1977 (confira-se, especificamente, o art. 4º, que prevê a obrigação estatal de "identificar, proteger, conservar, valorizar e transmitir às futuras gerações o patrimônio cultural e natural"). 4. A

CAPÍTULO 5 • DOMÍNIO PÚBLICO CULTURAL, HISTÓRICO E ARTÍSTICO | **301**

jurisprudência do STJ é pacífica no sentido de que incumbe ao titular da propriedade ou da posse o dever primeiro de conservar o bem tombado, sem excluir correlato dever do Poder Público, instituidor do tombamento e garantidor maior do patrimônio histórico e cultural da Nação. A hipótese é, pois, de responsabilidade civil de imputação solidária e execução subsidiária, pela qual desrespeito às normas de regência da matéria impõe condenação conjunta do proprietário e do Estado, executado este somente se o particular "não dispuser de recursos para proceder às obras de conservação e reparação" (art. 19, caput, do Decreto-lei 25/1937) – (STJ, Segunda Turma – REsp 1791098/RJ – Rel. Min. Herman Benjamin – Data do Julgamento 23.04.2019).

IV – O tombamento tem por efeito (i) acarretar a afetação do bem ao patrimônio histórico, artístico e natural, com a consequente declaração de um conjunto de ônus de interesse público; (ii) instituir obrigações concretas para o proprietário e para o Estado e (iii) abrir para a Administração Pública e para a coletividade – depositárias do bem – a possibilidade de exigirem o cumprimento desses deveres, incluindo a restauração do status quo ante, sobre regime de responsabilidade objetiva Precedentes. V – O tombamento provisório consubstancia medida precária e acautelatória de preservação do bem até a conclusão dos pareces técnicos e da inscrição deste no livro de tombo. Concluído o processo de tombamento definitivo, não restará dúvida quanto à legalidade dos aspectos formais e quanto à identificação e classificação do bem, segundo suas características de conformidade com a legislação de proteção cultural. VI – Após o tombamento definitivo, não há que se falar em interesse de anular ou invalidar acordo sobre questões referentes ao tombamento provisório (STJ – REsp 1584614/CE – Primeira Turma – Rel. Min. Regina Helena Costa – Data do Julgamento 25.10.2018).

5. Ao Estado incumbe cuidar do patrimônio histórico e cultural, acima de tudo dos bens por ele próprio tombados. Não se trata de faculdade, mas de dever, descabendo a desculpa – fácil e corriqueira – da falta de recursos financeiros. Aqui, não se está diante de objetivos frouxos elaborados e apresentados pelo próprio Administrador na forma de ações optativas inseridas em programas governamentais vagos e cambiantes. Ao contrário, o que se tem são políticas públicas legisladas que, tal qual a lei, devem ser obedecidas, particularmente quando a previsão expressa se assenta no texto constitucional. 6. A memória histórico-cultural, bem intangível, não é de propriedade do Estado, competindo-lhe apenas, como agente fiduciário intergeracional, geri-la em nome da Nação, quando não de toda a humanidade, seus reais titulares. Tampouco se insere no âmbito de discricionariedade ou de disponibilidade da Administração, tanto mais quando o comportamento do servidor público de plantão denuncia ignorância, insensibilidade, relapso ou leviandade no trato dos valores e obras do passado, do espírito ou da Natureza. Não sendo o Administrador monarca nem dono do *munus público*, mas vassalo da lei e do interesse da sociedade, cabível judicialmente dele se exigir estrito, completo e sincero cumprimento do dever de tutelar nossa herança histórica e cultural. Isso em nada se choca com o princípio da separação dos poderes, pois cinge-se o juiz, *in casu*, a aplicar inequívocos comandos constitucionais e legais prescritivos, por

óbvio obrigatórios. Não deve escapar ao magistrado, nem ao estudioso ou observador do Direito, a distinção entre políticas públicas legisladas, judicializadas por conta de infração, e políticas públicas judicialmente instituídas, deduzidas ou extraídas a partir da generalidade do sistema normativo vigente (STJ – REsp 1723590/RJ – Segunda Turma – Rel. Min. Herman Benjamin – Data do Julgamento 08.05.2018).

6. Quanto à prescrição, por se tratar de Ação Civil Pública de reparação ao patrimônio histórico, artístico e cultural, sendo esta, portanto, de ordem extrapatrimonial, a prescrição é de dez anos, conforme o artigo 205 do CC. 7. Esclareça-se que nem a Lei 7.347/1985 nem o Decreto-lei 25/37, que disciplina o tombamento, dispõem sobre o prazo prescricional. 8. Como a presente Ação Civil Pública foi ajuizada seis anos após o fato, não prescreveu o direito de ação (STJ – REsp 1447102/PE – Segunda Turma – Rel. Min. Herman Benjamin – Data do Julgamento 13.12.2016).

2. Nada a acrescentar ou retificar na análise que o Tribunal de origem fez do regime jurídico do patrimônio cultural. O tombamento constitui apenas um entre vários institutos de proteção de bens de valor histórico e artístico, sendo um deles o inventário, que, isoladamente, já assegura proteção legal. Uma vez inventariado, o bem deve ser salvaguardado pelo Estado, pelo proprietário e pela sociedade em geral. Por outro lado, a notificação, que deflagra o tombamento provisório, impõe ao proprietário dever de abstenção absoluta de realizar qualquer intervenção no bem sem expressa, inequívoca e válida autorização da autoridade competente (STJ – REsp 1547058/MG – Segunda Turma – Rel. Min. Herman Benjamin – Data do Julgamento 06.12.2016).

3. O Ministério Público e outros sujeitos intermediários têm legitimidade ampla para promover Ação Civil Pública em defesa do patrimônio cultural, histórico, estético, artístico, turístico e paisagístico, irrelevante seja o bem material ou imaterial, particular ou público, tombado, em fase de tombamento ou não tombado, assim como exista ou não licença ou autorização da Administração para o comportamento impugnado (STJ – REsp 1538384/MG – Rel. Min. Herman Benjamin – Data do Julgamento 08.11.2016).

2. Um dos mais frágeis e preciosos ambientes da Terra, as cavernas carregam – como repositório raro e insubstituível da evolução dos minerais, do clima e da própria vida planetária – excepcional valor geológico, ecológico, histórico, paisagístico e turístico. Nesse sentido, destruir ou degradar caverna constitui atroz perda ética e científica para a humanidade, prejuízo inestimável ao melhor conhecimento de si mesma e do seu ambiente natural, reduzindo as possibilidades de examinar o presente e, a partir dele, vislumbrar o passado e imaginar o futuro. Sob tal enfoque, o destruidor ou degradador de caverna assemelha-se aos incendiários de bibliotecas, escolas e arquivos públicos, vândalos cujos atos exterminam e mutilam, mais do que a encarnação física do etéreo, o próprio saber universal, sem o qual a nossa existência perde sentido e rumo. 3. Não se pode conhecer da irresignação contra afronta aos dispositivos legais invocados no apelo recursal, uma vez que não foram analisados pela instância de origem. Ausente, portanto, o indispensável requisito do prequestionamento, o que atrai, por analogia, o óbice da Súmula 282/STF. 4. O patrimônio espeleológico (e o habitat a ele associado)

integra, como espécie, o gênero patrimônio ambiental, já que compõe ecossistema planetário dos mais delicados, repositório de milhões de anos da história geológica e da evolução de formas de vida, muitas delas endêmicas, daí submeter-se ao regime da Lei da Política Nacional do Meio Ambiente (Lei 6.938/1981). Em conformidade com o que dispõe o art. 20, X, da Constituição Federal, as Grutas de Botuverá, por estarem conceitualmente enquadradas entre as "cavidades naturais subterrâneas e os sítios arqueológicos e pré-históricos", são bens da União, como reconhecido pelo Tribunal de origem. A antecedência irrenunciável do dever de conservar, defender e restaurar o bem público ambiental e cultural, inclusive com exercício do poder de polícia, corresponde, primariamente, ao titular do domínio, o que não implica excluir a corresponsabilidade de outros órgãos e de particulares, em regime de solidariedade, sendo irrelevante se o imóvel ou o móvel integram Unidade de Conservação criada por ente federativo diverso. Necessário não confundir titularidade de domínio do bem público com titularidade de gestão ambiental, incapaz esta de eximir de responsabilidade civil, penal e administrativa o sujeito daquela (STJ – Segunda Turma – REsp 1389107/SC – Rel. Min. Herman Benjamin – Data do Julgamento 1º.12.2015).

"Efeitos do tombamento 3. Emanação da função memorativa do direito de propriedade, o tombamento, voluntário ou compulsório, produz três órbitas principais de efeitos. Primeiro, acarreta afetação ao patrimônio histórico, artístico e natural do bem em tela, com a consequente declaração sobre ele de conjunto de ônus de interesse público, sem que, como regra, implique desapropriação, de maneira a assegurar sua conservação para a posteridade. Segundo, institui obrigações concretas – de fazer, de não fazer e de suportar – incidentes sobre o proprietário, mas também sobre o próprio Estado. Terceiro, abre para a Administração Pública e para a coletividade, depositárias e guardiãs em nome das gerações futuras, a possibilidade de exigirem, em juízo, cumprimento desses deveres negativos e positivos, inclusive a restauração do bem ao status quo ante, sob regime de responsabilidade civil objetiva e solidária, sem prejuízo de indenização por danos causados, até mesmo morais coletivos. 4. "O ato de tombamento, seja ele provisório ou definitivo, tem por finalidade preservar o bem identificado como de valor cultural, contrapondo-se, inclusive, aos interesses da propriedade privada, não só limitando o exercício dos direitos inerentes ao bem, mas também obrigando o proprietário às medidas necessárias à sua conservação" (REsp 753.534/MT, Rel. Ministro Castro Meira, Segunda Turma, DJe 10.11.2011). 5. Vigora no Brasil a proibição legal absoluta de destruição, demolição e mutilação de bens tombados (art. 17, caput, do Decreto-lei 25/1937), vale dizer, um regime de preservação plena, universal e perpétua. Aos que violam a proibição legal, além dos remédios e cominações previstos no Decreto 25/1937 e da responsabilidade civil objetiva e solidária, aplicam-se sanções criminais e, no caso de contribuição ativa ou passiva de servidor público, penas disciplinares e as previstas na Lei da Improbidade Administrativa. Irrelevante, em âmbito de defesa, o "jogo de empurra", tão comum, como pernicioso, entre União, Estados e Municípios. 6. A notificação ao Poder Público, pelo proprietário do bem tombado, de que não dispõe de recursos para realizar obras de conservação e reparação (art. 19 do Decreto-lei 25/1937), não o libera para simplesmente abandonar a coisa à sua própria sorte e ruína, sobretudo porque o ordenamento coloca à sua disposição mecanismos gratuitos para forçar a ação do Estado, bastando provocar o Ministério Público ou a Defensoria Pública. Responsabilidade solidária 7. Como bem decidiu o Tribunal de origem, são responsáveis solidariamente pela preservação de imóvel urbano em situação de risco, em face ao abandono e descaso e pelos danos causados ao patrimônio histórico e cultural, todo aquele a quem incumbe protegê-lo ou quem, direta ou indiretamente, contribua para o desrespeito, entre os quais se incluem o proprietário, mesmo que locador, e o Poder Público. Tombamento geral 8. Segundo a jurisprudência do STJ, quanto à natureza das obrigações que do ato decorrem, inexiste distinção entre tombamento individualizado e global (também chamado geral ou de conjunto): "Não é necessário que o tombamento geral, como no caso da cidade de Tiradentes, tenha procedimento para individualizar o bem (art. 1º do Decreto-lei n. 25/37). As restrições do art. 17 do mesmo diploma legal se aplicam a todos os que tenham imóvel na área tombada" (REsp 1.098.640/MG, Rel. Ministro Humberto Martins, Segunda Turma, DJe 25.06.2009)". (STJ – REsp 1359534/MA – Segunda Turma – Rel. Min. Herman Benjamin – Data do Julgamento 20.02.2014).

2. Segundo o art. 19 do Decreto 25/1937, compete ao IPHAN, constatada a hipossuficiência econômica do proprietário do imóvel tombado, a realização de obras de conservação e reparação do patrimônio histórico, artístico e cultural ameaçado, advindo daí sua legitimidade para a causa. 3. Admite-se a concessão de provimento de urgência de cunho satisfativo contra a Fazenda Pública, bem como a imposição de multa pelo descumprimento de obrigação de fazer. Precedentes (STJ – REsp 1184194/RS – Segunda Turma – Rel. Min. Eliana Calmon – Data do Julgamento 02.09.2010)

1. O objetivo do tombamento é a proteção do patrimônio histórico e artístico nacional, cabendo ao IPHAN a sua manutenção e vigilância, conforme o disposto nos arts. 19 e 20 do Decreto-lei 25/37. 2. A União, por intermédio do IPHAN, tem efetivo interesse na preservação e manutenção do patrimônio histórico e artístico nacional, resguardando os bens de excepcional valor cultural e artístico. 3. Determinada a competência da Justiça Federal, não se pode manter a sentença condenatória proferida por Juízo incompetente, visto ser aquela de ordem constitucional. 4. Conflito conhecido para declarar a competência do Juízo Federal da 10ª Vara Criminal da Seção Judiciária do Estado de São Paulo, ora suscitante. Concessão de habeas corpus, de ofício, para anular a sentença condenatória proferida pelo Juízo Estadual, facultando-se a ratificação dos atos processuais anteriormente praticados, na forma legal (STJ – CC 106413/SP – Terceira Seção – Rel. Min. Arnaldo Esteves Lima – Data do Julgamento 14.10.2009).

1. Fundado em 1808 por Dom João VI, o Jardim Botânico do Rio de Janeiro é um dos tesouros do patrimônio natural, histórico, cultural e paisagístico do Brasil, de fama internacional, tendo sido um dos primeiros bens tombados, ainda em 1937, pelo Instituto do Patrimônio Histórico e Artístico Nacional, sob o pálio do então recém-promulgado Decreto-lei 25/1937. 2. Os remanescentes 140 hectares, que atualmente formam o Jardim Botânico, são de propriedade da União, o que, independentemente das extraordinárias qualidades naturais e culturais, já obriga que qualquer utilização, uso ou

CAPÍTULO 5 • DOMÍNIO PÚBLICO CULTURAL, HISTÓRICO E ARTÍSTICO **305**

exploração privada seja sempre de caráter excepcional, por tempo certo e cabalmente motivada no interesse público. 3. Não obstante leis de sentido e conteúdo induvidosos, que salvaguardam a titularidade dos bens confiados ao controle e gestão do Estado, a história fundiária do Brasil, tanto no campo como na cidade, está, infelizmente até os dias atuais, baseada na indevida apropriação privada dos espaços públicos, com frequência às claras e, mais grave, até com estímulo censurável, tanto por ação como por leniência, de servidores públicos, precisamente aqueles que deveriam zelar, de maneira intransigente, pela integridade e longevidade do patrimônio nacional. 4. Além de rasgar a Constituição e humilhar o Estado de Direito, substituindo-o, com emprego de força ou manobras jurídicas, pela "lei da selva", a privatização ilegal de espaços públicos, notadamente de bens tombados ou especialmente protegidos, dilapida o patrimônio da sociedade e compromete o seu gozo pelas gerações futuras. 19. A grave crise habitacional que continua a afetar o Brasil não será resolvida, nem seria inteligente que se resolvesse, com o aniquilamento do patrimônio histórico-cultural nacional. Ricos e pobres, cultos e analfabetos, somos todos sócios na titularidade do que sobrou de tangível e intangível da nossa arte e história como Nação. Daí que mutilá-lo ou destruí-lo a pretexto de dar casa e abrigo a uns poucos corresponde a deixar milhões de outros sem teto e, ao mesmo tempo, sem a memória e a herança do passado para narrar e passar a seus descendentes. (STJ – REsp 808708/RJ – Segunda Turma – Rel. Min. Herman Benjamin – Data do Julgamento 18.08.2009).

1. O Iphan – Instituto do Patrimônio Histórico e Artístico Nacional – é o órgão encarregado de zelar pela preservação do patrimônio cultural brasileiro, sobretudo pelos bens que, considerando sua importância nacional de caráter histórico, cultural e ambiental, tenham sido tombados, competência essa que não deve ser dificultada, inviabilizada ou impedida pela ação ou omissão de Estados e Municípios a pretexto de exercerem poderes privativos de ordenamento do seu território ou da responsabilidade que lhes incumbe de deliberar sobre assuntos de interesse estadual ou local. 2. Em razão do singular conjunto arquitetônico e do revolucionário conceito urbanístico-paisagístico (sobretudo a organização em superquadras povoadas por prédios sustentados por pilotis), o Plano-Piloto de Brasília foi, em 1990, tombado pelo Iphan, nos termos do Decreto-lei nº 25, de 30 de novembro de 1937, estatuto federal que protege o patrimônio histórico e artístico nacional. 3. Além disso, em 1987 a UNESCO reconheceu Brasília como patrimônio mundial, no contexto da Convenção Relativa à Proteção do Patrimônio Mundial, Cultural e Natural, adotada em Paris em 16 de novembro de 1972 e que entrou em vigor, no Brasil, em 2 de dezembro de 1977. 9. A Convenção Relativa à Proteção do Patrimônio Mundial, Cultural e Natural tem aplicabilidade judicial direta no Brasil, seja porque seus princípios gerais e obrigações, mesmo os aparentemente mais abstratos e difusos, iluminam o sistema constitucional e legal brasileiro e com ele dialogam, em perfeita harmonia, coerência e complementaridade, seja por ser inadmissível que o País negocie, assine e ratifique tratados internacionais para em seguida ignorá-los ou só aplicá-los de maneira seletiva, cosmética ou retórica. 14. É certo que tratados são firmados pela União, sujeito dotado de personalidade internacional. Isso não implica dizer que, uma vez celebrados, vinculem somente o Governo

Federal. Ao contrário, o espírito e os deveres específicos dos acordos internacionais (entre eles a Convenção do Patrimônio Mundial), por integrarem o Direito supremo da nação, devem ser observados por todos e cada um dos órgãos administrativos, tanto federais como estaduais e municipais. 15. Nos processos judiciais que envolvam monumentos, conjuntos, locais notáveis, formações geológicas e fisiográficas, e outros sítios inscritos como patrimônio mundial, o Poder Judiciário brasileiro não só pode, como deve, fazer valer diretamente a Convenção, já que seu texto vincula os Estados-Parte ao ponto de influenciar e orientar as decisões de seus juízes. 16. Lúcio Costa, no seu projeto visionário, concebeu uma cidade aberta, sem muros ou grades, que tem por consentâneo a manutenção de amplos espaços públicos e o trânsito desimpedido de pessoas pelo interior das superquadras e por baixo dos prédios construídos sobre pilotis. 17. Logo, o livre ir e vir sob os prédios residenciais é característica essencial de Brasília, que a torna distinta de qualquer outra grande cidade brasileira. O Projeto original somente permitiu a ocupação privada do primeiro ao sexto andar dos prédios. O piso térreo deveria ficar exposto e aberto ao público, na esperança de uma maior aproximação dos moradores entre si e deles com a Natureza à sua volta. 18. No desenho de Brasília, levou-se ao extremo a ideia de democratização da cidade, assim como o diálogo entre os bens construídos, sobretudo edifícios residenciais, e o mundo natural ou naturalizado que os cerca. Pretendeu-se, pela força criativa da arquitetura, da engenharia e do paisagismo, estabelecer espaços físicos de solidariedade, que a um só tempo combatessem o isolamento típico de outras metrópoles e viabilizassem um vasto campo de convivência coletiva. 21. O gradeamento isola as áreas de livre circulação e mutila o projeto original da cidade e, em consequência, afeta negativamente atributos e características arquitetônicos, paisagísticos, ambientais e sociais dorsais do Projeto de Brasília, perenizados pelo tombamento e pela declaração do Plano-Piloto como patrimônio cultural mundial. 22. O grave problema da violência urbana, que assola e amedronta as nossas cidades, não legitima o comprometimento do patrimônio cultural brasileiro, nem autoriza a apropriação privada de espaços públicos. Segurança pública é alcançada com maior e melhor policiamento, associado a programas de inclusão social, e não com ofensa a outros bens e interesses coletivos, notadamente aqueles de que também são titulares as gerações futuras. 23. Brasília fez a escolha de ser livre nos seus espaços arquitetônicos e paisagísticos. Para continuar a ser o que é ou o que deveria ser, precisa controlar o individualismo, a liberdade de construir onde e como se queira, e a ênfase de seus governantes no curto-prazo, que tende a sacrificar o patrimônio público imaterial, o belo, o histórico e, portanto, os interesses das gerações futuras. 24. Recurso Especial provido, para reconhecer que o Distrito Federal violou o art. 17 do Decreto-lei nº 25/1937, bem como as obrigações internacionais do Brasil, das quais é devedor-solidário, decorrentes da Convenção Relativa à Proteção do Patrimônio Mundial, Cultural e Natural, em particular as estatuídas nos arts. 4º e 5º, "d". (STJ – REsp 840918/DF – Segunda Turma – Relª. Minª. Eliana Calmon – Rel. p/acórdão: Min. Herman Benjamin – Data do Julgamento 14.10.2008).

Capítulo 6
DOMÍNIO PÚBLICO GEOLÓGICO

6.1 INTRODUÇÃO

O domínio público geológico alude ao poder do Estado sobre determinadas coisas afetas ao ramo da geologia. Segundo o Dicionário Geológico-Geomorfológico, a geologia "estuda a estrutura da crosta terrestre, seu modelado externo e as diferentes fases da história física da Terra. A geologia é uma ciência de campo muito vasto, necessitando de sólidos conhecimentos de química, física e botânica. Geologia significa: geo – terra, logos – estudo. Podemos definir 'geologia' como a ciência que estada a Terra em todos os seus aspectos, isto é, a constituição e estrutura do globo terrestre, as diferentes forças que agem sobre as rochas, modificando assim as formas do relevo e a composição química original dos diversos elementos, a ocorrência e a evolução da vida através das diferentes etapas da história física da Terra. Para André Cailleux, 'a geologia se propõe a descrever e explicar os aspectos e a disposição das rochas e das terras sobre as quais vive o homem. Pesquisa de água, carvão e petróleo, prospecção e exploração de jazidas minerais, escolha de sítios e locais de barragens hidrelétricas, e outros trabalhos de arte; proteção e melhoramento dos solos de cultura só são possíveis graças aos danos da geologia'.

"O trabalho de campo do geólogo tem por fim: 1 – procura de afloramentos e natureza dos mesmos; 2 – procura de fósseis; 3 – estudos dos diferentes tipos de estruturas; 4 – prospecção. O objeto da geologia é o estudo dos fenômenos geológicos, os quais podem ser de duas ordens: físicos e biológicos. Os fenômenos geológicos de ordem física são: litogênese (formação de rochas), orogênese (formação de montanhas), gliptogênese (destruição e modelagem do relevo). Os fenômenos geológicos de ordem física correspondem ao ciclo geológico. E os biológicos dizem respeito aos restos de organismos, isto é, os fósseis encontrados nas rochas. Os diversos ramos em que podemos dividir a geologia são: I – Geologia física: A – Geologia Estrutural – estudo dos depósitos e das diferentes camadas; B – Geologia Dinâmica (Geodinâmica) – estuda as diversas transformações por que passa a superfície da crosta terrestre devido ao trabalho realizado pelos fatores externos; II – Geologia Histórica – estuda as diferentes eras geológicas. Pode-se ainda defini-la como a 'história física da Terra'. Ela se preocupa com o estudo do desenvolvimento da vida na superfície do globo. A Geologia Estrutural ou Geostática estuda, por conseguinte, a arquitetura ou arcabouço do subsolo, enquanto a Geologia Dinâmica ou Geodinâmica compreende o trabalho realizado pelos vários agentes e forças, como as águas correntes, os ventos, correntes marítimas, os gelos em movimento, a atividade vulcânica etc. A Geologia Histórica ou Geohistória estuda a história da Terra, através da vida animal e vegetal, no decorrer das eras geológica, através da Paleontologia, e as manifestações sofridas pela superfície do planeta, através da Paleogeografia"[1].

Conforme o dicionário Caldas Aulete, a geologia consiste na "ciência que estuda a origem e constituição da Terra e a disposição dos materiais que a compõem, e bem assim todos os fenômenos que se operaram nela até chegar ao seu estado atual"[2]. Segundo o dicionário Houaiss, pode-se afirmar que a geologia é a "ciência que estuda a origem, história, vida e estrutura da Terra", ou seja, "o conjunto de terrenos, rochas e fenômenos de que trata essa ciência"[3].

A geologia também esclarece questões importantes, a exemplo da estrutura interna da Terra, que reflete na busca por minérios, metais preciosos, fósseis etc. O planeta é formado por três camadas de composição e propriedades diferentes, a crosta, o manto e o núcleo. "A crosta é porção externa da Terra, a mais delgada de suas camadas e a que conhecemos melhor. Ela é tão fina em relação ao restante do planeta que pode ser comparada à casca de uma maçã em relação à maçã inteira. A crosta continental é formada essencialmente de silicatos aluminosos (por isso era antigamente chamada de sial) e tem uma composição global semelhante à do granito. Mede 25 a 50 km de espessura e as ondas sísmicas primárias nela propagam-se a 5,5 km/s. A crosta é formada basicamente de óxidos de silício, alumínio, ferro, cálcio, magnésio, potássio e sódio. A sílica (óxido de silício) é o principal componente, e o quartzo, o mineral mais comum nela".

"Logo abaixo da crosta, está o manto, que é a camada mais espessa da Terra. Ele possui uma espessura de 2.950 quilômetros e formou-se há 3,8 bilhões de anos. O manto divide-se em manto superior e manto inferior. O superior tem, logo abaixo da crosta, uma temperatura relativamente baixa (100 °C) e uma consistência similar à da camada acima, com velocidade de ondas sísmicas de 8,0 km/s. No manto inferior, porém, esta velocidade aumenta para 13,5 km/s, com temperatura bem mais alta, chegando a 2.200 °C (3.500 °C segundo outros autores) perto do núcleo. Essa diferença na velocidade sísmica traduz uma mudança na composição química das rochas. De fato, os minerais que compõem o manto são muito ricos em ferro e magnésio, destacando-se os piroxênios e as olivinas. As rochas dessa porção da Terra são principalmente peridotitos, dunitos e eclogitos, pobres em silício e alumínio quando comparadas com as rochas da crosta".

Por último, o núcleo. "Esta é a mais profunda e menos conhecida das camadas que compõem o globo terrestre. Acredita-se que o núcleo terrestre seja formado de duas porções, uma externa, de consistência líquida e outra interna, sólida e muito densa,

---

1. GUERRA, Antônio Teixeira; GUERRA, Antônio José Teixeira. Novo *dicionário geológico-geomorfológico*. 6. ed. Rio de Janeiro: Bertrand Brasil, 2008, p. 297-298.
2. AULETE, Caldas. *Dicionário contemporâneo da língua portuguesa*. 3. ed. Rio de Janeiro: Delta, 1974, v. III, p. 1740-1741.
3. HOUAISS. *Dicionário da língua portuguesa*. Rio de Janeiro: Objetiva, 2009, p. 965.

composta principalmente de ferro (80%) e níquel (por isso, era antigamente chamada de nife). O núcleo externo tem 2.200 quilômetros de espessura e velocidade sísmica um pouco menor que o núcleo interno. O núcleo interno deve ter a mesma composição que o externo, mas, devido à altíssima pressão, deve ser sólido, embora com uma temperatura de até 5.000 °C (um pouco inferior à temperatura da superfície do Sol). Tem 1.250 km de espessura"[4].

De acordo com o Departamento de Geologia da Universidade Federal do Ceará, a geologia é uma das mais abrangentes ciências naturais. "Os geólogos estudam a composição, a estrutura e a evolução do globo terrestre, bem como os processos que ocorrem no seu interior e superfície. Para a compreensão disso tudo é necessário ao profissional um bom conhecimento de física, química, biologia e matemática. De fato, como dizem os filósofos, há muito mais coisas entre o céu e a Terra do que pode supor a nossa vã filosofia. São depósitos minerais, bacias petrolíferas, fraturas e falhas geológicas, águas subterrâneas, fósseis, poluição, cidades, seres vivos… É trabalho que não acaba mais, melhor para o geólogo. Já deve ter dado para notar que a Geologia não envolve apenas o estudo das rochas como muitos pensam. Seu conhecimento é de grande interesse científico e social. Os geólogos são capazes de identificar e avaliar reservas minerais, identificar zonas geologicamente instáveis e propor medidas de segurança".

A geologia atua nas seguintes áreas: "Geofísica – reconhece as propriedades físicas da Terra. Por exemplo, estuda o campo magnético terrestre (intensidade, configuração e variação), o fluxo de calor interno da Terra, o movimento das ondas sísmicas, que estão associadas aos terremotos. A geofísica combina geologia com a física para facilitar a descoberta de gás, óleo, metais, água… Geoquímica – trata da química do planeta. Atualmente destaca-se a geoquímica sedimentar e a geoquímica orgânica, o novo campo da geoquímica ambiental, além de muitos outros. O grande interesse da geoquímica está na origem e evolução das principais classes de rochas e minerais. O geoquímico estuda especificamente os elementos da natureza – por exemplo, os ciclos geoquímicos do carbono, nitrogênio, fósforo e enxofre; distribuição e abundância de isótopos na natureza e a exploração geoquímica, também chamada de prospecção geoquímica, que é aplicada para a exploração mineral".

"Petrologia – trata da origem, estrutura, ocorrência e da história das rochas ígneas, metamórficas e sedimentares. Os petrólogos estudam as mudanças físico-químicas que ocorrem nas rochas e são capazes de fazer um detalhado mapeamento mostrando os tipos de rochas existentes em uma área. Mineralogia – trata dos minerais encontrados na crosta terrestre, e até mesmo os encontrados ou originados fora dela. A cristalografia estuda a forma externa e a estrutura interna dos cristais naturais ou sintéticos. Há quem considere a mineralogia a arte de identificar os minerais baseando-se nas suas proprie-

---

4. CPRM. Companhia de Pesquisa de Recursos Minerais. Serviço Geológico do Brasil. *Estrutura interna da Terra.* Disponível em: http://www.cprm.gov.br/publique/CPRM-Divulga/Canal-Escola/Estrutura-Interna-da-Terra-1266.html. Acesso em: 19 ago. 2021.

dades físicas e químicas. A mineralogia econômica focaliza os processos responsáveis pela formação dos minerais, especialmente os de uso comercial. Geologia Estrutural – estuda as distorções das rochas, tais como dobras, falhas e fraturas. Usualmente comparando as formas obtidas e as classificando. Essas distorções podem ser vistas tanto macroscopicamente quanto microscopicamente. Os geólogos estruturais são capacitados para localizar armadilhas estruturais que podem conter petróleo, estudar a construção de túneis, localizar aquíferos, identificar jazidas minerais, entre outras atividades. É uma área de ampla atuação do geólogo".

"Sedimentologia – refere-se ao estudo dos depósitos sedimentares e das suas origens. Os sedimentólogos estudam inúmeras feições presentes nas rochas sedimentares que podem indicar os ambientes de formação no passado e assim entender os ambientes atuais. Paleontologia – estuda a vida pré-histórica, tratando do estudo de fósseis de animais e plantas micro e macroscópicos. Os fósseis são importantes indicadores das condições de vida existentes no passado geológico, preservados por meios naturais na crosta terrestre. Geomorfologia – trabalha com a evolução das feições observadas na superfície da Terra, identificando os principais agentes formadores dessas feições e caracterizando a progressão da ação de agentes como o vento, gelo, água... que afetam o relevo terrestre".

"Geologia Econômica – é o ramo da Geologia que estuda a ocorrência e gênese dos jazimentos minerais, procurando identificar suas leis e formas de aproveitamento dos bens minerais, reais e potenciais, tais como: petróleo, gás, carvão, minerais metálicos e não metálicos, materiais de construção, pedras preciosas, água subterrânea, energia geotermal. Hidrogeologia – A Hidrogeologia atua desde a caracterização hidro-ambiental de uma área até chegar ao planejamento e gestão das águas subterrâneas, enfocando, entre outras, qualidade das águas, poluição, remediação de áreas contaminadas, água e saúde, locação de poços tubulares, construção de poços, avaliação de reservas e recursos hídricos, vulnerabilidade e risco de aquíferos a poluição. Geologia Ambiental – esse é um campo relativamente novo responsável pela coleta e análise de dados geológicos para evitar ou solucionar problemas oriundos intervenção humana no meio ambiente. Um dos seus ramos é o da Geologia Urbana, que trata dos impactos, geralmente caóticos, gerados sobre o meio ambiente, quando o incontrolável crescimento das cidades agride o ambiente ocasionando catástrofes que afetam diretamente a qualidade de vida da população. Atualmente o geólogo ambiental tem trabalhado bastante na elaboração de EIA (Estudos de Impactos Ambientais) e RIMA (Relatórios de Impacto Ambiental), exigidos antes da execução de grandes obras"[5].

Nesse seguimento, o domínio público perpassa sobre as atividades de mapeamento geológico e integração geológica, que "são coordenadas em todo país através de ações planejadas e organizadas pelo Departamento de Geologia-DEGEO, focadas no objetivo de ampliação do conhecimento geológico e na evolução das ciências geológicas, em

---

5. UFC. Universidade Federal do Ceará. *Departamento de Geologia. Sobre a Geologia*. Disponível em: https://geologia.ufc.br/pt/sobre-a-geologia/. Acesso em: 19 ago. 2021.

CAPÍTULO 6 • DOMÍNIO PÚBLICO GEOLÓGICO **311**

áreas continentais e oceânicas. As ações do DEGEO estão previstas no Plano Plurianual 2016-2019, vinculados aos programas "Geologia, Mineração e Transformação Mineral" e "Oceanos, Zona Costeira e Antártica", que incluem, respectivamente, os projetos realizados em áreas continentais e oceânicas, estas últimas englobando áreas da plataforma continental jurídica brasileira e áreas marinhas internacionais. O DEGEO incorpora cinco divisões técnicas, que fornecem suporte aos diversos projetos em desenvolvimento nas diversas unidades do Serviço Geológico do Brasil – CPRM, assim como desenvolvem projetos temáticos: Divisão de Geologia Básica – DIGEOB. Divisão de Sensoriamento Remoto e Geofísica – DISEGE. Divisão de Bioestratigrafia, Paleontologia e Sedimentologia – DIPALE. Divisão de Geodinâmica – DIGEOD. Divisão de Geologia Marinha – DIGEOM"[6].

Segundo António Menezes Cordeiro, o domínio público geológico é previsto na Constituição de Portugal, incluindo-se, entre outros bens, os jazigos minerais, sendo estes pertencentes ao Estado. "O regime geral da revelação e aproveitamento dos recursos geológicos foi aprovado pelo Decreto-lei nº 90/90, de 16 de março de, depois substituído pela Lei nº 54/2015, de 22 de junho". Os recursos geológicos constituem elemento especial entre os bens naturais, isto é, distinguem-se dos demais recursos naturais em razão da peculiaridade de sua natureza e utilização social. Dessa forma, a legislação portuguesa ordinária disciplina expressamente o domínio público geológico, inclusive definindo-se diversos recursos[7].

Assim, no domínio público geológico, sobressai as questões alusivas aos recursos minerais, visto que são bens de titularidade da União Federal (art. 20, IX, CF/1988). Em razão disso, foi criado o Departamento de Recursos Minerais, que "coordena, supervisiona e executa estudos geológicos voltados à caracterização e avaliação dos recursos minerais brasileiros, fornecendo suporte à elaboração de políticas públicas que fomentem o desenvolvimento sustentável do Brasil e garantam o bem-estar da população. As linhas de ação coordenadas pelo Departamento de Recursos Minerais (DEREM) estão diretamente vinculadas a quatro eixos principais de trabalho: 1) Detalhar o potencial exploratório das províncias minerais brasileiras por meio de estudos metalogenéticos e modelos preditivos, incluindo as áreas de relevante interesse mineral (ARIMs) e aquelas consideradas como novas fronteiras exploratórias, com o objetivo de reduzir o risco exploratório e de fomentar novos investimentos da indústria mineral; 2) Desenvolver pesquisas para identificar e ampliar o conhecimento em minerais críticos e estratégicos, incluindo insumos minerais para o agronegócio, minerais industriais e agregados para a construção civil, buscando garantir o suprimento de matérias primas para as quais somos players globais, e reduzindo a dependência externa de determinados insumos minerais; 3) Criar banco de dados crível e auditável das áreas pertencentes ao

---

6. CPRM. Companhia de Pesquisa de Recursos Minerais. Serviço Geológico do Brasil. *CPRM*. Disponível em: https://www.cprm.gov.br/publique/Geologia/Apresentacao-202. Acesso em: 19 ago. 2021.
7. CORDEIRO, António Menezes. *Tratado de direito civil III. Parte Geral – Coisas.* 4. ed. Coimbra: Almedina, 2019, p. 106-107.

patrimônio mineral da CPRM (títulos minerários), visando ofertá-las ao mercado por meio de licitação (decreto 8.893/2016; Programa de Parcerias de Investimentos – PPI), fomentando assim o surgimento de novos empreendimentos minerais privados; 4) Executar levantamentos geoquímicos sistemáticos visando obter dados voltados para prospecção nas províncias/distritos minerais, ou áreas com potencial para minerais estratégicos (que incluem os minerais críticos e os agrominerais), além de fornecer um panorama da paisagem geoquímica nas áreas selecionadas para os levantamentos geológicos básicos. Esses dados têm papel de destaque na descoberta de alvos e zonas mineralizadas e como suporte a elaboração de mapas de favorabilidade".

O DEREM possui cinco divisões técnicas que desenvolvem projetos temáticos e fornecem suporte técnico tanto às unidades regionais, quanto a outras divisões: Divisão de Geologia Econômica (DIGECO); Divisão de Economia Mineral e Geologia Exploratória (DIEMGE); Divisão de Projetos Especiais e Minerais Estratégicos (DIPEME); Divisão de Rochas e Minerais Industriais (DIMINI) e Divisão de Geoquímica (DIGEOQ)"[8].

O domínio público geológico perpassa sobre a economia mineral e a geologia exploratória. Essa interface é responsável pela "gestão e controle dos direitos minerários da Companhia de Pesquisa de Recursos Minerais, especializada em projetos para o setor mineral definindo estratégias de exploração mineral, seleção de alvos para investimentos, indicação do seu potencial econômico, modelagem tridimensional, estimativa de recursos e reservas, estudos de análises técnicas-econômicas conceituais, auditorias e treinamentos[9]:

Nesse ponto, a economia mineral e geologia exploratória tem como principais atribuições: "Gestão e controle dos direitos minerários da CPRM; Elaboração e supervisão de programas de exploração mineral e planos de pesquisa mineral; Suporte em integração de dados geológicos – prospectivos e especializados; Integração dos dados geológicos, geofísicos, geoquímicos para a geração de modelos tridimensionais, consolidação dos controles mineralizantes e identificação de novos alvos; Certificação de recursos e reservas; Classificação e elaboração de relatório de acordo com os códigos internacionais; Estimativas de Opex e Capex; Projetos conceituais de mineração; Avaliação de infraestrutura e logística; Estudos de mercado; Estudos e avaliação de análise financeiras; Avaliação de risco e estudos de sensibilidade; Valoração de empreendimentos e estudos técnico-financeiros; Identificação e seleção de oportunidades de investimentos; Treinamentos especializados em exploração mineral; modelagem geológica e avaliação de recursos minerais e melhores práticas em exploração e mineração".

Diante disso, pode-se falar em patrimônio mineral da Companhia de Pesquisa de Recursos Minerais (CPRM) e a disponibilização para futuros investidores. "Atualmente,

---

8. CPRM. Companhia de Pesquisa de Recursos Minerais. *Apresentação*. Disponível em: https://www.cprm.gov.br/publique/Recursos-Minerais/Apresentacao-58. Acesso em: 19 ago. 2021.

9. CPRM. Companhia de Pesquisa de Recursos Minerais. *Economia mineral e geologia exploratória*. Disponível em: https://www.cprm.gov.br/publique/Recursos-Minerais/Economia-Mineral-e-Geologia-Exploratoria-31. Acesso em: 19 ago. 2021.

a carteira de ativos minerários da CPRM está consolidada em 30 blocos, distribuídas em 331 processos minerários ativos na Agência Nacional de Mineração – ANM, em fases variáveis entre alvarás de pesquisa e relatórios finais de pesquisa aprovados. Dentre as substâncias que constituem o portfólio, incluem-se: fosfato (1), cobre (1), chumbo (1), zinco (1), ouro (4), caulim (1), níquel laterítico (2), gipsita (1), carvão (5), turfa (8), diamante (2), nióbio (1), terras raras (1) e calcário (1). A CPRM está reavaliando seu Patrimônio Mineral, com o objetivo de preparar os ativos dos quais a empresa é detentora para futuras negociações e/ou leilões públicos, de acordo com as estratégias do Ministério de Minas e Energia. Essa cessão dos direitos apresenta-se como uma das alternativas para alavancar novos investimentos para o setor mineral brasileiro"[10].

6.2 CONCEITO

Conforme Ana Raquel Gonçalves Moniz, efetuar uma referência ao domínio geológico correlaciona-se a uma dominialidade de bens encontrados, em sua maioria, no subsolo e, em razão disso, constitui um determinado modelo político e ideológico estabelecido pelo Estado. Assim, pertencem à dominialidade geológica estatal as substâncias minerais encontradas (ou a encontrar) que estejam na superfície, no subsolo, nas grutas e furnas[11].

O domínio público geológico manifesta-se por meio da normatização relativamente aos recursos minerais, metais preciosos, rochas e fósseis, dispondo sobre a pesquisa, o uso, a exploração e a preservação. O objetivo é controlar os referidos bens, de modo a promover uma utilização racional, a conservação e o desenvolvimento sustentável. A regulação estatal nesse seguimento proporciona o atendimento dos interesses econômicos, ambientais e históricos, equilibrando-os na perspectiva coletiva.

Conceitualmente, o domínio público geológico consiste no conjunto de coisas submetidas ao regime jurídico estatal, em razão no poder atribuído ao Estado decorrente da soberania, tendo por objetivo disciplinar a pesquisa, o uso, exploração e a preservação dos recursos minerais, metais preciosos, rochas e fósseis, a fim de atender aos diversos interesses da sociedade. O conjunto dessas coisas denomina-se patrimônio estatal geológico.

Esclareça-se que a locução "patrimônio geológico" também pode ser compreendido com outro significado, conforme definição do Serviço Geológico do Brasil, isto é, "o patrimônio geológico constitui o registro de feições notáveis da geodiversidade, representadas por sítios geológicos de valor excepcional à memória geológica da região, de importância nacional ou regional. Esses sítios são locais-chave para o entendimento

---

10. CPRM. Companhia de Pesquisa de Recursos Minerais. *Economia mineral e geologia exploratória*. Disponível em: https://www.cprm.gov.br/publique/Recursos-Minerais/Economia-Mineral-e-Geologia-Exploratoria-31. Acesso em: 19 ago. 2021.
11. MONIZ, Ana Raquel Gonçalves. In: OTERO, Paulo; GONÇALVES, Pedro (Coord.). *Tratado de direito administrativo especial*. Coimbra: Almedina, 2011, v. V, 66-67.

da origem e da evolução da Terra e da vida na Terra, desde a sua formação, razão pela qual precisam ser conservados. O Projeto Sítios Geológicos Notáveis do Brasil, com início em 2017, consiste no inventário e na avaliação quantitativa das mais valiosas ocorrências da geodiversidade. São passos essenciais em qualquer estratégia de geoconservação e para o estabelecimento de prioridades na gestão de um sítio. Baseia-se sobretudo em critérios científicos, sendo levado em consideração, por exemplo, o valor educativo, que é essencial para a formação de alunos e professores de todos os níveis de ensino. Ademais, o interesse turístico e cultural é importante na promoção da geologia junto ao público leigo e pode contribuir para o desenvolvimento sustentado das populações locais. Assim, o patrimônio geológico é identificado especificamente como aquele que possui necessidade de conservação, principalmente se ameaçado por atividades humanas, podendo ser perdido ou danificado. Cada vez mais países começam a desenvolver iniciativas para reconhecer importantes sítios geológicos dentro de suas fronteiras nacionais"[12].

Com efeito, o domínio público constitui mecanismo que promove a proteção do patrimônio geológico nacional, como também o desenvolvimento científico, a exploração econômica, a preservação ambiental, a compreensão da evolução das espécies etc.

Imperioso ressaltar que o domínio público geológico se manifesta sobre certos elementos constantes no solo, ainda que este seja de propriedade privada. Isso porque a propriedade do solo não abrange as jazidas, minas e demais recursos minerais, os potenciais de energia hidráulica, os monumentos arqueológicos e outros bens referidos por leis especiais. Sem embargo, o proprietário do solo tem o direito de explorar os recursos minerais de emprego imediato na construção civil, desde que não submetidos a transformação industrial, obedecido o disposto em lei especial (art. 1230, Código Civil).

Na perspectiva normativa, o patrimônio geológico é disciplinado, entre outros dispositivos, pela Constituição Federal de 1988 (arts. 20, IX; 176; 177, 225); pelo Código Civil (arts. 1228 a 1230 etc.) pela Lei nº 6.567, de 24 de setembro de 1978, que dispõe sobre regime especial para exploração e o aproveitamento das substâncias minerais; pela Lei nº 7.805, de 18 de julho de 1989, que cria o regime de permissão de lavra garimpeira; pelo Decreto-lei nº 4.146, de 4 de março de 1942, que dispõe sobre a proteção dos depósitos fossilíferos; pelo Decreto-lei nº 227, de 28 de fevereiro de 1967, que dispõe sobre o Código de Minas; pela Lei nº 11.685, de 02 de junho de 2008, que institui o Estatuto do Garimpeiro, pela Lei nº 13.575, de 26 de dezembro de 2017, que cria a Agência Nacional de Mineração; pelo Decreto nº 9.406, de 12 de junho de 2018, que regulamenta o Código de Mineração e outras leis especiais; pela Resolução CONAMA nº 237, de 19 de dezembro de 1997, que dispõe sobre o licenciamento ambiental; pela Portaria nº 155, de 12 de maio de 2016, do Ministério de Minas e Energia, que aprova

---

12. CPRM. Companhia de Pesquisa de Recursos Minerais. *Serviço Geológico do Brasil*. Patrimônio Geológico. Disponível em: http://www.cprm.gov.br/publique/Gestao-Territorial/Gestao-Territorial/Patrimonio-Geologico-5419.html. Acesso em: 19 ago. 2021.

a Consolidação Normativa do Departamento Nacional de Produção Mineral; pela norma ABNT NBR ISO 14001, que trata de sistemas de gestão ambiental – requisitos com orientações para uso etc.

Assim, o domínio público geológico – que possui como objeto os recursos minerais, os metais preciosos, as rochas e os fósseis – disciplina normativamente as referidas ações de pesquisa, atividades econômicas e ambientais, que serão analisados a seguir.

6.3 RECURSOS MINERAIS

De acordo com Pérez Conejo, a evolução histórico-jurídica do domínio público mineiro perpassou por quatro etapas: 1º – em um primeiro momento histórico, na Grécia as minas eram regidas pelo sistema de atribuição disposto pelo Estado, sendo as minas considerados bens de titularidade estatal. 2º – Em Roma se aplicava o sistema fundiário, em virtude do qual as minas pertenciam ao proprietário do terreno ou do prédio onde se localizem geograficamente. 3º – Na Idade Média adotava-se o sistema regaliano, segundo o qual as minas pertenciam ao monarca ou rei absoluto. As minas, os montes, as salinas e os bosques constituíam direitos menores, mas mantinham a natureza de direitos regalianos. 4º – Na época contemporânea, distingue-se o sistema industrial (França e Itália) e o sistema de ocupação (Alemanha, Reino Unido, Estados Unidos).

No direito francês e italiano, a concessão mineira é outorgada à pessoa que demonstre maiores condições de exploração dos recursos, sem prejuízo das indenizações devidas ao dono da superfície e a retribuição ao descobridor da mina. No direito germânico e anglo-norte-americano, adota-se o sistema da ocupação, conforme ao qual se atribui à mina ao seu descobridor. No direito Mineiro da Espanha, inicialmente foi aplicado o sistema regaliano, passando-se posteriormente ao sistema da ocupação referente descobrimento de tesouro oculto, nos termos dos artigos 351 e 352 do Código Civil. Atualmente, o direito espanhol adota sistema próprio, consistente no dominial, segundo o qual as minas são de domínio público, titularizado pelo Estado, podendo explorar diretamente os bens ou ceder a terceiros, mediante concessão e observância das condições legais. Assim, a legislação vigente sobre o tema em apreço funda-se na Ley de Minas 22/1973, de 21 de julho, modificada pela Ley 54/1980, de 5 de novembro; Regulamento da Ley de Minas, aprovado pelo R. D. 2857/1978, de 25 de agosto; e pelo R. D. Legislativo 1303/1986, de 28 de junho, de adaptação à normativa comunitária europeia em matéria de minas[13].

6.3.1 Código de Minas

Nos termos da legislação, conforme o Código de Minas (Decreto-lei nº 227 de 28 de fevereiro de 1967), considera-se jazida toda massa individualizada de substância

---

13. PÉREZ CONEJO, Lorenzo. *Lecciones de Dominio Público*. Universidade de Málaga: Servicio de Publicaciones e Intercambio Científico, 2004, p. 141-142.

mineral ou fóssil, aflorando à superfície ou existente no interior da terra, e que tenha valor econômico; e mina, a jazida em lavra, ainda que suspensa (art. 4°).

No âmbito doutrinário, de acordo com o dicionário geológico-geomorfológico, denomina-se jazida mineral a "ocorrência de minerais constituindo um depósito natural que existe concentrado em certos pontos da superfície do globo terrestre. Consideram-se assim todas as substâncias minerais de origem natural, mesmo as de origem orgânica, como: carvão, petróleo, calcário etc. As jazidas podem ser classificadas segundo a sua origem, o seu aproveitamento, a sua profundidade etc. Segundo a origem, podem ser divididas do seguinte modo: A) Origem magmática: 1 – Ortomagmática; 2 – Pneumatolítica (pegmatítica); 3 – Hidrotermal. B) Origem sedimentar. C) Origem metamórfica. D) Origem metassomática. As jazidas magmáticas são também chamadas filonares ou intrusivas, devido ao fato do seu jazimento ser em forma de filão incrustado ou intrusivo, isto é, cortando as rochas. Quanto à profundidade, as jazidas podem ser divididas em: 1 – jazidas superficiais; 2 – jazidas profundas"[14].

Classificam-se as minas, segundo a forma representativa do direito de lavra, em duas categorias: I – mina manifestada, a em lavra, ainda que transitoriamente suspensa; II – mina concedida, quando o direito de lavra é outorgado pelo Ministro de Estado de Minas e Energia. Consideram-se partes integrantes da mina: a) edifícios, construções, máquinas, aparelhos e instrumentos destinados à mineração e ao beneficiamento do produto da lavra, desde que este seja realizado na área de concessão da mina: b) servidões indispensáveis ao exercício da lavra; c) animais e veículos empregados no serviço; d) materiais necessários aos trabalhos da lavra, quando dentro da área concedida; e, e) provisões necessárias aos trabalhos da lavra, para um período de 120 (cento e vinte) dias (art. 6°, Código de Minas).

A atividade de mineração abrange a pesquisa, a lavra, o desenvolvimento da mina, o beneficiamento, o armazenamento de estéreis e rejeitos e o transporte e a comercialização dos minérios, mantida a responsabilidade do titular da concessão diante das obrigações deste decreto-lei até o fechamento da mina, que deverá ser obrigatoriamente convalidado pelo órgão regulador da mineração e pelo órgão ambiental licenciador. O exercício da atividade de mineração inclui: I – a responsabilidade do minerador pela prevenção, mitigação e compensação dos impactos ambientais decorrentes dessa atividade, contemplando aqueles relativos ao bem-estar das comunidades envolvidas e ao desenvolvimento sustentável no entorno da mina; II – a preservação da saúde e da segurança dos trabalhadores; III – a prevenção de desastres ambientais, incluindo a elaboração e a implantação do plano de contingência ou de documento correlato; e IV – a recuperação ambiental das áreas impactadas (art. 6°-A, Código de Minas).

O aproveitamento das jazidas depende de alvará de autorização de pesquisa, do Diretor-Geral do DNPM, e de concessão de lavra, outorgada pelo Ministro de Estado

---

14. GUERRA, Antônio Teixeira; GUERRA, Antônio José Teixeira. *Novo dicionário geológico-geomorfológico*. 6. ed. Rio de Janeiro: Bertrand Brasil, 2008, p. 364.

CAPÍTULO 6 • DOMÍNIO PÚBLICO GEOLÓGICO **317**

de Minas e Energia. Independe de concessão do Governo Federal o aproveitamento de minas manifestadas e registradas, as quais, no entanto, são sujeitas às condições que este Código estabelece para a lavra, tributação e fiscalização das minas concedidas (art. 7°).

Far-se-á pelo regime de matrícula o aproveitamento definido e caracterizado como garimpagem, faiscação ou cata. Serão respeitados na aplicação dos regimes de Autorização, Licenciamento e Concessão: a) o direito de prioridade à obtenção da autorização de pesquisa ou de registro de licença, atribuído ao interessado cujo requerimento tenha por objeto área considerada livre, para a finalidade pretendida, à data da protocolização do pedido no Departamento Nacional da Produção Mineral (D.N.P.M), atendidos os demais requisitos cabíveis, estabelecidos neste Código; e b) o direito à participação do proprietário do solo nos resultados da lavra (art. 9° c/c art. 11, "a" e "b").

A participação de que trata o disposto acima será de cinquenta por cento do valor total devido aos Estados, Distrito Federal, Municípios e órgãos da administração direta da União, a título de compensação financeira pela exploração de recursos minerais. O pagamento da participação do proprietário do solo nos resultados da lavra de recursos minerais será efetuado mensalmente, até o último dia útil do mês subsequente ao do fato gerador, devidamente corrigido pela taxa de juros de referência, ou outro parâmetro que venha a substituí-la. O não cumprimento do prazo estabelecido no parágrafo anterior implicará correção do débito pela variação diária da taxa de juros de referência, ou outro parâmetro que venha a substituí-la, juros de mora de um por cento ao mês e multa de dez por cento aplicada sobre o montante apurado (art. 11, §§ 1°, 2°, 3°, Código de Minas).

O Código de Minas também trata da pesquisa mineral. Entende-se por pesquisa mineral a execução dos trabalhos necessários à definição da jazida, sua avaliação e a determinação da exequibilidade do seu aproveitamento econômico. A pesquisa mineral compreende, entre outros, os seguintes trabalhos de campo e de laboratório: levantamentos geológicos pormenorizados da área a pesquisar, em escala conveniente, estudos dos afloramentos e suas correlações, levantamentos geofísicos e geoquímicos; aberturas de escavações visitáveis e execução de sondagens no corpo mineral; amostragens sistemáticas; análises físicas e químicas das amostras e dos testemunhos de sondagens; e ensaios de beneficiamento dos minérios ou das substâncias minerais úteis, para obtenção de concentrados de acordo com as especificações do mercado ou aproveitamento industrial. A definição da jazida resultará da coordenação, correlação e interpretação dos dados colhidos nos trabalhos executados, e conduzirá a uma medida das reservas e dos teores. A exequibilidade do aproveitamento econômico resultará da análise preliminar dos custos da produção, dos fretes e do mercado (art. 14).

A autorização de pesquisa será outorgada pelo DNPM a brasileiros, pessoa natural, firma individual ou empresas legalmente habilitadas, mediante requerimento do interessado. Os trabalhos necessários à pesquisa serão executados sob a responsabilidade profissional de engenheiro de minas, ou de geólogo, habilitado ao exercício da profissão. A autorização de pesquisa será pleiteada em requerimento dirigido ao Diretor-Geral do DNPM, mediante entrega de documentos exigidos pela legislação (arts. 15 e 16).

Por sua vez, entende-se por lavra o conjunto de operações coordenadas objetivando o aproveitamento industrial da jazida, desde a extração das substâncias minerais úteis que contiver, até o beneficiamento das mesmas. Na outorga da lavra, serão observadas as seguintes condições: I – a jazida deverá estar pesquisada, com o Relatório aprovado pelo D.N.P.M.; II – a área de lavra será a adequada à condução técnico-econômica dos trabalhos de extração e beneficiamento, respeitados os limites da área de pesquisa. O requerimento de autorização de lavra será dirigido ao Ministro das Minas e Energia, pelo titular da autorização de pesquisa, ou seu sucessor, e deverá ser instruído com os respectivos documentos (arts. 36, 37 e 38, Código de Minas).

Ademais, ficam sujeitas a servidões de solo e subsolo, para os fins de pesquisa ou lavra, não só a propriedade onde se localiza a jazida, como as limítrofes. Instituem-se Servidões para: a) construção de oficinas, instalações, obras acessórias e moradias; b) abertura de vias de transporte e linhas de comunicações; c) captação e adução de água necessária aos serviços de mineração e ao pessoal; d) transmissão de energia elétrica; e) escoamento das águas da mina e do engenho de beneficiamento; f) abertura de passagem de pessoal e material, de conduto de ventilação e de energia elétrica; g) utilização das aguadas sem prejuízo das atividades preexistentes; e, h) bota-fora do material desmontado e dos refugos do engenho. Instituem-se as Servidões mediante indenização prévia do valor do terreno ocupado e dos prejuízos resultantes dessa ocupação (arts. 59 e 60).

O Código de Minas também estabelece sanções e nulidades em caso de inobservância às normas legais. Assim, o descumprimento das obrigações decorrentes das autorizações de pesquisa, das permissões de lavra garimpeira, das concessões de lavra e do licenciamento previsto implica, dependendo da infração: I – advertência; II – multa; III – caducidade do título; IV – multa diária; V – apreensão de minérios, bens e equipamentos; ou VI – suspensão temporária, total ou parcial, das atividades de mineração. A aplicação das penalidades de advertência, multa, multa diária, apreensão de minérios, bens e equipamentos e suspensão temporária das atividades de mineração compete à Agência Nacional de Mineração (ANM), e a aplicação de caducidade do título, ao Ministro de Estado de Minas e Energia (art. 63).

A multa variará de R$ 2.000,00 (dois mil reais) a R$ 1.000.000.000,00 (um bilhão de reais), segundo a gravidade da infração. Será declarada a caducidade da autorização de pesquisa, ou da concessão de lavra, desde que verificada quaisquer das seguintes infrações: a) caracterização formal do abandono da jazida ou mina; b) não cumprimento dos prazos de início ou reinício dos trabalhos de pesquisa ou lavra, apesar de advertência e multa; c) prática deliberada dos trabalhos de pesquisa em desacordo com as condições constantes do título de autorização, apesar de advertência ou multa; d) prosseguimento de lavra ambiciosa ou de extração de substância não compreendida no Decreto de Lavra, apesar de advertência e multa; e, e) não atendimento de repetidas observações da fiscalização, caracterizado pela terceira reincidência, no intervalo de 1 (hum) ano, de infrações com multas. Extinta a concessão de lavra, caberá ao Diretor--Geral do Departamento Nacional da Produção Mineral – D.N.P.M. – mediante Edital publicado no Diário Oficial da União, declarar a disponibilidade da respectiva área, para fins de requerimento de autorização de pesquisa ou de concessão de lavra (arts. 64 e 65).

São anuláveis os Alvarás de Pesquisa ou Decretos de Lavra quando outorgados com infringência de dispositivos ao Código de Minas. Verificada a causa de nulidade ou caducidade da autorização ou da concessão, salvo os casos de abandono, o titular não perde a propriedade dos bens que possam ser retirados sem prejudicar o conjunto da mina. O Processo Administrativo pela declaração de nulidade ou de caducidade, será instaurado "ex-officio" ou mediante denúncia comprovada (arts. 66, 67 e 68).

Outrossim, o Código de Minas dispõe sobre a garimpagem, Faiscação e Cata. Considera-se: I – garimpagem, o trabalho individual de quem utilize instrumentos rudimentares, aparelhos manuais ou máquinas simples e portáveis, na extração de pedras preciosas, semipreciosas e minerais metálicos ou não metálicos, valiosos, em depósitos de eluvião ou aluvião, nos álveos de cursos d'água ou nas margens reservadas, bem como nos depósitos secundários ou chapadas (grupiaras), vertentes e altos de morros; depósitos esses genericamente denominados garimpos; II – faiscação, o trabalho individual de quem utilize instrumentos rudimentares, aparelhos manuais ou máquinas simples e portáteis, na extração de metais nobres nativos em depósitos de eluvião ou aluvião, fluviais ou marinhos, depósitos esses genericamente denominados faisqueiras; e, III – cata, o trabalho individual de quem faça, por processos equiparáveis aos de garimpagem e faiscação, na parte decomposta dos afloramentos dos filões e veeiros, a extração de substâncias minerais úteis, sem o emprego de explosivos, e as apure por processos rudimentares (art. 70).

Ao trabalhador que extrai substâncias minerais úteis, por processo rudimentar e individual de mineração, garimpagem, faiscação ou cata, denomina-se genericamente, garimpeiro (art. 71).

Caracteriza-se a garimpagem, a faiscação e a cata: I – pela forma rudimentar de mineração; II – pela natureza dos depósitos trabalhados; e, III – pelo caráter individual do trabalho, sempre por conta própria. Dependem de permissão do Governo Federal, a garimpagem, a faiscação ou a cata, não cabendo outro ônus ao garimpeiro, senão o pagamento da menor taxa remuneratória cobrada pelas Coletorias Federais a todo aquele que pretender executar esses trabalhos. Dependem de consentimento prévio do proprietário do solo as permissões para garimpagem, faiscação ou cata, em terras ou águas de domínio privado (arts. 72, 73 e 74).

É vedada a realização de trabalhos de garimpagem, faiscação ou cata, em área objeto de autorização de pesquisa ou concessão de lavra. Atendendo aos interesses do setor minerário, poderão, a qualquer tempo, ser delimitadas determinadas áreas nas quais o aproveitamento de substâncias minerais far-se-á exclusivamente por trabalhos de garimpagem, faiscação ou cata, consoante for estabelecido em Portaria do Ministro das Minas e Energia, mediante proposta do Diretor-Geral do Departamento Nacional da Produção Mineral (arts. 75 e 76).

Por fim, o imposto único referente às substâncias minerais oriundas de atividades de garimpagem, faiscação ou cata, será pago pelos compradores ou beneficiadores autorizados por Decreto do Governo Federal, de acordo com os dispositivos da lei específica. Por motivo de ordem pública, ou em se verificando malbaratamento de determinada riqueza mineral, poderá o Ministro das Minas e Energia, por proposta do Diretor-Geral do D.N.P.M., determinar o fechamento de certas áreas às atividades de garimpagem, faiscação ou cata, ou excluir destas a extração de determinados minerais

6.3.2 Agência Nacional de Mineração

A Lei nº 13.575, de 26 de dezembro de 2017 criou a Agência Nacional de Mineração (ANM), integrante da Administração Pública federal indireta, submetida ao regime autárquico especial e vinculada ao Ministério de Minas e Energia. A norma em apreço extinguiu o Departamento Nacional de Produção Mineral (DNPM).

A ANM, no exercício de suas competências, observará e implementará as orientações e diretrizes fixadas no Decreto-lei nº 227, de 28 de fevereiro de 1967 (Código de Mineração), em legislação correlata e nas políticas estabelecidas pelo Ministério de Minas e Energia, e terá como finalidade promover a gestão dos recursos minerais da União, bem como a regulação e a fiscalização das atividades para o aproveitamento dos recursos minerais no País, competindo-lhe: I – implementar a política nacional para as atividades de mineração; II – estabelecer normas e padrões para o aproveitamento dos recursos minerais, observadas as políticas de planejamento setorial definidas pelo Ministério de Minas e Energia e as melhores práticas da indústria de mineração; III – prestar apoio técnico ao Ministério de Minas e Energia; IV – requisitar, guardar e administrar os dados e as informações sobre as atividades de pesquisa e lavra produzidos por titulares de direitos minerários; V – gerir os direitos e os títulos minerários para fins de aproveitamento de recursos minerais; VI – estabelecer os requisitos técnicos, jurídicos, financeiros e econômicos a serem atendidos pelos interessados na obtenção de títulos minerários;

VII – estabelecer os requisitos e os critérios de julgamento dos procedimentos de disponibilidade de área, conforme diretrizes fixadas em atos da ANM; VIII – regulamentar os processos administrativos sob sua competência, notadamente os relacionados com a outorga de títulos minerários, com a fiscalização de atividades de mineração e aplicação de sanções; IX – consolidar as informações do setor mineral fornecidas pelos titulares de direitos minerários, cabendo-lhe a sua divulgação periódica, em prazo não superior a um ano; X – emitir o Certificado do Processo de Kimberley, de que trata a Lei nº 10.743, de 9 de outubro de 2003, ressalvada a competência prevista no § 2º do art. 6º da referida Lei; XI – fiscalizar a atividade de mineração, podendo realizar vistorias, notificar, autuar infratores, adotar medidas acautelatórias como de interdição e paralisação, impor as sanções cabíveis, firmar termo de ajustamento de conduta, constituir e cobrar os créditos delas decorrentes, bem como comunicar aos órgãos competentes a eventual ocorrência de infração, quando for o caso;

XII – regular, fiscalizar, arrecadar, constituir e cobrar os créditos decorrentes: a) da Compensação Financeira pela Exploração de Recursos Minerais (CFEM), de que trata a Lei nº 7.990, de 28 de dezembro de 1989 ; b) da taxa anual, por hectare, a que se refere o inciso II do caput do art. 20 do Decreto-lei nº 227, de 28 de fevereiro de 1967 (Código de Mineração); e c) das multas aplicadas pela ANM; XIII – normatizar, orientar e fiscalizar a extração e coleta de espécimes fósseis a que se refere o inciso III do caput do art. 10 do Decreto-lei nº 227, de 28 de fevereiro de 1967 (Código de Mineração), e o Decreto-lei nº 4.146, de 4 de março de 1942, e adotar medidas para promoção de sua preservação; XIV – mediar, conciliar e decidir os conflitos entre os agentes da atividade de mineração; XV – decidir sobre direitos minerários e outros requerimentos em procedimentos administrativos de outorga ou de fiscalização da atividade de mineração, observado o disposto no art. 3º desta Lei; XVI – julgar o processo administrativo instaurado em função de suas decisões; XVII – expedir os títulos minerários e os demais atos referentes à execução da legislação minerária, observado o disposto no art. 3º desta Lei; XVIII – decidir requerimentos de lavra e outorgar concessões de lavra das substâncias minerais de que trata o art. 1º da Lei nº 6.567, de 24 de setembro de 1978; XIX – declarar a caducidade dos direitos minerários, cuja outorga de concessões de lavra seja de sua competência; XX – estabelecer as condições para o aproveitamento das substâncias minerais destinadas à realização de obras de responsabilidade do poder público;

XXI – aprovar a delimitação de áreas e declarar a utilidade pública para fins de desapropriação ou constituição de servidão mineral; XXII – estabelecer normas e exercer fiscalização, em caráter complementar, sobre controle ambiental, higiene e segurança das atividades de mineração, atuando em articulação com os demais órgãos responsáveis pelo meio ambiente e pela higiene, segurança e saúde ocupacional dos trabalhadores; XXIII – definir e disciplinar os conceitos técnicos aplicáveis ao setor de mineração; XXIV – fomentar a concorrência entre os agentes econômicos, monitorar e acompanhar as práticas de mercado do setor de mineração brasileiro e cooperar com os órgãos de defesa da concorrência, observado o disposto na Lei nº 12.529, de 30 de novembro de 2011, e na legislação pertinente; XXV – regular e autorizar a execução de serviços de geologia e geofísica aplicados à atividade de mineração, visando ao levantamento de dados técnicos destinados à comercialização, em bases não exclusivas; XXVI – estabelecer os requisitos e procedimentos para a aprovação e decidir sobre o relatório final de pesquisa;

XXVII – apreender, destruir, doar a instituição pública substâncias minerais e equipamentos encontrados ou provenientes de atividades ilegais ou promover leilão deles, conforme dispuser resolução da ANM, com acompanhamento de força policial sempre que necessário, ficando autorizado o leilão antecipado de substâncias minerais e equipamentos, no caso de risco de depreciação, mantido o valor apurado em depósito até o término do procedimento administrativo de perdimento pertinente; XXVIII –

normatizar, fiscalizar e arrecadar os encargos financeiros do titular do direito minerário e os demais valores devidos ao poder público nos termos desta Lei, bem como constituir e cobrar os créditos deles decorrentes e efetuar as restituições devidas; XXIX – normatizar e reprimir as infrações à legislação e aplicar as sanções cabíveis, observado o disposto nesta Lei; XXX – instituir o contencioso administrativo para julgar os créditos devidos à ANM em 1ª instância administrativa e os recursos voluntários, assim como os pedidos de restituição do indébito, assegurados o contraditório e a ampla defesa;

XXXI – manter o registro mineral e as averbações referentes aos títulos e aos direitos minerários; XXXII – expedir certidões e autorizações; XXXIII – conceder anuência prévia aos atos de cessão ou transferência de concessão de lavra cuja outorga seja de sua competência, conforme estabelecido pelo § 3º do art. 176 da Constituição Federal; XXXIV – regulamentar o compartilhamento de informações sobre a atividade de mineração entre órgãos e entidades da União, dos Estados, do Distrito Federal e dos Municípios; XXXV – normatizar o sistema brasileiro de certificação de reservas e recursos minerais, no prazo de até um ano, contado da publicação desta Lei; XXXVI – aprovar seu regimento interno; XXXVII – regulamentar a aplicação de recursos de pesquisa, desenvolvimento tecnológico e inovação, do setor mineral.

A Agência Nacional de Mineração deverá, ao tomar conhecimento de fato que possa configurar indício de infração da ordem econômica, comunicá-lo imediatamente ao Conselho Administrativo de Defesa Econômica (CADE). A ANM deverá, ao tomar conhecimento de fato que possa configurar indício de infração penal, comunicá-lo imediatamente à autoridade competente. As competências de fiscalização das atividades de mineração e da arrecadação da Compensação Financeira pela Exploração de Recursos Minerais (CFEM) poderão ser exercidas por meio de convênio com os Estados, o Distrito Federal e os Municípios, desde que os entes possuam serviços técnicos e administrativos organizados e aparelhados para execução das atividades, conforme condições estabelecidas em ato da ANM (art. 2º, §§ 1º, 2º, 3º e 4º, Lei nº 13.575/2017).

Compete ao Ministro de Estado de Minas e Energia: I – decidir requerimento de lavra e outorgar concessões de lavra; II – declarar a caducidade e a nulidade de concessões de lavra e manifestos de mina; III – conceder anuência prévia aos atos de cessão ou transferência de concessões de lavra e manifestos de mina (art. 3º).

No exercício das competências de fiscalização da ANM, poderão ser requisitados e examinados livros, mercadorias, arquivos ou documentos que repercutam no objeto da fiscalização, e poderão ser realizadas vistorias ou inspeções nas instalações dos titulares de direitos minerários. A ANM disciplinará os prazos e as condições para apresentação de documentos requisitados, salvo na hipótese de vistoria e inspeção, quando a apresentação dos documentos deverá ser imediata. Os livros, os arquivos ou os documentos referidos no caput deste artigo deverão ser conservados até o termo final do prazo de prescrição dos créditos decorrentes das operações a que se refiram (art. 4º, Lei nº 13.575/2017).

6.3.3 Garimpeiros

A Lei nº 11.685, de 2 de junho de 2008, instituiu o Estado do Garimpeiro, dispondo sobre os direitos e deveres do garimpeiro. Conceitualmente, garimpeiro é toda pessoa física de nacionalidade brasileira que, individualmente ou em forma associativa, atue diretamente no processo da extração de substâncias minerais garimpáveis. Por sua vez, garimpo é a localidade onde é desenvolvida a atividade de extração de substâncias minerais garimpáveis, com aproveitamento imediato do jazimento mineral, que, por sua natureza, dimensão, localização e utilização econômica, possam ser lavradas, independentemente de prévios trabalhos de pesquisa, segundo critérios técnicos do Departamento Nacional de Produção Mineral – DNPM. Os minerais garimpáveis são o(a): ouro, diamante, cassiterita, columbita, tantalita, wolframita, nas formas aluvionar, eluvional e coluvial, scheelita, demais gemas, rutilo, quartzo, berilo, muscovita, espodumênio, lepidolita, feldspato, mica e outros, em tipos de ocorrência que vierem a ser indicados, a critério do DNPM (arts. 1º e 2º).

O exercício da atividade de garimpagem só poderá ocorrer após a outorga do competente título minerário, expedido nos termos do Decreto-lei nº 227, de 28 de fevereiro de 1967, e da Lei nº 7.805, de 18 de julho de 1989, sendo o referido título indispensável para a lavra e a primeira comercialização dos minerais garimpáveis extraídos (art. 3º).

Os garimpeiros realizarão as atividades de extração de substâncias minerais garimpáveis sob as seguintes modalidades de trabalho: I – autônomo; II – em regime de economia familiar; III – individual, com formação de relação de emprego; IV – mediante Contrato de Parceria, por Instrumento Particular registrado em cartório; e V – em Cooperativa ou outra forma de associativismo. Os direitos dos garimpeiros são previstos nos art. 5º a 11, ao passo que os deveres constam nos arts. 12 e 13.

É livre a filiação do garimpeiro a associações, confederações, sindicatos, cooperativas ou outras formas associativas, devidamente registradas, conforme legislação específica. As cooperativas, legalmente constituídas, titulares de direitos minerários deverão informar ao DNPM, anualmente, a relação dos garimpeiros cooperados, exclusivamente para fins de registro. Fica o titular de direito minerário obrigado a enviar, anualmente, ao DNPM a relação dos garimpeiros que atuam em sua área, sob a modalidade de Contrato de Parceria, com as respectivas cópias desses contratos (arts. 14, 15 e 17, Lei nº 11.685 de 2008).

6.3.4 Regulamento da mineração

O Decreto nº 9.406, de 12 junho de 2018, regulamenta o Código de Minas, o regime especial para exploração e o aproveitamento das substâncias minerais, o regime de permissão de lavra garimpeira e a Agência Nacional de Mineração.

São fundamentos para o desenvolvimento da mineração: I – o interesse nacional; e II – a utilidade pública. As jazidas minerais são caracterizadas: I – por sua rigidez locacional; II – por serem finitas; e III – por possuírem valor econômico (art. 2°). Dessa forma, a atividade de mineração funda-se no interesse nacional e na promoção da utilidade pública dos recursos. Sem embargo, as jazidas minerárias caracterizam-se pela finitude e rigidez locacional, de modo que a operação exploratória deve ser exercida com respeito aos demais interesses da sociedade, sobretudo no que se refere ao direito ambiental. De tal preceito exsurge a necessidade de equilíbrio entre os diversos bens jurídicos, a fim de promover o desenvolvimento econômico e social ao mesmo tempo em que se preserva o meio ambiente, harmonizando-os racionalmente.

Esclareça-se que a locução rigidez locacional significa a intransigência do lugar a ser minerado, uma vez que o recurso minerário encontra-se em local específico na natureza, isto é, em determinado espaço geográfico, de modo que somente é possível a mineração onde ele está localizado. Por conseguinte, o empreendedor não dispõe de livre escolha relativamente ao local onde será exercida a atividade minerária, pois a lavra apenas pode ser realizada no local onde a natureza as colocou. "Isso faz com que o legislador tenha que criar marcos regulatórios especiais para a mineração. A sociedade, dependente dos bens minerais, deve propiciar condições para o desenvolvimento deles"[15].

Da mesma forma, Romeu Thomé assevera: "uma das principais características da mineração é a rigidez locacional das jazidas. Somente é possível minerar onde há minério e, não raras vezes, esse recurso se encontra exatamente em áreas ambientalmente relevantes. O postulado do desenvolvimento sustentável, surgido a partir da Conferência de Estocolmo (1972), é invocado pelas normas jurídicas nacionais e internacionais como fator de obtenção do justo equilíbrio entre a exploração minerária, o desenvolvimento socioeconômico e a preservação do meio ambiente. É incontroversa, portanto, a necessidade de harmonização da atividade mineira com a proteção dos ecossistemas naturais"[16].

A rigidez locacional ocorre porque "a matéria-prima, o minério, não é uma produção ou criação humana e sim uma riqueza natural formada, ao longo do tempo geológico, que pode chegar a milhões de anos. '[...] uma conjugação de fatores físicos, químicos e geológicos permitiu seu acúmulo em tal quantidade e teor que podem ser economicamente extraídos'. Esta rigidez locacional se deve ao fato da não ubiquidade destes bens minerais e faz com que algumas regiões do planeta sejam privilegiadas com grande potencial mineral, em relação a outros em que estas ocorrências praticamente inexistem. Além do que, é o tipo de minério que determinará sua exploração. A rigidez

---

15. FREIRE, William. *Características da mineração e seus reflexos no direito minerário*. Janeiro de 2012. Artigos. Disponível em: https://williamfreire.com.br/publicacoes/artigos/caracteristicas-da-mineracao-e-seus-reflexos-no-direito-minerario/. Acesso em: 11 set. 2021.

16. THOMÉ, Romeu. *Manual de direito ambiental*. 4. ed. Salvador: JusPodivm, 2014, p. 488.

CAPÍTULO 6 • DOMÍNIO PÚBLICO GEOLÓGICO **325**

locacional dos depósitos minerais é o elemento que retrata tanto a riqueza mineral de alguns países, como a carência de minérios em outros" (Scliar)[17].

Tendo em vista a notável relevância da matéria e a necessidade de uniformizá-la no território nacional, compete à União – como ente representativo do poder central – organizar a administração dos recursos minerais, a indústria de produção mineral e a distribuição, o comércio e o consumo de produtos minerais. A organização acima inclui, entre outros aspectos, a formulação de políticas públicas para a pesquisa, a lavra, o beneficiamento, a comercialização e o uso dos recursos minerais. Compete à Agência Nacional de Mineração – ANM observar e implementar as orientações, as diretrizes e as políticas estabelecidas pelo Ministério de Minas e Energia e executar o disposto no Decreto-lei nº 227, de 1967 – Código de Mineração, e nas normas complementares (arts. 3º e 4º).

A atividade de mineração abrange a pesquisa, a lavra, o desenvolvimento da mina, o beneficiamento, a comercialização dos minérios, o aproveitamento de rejeitos e estéreis e o fechamento da mina (art. 5º). Ao interessado cujo requerimento de direito minerário tenha por objeto área considerada livre para a finalidade pretendida na data da protocolização do requerimento na ANM é assegurado o direito de prioridade para a obtenção do título minerário, atendidos os demais requisitos estabelecidos no Decreto-lei nº 227, de 1967 – Código de Mineração, neste Decreto e na legislação correlata (art. 7º).

Os regimes de aproveitamento de recursos minerais são: I – regime de concessão, quando depender de Portaria do Ministro de Estado de Minas e Energia ou quando outorgada pela ANM, se tiver por objeto as substâncias minerais de que trata o art. 1º da Lei nº 6.567, de 1978; II – regime de autorização, quando depender de expedição de alvará pela ANM; III – regime de licenciamento, quando depender de licença expedida em obediência a regulamentos administrativos locais e de registro da licença na ANM; IV – regime de permissão de lavra garimpeira, quando depender de permissão expedida pela ANM; e V – regime de monopolização, quando, em decorrência de lei especial, depender de execução direta ou indireta do Poder Executivo federal (art. 13).

Todavia, não se aplica as disposições acima elencadas quando se tratar de: I – órgãos da administração direta e autárquica da União, dos Estados, do Distrito Federal e dos Municípios, sendo-lhes permitida, por meio de registro de extração, a ser disciplinado em Resolução da ANM, a extração de substâncias minerais de emprego imediato na construção civil, definidas em Portaria do Ministro de Estado de Minas e Energia, para uso exclusivo em obras públicas por eles executadas diretamente, respeitados os direitos minerários em vigor nas áreas onde devam ser executadas as obras e vedada a comercialização; e II – trabalhos de movimentação de terras e de desmonte de materiais in natura que se fizerem necessários à abertura de vias de transporte e a obras gerais de

---

17. LIMA, Valdivino Borges de. Minérios e mineração: a rigidez locacional e a exploração industrial. *IX EREGEO* – Encontro Regional de Geografia. Novas territorialidades – integração e redefinição regional. Porto Nacional, julho de 2005. Disponível em: https://files.cercomp.ufg.br/weby/up/215/o/LIMA_valdivino_borges__minerios_minera__o.pdf. Acesso em: 11 set. 2021.

terraplenagem e de edificações, desde que não haja comercialização das terras e dos materiais resultantes dos referidos trabalhos e ficando o seu aproveitamento restrito à utilização na própria obra (art. 13, parágrafo único, Decreto n° 9.406/2018).

O titular poderá requerer à ANM que emita declaração de utilidade pública para fins de instituição de servidão mineral ou de desapropriação de imóvel (art. 41). O alvará de autorização de pesquisa, a concessão de lavra, o licenciamento e a permissão de lavra garimpeira poderão ser objeto de cessão ou de transferência, total ou parcial, desde que o cessionário satisfaça os requisitos constitucionais, legais e normativos aplicáveis. É admitida a cessão total ou parcial do direito minerário após a vigência da autorização de pesquisa e antes da outorga da concessão de lavra (art. 42).

A concessão da lavra poderá ser oferecida em garantia para fins de financiamento. A ANM estabelecerá em Resolução as hipóteses de oneração de direitos minerários e os requisitos e os procedimentos para a averbação de cessões, transferências e onerações de direitos minerários (arts. 43 e 44).

O Decreto n° 9.406/2018 prevê ainda infrações e sanções administrativas em caso de não cumprimento das obrigações decorrentes da autorização de pesquisa, da concessão de lavra, do licenciamento e da permissão de lavra garimpeira, consistentes em: I – advertência; II – multa; e III – caducidade do título. Compete à ANM a aplicação das sanções de advertência, de multa e de caducidade, exceto de caducidade de concessão de lavra de substância mineral que não se enquadre no disposto no art. 1° da Lei n° 6.567, de 1978, que será aplicada em ato do Ministro de Estado de Minas e Energia. A aplicação dessas sanções deverá ser precedida de notificação do titular, de modo a assegurar os princípios do contraditório e da ampla defesa, conforme estabelecido em Resolução da ANM e, para a caducidade de concessão de lavra de substância mineral que não se enquadre no disposto no art. 1° da Lei n° 6.567, de 1978, conforme estabelecido em ato do Ministro de Estado de Minas e Energia (art. 52)[18].

6.3.5 Licenciamento ambiental mineiro

O exercício da atividade minerária – que integra o domínio público geológico – requer o atendimento de normas constitucionais, os princípios da precaução, do desenvolvimento sustentável, do poluído-pagador, do dever de recuperação da área degradada, a realização de estudo de impacto ambiental, a obtenção prévia do licenciamento ambiental etc. A Constituição Federal determina expressamente: "aquele que explorar recursos minerais fica obrigado a recuperar o meio ambiente degradado, de acordo com solução técnica exigida pelo órgão público competente, na forma da lei" (art. 225, § 2°).

---

18. BRASIL. Decreto n° 9.406, de 12 de junho de 2018. *Regulamenta o Decreto-lei n° 227, de 28 de fevereiro de 1967, a Lei n° 6.567, de 24 de setembro de 1978, a Lei n° 7.805, de 18 de julho de 1989, e a Lei n° 13.575, de 26 de dezembro de 2017.* Disponível em: https://www.in.gov.br/materia/-/asset_publisher/Kujrw0TZC2Mb/content/id/25406081/do1-2018-06-13-decreto-n-9-406-de-12-de-junho-de-2018-25405926.

CAPÍTULO 6 • DOMÍNIO PÚBLICO GEOLÓGICO **327**

Regulamentando a matéria, a Lei nº 7.805/1989 estabelece que "a outorga da permissão de lavra garimpeira depende de prévio licenciamento ambiental concedido pelo órgão ambiental competente" (art. 3º). Além disso, incide a responsabilidade do titular por eventuais danos causados ao meio ambiente: "o titular de autorização de pesquisa, de permissão de lavra garimpeira, de concessão de lavra, de licenciamento ou de manifesto de mina responde pelos danos causados ao meio ambiente" (art. 19).

Igualmente, a Resolução CONAMA nº 9, de 6 de dezembro de 1990, assevera que "a realização da pesquisa mineral quando envolver o emprego de guia de utilização, fica sujeita ao licenciamento ambiental pelo órgão competente". Para tanto, o empreendedor deverá requerer ao órgão ambiental competente a licença de operação para pesquisa mineral apresentando o plano de pesquisa mineral, com a avaliação do impacto ambiental e as medidas mitigadoras a serem adotadas (art. 1º, parágrafo único).

A Res. 9/1990 do CONAMA prevê a figura de três tipos de licença: licença prévia, licença de instalação e licença de operação. "A Licença Prévia deverá ser requerida ao órgão ambiental competente, ocasião em que o empreendedor deverá apresentar os Estudos de Impacto Ambiental com o respectivo Relatório de Impacto Ambiental, conforme Resolução CONAMA nº 1/86, e demais documentos necessários. O órgão ambiental competente, após a análise da documentação pertinente, decidirá sobre a concessão da LP" (art. 4º). A Licença de Instalação deverá ser requerida ao meio ambiental competente, ocasião em que o empreendedor deverá apresentar o Plano de Controle Ambiental-PCA, que conterá os projetos executivos de minimização dos impactos ambientais avaliados na fase da LP, acompanhado dos demais documentos necessários (art. 5º). Após a obtenção da Portaria de lavra e a implantação dos projetos constantes do PCA, aprovados quando da concessão da Licença de Instalação, o empreendedor deverá requerer a Licença de Operação (LO), apresentando a documentação necessária. O órgão ambiental competente, após a verificação da implantação dos projetos constantes do PCA e a análise da documentação pertinente, decidirá sobre a concessão da LO (art. 7º).

O Decreto nº 97.507, de 13 de fevereiro de 1989, dispõe sobre licenciamento de atividade minerária, bem como o uso do mercúrio metálico e do cianeto em áreas de extração de ouro. As atividades, individual ou coletiva, que realizam extração mineral em depósitos de colúvio, elúvio ou aluvião, nos álveos (placeres) de cursos d'água ou nas margens reservadas, bem como nos depósitos secundários, chapadas, vertentes e altos dos morros utilizando equipamentos do tipo dragas, moinhos, balsas, pares de bombas (chupadeiras), bicas ("cobra fumando") e quaisquer outros equipamentos que apresentem afinidades, deverão ser licenciados pelo órgão ambiental competente (art. 1º).

É vedado o uso de mercúrio na atividade de extração de ouro, exceto em atividade licenciada pelo órgão ambiental competente. Ficam igualmente vedadas as atividades acima mencionadas em mananciais de abastecimento público e seus tributários e em outras áreas ecologicamente sensíveis, a critério do órgão ambiental competente, bem como o emprego do processo de cianetação, resguardado o licenciamento do órgão ambiental competente (arts. 2º e 3º).

A criação de reservas garimpeiras deverá ser condicionada a um prévio licenciamento junto ao órgão ambiental competente. O não cumprimento do referido Decreto sujeitará o infrator à imediata interdição da atividade, além das penalidades previstas na legislação vigente (art. 4º).

Assente-se que inobservância das referidas normas sujeita o infrator às sanções penais, conforme a Lei nº 9.605 de 12 fevereiro de 1998. Isso porque a execução de pesquisa, lavra ou extração de recursos minerais sem a competente autorização, permissão, concessão ou licença, ou em desacordo com a obtida é sancionada com pena de detenção de seis meses a um ano e multa. Nas mesmas penas incorre quem deixa de recuperar a área pesquisada ou explorada, nos termos da autorização, permissão, licença, concessão ou determinação do órgão competente (art. 55).

Da mesma forma, a Lei nº 7.805/1989 – que trata do regime de lavra garimpeira – tipifica a conduta de realizar trabalhos de extração de substâncias minerais sem a competente permissão, concessão ou licença, constitui crime, sujeitando o agente às penas de reclusão de três meses a três anos e multa. Sem prejuízo da ação penal cabível, a extração mineral realizada sem a competente permissão, concessão ou licença acarretará a apreensão do produto mineral, das máquinas, veículos e equipamentos utilizados, os quais, após transitada em julgado a sentença que condenar o infrator, serão vendidos em hasta pública e o produto da venda recolhido à conta do Fundo Nacional de Mineração, instituído pela Lei nº 4.425, de 8 de outubro de 1964 (art. 21, parágrafo único).

6.4 METAIS PRECIOSOS

O segundo objeto integrante do domínio público geológico são os metais preciosos. Conforme o dicionário Caldas Aulete, o "metal" traduz-se em denominação genérica que designa certos corpos minerais simples, muitos brilhantes, geralmente muito pesados, relativamente maleáveis e dúcteis, sendo bons condutores do calor e da eletricidade, tais como o ouro, o ferro, a platina etc.[19]

De acordo com o Serviço Geológico do Brasil, "são chamados de metais preciosos (ou metais nobres) o ouro, a prata e os metais do grupo da platina. Estes compreendem platina, paládio, ródio, rutênio, irídio e ósmio. O ouro e a prata são os mais importantes e os mais conhecidos. Mas a platina é bem mais valiosa. Na indústria joalheira, usa-se ouro, prata, platina, paládio e ródio, este último geralmente como revestimento de outros metais (banho de ródio). Os metais preciosos são todos raros na crosta terrestre, embora possam estar muito disseminados, como é o caso do ouro. Possuem alta densidade, são maleáveis (podem ser reduzidos a folhas) e dúcteis (podem ser reduzidos a fios)".

"O ouro é o elemento químico de número atômico 79 e massa atômica 196,97. É um metal do Grupo 1B da tabela periódica, como a prata e o cobre. O ouro raramente

---

19. AULETE, Caldas. *Dicionário contemporâneo da língua portuguesa*. 3. ed. Rio de Janeiro: Delta, 1974, v. III, p. 2341.

CAPÍTULO 6 • DOMÍNIO PÚBLICO GEOLÓGICO **329**

se combina com outros elementos, sendo, por isso, encontrado na natureza geralmente no estado nativo. Cristaliza na forma de cubos e octaedros, mas é muito mais comum encontrá-lo na forma de escamas, massas irregulares (pepitas) ou fios irregulares. É opaco e tem cor amarela típica, mas, quando pulverizado, pode ser vermelho, preto ou púrpura. Seu brilho é metálico, a dureza baixa (2,5 a 3,0) e a densidade muito alta (19,30). A baixa dureza permite que ele seja facilmente riscado com um canivete ou mesmo com um pedaço de vidro. Devido à alta maleabilidade, quando martelado amassa em vez de quebrar. Se mordido, fica com marcas dos dentes. O brilho não é muito intenso, ao contrário do que muitos pensam".

Noutro giro, "a pirita é um sulfeto de ferro que, por sua semelhança com o ouro, é chamada popularmente de 'ouro dos trouxas' ou 'ouro dos tolos'. Ela é, na verdade, até bem diferente do ouro. É bem mais leve que ele, não é maleável e seu brilho costuma ser bem mais forte. E, ao contrário do ouro, é comum aparecer na forma de belos cristais. O ouro ocorre em aluviões e em veios de quartzo associados a rochas intrusivas ácidas. É encontrado também como teluretos e ligas naturais, pois geralmente contém algo de prata. Forma série isomórfica com a prata, ou seja, a mistura ouro-prata pode ocorrer em todas as proporções. Está muito disseminado na crosta terrestre, geralmente associado ao quartzo ou à pirita. Estima-se haver quase nove milhões de toneladas de ouro dissolvido na água do mar. Um dos poucos elementos com o qual o ouro se combina é o telúrio, formando teluretos. Assim, esse metal é encontrado em minerais como krennerita, calaverita e silvanita. A liga com prata chama-se eletro.

Registre-se que "o ouro é o mais maleável e o mais dúctil dos metais. Com 1 g desse metal, podem-se obter até 2.000 m de fio ou lâminas de 0,96 m² e apenas 0,0001 mm de espessura. É bom condutor de calor e eletricidade e não é afetado nem pelo ar, nem pela maioria dos reagentes químicos. Há quem o considere o mais belo dos elementos químicos. Seu ponto de fusão é 1.063 °C. O ouro é usado principalmente em moedas; em segundo lugar, em joias e decoração. É útil também em odontologia (hoje muito pouco usado), instrumentos científicos, fotografia e indústria eletrônica. Para confecção de joias, usam-se ligas com 75% de ouro (o chamado ouro 18 quilates) ou, às vezes, com apenas 58,33% (ouro 14 quilates). É empregado também em fotografia, na forma de ácido cloro-áurico (HAuCl4), e na indústria química, em ligas com cobre, prata, níquel e outros metais".

No que se refere aos principais produtores, o ouro "é produzido principalmente na África do Sul (11 % da produção mundial em 2006), seguindo-se EUA, Austrália, China e Peru. Entre 1700 e 1850, o Brasil foi o maior produtor de ouro do mundo, com um total de 16 toneladas no período de 1750-1754, originada predominantemente das aluviões da região do Quadrilátero Ferrífero, em Minas Gerais. A importância do Brasil continuou crescente até a primeira metade do século XIX, quando perdeu a liderança diante das grandes descobertas de ouro aluvionar da Califórnia, nos Estados Unidos. Entre 1965 e 1996, nossa produção alcançou 877 toneladas, representando cerca de 4% da produção mundial. O ouro brasileiro é extraído principalmente em Minas Gerais e no Pará. Em 2003, a produção foi de 40,4 t e em 2004, de 47,6 t de ouro. Segundo o Mapa de Reservas de Ouro do Brasil, elaborado em 1998 pelo Serviço Geológico do Brasil, as reservas em ouro brasileiras são estimadas em 2.283 toneladas". Por fim, "o preço do ouro varia constantemente, já que é muito usado como investimento. Em 29 de junho de 2007, a onça-troy (31,103 gramas) valia US$ 647, metade do preço da platina (US$ 1.273), mas quase o dobro do preço do paládio (US$ 365)"[20].

Registre-se que se o ouro for utilizado como ativo financeiro, sujeitar-se-á às disposições da Lei nº 7.766, de 11 de maio de 1989. "O ouro em qualquer estado de pureza, em bruto ou refinado, quando destinado ao mercado financeiro ou à execução da política cambial do País, em operações realizadas com a interveniência de instituições integrantes do Sistema Financeiro Nacional, na forma e condições autorizadas pelo Banco Central do Brasil, será desde a extração, inclusive, considerado ativo financeiro ou instrumento cambial". Enquadra-se na definição em apreço: I – o ouro envolvido em operações de tratamento, refino, transporte, depósito ou custódia, desde que formalizado compromisso de destiná-lo ao Banco Central do Brasil ou à instituição por ele autorizada; II – as operações praticadas nas regiões de garimpo onde o ouro é extraído, desde que o ouro na saída do Município tenha o mesmo destino a que se refere a primeira hipótese. As negociações com o ouro, na condição de ativo financeiro, efetuada nos pregões das bolsas de valores, de mercadorias, de futuros ou assemelhadas, ou no mercado de balcão com a interveniência de instituição financeira autorizada, serão consideradas operações financeiras (art. 1º).

Por sua vez, "a prata é o elemento de número atômico 47 e massa atômica 107,87. É um metal do grupo 1B, como o ouro e o cobre. A prata cristaliza no sistema cúbico (como o ouro) e seus cristais podem ser cubos, dodecaedros ou octaedros. Entretanto, eles são raros e o mineral é geralmente acicular, fibroso, dendrítico ou irregular. Tem cor cinza (prateada), inclusive quando em pó. Não tem clivagem. Sua dureza é baixa (2,5 a 3,0); e a densidade, alta (10,50), mas muito inferior à do ouro. Ocorre em filões. Possui intenso brilho metálico, o qual enfraquece se o ar contiver enxofre, o que geralmente ocorre nas cidades. A prata é um metal muito dúctil e maleável. Permite obter lâminas com 0,003 mm de espessura e fios de 100 m pesando apenas 38 mg. Duas peças de prata podem ser soldadas a marteladas, desde que aquecidas a 600ºC. Seu ponto de fusão é 960 ºC. É o metal que melhor conduz o calor e a eletricidade".

Relativamente às fontes de obtenção, "a prata forma 129 minerais, sendo extraída de muitos deles, como pirargirita, argentita, acantita, cerargirita, galena argentífera, stromeyerita, tetraedrita, pearceíta, proustita, stephanita, tennantita, polibasita, silvanita e prata nativa. Pode ser obtida também como subproduto na metalurgia do zinco, do ouro, do níquel e do cobre. Ela está muitíssimo menos disseminada que o ouro na

---

20. BRANCO, Pércio de Moraes. Serviço Geológico do Brasil – CPRM. *Metais preciosos*. Disponível em: http://www.cprm.gov.br/publique/CPRM-Divulga/Canal-Escola/Metais-Preciosos-1041.html. Acesso em: 19 ago. 2021.

natureza. Usa-se prata em: moedas, espelhos, talheres, joalheria, odontologia (como amálgama), soldas, explosivos (fulminato), chuvas artificiais (iodeto), óptica (cloreto), fotografia (nitrato), germicida, objetos ornamentais e ligas com cobre. Para joias e objetos ornamentais, usam-se ligas com 10% de cobre (prata 90 ou prata 900) ou, mais frequentemente, com 95% de prata (prata 950). O maior produtor de prata é o México, com 2.748 t (dados de 2002), seguindo-se Peru, China e Austrália, todos com mais de 2.000 t. O Brasil produziu em 2002 apenas 10 t, em Minas Gerais e sobretudo no Paraná, como subproduto do chumbo. A maior pepita de prata conhecida foi encontrada em Sonora (México) e tinha 1.026 kg"[21].

Outro metal importante é a platina. "A platina é o elemento químico de número atômico 78 e massa atômica 195,09. Pertence ao grupo 8B da tabela periódica, junto com o níquel e o paládio. A platina é um mineral do sistema cúbico, geralmente encontrada em grãos irregulares, raramente em octaedros ou cubos. Tem cor cinza-aço, traço cinza brilhante, brilho metálico, sem clivagem. É, às vezes, magnética. Tem dureza 4,0 a 4,5 e densidade 21,40 (altíssima). A platina é um metal maleável, dúctil, resistente à corrosão pelo ar, solúvel em água-régia. Absorve hidrogênio como o paládio. Provoca explosão do hidrogênio ou do oxigênio. Seu ponto de fusão é 1.773,5 °C".

Ela "pode ser extraída de vários minerais: sperrylita, platinirídio, polixênio, cooperita e ferroplatina. A platina nativa ocorre na natureza geralmente misturada com ferro, irídio, paládio e níquel. Ocorre em aluviões e em rochas básicas, como dunitos, piroxenitos e gabros. É empregada em joalheria (com 35% de paládio e 5% de outros metais), instrumental para laboratório, odontologia, eletricidade, ogivas de mísseis, catalisadores, pirômetros, liga com cobalto, fornos elétricos de alta temperatura, fotografia e em vários outros produtos industriais. A platina é produzida principalmente pela África do Sul (134 t em 2002), seguindo-se Rússia (35 t), Canadá (7 t) e Estados Unidos (4,39 t). Em 29 de junho de 2007, a onça-troy de platina valia US$ 1.273, quase o dobro do preço do ouro (US$ 647)".

Por último, há que tecer comentários sobre metal o paládio. O paládio tem número atômico 46 e massa atômica 106,4. Pertence ao mesmo grupo da platina (8B). É um mineral do sistema cúbico, de cor cinza-aço, que ocorre na forma de grãos (pepitas), às vezes com estrutura fibrorradiada. É séctil, de brilho metálico. Tem dureza 4,5 a 5,0 e densidade 11,40. O paládio é inoxidável, dúctil e muito maleável, podendo ser reduzido a folhas de 0,0001 mm de espessura. Seu ponto de fusão é 1.500 °C. Tem notável capacidade de absorção de hidrogênio (até 900 vezes seu próprio volume), formando possivelmente PdH2. O paládio é extraído dos minerais de platina".

No que se refere aos usos, esse elemento "é usado como catalisador, em instrumentos odontológicos (prótese e ortodontia) e cirúrgicos e em relojoaria e joalheria

---

21. BRANCO, Pércio de Moraes. Serviço Geológico do Brasil – CPRM. *Metais preciosos*. Disponível em: http://www.cprm.gov.br/publique/CPRM-Divulga/Canal-Escola/Metais-Preciosos-1041.html. Acesso em: 19 ago. 2021.

(neste caso como substituto da platina). Forma ligas com ouro (ouro marrom, ouro branco-médio, ouro branco-suave). Em 2002, o maior produtor de paládio foi a Rússia (84 t), seguindo-se África do Sul, Estados Unidos e Canadá". No que alude ao preço, "Em 29 de junho de 2007, a onça-troy de paládio valia US$ 365, pouco mais da metade do valor do ouro (US$ 647)"[22].

6.5 ROCHAS

O terceiro objeto que compõe o domínio público geológico são as rochas. De acordo com o dicionário Caldas Aulete, as rochas são "formações naturais de substâncias minerais ou mineralizadas que, no seu conjunto, integram a litosfera. Classificam-se de ordinário com base na origem, na composição química, na textura e na estrutura"[23].

Conforme o Dicionário Geológico-Geomorfológico, rocha é o "conjunto de minerais ou apenas um mineral consolidado. As rochas que afloram na superfície do globo terrestre não apresentam sempre o mesmo aspecto. As suas diferenciações estão ligadas a uma série de fatores, tais como: origem, composição química, estrutura, textura, tipo de clima, declive, cobertura vegetal, tempo geológico etc. Todos estes fatores intervêm em grau maior ou menor nas diferenciações que as rochas superficiais possam apresentar. Quanto à origem podem ser classificadas em três grupos: 1 – magmáticas; 2 – sedimentares; 3 metamórficas; quanto à composição química das rochas o assunto é mais complexo. Se tomarmos como ponto de partida a acidez da rocha, isto é, a porcentagem de sílica, elas podem ser classificadas em: 1 – ácidas, 2 – básicas, 3 – neutras, 4 – ultrabásicas; quanto ao estado cristalização da estrutura cristalina podem ser divididas em: 1 – holocristalina, 2 – holoialina, 3 – criptocristalina, 4 – hipocristalina e, quanto à textura, em: 1 – granular, 2 – porfiroide (microlítica e microgranular), 3 – vítrea".

Noutra banda, "para os engenheiros construtores de estradas, a classificação dos materiais de escavação constitui um sério problema. Geralmente eles classificam as rochas nas seguintes categorias: rocha branda, rocha semibranda e rocha dura. Em certos casos especificam mais ainda, classificando-as em: rocha duríssima e rocha lamelar. Em geologia, ou em geomorfologia, esta classificação das rochas feita pelos engenheiros não tem valor científico. O que realmente interessa é a gênese, a composição química, a textura e a estrutura. Por conseguinte, rocha em geologia é todo material que compõe a crosta terrestre (excluindo a água e o gelo), que se estende por áreas com extensões diversas, apresentando, todavia, os mesmos caracteres. Uma rocha pode ser formada de um agrupamento de minerais ou por um único mineral. E inversamente um mineral pode entrar na constituição de rochas muito diferentes.

---

22. BRANCO, Pércio de Moraes. Serviço Geológico do Brasil – CPRM. *Metais preciosos*. Disponível em: http://www.cprm.gov.br/publique/CPRM-Divulga/Canal-Escola/Metais-Preciosos-1041.html. Acesso em: 19 ago. 2021.

23. AULETE, Caldas. *Dicionário contemporâneo da língua portuguesa*. 3. ed. Rio de Janeiro: Delta, 1974, v. IV, p. 3212.

CAPÍTULO 6 • DOMÍNIO PÚBLICO GEOLÓGICO   **333**

É de inestimável valor para os geólogos e geomorfológicos a utilização de fotografias áreas e imagens de radar e satélite para se identificar os diferentes tipos de rochas que aparecem na superfície do globo"[24].

Considerando o interesse econômico no aproveitamento, a Lei nº 6.567 de 24 de setembro de 1978 dispõe sobre regime especial para exploração e o aproveitamento das substâncias minerais. Dessa forma, poderão ser aproveitados pelo regime de licenciamento, ou de autorização e concessão, na forma da lei: I – areias, cascalhos e saibros para utilização imediata na construção civil, no preparo de agregados e argamassas, desde que não sejam submetidos a processo industrial de beneficiamento, nem se destinem como matéria-prima à indústria de transformação; II – rochas e outras substâncias minerais, quando aparelhadas para paralelepípedos, guias, sarjetas, moirões e afins; III – argilas para indústrias diversas; VI – carbonatos de cálcio e de magnésio empregados em indústrias diversas. O aproveitamento das substâncias minerais acima referidas fica adstrito à área máxima de cinquenta hectares (art. 1º da Lei nº 6.567/1978).

O aproveitamento mineral por licenciamento é facultado exclusivamente ao proprietário do solo ou a quem dele tiver expressa autorização, salvo se a jazida situar-se em imóveis pertencentes a pessoa jurídica de direito público, bem como se insuficiente produção da jazida. O licenciamento depende da obtenção, pelo interessado, de licença específica, expedida pela autoridade administrativa local, no município de situação da jazida, e da efetivação do competente registro no Departamento Nacional da Produção Mineral (D.N.P.M.), do Ministério das Minas e Energia, mediante requerimento. Tratando-se de aproveitamento de jazida situada em imóvel pertencente a pessoa jurídica de direito público, o licenciamento ficará sujeito ao prévio assentimento desta e, se for o caso, à audiência da autoridade federal sob cuja jurisdição se achar o imóvel, na forma da legislação específica (art. 2º e 3º da Lei nº 6.567/1978).

O requerimento de registro de licença sujeita o interessado ao pagamento de emolumentos em quantia correspondente a 12 (doze) vezes o valor atualizado da Obrigação Reajustável do Tesouro Nacional (ORTN), a qual deverá ser antecipadamente recolhida ao Banco do Brasil S.A., à conta do Fundo Nacional de Mineração-Parte Disponível. Da instrução do requerimento de registro da licença deverá constar, dentre outros elementos, a comprovação da nacionalidade brasileira do interessado, pessoa natural, ou registro da sociedade no órgão de registro de comércio de sua sede, se se tratar de pessoa jurídica, bem assim da inscrição do requerente no órgão próprio do Ministério da Fazenda, como contribuinte do imposto único sobre minerais, e memorial descritivo da área objetivada na licença. O licenciamento fica adstrito à área máxima de 50 (cinquenta) hectares – arts. 4º e 5º.

Será autorizado pelo Diretor-Geral do D.N.P.M. e efetuado em livro próprio o registro da licença, do qual se formalizará extrato a ser publicado no Diário Oficial da

---

24. GUERRA, Antônio Teixeira; GUERRA, Antônio José Teixeira. *Novo dicionário geológico-geomorfológico.* 6. ed. Rio de Janeiro: Bertrand Brasil, 2008, p. 549-551.

União, valendo como título do licenciamento. Incumbe à autoridade municipal exercer vigilância para assegurar que o aproveitamento da substância mineral só se efetive depois de apresentado ao órgão local competente o título de licenciamento. O licenciado é obrigado a comunicar, imediatamente, ao D.N.P.M. a ocorrência de qualquer substância mineral útil não compreendida no licenciamento (arts. 6º e 7º).

A critério do D.N.P.M., poderá ser exigida a apresentação de plano de aproveitamento econômico da jazida. O titular do licenciamento é obrigado a apresentar ao D.N.P.M., até 31 de março de cada ano, relatório simplificado das atividades desenvolvidas no ano anterior, consoante for estabelecido em portaria do Diretor-Geral desse órgão (arts. 8º e 9º).

Será ainda determinado o cancelamento do registro de licença, por ato do Diretor--Geral do D.N.P.M., publicado no Diário Oficial da União, nos casos de: I – insuficiente produção da jazida, considerada em relação às necessidades do mercado consumidor; II – suspensão, sem motivo justificado, dos trabalhos de extração, por prazo superior a 6 (seis) meses; III – aproveitamento de substâncias minerais não abrangidas pelo licenciamento, após advertência. Publicado o ato determinativo do cancelamento do registro de licença, a habilitação ao aproveitamento da jazida, sob o regime de licenciamento, estará facultada a qualquer interessado, independentemente de autorização do proprietário do solo, observados os demais requisitos previstos nesta Lei. É vedado ao proprietário do solo, titular do licenciamento cujo registro haja sido cancelado, habilitar-se ao aproveitamento da jazida (art. 10).

Outrossim, o titular do licenciamento obtido nas circunstâncias mencionadas anteriormente é obrigado a pagar ao proprietário do solo renda pela ocupação do terreno e indenização pelos danos ocasionados ao imóvel, em decorrência do aproveitamento da jazida, observado, no que couber, o disposto no art. 27 do Código de Mineração (art. 11, Lei nº 6.567/1978).

6.6 FÓSSEIS

Finalmente, o quarto objeto que integra o domínio público geológico são os fósseis. Segundo o dicionário Caldas Aulete, o vocábulo fóssil é o "nome dado aos corpos ou vestígios de corpos organizados, conchas, plantas etc., encontrados naturalmente no seio da terra, fora das condições normais da sua existência, por virtude da formação das camadas do globo terrestre"[25].

Conforme o dicionário geológico-geomorfológico, o fóssil consiste no "resto ou vestígio de seres orgânicos (vegetais ou animais) que deixaram suas pegadas na rocha da crosta terrestre. Constituem a ampulheta geológica. A idade das camadas não é uma idade absoluta em anos, o que seria impossível, mas uma idade relativa, ou seja, o lugar

---

25. AULETE, Caldas. *Dicionário contemporâneo da língua portuguesa*. 3. ed. Rio de Janeiro: Delta, 1974, v. III, p. 1649.

ocupado pela camada em relação às outras. Nas camadas mais recentes, as espécies fósseis são idênticas às espécies atuais, enquanto nas camadas antigas são bem diferentes, a tal ponto que podemos dizer que são tão mais diferentes quanto mais antigo for o fóssil. Graças aos fósseis podemos identificar, por exemplo, a idade de um terreno na América do Sul, na América do Norte, na Europa, na Ásia, na Austrália etc., e dizer qual a sua posição na coluna geológica"[26].

De acordo com o Serviço Geológico do Brasil, "fósseis são restos ou vestígios de animais e vegetais preservados em rochas. Restos são partes de animal (ex.: ossos, dentes, escamas) ou planta (ex.: troncos) e vestígios são evidências de sua existência ou de suas atividades (ex.: pegadas). Geralmente ficam preservadas as estruturas mais resistentes do animal ou da planta, as chamadas partes duras (como dentes, ossos e conchas). As partes moles (como vísceras, pele e vasos sanguíneos) preservam-se com muito mais dificuldade. Pode ocorrer também o caso ainda mais raro de ficarem preservadas tanto as partes duras quanto as moles, como no caso de mamutes lanudos que foram encontrados intactos no gelo e de alguns insetos que fossilizam em âmbar".

"Considera-se fóssil aquele ser vivo que viveu há mais de 11 mil anos, ou seja, antes do Holoceno, que é a época geológica atual. Restos ou evidências antigas, mas com menos de 11 mil anos, como os sambaquis, são classificados como subfósseis. A paleontologia, o estudo dos fósseis, divide-se em: paleozoologia (estudo dos fósseis animais), paleobotânica (estudo dos fósseis vegetais) e paleoicnologia (estudo dos icnofósseis, estruturas resultantes das atividades dos seres vivos, como pegadas, sulcos, perfurações ou escavações). A paleobiologia é o ramo da paleontologia que estuda os fósseis e suas relações dentro da biosfera, e a paleopalinologia estuda os pólens e esporos".

"A fossilização resulta da ação combinada de processos físicos, químicos e biológicos. Para que ela ocorra, ou seja, para que a natural decomposição e desaparecimento do ser que morreu seja interrompida e haja preservação são necessárias algumas condições, como rápido soterramento e ausência de ação bacteriana, que é a responsável pela decomposição dos tecidos. Também influenciam na formação dos fósseis o modo de vida do animal e a composição química de seu esqueleto. Entre os restos animais passíveis de preservação incluem-se as estruturas formadas de sílica (óxido de silício), como as espículas das esponjas; a calcita (carbonato de cálcio), como as conchas de muitos moluscos e os corais; a quitina, substância que forma o esqueleto dos insetos; e a celulose, encontrada na madeira. É interessante observar que folhas, caules, sementes e polens podem ser preservados, mas normalmente não aparecem juntos".

A fossilização pode se dá por diferentes modos: "Incrustação: ocorre quando substâncias trazidas pelas águas que se infiltram no subsolo depositam-se em torno do animal ou planta, revestindo-o. Ocorre, por exemplo, em animais que morreram no interior de cavernas. Dos materiais que se depositam os mais comuns são calcita,

---

26. GUERRA, Antônio Teixeira; GUERRA, Antônio José Teixeira. *Novo dicionário geológico-geomorfológico.* 6. ed. Rio de Janeiro: Bertrand Brasil, 2008, p. 286

pirita, limonita e sílica. Os famosos peixes fósseis da Chapada do Araripe parecem ter se formado dessa maneira: morto o animal, ele foi para o fundo do mar e, ao começar a se decompor, passou a liberar amônia. Essa gerou um ambiente alcalino em torno dos restos, promovendo a precipitação de bicarbonato de cálcio. Isso explica por que as concreções hoje encontradas têm sempre forma e tamanho semelhantes aos do animal ou grupo de animais recobertos. Permineralização: bastante frequente, ocorre quando substâncias minerais são depositadas em cavidades existentes em ossos e troncos, por exemplo. É assim que se forma a madeira petrificada".

"Recristalização: rearranjo da estrutura cristalina de um mineral, dando-lhe mais estabilidade. Exemplo clássico é a transformação de aragonita em calcita. Em ambientes muito secos e áridos, a rápida desidratação também leva à preservação de animais (inclusive de corpos humanos). Chama-se isso de mumificação. A foto ao lado mostra uma mulher mumificada em ambiente desértico (deserto de Atacama, no Chile). – Carbonificação ou incarbonização: ocorre quando há perda de substâncias voláteis (oxigênio, hidrogênio e nitrogênio principalmente), restando uma película de carbono. É mais frequente em estruturas formadas de lignina, quitina, celulose ou queratina. Os fósseis do tipo vestígios não são restos de um ser vivo, mas evidências de que ele existiu. Se uma concha é preenchida e totalmente recoberta por sedimento, vindo depois a se dissolver, poderá ficar esculpido no material que a preencheu um molde interno e, no que a recobriu, um molde externo. E se o espaço antes ocupado for preenchido ter-se-á um contramolde".

"Outros vestígios são as impressões, deixadas, por exemplo, por folhas em sedimentos carbonosos, frequentes acima e abaixo das camadas de carvão de Santa Catarina. Também são considerados vestígios os coprólitos (excrementos de animais), os gastrólitos (pequenas pedras que as aves e alguns répteis possuem no aparelho digestivo), os ovos (isolados ou reunidos em ninhos), as marcas de dentadas (deixadas por dinossauros, por exemplo) e os já citados icnofósseis (pegadas, sulcos etc.). Animais e plantas que existem ainda hoje e que pouco mudaram ao longo da história da Terra são chamados de fósseis vivos. Exemplos são a planta gingko biloba e animais como o límulo (limulus polyphemus) e o celacanto (latimeria chalmnae), um peixe que até 1938 se julgava estar extinto"[27].

O Decreto-Lei n° 4.146, de 4 de março de 1942 dispõe sobre a proteção dos depósitos fossilíferos. Os depósitos fossilíferos são propriedade da Nação, e, como tais, a extração de espécimes fósseis depende de autorização prévia e fiscalização do Departamento Nacional da Produção Mineral, do Ministério da Agricultura. Todavia, independem dessa autorização e fiscalização as explorações de depósitos fossilíferos feitas por museus nacionais e estaduais, e estabelecimentos oficiais congêneres, devendo, nesse caso, haver prévia comunicação ao Departamento Nacional da Produção Mineral (art. 1°).

---

27. BRANCO, Pércio de Moraes. Serviço Geológico do Brasil – CPRM. *O que são e como se formam os fósseis?* Disponível em: http://www.cprm.gov.br/publique/CPRM-Divulga/Canal-Escola/O-que-sao-e-como-se-formam-os-fosseis%3F-1048.html. Acesso em: 19 ago. 2021.

A Portaria nº 155, de 12 de maio de 2016, do Ministério de Minas e Energia, trata da autorização e da comunicação prévia para extração de fósseis. Para esta norma, fóssil significa "resto, vestígio ou resultado da atividade de organismo que tenha mais de 11.000 anos ou, no caso de organismo extinto, sem limite de idade, preservados em sistemas naturais, tais como rochas, sedimentos, solos, cavidades, âmbar, gelo e outros, e que sejam destinados a Museus, Estabelecimentos de Ensino e outros fins científicos. Depósito fossilífero: qualquer sistema natural que contenha um ou mais fósseis. Extração de fóssil: coleta de qualquer fóssil encontrado na superfície, no subsolo, nas cavidades naturais ou nos meios aquáticos, com uso ou não de ferramenta, para fins científicos ou didáticos, sem finalidade econômica. Salvamento paleontológico: coleta exaustiva de fóssil do local de ocorrência de modo a mitigar o risco iminente de destruição ou dano irreversível, incluindo, também, as medidas que se fizerem necessárias para a sua curadoria científica (art. 297).

A extração de espécimes fósseis no território nacional dependerá de autorização prévia e estará sujeita à fiscalização do Departamento Nacional de Produção Mineral (DNPM). Independerá dessa autorização e fiscalização a extração de fósseis em depósitos fossilíferos realizada por museus nacionais e estaduais, e estabelecimentos oficiais congêneres, devendo, nesse caso, haver prévia comunicação ao DNPM. Serão objeto de autorização ou comunicação de extração de fósseis: I – atividades relacionadas a projetos técnicos de salvamento paleontológico ou projetos científicos; e II – atividades de caráter científico, técnico ou didático. É vedada a outorga de autorização para extração de fósseis com o propósito específico de comercialização dos fósseis extraídos (arts. 298 e 299).

Caberá ao interessado obter a permissão de acesso aos depósitos fossilíferos situados em terrenos de terceiros. Os danos e os prejuízos que possam ser causados a terceiros pelos trabalhos de extração são de responsabilidade do titular da autorização ou do autor da comunicação. A autorização para extração de fósseis poderá ser requerida por: I – profissional ou estudante vinculado a museu ou instituição científica da esfera municipal; II – profissional ou estudante vinculado a museu ou instituição científica privados; III – solicitação do Conselho Nacional de Desenvolvimento Científico e Tecnológico – CNPq, no caso de expedição científica; IV – profissional ou estudante estrangeiro, se enquadrado nos termos dos casos especiais; V – profissional estrangeiro sob contrato de trabalho junto a instituição competente; VI – profissional responsável pela execução de programa de salvamento paleontológico no âmbito do licenciamento ambiental; e VII – profissional autônomo que apresente declaração de endosso da instituição científica depositária do material fóssil coletado (arts. 300 e 301).

A autorização para extração de fósseis terá prazo de vigência idêntico àquele estimado no projeto científico ou técnico, ou das atividades de caráter científico, técnico ou didático. O prazo da autorização para extração de fósseis poderá ser sucessivamente prorrogado por decisão do Diretor de Fiscalização da Atividade Minerária do DNPM, desde que formulado antes do término do prazo em vigor e mediante comprovação da continuidade do projeto ou justificativa fundamentada para a continuidade das atividades de caráter científico, técnico ou didático. Enquanto o DNPM não se manifestar sobre eventual pedido de prorrogação, a validade da autorização anterior se estenderá pelo prazo solicitado, desde que o pedido tenha sido apresentado no prazo (art. 307).

Sempre que possível, o salvamento paleontológico em áreas de mineração será executado concomitantemente à atividade de lavra. A autorização para extração de fósseis expedida pelo DNPM não dispensará o titular da obtenção das anuências previstas em outros instrumentos legais em vigor, quando for o caso (arts. 309 e 310). A extração de espécimes fósseis em território nacional, feita por museus nacionais e estaduais e estabelecimentos oficiais congêneres, deverá ser previamente comunicada ao DNPM, mediante preenchimento do formulário próprio. O interessado deverá comunicar a extração de fósseis ao DNPM para cada projeto ou atividade de caráter científico, técnico ou didático (art. 312 e 313).

Por fim, o interessado apresentará ao DNPM o Formulário de Atividades Executadas, no prazo de 30 dias, contados da data de vencimento da autorização ou do último dia do período da coleta comunicada. O fornecimento de informações falsas ocasionará o cancelamento da autorização concedida, bem como a apreensão do material fóssil extraído (arts. 314 e 316 da Portaria nº 155 de 2016).

6.7 JURISPRUDÊNCIA

6.7.1 Mineração

"Agravo regimental no recurso extraordinário com agravo. Direito Civil. Responsabilidade civil. Mineração. Reparação de danos. Fatos e provas. Cláusulas contratuais. Reexame. Impossibilidade. Legislação infraconstitucional. Ofensa reflexa. Precedentes. 1. É inadmissível, em recurso extraordinário, o reexame dos fatos e das provas dos autos, bem como da legislação infraconstitucional e das cláusulas que regem o contrato firmado entre as partes. Incidência das Súmulas nºs 279 e 454/STF". (STF – Tribunal Pleno – ARE 1216563 AgR – Rel. Min. Dias Toffoli – Julgamento: 20.09.2019).

"Direito de propriedade – Proteção constitucional – Instituição de servidão de passagem de linhas de transmissão de energia elétrica – Garantia de indenização plena – Jazidas minerais existentes no imóvel afetado pela servidão de passagem – Ressarcibilidade dos direitos inerentes à concessão de lavra – A questão constitucional da propriedade do solo e da propriedade mineral – Recurso improvido. Recursos minerais e domínio constitucional da união – O sistema de direito constitucional positivo vigente no Brasil – fiel à tradição republicana iniciada com a Constituição de 1934 – instituiu verdadeira separação jurídica entre a propriedade do solo e a propriedade mineral (que incide sobre as jazidas, em lavra ou não, e demais recursos minerais existentes no imóvel) e atribuiu, à União Federal, a titularidade da propriedade mineral, para o específico efeito de exploração econômica e/ou de aproveitamento industrial. A propriedade mineral submete-se ao regime de dominialidade pública. Os bens que a compõem qualificam-se como bens públicos dominiais, achando-se constitucionalmente integrados ao patrimônio da União Federal. Concessão de lavra – Indenizabilidade – O sistema minerário vigente no Brasil atribui, à concessão de lavra – que constitui verdadeira res in comercio –, caráter negocial e conteúdo de natureza econômico-financeira. O impedimento causado pelo Poder Público na exploração empresarial das jazidas legitimamente concedidas gera o dever estatal de indenizar o minerador que detém, por efeito de regular delegação presidencial, o direito de industrializar e de aproveitar o produto resultante da extração mineral. Objeto de indenização há de ser o título de concessão de lavra, enquanto bem jurídico suscetível de apreciação econômica, e não a jazida em si mesma considerada, pois esta, enquanto tal, acha-se incorporada ao domínio patrimonial da União Federal. A concessão de lavra, que viabiliza a exploração empresarial das potencialidades das jazidas minerais, investe o concessionário em posição jurídica favorável, eis que, além de conferir-lhe a titularidade de determinadas prerrogativas legais, acha-se essencial-mente impregnada, quanto ao título que a legitima, de valor patrimonial e de conteúdo econômico. Essa situação subjetiva de vantagem atribui, ao concessionário da lavra, direito, ação e pretensão à indenização, toda vez que, por ato do Poder Público, vier o particular a ser obstado na legítima fruição de todos os benefícios resultantes do processo de extração mineral". (STF – RE 140254 AgR/SP – Primeira Turma – Rel. Min. Celso de Mello – Julgamento: 05.12.1995).

"Administrativo. Mandado de segurança. Código de mineração. Art. 87. Pesquisa e lavra. Suspensão de processo administrativo. Interesse público. Não constitui ilegalidade o ato que indefere a suspensão no curso de procedimentos administrativos, visando, após os trabalhos de pesquisa, a titulação de área para efeito de exploração mineral, uma vez que o art. 87 do Código de Mineração resguarda não apenas a continuidade, mas o próprio início das atividades de lavra. E certo que o mencionado dispositivo não se presta a neutralizar toda e qualquer intervenção judicial, como se poderia deduzir do seu texto, mas, para afastar o interesse público envolvido na exploração de riquezas minerais, há que se contrapor valor público de igual ou maior expressão que, na espécie, não se vislumbra. Recurso ordinário a que se nega provimento". (STF – Primeira Turma – RMS 22025 – Rel. Min. Ilmar Galvão – Julgamento: 15.12.1994).

Processual Civil e Administrativo. Compensação financeira pela exploração de minérios – CFEM. Receita patrimonial da União. Decadência para a constituição e lançamento do crédito. Aplicação do prazo decenal previsto na Lei nº 10.852/2004, que alterou o art. 47 da Lei nº 9.636/1998, aos valores devidos e anteriores ao novo prazo, computando-se o tempo transcorrido sob a égide da legislação anterior (Lei nº 9.821/1999). Possibilidade. Agravo interno provido para dar provimento ao recurso especial, divergindo do ministro relator. (STJ – Primeira Turma – AgInt no REsp 1621718/SC – Rel. Min. Napoleão Nunes Maia Filho – Rel. p/ acórdão: Min. Benedito Gonçalves – Data do Julgamento 26.05.2020).

3. A Corte de origem decidiu a controvérsia de modo integral e suficiente ao consignar que qualquer órgão da Administração Pública Federal pode agir e atuar quando constatada a ocorrência de dano ambiental; e, em reforço, pontuou que o dano ambiental tem relação direta com a atividade de mineração, pois decorrente de transbordamento de material poluente represado em bacia de acumulação de mina explorada pela ora recorrente, atividade sujeita a controle da União por meio da Agência Nacional de Mineração (sucessora do Departamento Nacional de Produção Mineral) – órgão que apurou o descumprimento de normas de segurança que provocou o dano ambiental do caso concreto. Nessas circunstâncias, não há falar em violação ao art. 1.022 do CPC/2015. 5. No caso concreto, o dano ambiental decorreu de atividade de mineração, sujeita ao poder de polícia do DNPM (litisconsorte ativo), por isso competente a Justiça Federal para processar e julgar ação civil pública proposta pelo Ministério Público Federal com o objetivo de obter, além do pagamento de indenização por danos morais coletivos, a imposição de obrigação de adoção de medidas de segurança para evitar novos acidentes envolvendo material poluente. (STJ – Segunda Turma – AgInt no AREsp 1499874/SC – Rel. Min. Mauro Campbell Marques – Data do Julgamento 19.11.2019).

Penal. Processual penal. Art. 55 da Lei nº 9.605/1998. Extração de recursos minerais sem competente autorização. Extinção da punibilidade. Prescrição. art. 2º, caput, da Lei nº 8.176/1991. Usurpação do patrimônio público da união. Atividade de lavra mineral (diamante) em embarcação conhecida como "draga". Princípio da insignificância. Não aplicação. Caráter pluriofensivo da conduta. Valor econômico dos exemplares encontrados. Crime formal. Mero exaurimento do crime. Indisponibilidade do patrimônio público. Oferecimento da suspensão condicional do processo. Apelação ministerial parcialmente provida. – Nos termos do art. 55 da Lei nº 9.605/1998, constitui crime ambiental a extração de recursos minerais sem (ou em desacordo com) a competente autorização, permissão, concessão ou licença, sendo o bem jurídico tutelado a preservação do patrimônio natural, especialmente solo, subsolo e vegetação existente sobre a área, bem como a preservação do meio ambiente como um todo, ou seja, como direito difuso, inerente a todos os brasileiros. – O crime previsto no art. 55 da Lei de Crimes Ambientais prevê a pena máxima em abstrato de 01 (um) ano, o que indica um prazo prescricional de 04 (quatro) anos, nos termos do art. 109, inciso V, do Código Penal. Assim, considerando-se que o recebimento da denúncia deu-se em 18.04.2012, tendo havido o decurso do prazo prescricional sem qualquer causa de interrupção ou suspensão da prescrição, a punibilidade deve ser declarada extinta, com fulcro no art. 107, inciso IV, do Código Penal. – De acordo com o art. 2º da Lei nº 8.176/1991, constitui crime contra o patrimônio público, na modalidade usurpação, explorar, sem autorização legal, matérias-primas pertencentes à União, as quais devem ser entendidas como substâncias em estado bruto, principal e essencial, com as quais algo pode ser fabricado ou, em outras palavras, substâncias destinadas à obtenção de produto técnico por meio de processo químico, físico ou biológico. Inserem-se, pois, no conceito de matérias-primas pertencentes à União, os recursos minerais em geral, inclusive os do subsolo (inteligência do art. 20, IX da CF), dentre os quais se incluem terra e/ou areia, recursos que podem ser utilizados, p. ex., como matéria-prima para a fabricação de vidro ou para a construção civil. Em se constatando a exploração, sem a necessária autorização legal, de areia, restará caracterizado, em princípio, o delito previsto no art. 2º da Lei nº 8.176/1991. – Ainda que a Lei nº 8.176/1991 seja expressa ao aduzir que os crimes nela previstos são delitos contra a ordem econômica, no caso do crime de usurpação de matéria-prima pertencente à União (in casu, a exploração de minérios) é manifesta a lesão também ao bem jurídico relacionado à proteção ao meio ambiente. – A própria Constituição Federal de 1988, em seu art. 225, § 2º, prevê expressamente a correlação entre o meio ambiente ecologicamente equilibrado e a exploração de recursos minerais, obrigando aquele que o fizer "a recuperar o meio ambiente degradado, de acordo com solução técnica exigida pelo órgão competente, na forma da lei". Nesse sentido, precedente que reconhece o caráter pluriofensivo da conduta de explorar recurso mineral e suas implicações ao meio ambiente. – Assim, tratando-se de delito que envolve o meio ambiente, há de se ter extrema cautela na aplicação do princípio da insignificância. Como bem reconhecido em diversos precedentes jurisprudenciais, em matéria ambiental, esta deve ficar reservada a situações excepcionalíssimas, em que sejam ínfimas a ofensividade e a reprovabilidade social da conduta e nas quais os princípios de precaução e prevenção possam ser mitigados. – A alegação de que o princípio da insignificância deveria ser aplicado no caso em concreto em razão do baixo valor econômico dos exemplares encontrados em poder dos acusados (R$ 33,59, segundo o Laudo de Exame de Minerais- fls. 103/104) não merece prosperar. Tratando-se de delito formal, sua consumação ocorre com o início das atividades extrativas do minério sem a autorização do órgão competente e, portanto, o delito estaria configurado independentemente do valor dos produtos apreendidos e, inclusive, mesmo à revelia da efetiva apreensão de quaisquer pedras preciosas em poder dos acusados, o que, como já mencionado, representa mero exaurimento do crime. – Ainda, válido ressaltar que tal valor apontado pelo referido Laudo (R$ 33,59) trata-se, na verdade, do valor das pedras não lapidadas. Quando lapidadas, conforme documento acostado às fls. 15/16, o valor destas pode chegar a aproximadamente R$ 2.000,00 (dois mil reais), o que por si só, afastaria o reconhecimento do princípio da bagatela. – Frise-se, ainda, que a usurpação de minérios, matéria-prima pertencente à União, configura lesão econômica ao patrimônio público, o que, considerando a indisponibilidade do patrimônio público, torna ainda mais excepcional a aplicação do princípio da insignificância. – Considerando-se que, no momento da prolação da sentença em 1ª instância, foi declarada extinta a punibilidade dos acusados com relação ao art. 55 da Lei de Crimes Ambientais, remanescendo tão somente a imputação do art. 2º da Lei nº 8.176/1991, cuja pena prescrita é de 01 (um) a 05 (cinco) anos de detenção, é de rigor que seja oportunizada a manifestação do Ministério Público Federal sobre o eventual cabimento do benefício da suspensão condicional do processo previsto no art. 89 da Lei Federal nº 9.099/1995. (TRF3 – Décima Primeira Turma – Acórdão nº 0001503-37.2009.4.03.6106 – Des. Fed. Fausto de Sanctis – Data 13.02.2020).

Habeas corpus. Crime de poluição ambiental. Art. 54 da Lei nº 9.605/98. Falta de interesse direto da união. Competência da justiça estadual. 1. Inexistindo lesão direta e específica a bens, serviços ou interesses da União, de suas entidades autárquicas ou empresas públicas, não compete ao Judiciário Federal a persecutio in iudicio do crime de poluição ambiental (art. 54 da Lei nº 9.605/98). 2. O fato da pessoa jurídica empregar minérios como matéria-prima (com a devida autorização governamental) não significa, necessariamente, que a poluição causada pela ausência de filtros em seus equipamentos exaustores justifique a aplicação da regra estatuída no artigo 109, IV, da CF/88. 3. Se o bem jurídico em tese violado consiste na saúde da comunidade vizinha à empresa dos réus, assim como na preservação da flora e fauna de área tutelada por lei municipal, deve o feito ser processado e julgado pela Justiça Estadual. (TRF4 – Oitava Turma – Acórdão nº 2006.04.00.025222-2 – Rel. Élcio Pinheiro de Castro – Data 27.09.2006).

Penal. Exploração irregular de pedreira. Crime contra o patrimônio da união. Art. 2º da Lei nº 8.176/91. Erro de tipo. Incorrência. Dolo configurado. Pena. Prescrição. 1. Restando demonstrado nos autos que os acusados tinham ciência da necessidade de autorização do Poder Público para exercer a extração de minérios (exploração de pedreira) mostra-se incabível a alegação de erro de tipo. 2. Sentença absolutória reformada. 3. Extinção da pretensão punitiva pela pena in concreto (art. 109, V c/c art. 107, IV, do CP). (TRF4 – Oitava Turma – Acórdão nº 2003.71.00.007173-5 – Rel. Élcio Pinheiro de Castro – Data da publicação 21.09.2005).

Processo penal. Crime de extração ilegal de minérios. Art. 55 da lei nº 9.605/98. Competência. Justiça Federal. Compete à Justiça Federal processar e julgar o crime previsto no art. 55 da Lei nº 9.605/98, tendo em vista que a extração ilegal de recursos minerais ofende bens da União (art. 20, inc. IX, CF). Precedentes. (TRF4 – Oitava Turma – Acórdão nº 2000.72.04.001767-4 – Rel. Élcio Pinheiro de Castro – Data 11.03.2002).

Habeas corpus. Crime ambiental. Extração de recursos minerais sem autorização (Lei 7.805/89 e Lei 9.605/98). Retroatividade. Competência. Funcionário público. Crime comum. Procedimento. Tipicidade. Transação penal. Nulidade do processo. l. Os recursos minerais são bens da União, de forma que a competência para processar e julgar crimes de extração de minérios é federal (art. 109, IV, da Constituição). Precedentes do STJ. 2. A oportunidade dada ao acusado de apresentar resposta à denúncia, nos termos do artigo 514 do CPP, quando não se trata de crime de responsabilidade dos funcionários públicos (arts. 312 a 326 do CP), não implica qualquer nulidade, eis que este procedimento é, indubitavelmente, mais favorável ao réu, não havendo, destarte, prejuízo algum para a defesa (art. 563 – CPP). 3 – A conduta do paciente foi típica, pois, ao tempo do fato – 19.08.97 – vigia a Lei nº 7.805/89, que incriminava a extração de substâncias minerais sem permissão. Aplica-se a Lei nº 9.605/98 quanto aos aspectos mais favoráveis ao réu (art. 5º, XL, da Magna Carta e art. 2º, parágrafo único, do Código Penal). 4 – A interpretação do art. 27 da Lei nº 9.605/98 indica que, mesmo havendo comprovada impossibilidade de ser feita a composição do dano ambiental, cabível a proposta de aplicação imediata da pena restritiva de direitos ou multa. 5 – A transação penal deve ser proposta mesmo nos processos em curso, sem que isto implique anulação dos atos já efetivados. Estando o feito em primeira instância, lá deve ser proposto este benefício legal. Caso os autos estejam em grau de recurso, converte-se o julgamento em diligência para que seja oportunizada a proposta de transação. 6 – A ausência de juizados especiais criminais na Justiça Federal não impede que se possibilite ao réu o benefício do art. 76 da Lei nº 9.099/95. 7 – Ordem parcialmente concedida a fim de que seja oportunizada ao réu a proposta de transação penal prevista no art. 76 da Lei nº 9.099/95, combinado com o art. 27 da Lei nº 9.605/98. (TRF4 – Segunda Turma – 1999.04.01.093627-7 – Rel. Élcio Pinheiro de Castro – Data 11.11.1999).

Mandado de segurança. Concessão de uso de uma área de terras para exploração de pedra de basalto pelo poder municipal. Cancelamento pelo DNPM. Legalidade do ato. 1. À falta de lei complementar que venha disciplinar o exercício da competência comum prevista no art. 23, XI da CF, a autorização para exploração de minérios está a cargo da União Federal, conforme disposto no Código de Mineração. Hipótese em que se afigura legítima a cassação, pelo DNPM, de concessão de uso dada por Prefeitura Municipal. 2. Apelação improvida. (TRF4 – Quarta Turma – acórdão nº 95.04.45450-0 – Rel. Paulo Afonso Brum Vaz – Data 06.04.1999).

Penal e processo penal. Crime contra meio ambiente e usurpação de patrimônio da união. Art. 55 da Lei 9.605/98 e art. 2º da Lei 8.176/91. Extração ilegal de recursos minerais não comprovada. Recurso ministerial desprovido. 1 – A comercialização de matéria-prima (blocos de granitos) e movimentação de funcionários em pedreira, após recente expiração de licença autorizativa, não são provas seguras para afirmar a extração ilegal de minérios, mormente, quando há provas de que, dias antes da autuação das empresas, o órgão ambiental (IEMA) havia visitado o local e encontrado atividade paralisada, e determinado uma série de intervenções no terreno para deferir licença ambiental requerida por uma das empresas. 2 – Recurso ministerial desprovido. (TRF2 – 1ª Turma Especializada – 0000041-72.2012.4.02.5005 – Rel. Antônio Ivan Athié – Data 25.09.2017).

Apelação cível. Mandado de segurança. Departamento nacional de mineração. Portaria de lavra. Descoberta de nova substância mineral. Necessidade de licença ambiental para cada substância mineral. Legalidade do ato. Apelação desprovida. 2. A extração mineral é uma atividade altamente degradadora do meio ambiente. A legislação brasileira, ao longo do tempo, foi enfatizando a importância de um meio ambiente ecologicamente equilibrado, bem como foi estabelecendo critérios para a exploração dos recursos minerais. 3. A Resolução nº 01, do Conselho Nacional do Meio Ambiente CONAMA, estabeleceu a necessidade de elaboração do Estudo de Impacto Ambiental e seu respectivo Relatório de Impacto Ambiental – EIA/RIMA para qualquer atividade de mineração, inclusive de minérios de classe II, conforme o Código de Mineração, destinados à construção civil. O Decreto nº 99.274/1990, que regulamentou a Lei nº 6.938/81, que trata da Política Nacional do Meio Ambiente, estabeleceu, em seu artigo 19, acerca das licenças ambientas necessárias à execução das atividades econômicas consideradas potencialmente poluidoras. 4. Ainda que os minerais se encontrem juntos na área a ser explorada, a areia e o saibro são substâncias minerais distintas, com composições químicas próprias, que tão somente foram a grupadas na mesma "classe" mineral, conforme dispõe o artigo 8º do Decreto nº 62.934/68. 5. A expedição da Portaria de Lavra depende das licenças ambientais previstas no artigo 19 do Decreto nº 99.274/1990 – Licença Prévia, Licença de Instalação e Licença de Operação, que devem ser expedidas em relação à atividade potencialmente poluidora que se pretende executar, e, no caso em tela, tendo em vista que se trata da extração de duas substâncias minerais distintas, não há falar em ilegalidade na exigência formulada pelo DNPM de que sejam efetuados estudos ambientais e obtidas as licenças devidas em relação à extração de saibro para a obtenção da Portaria de Lavra. 6. Apelação desprovida. (TRF2 – Acórdão nº 0011678-28.2009.4.02.5101 – Rel. Guilherme Diefenthaeler – 8ª Turma Especializada – Data 16.05.2016).

I – Trata-se de procedimento de jurisdição voluntária, instaurado através de cópia de Alvará de Pesquisa enviado pelo Departamento Nacional de Produção Mineral – DNPM à Comarca de Resende / RJ, visando obter a avaliação da renda e dos danos e prejuízos que possam ser causados em virtude de trabalhos de pesquisa de minérios. II – As jazidas, em lavra ou não, e demais recursos minerais e os potenciais de energia hidráulica constituem propriedade distinta da do solo, para efeito de exploração ou aproveitamento, e pertencem à União (CF, Art. 176). Ressalta-se, por sua vez, que o Departamento Nacional de Produção Mineral – DNPM é autarquia federal vinculada ao Ministério das Minas e Energia, com competência para administrar tais recursos minerais. III – O artigo 27 do Código de Mineração (Decreto-Lei n. 227, de 28 de fevereiro de 1967) impõe ao titular da autorização o pagamento de uma renda pela ocupação dos terrenos, bem como uma indenização pelos danos que possam causar com os trabalhos de pesquisa mineral, aos respectivos proprietários ou posseiros. Assim sendo, quando o titular da autorização de pesquisa deixa de apresentar prova do acordo com o proprietário ou possuidor do solo, o Departamento Nacional de Produção Mineral envia uma cópia do Alvará de Pesquisa ao Juiz da Comarca onde está localizada a jazida, para que seja instaurado procedimento de jurisdição voluntária com o intuito de determinar o valor da renda pela ocupação do terreno e da indenização pelos eventuais danos e prejuízos. (TRF2 – 0003144-96.2014.4.02.0000 – Rel. José Antônio Neiva – Data 21.05.2014).

6.7.2 Metais preciosos

3. Os fundamentos do acórdão no sentido de ter como justificável todas as cautelares, além da fiança, isto é, autorização de viagem, recolhimento noturno e comparecimento mensal, tomaram por norte a proteção da ordem pública, na média em que apontaram para a necessidade de impedir a continuidade da ação delitiva, qual seja, extração ilegal de metais preciosos, cuja atividade é sabidamente perniciosa ao meio ambiente à comunidade. (STJ – Sexta Turma – RHC 72663 / MT – Rel. Min. Maria Thereza de Assis Moura – Data do Julgamento 22.11.2016).

CAPÍTULO 6 • DOMÍNIO PÚBLICO GEOLÓGICO **345**

Processual civil. Agravo de instrumento. Penhora sobre pedras preciosas. Avaliação por perito judicial. Possibilidade. I-) A alegação de que as pedras preciosas oferecidas à constrição não são de fácil vendagem carece de razoabilidade, uma vez que se trata de argumento subjetivo, mesmo porque existe mercado específico para este tipo de bem. II-) Se o legislador conferiu às pedras e metais preciosos a condição de penhorabilidade, inserindo-as no contexto de garantia do Juízo (art. 11, III, da Lei nº 6.830/80 e art. 655, II, do Código de Processo Civil), parece prudente que a aludida oferta à contrição se faça acompanhar de certificado de autenticidade, expedido pela Caixa Econômica Federal ou empresa especializada, no intuito de afastar qualquer dúvida quanto ao valor do referido lote. IV-). Agravo de Instrumento provido. (TRF2 – Acórdão nº 0009523-39.2003.4.02.0000 – Rel. Antônio Cruz Netto – Data 10.03.2004).

Processual Civil – Execução Fiscal – Agravo de Instrumento – Oferecimento de pedras preciosas (esmeraldas) à penhora – Recusa legítima – Pedido de exclusão de sócio do polo passivo – Agravo improvido. 1. As esmeraldas são bens de difícil comercialização e a dificuldade da guarda dessas pedras reside no fato de não se ter a segurança de que não serão substituídas, demandando sempre nova avaliação de sua autenticidade, onerando por demais o procedimento judicial. 2. A gradação de bens estabelecida pelo art. 11 da Lei nº 6.830/80, para efetivação da penhora, tem caráter relativo, podendo ser alterada por força das circunstâncias e tendo em vista as peculiaridades de cada caso. (STJ – 2ª Turma – RMS 47/SP – DJ 21.05.1990.) 3. Conquanto possível, legalmente, a oferta de "pedras e metais preciosos" em segurança do juízo (art. 11, III – LEF), os precedentes têm legitimado a recusa de pedras preciosas de procedência, autenticidade e valor duvidosos (não atestados em laudo oficial), que se apresentam de difícil alienação, devendo a penhora recair sobre outros bens. (TRF3 – Primeira Turma – Acórdão nº 0050967-59.2002.4.03.0000 – Des. Fed. Johonsom di Salvo – Data 16.03.2004).

3. Consoante disposto no artigo 118 do Código de Processo Penal, as coisas apreendidas não poderão ser restituídas antes do trânsito em julgado da sentença final enquanto interessarem ao processo, seja como meio de prova, seja como garantia da execução dos efeitos patrimoniais de uma eventual condenação. 4. Justifica-se o interesse processual na manutenção da apreensão ante a insuficiência das provas apresentadas pelo requerente para demonstrar a origem lícita dos valores constritos, bem como pela consistência dos indícios do seu envolvimento com a remessa indevida de dinheiro para o exterior para financiar a compra de metais preciosos irregularmente internalizados. (TRF4 – Oitava Turma – acórdão nº 2008.71.00.033438-0 – Rel. Luiz Fernando Wowk Penteado – Data 22.07.2009).

Processual e penal. Prescrição retroativa. Inocorrência. Crimes contra o sistema financeiro nacional. Arts. 5º e 16 da Lei nº 7.492/86. Configuração. 1. Não há que se falar em prescrição da pretensão punitiva se, entre a data da consumação da infração e a do recebimento da denúncia, não transcorreu o lapso temporal exigido para a sua verificação. 2. Estando caracterizada a atuação da empresa do apelante como instituição financeira por equiparação, nos termos do art. 1º da Lei nº 7.492/86, e sendo certo que ela não tinha autorização do órgão competente para exercer atividade de captação de recursos financeiros, para aplicá-los no mercado de metais preciosos, resta configurado o delito do art. 16 da mencionada lei. 3. A recusa, por parte do dirigente da sociedade, em devolver aos investidores, ao término do contrato, o ouro negociado ou a quantia a ele equivalente, assinala a inversão do título da posse e, em consequência, resvala no crime tipificado no art. 5º da Lei nº 7.492/86. 4. Preliminar Rejeitada. Apelação improvida. (TRF5 – Segunda Turma – Acórdão nº 2003.81.00.019159-8 – Rel. Des. Fed. Luiz Alberto Gurgel de Faria – Data 26.02.2008).

6.7.3 Rochas

VIII. O Tribunal de origem, à luz das provas dos autos e em vista das circunstâncias fáticas do caso, manteve o quantum indenizatório em R$ 100.000,00 (cem mil reais), valor que não se mostra excessivo, diante das peculiaridades da causa, expostas no acórdão recorrido, no sentido de que, "não obstante a implantação de plano de recuperação da área, a reparação não será integral, visto que, já tendo sido detonadas as rochas, inviável o retorno ao status quo ante, sendo, ainda, impossível se mensurar economicamente a perda para a sociedade, do ponto de vista paisagístico". Incidência da Súmula 7/STJ. X. Na hipótese, a Corte de origem, fundamentadamente, afastou a conclusão do laudo pericial, ressaltando que "o Decreto n. 14.250/81 traz definição suficientemente clara a respeito da caracterização de promontório para os fins de proteção ambiental no âmbito do Estado de Santa Catarina, descrevendo-os como elevação costeira florestada ou não que compõe a paisagem litorânea do continente ou de ilhas". Assim, concluiu que, "pelo que se depreende da prova produzida nos autos, o local objeto da lide está localizado em Zona Costeira e trata-se de uma elevação (21,90 m) que contém espécies vegetais e rochas. Trata-se, também, de área que representa um avanço das rochas do continente no oceano, como afirma o perito em resposta a quesito formulado pelo Ministério Público Federal (fl. 516), enquadrando-se, pois, no conceito legal de promontório". De tal modo, a inversão dos fundamentos do acórdão recorrido – que, fundamentadamente, afastou a conclusão do laudo pericial – demandaria a análise do conjunto fático-probatório dos autos, de modo a atrair a incidência da Súmula 7/STJ, no ponto (STJ – Segunda Turma – AgInt no REsp 1532643/SC – Rel. Min. Assusete Magalhães – Data do Julgamento 10.10.2017).

Recurso em sentido estrito. Extração de areia. Artigo 2º, da Lei 8.176/91. Competência federal. Recurso provido. 1. A extração de areia é atividade de exploração mineral altamente impactante ao meio ambiente, uma vez que sempre vem acompanhada de remoção da camada vegetal, do solo e das rochas que estejam acima dos depósitos minerais, e por esse motivo necessita de autorização legal para sua realização e intenso controle estatal. 2. A suposta extração irregular de areia se dava no leito do Rio Tietê (município de Iacanga/SP), sendo por esse motivo a competência declinada pelo Juízo Federal, uma vez que se trata de rio estadual. 3. Entretanto, muito embora a aventada atividade de mineração tenha ocorrido em rio de curso paulista, trata-se de extração de

CAPÍTULO 6 • DOMÍNIO PÚBLICO GEOLÓGICO **347**

areia, mineral cuja propriedade pertence à União Federal e depende de autorização para sua realização, nos termos do artigo 20, inciso I e 176, ambos da Constituição Federal. 4. O artigo 109, inciso IV, da constituição Federal, por sua vez, estabelece a competência da Justiça Federal para o julgamento dos crimes praticados em detrimento de bens da União. 5. É irrelevante que a exploração não tenha ocorrido em rio pertencente à União para se firmar a competência federal, bastando que se explore recurso mineral, sem autorização do órgão ou entidade competente. 6. Recurso provido para determinar que o feito tenha seu regular prosseguimento perante a Justiça Federal. (TRF3 – Segunda Turma – Acórdão nº 0008405-39.2005.4.03.6108 – Rel. Des. Fed. Cotrim Guimarães – Data 10.06.2008).

Constitucional e tributário. Imunidade. IPI e imposto importação. Templos de qualquer culto. Artigo 150, inc. Vi, 'b' da cf. Importação de pedras vindas de Israel destinadas à construção do templo de Salomão. 1 – A Igreja Universal do Reino de Deus – IURD impetrou mandado de segurança contra ato do Inspetor da Receita Federal em Santos para que não fosse exigido o recolhimento do imposto de importação e do imposto sobre produtos industrializados, relativamente aos conhecimentos de embarque enumerados na inicial, parte da compra de um total 39.009,37 m² de pedra cantaria, considerada sagrada e proveniente da cidade de Hebron, em Israel. 2 – A Constituição Federal assegura a liberdade de crença religiosa (artigo 5º, incs. VI e VIII) e, com vista à salvaguarda dessa garantia, veda que quaisquer dos entes da Federação criem impostos sobre os templos de qualquer culto (artigo 150, inciso VI, "b", CF). Tem-se clara hipótese de imunidade. Precedente do STF. 3 – Está assentada no STF a interpretação do dispositivo constitucional em comento, no sentido de que a imunidade alcança quaisquer impostos que diminuam o patrimônio, a renda ou os serviços da entidade beneficente ou do templo religioso e não apenas aqueles que diretamente incidam sobre esses aspectos. 4 – Cuida-se da construção de um templo de proporções épicas, com altura equivalente a um edifício de 18 andares e 70.000 m² de área construída, em um terreno correspondente a um quarteirão inteiro (28.000 m²). Ademais, pretende-se que seja réplica do Templo de Salomão, inclusive com o revestimento de toda a fachada, colunas e altar com pedras típicas da cidade de Hebron, em Israel, consideradas sagradas, com a finalidade de aproximar os fiéis da história bíblica e propiciar contato espiritual. A documentação acostada corrobora a descrição da impetrante e demonstra à saciedade que a obra é mesmo grandiosa e que as rochas trazidas de Israel a ela se destinam e têm papel de destaque em sua finalidade religiosa e na concepção arquitetônica. 5 – Esta corte já teve ocasião de examinar a mesma controvérsia, tirada de outros embarques da referida metragem importada da pedra de Hebron para o Templo de Salomão, nos quais assentou a incidência da imunidade. 6 – Apelação e remessa oficial desprovidas (TRF3 – Quarta Turma – Acórdão nº 0004727-18.2011.4.03.6104 – Des. Fed. André Nabarrete – Data 27.10.2016).

Constitucional e administrativo. Ação civil pública. Extração irregular de rochas granítico-gnaisssicas para a fabricação de brita. I. Apelação interposta contra sentença prolatada nos autos de ação civil pública movida pela União contra Francisco Iramar de Oliveira e João Francisco Chaves Neto, visando ao ressarcimento ao erário de quantia equivalente a R$360.825,00 (trezentos e sessenta mil, oitocentos e vinte e cinco reais) [...].II. Segundo a União, em 16 de abril de 2009 geólogos do Departamento Nacional de Produção Mineral – DNPM realizaram uma vistoria ex officio e verificaram a ocorrência de trabalhos de lavra clandestina de brita em local situado ao longo da estrada RN 177, sendo o responsável pela extração, à época, o Sr. ***, que teria arrendado a área há dois meses, existindo extração ilegal anterior, realizada através do Sr. ***. IV. Ao final, o julgador monocrático decidiu pela procedência do pedido contido na inicial para condenar o réu *** a promover o ressarcimento ao Erário Federal, no montante de R$ 3.825,00 (três mil oitocentos e vinte e cinco reais), devendo os sucessores de *** responderem pelo valor de R$ 357.000,00 (trezentos e cinquenta e sete mil reais), até o limite do respectivo quinhão hereditário, respeitados o bem de família nos termos dos arts. 1º e 3º da Lei. 8.009/90. VII. Foram os réus notificados acerca do processo administrativo (fl. 50). Ademais, as provas então produzidas esclarecem a exploração irregular de substância mineral pelos demandados. O relatório de fiscalização da DNPM (fls. 30/32) atestou a extração de mais de 21.000m³ de rochas granítico-gnaisssicas para a fabricação de brita na estrada RN 177. Da instrução efetivada, tem-se como incontroversa a participação dos réus para a realização do dano constatado. VIII. Da sentença consta que "Ao ser inquirido em juízo, o próprio réu *** afirmou que na época da fiscalização era arrendatário do local e realizava a extração dos minérios sem a devida autorização, o que ocorreu por aproximadamente dois meses, estando disposto a ressarcir o dano causado assim que fosse proferida a sentença. Asseverou que já se encontrava com cerca de R$ 2.800,00 (dois mil e oitocentos reais) bloqueados através do sistema BANCEJUD e que complementaria o valor ao final do processo (mídia de fl. 200, intervalo de 03:30 a 03:50). O sucessor do réu ***, também prestou depoimento e aduziu que o de cujus explorou a área por, aproximadamente, quatro anos (entre 2004 e 2008), tendo o período anterior de exploração sido da responsabilidade de outras empresas das quais não recordava o nome (mídia de fl. 200, intervalo 07:35 a 08:25). IX. Manutenção da sentença. X. Apelação improvida. (TRF5 – Segunda Turma – Acórdão nº 0001127-62.2010.4.05.8401 Rel. Des. Fed. Ivan Lira de Carvalho – Data 17.05.2016).

Penal. Apelação criminal. Extração de minério. Ausência de outorga estatal. Art. 2º da Lei nº 8.176/91 e art. 55 da Lei nº 9.605/98. Concurso formal. Erro de proibição invencível. Art. 21 do cp. Reconhecimento. Exclusão da culpabilidade. – A exploração e comercialização de rochas pelos recorridos, agricultores assentados no Projeto Alto da Felicidade, localizado no município de Afonso Bezerra, interior do Estado do Rio Grande do Norte, não se deu em larga escala, mas apenas com o fim de garantir a própria subsistência e de sua família, uma vez que afetada pela seca a sua principal atividade, a agricultura. – Sendo os réus agricultores assentados, pessoas com reduzido grau de instrução escolar, tendo extraído as pedras tão somente para a reforma das casas do assentamento e, em períodos de seca, para garantir a subsistência de sua família, parece-me induvidoso que, de fato, não tinham potencial consciência da ilicitude de sua conduta,

CAPÍTULO 6 • DOMÍNIO PÚBLICO GEOLÓGICO **349**

a qual, inclusive, era bastante comum na região. Reconhecimento do erro de proibição invencível. – Apelo não provido. Manutenção da sentença absolutória, nos termos do parecer da Procuradoria Regional da República. (TRF5 – Primeira Turma – Acórdão nº 0000305-62.2013.4.05.8403 – Rel. Des. Fed. Francisco Wildo – Data 28.05.2015).

1. Foram os recorridos denunciados pelas condutas tipificadas no art. 2º, caput, da Lei 8.176/91 c/c art. 55, caput, da Lei 9.605/98, haja vista suposta lavra e extração de recursos minerais, mais precisamente rochas graníticas (conforme Laudo Pericial de fls. 8/22), sem a devida autorização do Departamento Nacional de Produção Mineral – DNPM. 2. O Magistrado de Primeira Instância, conforme cópia de decisão colacionada ao feito, entendeu por declinar de sua competência para o Juízo Estadual, ao argumento de que não se verificou malferimento a bem, serviço ou interesse da União, posto que a extração das pedras ocorreu em área particular. Disse que o só fato de se tratar de mineral não implica, necessariamente, em exploração de matéria-prima pertencente à União. 3. A extração de minério, mais precisamente rochas graníticas para produção de Paralelepípedos (Laudo de número 005/2012/UTEC/DPF/JZO/BA (fls. 8/22), ainda que se realize em área particular, como é o caso apreciado, atrai a competência da Justiça Federal, uma vez que os recursos minerais, inclusive os do subsolo, nos termos do artigo 20, inciso IX da CF/88, são bens de propriedade da União, sendo a extração sem licença do órgão ambiental, portanto, crime da alçada da Justiça Federal (CF, art. 109, IV). 4. É irrelevante a titularidade da área onde se deu a suposta extração dos recursos minerais, terras públicas ou pertencentes a particulares, se devendo ter em consideração a titularidade do bem, isso quando da fixação da competência para apuração do delito do art. 55 da Lei 9.605/98, o qual visa o controle da pesquisa, lavra ou extração dos recursos em comento. 5. Compete à Justiça Federal o processamento e julgamento dos feitos tendentes a apurar eventual crime de extração de recurso mineral, bem da União, sem a necessária autorização (art. 55 da Lei 9.605/98). 6. RSE do Parquet Federal a que se dá provimento, para declarar competente o Juízo da 17ª Vara Federal da SJ/PE. (TRF5 – Primeira Turma – Acórdão nº 0005146-89.2013.4.05.0000 – Rel. Des. Fed. Manoel Erhardt – Data 06.02.2014).

Administrativo. Ação ordinária. Exploração de jazida mineral, sem fins lucrativos. Perda de objeto. Reconvenção. Litispendência. Direito de prioridade. Natureza jurídica. Interesse público. 1. Esta demanda foi ajuizada pelo Estado do Ceará e pela Companhia de Desenvolvimento do Ceará – CODECE, com o propósito de afastar óbices que particulares estavam opondo, junto ao Departamento Nacional de Produção Mineral – DNPM, à extração de rochas, por parte da Construtora Andrade Gutierrez S/A, para fins de construção do Porto de Pecém. 2. Houve a perda de objeto, considerando que o citado Departamento, administrativamente, acolheu o pleito dos autores, excluindo da postulação dos particulares a área da jazida em que haveria a aludida extração, autorizando-a, remanescendo a discussão sobre os pedidos de indenização formulados em sede de reconvenção. 3. Quanto à postulação de indenização ao Estado do Ceará, já foi formulada em outra demanda, movida por um dos réus, que já se encontra em grau de recurso, motivo pelo qual laborou, corretamente, o julgador monocrático ao acolher a preliminar de litispendência. 4. No que pertine ao pedido de indenização ao outro autor-reconvindo, também não merece reparos o julgado atacado, considerando que não há respaldo jurídico para o mesmo. 5. Ocorre que os particulares tinham mero direito de prioridade, não possuindo a autorização para pesquisa, nem a concessão de lavra, havendo, por conseguinte, mera expectativa do direito à exploração da jazida mineral, que não pode prevalecer, diante do interesse público reconhecido na esfera administrativa. 6. Na espécie, tal interesse público restou manifesto, em face da necessidade da extração, 'in natura', de pedras a serem empregadas, diretamente, na construção do Porto de Pecém, sem fins comerciais, a ser implementada em uma parte da área em questão. 7. Apelação improvida. (TRF5 – Terceira Turma – Acórdão nº 0016430-06.1997.4.05.8100 – Rel. Des. Fed. Élio Wanderley de Siqueira Filho – Data 13.09.2012).

Ação civil pública. Liminar. Paralisação das atividades de detonação das rochas para extração de carvão. Estudo acerca do impacto ambiental. Em razão do princípio de que, em matéria ambiental, a prevenção é mais importante do que a reconstituição do status quo ante, e tendo em conta que as questões debatidas demandam extensa dilação probatória, detalhada investigação técnica e instrução processual, por cautela, há de se manter a decisão que determinou a paralisação das atividades de detonação das rochas, sobretudo em se tratando da atividade de mineração de carvão, potencialmente lesiva ao meio ambiente se não observadas as normas técnicas vigentes para a exploração da atividade. (TRF4 – Quarta Turma – Acórdão nº 2007.04.00.026485-0 – Rel. Edgard Antônio Lippmann Júnior – Data 31.10.2007).

6.7.4 Fósseis

"Processual Civil. Mandado de Segurança. Impetração em face de decisão proferida em sede de recurso hierárquico. Pretensão de se explorar economicamente "madeira petrificada". Substância caracterizada como "fóssil de interesse de museus, estabelecimentos de ensino e outros fins científicos" por perito oficial, o que torna inviável sua exploração comercial. Presunção juris tantum de legitimidade dos atos administrativos. Legalidade da decisão. Inexistência de direitos líquido e certo para que "um arqueólogo emita um laudo informando se a madeira petrificada é de interesse arqueológico ou não", para que então seja proferida nova decisão "sobre o relatório final de pesquisa". Segurança denegada". (STJ – Primeira Seção – MS 13937/DF – Rel. Min. Denise Arruda – Data do Julgamento 11.11.2009).

"Recurso ordinário em habeas corpus. Contrabando, receptação e organização criminosa. Recebimento da denúncia. Designação de data para a audiência de instrução antes da resposta à acusação. Nulidade. Não ocorrência. Prejuízo para a defesa não evidenciado. Habeas corpus. Garantia vinculada ao direito de locomoção. Indenização para os danos do crime. Viabilidade do pedido deduzido na denúncia. Art. 387, IV, do cp. Recurso ordinário não provido. 4. Em relação aos minerais relacionados aos crimes em apuração, apreendidos na fase das investigações, já existe autorização judicial para a devolução daqueles que forem considerados inaptos a interferir na produção probatória. O Juiz determinou a realização de novo inventário pela Polícia Federal, mas o levantamento está a depender do recorrente – nomeado como depositário fiel dos bens –, que não foi localizado para liberar o local do depósito. 5. O art. 387, IV, do CPP, consoante pacífica jurisprudência desta Corte Superior, contempla o pedido de indenização para os danos do crime, a ser deduzido na denúncia, em respeito às garantias do contraditório e da ampla defesa. 6. Não há óbice à indicação de preço médio de mercado, em dólares, para aferir o valor mínimo do dano causado à União, uma vez que o crime está relacionado à exportação irregular de fósseis brasileiros. Via de regra, é o pagamento exequível no país que não pode ser feito em valor outro que não o da moeda nacional. Inexiste irregularidade no pedido deduzido na denúncia, pois o Ministério Público especificou que o pagamento da indenização deverá ser feito em reais. 7. Recurso ordinário não provido". (STJ – Sexta Turma – RHC 56489/SP – Rel. Min. Rogério Schietti Cruz – Data do Julgamento 03.05.2018).

"9. A jurisprudência dos Tribunais Regionais Federais aponta para a qualificação de fósseis como objeto material do crime do art. 2º da Lei n. 8.176/91. Precedentes. 10. Verifica-se que a materialidade e a autoria relativas ao crime do art. 2º da Lei n. 8.176/91 também estão devidamente demonstradas, não cabendo a alegação do Juízo a quo de que apenas matéria-prima relacionada a questões energéticas e de combustíveis seriam abrangidas pelo tipo penal descrito. Ademais, o Projeto de Lei do Senado n. 57/2005, citado na sentença, que trata especificamente da comercialização de fósseis, ainda não foi aprovado, não havendo que se falar em sua aplicação, ainda que subsidiária. 11. Como acertadamente apontado na sentença, não se pode olvidar que o valor econô- mico e cultural dos fósseis apreendidos é bastante considerável, o que torna necessária a exasperação da pena-base. Além disso, as provas são conclusivas no sentido de que o transporte aéreo foi utilizado na execução do delito, devendo, portanto, ser mantida incidência da causa de aumento correspondente. 12. Ressalto que o valor econômico e cultural dos fósseis já foi considerado como circunstância judicial desfavorável na dosimetria do crime de contrabando. Desse modo, incabível sua reutilização na do- simetria da pena do outro delito cometido pela ré, uma vez que estaria configurado bis in idem. 13. Apelação da defesa desprovida". (TRF3 – Quinta Turma – Acórdão nº 0002695-42.2007.4.03.6181 – Rel. Des. Fed. André Nekatschalow. Data 21.11.2016).

"4. Os conjuntos de fossilíferos pertencem à União, a teor do art. 1º do Decreto-lei n. 4.146/42. 5. É descabida a alegação de que a denúncia descreve fato atípico. A autori- zação para a exploração de produtos e matéria-prima pertencentes à União, bem como sua comercialização, pertence ao DNPM, conforme prevê o Decreto. 6. Até que seja aprovado o projeto de lei mencionado na sentença, tratando de forma especial a co- mercialização de fósseis, vigora o Decreto 4146/42, sendo punível a exploração e venda de produtos pertencentes à União, sem autorização do DNPM, nos termos do artigo 2º da Lei 8.176/91. 7. O fato é em tese típico, havendo, do mesmo modo, indícios da autoria delitiva, razão pela qual a denúncia deveria ser recebida, quanto a esse delito. 8. Há indícios de autoria também da prática do crime do artigo 180, §1º do Código Penal, uma vez que foram surpreendidos no exercício de atividade comercial e expondo à venda produtos que foram obtidos de terceiros. 9. Ainda que os réus tenham afirmado que tais pessoas possuíam autorização do DNPM/RS, sabe-se que fósseis provenientes de depósitos fossilíferos são peças raras, que integram o patrimônio cultural nacional, mostrando-se assim precipitada a rejeição da denúncia. 10. Basta ler a denúncia para verificar que ela atende aos requisitos do artigo 41 do Código de Processo Penal, descrevendo o fato delituoso com todas as suas circunstâncias. 11. Da leitura da inicial, vê-se que a denúncia narra que os autores do delito exerciam atividade irregular de pedras e madeiras fósseis, sem qualquer autorização exigida legalmente, incorrendo em concurso formal, nos delitos do artigo 180, §1º do Código Penal e do artigo 2º, §1º da lei 8.176/91, mostrando-se isolada, pelo menos até o presente momento, a alegação dos réus de que recebiam tais produtos de empresa que assegurou possuir a autorização. 12. Recurso ministerial provido". (TRF3 – Quinta Turma – Acórdão nº 0005796-19.2009.4.03.6181 – Rel. Juíza Convocada: Tânia Marangoni – Data 18.03.2013).

"1. Apelação interposta pela Defesa contra sentença que condenou o réu como incurso nos artigos 2º, da Lei nº 8.176/1991 e 55 e 62, da Lei nº 9.605/1998 (em concurso formal), à pena de 01 (um) ano e 11 (onze) meses de reclusão e 12 (doze) dias-multa, e como incurso no artigo 54, § 2º, V, da Lei nº 9.605/1998 (em concurso material com os anteriores), à pena de 02 (dois) anos e 01 (um) mês de reclusão e 13 (treze) dias-multa, totalizando 04 (quatro) anos de reclusão e 25 (vinte e cinco) dias-multa. 2. Materialidade dos delitos comprovada pelo auto de apreensão; auto de Inspeção onde foi constatado que a pedreira encontrava-se em atividade de extração de arenito, sem as devidas licenças prévia e de instalação e operação da CETESB; autos de infração por ter instalado atividades produtivas de extração e beneficiamento de arenito silificado sem as devidas licenças prévias e de instalação da CETESB; fotografias; laudo pericial que atesta a existência de atividade de extração mineral na pedreira do acusado e que o local é considerado sítio arqueológico; laudo pericial que constata a existência de fosseis em algumas das placas de arenito apreendidas no caminhão; laudo de exame em veículo; autos de infração por ter disposto resíduos sólidos industriais diretamente no solo, de forma irregular e sem projeto específico, em área de recarga do Aquífero Guarani no Sitio São Bento, na zona rural do Município de Araraquara, causando poluição ambiental. 3. Autoria do delito demonstrada, uma vez que, desde 1983, era o único responsável pela administração e gerência da empresa. Interrogado, confirmou ser o proprietário da Pedreira na época das autuações, bem como que estava fazendo o carregamento das lajes de arenito no caminhão para industrializá-la no depósito. 4. Não procede a alegação da defesa de que a pedreira estava com as atividades paralisadas. Em várias oportunidades o acusado foi autuado por extrair as placas de arenito silificado, sem as licenças ambientais, ciente de que os materiais tinham valor paleontológico, tendo o próprio acusado afirmado não possuir autorização para a extração do mineral. 5. O acusado causou poluição ambiental ao lançar resíduos sólidos industriais diretamente ao solo, de forma irregular e sem projeto de sem projeto de proteção específico, em área de recarga do Aquífero Guarani, praticando assim o crime do artigo 54, § 2º, da Lei 9.605/98. Em três oportunidades, o acusado sofreu imposição de penalidade de multa "por ter disposto resíduos sólidos industriais, provenientes de terceiros, de forma irregular sem projeto específico". 6. Eventual cumprimento do Termo de Ajustamento de Conduta firmado na instância administrativa não interfere no âmbito penal, em virtude da independência das esferas administrativas e criminal. Precedentes. 7. Apelação improvida". (TRF3 – Primeira Turma – Acórdão 0000882-03.2006.4.03.6120 – Rel. Juiz Convocado: Márcio Mesquita – Data 13.08.2013).

"II – A despeito da dissensão doutrinária acerca da natureza dos fósseis, de molde a existirem discussões que discutem se há subsunção no inciso I ou IX do art. 20 da Constituição Federal, há que se reconhecer a uniformidade para a tese da competência da União, em qualquer das hipóteses. VII – Precedente quanto à ideia de que os fósseis estariam inseridos dentre os recursos minerais e, portanto, seriam bens da União, por força do inciso IX do art. 20 da Carta Suprema. (ADI nº 3.525-8/MT, rel. Ministro Gilmar Mendes). VIII – Sob qualquer ângulo que se enfoque o tema, vislumbra-se a tipicidade em tese do crime em comento, bem com a competência da Justiça Federal para processamento e julgamento, porquanto se trata de bem da União, na forma do art. 20, da Carta Magna, de molde a se subsumir, como consectário lógico dessa proposição, ao disposto no art. 109, IV, da Constituição Federal. IX – Materialidade comprovada. X – Autoria confirmada em relação ao réu ***, porquanto demonstrada a finalidade comercial do material acautelado em sua residência, não se comprovando que se tratava tão somente de guarda para fins de coleção particular. XII – A medida de reparação de danos causados à União, imposta no mesmo quantum citado nos laudos periciais nos autos, ou seja R$ 1.968.840,08 (um milhão novecentos e sessenta e oito mil oitocentos e quarenta reais e oito centavos), não foi objeto de discussão nos autos, sendo defeso, dessarte, em sede penal, apreciar tal questão". (TRF3 – Décima Primeira Turma – Acórdão nº 0012897-68.2013.4.03.6181 – Rel. Des. Fed. Cecília Mello – Data 06.12.2016).

"A Secretaria Estadual do Meio Ambiente (SEMACE) apurou: "[...] Em inspeção técnica realizada [...] na localidade de Zipú, município de Pacujá, local que abriga o sítio paleontológico portador de icnofósseis, foi possível observar os trabalhos de recuperação da estrada carroçável [...] de responsabilidade da Prefeitura [...]". Por isso, autuou os executantes, ante a ausência do necessário licenciamento ambiental, o que também foi feito pelo IBAMA. O IBAMA referenciou "achados" em seus assentamentos: "[...] Concordamos com a Profa [...] É relativamente comum ouvirmos dos assentados relados de que encontraram 'pedras de corisco', 'machados e pontas de flecha', 'torrão de índio', e outros objetos de interesse antropológico ou paleontológico nos Assentamentos [...]". Realçou, outrossim, a expressividade do patrimônio espeleológico e paisagístico da área e, em relatório circunstanciado, explicitou a necessidade de adoção de medidas de preservação dos sítios paleontológicos e arqueológicos em questão, registrando, ademais, que "de acordo com os artigos 20, 23 e 24 da Constituição do Brasil de 1988

[...] os fósseis são bens da União e que há a responsabilidade do Estado na defesa de nosso patrimônio natural". Em outro relatório, fez constar que suas recomendações não foram respeitadas pela Edilidade: "Dada a falta de conhecimento dos valores culturais, as autoridades no município ou até mesmo os responsáveis pela construtora, destroem um acervo de dados de referência no que tange um marco da história do patrimônio natural, arqueológico, paleontológico e paisagístico do município de Pacujá, quando com um pequeno esforço poderia ser evitado [...] assim sendo, chegamos à conclusão que a prefeitura municipal de Pacajú-CE, não atendeu às sugestões, destruindo parte do acervo já mencionado, cabendo a aplicação das penalidades da legislação ambiental vigente". O IBAMA autuou o Município por "promover a construção de um trecho de estrada [...] destruindo fósseis contidos em rochas, no início de um sítio paleontológico [...]", tendo sido sublinhando, adiante, que o fato de o corpo da estrada ser antecedente às obras implementadas pela Edilidade não descaracterizaria a infração ambiental, haja vista que a configuração anterior da via era bem rústica, sem impacto no meio, e as obras em execução (cobertura com camadas de piçarra), além da destinação a ser dada à estrada recuperada (incremento do tráfego por questões econômicas), resultaria em prejuízos relevantes aos sítios telados. Professora universitária de paleontologia detalhou: "[...] Ficou constatado o grande valor científico da descoberta, tratando-se dos fósseis mais antigos do Estado do Ceará e revelando parte da história da Terra passada há cerca de 450 milhões de anos, quando a atual serra da Ibiapaba era um mar adjacente a uma geleira. [...] Duas localidades mostraram melhores ocorrências pela grande abundância e diversidade até o momento: os sítios Serrinha e Bananeira. Em ambas localidades, os fósseis afloram em grandes superfícies de arenitos muito duros, que garantem a integridade do material e dificultam a retirada de amostras. Por isso recomenda-se sua preservação no local [...]". Em outra manifestação técnica, expôs: "A área visitada é extremamente importante do ponto de vista geológico, paleontológico e arqueológico. As formações geológicas foram pouco estudadas e os dados levantados nessa primeira visita revelam dados inéditos, principalmente para o Estado do Ceará. O trabalho erosivo nas encostas da elevação do local expôs uma magnífica sequência de rochas, cujas estruturas e fósseis contam parte da história da Terra ocorrida há cerca de 450 milhões de anos. Já as cavernas, abrigos e registros arqueológicos, podem fornecer informações preciosas sobre os primeiros habitantes desses locais, seus costumes e modos de ocupação. O próprio Município réu se disse "orgulhoso das recentes descobertas em seu território e que está dando total apoio para as equipes que estão envolvidas nesse fato grandioso em nossa região". Em matéria recente (de agosto de 2013), divulgada na rede mundial de computadores, a importância, pela raridade e pela representatividade, desses achados arqueológicos foi ressaltada, agora já com estudos adicionais confirmatórios da Universidade Federal de Pernambuco e com a divulgação à comunidade científica internacional: "[...] Registros das espécies animais mais antigas do mundo, anteriores aos dinossauros, já foram encontrados no Ceará, como pouco se tem conhecimento no Brasil. Viveram há 540 milhões de anos. Quando se completa dez anos que os fósseis desses animais foram encontrados por moradores do município de Pacujá, na Zona Norte (ainda sem saber do que se tratavam), os estudos que referendam o achado como um dos mais antigos e raros já encontrados no Brasil foi referendado pela Universidade Federal de Pernambuco (UFPE) e apresentado, neste mês, à comunidade científica internacional, no Estado do Mato Grosso do Sul" (TRF5 – Primeira Turma – Acórdão n° 2007.81.03.000296-7 – Rel. Des. Fed. Francisco Cavalcanti – Data 19.09.2013).

"1. Apelação Criminal interposta pelo Ministério Público Federal com o objetivo de ver reformada a sentença que absolveu José Cavalcante Lima, do crime previsto no art. 2°, 1°, da Lei n° 8.176/90, (usurpação, produção ou exploração de matéria-prima pertencente à União, sem autorização legal ou em desacordo com as obrigações impostas pelo título autorizativo), fundamentando-se na ausência de prova da materialidade do delito, em face da falta de laudo pericial certificador da qualidade de fósseis das peças comercializadas indevidamente pelo Apelado. 2. Existência de laudo pericial elaborado pelo Centro de Pesquisas paleontológicas da Chapada do Araripe/CE, do Departamento Nacional de Produção Mineral que atestou que as peças encontradas em poder do Apelado, eram todos fósseis, "procedentes da Bacia Sedimentar do Araripe, fossilizados no período geológico conhecido como Cretácio, de idade Aptiano/Albiano Inferior (Berthou, 1990), ou seja, 110 a 100 milhões de anos, depositados em ambiente marinho e lacustre, mais precisamente no Membro Romualdo, da Formação Santana; 2 – Entre as peças apreendidas podemos identificar os gêneros Brannerion (11) e Tharrias (II)", de comercialização proibida. 3. Apelado que tinha conhecimento da impossibilidade de comercialização dos fósseis, posto que informado pela Polícia Federal, em detenções ocorridas duas vezes no ano anterior (2002) aos presentes fatos delituosos. 4. O art. 2°, parágrafo 1°, da Lei n° 8.176/91 prevê para o delito a pena de detenção, de um a cinco anos e multa". (TRF5 – Terceira Turma – Acórdão n° 2004.81.00.013494-7 – Rel. Des. Fed. Geraldo Apoliano – Data 14.06.2012).

"1. Na espécie, a consumação do crime ocorreu com a mera posse dos fósseis pelo acusado, bens de propriedade da União, crime consumado no momento do flagrante, como disposto no art. 2°, parágrafo 1°, da Lei 8.176/91. 2. Inexistente qualquer medida praticada pelos policiais no sentido de induzir ou instigar à prática criminosa, não há falar em nulidade do flagrante. 3. A isenção ou redução da pena por erro de proibição (art. 21 do CP) depende da demonstração de desconhecimento do caráter ilícito do fato pelo acusado, o que não se vislumbra, na espécie, diante das declarações do apelante, em juízo, de que sabia da proibição legal da venda de fósseis". (TRF5 – Terceira Turma – Acórdão n° 2004.81.00.018813-0 – Des. Fed. Marcelo Navarro Data 31.05.2012).

"Penal e processual penal. "Habeas corpus". Estrangeiro. Pedido de trancamento da ação penal e autorização de viagem ao país de origem. Geólogo espanhol. Fósseis encontrados em seu poder. Suposta infração aos artigos 155 e 180, § 1°, c/c o artigo 29 do Código Penal. 1. Geólogo estrangeiro preso em flagrante, encontrando-se em liberdade provisória desde o dia 13 de dezembro de 2004, sob o pagamento de fiança, por ter sido encontrado com (3) três fósseis (pedras) extraídas da região do Cariri/CE, avaliadas em torno de R$ 20,00 ou R$ 30,00 (vinte ou trinta reais). 2. Insignificância do valor dos bens apreendidos, que poderiam ser facilmente adquiridos na Região, por valores simbólicos. Ação Penal que há de ser trancada porque, a final, dificilmente haverá um decreto condenatório, em face da insignificância do valor dos bens apreendidos. Ordem concedida". (TRF5 – Terceira Turma – Acórdão nº 2005.05.00.008889-4 – Des. Fed. p/ acórdão: Geraldo Apoliano – Data 19.05.2005).

"Penal. Supervisora escolar que possui pequena coleção de peças fósseis, adquiridas ao longo dos anos de lavradores que as encontraram no solo de Santana do Cariri. Ação atípica, não subsumível à figura do Decreto Lei 4.146/42. Devolução dos objetos. Apelo improvido. (TRF5 – Segunda Turma – Acórdão nº 89.05.10335-9 – Rel. Des. Fed. Lazaro Guimarães – Data 20.02.1990).

"Processual Penal. Mandado de Segurança. Inquérito Policial. Apreensão de veículo transportador de pedras fósseis cuja retirada da jazida é considerada crime. A liberação de bens ou coisas apreendidas no interesse da investigação criminal não pode ser demandada em ação civil de segurança porque atenta contra o direito de ação penal do órgão do Ministério Público. Questão que deve ser deduzida no juízo próprio, com oportunidade de defesa do titular da acusação pública, a quem também compete manifestar-se sobre a custódia ou não das coisas que interessam ao corpo de delito. Descabimento da segurança. Voto vencido que a concedia". (TRF4 – Terceira Turma – Acórdão nº 89.04.19228-5 – REO – Remessa ex officio – Rel. Fábio Bittencourt da Rosa. Rel. p/ acórdão: Manoel Lauro Volkmer de Castilho – Data 27.03.1990).

"2. O autor, renomado pesquisador paleontólogo do Museu Nacional (UFRJ) reconhecido a nível nacional e internacional, autor de artigos e livros publicados, palestrante, professor – PHD, encontrava-se participando de pesquisa de campo desenvolvida pela universidade regional do Cariri – URCA, com projeto aprovado e financiado pelo Conselho Nacional de Desenvolvimento Científico e Tecnológico – CNPq, quando foi preso quando ao tentar embarcar em voo destinado ao Rio de Janeiro, com fragmentos fósseis e minerais fruto. 3. O inquérito instaurado a partir da prisão em flagrante pela suposta prática dos crimes previstos no art. 55 da Lei nº 9.605/98 e no art. 2º da Lei 8.176/94 (fls. 225/245), foi arquivado pelo Juízo da 16ª VF de Juazeiro do Norte, ao entendimento de atipicidade da conduta imputada ao autor. 4. Do conjunto probatório depreende-se o DNPM foi comunicado da pesquisa a ser realizada a ser realizada, mesmo não tendo competência para fiscalizar a pesquisa em questão. O autor ao ser abordado identificou-se como pesquisador do Museu Nacional da UFRJ, apresentando cartão e crachá funcional, mas deixou de apresentar qualquer documento ou anotação com a relação do material e a identificação das peças transportadas, com tarjas de garantia, e o destinatário. Culpa concorrente afastada. O autor agiu com negligência, imprudência e imperícia, assumindo a responsabilidade no transporte de material sem as garantias específicas de patrimônio. 5. A exigência de permissão e a falta de catalogação das peças são irregularidades administrativas, mas o crime de tráfico de fósseis ficou minimizado pelo arquivamento do inquérito, acometido graças à idoneidade do pesquisador. 6. Não restou demonstrada qualquer ilegalidade ou abuso na prisão efetuada pelos agentes públicos. 1 Responsabilidade da União e do DNPM, não caracterizada diante de material fóssil não identificado e sem elementos materiais de propriedade e titularidade. Inexistência de direito aos ressarcimentos pleiteados. 8. Remessa e apelação da União, providas, e recurso de apelação do autor não provido". (TRF2 – 6ª Turma Especializada – Acórdão nº 0016667-38.2013.4.02.5101 – Rel. Salete Maccalóz – Data 06.06.2016).

"Penal. Fóssil. Receptação. Sem prova de conhecimento da origem ilícita dos bens apreendidos, os quais até passaram por modificações artesanais, não pode haver condenação por receptação dolosa, tampouco culposa, acrescido o fato do irrisório valor de mercado dos fósseis, e praticamente ausência de dano ecológico, a recomendar a não intervenção, no caso, do Direito Penal. Absolvição por atipicidade de conduta, mantida". (TRF2 – Acórdão nº 0534686-55.2001.4.02.5101 – Apelação Criminal – Rel. Antônio Ivan Athié – Data 20.04.2004).

Capítulo 7
DOMÍNIO PÚBLICO ENERGÉTICO

7.1 INTRODUÇÃO

O domínio público enérgico alude ao poder estatal sobre o conjunto de coisas promovedoras ou capazes de produzir energia. "A energia desempenha um papel essencial em todos os setores da vida, sendo a grandeza mais importante da física. Os seres vivos dependem da energia para sobreviver e a obtém através da alimentação, em forma de energia química. Além disso, os organismos também recebem energia do Sol. Na física, o termo conservação se refere a algo que não muda. Isso significa que a variável de uma equação que representa uma grandeza conservativa é constante ao longo do tempo. Além disso, esse sistema diz que a energia não se perde, não se forma e nem pode ser destruída: ela apenas se transforma".

Conforme o Sistema Internacional de Unidades, a unidade de energia é definida como *joule*, ou seja, é a unidade de trabalho, o produto de uma força de um Newton que age por um deslocamento de 1 metro. "No entanto, a energia também pode ser descrita em outras unidades: Caloria (cal): é a quantidade de energia necessária para elevar a temperatura de um grama de água de 14,5 a 15,5 graus Celsius. Um joule equivale a 0,24 calorias; Quilowatt-hora (kWh): é usada habitualmente para medir o consumo de energia (1 kWh = 3,6 x 106 J); BTU (*British Thermal Unit*): Unidade térmica britânica 1 BTU = 252,2 calorias; Elétron-volt (eV): É a quantidade de energia cinética ganha por um único elétron (elétron) quando é acelerado por uma diferença de potencial elétrico de um volt, no vácuo (1 eV = 1,6 x 10–19 J)"[1].

A energia constitui elemento crucial no desenvolvimento da vida humana. "Em nossas residências a energia elétrica, o GLP-Gás Liquefeito de Petróleo, popularmente conhecido como gás de cozinha e à lenha – ainda usada em quantidades significativas – cumprem papéis essenciais. Com a energia elétrica obtemos a luz, a manutenção dos alimentos em geladeiras e *freezers*, ar condicionado, banho quente e o uso cada vez maior de aparelhos eletrodomésticos e eletrônicos. Com o GLP ou à lenha cozinhamos nossos alimentos, utilizando-os ainda para aquecimento da água do banho ou outras finalidades. Ah, não podemos esquecer do carvão vegetal para o churrasco. Para nos locomovermos, seja a trabalho, a lazer ou outra finalidade, por transporte coletivo

---

1. AZEVEDO, Júlia. *Entenda o que é energia e quais seus tipos.* Energia. Disponível em: https://www.ecycle.com.br/energia/. Acesso em: 13 set. 2021.

(ônibus, trem) ou individual (carros), usaremos fundamentalmente combustíveis de derivados de petróleo (óleo diesel, gasolina), biocombustíveis (álcool, biodiesel) ou gás natural. O mundo do trabalho-agricultura, indústria, serviços, comércio, lazer – é igualmente dependente da eletricidade, dos derivados de petróleo, gás natural, biocombustíveis, lenha e outros".

Com efeito, "todas as formas de utilização das energias (eletricidade, combustíveis e outras) viabilizam-se com o uso de recursos da natureza, renováveis ou não. A energia elétrica é uma das maiores conquistas da humanidade, pelas suas infindáveis utilidades e grande eficiência tanto na geração como no uso; necessita de reservatórios e quedas d'água (usinas hidrelétricas), ventos (eólica), raios solares (solar) ou combustíveis, como é o caso do carvão mineral ou gás natural (termelétrica). Os combustíveis para o transporte, indústrias e outras finalidades são obtidos pelo refino do petróleo, pelo uso do gás natural, carvão mineral ou de produtos agrícolas para a produção de biocombustíveis".

Ademais, a utilização de energia pode causar significativo impacto ambiental. "Qualquer atividade humana gera impactos ambientais, sociais e econômicos. Na produção, transporte e uso de qualquer recurso energético, não é diferente. Até porque estamos, em qualquer alternativa, utilizando algum recurso natural, além de gerarmos impactos para o meio ambiente, que são diferenciados a cada caso. Na queima de combustíveis, especialmente o carvão mineral e os derivados de petróleo, temos poluição do ar. Esta situação é bastante amenizada com o uso do gás natural e dos biocombustíveis – etanol e biodiesel – que, por sua vez, requerem grandes áreas agrícolas. Na implantação de hidrelétricas alagam-se significativas áreas para fazer os reservatórios d'água"[2].

7.2 CONCEITO

7.2.1 Energia

Conforme a Eletrobrás (Centrais Elétricas Brasileiras S.A.), "o uso científico da palavra *energia* tem um significado bem definido e preciso: Potencial inato para executar trabalho ou realizar uma ação. Qualquer coisa que esteja trabalhando, movendo outro objeto ou aquecendo-o, por exemplo, está gastando (transferindo) energia. Energia é um dos conceitos essenciais da Física e pode ser encontrado em todas as suas disciplinas (mecânica, termodinâmica, eletromagnetismo, mecânica quântica etc.), assim como em outras disciplinas, particularmente na Química. [...] Uma das características

---

2. MOREAU, Raul. *A importância da energia nas nossas vidas e a interdependência entre a economia e a energia do país*. Jornal "O Alto Taquari". Publicação: 27 mar. 2013. Disponível em: https://www.oaltotaquari.com.br/portal/2013/03/a-importancia-da-energia-nas-nossas-vidas-e-a-interdependencia-entre-a-economia-e-a--energia-do-pais/. Acesso em: 13 set. 2021.

mais importantes da energia é a sua capacidade de transformação de uma forma para outra. E estas transformações podem ser controladas. Por exemplo: quando ligamos o motor de um carro, a energia química da bateria se transforma em energia elétrica, que produzirá trabalho fazendo girar o motor. Em seguida, a energia potencial da gasolina se transformará em energia cinética e moverá os pistões que fazem as rodas girarem"[3].

Segundo o dicionário Houaiss, o vocábulo *energia* é um elemento da física que consiste na "capacidade que um corpo, uma substância ou um sistema físico têm de realizar trabalho"[4]. Assim, a energia traduz-se na capacidade que uma matéria possui de produzir trabalho, isto é, "aquilo que é realizado quando uma força age sobre um corpo e faz com que ele se mova. Calcula-se multiplicando o deslocamento pela força na direção do deslocamento"[5].

Por último, de acordo com o Glossário de Física, a palavra *energia* significa a "propriedade de um sistema que lhe permite realizar trabalho. A energia pode ter várias formas (calorífica, cinética, elétrica, eletromagnética, mecânica, potencial, química e radiante), transformáveis umas nas outras, e cada uma capaz de provocar fenômenos bem determinados e característicos nos sistemas físicos. Em todas as transformações de energia há completa conservação dela; a energia não pode ser criada, mas apenas transformada (primeiro princípio da termodinâmica). A massa de um corpo pode-se transformar em energia, e a energia sob forma radiante pode transformar-se em um corpúsculo com massa"[6].

7.2.2 Tipos de energia

Embora a energia seja uma grandeza única, dependendo de como se manifesta, ela pode receber diferentes denominações. Essa diversidade consiste na pluralidade de meios promovedores de energia, isto é, são diversas as fontes energéticas, de acordo com o elemento ou substâncias utilizadas como objeto deflagrador.

As fontes de energia classificam-se em renováveis e não renováveis. As *fontes de energia renováveis* são provenientes de recursos naturais, inesgotáveis e utilizadas para a geração de energia. Exemplos dessa modalidade de energia são: i – energia solar (oriunda da luz do sol); ii – energia eólica (proveniente da força dos ventos); iii – energia hídrica (gerada pela força do movimento das águas); iv – energia geotérmica (gerada pelo calor da terra); v – energia maremotriz (resultante do movimento das marés); vi – energia ondomotriz (proveniente das ondas do mar); vii – energia da biomassa (decorre da queima ou fermentação de matérias orgânicas, a exemplo de resíduos florestais,

---

3. ELETROBRÁS – Eletronuclear. *O que é energia?* Disponível em: https://www.eletronuclear.gov.br/Sociedade--e-Meio-Ambiente/Espaco-do-Conhecimento/Paginas/O-que-e-Energia.aspx. Acesso em: 13 set. 2021.
4. HOUAISS. *Dicionário da língua portuguesa.* Rio de Janeiro: Objetiva, 2009, p. 755.
5. FARIA, Ana Claudia Trindade de Coutinho; SILVA, Ítalo Batista da. *Glossário etimológico de física.* Instituto Federal do Rio Grande do Norte. Natal: Editora IFRN, 2019, p. 213.
6. FARIA, Ana Claudia Trindade de Coutinho; SILVA, Ítalo Batista da. *Glossário etimológico de física.* Instituto Federal do Rio Grande do Norte. Natal: Editora IFRN, 2019, p. 74-75.

resíduos da cana-de-açúcar, lixo residencial etc.). Por sua vez, as *fontes de energia não renováveis* são os recursos energéticos limitados, ou seja, é uma energia esgotável com o uso no decorrer do templo, a exemplo do petróleo, gás natural, carvão mineral, xisto, urânio e tório.

Os principais tipos de energia são: 1 – fóssil; 2 – mecânica; 3 – térmica; 4 – elétrica; 5 – cinética; e 6 – nuclear. A *energia fóssil* provém da queima de combustíveis fósseis, como o petróleo e o gás natural. Essa energia é formada por restos de organismos vegetais e animais acumulados no subsolo da Terra. "A *energia mecânica* é a energia que pode ser transferida por meio de força. Basicamente, ela pode ser entendida como a soma da energia cinética e potencial de um corpo. A energia mecânica permanece constante na ausência de forças dissipativas, apenas ocorre a conversão entre suas formas cinética e potencial. A *energia térmica* ou energia interna é definida como a soma da energia cinética e potencial associada aos elementos microscópicos que constituem a matéria. Os átomos e moléculas que formam os corpos apresentam movimentos aleatórios de translação, rotação e vibração. Esse movimento é chamado de agitação térmica. A variação de energia térmica de um sistema ocorre através de trabalho ou de calor. Teoricamente, a energia térmica está ligada com o grau de movimentação de partículas subatômicas. Quanto maior for a temperatura de um corpo maior é a sua energia interna. Quando um corpo com maior temperatura entra em contato com ou corpo com menor temperatura, ocorrerá transferência de calor".

"A *energia elétrica* é a energia produzida a partir das cargas elétricas das partículas subatômicas. As cargas, ao se deslocarem, geram corrente elétrica, criando o que chamamos de eletricidade. A *energia cinética* está relacionada com o estado de movimento de um corpo. Esse tipo de energia depende da massa e do módulo da velocidade do mesmo. Quanto maior o módulo da velocidade do corpo, maior é a energia cinética. Quando o corpo está em repouso, ou seja, o módulo da velocidade é nulo, a energia cinética é nula. A *energia nuclear* é a energia produzida nas usinas termonucleares. O princípio de funcionamento de uma usina termonuclear é a utilização do calor para gerar eletricidade. O calor é proveniente da divisão do núcleo dos átomos de urânio em duas partes, processo chamado de fissão nuclear. A radiação é bastante usada na medicina, raios-X, radioterapia, mas também se associa a efeitos negativos como bombas atômicas e lixo nuclear"[7].

7.2.2.1 Energia nuclear e Usina Angra 3

No que alude à energia nuclear, assente-se que o Governo Federal retomou a construção da Usina Angra 3, conforme noticiado pela *Agência Brasil*: "Segundo o ministro, o planejamento energético de longo prazo do governo, que é o Plano Nacional de Energia 2050, projeta uma ampliação de geração nuclear entre 8 e 10 gigawatts (GW). 'Para tal, o

---

7. AZEVEDO, Júlia. *Entenda o que é energia e quais seus tipos*. Energia. Disponível em: https://www.ecycle.com.br/energia/. Acesso em: 13 set. 2021.

Conselho Nacional de Política Energética, em sua resolução número 2 de 2021, decidiu pela elaboração de estudos para a definição de novos sítios para instalação de futuras centrais nucleares'. Essas novas unidades poderão ser compostas por reatores clássicos ou pelos pequenos reatores modulares, que são uma alternativa econômica para o fornecimento de energia 'como parte da solução para uma economia de baixo carbono, em sintonia com os compromissos do acordo de Paris sobre mudanças no clima', revelou. Albuquerque acrescentou que o Brasil será membro do grupo de Viena, a ser criado para discutir a energia nuclear como opção para as soluções climáticas. O Brasil também participará da 65ª Conferência Geral da Agência Internacional de Energia Atômica, em setembro, e da 26ª edição da Conferência das Nações Unidas sobre Mudanças Climáticas de 2021, a COP26, programada para ocorrer de 1 a 12 de novembro, em Glasgow, na Escócia, sob a presidência do Reino Unido. Segundo o ministro, a COP 26 vai ser uma oportunidade de apresentar os esforços brasileiros na luta em prol da descarbonização".

"A previsão é de que a Usina Angra 3 acrescente 1.405 megawatts (MW) ao sistema elétrico brasileiro, com o funcionamento em cerca de 82.000 m² de área construída. Iniciada em 1984, a construção da unidade foi interrompida duas vezes, sendo a última em 2015, quando pouco mais de 60% do empreendimento estavam concluídos. Angra 3 deve entrar em operação no fim de 2026. Também presente no simpósio, a diretora financeira da Eletrobras, Elvira Presta, disse que o BNDES está fazendo a estruturação do financiamento da obra de Angra 3 e, até o momento, é a Eletrobras quem está financiando integralmente a obra. 'Estamos falando de uma obra que ainda requer algo em torno de R$ 18 bilhões de investimento. É de longe o maior projeto da Eletrobras. Representa 30% do projeto de todo investimento da Eletrobras nos próximos cinco anos. É uma obra complexa, o volume é de cerca de 40 contratos envolvidos, são muitos fornecedores. Teve um histórico de problemas nessa obra no passado e por tudo isso é que houve a decisão de uma estrutura de compliance independente', destacou"[8].

Todavia, conforme noticiado pelo *DW Brasil*, "a retomada das obras gera, além disso, apreensão entre especialistas, que veem Angra 3 como um projeto obsoleto. Uma usina essencialmente idêntica na Alemanha, parceiro histórico do Brasil no desenvolvimento de energia nuclear, foi desligada devido aos riscos. 'A tecnologia de Angra 3 é basicamente a mesma do projeto original, definido há mais de 40 anos', diz Célio Bermann, professor associado do Instituto de Energia e Ambiente da USP. 'As mudanças alegadas pelo governo são superficiais, não atingem os equipamentos mais importantes. Essa é uma pseudomodernização'. Alemanha não aprovaria Angra 3 hoje: Com uma experiência de quase 40 anos em vários ministérios alemães na área de segurança nuclear e proteção contra a radiação, o engenheiro Dieter Majer diz à DW Brasil que hoje uma usina baseada no modelo previsto para Angra 3 não seria aprovada na Alemanha, 'por não corresponder à situação atual no campo da ciência e da tecnologia'.

---

8. AGÊNCIA BRASIL. *Brasil vive consolidação da energia nuclear, diz Bento Albuquerque*. Publicado em: 25.08.2021 – 16:22, por Cristina Índio do Brasil. Disponível em: https://agenciabrasil.ebc.com.br/economia/noticia/2021-08/brasil-vive-consolidacao-da-energia-nuclear-diz-bento-albuquerque. Acesso em: 14 set. 2021.

Ainda segundo o jornal alemão, "pouco depois da catástrofe na usina nuclear japonesa de Fukushima, em 2011, a chanceler federal alemã, Angela Merkel, se comprometeu a desligar todas as usinas nucleares do país. À época, os planos determinaram a paralisação das oito unidades mais antigas do país, além do fechamento de outras nove, até 2022. Majer lembra que a usina de Grafenrheinfeld – "essencialmente idêntica às unidades de Angra 2 e Angra 3" – teve que ser retirada precocemente da rede, depois do acidente de Fukushima. O motivo foram "déficits de segurança relevantes", mesmo após ser modernizada ao longo dos anos. Para atingir os atuais padrões internacionais tecnológicos e científicos, Angra 3 teria que ser totalmente replanejada, segundo o especialista alemão: 'Uma reforma apropriada não é possível em termos de tecnologia de construção e maquinário'.

Todavia, a retomada das obras em Angra 3 pode prejudicar o acordo do Brasil com a Alemanha: "assinado nos anos 1970, o Acordo Nuclear Brasil-Alemanha prevê uma cooperação bilateral para 'uso pacífico da energia nuclear'. Pelo acordo, oito usinas nucleares seriam construídas – mas apenas Angra 2 virou realidade. Angra 3 deve entrar em operação em 2026, se os planos do governo Bolsonaro derem certo. Até lá, no entanto, é possível que o acordo não esteja mais em vigor. Renovado a cada cinco anos, ele expira em 2025. Ele poderá ser torpedeado pelo Partido Verde alemão, que, segundo pesquisas, tem chances de fazer parte de uma coalizão de governo após as eleições gerais de setembro na Alemanha. Para os verdes, o país deveria se tornar um modelo mundial para o abandono da energia nuclear"[9].

A despeito disso, o Decreto nº 10.791 de 10 de setembro de 2021, com fulcro na Lei nº 14.182 de 12 de julho de 2021, criou a Empresa Brasileira de Participações em Energia Nuclear e Binacional S.A. – ENBpar, empresa pública vinculada ao Ministério de Minas e Energia.

Conforme o art. 2º do referido Decreto, a ENBpar, nos termos do disposto no art. 9º da Lei nº 14.182, de 12 de julho de 2021, terá por finalidade: I – manter sob o controle da União a operação de usinas nucleares; II – manter a titularidade do capital social e a aquisição dos serviços de eletricidade da Itaipu Binacional por órgão ou entidade da administração pública federal para atender ao disposto no Tratado entre a República Federativa do Brasil e a República do Paraguai para o Aproveitamento Hidrelétrico dos Recursos Hídricos do Rio Paraná, Pertencentes em Condomínio aos dois Países, desde e inclusive o Salto Grande de Sete Quedas ou Salto de Guaíra até a Foz do Rio Iguaçu, promulgado pelo Decreto nº 72.707, de 28 de agosto de 1973; III – gerir contratos de financiamento que utilizem recursos da Reserva Global de Reversão – RGR celebrados até 17 de novembro de 2016; IV – administrar os bens da União sob a administração da Centrais Elétricas Brasileiras S.A. – Eletrobras previstos

---

9. DW. Deutsche Welle. *Brasil volta a apostar em energia nuclear.* Autoria Cristiane Ramalho. Data 28.06.2021. Disponível em: https://www.dw.com/pt-br/brasil-volta-a-apostar-em-energia-nuclear/a-58066100. Acesso em: 14 set. 2021.

no Decreto-lei nº 1.383, de 26 de dezembro de 1974; V – administrar a conta-corrente denominada Programa Nacional de Conservação de Energia Elétrica – Procel, de que trata a Lei nº 9.991, de 24 de julho de 2000; e VI – gerir os contratos de comercialização da energia gerada pelos empreendimentos contratados no âmbito do Programa de Incentivo às Fontes Alternativas de Energia Elétrica – Proinfa, de que trata a Lei nº 10.438, de 26 de abril de 2002.

7.2.2.2. Diversidade de matrizes energéticas

Em que pese a retomada da construção de Angra 3, a matriz elétrica brasileira está mudando, conforme recentes dados do Ministério de Minas e Energia, visto que: 82,9% da energia elétrica produzida no Brasil decorre de fontes renováveis, a energia eólica representa 10,9% do total de deve chegar a 13,6 no ano de 2025; a energia solar representa 2% do total e pode alcançar 2,9 até o fim de 2021 (a energia solar gerada por pequenas centrais cresceu mais de 2.000% nos últimos três anos).

Assim, "atualmente, o Brasil possui uma matriz elétrica majoritariamente renovável, em grande parte composta de energia proveniente das usinas hidrelétricas. Mas as características dessa matriz vêm mudando. O 13º episódio do AneelCast, podcast da Agência Nacional de Energia Elétrica (Aneel), explica como a matriz elétrica brasileira está passando por esta transformação, caracterizada pela redução da participação das usinas hidrelétricas. O programa também mostra como é a atuação da Aneel na regulamentação de usinas híbridas, isto é, usinas que utilizam mais de um tipo de fonte de geração de energia elétrica e que têm conquistado espaço na matriz de geração do país. Usinas híbridas consistem em um modelo que permite a diminuição das interrupções e a otimização de recursos, já que uma fonte pode suprir a falta temporária da outra. 'O Brasil vem passando por uma grande transformação de sua matriz, mas mantendo foco em uma expansão a partir de fontes renováveis. Por muito tempo essa característica esteve relacionada às nossas grandes usinas hidrelétricas. Porém, na última década, a participação percentual dessas usinas vem caindo e isso tem ocorrido como consequência de restrições ambientais a projetos hidrelétricos com grandes reservatórios e pelo natural esgotamento dos melhores potenciais de geração', explica a diretora da Aneel Elisa Bastos".

"Apesar disso, Elisa esclarece que o panorama, ainda 'aponta na direção' da geração de energia elétrica por fontes renováveis. A diferença é que, agora, essa direção é sustentada pelo rápido crescimento das fontes eólica e solar, que, 'juntas, já representam mais de 10%, tanto em termos de capacidade instalada quanto em energia gerada'. Novos arranjos para potencializar a capacidade de geração têm sido desenvolvidos, como é a proposta inovadora de hibridização das usinas"[10].

---

10. GOV.BR. Governo do Brasil. *Entenda como a matriz elétrica brasileira está mudando*. Publicado em: 30.08.2021 12h03. Disponível em: https://www.gov.br/pt-br/noticias/energia-minerais-e-combustiveis/2021/08/entenda-como-a-matriz-eletrica-brasileira-esta-mudando. Acesso em: 13 set. 2021.

Ademais, o Brasil avança no setor de biocombustíveis. "Dados da Secretaria de Petróleo, Gás Natural e Biocombustíveis apontam a vocação brasileira para a produção de energias renováveis. Os biocombustíveis são derivados de biomassa renovável e podem substituir, parcial ou totalmente, combustíveis derivados de petróleo e gás natural em motores a combustão ou em outro tipo de geração de energia. São fontes de energia alternativa que apresentam baixo índice de emissão de poluentes. De acordo com a Agência Nacional do Petróleo, os dois principais biocombustíveis líquidos usados no Brasil são o etanol obtido a partir de cana-de-açúcar e o biodiesel, que é produzido a partir de óleos vegetais ou de gorduras animais e adicionado ao diesel de petróleo em proporções variáveis. Atualmente, segundo o Ministério de Minas e Energia, 20% do consumo do setor de transporte é de combustíveis renováveis e o Brasil tem caminhado para ampliar o consumo com o apoio da Política Nacional de Biocombustíveis (RenovaBio)"[11].

O etanol é um dos principais biocombustíveis do Brasil. Conforme o Secretário de Petróleo, Gás Natural e Biocombustíveis do Ministério de Minas e Energia, "o pujante mercado de biocombustíveis do Brasil conta atualmente com 361 usinas supraenergéticas. Processamos, em 2020, mais de 660 milhões de toneladas de cana e produzimos aproximadamente 34 bilhões de litros de etanol. Somos o maior produtor do mundo de etanol a partir da cana-de-açúcar. Mas, além da cana, temos o milho. E a produção desse biocombustível, a partir do milho, cresceu mais de 84% no ano passado, com volume de 2,4 bilhões de litros".

Relativamente ao biodiesel, em 2020 a produção cresceu 8,7%. "E a capacidade instalada, 9,4%, com consumo de 6,4 bilhões de litros, fazendo do Brasil o segundo maior produtor mundial desse importante combustível renovável. São 49 unidades produtivas em operação no país. O setor de biodiesel também contribui para a inclusão social com mais de 98% do volume comercializado proveniente de usinas com selo biocombustível social, o que exige a inclusão de agricultores familiares na cadeia produtiva". Outra relevante matriz energética renovável é o biogás, "que purificado, leva ao biometano. O país, em 2020, apresentou 638 usinas de biogás em operação, que produziram cerca de 5 milhões de metros cúbicos por dia desse biocombustível. Em relação ao biometano, são três usinas em funcionamento, que produziram 330 mil metros cúbicos por dia no último ano. É importante destacar que a produção de biogás e biometano utiliza como matéria-prima resíduos agroindustriais ou provenientes de aterros sanitários, contribuindo para a preservação do meio ambiente e no combate ao aquecimento global"[12].

---

11. GOV.BR. Governo do Brasil. *Brasil avança no setor de biocombustíveis*. Entrevista. Publicado em: 12.07.2021 19h07. Disponível em: https://www.gov.br/pt-br/noticias/energia-minerais-e-combustiveis/2021/07/brasil--avanca-no-setor-de-biocombustiveis. Acesso em: 15 set. 2021.

12. GOV.BR. Governo do Brasil. *Brasil avança no setor de biocombustíveis*. Entrevista. Publicado em: 12.07.2021 19h07. Disponível em: https://www.gov.br/pt-br/noticias/energia-minerais-e-combustiveis/2021/07/brasil--avanca-no-setor-de-biocombustiveis. Acesso em: 15 set. 2021.

7.2.3 Potencial de recursos energéticos

A *Nota Técnica PR 04/2018* do Ministério de Minas e Energia elaborou resumo executivo acerca de diversas fontes energéticas no Brasil. "*Petróleo*. Em 2017, as reservas provadas de petróleo chegaram a 12,8 bilhões de barris, majoritariamente em mar. A relação R/P para as reservas provadas estava em 15 anos, e para as reservas totais em 27 anos. Em relação às estimativas de produção futura, as projeções sinalizam a possibilidade do país manter-se como grande produtor de petróleo, com mais de quatro milhões de barris por dia em todo o horizonte, a partir de 2020; patamar bastante superior aos 2,6 milhões de barris por dia em 2016, situação que consolidaria o país como um dos maiores produtores do mundo. A participação de recursos não convencionais deve ganhar relevância a partir de meados da década de 2030, segundo as hipóteses de referência de produção de petróleo".

Gás Natural. A produção de gás natural no país esteve, até o presente, majoritariamente associada ao petróleo principalmente devido aos campos marítimos. No entanto, no horizonte 2050 se antevê a exploração de áreas mais propensas ao gás natural associado e ao não convencional de bacias terrestres. Segundo estimativas do estudo, na hipótese de referência, a produção dos recursos convencionais, exclusivamente, poderá alcançar 200 milhões de m3/dia em 2050, cerca de quatro vezes a produção atual. Somando-se a possível produção de gás não convencional, o Brasil poderá atingir uma produção diária de até 450 milhões de m3/dia em 2050. *Urânio*. As reservas nacionais medidas, indicadas e inferidas de urânio somam 309 mil toneladas de U3O8, considerando as jazidas em exploração, havendo mais 300 mil toneladas estimadas em outros sítios, que corresponde à 7ª maior reserva do mundo. Além disto, o país domina o ciclo do combustível, que vai da mineração de urânio à fabricação do chamado elemento combustível, podendo, caso invista nas etapas desta cadeia, figurar no seleto grupo de países prestadores de serviço para esta indústria. Com o conhecimento das atuais reservas chega-se ao potencial de 187 mil toneladas de urânio recuperável, suficientes para o atendimento do parque existente (Angra 1, 2 e 3) e mais 9 novas usinas de 1.000 MW por 60 anos (vida útil estendida da planta)"[13].

"*Carvão Mineral*. O consumo interno nacional de carvão, ainda que pouco expressivo (9,7 milhões de toneladas em 2014 para abastecer um parque gerador com capacidade instalada de 3,2 GW), contrasta com uma ampla reserva medida de carvão mineral de 7,2 bilhões toneladas (13º no ranking mundial). As reservas poderiam alcançar até 10,1 bilhões de toneladas, segundo o Departamento Nacional de Pesquisa Mineral (DNPM), caso fossem realizados maiores investimentos em pesquisa e exploração. Para efeito de comparação, as reservas carboníferas no país, em termos energéticos, superam em seis vezes as reservas de gás natural disponível e podem garantir a operação de até 46 usinas de potência unitária de 500 MW durante 25 anos. *Biomassa*. Os tipos de biomassa

---

13. MME. Ministério de Minas e Energia. *Nota Técnica PR 04/18 – Potencial dos Recursos Energéticos no Horizonte 2050*, p. 18-20. Empresa de Pesquisa Energética. Rio de Janeiro, setembro de 2018.

considerados são de base florestal, da cana-de-açúcar, óleos e gorduras, resíduos rurais e urbanos. Estas biomassas são empregadas para geração elétrica e para produção de biocombustíveis, e desempenham papel relevante na matriz energética brasileira. Em geral sua produção demanda grandes extensões de área, mas a expansão da disponibilidade deste recurso no horizonte de 2050 neste plano considera que não será necessário desmatamento para sua produção. Além dos esperados ganhos de produtividade agrícola e florestal, a densificação da pecuária, dos atuais 1 cabeça de gado por hectare para 1,9 cabeça de gado por hectare disponibilizará terras suficientes. Em 2050, a disponibilidade de biomassa será de 530 milhões de toneladas equivalentes de petróleo, sendo os resíduos agrícolas (exceto cana) e a cana-de-açúcar as principais fontes".

"*Hidrelétrica*. O potencial hidrelétrico inventariado do Brasil é de 176 GW, dos quais 108 GW já foram aproveitados (em operação ou construção) e garantiram elevada renovabilidade e baixo custo. A exploração do potencial remanescente confronta-se com diversos desafios técnico-econômicos e ambientais, como a logística, devido à falta de acessos aos sítios, custos de implantação de vários projetos serem relativamente altos, aceitação da fonte pela sociedade, sobretudo no tocante aos impactos socioambientais. Pouco mais da metade deste potencial remanescente está localizada nas regiões hidrográficas Amazônica e Tocantins-Araguaia, onde há grandes extensões de áreas protegidas por unidades de conservação e terras indígenas".

"*Eólica* (*onshore & offshore*). O Brasil possui um enorme potencial eólico tanto onshore como offshore. Em 2001, o Atlas do Potencial Eólico Brasileiro estimou um potencial de 143 GW onshore, a 50 metros de altura. Avanços tecnológicos e medições a alturas mais elevadas realizadas para alguns estados brasileiros mostram que este potencial é muito maior superior a 440 GW. O potencial offshore até 10 km da costa soma 57 GW, e no extremo, considerando a zona econômica exclusiva (com distância da costa de 200 milhas) o potencial chega a 1.780 GW. Em relação à profundidade da lâmina d'água, no intervalo batimétrico de 0 a 20 m o potencial é de 176 GW, de 20 a 50 m o potencial é de 223 GW e de 50 a 100 m o potencial é de 606 GW. Solar (*onshore & offshore*). Como no caso da energia eólica, a solar tem um potencial onshore e um offshore. A posição geográfica do país propicia índices de incidência da radiação solar em quase todo o território nacional, inclusive durante o inverno, superiores aos observados em muitos países líderes em aproveitamento fotovoltaico. Delimitando-se exclusivamente às áreas onshore com maior nível de irradiação (6,0 a 6,2 kWh/m^2/dia) o potencial é de 506 TWh/ano. Na avaliação realizada para a geração distribuída fotovoltaica residencial, foi identificado um potencial de geração igual a 287 TWh/ano. Nas áreas offshore, com maior nível de irradiação, o potencial é de 94.706 TWh/ano. Quanto à geração heliotérmica, levantou-se um potencial, para a tecnologia de cilindro parabólico com armazenamento, de 661 TWh/ano; e para a tecnologia de torre solar com armazenamento de 359 TWh/ano para".

"*Oceânica*. Embora a tecnologia para essa energia seja recente e ainda em vias de ser comercial, o aproveitamento dos recursos do mar apresenta-se promissor em função da abundância desta fonte por todo o globo. A energia oceânica está disponível através das ondas, marés, correntes marinhas, gradientes térmicos e gradientes de salinidade, mas o atual estágio de desenvolvimento tecnológico só permitiu avaliar o potencial das duas primeiras. Basicamente, a estimativa partiu da extensão do litoral de cada estado da federação e da altura de onda média no ano, levando ao potencial total brasileiro de ondas e marés ser estimado em 114 GW"[14].

"*Fontes Promissoras.* Estudos da IRENA (2014) mostram que a conversão da diferença de salinidade dos recursos hídricos em eletricidade disponibiliza uma fonte de base (90% de fator de capacidade) e atinge o potencial internacional de 647 GW. Como nossa área litorânea corresponde a cerca de 1% da mundial (CIA, 2008) e considerando que a disponibilidade de água fluvial seja proporcional somente a este atributo, teríamos potencial de 6,5 GW a explorar. As pesquisas apontam para o desenvolvimento tecnológico atingir níveis de viabilidade técnica e econômica a partir da década de 2030 (Silva, 2013), sendo relevante informar que há pesquisas no Brasil sobre o tema. A partir da descoberta, em 2012, da existência de poços de hidrogênio, puro ou consorciado a metano, nitrogênio, hélio e outros gases, no Mali, o que reduz significativamente os custos de sua obtenção, permitiu a aceleração do processo de exploração e consumo, culminando na instalação de usina de geração elétrica em 20151. Como a avaliação desta fonte ainda está sendo iniciada no mundo, até o momento só ocorreu a identificação de emanações naturais, no Brasil, nos estados do Piauí (Miranda, 2015), Roraima, Tocantins, Ceará e Minas Gerais (WHEC, 2018). Com o hidrogênio natural é possível reduzir sensivelmente os custos e, assim, evoluir mais rapidamente na geração de eletricidade sem emissões de gases responsáveis pelo aquecimento global"[15].

7.3 DOMÍNIO PÚBLICO NO SETOR ENERGÉTICO

O domínio público energético refere-se ao conjunto de coisas capazes de realizar trabalho, suscetíveis de controle humano, cujos elementos mecânicos, físicos, químicos ou suas diversas formas são utilizados na satisfação dos interesses da sociedade.

Assim, o domínio público energético recai sobre as fontes de energia, sejam elas renováveis ou não, de modo que a regulação estatal é exercida em prol da coletividade, garantindo a utilização adequada, racional e segura dos recursos. O controle realizado pelo Poder Público na seara energética justifica-se como mecanismo assecuratório da utilização das diversas fontes de energia em benefício do ser humano, tanto na sua perspectiva individual quanto coletiva, a fim de promover o bem-estar e o desenvolvimento.

O controle incide sobre diversos aspectos, entre os quais se destaca o respeito às normas ambientais; a prevenção de riscos à saúde; a criação de normas técnicas para o

---

14. MME. Ministério de Minas e Energia. *Nota Técnica PR 04/18 – Potencial dos Recursos Energéticos no Horizonte 2050*, p. 18-20. Empresa de Pesquisa Energética. Rio de Janeiro, setembro de 2018.
15. MME. Ministério de Minas e Energia. *Nota Técnica PR 04/18 – Potencial dos Recursos Energéticos no Horizonte 2050*, p. 18-20. Empresa de Pesquisa Energética. Rio de Janeiro, setembro de 2018.

setor; normas mitigadoras de acidentes; a exigência de qualidade do serviço prestado pelos prestadores de energia; a necessidade da ampla cobertura, bem como a continuidade da disponibilização; regramento acerca da suspensão ou interrupção dos serviços energéticos; o respeito aos direitos dos consumidores; estabelecimento de critérios para a definição de tarifas; a responsabilidade por eventuais danos causados; o incentivo ao uso de diversas fontes energéticas, o estímulo a fontes menos poluentes etc.

De forma geral, o domínio público energético é caracterizado por três aspectos básicos e cumulativos, a saber: *i – objeto* (conjunto de coisas mecânicas, físicas, químicas ou diversas formas capazes de realizar trabalho, mediante ação ou controle do homem); *ii – interesse social* (tais coisas ostentam interesse público na sua utilização, por se tratar de elemento essencial da vida humana, tanto no âmbito doméstico quanto na seara pública, industrial, comercial, serviços, lazer etc.); *iii – regramento jurídico* (em decorrência da notável relevância prestacional, essas coisas são submetidas ao disciplinamento e fiscalização pelo Estado, que normatiza determinadas fontes energéticas, a fim de garantir uma prestação eficiente, ampla e segura à sociedade).

Considerando a relevância da matéria, que exige tratamento uniforme, a Constituição Federal de 1988 atribuiu à União a competência para legislar sobre os diversos tipos de energia, nos termos do art. 22, inciso IV: "compete privativamente à União legislar sobre: águas, *energia*, informática, telecomunicações e radiodifusão". Além disso, especificamente o art. 21, XII, "b" da Carta Magna declara ser competência da União "explorar, diretamente ou mediante autorização, concessão ou permissão: os serviços e instalações de energia elétrica e o aproveitamento energético dos cursos de água, em articulação com os Estados onde se situam os potenciais hidroenergéticos". O art. 21, XXIII, "a" também estabelece que "toda atividade nuclear em território nacional somente será admitida para fins pacíficos e mediante aprovação do Congresso Nacional". Ademais, "a responsabilidade civil por danos nucleares independe da existência de culpa" (art. 21, XXIII, "d"). Diante disso, a temática possui assento constitucional, sendo disciplinada pela legislação infraconstitucional, resoluções e disposições técnicas.

Ademais, o art. 177 da Carta Magna trata da ordem econômica e financeira, dispondo que constituem monopólio da União: I – a pesquisa e a lavra das jazidas de petróleo e gás natural e outros hidrocarbonetos fluidos; II – a refinação do petróleo nacional ou estrangeiro; III – a importação e exportação dos produtos e derivados básicos resultantes das atividades previstas nos incisos anteriores; IV – o transporte marítimo do petróleo bruto de origem nacional ou de derivados básicos de petróleo produzidos no País, bem assim o transporte, por meio de conduto, de petróleo bruto, seus derivados e gás natural de qualquer origem; V – a pesquisa, a lavra, o enriquecimento, o reprocessamento, a industrialização e o comércio de minérios e minerais nucleares e seus derivados, com exceção dos radioisótopos cuja produção, comercialização e utilização poderão ser autorizadas sob regime de permissão.

Na perspectiva normativa, o domínio público energético é disciplinado por diversas normas, destacando-se a *Constituição Federal de 1988* (especialmente o art. 22, inciso IV;

art. 21, XII, "b"; art. 21, XXIII, "a" e "d"; art. 177); a *Lei nº 4.118 de 27 de agosto de 1962*, que dispõe sobre a política nacional de energia nuclear; *Lei nº 4.156 de 28 de novembro de 1962*, que alterou a legislação sobre o Fundo de Eletrificação e instituiu o empréstimo compulsório sobre o consumo de energia elétrica; a *Lei nº 9.074 de 7 de julho de 1995*, que estabelece normas para outorga e prorrogações das concessões, permissões e autorizações dos serviços de energia elétrica e de aproveitamento energético dos cursos de água; *Lei nº 9.427 de 26 de dezembro de 1996*, que institui a Agência Nacional de Energia Elétrica – ANEEL, disciplina o regime das concessões de serviços públicos de energia elétrica; a *Lei nº 9.433 de 8 de janeiro de 1997*, que institui a Institui a Política Nacional de Recursos Hídricos; a *Lei nº 9.478 de 6 de agosto de 1997*, que dispõe sobre a Política Energética Nacional; a *Lei nº 9.991 de 24 de julho de 2000*, que dispõe sobre realização de investimentos em pesquisa e desenvolvimento e em eficiência energética por parte das empresas concessionárias, permissionárias e autorizadas do setor de energia elétrica; a *Lei nº 10.848 de 15 março de 2004*, que dispõe sobre a comercialização de energia elétrica; a *Lei nº 12.783* de 11 de janeiro de 2013, que dispõe sobre as concessões de geração, transmissão e distribuição de energia elétrica, sobre a redução dos encargos setoriais e sobre a modicidade tarifária; a *Resolução CONAMA nº 237*, de 19 de dezembro de 1997, que trata do licenciamento ambiental; a *Resolução CONAMA nº 462* de 24 de julho de 2014, que estabelece procedimentos para o licenciamento ambiental de empreendimentos de geração de energia elétrica a partir de fonte eólica em superfície terrestre; a *Resolução CONAMA nº 481* de 3 de outubro de 2017, que Estabelece critérios e procedimentos para garantir o controle e a qualidade ambiental do processo de compostagem de resíduos orgânicos; e *Resoluções da ANEEL.*

7.4 POLÍTICA ENERGÉTICA NACIONAL

A Lei nº 9.478, de 6 de agosto de 1997, dispõe sobre a política energética nacional, as atividades relativas ao monopólio do petróleo, institui o Conselho Nacional de Política Energética e a Agência Nacional do Petróleo.

As políticas nacionais para o aproveitamento racional das fontes de energia visarão aos seguintes objetivos: I – preservar o interesse nacional; II – promover o desenvolvimento, ampliar o mercado de trabalho e valorizar os recursos energéticos; III – proteger os interesses do consumidor quanto a preço, qualidade e oferta dos produtos; IV – proteger o meio ambiente e promover a conservação de energia; V – garantir o fornecimento de derivados de petróleo em todo o território nacional, nos termos do § 2º do art. 177 da Constituição Federal; VI – incrementar, em bases econômicas, a utilização do gás natural; VII – identificar as soluções mais adequadas para o suprimento de energia elétrica nas diversas regiões do País; VIII – utilizar fontes alternativas de energia, mediante o aproveitamento econômico dos insumos disponíveis e das tecnologias aplicáveis; IX – promover a livre concorrência; X – atrair investimentos na produção de energia; XI – ampliar a competitividade do País no mercado internacional; XII – incrementar, em bases econômicas, sociais e ambientais, a participação dos biocombustíveis na matriz energética nacional; XIII – garantir o fornecimento de biocombustíveis em todo o território nacional; XIV – incentivar a geração de energia elétrica a partir da biomassa e de subprodutos da produção de biocombustíveis, em razão do seu caráter limpo, renovável e complementar à fonte hidráulica; XV – promover a competitividade do País no mercado internacional de biocombustíveis; XVI – atrair investimentos em infraestrutura para transporte e estocagem de biocombustíveis; XVII – fomentar a pesquisa e o desenvolvimento relacionados à energia renovável; XVIII – mitigar as emissões de gases causadores de efeito estufa e de poluentes nos setores de energia e de transportes, inclusive com o uso de biocombustíveis (art. 1º).

A lei criou o Conselho Nacional de Política Energética – CNPE, vinculado à Presidência da República e presidido pelo Ministro de Estado de Minas e Energia, com a atribuição de propor ao Presidente da República políticas nacionais e medidas específicas destinadas a: I – promover o aproveitamento racional dos recursos energéticos do País, em conformidade com os princípios enumerados no capítulo anterior e com o disposto na legislação aplicável; II – assegurar, em função das características regionais, o suprimento de insumos energéticos às áreas mais remotas ou de difícil acesso do País, submetendo as medidas específicas ao Congresso Nacional, quando implicarem criação de subsídios; III – rever periodicamente as matrizes energéticas aplicadas às diversas regiões do País, considerando as fontes convencionais e alternativas e as tecnologias disponíveis; IV – estabelecer diretrizes para programas específicos, como os de uso do gás natural, do carvão, da energia termonuclear, dos biocombustíveis, da energia solar, da energia eólica e da energia proveniente de outras fontes alternativas; V – estabelecer diretrizes para a importação e exportação, de maneira a atender às necessidades de consumo interno de petróleo e seus derivados, biocombustíveis, gás natural e condensado, e assegurar o adequado funcionamento do Sistema Nacional de Estoques de Combustíveis e o cumprimento do Plano Anual de Estoques Estratégicos de Combustíveis, de que trata o art. 4º da Lei nº 8.176, de 8 de fevereiro de 1991;

Além disso, compete ao Conselho Nacional de Política Energética: VI – sugerir a adoção de medidas necessárias para garantir o atendimento à demanda nacional de energia elétrica, considerando o planejamento de longo, médio e curto prazos, podendo indicar empreendimentos que devam ter prioridade de licitação e implantação, tendo em vista seu caráter estratégico e de interesse público, de forma que tais projetos venham assegurar a otimização do binômio modicidade tarifária e confiabilidade do Sistema Elétrico; VII – estabelecer diretrizes para o uso de gás natural como matéria-prima em processos produtivos industriais, mediante a regulamentação de condições e critérios específicos, que visem a sua utilização eficiente e compatível com os mercados interno e externos; VIII – definir os blocos a serem objeto de concessão ou partilha de produção; IX – definir a estratégia e a política de desenvolvimento econômico e tecnológico da indústria de petróleo, de gás natural, de outros hidrocarbonetos fluidos e de biocombustíveis, bem como da sua cadeia de suprimento; X – induzir o incremento dos índices mínimos de conteúdo local de bens e serviços, a serem observados em licitações e contratos de concessão e de partilha de produção; XI – definir diretrizes para comercialização e uso de biodiesel e estabelecer, em caráter autorizativo, quantidade superior ao percentual de adição obrigatória fixado em lei específica; XII – estabelecer os parâmetros técnicos e econômicos das licitações de concessões de geração, transmissão e distribuição de energia elétrica; XIII – definir a estratégia e a política de desenvolvimento tecnológico do setor de energia elétrica; XIV – estabelecer diretrizes para o suprimento de gás natural nas situações caracterizadas como de contingência, nos termos previstos em lei (art. 2º).

Pertencem à União os depósitos de petróleo, gás natural e outros hidrocarbonetos fluidos existentes no território nacional, nele compreendidos a parte terrestre, o mar territorial, a plataforma continental e a zona econômica exclusiva. Constituem monopólio da União, nos termos do art. 177 da Constituição Federal, as seguintes atividades: I – a pesquisa e lavra das jazidas de petróleo e gás natural e outros hidrocarbonetos fluidos; II – a refinação de petróleo nacional ou estrangeiro; III – a importação e exportação dos produtos e derivados básicos resultantes das atividades previstas nos incisos anteriores; IV – o transporte marítimo do petróleo bruto de origem nacional ou de derivados básicos de petróleo produzidos no País, bem como o transporte, por meio de conduto, de petróleo bruto, seus derivados e de gás natural (art. 4º).

As atividades econômicas acima descritas são reguladas e fiscalizadas pela União, podendo ser exercidas – mediante concessão, autorização ou contratação sob o regime de partilha de produção – por empresas constituídas sob as leis brasileiras, com sede e administração no País (art. 5º).

7.5 AGÊNCIA NACIONAL DO PETRÓLEO, GÁS NATURAL E BIOCOMBUSTÍVEIS (ANP)

A Lei nº 9.478 de 6 de agosto de 1997 instituiu a Agência Nacional do Petróleo, Gás Natural e Biocombustíveis – ANP, entidade integrante da Administração Federal Indireta, submetida ao regime autárquico especial, como órgão regulador da indústria do petróleo, gás natural, seus derivados e biocombustíveis, vinculada ao Ministério de Minas e Energia. A ANP tem sede e foro no Distrito Federal e escritórios centrais na cidade do Rio de Janeiro, podendo instalar unidades administrativas regionais (art. 7º).

A ANP tem como finalidade promover a regulação, a contratação e a fiscalização das atividades econômicas integrantes da indústria do petróleo, do gás natural e dos biocombustíveis, cabendo-lhe: I – implementar, em sua esfera de atribuições, a política nacional de petróleo, gás natural e biocombustíveis, contida na política energética nacional, nos termos do Capítulo I desta Lei, com ênfase na garantia do suprimento de derivados de petróleo, gás natural e seus derivados, e de biocombustíveis, em todo o território nacional, e na proteção dos interesses dos consumidores quanto a preço, qualidade e oferta dos produtos; II – promover estudos visando à delimitação de blocos, para efeito de concessão ou contratação sob o regime de partilha de produção das atividades de exploração, desenvolvimento e produção; III – regular a execução de serviços de geologia e geofísica aplicados à prospecção petrolífera, visando ao levantamento de dados técnicos, destinados à comercialização, em bases não exclusivas; IV – elaborar os editais e promover as licitações para a concessão de exploração, desenvolvimento e produção, celebrando os contratos delas decorrentes e fiscalizando a sua execução; V – autorizar a prática das atividades de refinação, liquefação, regaseificação, carregamento, processamento, tratamento, transporte, estocagem e acondicionamento; VI – estabelecer critérios para o cálculo de tarifas de transporte dutoviário e arbitrar seus valores, nos casos e da forma previstos nesta Lei; VII – fiscalizar diretamente e de forma concorrente nos termos da Lei nº 8.078, de 11 de setembro de 1990, ou mediante convênios com órgãos dos Estados e do Distrito Federal as atividades integrantes da indústria do petróleo, do gás natural e dos biocombustíveis, bem como aplicar as sanções administrativas e pecuniárias previstas em lei, regulamento ou contrato;

Compete à Agência Nacional de Petróleo: VIII – declarar a utilidade pública, para fins de desapropriação e instituição de servidão administrativa, das áreas necessárias à exploração, desenvolvimento e produção de petróleo e gás natural, bem como à construção de refinarias, de unidades de processamento de gás natural, de instalações de estocagem subterrânea, de dutos e de terminais; IX – fazer cumprir as boas práticas de conservação e uso racional do petróleo, gás natural, seus derivados e biocombustíveis e de preservação do meio ambiente; X – estimular a pesquisa e a adoção de novas tecnologias na exploração, produção, transporte, refino e processamento; XI – organizar e manter o acervo das informações e dados técnicos relativos às atividades reguladas da indústria do petróleo, do gás natural e dos biocombustíveis; XII – consolidar anualmente as informações sobre as reservas nacionais de petróleo e gás natural transmitidas pelas empresas, responsabilizando-se por sua divulgação; XIII – fiscalizar o adequado funcionamento do Sistema Nacional de Estoques de Combustíveis e o cumprimento do Plano Anual de Estoques Estratégicos de Combustíveis; XIV – articular-se com os outros órgãos reguladores do setor energético sobre matérias de interesse comum, inclusive para efeito de apoio técnico ao CNPE; XV – regular e autorizar as atividades relacionadas com o abastecimento nacional de combustíveis, fiscalizando-as diretamente ou mediante convênios com outros órgãos da União, Estados, Distrito Federal ou Municípios; XVI – regular e autorizar as atividades relacionadas à produção, à importação, à exportação, à armazenagem, à estocagem, ao transporte, à transferência, à distribuição, à revenda e à comercialização de biocombustíveis, assim como avaliação de conformidade e certificação de sua qualidade, fiscalizando-as diretamente ou mediante convênios com outros órgãos da União, Estados, Distrito Federal ou Municípios;

Cabe ainda à ANP: XVII – exigir dos agentes regulados o envio de informações relativas às operações de produção, importação, exportação, refino, beneficiamento, tratamento, processamento, transporte, transferência, armazenagem, estocagem, distribuição, revenda, destinação e comercialização de produtos sujeitos à sua regulação; XVIII – especificar a qualidade dos derivados de petróleo, gás natural e seus derivados

CAPÍTULO 7 • DOMÍNIO PÚBLICO ENERGÉTICO **375**

e dos biocombustíveis; XIX – regular e fiscalizar o acesso à capacidade dos gasodutos de transporte; XXIII – regular e fiscalizar o exercício da atividade de estocagem de gás natural e o acesso de terceiros às instalações autorizadas; XXVI – autorizar e fiscalizar a prática da atividade de comercialização de gás natural; XXVII – estabelecer critérios para a aferição da capacidade dos gasodutos de transporte e de transferência; XXVIII – articular-se com órgãos reguladores estaduais e ambientais, objetivando compatibilizar e uniformizar as normas aplicáveis à indústria e aos mercados de gás natural; XXIX – promover medidas para ampliar a concorrência no mercado de gás natural; XXX – regular, autorizar e fiscalizar o autoprodutor e o autoimportador de gás natural; XXXI – estabelecer os procedimentos para as situações caracterizadas como de contingência no suprimento de gás natural e supervisionar a execução dos planos de contingência; XXXII – certificar transportadores quanto ao enquadramento em critérios de independência e autonomia estabelecidos em regulação; XXXIII – regular e aprovar os planos coordenados de desenvolvimento do sistema de transporte de gás natural, bem como fiscalizar a sua execução; XXXIV – regular, autorizar e fiscalizar o exercício da atividade de transporte de gás natural com vistas ao acesso não discriminatório à capacidade de transporte e à eficiência operacional e de investimentos; XXXV – estabelecer princípios básicos para a elaboração dos códigos de condutas e práticas de acesso aos terminais de Gás Natural Liquefeito (GNL) e às infraestruturas de escoamento, tratamento e processamento de gás natural (art. 8º).

Cabe à Agência Nacional do Petróleo supervisionar a movimentação de gás natural na rede de transporte e as medidas adotadas nas situações caracterizadas como de contingência. No exercício das atribuições referidas no caput deste artigo, caberá à ANP, sem prejuízo de outras funções que lhe forem atribuídas na regulamentação: I – supervisionar os dados e as informações dos centros de controle dos gasodutos de transporte; II – manter banco de informações relativo ao sistema de movimentação de gás natural permanentemente atualizado, subsidiando o Ministério de Minas e Energia com as informações sobre necessidades de reforço ao sistema; III – monitorar as entradas e saídas de gás natural das redes de transporte, confrontando os volumes movimentados com os contratos de transporte vigentes; IV – dar publicidade às capacidades de movimentação existentes que não estejam sendo utilizadas e às modalidades possíveis para sua contratação; e V – estabelecer padrões e parâmetros para a operação e manutenção eficientes do sistema de transporte e estocagem subterrânea de gás natural (art. 8º-A).

Quando, no exercício de suas atribuições, a ANP tomar conhecimento de fato que possa configurar indício de infração da ordem econômica, deverá comunicá-lo imediatamente ao Conselho Administrativo de Defesa Econômica – CADE e à Secretaria de Direito Econômico do Ministério da Justiça, para que estes adotem as providências cabíveis, no âmbito da legislação pertinente. Independentemente da comunicação prevista no caput deste artigo, o Conselho Administrativo de Defesa Econômica – CADE notificará a ANP do teor da decisão que aplicar sanção por infração da ordem econômica cometida por empresas ou pessoas físicas no exercício de atividades relacionadas com o abastecimento nacional de combustíveis, no prazo máximo de vinte e quatro horas após a publicação do respectivo acórdão, para que esta adote as providências legais de sua alçada (art. 10).

Todos os direitos de exploração e produção de petróleo, de gás natural e de outros hidrocarbonetos fluidos em território nacional, nele compreendidos a parte terrestre, o mar territorial, a plataforma continental e a zona econômica exclusiva, pertencem à União, cabendo sua administração à ANP, ressalvadas as competências de outros órgãos e entidades expressamente estabelecidas em lei (art. 21).

O acervo técnico constituído pelos dados e informações sobre as bacias sedimentares brasileiras é também considerado parte integrante dos recursos petrolíferos nacionais, cabendo à ANP sua coleta, manutenção e administração. A Petróleo Brasileiro S.A. – PETROBRÁS transferirá para a ANP as informações e dados de que dispuser sobre as bacias sedimentares brasileiras, assim como sobre as atividades de pesquisa, exploração e produção de petróleo ou gás natural, desenvolvidas em função da exclusividade do exercício do monopólio. O Ministério de Minas e Energia terá acesso irrestrito e gratuito ao acervo informacional, com o objetivo de realizar estudos e planejamento setorial, mantido o sigilo a que esteja submetido, quando for o caso (art. 22).

As atividades de exploração, desenvolvimento e produção de petróleo e de gás natural serão exercidas mediante contratos de concessão, precedidos de licitação, na forma estabelecida nesta Lei, ou sob o regime de partilha de produção nas áreas do pré-sal e nas áreas estratégicas, conforme legislação específica. A ANP poderá outorgar diretamente ao titular de direito de lavra ou de autorização de pesquisa de depósito de carvão mineral concessão para o aproveitamento do gás metano que ocorra associado a esse depósito, dispensada a licitação. Será dispensada da licitação prevista no caput deste artigo a extração residual de hidrocarbonetos resultante do exercício da atividade de estocagem subterrânea de gás natural, nos termos de regulação da ANP (art. 23).

Os contratos de concessão deverão prever duas fases: a de exploração e a de produção. Incluem-se na fase de exploração as atividades de avaliação de eventual descoberta de petróleo ou gás natural, para determinação de sua comercialidade. A fase de produção incluirá também as atividades de desenvolvimento. Somente poderão obter concessão para a exploração e produção de petróleo ou gás natural as empresas que atendam aos requisitos técnicos, econômicos e jurídicos estabelecidos pela ANP (arts. 24 e 25).

A concessão implica, para o concessionário, a obrigação de explorar, por sua conta e risco e, em caso de êxito, produzir petróleo ou gás natural em determinado bloco, conferindo-lhe a propriedade desses bens, após extraídos, com os encargos relativos ao pagamento dos tributos incidentes e das participações legais ou contratuais correspondentes. Em caso de êxito na exploração, o concessionário submeterá à aprovação da ANP os planos e projetos de desenvolvimento e produção. A ANP emitirá seu parecer sobre os planos e projetos referidos no parágrafo anterior no prazo máximo de cento e

CAPÍTULO 7 • DOMÍNIO PÚBLICO ENERGÉTICO **377**

oitenta dias. Decorrido o prazo estipulado anterior sem que haja manifestação da ANP, os planos e projetos considerar-se-ão automaticamente aprovados (art. 26).

As concessões extinguir-se-ão: I – pelo vencimento do prazo contratual; II – por acordo entre as partes; III – pelos motivos de rescisão previstos em contrato; IV – ao término da fase de exploração, sem que tenha sido feita qualquer descoberta comercial, conforme definido no contrato; V – no decorrer da fase de exploração, se o concessionário exercer a opção de desistência e de devolução das áreas em que, a seu critério, não se justifiquem investimentos em desenvolvimento. A devolução de áreas, assim como a reversão de bens, não implicará ônus de qualquer natureza para a União ou para a ANP, nem conferirá ao concessionário qualquer direito de indenização pelos serviços, poços, imóveis e bens reversíveis, os quais passarão à propriedade da União e à administração da ANP. Em qualquer caso de extinção da concessão, o concessionário fará, por sua conta exclusiva, a remoção dos equipamentos e bens que não sejam objeto de reversão, ficando obrigado a reparar ou indenizar os danos decorrentes de suas atividades e praticar os atos de recuperação ambiental determinados pelos órgãos competentes (art. 28).

É permitida a transferência do contrato de concessão, preservando-se seu objeto e as condições contratuais, desde que o novo concessionário atenda aos requisitos técnicos, econômicos e jurídicos estabelecidos pela ANP. A transferência do contrato só poderá ocorrer mediante prévia e expressa autorização da ANP. O contrato para exploração, desenvolvimento e produção de petróleo ou gás natural não se estende a nenhum outro recurso natural, ficando o concessionário obrigado a informar a sua descoberta, prontamente e em caráter exclusivo, à ANP (arts. 29 e 30).

Na licitação para a realização de atividades de exploração, desenvolvimento e produção de petróleo e de gás natural serão exercidas mediante contratos de concessão, o edital da licitação será acompanhado da minuta básica do respectivo contrato e indicará, obrigatoriamente: I – o bloco objeto da concessão, o prazo estimado para a duração da fase de exploração, os investimentos e programas exploratórios mínimos; II – os requisitos exigidos dos concorrentes, nos termos do art. 25, e os critérios de pré-qualificação, quando este procedimento for adotado; III – as participações governamentais mínimas e a participação dos superficiários; IV – a relação de documentos exigidos e os critérios a serem seguidos para aferição da capacidade técnica, da idoneidade financeira e da regularidade jurídica dos interessados, bem como para o julgamento técnico e econômico-financeiro da proposta; V – a expressa indicação de que caberá ao concessionário o pagamento das indenizações devidas por desapropriações ou servidões necessárias ao cumprimento do contrato; VI – o prazo, local e horário em que serão fornecidos, aos interessados, os dados, estudos e demais elementos e informações necessários à elaboração das propostas, bem como o custo de sua aquisição (art. 37).

A norma em apreço prevê ainda requisitos relativamente a participação de empresas em consórcio, empresas estrangeiras, disposições referentes ao julgamento da licitação, cláusulas essenciais do contrato de concessão, participações governamentais (I – bônus de assinatura; II – *royalties*; III – participação especial; IV – pagamento pela ocupação ou retenção de área); refino, transporte, importação e exportação de petróleo, seus derivados e gás natural etc. (arts. 38 a 60 da Lei nº 9.478/1997).

Em razão da alteração promovida pela Lei nº 12.490 de 2011, é previsto normativamente a figura dos *biocombustíveis*. Qualquer empresa ou consórcio de empresas constituídas sob as leis brasileiras com sede e administração no País poderá obter autorização da ANP para exercer as atividades econômicas da indústria de biocombustíveis. As autorizações em apreço destinam-se a permitir a exploração das atividades econômicas em regime de livre iniciativa e ampla competição, nos termos da legislação específica. A autorização deverá considerar a comprovação, pelo interessado, quando couber, das condições previstas em lei específica, além das seguintes, conforme regulamento: I – estar constituído sob as leis brasileiras, com sede e administração no País; II – estar regular perante as fazendas federal, estadual e municipal, bem como demonstrar a regularidade de débitos perante a ANP; III – apresentar projeto básico da instalação, em conformidade às normas e aos padrões técnicos aplicáveis à atividade; IV – apresentar licença ambiental, ou outro documento que a substitua, expedida pelo órgão competente; V – apresentar projeto de controle de segurança das instalações aprovado pelo órgão competente; VI – deter capital social integralizado ou apresentar outras fontes de financiamento suficientes para o empreendimento (art. 68-A, §§ 1º e 2º).

A autorização somente poderá ser revogada por solicitação do próprio interessado ou por ocasião do cometimento de infrações passíveis de punição com essa penalidade, conforme previsto em lei. A autorização não poderá ser concedida se o interessado, nos cinco anos anteriores ao requerimento, teve autorização para o exercício de atividade regulamentada pela ANP revogada em decorrência de penalidade aplicada em processo administrativo com decisão definitiva. Não são sujeitas à regulação e à autorização pela ANP a produção agrícola, a fabricação de produtos agropecuários e alimentícios e a geração de energia elétrica, quando vinculadas ao estabelecimento no qual se construirá, modificará ou ampliará a unidade de produção de biocombustível. A unidade produtora de biocombustível que produzir ou comercializar energia elétrica deverá atender às normas e aos regulamentos estabelecidos pelos órgãos e entidades competentes. São condicionadas à prévia aprovação da ANP a modificação ou a ampliação de instalação relativas ao exercício das atividades econômicas da indústria de biocombustíveis (art. 68-A, §§ 3º, 5º, 6º, 7º e 8º).

7.6 AGÊNCIA NACIONAL DE ENERGIA ELÉTRICA (ANEEL)

A Lei nº 9.427, de 26 de dezembro de 1996, instituiu a Agência Nacional de Energia Elétrica – ANEEL e disciplinou o regime das concessões de serviços públicos de energia elétrica. A ANEEL é uma autarquia sob regime especial, vinculada ao Ministério de Minas e Energia, com sede e foro no Distrito Federal e prazo de duração indeterminado. A Agência Nacional de Energia Elétrica tem por finalidade regular e fiscalizar a produção, transmissão, distribuição e comercialização de energia elétrica, em conformidade com as políticas e diretrizes do governo federal (arts. 1º e 2º).

CAPÍTULO 7 • DOMÍNIO PÚBLICO ENERGÉTICO **379**

Afora outras atribuições previstas em lei, compete à ANEEL: I – implementar as políticas e diretrizes do governo federal para a exploração da energia elétrica e o aproveitamento dos potenciais hidráulicos, expedindo os atos regulamentares necessários ao cumprimento das normas estabelecidas pela Lei no 9.074, de 7 de julho de 1995; II – promover, mediante delegação, com base no plano de outorgas e diretrizes aprovadas pelo Poder Concedente, os procedimentos licitatórios para a contratação de concessionárias e permissionárias de serviço público para produção, transmissão e distribuição de energia elétrica e para a outorga de concessão para aproveitamento de potenciais hidráulicos; IV – gerir os contratos de concessão ou de permissão de serviços públicos de energia elétrica, de concessão de uso de bem público, bem como fiscalizar, diretamente ou mediante convênios com órgãos estaduais, as concessões, as permissões e a prestação dos serviços de energia elétrica; V – dirimir, no âmbito administrativo, as divergências entre concessionárias, permissionárias, autorizadas, produtores independentes e autoprodutores, bem como entre esses agentes e seus consumidores; fixar os critérios para cálculo do preço de transporte de que trata o § 6º do art. 15 da Lei no 9.074, de 7 de julho de 1995, e arbitrar seus valores nos casos de negociação frustrada entre os agentes envolvidos;

Além disso, incumbe ao órgão regulador: VII – articular com o órgão regulador do setor de combustíveis fósseis e gás natural os critérios para fixação dos preços de transporte desses combustíveis, quando destinados à geração de energia elétrica, e para arbitramento de seus valores, nos casos de negociação frustrada entre os agentes envolvidos; VIII – estabelecer, com vistas a propiciar concorrência efetiva entre os agentes e a impedir a concentração econômica nos serviços e atividades de energia elétrica, restrições, limites ou condições para empresas, grupos empresariais e acionistas, quanto à obtenção e transferência de concessões, permissões e autorizações, à concentração societária e à realização de negócios entre si; IX – zelar pelo cumprimento da legislação de defesa da concorrência, monitorando e acompanhando as práticas de mercado dos agentes do setor de energia elétrica; X – fixar as multas administrativas a serem impostas aos concessionários, permissionários e autorizados de instalações e serviços de energia elétrica, observado o limite, por infração, de 2% (dois por cento) do faturamento, ou do valor estimado da energia produzida nos casos de autoprodução e produção independente, correspondente aos últimos doze meses anteriores à lavratura do auto de infração ou estimados para um período de doze meses caso o infrator não esteja em operação ou esteja operando por um período inferior a doze meses; XI – estabelecer tarifas para o suprimento de energia elétrica realizado às concessionárias e às permissionárias de distribuição, inclusive às cooperativas de eletrificação rural enquadradas como permissionárias, cujos mercados próprios sejam inferiores a 700 GWh/ano, e tarifas de fornecimento às cooperativas autorizadas, considerando parâmetros técnicos, econômicos, operacionais e a estrutura dos mercados atendidos; XII – estabelecer, para cumprimento por parte de cada concessionária e permissionária de serviço público de distribuição de energia elétrica, as metas a serem periodicamente alcançadas, visando a universalização do uso da energia elétrica;

Ademais, cabe-lhe: XIII – efetuar o controle prévio e a posteriori de atos e negócios jurídicos a serem celebrados entre concessionárias, permissionárias, autorizadas e seus controladores, suas sociedades controladas ou coligadas e outras sociedades controladas ou coligadas de controlador comum, impondo-lhes restrições à mútua constituição de direitos e obrigações, especialmente comerciais e, no limite, a abstenção do próprio ato ou contrato; XIV – aprovar as regras e os procedimentos de comercialização de energia elétrica, contratada de formas regulada e livre; XV – promover processos licitatórios para atendimento às necessidades do mercado; XVI – homologar as receitas dos agentes de geração na contratação regulada e as tarifas a serem pagas pelas concessionárias, permissionárias ou autorizadas de distribuição de energia elétrica; XVII – estabelecer mecanismos de regulação e fiscalização para garantir o atendimento à totalidade do mercado de cada agente de distribuição e de comercialização de energia elétrica; XVIII – definir as tarifas de uso dos sistemas de transmissão e distribuição, sendo que as de transmissão devem ser baseadas nas seguintes diretrizes: a) assegurar arrecadação de recursos suficientes para a cobertura dos custos dos sistemas de transmissão, inclusive das interligações internacionais conectadas à rede básica; b) utilizar sinal locacional visando a assegurar maiores encargos para os agentes que mais onerem o sistema de transmissão; XIX – regular o serviço concedido, permitido e autorizado e fiscalizar permanentemente sua prestação; XX – definir adicional de tarifas de uso específico das instalações de interligações internacionais para exportação e importação de energia elétrica, visando à modicidade tarifária dos usuários do sistema de transmissão ou distribuição; e XXI – definir as tarifas das concessionárias de geração hidrelétrica que comercializarem energia no regime de cotas de que trata a Medida Provisória no 579, de 11 de setembro de 2012 (art. 3º).

Estruturalmente, a Agência Nacional de Energia Elétrica é dirigida por um Diretor-Geral e quatro Diretores, em regime de colegiado, cujas funções serão estabelecidas no ato administrativo que aprovar a estrutura organizacional da autarquia. Integram a estrutura da ANEEL uma Procuradoria e uma Ouvidoria. O Diretor-Geral e os Diretores serão nomeados pelo Presidente da República para cumprir mandatos não coincidentes de cinco anos, vedada a recondução. A nomeação dos membros da Diretoria Colegiada dependerá de prévia aprovação do Senado Federal (arts. 4º e 5º).

O ex-dirigente da ANEEL continuará vinculado à autarquia nos doze meses seguintes ao exercício do cargo, durante os quais estará impedido de prestar, direta ou indiretamente, independentemente da forma ou natureza do contrato, qualquer tipo de serviço às empresas sob sua regulamentação ou fiscalização, inclusive controladas, coligadas ou subsidiárias. Durante o prazo da vinculação estabelecido em apreço, o ex-dirigente continuará prestando serviço à ANEEL ou a qualquer outro órgão da administração pública direta da União, em área atinente à sua qualificação profissional, mediante remuneração equivalente à do cargo de direção que exerceu. Incorre na prática de advocacia administrativa, sujeitando-se o infrator às penas previstas no art. 321 do Código Penal, o ex-dirigente da ANEEL, inclusive por renúncia ao mandato, que descumprir o disposto em comento (art. 9º, Lei nº 9.427/1996).

7.6.1   Regulação do setor elétrico

Por se tratar de uma agência reguladora, "compete à ANEEL regulamentar as políticas e diretrizes do Governo Federal para a utilização e exploração dos serviços de energia elétrica pelos agentes do setor, pelos consumidores cativos e livres, pelos produtores independentes e pelos autoprodutores. Cabe à Agência, ainda, definir padrões de qualidade do atendimento e de segurança compatíveis com as necessidades regionais, com foco na viabilidade técnica, econômica e ambiental das ações – e, por meio desses esforços, promover o uso eficaz e eficiente de energia elétrica e proporcionar condições para a livre competição no mercado de energia elétrica"[16].

Nesse sentido, três modalidades de regulação são praticadas pela Agência Nacional de Energia Elétrica (ANEEL):

1º) a *regulação técnica de padrões de serviço* (*geração*: desenvolve atividades relacionadas ao processo de regulamentação, normatização e padronização referentes aos serviços e instalações de geração de energia elétrica; *transmissão*: desenvolve atividades relacionadas ao processo de regulamentação, normatização e padronização referentes aos serviços e instalações de transmissão de energia elétrica; *distribuição*: se caracteriza como o segmento do setor elétrico dedicado à entrega de energia elétrica para um usuário final. Como regra geral, o sistema de distribuição pode ser considerado como o conjunto de instalações e equipamentos elétricos que operam, geralmente, em tensões inferiores a 230 kV, incluindo os sistemas de baixa tensão; e *comercialização*: a comercialização de energia elétrica pode acontecer de forma livre ou com preços e quantidades definidos ou limitados pelo Poder Público. No âmbito do Sistema interligado Nacional – SIN, as duas formas são operacionalizadas pela Câmara de Comercialização de Energia Elétrica – CCEE que deve seguir os regulamentos estabelecidos pela ANEEL);

2º) a *regulação econômica* (*tarifas*: a ANEEL promove a gestão de recursos tarifários, acompanhando, gerenciando ou ordenando a arrecadação e os dispêndios das Conta de Bandeiras Tarifárias, Conta no Ambiente de Contratação Regulada e Conta de Desenvolvimento Energético; e *mercado*: A comercialização de energia elétrica pode acontecer de forma livre ou com preços e quantidades definidos ou limitados pelo Poder Público. No âmbito do Sistema interligado Nacional – SIN, as duas formas são operacionalizadas pela Câmara de Comercialização de Energia Elétrica – que deve seguir os regulamentos estabelecidos pela ANEEL) e

3º) a *regulação dos projetos de pesquisa e desenvolvimento (P&D) e eficiência energética*. "Compete à ANEEL regulamentar os investimentos, seja incentivando a busca constante por inovações necessárias para enfrentar os desafios do setor de energia elétrica, seja promovendo o uso eficiente e racional da energia elétrica, associado às ações de combate ao desperdício". O objetivo do Programa de Pesquisa e Desenvol-

---

16. ANEEL. Agência Nacional de Energia Elétrica. *Regulação do setor elétrico*. Publicado: 1º.12.2015. Última modificação: 22.02.2017. Disponível em: https://www.aneel.gov.br/regulacao-do-setor-eletrico. Acesso em: 15 set. 2021.

vimento Tecnológico do Setor de Energia Elétrica "é alocar adequadamente recursos humanos e financeiros em projetos que demonstrem a originalidade, aplicabilidade, relevância e a viabilidade econômica de produtos e serviços, nos processos e usos finais de energia. Busca-se promover a cultura da inovação, estimulando a pesquisa e desenvolvimento no setor elétrico brasileiro, criando novos equipamentos e aprimorando a prestação de serviços que contribuam para a segurança do fornecimento de energia elétrica, a modicidade tarifária, a diminuição do impacto ambiental do setor e da dependência tecnológica do país". Por sua vez, o Programa de Eficiência Energética tem por objetivo "promover o uso eficiente da energia elétrica em todos os setores da economia por meio de projetos que demonstrem a importância e a viabilidade econômica de melhoria da eficiência energética de equipamentos, processos e usos finais de energia. Busca-se maximizar os benefícios públicos da energia economizada e da demanda evitada, promovendo a transformação do mercado de eficiência energética, estimulando o desenvolvimento de novas tecnologias e a criação de hábitos e práticas racionais de uso da energia elétrica".

Finalmente, no que alude às Parcerias Estratégicas, "uma forma efetiva de se promover a inovação e a eficiência em setores regulados, visto que não há muitos estímulos no mercado para competição direta entre as empresas, é o desenvolvimento de parcerias estratégicas. A convergência de interesses e estratégias em torno de produtos e soluções que atendam a interesses específicos do setor sem deixar de olhar as demandas e as necessidades dos consumidores e da sociedade tem se tornado uma ferramenta cada vez mais relevante na formulação de políticas públicas. Em termos de parcerias estratégicas, além desse esforço conjunto entre empresas de energia elétrica, indústria e academia, a ANEEL tem firmado acordos de cooperação ou utilizado algum instrumento similar ou equivalente com vários órgãos do governo e instituições nacionais, entre os quais o MCTI, o MDIC, a FINEP e o BNDES, e organismos internacionais, como a GIZ, a Agência Alemã para a Cooperação e Desenvolvimento, e a Embaixada Britânica no Brasil, que inclui trabalhos conjuntos com o Carbon Trust e o Ofgem, o órgão regulador da área de gás e energia do Reino Unido"[17].

7.6.2 Análise de impacto regulatório

É cediço que a Agência Nacional de Energia Elétrica detém competência para intervir no setor energético brasileiro, para tanto, é realizada a Análise de Impacto Regulatório, a fim de melhor orientar suas decisões. Segundo a ANEEL, "a Análise de Impacto Regulatório (AIR) é um procedimento que auxilia o regulador a melhorar a qualidade de suas decisões. Consiste em avaliar a necessidade e as consequências de uma possível nova regulação, verificando se os benefícios potenciais da medida excedem os

---

17. ANEEL. Agência Nacional de Energia Elétrica. *Regulação do setor elétrico*. Publicado: 1º.12.2015. Última modificação: 22.02.2017. Disponível em: https://www.aneel.gov.br/regulacao-do-setor-eletrico. Acesso em: 15 set. 2021.

custos estimados e se, entre todas as alternativas consideradas para alcançar o objetivo da regulação proposta, a ação é a mais benéfica para a sociedade. A realização da AIR é obrigatória antes da expedição de Resoluções Normativas e desejável para quaisquer outros atos da Agência que impactem direitos e deveres e aos quais o procedimento possa trazer benefícios. Entretanto, a AIR pode ser automaticamente dispensável para ato normativos: (i) de natureza administrativa; (ii) voltados à correção de erro material; (iii) que visam consolidar outros atos normativos, desde que não haja alteração de mérito; e (iv) voltados a adequações de texto e referências, desde que não haja alteração de mérito. E, para (i) atos normativos de evidente baixo impacto; (ii) atos normativos voltados a disciplinar direitos ou obrigações definidos em instrumento legal superior que não permitam diferentes alternativas regulatórias ou (iii) em casos de urgência, a AIR também poderá ser dispensada, mediante justificativa e decisão da Diretoria".

"A análise deve avaliar, de forma detalhada em Relatório de AIR, os seguintes aspectos:

- sumário executivo, utilizando linguagem simples e acessível ao público em geral;
- identificação do problema regulatório que se quer solucionar, apresentando suas causas e extensão;
- identificação dos atores ou grupos afetados pelo problema regulatório identificado;
- identificação da base legal que ampara a ação da Agência no tema tratado;
- justificativas para a possível necessidade de intervenção da Agência;
- objetivos pretendidos com a intervenção da Agência;
- descrição das possíveis alternativas para o enfrentamento do problema regulatório identificado, considerando a opção de não ação e, sempre que possível, alternativas que não ensejam ato regulamentar;
- exposição dos possíveis impactos das alternativas identificadas;
- comparação das alternativas consideradas, apontando, justificadamente, a alternativa ou a combinação de alternativas que se mostra mais adequada para alcançar os objetivos pretendidos;
- identificação de formas de acompanhamento e fiscalização dos resultados decorrentes do novo ato normativo;
- identificação de eventuais alterações ou revogações de regulamentos em vigor em função da edição do novo ato normativo;
- considerações referentes às informações, contribuições e manifestações recebidas para a elaboração da AIR em eventuais processos de participação pública ou outros processos de recebimento de subsídios de interessados no tema sob análise; e
- prazo para início da vigência das alterações propostas.

Adicionalmente, caso o problema regulatório objeto da análise revista-se de significativa complexidade ou caso as alternativas identificadas para seu enfrentamento apresentem impactos significativos, o Relatório de AIR também deve avaliar:

- mapeamento da experiência nacional e internacional no tratamento do problema regulatório sob análise;

- mensuração, sempre que possível quantitativa, dos possíveis impactos das alternativas de ação identificadas sobre os consumidores ou usuários dos serviços prestados e sobre os demais principais segmentos da sociedade afetados; e

- mapeamento dos riscos envolvidos em cada uma das alternativas consideradas"[18].

7.6.3 Regime econômico e financeiro das concessões de serviço público de energia elétrica

Nos termos da Lei n° 9.427 de 1996, o regime econômico e financeiro da concessão de serviço público de energia elétrica, conforme estabelecido no respectivo contrato, compreende: I – a contraprestação pela execução do serviço, paga pelo consumidor final com tarifas baseadas no serviço pelo preço, nos termos da Lei n° 8.987, de 13 de fevereiro de 1995; II – a responsabilidade da concessionária em realizar investimentos em obras e instalações que reverterão à União na extinção do contrato, garantida a indenização nos casos e condições previstos na Lei n° 8.987, de 13 de fevereiro de 1995, de modo a assegurar a qualidade do serviço de energia elétrica; III – a participação do consumidor no capital da concessionária, mediante contribuição financeira para execução de obras de interesse mútuo, conforme definido em regulamento; IV – apropriação de ganhos de eficiência empresarial e da competitividade; V – indisponibilidade, pela concessionária, salvo disposição contratual, dos bens considerados reversíveis (art. 14).

Entende-se por serviço pelo preço o regime econômico-financeiro mediante o qual as tarifas máximas do serviço público de energia elétrica são fixadas: I – no contrato de concessão ou permissão resultante de licitação pública, nos termos da Lei no 8.987, de 13 de fevereiro de 1995; II – no contrato que prorrogue a concessão existente, nas hipóteses admitidas na legislação vigente; III – no contrato de concessão celebrado em decorrência de desestatização, nos casos indicados no art. 27 da Lei n° 9.074, de 7 de julho de 1995; IV – em ato específico da ANEEL, que autorize a aplicação de novos valores, resultantes de revisão ou de reajuste, nas condições do respectivo contrato (a manifestação da ANEEL deverá ocorrer no prazo máximo de trinta dias a contar da apresentação da proposta da concessionária ou permissionária, vedada a formulação de exigências que não se limitem à comprovação dos fatos alegados para a revisão ou reajuste, ou dos índices utilizados. A não manifestação da ANEEL, no prazo indicado, representará a aceitação dos novos valores tarifários

---

18. ANEEL. Agência Nacional de Energia Elétrica. *Análise de impacto regulatório*. Disponível em: https://www.aneel.gov.br/impacto-regulatorio. Acesso em: 15 set. 2021.

apresentados, para sua imediata aplicação). A concessionária deverá divulgar em seu sítio eletrônico, de forma clara e de fácil compreensão pelo consumidor final, tabela com o valor das tarifas praticadas e a evolução das revisões ou reajustes realizados nos últimos cinco anos (art. 15).

Os contratos de concessão ao detalhar a cláusula relativa aos direitos, garantias e obrigações do poder concedente e da concessionária, poderão prever o compromisso de investimento mínimo anual da concessionária destinado a atender a expansão do mercado e a ampliação e modernização das instalações vinculadas ao serviço (art. 16).

Como forma de proteger os destinatários do serviço de natureza essencial, a interrupção no fornecimento de energia elétrica pela empresa prestadora do serviço público de distribuição de energia elétrica importa na aplicação de multa em benefício dos usuários finais que forem diretamente prejudicados, na forma do regulamento. A multa em comento: I – será aplicável quando for superado o valor limite de indicadores de qualidade do serviço prestado; II – não será devida, entre outras situações a serem definidas na forma do regulamento: a) quando a interrupção for causada por falha nas instalações da unidade consumidora; b) em caso de suspensão por inadimplemento do usuário; III – estará sujeita a um valor mínimo e a um valor máximo; IV – poderá ser paga sob a forma de crédito na fatura de energia elétrica ou em espécie, em prazo não superior a 3 (três) meses após o período de apuração; V – não inibe a aplicação de qualquer outra penalidade prevista em lei (art. 16-A).

Impende salientar que a suspensão, por falta de pagamento, do fornecimento de energia elétrica a consumidor que preste serviço público ou essencial à população e cuja atividade sofra prejuízo será comunicada com antecedência de quinze dias ao Poder Público local ou ao Poder Executivo Estadual. O Poder Público que receber a comunicação adotará as providências administrativas para preservar a população dos efeitos da suspensão do fornecimento de energia elétrica, inclusive dando publicidade à contingência, sem prejuízo das ações de responsabilização pela falta de pagamento que motivou a medida. Sem prejuízo do disposto nos contratos em vigor, o atraso do pagamento de faturas de compra de energia elétrica e das contas mensais de seu fornecimento aos consumidores, do uso da rede básica e das instalações de conexão, bem como do recolhimento mensal dos encargos relativos às quotas da Reserva Global de Reversão – RGR, à compensação financeira pela utilização de recursos hídricos, ao uso de bem público, ao rateio da Conta de Consumo de Combustíveis – CCC, à Conta de Desenvolvimento Energético – CDE, ao Programa de Incentivo às Fontes Alternativas de Energia Elétrica – PROINFA e à Taxa de Fiscalização dos Serviços de Energia Elétrica, implicará a incidência de juros de mora de um por cento ao mês e multa de até cinco por cento, a ser fixada pela ANEEL, respeitado o limite máximo admitido pela legislação em vigor (art. 17).

A Agência Nacional de Energia Elétrica (ANEEL) somente aceitará como bens reversíveis da concessionária ou permissionária do serviço público de energia elétrica aqueles utilizados, exclusiva e permanentemente, para produção, transmissão e distribuição de energia elétrica. Na hipótese de encampação da concessão, a indenização devida ao concessionário, conforme previsto no art. 36 da Lei no 8.987, de 13 de fevereiro de 1995, compreenderá as perdas decorrentes da extinção do contrato, excluídos os lucros cessantes, ou seja, a reversão no advento do termo contratual far-se-á com a indenização das parcelas dos investimentos vinculados a bens reversíveis, ainda não amortizados ou depreciados, que tenham sido realizados com o objetivo de garantir a continuidade e atualidade do serviço concedido (arts. 18 e 19 da Lei nº 9.427 de 1996 c/c art. 36 da Lei nº 8.987 de 1995).

7.6.4 Descentralização das atividades regulatórias

A Lei nº 9.427 de 1996 prevê a descentralização das atividades a cargo do Poder Público, isto é, a execução das atividades complementares de regulação, controle e fiscalização dos serviços e instalações de energia elétrica pode ser descentralizada pela União para os Estados e para o Distrito Federal visando à gestão associada de serviços públicos, mediante convênio de cooperação.

Dessa forma, a descentralização da atividade de controle é permitida somente aos entes regionais e distrital, não estando previstas as municipalidades. A descentralização abrangerá os serviços e instalações de energia elétrica prestados e situados no território da respectiva unidade federativa, exceto: I – os de geração de interesse do sistema elétrico interligado, conforme condições estabelecidas em regulamento da ANEEL; II – os de transmissão integrante da rede básica. Sem embargo, a delegação em comento será conferida desde que o Distrito Federal ou o Estado interessado possua serviços técnicos e administrativos competentes, devidamente organizados e aparelhados para execução das respectivas atividades, conforme condições estabelecidas em regulamento da ANEEL (art. 20, §§ 1º, 2º).

A execução pelos Estados e Distrito Federal das atividades delegadas será disciplinada por meio de contrato de metas firmado entre a Aneel e a Agência Estadual ou Distrital, conforme regulamentação da Aneel, que observará os seguintes parâmetros: I – controle de resultado voltado para a eficiência da gestão; II – contraprestação baseada em custos de referência; III – vinculação ao Convênio de Cooperação firmado por prazo indeterminado (art. 20, § 3º).

Assente-se que na execução das atividades complementares de regulação, controle e fiscalização dos serviços e instalações de energia elétrica, a unidade federativa observará as pertinentes normas legais e regulamentares federais. As normas de regulação complementar baixadas pela unidade federativa deverão se harmonizar com as normas expedidas pela ANEEL. É vedado à unidade federativa conveniada exigir de concessionária ou permissionária sob sua ação complementar de regulação, controle e fiscalização obrigação não exigida ou que resulte em encargo distinto do exigido de empresas congêneres, sem prévia autorização da ANEEL (art. 21).

7.6.5 Regramento licitatório do setor elétrico

As licitações realizadas para outorga de concessões devem observar o disposto na Lei nº 9.427, de 26 de dezembro de 1996, nas Leis nº 8.987, de 13 de fevereiro de 1995, 9.074, de 7 de julho de 1995, e, como norma geral, a Lei no 8.666, de 21 de junho de 1993. Nas licitações destinadas a contratar concessões e permissões de serviço público e uso de bem público é vedada a declaração de inexigibilidade prevista no art. 25 da Lei no 8.666, de 21 de junho de 1993. Nas licitações em apreço, a declaração de dispensa de licitação só será admitida quando não acudirem interessados à primeira licitação e esta, justificadamente, não puder ser repetida sem prejuízo para a administração, mantidas, neste caso, todas as condições estabelecidas no edital, ainda que modifiquem condições vigentes de concessão, permissão ou uso de bem público cujos contratos estejam por expirar (art. 23).

As licitações para exploração de potenciais hidráulicos serão processadas nas modalidades de concorrência ou de leilão e as concessões serão outorgadas a título oneroso. No caso de leilão, somente poderão oferecer proposta os interessados pré-qualificados, conforme definido no procedimento correspondente (art. 24).

Por fim, no caso de concessão ou autorização para produção independente de energia elétrica, o contrato ou ato autorizativo definirá as condições em que o produtor independente poderá realizar a comercialização de energia elétrica produzida e da que vier a adquirir, observado o limite de potência autorizada, para atender aos contratos celebrados, inclusive na hipótese de interrupção da geração de sua usina em virtude de determinação dos órgãos responsáveis pela operação otimizada do sistema elétrico (art. 25 da Lei nº 9.427/1996).

7.7 JURISPRUDÊNCIA

Direito constitucional. Ação direta de inconstitucionalidade. Regras sobre a suspensão dos serviços públicos de energia elétrica, água, telefonia fixa e móvel e internet. 1. Ação direta de inconstitucionalidade contra a Lei distrital nº 4.632/2011, que dispõe sobre a suspensão dos serviços públicos de energia elétrica, água, telefonia fixa e móvel e internet. 2. Descabimento da ADI quanto ao serviço público de distribuição de água, visto que a titularidade desse serviço público é dos municípios, nos termos da jurisprudência do Supremo Tribunal Federal (ADI 1.842, Rel. Min. Luiz Fux, e ADI 2.340, Rel. Min. Ricardo Lewandowski). 3. A União Federal detém competência privativa para legislar sobre energia elétrica e telecomunicações (art. 22, IV, da CF/1988). A lei impugnada, ao estipular regras sobre a suspensão dos serviços de energia elétrica, telefonia fixa e móvel e internet, invadiu a esfera de competências do ente federal, incorrendo em inconstitucionalidade formal. 4. Ademais, a legislação estadual interferiu diretamente na relação jurídico-contratual existente entre a União Federal e as concessionárias dos serviços públicos supracitados, em afronta ao disposto no art. 175 da CF/1988 (v. ADI

2.299, sob minha relatoria, j. em 23.08.2019). 5. Ação direta de inconstitucionalidade não conhecida quanto ao serviço público de distribuição de água e pedido julgado parcialmente procedente para declarar a inconstitucionalidade da Lei distrital nº 4.632/2011 quanto aos serviços de energia elétrica, telefonia fixa e móvel e internet. (STF – Tribunal Pleno – ADI 5877 – Rel. Min. Edson Fachin – Redator do acórdão: Min. Roberto Barroso – Julgamento: 17.02.2021).

1. De acordo com o artigo 20, § 1º, da Constituição Federal, é assegurada à União (EC 102/2019), aos Estados, ao Distrito Federal e aos Municípios a participação no resultado da exploração, no respectivo território, de petróleo ou gás natural, de recursos hídricos para fins de geração de energia elétrica e de outros recursos minerais. 2. Somente os Estados de destino (Estado em que situado o adquirente) podem instituir ICMS sobre as operações interestaduais de energia elétrica, nos termos do artigo 155, §2º, X, 'b' da Constituição Federal. Precedentes: RE 198088, Relator: Min. Ilmar Galvão, Tribunal Pleno, DJ 05.09.2003 (STF – Tribunal Pleno – RE 748543 – Rel. Min. Marco Aurélio – Redator do acórdão: Min. Alexandre de Moraes – julgamento: 05.08.2020).

Repercussão geral reconhecida. Direito Constitucional e Ambiental. Acórdão do tribunal de origem que, além de impor normativa alienígena, desprezou norma técnica mundialmente aceita. Conteúdo jurídico do princípio da precaução. Ausência, por ora, de fundamentos fáticos ou jurídicos a obrigar as concessionárias de energia elétrica a reduzir o campo eletromagnético das linhas de transmissão de energia elétrica abaixo do patamar legal. Presunção de constitucionalidade não elidida. Recurso provido. Ações civis públicas julgadas improcedentes. 1. O assunto corresponde ao Tema nº 479 da Gestão por Temas da Repercussão Geral do portal do STF na internet e trata, à luz dos arts. 5º, *caput* e inciso II, e 225, da Constituição Federal, da possibilidade, ou não, de se impor a concessionária de serviço público de distribuição de energia elétrica, por observância ao princípio da precaução, a obrigação de reduzir o campo eletromagnético de suas linhas de transmissão, de acordo com padrões internacionais de segurança, em face de eventuais efeitos nocivos à saúde da população. 2. O princípio da precaução é um critério de gestão de risco a ser aplicado sempre que existirem incertezas científicas sobre a possibilidade de um produto, evento ou serviço desequilibrar o meio ambiente ou atingir a saúde dos cidadãos, o que exige que o estado analise os riscos, avalie os custos das medidas de prevenção e, ao final, execute as ações necessárias, as quais serão decorrentes de decisões universais, não discriminatórias, motivadas, coerentes e proporcionais. 3. Não há vedação para o controle jurisdicional das políticas públicas sobre a aplicação do princípio da precaução, desde que a decisão judicial não se afaste da análise formal dos limites desses parâmetros e que privilegie a opção democrática das escolhas discricionárias feitas pelo legislador e pela Administração Pública. 4. Por ora, não existem fundamentos fáticos ou jurídicos a obrigar as concessionárias de energia elétrica a reduzir o campo eletromagnético das linhas de transmissão de energia elétrica abaixo do patamar legal fixado. 5. Por força da repercussão geral, é fixada a seguinte tese: no atual estágio

CAPÍTULO 7 • DOMÍNIO PÚBLICO ENERGÉTICO **389**

do conhecimento científico, que indica ser incerta a existência de efeitos nocivos da exposição ocupacional e da população em geral a campos elétricos, magnéticos e eletromagnéticos gerados por sistemas de energia elétrica, não existem impedimentos, por ora, a que sejam adotados os parâmetros propostos pela Organização Mundial de Saúde, conforme estabelece a Lei nº 11.934/2009 (STF – Tribunal Pleno – RE 627189/SP – Rel. Min. Dias Toffoli – Julgamento: 08.06.2016).

4. Esta Suprema Corte também já entendeu como intervenção indevida do Estado membro na relação contratual de concessão do serviço de energia elétrica a obrigatoriedade estabelecida em lei estadual de que as concessionárias promovessem a remoção gratuita de postes de sustentação da rede elétrica que estejam causando transtornos ou impedimentos. Acórdão formado nos autos da ADI 4.925, Rel. Min. Teori Zavascki, Tribunal Pleno, julgado em 12.02.2015. 5. A exigência estabelecida na lei estadual também não se configura como parte de um sistema de controle e preservação ambiental, apta a fazer incidir a competência comum do Estado Membro, nos termos do art. 23 da CRFB. 6. A competência comum apontada como corolário a justificar a legitimidade da exigência do Estado de Minas Gerais, prevista no art. 23 da Constituição, deve estar contida em um sistema federativo maior, tal qual sinaliza o parágrafo único do dispositivo que exige a cooperação entre União e Entes federados. 7. *In casu*, a regra editada pelo Estado vai de encontro ao sistema já estabelecido. O sistema de proteção ambiental, em especial com a definição de Áreas de Preservação Permanente criadas no entorno do reservatório d'água destinado à geração de energia, já encontra previsão no Código Florestal Lei 12.651/2012. A exigência impugnada nesta demanda destoa, destarte, do sistema já formatado. 8. Mutatis mutandis, o Plenário deste Supremo Tribunal Federal já cunhou precedente no sentido de que normas municipais, ainda que editadas sob o manto da competência comum, somente mantêm-se válidas em face de disposição federal divergente quando congregam elementos a justificarem peculiaridade local, o que não é o caso dos autos. RE 586224, Relator Min. Luiz Fux, Tribunal Pleno, julgado em 05.03.2015, Repercussão Geral Mérito, DJe 08.05.2015 9. Recurso Extraordinário provido, com a fixação da seguinte tese de repercussão geral: A norma estadual que impõe à concessionária de geração de energia elétrica a promoção de investimentos, com recursos identificados como parcela da receita que aufere, voltados à proteção e à preservação de mananciais hídricos, é inconstitucional por configurar intervenção indevida do Estado no contrato de concessão da exploração do aproveitamento energético dos cursos de água, atividade de competência da União, conforme art. 21, XII, b, da Constituição Federal. (STF – Tribunal Pleno – RE 827538/MG – Rel. Min. Marco Aurélio – Redator do acórdão: Min. Luiz Fux – Julgamento: 11.05.2020).

3. Ao se estabelecer condicionantes para o fornecimento de energia elétrica a pretexto de regular o desenvolvimento urbano do município, o regulador municipal exorbitou de sua competência: usurpação de competência exclusiva da União para legislar sobre o serviço de energia elétrica. Precedentes. (STF – Tribunal Pleno – ADPF 452 – Rel. Min. Cármen Lúcia – Julgamento: 27.04.2020).

I – Compete privativamente à União legislar sobre serviços de energia elétrica e sobre as condições mediantes as quais deve ser prestado o serviço. II – Conforme a jurisprudência do Supremo Tribunal Federal, lei local não pode criar obrigação significativamente onerosa para as concessionárias de energia elétrica, de modo a interferir indevidamente na relação jurídico-contratual estabelecida entre elas e a União. (STF – Segunda Turma – ARE 764029 AgR-segundo – Rel. Min. Ricardo Lewandowski – Julgamento: 05.08.2020).

3. São três os principais cenários de corte administrativo do serviço em decorrência de débitos de consumo de energia elétrica por inadimplemento: a) consumo regular (simples mora do consumidor); b) recuperação de consumo por responsabilidade atribuível à concessionária; e c) recuperação de consumo por responsabilidade atribuível ao consumidor (normalmente, fraude do medidor). 4. O caso tratado no presente recurso representativo da controvérsia é o do item "c" acima, já que a apuração de débitos pretéritos decorreu de fato atribuível ao consumidor: fraude no medidor de consumo. 5. Não obstante a delimitação supra, é indispensável à resolução da controvérsia fazer um apanhado da jurisprudência do STJ sobre a possibilidade de corte administrativo do serviço de energia elétrica. 6. Com relação a débitos de consumo regular de energia elétrica, em que ocorre simples mora do consumidor, a jurisprudência do STJ está sedimentada no sentido de que é lícito o corte administrativo do serviço, se houver aviso prévio da suspensão. 7. Quanto a débitos pretéritos, sem discussão específica ou vinculação exclusiva à responsabilidade atribuível ao consumidor pela recuperação de consumo (fraude no medidor), há diversos precedentes no STJ que estipulam a tese genérica de impossibilidade de corte do serviço. 8. Relativamente aos casos de fraude do medidor pelo consumidor, a jurisprudência do STJ veda o corte quando o ilícito for aferido unilateralmente pela concessionária. A *contrario sensu*, é possível a suspensão do serviço se o débito pretérito por fraude do medidor cometida pelo consumidor for apurado de forma a proporcionar o contraditório e a ampla defesa. Resolução da controvérsia 9. Como demonstrado acima, em relação a débitos pretéritos mensurados por fraude do medidor de consumo causada pelo consumidor, a jurisprudência do STJ orienta-se no sentido do seu cabimento, desde que verificada com observância dos princípios do contraditório e da ampla defesa. 10. O não pagamento dos débitos por recuperação de efetivo consumo por fraude ao medidor enseja o corte do serviço, assim como acontece para o consumidor regular que deixa de pagar a conta mensal (mora), sem deixar de ser observada a natureza pessoal (não *propter rem*) da obrigação, conforme pacífica jurisprudência do STJ. 11. Todavia, incumbe à concessionária do serviço público observar rigorosamente os direitos ao contraditório e à ampla defesa do consumidor na apuração do débito, já que o entendimento do STJ repele a averiguação unilateral da dívida. 12. Além disso, o reconhecimento da possibilidade de corte de energia elétrica deve ter limite temporal de apuração retroativa, pois incumbe às concessionárias o dever não só de fornecer o serviço, mas também de fiscalizar adequada e periodicamente o sistema de controle de consumo. 13. Por conseguinte e à luz do princípio da razoabilidade, a suspensão administrativa do fornecimento do serviço – como instrumento de coação extrajudicial ao pagamento de parcelas pretéritas relativas à recuperação de consumo

CAPÍTULO 7 • DOMÍNIO PÚBLICO ENERGÉTICO **391**

por fraude do medidor atribuível ao consumidor – deve ser possibilitada quando não forem pagos débitos relativos aos últimos 90 (noventa) dias da apuração da fraude, sem prejuízo do uso das vias judiciais ordinárias de cobrança. 14. Da mesma forma, deve ser fixado prazo razoável de, no máximo, 90 (noventa) dias, após o vencimento da fatura de recuperação de consumo, para que a concessionária possa suspender o serviço. (STJ – Primeira Seção – REsp 1412433/RS – Rel. Min. Herman Benjamin – Data do Julgamento 25.04.2018).

2. O Superior Tribunal de Justiça sedimentou a compreensão de que não há, em regra, interesse jurídico da Aneel (Agência Nacional de Energia Elétrica) para figurar como ré ou assistente simples de Ação de Repetição de Indébito relativa a valores cobrados por força de contrato de fornecimento de energia elétrica celebrado entre usuário do serviço e concessionária do serviço público. (STJ – Primeira Seção –REsp 1389750/RS – Rel. Min. Herman Benjamin – Data do Julgamento 14.12.2016) .

Diante do que dispõe a legislação que disciplina as concessões de serviço público e da peculiar relação envolvendo o Estado-concedente, a concessionária e o consumidor, esse último tem legitimidade para propor ação declaratória c/c repetição de indébito na qual se busca afastar, no tocante ao fornecimento de energia elétrica, a incidência do ICMS sobre a demanda contratada e não utilizada. (STJ – Primeira Seção – REsp 1299303/SC – Rel. Min. Cesar Asfor Rocha – Data do Julgamento 08.08.2012).

Administrativo. Serviço público concedido. Energia elétrica. Tarifa. Repasse das contribuições do PIS e da Cofins. Legitimidade. 1. É legítimo o repasse às tarifas de energia elétrica do valor correspondente ao pagamento da Contribuição de Integração Social – PIS e da Contribuição para financiamento da Seguridade Social – COFINS devido pela concessionária. (STJ – Primeira Seção – REsp 1185070/RS – Rel. Min. Teori Zavascki – Data do Julgamento 22.09.2010).

– O uso múltiplo dos recursos hídricos impõe a compatibilização, na melhor medida possível, dos potenciais modos de seu aproveitamento. Isso inclui a geração de energia elétrica, atividade sujeita a regulamentação e autorização do Poder Público, cujo desenvolvimento atende a política pública de interesse para o país. – O fato de a atividade de geração de energia elétrica ser explorada por particulares, com a finalidade de lucro, não afasta a proteção jurídica, diante da garantia dos direitos como de propriedade e do livre exercício da atividade econômica (CF, art. 5º. XXI; art. 170, II e parágrafo único). A segurança jurídica, extraída diretamente a partir da cláusula constitucional do Estado de Direito (CF, art. 1º., caput), também pesa em favor da proteção ao direito do concessionário devidamente habilitado para exploração da geração de energia elétrica. – Os potenciais de energia hidráulica constituem bens da União (art. 20, inciso VIII, CF/88), competindo-lhe explorar, diretamente ou mediante autorização, concessão ou permissão (artigo 21, incisos XII, "b" e XIX, c/c art. 176, todos da CF/88). – Com a edição da Lei n. 9.427/96 e do Decreto n. 4.932/03, o poder concedente (União) delegou à ANEEL o gerenciamento e o aproveitamento dos potenciais de energia hidráulica, inclusive as outorgas de autorização de empreendimentos de energia elétrica. (TRF4

– Quarta Turma – Acórdão nº 5007511-20.2012.4.04.7202 – Rel. Ricardo Teixeira do Valle Pereira – Data 19.05.2021).

2. A energia elétrica é setor estratégico para o País. Portanto, é razoável sua estruturação mediante regras rígidas e que são conhecidas pelos agentes que a ela aderem. Não há abuso ou excesso por parte dos órgãos controladores do sistema. 3. Não se trata de relações de curto prazo, que se esgotassem em uma ou em poucas prestações. Ao contrário, trata-se de um sistema nacional, que deve atender todo o país e depende de vários fatores imponderáveis e imprevisíveis, como por exemplo regime de chuvas, ocorrência de secas prolongadas ou enchentes imprevistas, entre tantos outros fatores. Assim, não se mantém hígido e preparado sem investimentos de longo prazo para atender a tais fatores. 4. A energia elétrica e os regimes de sua exploração não são bens privados, mas sim delegados pelo Poder Público. 5. As normas regulares preveem a distribuição das repercussões financeiras de eventual inadimplência no Mercado de Curto Prazo (artigos 17, IV, e 47, § 1º da Convenção de Comercialização da CCEE, anexa à Resolução Normativa 209/2004). (TRF4 – Quarta Turma – Acórdão nº 5033160-60.2016.4.04.7100 – Rel. Cândido Alfredo Silva Leal Júnior – Data 20.05.2020).

Tributário e processual civil. Empréstimo compulsório sobre o consumo de energia elétrica. Prescrição. 1. A Lei 4.156/62, que instituiu o empréstimo compulsório sobre o consumo de energia elétrica, determinou em seu art. 4º que seriam emitidas, em favor do contribuinte, obrigações da Eletrobrás, cabendo ao consumidor apresentar suas contas quitadas para recebimento dos títulos correspondentes ao valor das obrigações (§ 2º do art. 4º, com redação dada pela Lei 4.364/64). Estabeleceu, ainda, o caput do art. 4º da Lei 4.156/62 o prazo de dez anos para o resgate dos títulos públicos, posteriormente alterado para vinte anos, nos termos do parágrafo único do art. 2º da Lei 5.073/66, para as obrigações tomadas a partir de 1º de janeiro de 1967. 2. O prazo prescricional para o exercício do direito de ação que visa o recebimento de valores referentes às obrigações ao portador é de cinco anos, nos termos do § 11 do art. 4º da Lei 4.156/62, acrescentado pelo Decreto-Lei 644/69, e tem início a partir do vencimento dos títulos. 3. As obrigações ao portador indicadas na inicial foram emitidas em 1970, 1972 e 1974, com prazo de resgate de 20 (vinte) anos, de modo que, contados esses 20 (vinte) anos, chega-se aos anos de 1990, 1992 e 1994, iniciando-se aí a contagem do prazo de prescrição de 05 (cinco) anos. Atinge-se, dessa forma, os anos de 1995, 1997 e 1999, ocasião em que se fixou o termo final para o ajuizamento da ação. Desse modo, verifica-se que os títulos ao portador apresentados pela autora foram atingidos pela prescrição, considerando que a ação somente foi ajuizada em 2004. 4. Recurso desprovido. (TRF2 – Acórdão nº 0012586-61.2004.4.02.5101 – Rel. Ferreira Neves – Data 14.05.2013).

Processual civil. Repetição de indébito. Tarifa de energia elétrica. Portarias 38 e 45/86 do DANEE. Incompetência da justiça federal. 1. Em regra, a competência da Justiça Federal é determinada em razão das pessoas que figuram no processo, sendo, por isso, absoluta. 2. A relação jurídica instaurada na ação é entre a concessionária de serviço público e os usuários, não havendo interesse na lide do poder concedente, no caso, a

União Federal. 3. A Light – Serviços de Eletricidade S/A é uma pessoa jurídica de direito privado, concessionária de serviço público, o que, de per si, não ensejaria a competência da Justiça Federal para processar e julgar a presente ação, a teor do disposto no art. 109, I, da CF/88. 4. Pacificado o entendimento no STJ quanto à ilegitimidade da União Federal para responder às ações de repetição de indébito das majorações de tarifa de energia elétrica determinadas pelas Portarias 38 e 45/86 do DNAEE, cuja responsabilidade é das concessionárias dos serviços. 5. Ausente o interesse da União Federal na causa em que seja parte empresa privada concessionária de serviço público, a competência para processar e julgar a ação fixa-se na Justiça Estadual. 6. Declarada a incompetência absoluta da Justiça Federal, determinando-se a remessa dos autos ao Tribunal de Justiça do Estado do Rio de Janeiro. (TRF2 – Acórdão nº 0021473-55.1997.4.02.0000 – Rel. Guilherme Calmon Nogueira da Gama – Data 06.12.2005)

Capítulo 8
DOMÍNIO PÚBLICO NAS TELECOMUNICAÇÕES

8.1 INTRODUÇÃO

De acordo com a Associação Brasileira de Telecomunicações, "em termos gerais, as telecomunicações no Brasil evoluíram ao longo de três grandes ciclos: o Império, com suas concessões; a estatização, com a nacionalização; e a privatização, com a globalização. O ciclo do Império durou mais ou menos 100 anos, entre os meados dos séculos XIX e XX. A estatização decorreu entre os anos 60 até o final do século XX. O ciclo da privatização nasceu ao fechar as luzes do século passado, adentrando o atual. Cada um desses ciclos encontrou uma maneira própria de explorar o serviço de comunicações e de montar e expandir a infraestrutura correspondente. No Império e República foram outorgadas concessões de longo curso ao capital externo, detentor da tecnologia. No ciclo seguinte e numa reação, o Estado, sob a égide militar, chamou para si a exploração do serviço, dentro da estratégia de desenvolvimento e de segurança nacional. Finalmente, no ciclo mais recente da privatização, o Estado, endividado, abriu mão dessa exploração direta, procurando atrair capitais privados, internos e externos. A passagem de um ciclo para outro não foi abrupta".

"Do primeiro para o segundo ciclo, ou seja, do regime das concessões do Império e da República para o da estatização sob inspiração castrense, a transição aconteceu em cerca de 11 anos. Balizaram essa primeira transição a instituição do Código Brasileiro de Telecomunicações, em 1962, e a não renovação da concessão da Western (a última a não ser renovada), em 1973. Na segunda transição, do estágio da estatização para o da privatização, o embrião remoto foi o impensável desmembramento do monopólio da AT&T, nos EUA, em 1982. No Brasil, a ideia da privatização é percutida com críticas sobre a limitada capacidade de investimentos do Estado e sobre a pobre densidade telefônica no País. O movimento culmina com a emenda número 8, de 1995, que derruba o monopólio estatal, garantido pela Constituição Federal. Finalmente, a transição eclode com a venda em leilão (1998) do Sistema Telebrás por US$ 22 bilhões, dentro do Programa Nacional de Desestatização, de Collor de Mello (1990); e da Lei 9.491 (1997), de Fernando Henrique Cardoso. A saga de concessões, monopólio e privatização não foi um fenômeno exclusivamente brasileiro. O País acompanhou, ainda que com retardo próprio da periferia, a movimentação do que aconteceu nos países centrais, impulsionados pelos vetores da tecnologia, da acumulação de recursos e da geopolítica"[1].

---

1. TELEBRASIL. Associação Brasileira de Telecomunicações. *Telebrasil*: 30 anos de sucesso e realizações. Rio de Janeiro, 2004, p. 12.

8.1.1 Histórico

De acordo com a Associação Brasileira de Telecomunicações, "no Império, as telecomunicações nascem como curiosidade científica do monarca Pedro II, apresentando vertentes da telegrafia, que é mais antiga, e da telefonia, ambas estruturadas em torno da tecnologia eletromecânica. O Palácio Imperial no Rio de Janeiro é ligado por telegrafia, em 1852, ao quartel de São Cristóvão e três anos mais tarde, ao Palácio de Petrópolis. A Western inglesa ganha do Imperador, em 1873, uma concessão de 99 anos para cabos telegráficos submarinos e que vai perdurar bem além do final do Império (1899). Os ingleses detêm tecnologia e ficam com poder político de fato, ao interligarem as capitais costeiras do País e ao restante do mundo. Com o advento da República, Cândido Rondon, em 1894, estende linhas telegráficas até o Acre, ao mesmo tempo em que administra o território desbravado.

"Nos EUA, o telégrafo entre Baltimore e Washington é de 1844. Depois da I Guerra Mundial, os EUA passam a disputar com a Inglaterra a telegrafia. No Brasil, desde 1917, o telégrafo nacional é da União, mas sem monopólio. Além da Western, são outorgadas concessões para telegrafia à All America e à Italcable. A disputa entre All America norte-americana e a Western inglesa é ferrenha. Nos anos 20, surge como novo agente a radiotelegrafia, com concessões para Sudam, Radiobrás (RCA) e Radional (ITT). Na vertente da telefonia, Graham Bell patenteia seu aparelho em 1876 que extasia D. Pedro II na Exposição de Filadélfia. Em 1878, há uma ligação no Rio de Janeiro entre uma loja comercial e os bombeiros. O telefone passa a ser competência do Governo Imperial. Em 1880, é criada a Brazilian Telephone Co. no Brasil, ao passo que nasce a AT&T, nos EUA. Dez anos depois de instaurada a República, a Brasilianische Eletricitats Gesellschaft, com tecnologia alemã da Siemens & Halske, ganha 30 anos de concessão para explorar a telefonia. A Rio Telephone Co., Light & Power, alcança 1907 com 11 mil terminais. No início dos anos 40, o Brasil todo tem cerca de 300 mil terminais, enquanto que a cidade de Londres possui 717 mil. O Decreto-lei de 21 de novembro de 1932 libera a propaganda comercial no rádio. A Constituição de 1946 atribui a concessão dos serviços de telecomunicações à União"[2].

8.1.2 Período de transição

Por volta de 1960, "80% das comunicações do País estavam com a canadense Companhia Telefônica Brasileira – CTB – (Rio, São Paulo, Espírito Santo e Minas Gerais) e com a norte-americana Cia. Telefônica Nacional, da ITT (Paraná e Rio Grande do Sul). Havia um grupo privado em Pernambuco e mais de 800 pequenas operadoras de telefonia. Nasce em 1954, em Uberlândia (MG), a Companhia Telefônica do Brasil Central – fundada pelo empresário Alexandrino Garcia –, que se manteve privada através dos anos. Salvo exceções, o clima é de tarifas congeladas e da aplicação de material importado. Há

---

2. TELEBRASIL. Associação Brasileira de Telecomunicações. *Telebrasil*: 30 anos de sucesso e realizações. Rio de Janeiro, 2004, p. 12-13.

CAPÍTULO 8 • DOMÍNIO PÚBLICO NAS TELECOMUNICAÇÕES **397**

intervenção federal, em 1962, na CTB, devido à baixa qualidade do serviço e nasce a Cetel, para operar na periferia do Rio de Janeiro. No Rio Grande do Sul, o governador Leonel Brizola encampa a CTN. Tarifas congeladas tinham zerado o investimento e o serviço da operadora era péssimo. Nos serviços de longa distância, a CTB mantinha micro-ondas na Região Sudeste, ao passo que Radional (ITT) e Radiobrás (RCA) operavam rádio de ondas curtas. Para dar um telefonema entre capitais era preciso entrar numa fila, por vezes, com dias de antecedência. A telegrafia era conduzida pela Western e pelo DCT, ambos com tecnologia obsoleta. A operosa Western suplantaria seu rival estatal DCT. Decidiam sobre telecomunicações – como a vital fixação de tarifas e o político assunto da radiodifusão e da outorga de concessões – áreas de competência da Presidência da República, do Ministério da Viação e Obras Públicas – MVOP –, da Comissão Técnica de Rádio e do Departamento de Correios e Telégrafos (DCT). O lobby da área privada sobre o poder concedente era essencial. As empresas menores tinham menos possibilidade de exercê-lo, se comparadas com os competentíssimos exércitos de advogados, economistas e relações públicas de grandes concessionárias, como a CTB".

"O Código Brasileiro de Telecomunicações ou Lei nº 4.117, de inspiração do Estado Maior das Forças Armadas, após longo período de discussão parlamentar e na sociedade – esta havia descoberto a força política da radiodifusão – é aprovado em de 27 de agosto de 1962. É regulamentado em 1963 e perduraria até julho de 1997, quando surge a Lei Geral das Telecomunicações – LGT –, que privatizará o sistema. Com o Código, terá início a realização de um projeto: interligar e conquistar um país-continente. Assinado por Jango Goulart, o Código define serviços, inclusive radiodifusão; prevê uma empresa pública governamental; institui o Conselho Nacional de Telecomunicações – Contel – e o Departamento Nacional de TCs – Dentel –; cria um Fundo Nacional de Telecomunicações – FNT –; e define tarifa. Sua regulamentação, em novembro de 1963, estabelece um Plano Nacional de Telecomunicações básico, complementar e auxiliar, a ser implantado pela Embratel. O Contel data de 1961 (Jânio Quadros), criado pelo decreto 50.666. O FNT (uma taxação) é idealizado para prover recursos na expansão do sistema. Os recursos do FNT serão requisitados pela União, ao tempo do ministro Delfim Netto, para o Fundo Nacional do Desenvolvimento, antes mesmo dos 10 anos legais previstos para acabar a taxação. O sistema de autofinanciamento foi a fórmula doméstica, o "jeitinho brasileiro" do setor, para angariar fundos. O promitente usuário adianta recursos para obter sua linha telefônica e ganha ações correspondentes da operadora. O custo do terminal, se referenciado internacionalmente, permanece, porém, alto. O País não detém tecnologia"[3].

8.1.3 Era da estatização das telecomunicações

Segundo a Associação Brasileira de Telecomunicações, "o Rio de Janeiro fala, em 1963, com os EUA, a Europa e o Japão, via satélite Relay e Telstar. O feito criou uma

---

3. TELEBRASIL. Associação Brasileira de Telecomunicações. *Telebrasil*: 30 anos de sucesso e realizações. Rio de Janeiro, 2004, p. 13-14.

cultura de comunicações satelitais que destacou o Brasil na Intelsat e no programa de satélites da Embratel. Com a queda de Jango Goulart (1964), seguida da interinidade de Ranieri Mazilli, tem início o período de governo das patentes militares que se estenderá por 21 anos, de Castello Branco a João Baptista Figueiredo, passando por Costa e Silva, Garrastazu Médici e Ernesto Geisel. Os Governos Militares apoiarão o modelo estatal das telecomunicações. Elas serão consideradas prioritárias na época da execução dos grandes troncos de micro-ondas pela Embratel. Interligar as capitais do País era um imperativo estratégico. Depois, a expansão do sistema e o aumento da densidade de telefones, feitos às custas dos recursos do FNT, ficam mais difíceis. O Governo tinha outras prioridades, inclusive atender a sucessivos choques econômicos e o combate à inflação. A Constituição de 1967 (com a Emenda Constitucional nº 1, de 1969) dá competência à União para explorar "diretamente ou mediante autorização ou concessão os serviços de telecomunicações". A Constituição de 1988 (Governo Sarney) acrescentará "sob comando estatal", que garantirá o monopólio estatal e que precisará de uma Emenda Constitucional (nº 8, em 1995) para mudar o modelo".

"Aprovado o Código, o setor de comunicações passa a ser estruturado pelos militares do Contel, tendo Euclides Quandt de Oliveira à frente. As concessões das operadoras estrangeiras que expiram não são renovadas. A criação do Sistema Intelsat, com participação de todos os países, acena com a solução das telecomunicações internacionais em banda larga. A Embratel é de 16 de setembro de 1965 e teve como primeiro presidente o general Dirceu de Lacerda Coutinho, que passará o cargo, em abril de 1967, ao também general Francisco de Souza Gomes Galvão. Em agosto de 1972, a Embratel passa a economia mista, com o diplomata Iberê Gilson à frente. Outro marco importante foi a compra pela União, em 1966, da Companhia Telefônica Brasileira; e pelos governos dos estados do Sul da CTN. O grande acervo da CTB, ainda que desgastado por anos de baixos investimentos e de tarifas baixas, cobre Rio de Janeiro, São Paulo, Minas Gerais e Espírito Santo, cabendo a presidência ao general Siqueira de Menezes, para o seu soerguimento"[4].

Além disso, destaca-se o Decreto-Lei 200/1967, da reforma administrativa promovida por Castello Branco, que previu um ministério para as comunicações, materializando a ação em 15 de março de 1967. "Seu primeiro titular, nomeado por Costa e Silva, é o engenheiro Carlos Furtado Simas. Nomeado por Garrastazu Médici, o segundo ministro das Comunicações será o coronel Higyno Caetano Corsetti (1969-1974), a quem se deve o padrão da televisão analógica em cores PAL-M. No mesmo período, se dá ênfase ao conceito de empresas-polo. Elege-se para cada unidade da federação uma operadora estatal (polo) destinada a atrair as diversas companhias telefônicas privadas espalhadas pelo Brasil. É a estratégia para formar um Sistema Brasileiro de Telecomunicações. A Lei nº 5.792, de 11 de julho de 1972, cria a Telecomunicações Brasileira S/A – Telebrás –, com Euclides Quandt de Oliveira à frente. A resolução 18/67 cria o autofinanciamento.

---

4. TELEBRASIL. Associação Brasileira de Telecomunicações. *Telebrasil*: 30 anos de sucesso e realizações. Rio de Janeiro, 2004, p. 14 e 22.

CAPÍTULO 8 • DOMÍNIO PÚBLICO NAS TELECOMUNICAÇÕES **399**

Em 1972, é concluído o Plano Básico de que trata a Lei nº 4.117, com todas as unidades federativas interligadas (à exceção de Rondônia e Fernando de Noronha). O Sistema Telebrás instituiu o sistema de planejamento e controle como instrumento gerencial e aglutinador. Com a indicação de Ernesto Geisel para presidente, em 1974, Quandt de Oliveira passa a ser a novo ministro das Comunicações. Na Telebrás, José de Alencastro e Silva, depois de ter sido presidente da Cetel e da Telemig e vice-presidente do Contel, assume a presidência, onde comandou com determinação o Sistema Telebrás durante 11 anos. Para a estatização, as telecomunicações necessitariam de pessoal preparado tecnologicamente que foram buscar no Instituto Militar de Engenharia – IME –, Instituto Tecnológico de Aeronáutica – ITA – e universidades, como a UFRJ, PUC-Rio, Unicamp e USP".

"Em 1976, a Companhia Telefônica Brasileira – CTB – passa a ser Telerj. Três anos antes, a CTMG passou a ser Telemig; e a CTMES, Telest. Já tinha acontecido o desmembramento da CTB-SP em Telesp. Todas eram empresas-polo de atração estadual. Em 1976, foi a última etapa da estatização da Companhia Telefônica Brasileira. A Brazilian Traffic Ligth and Power canadense foi autorizada a usar o nome CTB, em 1923. A Cetel, de 1963, já tem mais de 100 mil linhas instaladas. O CPqD é criado em 31 de agosto num edifício, em Campinas (SP). [...] O ministro Quandt de Oliveira inaugura o parque gráfico das Listas Telefônicas Paulistas, em Vila Mariana (SP). A tecnologia de difratores é testada na Telepar. A partir de 1975, o Fundo Nacional de Telecomunicações – FNT – passa a integrar o Fundo Nacional de Desenvolvimento – FND –, fato objeto de análise pela TELEBRASIL"[5].

8.1.4 Desestatização nas telecomunicações

A desestatização telecomunicacional consiste na privatização nas telecomunicações no Brasil, realizada mediante profunda reforma do aparato legal que regulava o setor. De acordo com o BNDES, "o traço fundamental foi a transformação do monopólio público, provedor de serviços de telecomunicações, em um novo sistema de concessão pública a operadores privados, fundado na competição e orientado para o crescimento da universalização dos serviços". Entre 1991 a 2002, fenômeno ocorreu principalmente nas atividades de telefonia fixa, serviços de longa distância e telefonia celular[6].

Conforme estudo de Bernardo Lins, "ao final da década de 1980, o governo brasileiro deu início a um processo de privatização das empresas estatais, como fruto de uma estratégia amadurecida nos dez anos anteriores, especialmente no âmbito do BNDES, a partir do efeito demonstração do amplo programa de privatização conduzido em

---

5. TELEBRASIL. Associação Brasileira de Telecomunicações. *Telebrasil*: 30 anos de sucesso e realizações. Rio de Janeiro, 2004, p. 14 e 22.
6. BNDES. Banco Nacional do Desenvolvimento Econômico e Social. *Privatização – Federais – Telecomunicações*. Última atualização em: 25.06.2009. Disponível em: https://www.bndes.gov.br/wps/portal/site/home/transparencia/desestatizacao/processos-encerrados/Privatizacao-Federais-Telecomunicacoes. Acesso em: 16 set. 2021.

outros países, em especial a Grã-Bretanha. Diversas razões justificam essa opção. Como é destacado em Matos e Oliveira (1996, pp. 8-9), um dos motivos que estimularam o governo a embrenhar-se em um programa de privatização foi a possibilidade de contar com o aporte de recursos não inflacionários para financiar o déficit público, seja pela entrada de recursos decorrentes do pagamento à vista de parte do preço de venda das empresas privatizadas, seja pela troca de títulos públicos por ações dessas empresas, reduzindo-se, assim, a dívida pública. Não menos significativas, porém, são as demais implicações do programa de privatização. Ao repassar ao setor privado a prestação de serviços públicos, o governo tentou solucionar o problema do investimento nesses serviços, inviabilizado pela crise fiscal vivida a partir de 1980. Também foi modificada a relação entre Estado e empresa prestadora de serviços, ficando dificultada a distorção das tarifas públicas para fins de política macroeconômica. Buscava-se, enfim, uma elevação da produtividade e da eficiência na prestação dos serviços e a perseguição, pelas empresas, de políticas comerciais mais adequadas ao mercado, com a oferta de uma cesta de produtos que melhor se coadunasse às demandas dos usuários"[7].

Segundo estudo de Tiago Irineu, "a situação da telefonia brasileira em meados de 1960 era precária. Havia mais de mil empresas com pouca ou nenhuma conexão entre si (NEVES, 2002). As únicas localidades que realmente contavam com serviços telefônicos eram as áreas atendidas pela CTB (Companhia Telephonica Brasileira) o que compreendia 75% de todas as linhas telefônicas do país e aos estados do Rio de Janeiro, São Paulo, Minas Gerais e Espírito Santo. As tarifas neste período eram definidas nas três esferas do poder público e guardavam pouca relação com os custos das concessionárias. Havia mudanças aleatórias de preços o que desestimulava qualquer tipo de investimento na área. As concessões para exploração do serviço também eram feitas de maneira descentralizada, as três instâncias do setor público tinham direito a fazer tais concessões, o que resultava na ausência de uma coordenação clara. O setor estava estagnado e para uma população de aproximadamente 70 milhões de habitantes, havia 1 milhão de linhas telefônicas instaladas. É nesse cenário de baixo investimento e demanda crescente que o Estado decide intervir (TATSCH, 2003)".

"Em 25 de fevereiro de 1967, foi criado o Ministério das Comunicações, ao qual foi vinculada a Embratel, e a quem foram incumbidas as competências até o momento delegadas ao Contel. Como resultado de todas estas medidas, houve uma melhoria nos serviços interurbanos e internacionais, embora a situação a nível local continuasse ruim. Com o objetivo de resolver o problema a nível local, foi autorizada a criação de uma sociedade de economia mista através da Lei 5792, de 11 de julho de 1972. Assim nasceu a Telecomunicações Brasileiras S/A – TELEBRAS, vinculada ao Ministério das Comunicações. Após sua criação a Telebrás iniciou o processo de aquisição e absorção das centenas de empresas que prestavam serviços telefônicos no Brasil, também foram instaladas em cada estado uma empresa polo. Nos anos 80, o processo de absorção das

---

7. LINS, Bernardo Estellita. Privatização das telecomunicações brasileiras: algumas lições. *Cadernos ASLEGIS* 4(10):9-25, p. 2. Disponível em: http://belins.eng.br/ac01/papers/asleg03.pdf. Acesso em: 16 set. 2021.

empresas telefônicas se consolidou e a Telebrás tornou-se responsável pela operação de mais de 95% dos terminais telefônicos em serviço no Brasil"[8].

Cabe ressaltar que, embora esse novo modelo tenha se mostrado uma evolução diante da situação anterior, a partir do final da década de 1980, ele começa a dar sinais de esgotamento. "A crise fiscal do estado brasileiro dificultava maiores investimentos das empresas estatais. A falta de investimentos explica a demanda latente no setor de telefonia e que a Telebrás não conseguia atender. Por exemplo, foi constatado que em 1997 havia uma fila de espera de 13,4 mi de pessoas. (TATSCH, 2003). Esse cenário gerava mercados secundários como o de aluguéis de linhas telefônicas. Com a falta de recursos para investimentos, a Telebrás recorreu ao sistema de "autofinanciamento". O consumidor financiava a sua própria linha telefônica, pagando um valor que variou de dois mil dólares no início dos anos 90, a mil dólares em 1997, quando tal mecanismo foi finalizado. Após esse pagamento a concessionária tinha 24 meses para a instalação da linha e em troca o consumidor recebia ações da Telebrás (NOVAES, 2000). Esse arranjo dificultava o acesso a tal serviço, dessa maneira os parcos serviços de telecomunicações ficavam restritos aos consumidores com maior renda. A Telebrás também era prejudica pelo valor das tarifas serem reajustados não com base nos seus custos, mas por motivos políticos, principalmente como uma forma de controle de inflação. Além disto, havia a prática de subsídios cruzados, onde as tarifas de empresas e de ligações de longas distâncias eram usadas para subsidiar as tarifas das ligações locais. O que também deprimia a capacidade de investimentos. Foi nesse cenário que o processo de privatizações dos sistemas Telebrás tomou forma".

Diante desse cenário, inicia-se o processo de privatizações nesse ramo. "A privatização das telecomunicações estava inserida em um programa maior de desestatização da economia brasileira. Dado o valor conseguido nos leilões do Sistema Telebrás, pode-se dizer que esse foi um dos pontos de destaque de um processo que tinha se iniciado no fim da década de 1980 e tomou folego a partir de meados da década de 90. Antes da privatização de fato do Sistema Telebrás foi necessário uma série de ajustes, legais ou na organização econômica do Sistema. No aspecto econômico, foi necessário principalmente a correção dos valores tarifários praticados no período. No campo legal foi preciso vencer barreiras como a norma constitucional que estabelecia o monopólio estatal na oferta de serviços de telecomunicação. Para tornar possível a transformação do monopólio estatal para um sistema de concessões públicas, foi necessária uma série de reformas legais no Brasil. A primeira reforma se dá com a aprovação da Emenda nº 8 à Constituição Federal, em oito de agosto de 1995, que colocava fim ao monopólio estatal e permitia ao Governo Federal outorgar concessões para a exploração de serviços de telecomunicações. Em 1996 foi aprovada a Lei nº 9.295/96 que permitia a licitação de concessões de telefonia celular da banda B. A banda B já surge privatizada e é criada para gerar concorrência às empresas até então estatais que exploravam a banda A de

---

8. IRINEU, Tiago de Jesus. *A desestatização do setor de telecomunicações no Brasil.* PUC-Minas. E&G Economia e Gestão, Belo Horizonte, v. 16, n. 42, Jan./Mar. 2016, p. 183-186.

telefonia celular. Em 1997 o Congresso aprovou a Lei Geral das Telecomunicações (Lei nº 9.472), que continha as diretrizes para a privatização do Sistema Telebrás e lançava a base regulatória para o setor com a criação da Agência Nacional de Telecomunicações (Anatel)".

"A Lei Geral teve como principal efeito mudar a função do Estado no setor de telecomunicações. Do papel de provedor que tinha sido estabelecido no Código de 1962 e ratificado na Constituição Federal de 1988, o Estado passa agora a ser o regulador com a missão de garantir a "livre, ampla e justa competição entre as prestadoras" (artigo 6). Com essa mudança se torna necessária a criação de uma agência reguladora que além de definir as regras, exercesse o papel de árbitro nas disputas entre os diferentes agentes econômicos e fiscalizasse a ação das concessionárias (NOVAES, 2002). A Anatel assim é criada antes mesmo das privatizações. Nesse momento ela tem como principais atribuições à elaboração do Plano Geral de Outorgas, que estabeleceu as regras para as concessões dos serviços de telefonia. E a elaboração do Plano Geral de Universalização do serviço de Telecomunicações (Decreto 2.592 de 15 de maio de 1998), que estabeleceu metas para as empresas concessionárias do serviço de telefonia fixa. A Anatel teve, portanto, um papel preponderante na preparação da privatização da Telebrás. A existência deste marco regulatório bem definido foi importante para o sucesso dos leilões do Sistema Telebrás, pois evitou problemas de risco moral e de incerteza institucional (LINS, 2000)"[9].

8.2 ACESSO À INTERNET E TELEFONE MÓVEL

Segundo dados da Pesquisa Nacional por Amostra de Domicílios do IBGE, a proporção de domicílios com algum tipo de telefone – fixo e/ou móvel celular –, em 2015, foi de 93,3%, representando um total de 63,5 milhões de unidades domiciliares. O número de domicílios que possuíam apenas telefone móvel celular foi de 39,5 milhões (58,0%). Em relação a 2014, a proporção de domicílios que possuíam algum tipo de telefone praticamente não variou, enquanto a proporção daqueles que possuíam apenas telefone móvel celular cresceu 1,7 ponto percentual (Tabela 5). As Regiões Norte (74,7%) e Nordeste (72,8%) foram as que registraram as maiores proporções de domicílios que possuíam apenas telefone móvel celular.

No que tange ao *acesso à internet*, "no Brasil, aproximadamente 102,1 milhões de pessoas de 10 anos ou mais de idade acessaram a Internet no período de referência da pesquisa em 2015, o que representou um crescimento de 7,1%, ou 6,7 milhões de usuários, em relação a 2014. Em todas as Grandes Regiões, houve crescimento do contingente de internautas de 2014 para 2015: 4,7% na Norte; 8,4% na Nordeste; 6,8% na Sudeste; 6,2% na Sul; e 8,7% na Centro-Oeste. De 2014 para 2015, a proporção de

---

9. IRINEU, Tiago de Jesus. A desestatização do setor de telecomunicações no Brasil. PUC-Minas. *E&G Economia e Gestão*, v. 16, n. 42, p. 183-186. Belo Horizonte, jan./mar. 2016.

internautas passou de 54,4% para 57,5% do total da população residente. Em 2015, as Regiões Sudeste (65,1%), Sul (61,1%) e Centro-Oeste (64,0%) registraram proporções acima da média nacional (57,5%), enquanto as Regiões Norte (46,2%) e Nordeste (45,1%), os menores níveis".

"Em 2015, considerando a população de 10 anos ou mais de idade por grupos etários, observa-se que as pessoas de 15 a 17 anos de idade e de 18 ou 19 anos de idade apresentaram os maiores percentuais de usuários de Internet no Brasil (82,0% e 82,9%, respectivamente). Em relação a 2014, os maiores aumentos de usuários, contudo, ocorreram nos grupos de 40 a 49 anos de idade e de 50 anos ou mais (13,9% e 20,1%, respectivamente). As Grandes Regiões apresentaram o mesmo comportamento, isto é: maiores proporções de usuários nos grupos mais jovens e maiores aumentos nos grupos mais velhos. Na distribuição de usuários por sexo, observa-se que 58,0% das mulheres e 56,8% dos homens acessaram a Internet no período de referência. Em relação a 2014, nota-se 7,5% a mais de mulheres e 6,6% de homens que acessaram a Internet"[10].

Relativamente à *posse de telefone móvel* celular para uso pessoal, "em 2015, 139,1 milhões de pessoas de 10 anos ou mais de idade tinham telefone móvel celular para uso pessoal, correspondendo a um incremento de 2,5 milhões de pessoas frente ao ano anterior, o que representou um crescimento de 1,8%. A proporção de pessoas com posse de telefone móvel celular, que em 2014 era de 77,9%, passou a 78,3% do total. De 2014 para 2015, todas as Grandes Regiões apresentaram crescimento no número de pessoas que possuíam telefone móvel celular. A Região Sudeste assinalou o maior crescimento em números absolutos (1,4 milhão de pessoas). Em termos relativos, a Região Centro-Oeste obteve o maior crescimento (3,0%), seguida da Região Sudeste (2,2%). Nas demais, esses acréscimos foram: 1,3% na Norte; 0,8% na Nordeste; e 1,9% na Sul. Em 2015, a Região Centro-Oeste continuou a apresentar a maior proporção de pessoas com posse de telefone móvel celular (86,9%). Em 2015, o grupo de idade com a maior proporção de pessoas com posse de telefone móvel celular era o de 25 a 29 anos de idade (89,8%). Não foram verificadas diferenças entre os grupos etários relativamente a esse item; todos registraram proporções acima de 80,0%, exceto o de crianças de 10 a 14 anos de idade (54,1%). As mulheres apresentaram maior proporção que os homens no que diz respeito à posse de telefone móvel celular (78,9% para elas, e 77,6% para eles).

"As Regiões Sudeste (82,6%), Sul (82,8%) e Centro-Oeste (86,9%) assinalaram proporções de pessoas com posse de telefone móvel celular acima da média na nacional (78,3%). Nas Regiões Norte e Nordeste, as proporções ficaram em 68,6% e 69,6%, respectivamente"[11].

---

10. IBGE. Instituto Brasileiro de Geografia e Estatística. *Pesquisa nacional por amostra de domicílios. Síntese de indicadores – 2015*. p. 79-83. Disponível em: https://biblioteca.ibge.gov.br/visualizacao/livros/liv98887.pdf. Acesso em: 16 set. 2021.

11. IBGE. Instituto Brasileiro de Geografia e Estatística. *Pesquisa nacional por amostra de domicílios. Síntese de indicadores – 2015*. p. 79-83. Disponível em: https://biblioteca.ibge.gov.br/visualizacao/livros/liv98887.pdf. Acesso em: 16 set. 2021.

8.3 CONCEITO DE TELECOMUNICAÇÕES

De acordo com Leonor Augusta Cordovil, "todos os setores de prestação de serviço no mundo vêm sendo amplamente influenciados pelas descobertas tecnológicas e pela proliferação de novas formas de divulgação de informações, mas certamente nenhum deles precisou adequar-se tão rapidamente a essas transformações quanto o setor das telecomunicações, que é gerador de benefícios desse novo paradigma. Esse movimento tem sido chamado de Terceira Revolução Industrial, caracterizado pela surpreendente velocidade de criação e disseminação das conquistas tecnológicas (invasão de robôs na engenharia, computadores e softwares avançados e demais máquinas inteligentes capazes de realizar funções conceituais, gerenciais e administrativas)"[12].

Segundo o dicionário Houaiss, o vocábulo *telecomunicação* significa a "designação genérica das comunicações a longa distância que abrange a transmissão, emissão ou recepção de sinais, sons ou mensagens, por fio, rádio, eletricidade, meios ópticos ou qualquer outro processo eletromagnético". Dessa forma, as *telecomunicações* representam a "totalidade dos meios técnicos de comunicação", ou seja, o conjunto de recursos técnicos que permitem a transmissão e a recepção de mensagens entre a fonte emissora e o destinatário receptor[13].

Na perspectiva normativa, conforme a Lei Geral de Telecomunicações, Lei nº 9.472 de 16 de julho de 1997, *telecomunicação* é a transmissão, emissão ou recepção, por fio, radioeletricidade, meios ópticos ou qualquer outro processo eletromagnético, de símbolos, caracteres, sinais, escritos, imagens, sons ou informações de qualquer natureza. *Serviço de telecomunicações* é o conjunto de atividades que possibilita a oferta de telecomunicação. Por sua vez, *estação de telecomunicações* é o conjunto de equipamentos ou aparelhos, dispositivos e demais meios necessários à realização de telecomunicação, seus acessórios e periféricos, e, quando for o caso, as instalações que os abrigam e complementam, inclusive terminais portáteis (art. 60).

Além disso, *serviço de valor adicionado* é a atividade que acrescenta, a um serviço de telecomunicações que lhe dá suporte e com o qual não se confunde, novas utilidades relacionadas ao acesso, armazenamento, apresentação, movimentação ou recuperação de informações. Serviço de valor adicionado não constitui serviço de telecomunicações, classificando-se seu provedor como usuário do serviço de telecomunicações que lhe dá suporte, com os direitos e deveres inerentes a essa condição. É assegurado aos interessados o uso das redes de serviços de telecomunicações para prestação de serviços de valor adicionado, cabendo à Agência, para assegurar esse direito, regular os condicionamentos, assim como o relacionamento entre aqueles e as prestadoras de serviço de telecomunicações (art. 61).

---

12. CORDOVIL, Leonor Augusta Giovine. *A intervenção estatal nas telecomunicações*. A visão do direito econômico. Belo Horizonte: Fórum, 2005, p. 103.
13. HOUAISS. *Dicionário da Língua Portuguesa*. Rio de Janeiro: Objetiva, 2009, p. 1823 e 509.

CAPÍTULO 8 • DOMÍNIO PÚBLICO NAS TELECOMUNICAÇÕES   **405**

Finalmente, conforme a Resolução nº 73, de 25 de novembro de 1998 da ANA-TEL, *serviço de telecomunicações* é o conjunto de atividades que possibilita a oferta de transmissão, emissão ou recepção, por fio, radioeletricidade, meios ópticos ou qualquer outro processo eletromagnético, de símbolos, caracteres, sinais, escritos, imagens, sons ou informações de qualquer natureza. Todavia, não constituem serviços de telecomunicações: I – o provimento de capacidade de satélite; II – a atividade de habilitação ou cadastro de usuário e de equipamento para acesso a serviços de telecomunicações; III – os serviços de valor adicionado, nos termos do art. 61 da Lei 9.472 de 1997 (art. 3º). O *Serviço de Comunicação Eletrônica* de *Massa* é o serviço de telecomunicações prestado no regime privado, de interesse coletivo, destinado a difusão unidirecional ou comunicação assimétrica, entre o prestador e os usuários em sua área de serviço, de sinais de telecomunicações, para serem recebidos livremente pelo público em geral ou por assinantes (art. 4º).

8.4 DOMÍNIO PÚBLICO DAS TELECOMUNICAÇÕES

Conceitualmente, o domínio público das telecomunicações – ou o domínio público telecomunicacional – refere-se ao conjunto de coisas, submetidas ao poder do Estado, que são capazes de promover a transmissão e recepção de mensagem mediante o uso de recursos técnicos ou meios tecnológicos, permitindo a comunicação a longa distância entre os agentes emissor e receptor.

O domínio público em apreço recai sobre a atividade de telecomunicação, de modo que a regulação estatal é exercida em prol da sociedade, garantindo a utilização adequada, eficaz, satisfatória e segura dos meios propagadores de comunicação. O controle realizado pelo Poder Público nessa seara justifica-se como mecanismo assecuratório da utilização das diversas modalidades de telecomunicação em respeito à política nacional para o setor; o atendimento às normas pertinentes à outorga, prestação e fruição dos serviços de telecomunicações no regime público; a observância da universalização e da continuidade do serviço; a criação de regras contratuais; a intervenção na concessionária de serviços prestados em regime público e as hipóteses extintivas; a edição de atos de outorga e extinção de direitos exploratório do serviço no regime privado; o gerenciamento de contratos de concessão e fiscalização do referido serviço no regime público, bem como a aplicação de sanções e realização de intervenções; a fiscalização das tarifas no regime público; a expedição de normas relativamente ao espectro de radiofrequências e o uso de órbitas; o estabelecimento de normas e padrões de qualidade para os prestadores de serviços de telecomunicações; reprimir infrações do setor contra os direitos dos usuários; sanções administrativas; sanções penais etc.

De forma geral, o domínio público telecomunicacional é caracterizado por três aspectos básicos e cumulativos, a saber: *i – objeto* (conjunto de coisas técnicas promovedoras da comunicação, isto é, aparelhos que codificam a mensagem na fonte e a descodificam no destinatário por meio de sistemas pré-programados); *ii – interesse social* (tais coisas ostentam interesse público na sua utilização, por se tratar de elemento essencial para a difusão da comunicação humana, ampliando a transmissão de informações entre o emissor e os destinatários); *iii – regramento jurídico* (em decorrência da notável relevância prestacional, esses meios são submetidos ao disciplinamento e fiscalização pelo Estado, que normatiza a prestação do serviço de telecomunicações, a fim de garantir uma prestação ampla, eficiente, adequada e segura à sociedade).

A regulação estatal no setor incide sobre o serviço móvel pessoal; o serviço telefônico fixo, o serviço de TV por assinatura (MMDS,DTH, TVA, TVC e SeAC) e os serviços de banda larga fixa (comunicação multimídia). Com efeito, o controle governamental repercute em atividade que é prestada a milhões de consumidores. A título de ilustração, segundo dados da ANATEL, em julho de 2021 vigorava 332,5 milhões de contratos de telecomunicações. Desse número, cerca de 246,8mi são de acessos à telefonia móvel; 39,4mi de acessos à banda larga fixa; 30,0mi de acessos telefonia fixa e 16,4mi de acessos referentes à TV por assinatura[14].

Assim, diante da essencialidade do serviço e o impacto na vida das pessoas, é imperiosa a normatização da atividade pelo Estado. Impende salientar que os serviços de telecomunicações devem ser organizados com base no princípio da livre, ampla e justa competição entre todas as prestadoras, devendo o Poder Público atuar para propiciá-la, bem como para corrigir os efeitos da competição imperfeita e reprimir as infrações da ordem econômica. Na disciplina das relações econômicas no setor de telecomunicações observar-se-ão, em especial, os princípios constitucionais da soberania nacional, função social da propriedade, liberdade de iniciativa, livre concorrência, defesa do consumidor, redução das desigualdades regionais e sociais, repressão ao abuso do poder econômico e continuidade do serviço prestado no regime público (arts. 7º e 8º, Resolução nº 73/1998 – Anatel).

A regulamentação dos serviços de telecomunicações deve assegurar aos usuários o direito: I – de acesso aos serviços de telecomunicações, com padrões de qualidade e regularidade adequados à sua natureza, em qualquer ponto do território nacional; II – à liberdade de escolha de sua prestadora de serviço; III – de não ser discriminado quanto às condições de acesso e fruição do serviço; IV – à informação adequada sobre as condições de prestação dos serviços, suas tarifas e preços; V – à inviolabilidade e ao segredo de sua comunicação, salvo nas hipóteses e condições constitucional e legalmente previstas; VI – à não divulgação, caso o requeira, de seu código de acesso; VII – à não suspensão de serviço prestado em regime público, salvo por débito diretamente decorrente de sua utilização ou por descumprimento de condições contratuais; VIII – ao prévio conhecimento das condições de suspensão do serviço; IX – ao respeito de sua privacidade nos documentos de cobrança e na utilização de seus dados pessoais pela prestadora do serviço; X – de resposta às suas reclamações pela prestadora do serviço;

---

14. ANATEL. Agência Nacional de Telecomunicações. *Panorama*. Disponível em: https://informacoes.anatel.gov.br/paineis/acessos/panorama. Acesso em: 20 set. 2021.

CAPÍTULO 8 • DOMÍNIO PÚBLICO NAS TELECOMUNICAÇÕES **407**

XI – de peticionar contra a prestadora do serviço perante a Agência e os organismos de defesa do consumidor; XII – à reparação dos danos causados pela violação de seus direitos (art. 9º).

Na regulamentação dos serviços de comunicação de massa, devem ser observadas ainda as seguintes finalidades: I – garantir a liberdade de expressão e a diversidade de opiniões; II – incentivar a promoção cultural nacional e regional; III – divulgar a cultura universal, nacional e regional; IV – evitar o monopólio ou oligopólio na prestação do serviço (art. 10).

O usuário de serviços de telecomunicações tem o dever de: I – utilizar adequadamente os serviços, equipamentos e redes de telecomunicações; II – respeitar os bens públicos e aqueles voltados à utilização do público em geral; III – comunicar às autoridades irregularidades ocorridas e ato ilícitos cometidos por prestadora de serviço de telecomunicações (art. 11, Resolução nº 73/1998).

Quanto ao regime jurídico de sua prestação, os serviços de telecomunicações classificam-se em públicos e privados. Serviços de telecomunicações explorados no regime público são aqueles cuja existência, universalização e continuidade a própria União compromete-se a assegurar, incluindo-se neste caso as diversas modalidades do serviço telefônico fixo comutado, de qualquer âmbito, destinado ao uso do público em geral. Os serviços de telecomunicações explorados no regime privado não estão sujeitos a obrigações de universalização e continuidade, nem prestação assegurada pela União. No que se refere aos interesses a que atendem os serviços de telecomunicações classificam-se em serviços de interesse coletivo e serviços de interesse restrito (arts. 12 a 15 da Resolução nº 73/1998).

Os serviços de interesse coletivo podem ser prestados exclusivamente no regime público, exclusivamente no regime privado, ou concomitantemente nos regimes público e privado. Serviço de telecomunicações de interesse coletivo é aquele cuja prestação deve ser proporcionada pela prestadora a qualquer interessado na sua fruição, em condições não discriminatórias, observados os requisitos da regulamentação. Em razão disso, os serviços de interesse coletivo estarão sujeitos aos condicionamentos necessários para que sua exploração atenda aos interesses da coletividade. Por sua vez, serviço de telecomunicações de interesse restrito é aquele destinado ao uso do próprio executante ou prestado a determinados grupos de usuários, selecionados pela prestadora mediante critérios por ela estabelecidos, observados os requisitos da regulamentação. s serviços de interesse restrito só estarão sujeitos aos condicionamentos necessários para que sua exploração não prejudique os interesses da coletividade. A prestação de serviço de telecomunicações no interesse restrito dar-se-á somente em regime privado (arts. 16 e 19 Resolução nº 73/1998).

A ANATEL submete-se a diretrizes regulatórias, precipuamente o exercício do seu poder normativo mediante Resoluções do Conselho Diretor que aprovarão Regulamentos, Planos e Normas. Os Regulamentos serão destinados ao estabelecimento das bases normativas de cada matéria relacionada à execução, à definição e ao estabelecimento das regras peculiares a cada serviço ou grupo deles, a partir da eleição de atributos que lhes sejam comuns. Os Planos serão destinados à definição de métodos, contornos e objetivos relativos ao desenvolvimento de atividades e serviços vinculados ao setor. As Normas serão destinadas ao estabelecimento de regras para aspectos determinados da execução dos serviços (art. 21, Resolução nº 73/1998).

As modalidades de serviço de telecomunicações definidas pelo Poder Executivo como de exploração no regime público dependerão de prévia outorga de concessão ou permissão, implicando esta o direito de uso das radiofrequências necessárias. *Concessão* de serviço de telecomunicações é a delegação de sua prestação, mediante contrato, por prazo determinado, no regime público, sujeitando-se a concessionária aos riscos empresariais, remunerando-se pela cobrança de tarifas dos usuários ou por outras receitas alternativas e respondendo diretamente pelas suas obrigações e pelos prejuízos que causar. *Permissão* de serviço de telecomunicações é o ato administrativo pelo qual se atribui a alguém o dever de prestar serviço de telecomunicações no regime público e em caráter transitório, até que seja normalizada a situação excepcional que a tenha ensejado (art. 44, Resolução nº 73/1998).

Compete à Agência Nacional de Telecomunicações estabelecer a estrutura tarifária dos serviços explorados no regime público. A fixação, reajuste e a revisão das tarifas poderão basear-se em valor que corresponda à média ponderada dos valores dos itens tarifários. As tarifas serão fixadas no contrato de concessão, ou termo de permissão, consoante edital ou proposta apresentada na licitação. Em caso de outorga sem licitação, as tarifas serão fixadas pela Agência e constarão do contrato de concessão ou termo de permissão (art. 48, Resolução nº 73/1998).

A seu turno, a exploração de serviço no regime privado depende de prévia autorização e de notificação à Agência pela interessada, nos termos da regulamentação. A disciplina da exploração dos serviços no regime privado tem por objetivo viabilizar o cumprimento das leis, em especial das relativas às telecomunicações, à ordem econômica e aos direitos dos consumidores, destinando-se a garantir: I – a diversidade de serviços, o incremento de sua oferta e sua qualidade; II – a competição livre, ampla e justa; III – o respeito aos direitos dos usuários; IV – a convivência entre as modalidades de serviço e entre prestadoras em regime privado e público, observada a prevalência do interesse público; V – o equilíbrio das relações entre prestadoras e usuários dos serviços; VI – a isonomia de tratamento às prestadoras; VII – o uso eficiente do espectro de radiofrequências; VIII – o cumprimento da função social do serviço prestado no interesse coletivo, bem como dos encargos dela decorrentes; IX – o desenvolvimento tecnológico e industrial do setor; X – a permanente fiscalização (arts. 53 e 54, Resolução nº 73/1998).

Ao impor condicionamentos administrativos ao direito de exploração das diversas modalidades de serviço no regime privado, sejam eles limites, encargos ou sujeições, a ANATEL deve observar a exigência da mínima intervenção na vida privada, assegurando que: I – a liberdade será a regra, constituindo exceção as proibições, restrições e interferências do Poder Público; II – nenhuma autorização será negada, salvo por motivo

CAPÍTULO 8 • DOMÍNIO PÚBLICO NAS TELECOMUNICAÇÕES **409**

relevante; III – os condicionamentos deverão ter vínculos, tanto de necessidade como de adequação, com finalidades públicas específicas e relevantes; IV – o proveito coletivo gerado pelo condicionamento deverá ser proporcional à privação que ele impuser; V – haverá relação de equilíbrio entre os deveres impostos às prestadoras e os direitos a elas reconhecidos (art. 55, Resolução nº 73/1998).

Relativamente à política tarifária, o preço dos serviços explorados no regime privado será livre, reprimindo-se toda prática prejudicial à competição, bem como o abuso do poder econômico, nos termos da legislação própria. As prestadoras deverão dar ampla publicidade de sua tabela de preços, de forma a assegurar seu conhecimento pelos usuários e interessados. Quando as prestadoras de serviços privados forem selecionadas mediante licitação, em que se estabeleça o preço a ser cobrado pelo serviço ou cujo critério de julgamento considere esse fator, a liberdade ficará condicionada aos preços e prazos fixados no termo de autorização. Os preços nos serviços em apreço poderão ser reajustados e revistos nos termos do art. 108 da Lei nº 9.472, de 1997 (arts. 57 a 58, Resolução nº 73/1998).

Na perspectiva legislativa, o domínio público das telecomunicações é disciplinado por diversas normas, destacando-se a *Constituição Federal de 1988* (especialmente o art. 21, XI e XII, alínea "a"; art. 22, IV; arts. 221, 222, 223 e 224); a *Lei nº 13.848*, de 25 de junho de 2019, que dispõe sobre a gestão, a organização, o processo decisório e o controle social das agências reguladoras; a *Lei nº 13.116*, de 20 de abril de 2015, que estabelece normas gerais para implantação e compartilhamento da infraestrutura de telecomunicações; a *Lei nº 12.965*, de 23 de abril de 2014, que estabelece princípios, garantias, direitos e deveres para o uso da Internet no Brasil; a *Lei nº 11.934*, de 5 de maio de 2009, que dispõe sobre limites à exposição humana a campos elétricos, magnéticos e eletromagnéticos; a *Lei nº 10.052*, de 28 de novembro de 2000, que institui o Fundo para o Desenvolvimento Tecnológico das Telecomunicações – Funtte; a *Lei nº 9.998*, de 17 de agosto de 2000, que institui o Fundo de Universalização dos Serviços de Telecomunicações; a *Lei nº 9.612*, de 19 de fevereiro de 1998, que institui o Serviço de Radiodifusão Comunitária; a *Lei nº 9.472 de 16 de julho de 1997*, que dispõe sobre a organização dos serviços de telecomunicações, a criação e funcionamento de um órgão regulador e outros aspectos institucionais; a *Lei nº 9.295*, de 19 de julho de 1996, que dispõe sobre os serviços de telecomunicações e sua organização, sobre o órgão regulador; a *Lei nº 5.070*, de 7 de julho de 1966, que cria o Fundo de Fiscalização das Telecomunicações; a *Lei nº 4.117*, de 27 de agosto de 1962, que institui o Código Brasileiro de Telecomunicações; *Resoluções da ANATEL* (que trata do espectro de radiofrequências; outorga de serviços e licenciamento de estações; preços e tarifas; satélites; regras gerais de prestação de serviços; promoção de competição e resolução de conflitos; qualidade na prestação dos serviços; certificação e homologação; fiscalização regulatória etc.)[15]; entre outros atos normativos.

---

15. ANATEL. Agência Nacional de Telecomunicações. *Regulamentação*. Disponível em: https://informacoes. anatel.gov.br/paineis/regulamentacao. Acesso em: 20 set. 2021.

8.4.1 Lei geral das telecomunicações

A Lei nº 9.472, de 16 de julho de 1997, dispõe sobre a organização dos serviços de telecomunicações no país. Compete à União, por intermédio do órgão regulador e nos termos das políticas estabelecidas pelos Poderes Executivo e Legislativo, organizar a exploração dos serviços de telecomunicações. A organização inclui, entre outros aspectos, o disciplinamento e a fiscalização da execução, comercialização e uso dos serviços e da implantação e funcionamento de redes de telecomunicações, bem como da utilização dos recursos de órbita e espectro de radiofrequências (art. 1º).

O Poder Público tem o dever de: I – garantir, a toda a população, o acesso às telecomunicações, a tarifas e preços razoáveis, em condições adequadas; II – estimular a expansão do uso de redes e serviços de telecomunicações pelos serviços de interesse público em benefício da população brasileira; III – adotar medidas que promovam a competição e a diversidade dos serviços, incrementem sua oferta e propiciem padrões de qualidade compatíveis com a exigência dos usuários; IV – fortalecer o papel regulador do Estado; V – criar oportunidades de investimento e estimular o desenvolvimento tecnológico e industrial, em ambiente competitivo; VI – criar condições para que o desenvolvimento do setor seja harmônico com as metas de desenvolvimento social do País; VII – criar condições para ampliação da conectividade e da inclusão digital, priorizando a cobertura de estabelecimentos públicos de ensino (art. 2º).

Assente-se que na disciplina das relações econômicas no setor de telecomunicações observar-se-ão, em especial, os princípios constitucionais da soberania nacional, função social da propriedade, liberdade de iniciativa, livre concorrência, defesa do consumidor, redução das desigualdades regionais e sociais, repressão ao abuso do poder econômico e continuidade do serviço prestado no regime público. Ademais, os serviços de telecomunicações serão organizados com base no princípio da livre, ampla e justa competição entre todas as prestadoras, devendo o Poder Público atuar para propiciá-la, bem como para corrigir os efeitos da competição imperfeita e reprimir as infrações da ordem econômica (arts. 5º e 6º).

Cumpre ressaltar que as normas gerais de proteção à ordem econômica são aplicáveis ao setor de telecomunicações. Os atos envolvendo prestadora de serviço de telecomunicações, no regime público ou privado, que visem a qualquer forma de concentração econômica, inclusive mediante fusão ou incorporação de empresas, constituição de sociedade para exercer o controle de empresas ou qualquer forma de agrupamento societário, ficam submetidos aos controles, procedimentos e condicionamentos previstos nas normas gerais de proteção à ordem econômica. Praticará infração da ordem econômica a prestadora de serviço de telecomunicações que, na celebração de contratos de fornecimento de bens e serviços, adotar práticas que possam limitar, falsear ou, de qualquer forma, prejudicar a livre concorrência ou a livre iniciativa (art. 7º).

8.4.2 Agência Nacional de Telecomunicações

A Lei nº 9.472, de 16 de julho de 1997, também criou a Agência Nacional de Telecomunicações, entidade integrante da Administração Pública Federal indireta, submetida a regime autárquico especial e vinculada ao Ministério das Comunicações, com a função de órgão regulador das telecomunicações, com sede no Distrito Federal, podendo estabelecer unidades regionais. A Agência terá como órgão máximo o Conselho Diretor, devendo contar, também, com um Conselho Consultivo, uma Procuradoria, uma Corregedoria, uma Biblioteca e uma Ouvidoria, além das unidades especializadas incumbidas de diferentes funções. A natureza de autarquia especial conferida à Agência é caracterizada por independência administrativa, ausência de subordinação hierárquica, mandato fixo e estabilidade de seus dirigentes e autonomia financeira (art. 8º).

A Agência atuará como autoridade administrativa independente, assegurando-se-lhe, nos termos desta Lei, as prerrogativas necessárias ao exercício adequado de sua competência. Caberá ao Poder Executivo instalar a Agência, devendo o seu regulamento, aprovado por decreto do Presidente da República, fixar-lhe a estrutura organizacional. A extinção da Agência somente ocorrerá por lei específica (arts. 9º, 10 e 17).

No tocante às atribuições, compete à Agência adotar as medidas necessárias para o atendimento do interesse público e para o desenvolvimento das telecomunicações brasileiras, atuando com independência, imparcialidade, legalidade, impessoalidade e publicidade, e especialmente: I – implementar, em sua esfera de atribuições, a política nacional de telecomunicações; II – representar o Brasil nos organismos internacionais de telecomunicações, sob a coordenação do Poder Executivo; III – elaborar e propor ao Presidente da República, por intermédio do Ministro de Estado das Comunicações, submetendo previamente a consulta pública; IV – expedir normas quanto à outorga, prestação e fruição dos serviços de telecomunicações no regime público; V – editar atos de outorga e extinção de direito de exploração do serviço no regime público; VI – celebrar e gerenciar contratos de concessão e fiscalizar a prestação do serviço no regime público, aplicando sanções e realizando intervenções; VII – controlar, acompanhar e proceder à revisão de tarifas dos serviços prestados no regime público, podendo fixá-las nas condições previstas nesta Lei, bem como homologar reajustes; VIII – administrar o espectro de radiofrequências e o uso de órbitas, expedindo as respectivas normas; IX – editar atos de outorga e extinção do direito de uso de radiofrequência e de órbita, fiscalizando e aplicando sanções; X – expedir normas sobre prestação de serviços de telecomunicações no regime privado; XI – expedir e extinguir autorização para prestação de serviço no regime privado, fiscalizando e aplicando sanções; XII – expedir normas e padrões a serem cumpridos pelas prestadoras de serviços de telecomunicações quanto aos equipamentos que utilizarem; XIII – expedir ou reconhecer a certificação de produtos, observados os padrões e normas por ela estabelecidos; XIV – expedir normas e padrões que assegurem a compatibilidade, a operação integrada e a interconexão entre as redes, abrangendo inclusive os equipamentos terminais; XV – realizar busca e apreensão de bens no âmbito de sua competência; XVI – deliberar na esfera administrativa quanto à interpretação da legislação de telecomunicações e sobre os casos omissos; XVII – compor administrativamente conflitos de interesses entre prestadoras de serviço de telecomunicações; XVIII – reprimir infrações dos direitos dos usuários; XIX – exercer, relativamente às telecomunicações, as competências legais em matéria de controle, prevenção e repressão das infrações da ordem econômica, ressalvadas as pertencentes ao Conselho Administrativo de Defesa Econômica – CADE; XX – propor ao Presidente da República, por intermédio do Ministério das Comunicações, a declaração de utilidade pública, para fins de desapropriação ou instituição de servidão administrativa, dos bens necessários à implantação ou manutenção de serviço no regime público etc. (art. 19).

No desenvolvimento dos seus trabalhos, a atividade da Agência será juridicamente condicionada pelos princípios da legalidade, celeridade, finalidade, razoabilidade, proporcionalidade, impessoalidade, igualdade, devido processo legal, publicidade e moralidade. Ressalvados os documentos e os autos cuja divulgação possa violar a segurança do País, segredo protegido ou a intimidade de alguém, todos os demais permanecerão abertos à consulta do público, sem formalidades, na Biblioteca (arts. 38 e 39).

Por fim, os atos da Agência deverão ser sempre acompanhados da exposição formal dos motivos que os justifiquem. Os atos normativos somente produzirão efeito após publicação no Diário Oficial da União, e aqueles de alcance particular, após a correspondente notificação. Na invalidação de atos e contratos, será garantida previamente a manifestação dos interessados. Qualquer pessoa terá o direito de peticionar ou de recorrer contra ato da Agência no prazo máximo de trinta dias, devendo a decisão da Agência ser conhecida em até noventa dias (arts. 40 a 44).

8.5 JURISPRUDÊNCIA

Processo legislativo. Ação Direta de Inconstitucionalidade. Lei estadual que cria obrigações para empresas prestadoras do serviço de telecomunicações. Inconstitucionalidade. 1. A Lei nº 12.239/2006, do Estado de São Paulo, obriga as companhias operadoras de telefonia fixa e móvel a constituírem cadastro especial de assinantes do serviço interessados no sistema de venda por meio de telemarketing. 2. Compete à União Federal legislar privativamente sobre o serviço de telecomunicações (CF, art. 22, IV), bem como a sua exploração (CF, art. 21, XI, CF). Exercício abusivo da competência legislativa estadual. 3. Procedência da ação direta. (STF – Tribunal Pleno – ADI 3959 – Rel. Min. Roberto Barroso – Julgamento: 20.04.2016).

Ação direta de inconstitucionalidade. Constitucional. Repartição de competências. Lei 15.829/2012 do Estado de Santa Catarina, que determina às empresas operadoras do Serviço Móvel Pessoal a instalação de bloqueadores de sinais de radiocomunicações nos estabelecimentos penais. Alegação de violação aos artigos 21, IX; 22, IV; e 175, parágrafo único, I e II, da Constituição Federal. 2. Inconstitucionalidade formal. Ao ser constatada aparente incidência de determinado assunto a mais de um tipo de competência, deve-se realizar interpretação que leve em consideração duas premissas: a intensidade da relação da situação fática normatizada com a estrutura básica descrita no tipo da competência em análise e, além disso, o fim primário a que se destina essa norma, que possui direta relação com o princípio da predominância de interesses. Competência da União para explorar serviços de telecomunicação (art. 21, XI) e para legislar sobre telecomunicações (art. 22, IV). O Supremo Tribunal Federal tem firme entendimento no sentido da impossibilidade de interferência do Estado-membro nas relações jurídicas entre a União e as prestadoras dos serviços de telecomunicações. Em conformidade com isso, a jurisprudência vem reconhecendo a inconstitucionalidade de normas estaduais que tratam dos direitos dos usuários; do fornecimento de informações pessoais e de consumo a órgãos estaduais de segurança pública; e da criação de cadastro de aparelhos celulares roubados, furtados e perdidos no âmbito estadual. Precedentes. A Lei 15.829/2012, do Estado de Santa Catarina, trata de telecomunicações, na medida em que suprime a prestação do serviço atribuído pela CF à União, ainda que em espaço reduzido – âmbito dos estabelecimentos prisionais. Interferência considerável no serviço federal. Objetivo primordialmente econômico da legislação – transferência da obrigação à prestadora do serviço de telecomunicações. Invasão indevida da competência legislativa da União. 3. Ação direta julgada procedente para declarar a inconstitucionalidade da Lei 15.829/2012 do Estado de Santa Catarina. (STF – Tribunal Pleno – ADI 4861/SC – Rel. Min. Gilmar Mendes – Julgamento: 03.08.2016).

Ementa: Competência legislativa. Ação direta de inconstitucionalidade. Serviço de telecomunicações. Propaganda. Competência privativa da União. 1. Lei do Estado do Paraná que impõe às operadoras de telefonia celular e aos fabricantes de aparelhos celulares e acessórios a obrigação de incluir em sua propaganda advertência de que o uso excessivo de aparelhos de telefonia celular pode gerar câncer. 2. Violação à competência privativa da União para legislar sobre telecomunicações e sobre propaganda comercial (art. 22, IV e XXIX, CF). Precedentes da Corte. 3. Ação direta de inconstitucionalidade julgada procedente. (STF – Tribunal Pleno – ADI 4761 – Julgamento: 18.08.2016).

Ementa: Ação Direta de Inconstitucionalidade. Serviços de telecomunicações. Internet. Cobrança de taxa para o segundo ponto de acesso. Art. 21, inc. Xi, e 22, inc. IV, da Constituição da República. Competência privativa da união para legislar sobre telecomunicações. Inconstitucionalidade formal da lei distrital n. 4.116/2008. Ação julgada procedente. 1. A Lei distrital n. 4.116/2008 proíbe as empresas de telecomunicações de cobrarem taxas para a instalação do segundo ponto de acesso à internet. 2. O art. 21, inc. IX, da Constituição da República estabelece que compete à União explorar, diretamente ou mediante autorização, concessão ou permissão, os serviços de telecomunicações, enquanto o art. 22, inc. IV, da Constituição da República dispõe ser da competência privativa da União legislar sobre telecomunicações. 3. Ainda que ao argumento de defesa do consumidor, não pode lei distrital impor a uma concessionária federal novas obrigações não antes previstas no contrato por ela firmado com a União. Precedentes. 4. Ação direta de inconstitucionalidade julgada procedente. (STF – Tribunal Pleno – ADI 4083 – Rel. Min. Cármen Lúcia – Julgamento: 25.11.2010).

Ementa Ação Direta de Inconstitucionalidade. Lei nº 6.295/2012 do Estado do Rio de Janeiro. Prestadoras de serviços de telefonia fixa e celular. Hipótese de cancelamento da multa contratual de fidelidade. Alegada usurpação de competência privativa da união para legislar sobre exploração de serviços de telecomunicações. Afronta aos arts. 1º, 21, IX, 22, IV, e 175 da Constituição da República. Inocorrência. 1. A chamada multa contratual de fidelidade – cláusula penal que, acompanhando instrumento de adesão a serviço de telefonia, onera o usuário, como contrapartida pelo oferecimento de determinado produto ou benefício, com a permanência do vínculo com a prestadora por prazo determinado – não incide sobre o contrato de prestação de serviço de telefonia propriamente dito, e sim sobre pactuação paralela, notadamente a aquisição de estação móvel (aparelho de telefonia celular) ou outro dispositivo mediante valor inferior ao praticado no mercado. O instrumento pelo qual a prestadora de serviços de telefonia oferece benefícios a seus usuários, exigindo, em contrapartida, que permaneçam a ela vinculados por um prazo mínimo, não se confunde com o termo de adesão do usuário a plano de serviço de telecomunicações, tampouco o integra, consubstanciando típica relação de consumo. 2. Ao impor o cancelamento da multa contratual de fidelidade quando o usuário de serviços de telefonia celular ou fixa comprovar que perdeu o vínculo empregatício após a adesão ao contrato, a Lei nº 6.295/2012 do Estado do Rio de Janeiro disciplina relação jurídica tipicamente consumerista, ainda que realizada paralelamente a contrato de prestação de serviço de telefonia. Os efeitos da medida esgotam-se na relação entre o consumidor-usuário e o fornecedor-prestador do serviço público, não interferindo no conteúdo dos contratos administrativos firmados no âmbito federal para prestação do serviço público. 3. Implementada norma de proteção ao consumidor que, rigorosamente contida nos limites do art. 24, V, da Carta Política, em nada interfere no regime de exploração, na estrutura remuneratória da prestação dos serviços ou no equilíbrio dos contratos administrativos, inocorrente usurpação da competência legislativa privativa da União, e, consequentemente, afronta aos arts. 1º, 21, IX, 22, IV, e 175 da Constituição da República. Ação direta de inconstitucionalidade julgada (STF – Tribunal Pleno – ADI 4908 – Rel. Min. Rosa Weber – Julgamento: 11.04.2019)

Competência normativa – Telecomunicações – Celular – Aparelhos – Localização – Ato estadual – Inconstitucionalidade. Conflita com a Constituição Federal, considerada competência normativa reservada à União, lei estadual a versar fornecimento, à polícia judiciária, pelas empresas concessionárias de serviços de telecomunicação, de informações sobre a localização de aparelhos de telefonia móvel. Precedente: ação direta de inconstitucionalidade nº 4.401, Pleno, relator o ministro Gilmar Mendes, julgada em 30 de agosto de 2019. (STF – Tribunal Pleno – ADI 4739 – Rel. Min. Marco Aurélio – Julgamento: 17.02.2021).

2. A jurisprudência do Superior Tribunal de Justiça tem asseverado que a ação civil pública em que se discute relação contratual entre particular e a concessionária de serviços de telefonia não atinge a órbita jurídica da agência reguladora. Assim, não existe litisconsórcio passivo necessário entre a concessionária de serviços de telefo-

nia e a Anatel, quando a relação jurídica controvertida é alheia àquela mantida entre as concessionárias e o ente regulador. 3. "Não há falar na existência de violação dos dispositivos previstos na Lei n. 9.472/1997 – Lei Geral das Telecomunicações –, haja vista que a competência da Anatel para regular o setor de telefonia é privativa, e não exclusiva, circunstância que permite a intervenção do Poder Judiciário, caso provocado" (AgInt no AREsp 1659845/PI, Rel. Ministro Og Fernandes, Segunda Turma, julgado em 25.05.2021, DJe 09.06.2021). (STJ – Primeira Turma – AgInt no AREsp 1210327/AM – Rel. Min. Sérgio Kukina – Data do Julgamento 16.08.2021).

Capítulo 9
DOMÍNIO PÚBLICO GENÉTICO

9.1 INTRODUÇÃO

A proteção do patrimônio genético é prevista na Constituição Federal de 1988, visto que, no capítulo relativo ao meio ambiente, é imposto ao Poder Público o dever de preservar a diversidade e a integridade do patrimônio genético do País, bem como fiscalizar as entidades dedicadas à pesquisa e manipulação de material genético (art. 225, § 1º, II, CF/1988). Segue abaixo a redação da norma:

> "Art. 225. Todos têm direito ao meio ambiente ecologicamente equilibrado, bem de uso comum do povo e essencial à sadia qualidade de vida, impondo-se ao Poder Público e à coletividade o *dever* de defendê-lo e preservá-lo para as presentes e futuras gerações.
>
> § 1º Para assegurar a efetividade desse direito, *incumbe ao Poder Público*:
>
> [...]
>
> II – preservar a diversidade e a integridade do *patrimônio genético* do País e fiscalizar as entidades dedicadas à pesquisa e manipulação de material genético" (Grifos nossos)

Do mandamento constitucional deflui a obrigação de o Poder Público salvaguardar: i – a diversidade do patrimônio genético (amplitude); ii – integridade do patrimônio genético (finalidade). Para atingir tal mister, exige-se a fiscalização das instituições que tratam do respectivo bem (meio instrumental).

A locução "preservação do patrimônio genético" significa conservar, defender os referidos recursos, protegendo-o contra eventual uso inadequado e sobretudo contra o esgotamento dos materiais que compõe a universalidade. Em decorrência da obrigatoriedade de preservar a *"diversidade"*, a norma constitucional determina o cuidado na disposição e aplicação dos múltiplos bens desse seguimento, de modo a manter incólumes as diferentes espécies do patrimônio genético (1ª modalidade). Por sua vez, a preservação da *"integridade"* traduz-se no dever de proteger o conjunto de bens que compõem o patrimônio genético, ou seja, a obrigatoriedade de conservar a totalidade dos recursos que constitui a respectiva universalidade (2ª modalidade).

Como mecanismo protetivo, exsurge a atividade fiscalizatória do Estado. Nesse caso, a fiscalização estatal dá-se no controle do patrimônio genético, isto é, no supervisionamento sobre os bens existentes e sobre as atividades potencial ou efetivamente praticadas pelos interessados relativamente às informações de origem genética de espécies vegetais, animais e microbianas, a fim de garantir a diversidade e integridade do patrimônio público genético (art. 225, § 1º, II, CF/1988).

No que concerne ao conteúdo, o patrimônio genético é composto pelas espécies vegetais, animais, microbianas ou espécies de outra natureza, incluindo substâncias oriundas do metabolismo destes seres vivos (art. 2º, I, Lei nº 13.123 de 2015). As *espécies vegetais* correlacionam-se ao reino vegetal, ou seja, as plantas, sendo estas compostas por seres vivos eucariontes e autótrofos. As *espécies animais* aludem ao reino biológico composto por seres vivos multicelulares, eucariontes e heterotróficos, sendo divididos em dois grandes grupos principais: vertebrados e invertebrados. As *espécies microbianas* referem-se ao grupo de bacilos, bactérias ou micro-organismos, isto é, a pluralidade de micróbios, sendo estes organismos unicelulares, podendo ser benéficos ou prejudiciais.

De fato, esse segmento do domínio público é de notória relevância, visto que, "a partir do acesso ao patrimônio genético, podem resultar na produção de medicamentos, alimentos industrializados, cosméticos e bebidas, por exemplo. Além disso, a análise de amostras da biodiversidade também é importante na busca por soluções para desafios como as mudanças climáticas, a criação de energia renovável e o entendimento da relação evolutiva entre as espécies. No campo da saúde, é fundamental para a produção de kits diagnósticos e vacinas. E ainda para pesquisas epidemiológicas, para o estudo de como certas doenças são transmitidas e para a descoberta do ciclo de parasitas, por exemplo".

Todavia, "há uma série de questões importantes envolvidas no uso do patrimônio genético. Uma delas é o risco de biopirataria, que ocorre quando os recursos naturais são usados de forma ilegal e transferidos para outros países, sem autorização. A biodiversidade — ou seja, a variedade da flora, fauna e microbiota, em determinado local — é considerada um bem coletivo — e valioso — de cada país, que deve estar protegido por leis específicas. Estas leis devem garantir que a informação genética será usada de forma sustentável, protegida e conservada. A regulação também é importante para assegurar a repartição de benefícios gerados a partir desses estudos científicos de forma justa e equitativa"[1].

Afora o patrimônio genético, o domínio público estabelece normas relativamente aos organismos geneticamente modificados e seus derivados, tendo como diretrizes o estímulo ao avanço científico na área de biossegurança e biotecnologia, a proteção à vida e à saúde humana, animal e vegetal, e a observância do princípio da precaução para a proteção do meio ambiente (art. 1º, Lei nº 11.105 de 2005).

Assim, o domínio público genético abrange dois seguimentos, a saber: *i – patrimônio genético*; *ii – organismos geneticamente modificados*, que serão analisados a seguir.

9.2 DOMÍNIO PÚBLICO GENÉTICO

Como visto, o patrimônio genético ostenta significativa importância no desenvolvimento técnico-científico. Por meio de pesquisas, é possível aplicar os conhecimentos

---

1. FIOCRUZ. Fundação Oswaldo Cruz. *Acesso ao patrimônio genético e ao conhecimento tradicional associado.* Disponível em: https://portal.fiocruz.br/acesso-ao-patrimonio-genetico-e-ao-conhecimento-tradicional-associado. Acesso em: 11 ago. 2021.

nas áreas da medicina, pecuária, agricultura, avicultura, indústria, meio ambiente etc. Em outras palavras, o domínio público genético é composto pelo conjunto de espécies vegetais, animais, microbianas ou espécies de outra natureza, dotados de interesse científico, tecnológico, industrial ou outro de ordem coletiva; assim como pelos organismos geneticamente modificados (OGM), submetidos ao controle do Estado. Sinteticamente, o domínio público genético abrange: i – patrimônio genético (regulado pela Lei nº 13.123 de 2015); ii – organismos geneticamente modificados (regulado pela Lei nº 11.105 de 2005).

O *domínio público genético* manifesta-se por meio da normatização relativamente às espécies vegetais, animais, microbianas ou espécies de outra natureza constantes no País, dispondo sobre bens, direitos e obrigações; assim como pelo disciplinamento de pesquisas e da utilização dos organismos geneticamente modificados (OGM). A temática relativa aos organismos geneticamente modificados envolve a manipulação da composição genética de organismos vivos[2]. Com efeito, "o patrimônio genético merece proteção jurídica em face de relacionar-se à possibilidade traduzida pela engenharia genética de utilização de gametas conservados em bancos genéticos para a construção de seres vivos, possibilitando a criação e o desenvolvimento de uma unidade viva sempre que houver interesse. Daí, em decorrência do evidente impacto da engenharia genética na pecuária, na avicultura, na agricultura etc. o entendimento constitucional de organizar as relações jurídicas advindas da complexidade do aludido tema"[3].

Em razão disso, exsurge a necessidade de regulação pelo Estado, com o escopo de garantir a sua utilização em atendimento à função social, assim como evitar abusos ou desvios éticos. Vale dizer, o disciplinamento estatal confere objetividade, certeza, segurança jurídica, impessoalidade e, sobretudo, a eticidade nas pesquisas e utilização dos recursos advindos do patrimônio genético e da manipulação dos organismos geneticamente modificados.

A esse respeito, Eduardo Bittar assinala: "os avanços tecnológicos têm colocado à prova o direito, assim como ameaçado os valores mais caros ao homem, e que recebem acolhida constitucional, inclusive desafiando seus aparatos de repressão e prevenção de ilícitos. É o claro avanço do processo de tecnificação da vida que vem sendo acompanhado de desumanização e manipulação de mercado da esfera do humano. Assim, isso tem ocorrido: [...] 5 – seja a partir dos avanços dos estudos e técnicas de caráter biológico, médico, químico, bioquímico... e suas formas de intervenção sobre o organismo humano e a vida, suas formas de propagação etc. Discussões desse vulto são as condizentes com a inseminação in vitro, a reprodução assistida, a eutanásia, a ortotanásia, a clonagem humana, a manipulação de cadeias de cromossomos, a escolha do sexo e características biológicas de seres humanos. Está-se, portanto, diante de uma realidade em que os

---

2. JUSTEN FILHO, Marçal. *Curso de direito administrativo*. 10. ed. São Paulo: Ed. RT, 2014, p. 1197.
3. FIORILLO, Celso Antônio Pacheco. *Curso de direito ambiental brasileiro*. 12. ed. São Paulo: Saraiva, 2011, p. 79.

instrumentos jurídicos tradicionais não comportam respostas satisfatórias e adequadas para necessidades contemporâneas. Assim é que, se a sociedade requer avanços técnicos e científicos, também o direito deve acompanhar essas premências, resguardando o homem contra as possíveis lesões causadas pela manipulação da tecnologia"[4].

De forma geral, o domínio público genético é caracterizado por três aspectos basilares: *i – objeto* (espécies vegetais, animais, microbianas ou espécies de outra natureza, incluindo substâncias oriundas do metabolismo destes seres vivos, bem como os organismos geneticamente modificados); *ii – interesse social* (importância científica, tecnológica, industrial ou outra de ordem coletiva na pesquisa ou utilização dos recursos); *iii – regramento jurídico* (os recursos naturais e os organismos geneticamente modificados são submetidos ao controle do Estado). O primeiro aspecto refere-se às coisas que integram o patrimônio público, haja vista a necessidade de pertinência entre o recurso e a finalidade a que se destina, assim como os organismos geneticamente modificados, proveniente da ação humana). A segunda caraterística traduz-se na satisfação de necessidades ou na promoção de bem-estar individual ou social, quer dizer, a preservação e utilização dos recursos possui importância no atendimento de certos objetivos da sociedade). Já o terceiro aspecto alude às normas jurídicas que disciplinam o patrimônio genético e os organismos geneticamente modificados, ou seja, o conjunto de regras estatais reguladoras da utilização dos referidos recursos.

Diante de tais premissas, funda-se a legitimidade e a fundamentalidade da normatização da matéria pelo Estado. Conceitualmente, o *domínio público genético* consiste no conjunto de coisas submetidas ao regime jurídico estatal, em razão no poder atribuído ao Estado decorrente da soberania, tendo por objetivo preservar a diversidade e integridade do patrimônio genético do País, assim como a manipulação escorreita dos organismos geneticamente modificados (OGM). O domínio público constitui mecanismo que promove a proteção do patrimônio genético nacional, como também o desenvolvimento científico, a exploração econômica e a repartição de benefícios decorrentes de espécies vegetais, animais, microbianas ou espécies de outra natureza. Ademais, o domínio público nessa área promove o controle das atividades relativas à pesquisa, construção, cultivo, produção, manipulação, transporte, transferência, importação, exportação, armazenamento, comercialização, consumo, liberação no meio ambiente e o descarte de organismos geneticamente modificados, assegurando a proteção da vida e saúde humana, da vida animal e vegetal.

Na perspectiva normativa, o patrimônio genético e os organismos geneticamente modificados são disciplinados pela *Constituição Federal de 1988* (art. 225, § 1º, II); pela *Convenção sobre Diversidade Biológica* (assinada no Rio de Janeiro, em 05 de junho de 1992, promulgada pelo Decreto nº 2.519, de 16 de março de 1998); pelo *Protocolo de Cartagena* (aprovado por meio do Decreto Legislativo nº 908 de 21 de novembro de

---

4. BITTAR, Eduardo C. B. *Curso de ética jurídica*. Ética geral e profissional. 9. ed. São Paulo: Saraiva, 2012, p. 141-142.

2003 e promulgado pelo Decreto Presidencial nº 5.705 de 16 de novembro de 2006); pelo *Protocolo de Nagoya* sobre Acesso a Recursos Genéticos e Repartição Justa e Equitativa dos Benefícios Derivados de sua Utilização à Convenção sobre Diversidade Biológica (aprovado pelo Decreto Legislativo nº 136 de 2020); pelo *Protocolo de Nagoya-Kuala Lumpur*; pela *Lei nº 11.105 de 2005* e pela *Lei nº 13.123 de 2015*, que regulamentam a matéria no âmbito nacional.

9.3 PATRIMÔNIO GENÉTICO

9.3.1 Conceito de patrimônio genético

Nos termos do art. 2º, inciso I, da Lei nº 13.123/2015, a locução *patrimônio genético* significa a "informação de origem genética de espécies vegetais, animais, microbianas ou espécies de outra natureza, incluindo substâncias oriundas do metabolismo destes seres vivos". Dessa forma, estão abrangidos nessa definição a fauna, flora, fungos, algas, vírus, bactérias etc.

De acordo com o IBAMA, *patrimônio genético* (PG) pode ser definido como "o conjunto de informações genéticas contidas nas plantas, nos animais e nos microorganismos, no todo ou em suas partes (cascas, folhas, raízes, pelos, penas, peles etc.), estejam eles vivos ou mortos. O PG também está contido em substâncias produzidas por esses organismos, como resinas, látex de plantas ou venenos de animais e substâncias químicas produzidas por microorganismos. O patrimônio genético brasileiro está nos organismos que ocorrem de forma natural no Brasil, ou seja, de seres vivos nativos ou daqueles que adquiriram características específicas no território nacional".

O uso do patrimônio genético se dá mediante o acesso, ou seja, por mcio de pesquisas ou desenvolvimento tecnológico realizado sobre amostra de patrimônio genético (art. 2º, VIII, Lei nº Lei nº 13.123/2015). "Acessar o patrimônio genético é, por exemplo, usar a informação contida nas amostras de plantas, animais, microorganismos ou substâncias deles derivadas para estudar do que são feitas, testar para que servem ou para desenvolver produto ou processo comercializável, como remédios, perfumes e cosméticos"[5].

9.3.2 Generalidades

O patrimônio genético é classificado com bem de uso comum do povo, quer se encontre em condições *in situ* (quando o patrimônio genético existe em ecossistemas e habitats naturais e, no caso de espécies domesticadas ou cultivadas, nos meios onde naturalmente tenham desenvolvido suas características distintivas próprias, incluindo as que formem populações espontâneas); quer mantido em condições *ex situ* no âmbito

---

5. IBAMA. Ministério do Meio Ambiente. *Patrimônio genético*. Disponível em: https://www.gov.br/mma/pt-br/assuntos/biodiversidade/patrimonio-genetico. Acesso em: 11 ago. 2021.

nacional (quando o patrimônio genético é mantido fora de seu habitat natural, mas é encontrado em condições *in situ* no território pátrio, na plataforma continental, no mar territorial e na zona econômica exclusiva) – art. 1º, I c/c art. 2º, XXV e XXVII, Lei nº 13.123 de 2015.

No que se refere à esfera pública competente, cabe à União proceder à gestão, o controle e a fiscalização das atividades alusivas ao patrimônio genético do País. Para tanto, criou-se no âmbito do Ministério do Meio Ambiente o Conselho de Gestão do Patrimônio Genético – CGen, órgão colegiado de caráter deliberativo, normativo, consultivo e recursal, responsável por coordenar a elaboração e a implementação de políticas para a gestão do acesso ao patrimônio genético e ao conhecimento tradicional associado e da repartição de benefícios, formado por representação de órgãos e entidades da administração pública federal que detêm competência sobre as diversas ações de que trata esta Lei com participação máxima de 60% (sessenta por cento) e a representação da sociedade civil em no mínimo 40% (quarenta por cento) dos membros, assegurada a paridade entre: I – setor empresarial; II – setor acadêmico; e III – populações indígenas, comunidades tradicionais e agricultores tradicionais (art. 6º, Lei nº 13.123/2015).

Impende salientar que o acesso ao patrimônio genético será efetuado sem prejuízo dos direitos de propriedade material ou imaterial que incidam sobre o patrimônio genético ou sobre o conhecimento tradicional associado acessado ou sobre o local de sua ocorrência. O acesso ao patrimônio genético existente na plataforma continental observará o disposto na Lei nº 8.617, de 4 de janeiro de 1993 (art. 1º, § 1º e art. 2º da Lei nº 13.123/2015).

Conceitualmente, o vocábulo "pesquisa" consiste na atividade, experimental ou teórica, realizada sobre o patrimônio genético ou conhecimento tradicional associado, com o objetivo de produzir novos conhecimentos, por meio de um processo sistemático de construção do conhecimento que gera e testa hipóteses e teorias, descreve e interpreta os fundamentos de fenômenos e fatos observáveis. Por sua vez, "desenvolvimento tecnológico" significa o trabalho sistemático sobre o patrimônio genético ou sobre o conhecimento tradicional associado, baseado nos procedimentos existentes, obtidos pela pesquisa ou pela experiência prática, realizado com o objetivo de desenvolver novos materiais, produtos ou dispositivos, aperfeiçoar ou desenvolver novos processos para exploração econômica (art. 2º, X, XI, Lei nº 13.123/2015).

A locução "cadastro de acesso ou remessa" de patrimônio genético é o instrumento declaratório obrigatório das atividades de acesso ou remessa de patrimônio genético ou de conhecimento tradicional associado. A "remessa" é a transferência de amostra de patrimônio genético para instituição localizada fora do País com a finalidade de acesso, na qual a responsabilidade sobre a amostra é transferida para a destinatária. A "autorização de acesso ou remessa" traduz-se no ato administrativo que permite, sob condições específicas, o acesso ao patrimônio genético ou ao conhecimento tradicional associado e a remessa de patrimônio genético. As "atividades agrícolas" são os atos

CAPÍTULO 9 • DOMÍNIO PÚBLICO GENÉTICO **423**

destinados à produção, processamento e comercialização de alimentos, bebidas, fibras, energia e florestas plantadas (art. 2º, XII, XIII, XIV, XXIV, Lei nº 13.123/2015).

Considera-se parte do patrimônio genético existente no território nacional o microrganismo que tenha sido isolado a partir de substratos do território nacional, do mar territorial, da zona econômica exclusiva ou da plataforma continental (art. 2º, parágrafo único, Lei nº 13.123 de 2015).

O acesso ao patrimônio genético existente no País para fins de pesquisa ou desenvolvimento tecnológico e a exploração econômica de produto acabado ou material reprodutivo oriundo desse acesso somente serão realizados mediante cadastro, autorização ou notificação, e serão submetidos a fiscalização, restrições e repartição de benefícios nos termos e nas condições estabelecidos na legislação específica (art. 3º).

Por fim, é vedado o acesso ao patrimônio genético e ao conhecimento tradicional associado para práticas nocivas ao meio ambiente, à reprodução cultural e à saúde humana e para o desenvolvimento de armas biológicas e químicas (art. 5º).

9.3.3 Exploração econômica

O patrimônio genético pode ser objeto de utilização econômica, fazendo-se necessário a respectiva regulação pelo Estado. Dessa forma, a Lei nº 13.123/2015 disciplina o acesso ao patrimônio genético; a remessa para o exterior de amostras de patrimônio genético e a exploração econômica de produto acabado ou material reprodutivo oriundo de acesso ao patrimônio genético.

Em primeiro lugar, é vedado o acesso ao patrimônio genético ou ao conhecimento tradicional associado por pessoa natural estrangeira. Além disso, a remessa para o exterior de amostra de patrimônio genético depende de assinatura do termo de transferência de material, na forma prevista pelo Conselho de Gestão do Patrimônio Genético (art. 11).

Com o escopo de permitir o controle prévio, devem ser cadastradas as atividades: i – de acesso ao patrimônio genético dentro do País realizado por pessoa natural ou jurídica nacional, pública ou privada; ii – de acesso ao patrimônio genético por pessoa jurídica sediada no exterior associada a instituição nacional de pesquisa científica e tecnológica, pública ou privada; iii – acesso ao patrimônio genético realizado no exterior por pessoa natural ou jurídica nacional, pública ou privada; iv – de remessa de amostra de patrimônio genético para o exterior com a finalidade de acesso; v – envio de amostra que contenha patrimônio genético por pessoa jurídica nacional, pública ou privada, para prestação de serviços no exterior como parte de pesquisa ou desenvolvimento tecnológico (art. 12, I, II, III, IV e V).

O cadastramento deverá ser realizado previamente à remessa, ou ao requerimento de qualquer direito de propriedade intelectual, ou à comercialização do produto intermediário, ou à divulgação dos resultados, finais ou parciais, em meios científicos ou de comunicação, ou à notificação de produto acabado ou material reprodutivo desenvolvido em decorrência do acesso (art. 12. § 2º).

As seguintes atividades poderão, a critério da União, ser realizadas mediante autorização prévia, na forma do regulamento: I – acesso ao patrimônio genético ou ao conhecimento tradicional associado em área indispensável à segurança nacional, que se dará após anuência do Conselho de Defesa Nacional; II – acesso ao patrimônio genético ou ao conhecimento tradicional associado em águas jurisdicionais brasileiras, na plataforma continental e na zona econômica exclusiva, que se dará após anuência da autoridade marítima (art. 13, I, II).

As autorizações de acesso e de remessa podem ser requeridas em conjunto ou isoladamente. A autorização de remessa de amostra de patrimônio genético para o exterior transfere a responsabilidade da amostra ou do material remetido para a destinatária. A autorização ou o cadastro para remessa de amostra do patrimônio genético para o exterior depende da informação do uso pretendido, observados os requisitos do regulamento (art. 13, §§ 1º e 2º c/c art. 15).

Finalmente, para a exploração econômica de produto acabado ou material reprodutivo oriundo de acesso ao patrimônio genético ou ao conhecimento tradicional associado serão exigidas: I – a notificação do produto acabado ou do material reprodutivo ao CGen; e II – a apresentação do acordo de repartição de benefícios. A modalidade de repartição de benefícios, monetária ou não monetária, deverá ser indicada no momento da notificação do produto acabado ou material reprodutivo oriundo do acesso ao patrimônio genético ou ao conhecimento tradicional associado. O acordo de repartição de benefícios deve ser apresentado em até 365 (trezentos e sessenta e cinco) dias a partir do momento da notificação do produto acabado ou do material reprodutivo, ressalvados os casos que envolverem conhecimentos tradicionais associados de origem identificável (art. 16).

9.3.4 Repartição de benefícios

O instituto da *repartição de benefícios* pode ser definido como "a divisão dos benefícios provenientes da exploração econômica de produto acabado ou material reprodutivo desenvolvido a partir do acesso a patrimônio genético ou a conhecimento tradicional associado. De um lado dessa relação estão os usuários, que podem ser pesquisadores de diversas áreas do conhecimento, indústrias dos setores de biotecnologia, de fármacos, de cosméticos, de defensivos agrícolas, entre outros. Do outro lado estão os detentores de conhecimentos tradicionais, no caso de acesso a CTA [conhecimento tradicional associado], ou a União, que representa os interesses da população brasileira sobre o patrimônio genético, que é um bem de uso comum do povo"[6].

---

6. MMA. Ministério do Meio Ambiente. *Repartição de benefícios e regularização*. Disponível em: https://antigo.mma.gov.br/patrimonio-genetico/reparticao-de-beneficios-e-regularizacao.html#:~:text=A%20Reparti%C3%A7%C3%A3o%20de%20Benef%C3%ADcios%20%28RB%29%20consiste%20na%20divis%C3%A3o,a%20patrim%C3%B4nio%20gen%C3%A9tico%20ou%20a%20conhecimento%20tradicional%20associado. Acesso em: 12 ago. 2021.

CAPÍTULO 9 • DOMÍNIO PÚBLICO GENÉTICO   **425**

Nos termos da Lei nº 13.123 de 2015, os benefícios resultantes da exploração econômica de produto acabado ou de material reprodutivo oriundo de acesso ao patrimônio genético de espécies encontradas em condições in situ ou ao conhecimento tradicional associado, ainda que produzido fora do País, serão repartidos, de forma justa e equitativa, sendo que no caso do produto acabado o componente do patrimônio genético ou do conhecimento tradicional associado deve ser um dos elementos principais de agregação de valor. Estará sujeito à repartição de benefícios exclusivamente o fabricante do produto acabado ou o produtor do material reprodutivo, independentemente de quem tenha realizado o acesso anteriormente. Os fabricantes de produtos intermediários e desenvolvedores de processos oriundos de acesso ao patrimônio genético ou ao conhecimento tradicional associado ao longo da cadeia produtiva estarão isentos da obrigação de repartição de benefícios. Quando um único produto acabado ou material reprodutivo for o resultado de acessos distintos, estes não serão considerados cumulativamente para o cálculo da repartição de benefícios (art. 17, §§ 1º, 2º e 3º).

As operações de licenciamento, transferência ou permissão de utilização de qualquer forma de direito de propriedade intelectual sobre produto acabado, processo ou material reprodutivo oriundo do acesso ao patrimônio genético ou ao conhecimento tradicional associado por terceiros são caracterizadas como exploração econômica isenta da obrigação de repartição de benefícios (art. 17, § 4º).

Ficam isentos da obrigação de repartição de benefícios, nos termos do regulamento: I – as microempresas, as empresas de pequeno porte, os microempreendedores individuais, conforme disposto na Lei Complementar nº 123, de 14 de dezembro de 2006; e II – os agricultores tradicionais e suas cooperativas, com receita bruta anual igual ou inferior ao limite máximo estabelecido no inciso II do art. 3º da Lei Complementar nº 123, de 14 de dezembro de 2006 (art. 17, § 5º).

Os benefícios resultantes da exploração econômica de produto oriundo de acesso ao patrimônio genético ou ao conhecimento tradicional associado para atividades agrícolas serão repartidos sobre a comercialização do material reprodutivo, ainda que o acesso ou a exploração econômica dê-se por meio de pessoa física ou jurídica subsidiária, controlada, coligada, contratada, terceirizada ou vinculada. A repartição de benefícios deverá ser aplicada ao último elo da cadeia produtiva de material reprodutivo, ficando isentos os demais elos. No caso de exploração econômica de material reprodutivo oriundo de acesso a patrimônio genético ou a conhecimento tradicional associado para fins de atividades agrícolas e destinado exclusivamente à geração de produtos acabados nas cadeias produtivas que não envolvam atividade agrícola, a repartição de benefícios ocorrerá somente sobre a exploração econômica do produto acabado (art. 18, §§ 1º e 2º).

Além disso, fica isenta da repartição de benefícios a exploração econômica de produto acabado ou de material reprodutivo oriundo do acesso ao patrimônio genético de espécies introduzidas no território nacional pela ação humana, ainda que domesticadas, exceto: I – as que formem populações espontâneas que tenham adquirido características distintivas próprias no País; e II – variedade tradicional local ou crioula ou a raça localmente adaptada ou crioula (art. 18, § 3º).

No que se refere ao modelo distributivo, a repartição de benefícios decorrente da exploração econômica de produto acabado ou material reprodutivo oriundo de acesso ao patrimônio genético ou ao conhecimento tradicional associado poderá constituir-se nas seguintes modalidades: I – monetária; ou II – não monetária, incluindo, entre outras: a) projetos para conservação ou uso sustentável de biodiversidade ou para proteção e manutenção de conhecimentos, inovações ou práticas de populações indígenas, de comunidades tradicionais ou de agricultores tradicionais, preferencialmente no local de ocorrência da espécie em condição in situ ou de obtenção da amostra quando não se puder especificar o local original; b) transferência de tecnologias; c) disponibilização em domínio público de produto, sem proteção por direito de propriedade intelectual ou restrição tecnológica; d) licenciamento de produtos livre de ônus; e) capacitação de recursos humanos em temas relacionados à conservação e uso sustentável do patrimônio genético ou do conhecimento tradicional associado; e f) distribuição gratuita de produtos em programas de interesse social (art. 19, I e II).

A repartição de benefícios não monetária correspondente a transferência de tecnologia poderá realizar-se, dentre outras formas, mediante: I – participação na pesquisa e desenvolvimento tecnológico; II – intercâmbio de informações; III – intercâmbio de recursos humanos, materiais ou tecnologia entre instituição nacional de pesquisa científica e tecnológica, pública ou privada, e instituição de pesquisa sediada no exterior; IV – consolidação de infraestrutura de pesquisa e de desenvolvimento tecnológico; e V – estabelecimento de empreendimento conjunto de base tecnológica (art. 19, § 3º).

O acordo de repartição de benefícios deverá indicar e qualificar com clareza as partes, que serão: I – no caso de exploração econômica de produto acabado ou de material reprodutivo oriundo de acesso a patrimônio genético ou conhecimento tradicional associado de origem não identificável: a) a União, representada pelo Ministério do Meio Ambiente; e b) aquele que explora economicamente produto acabado ou material reprodutivo oriundo de acesso ao patrimônio genético ou ao conhecimento tradicional associado de origem não identificável; e II – no caso de exploração econômica de produto acabado ou de material reprodutivo oriundo de acesso a conhecimento tradicional associado de origem identificável: a) o provedor de conhecimento tradicional associado; e b) aquele que explora economicamente produto acabado ou material reprodutivo oriundo de acesso ao conhecimento tradicional associado (art. 25).

Por fim, são cláusulas essenciais do acordo de repartição de benefícios, sem prejuízo de outras que venham a ser estabelecidas em regulamento, as que dispõem sobre: I – produtos objeto de exploração econômica; II – prazo de duração; III – modalidade de repartição de benefícios; IV – direitos e responsabilidades das partes; V – direito de propriedade intelectual; VI – rescisão; VII – penalidades; e VIII – foro no Brasil (art. 26).

9.3.5 Sanções administrativas

A prática de conduta em infringência aos ditames legais sujeita o autor às cominações previstas no ordenamento jurídico. A seguir, serão mencionadas as infrações administrativas relativamente patrimônio genético do País.

Em primeiro lugar, considera-se infração administrativa contra o patrimônio genético ou contra o conhecimento tradicional associado toda ação ou omissão que viole as normas da Lei nº 13.123/2015, na forma do regulamento.

Sem prejuízo das sanções penais e cíveis cabíveis, as infrações administrativas serão punidas com as seguintes sanções: I – advertência; II – multa; III – apreensão: a) das amostras que contêm o patrimônio genético acessado; b) dos instrumentos utilizados na obtenção ou no processamento do patrimônio genético ou do conhecimento tradicional associado acessado; c) dos produtos derivados de acesso ao patrimônio genético ou ao conhecimento tradicional associado; ou d) dos produtos obtidos a partir de informação sobre conhecimento tradicional associado; IV – suspensão temporária da fabricação e venda do produto acabado ou do material reprodutivo derivado de acesso ao patrimônio genético ou ao conhecimento tradicional associado até a regularização; V – embargo da atividade específica relacionada à infração; VI – interdição parcial ou total do estabelecimento, atividade ou empreendimento; VII – suspensão de atestado ou autorização de que trata esta Lei; ou VIII – cancelamento de atestado ou autorização de que trata a Lei nº 13.123/2015 (art. 27, § 1º).

Para imposição e gradação das sanções administrativas, a autoridade competente observará: I – a gravidade do fato; II – os antecedentes do infrator, quanto ao cumprimento da legislação referente ao patrimônio genético e ao conhecimento tradicional associado; III – a reincidência; e IV – a situação econômica do infrator, no caso de multa (art. 27, § 2º).

As sanções poderão ser aplicadas cumulativamente. As amostras, os produtos e os instrumentos terão sua destinação definida pelo CGen. A multa será arbitrada pela autoridade competente, por infração, e pode variar: I – de R$ 1.000,00 (mil reais) a R$ 100.000,00 (cem mil reais), quando a infração for cometida por pessoa natural; ou II – de R$ 10.000,00 (dez mil reais) a R$ 10.000.000,00 (dez milhões de reais), quando a infração for cometida por pessoa jurídica, ou com seu concurso (art. 27, §§ 3º, 4º e 5º).

Finalmente, ocorre a reincidência quando o agente comete nova infração no prazo de até 5 (cinco) anos contados do trânsito em julgado da decisão administrativa que o tenha condenado por infração anterior. Os órgãos federais competentes exercerão a fiscalização, a interceptação e a apreensão de amostras que contêm o patrimônio genético acessado, de produtos ou de material reprodutivo oriundos de acesso ao patrimônio genético ou ao conhecimento tradicional associado, quando o acesso ou a exploração econômica tiver sido em desacordo com as disposições desta Lei e seu regulamento (art. 27, § 6º c/c art. 28).

9.4 ORGANISMOS GENETICAMENTE MODIFICADOS (OGM)

Conceitualmente, *organismo geneticamente modificado* é a estrutura biológica cujo material genético ADN/ARN (elemento que contém informações determinantes dos caracteres hereditários transmissíveis à descendência) tenha sido modificado por qualquer técnica de engenharia genética (atividade de produção e manipulação de moléculas de ADN/ARN recombinante).

Dada a relevância da matéria, a Lei nº 11.105, de 24 de março de 2005, estabelece normas de segurança e mecanismos de fiscalização sobre a construção, o cultivo, a produção, a manipulação, o transporte, a transferência, a importação, a exportação, o armazenamento, a pesquisa, a comercialização, o consumo, a liberação no meio ambiente e o descarte de organismos geneticamente modificados – OGM e seus derivados, tendo como diretrizes o estímulo ao avanço científico na área de biossegurança e biotecnologia, a proteção à vida e à saúde humana, animal e vegetal, e a observância do princípio da precaução para a proteção do meio ambiente (art. 1º, *caput*).

Considera-se atividade de pesquisa a realizada em laboratório, regime de contenção ou campo, como parte do processo de obtenção de OGM e seus derivados ou de avaliação da biossegurança de OGM e seus derivados, o que engloba, no âmbito experimental, a construção, o cultivo, a manipulação, o transporte, a transferência, a importação, a exportação, o armazenamento, a liberação no meio ambiente e o descarte de OGM e seus derivados (art. 1º, § 1º).

Por sua vez, considera-se atividade de uso comercial de OGM e seus derivados a que não se enquadra como atividade de pesquisa, e que trata do cultivo, da produção, da manipulação, do transporte, da transferência, da comercialização, da importação, da exportação, do armazenamento, do consumo, da liberação e do descarte de OGM e seus derivados para fins comerciais (art. 1º, § 2º).

As atividades e projetos que envolvam OGM e seus derivados, relacionados ao ensino com manipulação de organismos vivos, à pesquisa científica, ao desenvolvimento tecnológico e à produção industrial ficam restritos ao âmbito de entidades de direito público ou privado, que serão responsáveis pela obediência aos preceitos desta Lei e de sua regulamentação, bem como pelas eventuais consequências ou efeitos advindos de seu descumprimento (art. 2º).

A lei de biossegurança não se aplica quando a modificação genética for obtida por meio das seguintes técnicas, desde que não impliquem a utilização de OGM como receptor ou doador: I – mutagênese; II – formação e utilização de células somáticas de hibridoma animal; III – fusão celular, inclusive a de protoplasma, de células vegetais, que possa ser produzida mediante métodos tradicionais de cultivo; IV – autoclonagem de organismos não patogênicos que se processe de maneira natural (art. 4º).

É permitida, para fins de pesquisa e terapia, a utilização de células-tronco embrionárias obtidas de embriões humanos produzidos por fertilização *in vitro* e não

CAPÍTULO 9 • DOMÍNIO PÚBLICO GENÉTICO **429**

utilizados no respectivo procedimento, atendidas as seguintes condições: I – sejam embriões inviáveis; ou II – sejam embriões congelados há 3 (três) anos ou mais, na data da publicação desta Lei, ou que, já congelados na data da publicação desta Lei, depois de completarem 3 (três) anos, contados a partir da data de congelamento. Em qualquer caso, é necessário o consentimento dos genitores. Instituições de pesquisa e serviços de saúde que realizem pesquisa ou terapia com células-tronco embrionárias humanas deverão submeter seus projetos à apreciação e aprovação dos respectivos comitês de ética em pesquisa. É vedada a comercialização do material biológico a que se refere este artigo e sua prática implica o crime tipificado no art. 15 da Lei nº 9.434, de 4 de fevereiro de 1997 (art. 5º).

Sem embargo, fica proibido: I – implementação de projeto relativo a OGM sem a manutenção de registro de seu acompanhamento individual; II – engenharia genética em organismo vivo ou o manejo *in vitro* de ADN/ARN natural ou recombinante, realizado em desacordo com as normas previstas nesta Lei; III – engenharia genética em célula germinal humana, zigoto humano e embrião humano; IV – clonagem humana; V – destruição ou descarte no meio ambiente de OGM e seus derivados em desacordo com as normas estabelecidas pela CTNBio, pelos órgãos e entidades de registro e fiscalização, referidos no art. 16 desta Lei, e as constantes desta Lei e de sua regulamentação; VI – liberação no meio ambiente de OGM ou seus derivados, no âmbito de atividades de pesquisa, sem a decisão técnica favorável da CTNBio e, nos casos de liberação comercial, sem o parecer técnico favorável da CTNBio, ou sem o licenciamento do órgão ou entidade ambiental responsável, quando a CTNBio considerar a atividade como potencialmente causadora de degradação ambiental, ou sem a aprovação do Conselho Nacional de Biossegurança – CNBS, quando o processo tenha sido por ele avocado, na forma desta Lei e de sua regulamentação; VII – a utilização, a comercialização, o registro, o patenteamento e o licenciamento de tecnologias genéticas de restrição do uso (art. 6º).

Em decorrência da manipulação de organismos geneticamente modificado, são obrigatórias: I – a investigação de acidentes ocorridos no curso de pesquisas e projetos na área de engenharia genética e o envio de relatório respectivo à autoridade competente no prazo máximo de 5 (cinco) dias a contar da data do evento; II – a notificação imediata à CTNBio e às autoridades da saúde pública, da defesa agropecuária e do meio ambiente sobre acidente que possa provocar a disseminação de OGM e seus derivados; III – a adoção de meios necessários para plenamente informar à CTNBio, às autoridades da saúde pública, do meio ambiente, da defesa agropecuária, à coletividade e aos demais empregados da instituição ou empresa sobre os riscos a que possam estar submetidos, bem como os procedimentos a serem tomados no caso de acidentes com OGM (art. 7º).

9.4.1 Órgãos competentes

No que se refere aos órgãos incumbidos de fiscalizar a pesquisa, manipulação e utilização dos organismos geneticamente modificados, foi criado o *Conselho Nacional de*

Biossegurança – CNBS, vinculado à Presidência da República, órgão de assessoramento superior do Presidente da República para a formulação e implementação da Política Nacional de Biossegurança – PNB. Compete ao CNBS: I – fixar princípios e diretrizes para a ação administrativa dos órgãos e entidades federais com competências sobre a matéria; II – analisar, a pedido da CTNBio, quanto aos aspectos da conveniência e oportunidade socioeconômicas e do interesse nacional, os pedidos de liberação para uso comercial de OGM e seus derivados; III – avocar e decidir, em última e definitiva instância, com base em manifestação da CTNBio e, quando julgar necessário, dos órgãos e entidades competentes, no âmbito de suas atribuições, sobre os processos relativos a atividades que envolvam o uso comercial de OGM e seus derivados (art. 8º).

Sempre que o CNBS deliberar favoravelmente à realização da atividade analisada, encaminhará sua manifestação aos órgãos e entidades competentes de registro e fiscalização, ou seja, os órgãos e entidades de registro e fiscalização do Ministério da Saúde, do Ministério da Agricultura, Pecuária e Abastecimento e do Ministério do Meio Ambiente, e da Secretaria Especial de Aquicultura e Pesca. A esses órgãos incumbe: I – fiscalizar as atividades de pesquisa de OGM e seus derivados; II – registrar e fiscalizar a liberação comercial de OGM e seus derivados; III – emitir autorização para a importação de OGM e seus derivados para uso comercial; IV – manter atualizado no SIB o cadastro das instituições e responsáveis técnicos que realizam atividades e projetos relacionados a OGM e seus derivados; V – tornar públicos, inclusive no SIB, os registros e autorizações concedidas; VI – aplicar as penalidades de que trata esta Lei; VII – subsidiar a CTNBio na definição de quesitos de avaliação de biossegurança de OGM e seus derivados (art. 8º, § 3º c/c art. 16).

O Conselho Nacional de Biossegurança, que tem natureza de órgão preponderantemente político, é composto pelos seguintes membros: I – Ministro de Estado Chefe da Casa Civil da Presidência da República, que o presidirá; II – Ministro de Estado da Ciência e Tecnologia; III – Ministro de Estado do Desenvolvimento Agrário; IV – Ministro de Estado da Agricultura, Pecuária e Abastecimento; V – Ministro de Estado da Justiça; VI – Ministro de Estado da Saúde; VII – Ministro de Estado do Meio Ambiente; VIII – Ministro de Estado do Desenvolvimento, Indústria e Comércio Exterior; IX – Ministro de Estado das Relações Exteriores; X – Ministro de Estado da Defesa; XI – Secretário Especial de Aquicultura e Pesca da Presidência da República (art. 9º).

Igualmente, criou-se a *Comissão Técnica Nacional de Biossegurança (CTNBio)*, que ostenta natureza de órgão técnico-científico. A CTNBio, integrante do Ministério da Ciência e Tecnologia, é instância colegiada multidisciplinar de caráter consultivo e deliberativo, para prestar apoio técnico e de assessoramento ao Governo Federal na formulação, atualização e implementação da PNB de OGM e seus derivados, bem como no estabelecimento de normas técnicas de segurança e de pareceres técnicos referentes à autorização para atividades que envolvam pesquisa e uso comercial de OGM e seus derivados, com base na avaliação de seu risco zoofitossanitário, à saúde humana e ao meio ambiente. A CTNBio deverá acompanhar o desenvolvimento e o progresso técnico e científico nas áreas de biossegurança, biotecnologia, bioética e afins, com o objetivo de aumentar sua capacitação para a proteção da saúde humana, dos animais e das plantas e do meio ambiente (art. 10).

A Comissão Técnica Nacional de Biossegurança, composta de membros titulares e suplentes, designados pelo Ministro de Estado da Ciência e Tecnologia, é constituída por 27 (vinte e sete) cidadãos brasileiros de reconhecida competência técnica, de notória atuação e saber científicos, com grau acadêmico de doutor e com destacada atividade profissional nas áreas de biossegurança, biotecnologia, biologia, saúde humana e animal ou meio ambiente, sendo: I – 12 (doze) especialistas de notório saber científico e técnico, em efetivo exercício profissional, sendo: a) 3 (três) da área de saúde humana; b) 3 (três) da área animal; c) 3 (três) da área vegetal; d) 3 (três) da área de meio ambiente; II – um representante de cada um dos seguintes órgãos, indicados pelos respectivos titulares: a) Ministério da Ciência e Tecnologia; b) Ministério da Agricultura, Pecuária e Abastecimento; c) Ministério da Saúde; d) Ministério do Meio Ambiente; e) Ministério do Desenvolvimento Agrário; f) Ministério do Desenvolvimento, Indústria e Comércio Exterior; g) Ministério da Defesa; h) Secretaria Especial de Aquicultura e Pesca da Presidência da República; i) Ministério das Relações Exteriores; III – um especialista em defesa do consumidor, indicado pelo Ministro da Justiça; IV – um especialista na área de saúde, indicado pelo Ministro da Saúde; V – um especialista em meio ambiente, indicado pelo Ministro do Meio Ambiente; VI – um especialista em biotecnologia, indicado pelo Ministro da Agricultura, Pecuária e Abastecimento; VII – um especialista em agricultura familiar, indicado pelo Ministro do Desenvolvimento Agrário; e VIII – um especialista em saúde do trabalhador, indicado pelo Ministro do Trabalho e Emprego (art. 11).

Compete à Comissão Técnica Nacional de Biossegurança: I – estabelecer normas para as pesquisas com OGM e derivados de OGM; II – estabelecer normas relativamente às atividades e aos projetos relacionados a OGM e seus derivados; III – estabelecer, no âmbito de suas competências, critérios de avaliação e monitoramento de risco de OGM e seus derivados; IV – proceder à análise da avaliação de risco, caso a caso, relativamente a atividades e projetos que envolvam OGM e seus derivados; V – estabelecer os mecanismos de funcionamento das Comissões Internas de Biossegurança – CIBio, no âmbito de cada instituição que se dedique ao ensino, à pesquisa científica, ao desenvolvimento tecnológico e à produção industrial que envolvam OGM ou seus derivados; VI – estabelecer requisitos relativos à biossegurança para autorização de funcionamento de laboratório, instituição ou empresa que desenvolverá atividades relacionadas a OGM e seus derivados; VII – relacionar-se com instituições voltadas para a biossegurança de OGM e seus derivados, em âmbito nacional e internacional; VIII – autorizar, cadastrar e acompanhar as atividades de pesquisa com OGM ou derivado de OGM, nos termos da legislação em vigor; IX – autorizar a importação de OGM e seus derivados para atividade de pesquisa; X – prestar apoio técnico consultivo e de assessoramento ao CNBS na formulação da PNB de OGM e seus derivados; XI – emitir Certificado de

Qualidade em Biossegurança – CQB para o desenvolvimento de atividades com OGM e seus derivados em laboratório, instituição ou empresa e enviar cópia do processo aos órgãos competentes para o registro e fiscalização; XII – emitir decisão técnica, caso a caso, sobre a biossegurança de OGM e seus derivados no âmbito das atividades de pesquisa e de uso comercial de OGM e seus derivados, inclusive a classificação quanto ao grau de risco e nível de biossegurança exigido, bem como medidas de segurança exigidas e restrições ao uso; XIII – definir o nível de biossegurança a ser aplicado ao OGM e seus usos, e os respectivos procedimentos e medidas de segurança quanto ao seu uso, conforme as normas estabelecidas na regulamentação desta Lei, bem como quanto aos seus derivados; XIV – classificar os OGM segundo a classe de risco, observados os critérios estabelecidos no regulamento desta Lei; XV – acompanhar o desenvolvimento e o progresso técnico-científico na biossegurança de OGM e seus derivados; XVI – emitir resoluções, de natureza normativa, sobre as matérias de sua competência; XVII – apoiar tecnicamente os órgãos competentes no processo de prevenção e investigação de acidentes e de enfermidades, verificados no curso dos projetos e das atividades com técnicas de ADN/ARN recombinante; XVIII – apoiar tecnicamente os órgãos e entidades de registro e fiscalização, referidos no art. 16 desta Lei, no exercício de suas atividades relacionadas a OGM e seus derivados; XIX – divulgar no Diário Oficial da União, previamente à análise, os extratos dos pleitos e, posteriormente, dos pareceres dos processos que lhe forem submetidos, bem como dar ampla publicidade no Sistema de Informações em Biossegurança – SIB a sua agenda, processos em trâmite, relatórios anuais, atas das reuniões e demais informações sobre suas atividades, excluídas as informações sigilosas, de interesse comercial, apontadas pelo proponente e assim consideradas pela CTNBio; XX – identificar atividades e produtos decorrentes do uso de OGM e seus derivados potencialmente causadores de degradação do meio ambiente ou que possam causar riscos à saúde humana; XXI – reavaliar suas decisões técnicas por solicitação de seus membros ou por recurso dos órgãos e entidades de registro e fiscalização, fundamentado em fatos ou conhecimentos científicos novos, que sejam relevantes quanto à biossegurança do OGM ou derivado, na forma desta Lei e seu regulamento; XXII – propor a realização de pesquisas e estudos científicos no campo da biossegurança de OGM e seus derivados; XXIII – apresentar proposta de regimento interno ao Ministro da Ciência e Tecnologia (art. 14).

Imperioso ressaltar que a decisão final acerca da autorização para o uso comercial de organismos geneticamente modificados é atribuída ao Conselho Nacional de Biossegurança (CNBS), ainda que a Comissão Técnica Nacional de Biossegurança (CTNBio) seja contrária à aprovação da medida. Nesse caso, basta o CNBS avocar o processo e decidir a respeito, cabendo tão somente aos demais órgãos competentes emitir as autorizações e proceder ao registro, conforme fora deliberado pelo Conselho Nacional (art. 8º, §§ 1º e 3º c/c art. 16, § 1º). Portanto, prevalece a escolha política (do CNBS), em detrimento da manifestação técnica (da CTNBio) no que tange à decisão sobre o uso comercial de organismos geneticamente modificados.

Outrossim, assente-se que toda instituição que utilizar técnicas e métodos de engenharia genética ou realizar pesquisas com OGM e seus derivados deverá criar uma Comissão Interna de Biossegurança – CIBio, além de indicar um técnico principal responsável para cada projeto específico. Compete à CIBio, no âmbito da instituição onde constituída: I – manter informados os trabalhadores e demais membros da coletividade, quando suscetíveis de serem afetados pela atividade, sobre as questões relacionadas com a saúde e a segurança, bem como sobre os procedimentos em caso de acidentes; II – estabelecer programas preventivos e de inspeção para garantir o funcionamento das instalações sob sua responsabilidade, dentro dos padrões e normas de biossegurança, definidos pela CTNBio na regulamentação desta Lei; III – encaminhar à CTNBio os documentos cuja relação será estabelecida na regulamentação desta Lei, para efeito de análise, registro ou autorização do órgão competente, quando couber; IV – manter registro do acompanhamento individual de cada atividade ou projeto em desenvolvimento que envolvam OGM ou seus derivados; V – notificar à CTNBio, aos órgãos e entidades de registro e fiscalização, referidos no art. 16 desta Lei, e às entidades de trabalhadores o resultado de avaliações de risco a que estão submetidas as pessoas expostas, bem como qualquer acidente ou incidente que possa provocar a disseminação de agente biológico; VI – investigar a ocorrência de acidentes e as enfermidades possivelmente relacionados a OGM e seus derivados e notificar suas conclusões e providências à CTNBio (arts. 17 e 18).

9.4.2 Responsabilidade civil e administrativa

A inobservância das normas de controle e segurança nas pesquisas e utilização de organismos geneticamente modificados (OGM) enseja responsabilidade aos seus infratores. Os responsáveis pelos danos ao meio ambiente e a terceiros responderão, solidariamente, por sua indenização ou reparação integral, independentemente da existência de culpa – art. 20.

Considera-se infração administrativa toda ação ou omissão que viole as normas previstas na lei de biossegurança e demais disposições legais pertinentes. As infrações administrativas serão punidas na forma estabelecida na lei, independentemente das medidas cautelares de apreensão de produtos, suspensão de venda de produto e embargos de atividades, com as seguintes sanções: I – advertência; II – multa; III – apreensão de OGM e seus derivados; IV – suspensão da venda de OGM e seus derivados; V – embargo da atividade; VI – interdição parcial ou total do estabelecimento, atividade ou empreendimento; VII – suspensão de registro, licença ou autorização; VIII – cancelamento de registro, licença ou autorização; IX – perda ou restrição de incentivo e benefício fiscal concedidos pelo governo; X – perda ou suspensão da participação em linha de financiamento em estabelecimento oficial de crédito; XI – intervenção no estabelecimento; XII – proibição de contratar com a administração pública, por período de até cinco anos (art. 21).

Incumbe aos órgãos e entidades competentes para o registro e fiscalização definir critérios, valores e aplicar multas de R$ 2.000,00 (dois mil reais) a R$ 1.500.000,00 (um milhão e quinhentos mil reais), proporcionalmente à gravidade da infração. As multas poderão ser aplicadas cumulativamente com as demais sanções previstas em lei. No caso de reincidência, a multa será aplicada em dobro. As multas serão aplicadas pelos órgãos e entidades de registro e fiscalização dos Ministérios da Agricultura, Pecuária e Abastecimento, da Saúde, do Meio Ambiente e da Secretaria Especial de Aquicultura e Pesca da Presidência da República, de acordo com suas respectivas competências. Quando a infração constituir crime ou contravenção, ou lesão à Fazenda Pública ou ao consumidor, a autoridade fiscalizadora representará junto ao órgão competente para apuração das responsabilidades administrativa e penal (arts. 22 e 23).

9.4.3 Responsabilidade penal

Considerando a essencialidade dos bens jurídicos protegidos, a Lei nº 11.105/2005 contém tipos penais que salvaguardam preceitos jurídico-valorativos definidos pela política de biossegurança nacional.

Dessa forma, a conduta de utilizar embrião humano em desacordo com o que dispõe o artigo 5º desta lei é reprimida com a pena de detenção de um a três anos e multa (art. 24). O ato de praticar engenharia genética em célula germinal humana, zigoto humano ou embrião humano é sancionado com pena de reclusão de um a quatro anos e multa (art. 25). Se o agente liberar ou descartar OGM no meio ambiente, em desacordo com as normas estabelecidas pela CTNBio e pelos órgãos e entidades de registro e fiscalização, sujeita-se à pena de reclusão de um a quatro anos e multa. Nesse caso, agrava-se a pena: I – de 1/6 (um sexto) a 1/3 (um terço), se resultar dano à propriedade alheia; II – de 1/3 (um terço) até a metade, se resultar dano ao meio ambiente; III – da metade até 2/3 (dois terços), se resultar lesão corporal de natureza grave em outrem; IV – de 2/3 (dois terços) até o dobro, se resultar a morte de outrem (art. 27).

Ademais, o ato de utilizar, comercializar, registrar, patentear e licenciar tecnologias genéticas de restrição do uso é sancionado com pena de reclusão de dois a cinco anos e multa (art. 28). Por último, a conduta de produzir, armazenar, transportar, comercializar, importar ou exportar OGM ou seus derivados, sem autorização ou em desacordo com as normas estabelecidas pela CTNBio e pelos órgãos e entidades de registro e fiscalização sujeita o agente à pena de reclusão de um a dois anos de reclusão e multa (art. 29).

9.5 NORMAS INTERNACIONAIS

9.5.1 Convenção sobre Diversidade Biológica

A Convenção sobre Diversidade Biológica (CDB), assinada durante a Conferência das Nações Unidas sobre Meio Ambiente e Desenvolvimento, realizada na cidade do Rio

CAPÍTULO 9 • DOMÍNIO PÚBLICO GENÉTICO **435**

de Janeiro, no período de 5 a 14 de junho de 1992, foi aprovada pelo Decreto Legislativo nº 2 de 1994 e promulgada pelo Decreto Presidencial nº 2.519 de 1998.

Os objetivos da Convenção, a serem cumpridos de acordo com as disposições pertinentes, são a conservação da diversidade biológica, a utilização sustentável de seus componentes e a repartição justa e equitativa dos benefícios derivados da utilização dos recursos genéticos, mediante, inclusive, o acesso adequado aos recursos genéticos e a transferência adequada de tecnologias pertinentes, levando em conta todos os direitos sobre tais recursos e tecnologias, e mediante financiamento adequado (art. 1º).

Os Estados, em conformidade com a Carta das Nações Unidas e com os princípios de Direito internacional, têm o direito soberano de explorar seus próprios recursos segundo suas políticas ambientais, e a responsabilidade de assegurar que atividades sob sua jurisdição ou controle não causem dano ao meio ambiente de outros Estados ou de áreas além dos limites da jurisdição nacional (art. 3º).

Sujeito aos direitos de outros Estados, as disposições da Convenção aplicam-se em relação a cada Parte Contratante: a – no caso de componentes da diversidade biológica, nas áreas dentro dos limites de sua jurisdição nacional; e b – no caso de processos e atividades realizadas sob sua jurisdição ou controle, independentemente de onde ocorram seus efeitos, dentro da área de sua jurisdição nacional ou além dos limites da jurisdição nacional (art. 4º).

Cada Parte Contratante deve, na medida do possível e conforme o caso, cooperar com outras Partes Contratantes, diretamente ou, quando apropriado, mediante organizações internacionais competentes, no que respeita a áreas além da jurisdição nacional e em outros assuntos de mútuo interesse, para a conservação e a utilização sustentável da diversidade biológica (art. 5º). Além disso, Cada Parte Contratante deve, de acordo com suas próprias condições e capacidades: a) Desenvolver estratégias, planos ou programas para a conservação e a utilização sustentável da diversidade biológica ou adaptar para esse fim estratégias, planos ou programas existentes que devem refletir, entre outros aspectos, as medidas estabelecidas nesta Convenção concernentes à Parte interessada; e b) integrar, na medida do possível e conforme o caso, a conservação e a utilização sustentável da diversidade biológica em planos, programas e políticas setoriais ou intersetoriais pertinentes (art. 6º).

Os Estados devem promover a identificação e monitoramento do patrimônio genético. Cada Parte Contratante deve, na medida do possível e conforme o caso: a) Identificar componentes da diversidade biológica importantes para sua conservação e sua utilização sustentável, levando em conta a lista indicativa de categorias constante no anexo I; b) Monitorar, por meio de levantamento de amostras e outras técnicas, os componentes da diversidade biológica identificados em conformidade com a alínea (a) acima, prestando especial atenção aos que requeiram urgentemente medidas de conservação e aos que ofereçam o maior potencial de utilização sustentável; c) Identificar processos e categorias de atividades que tenham ou possam ter sensíveis efeitos negativos na conservação e na utilização sustentável da diversidade biológica, e monitorar seus efeitos por meio de levantamento de amostras e outras técnicas; e d) Manter e organizar, por qualquer sistema, dados derivados de atividades de identificação e monitoramento (art. 7º).

A Convenção propugna a utilização sustentável dos componentes da Diversidade Biológica, a fim de manter a existência dos recursos. Assim, cada Parte Contratante deve, na medida do possível e conforme o caso: a) Incorporar o exame da conservação e utilização sustentável de recursos biológicos no processo decisório nacional; b) Adotar medidas relacionadas à utilização de recursos biológicos para evitar ou minimizar impactos negativos na diversidade biológica; c) Proteger e encorajar a utilização costumeira de recursos biológicos de acordo com práticas culturais tradicionais compatíveis com as exigências de conservação ou utilização sustentável; d) Apoiar populações locais na elaboração e aplicação de medidas corretivas em áreas degradadas onde a diversidade biológica tenha sido reduzida; e e) Estimular a cooperação entre suas autoridades governamentais e seu setor privado na elaboração de métodos de utilização sustentável de recursos biológicos (art. 10).

A conservação da biodiversidade deve ser incentivada com o uso de instrumentos econômicos e sociais. Dessa forma, cada Parte Contratante deve, na medida do possível e conforme o caso, adotar medidas econômica e socialmente racionais que sirvam de incentivo à conservação e utilização sustentável de componentes da diversidade biológica (art. 11).

A Convenção dispõe sobre a pesquisa, treinamento, educação e conscientização pública, objetivando-se promover a conservação da biodiversidade. Ademais, deve, na medida do possível: a) Estabelecer procedimentos adequados que exijam a avaliação de impacto ambiental de seus projetos propostos que possam ter sensíveis efeitos negativos na diversidade biológica, a fim de evitar ou minimizar tais efeitos e, conforme o caso, permitir a participação pública nesses procedimentos; b) Tomar providências adequadas para assegurar que sejam devidamente levadas em conta as consequências ambientais de seus programas e políticas que possam ter sensíveis efeitos negativos na diversidade biológica; c) Promover, com base em reciprocidade, notificação, intercâmbio de informação e consulta sobre atividades sob sua jurisdição ou controle que possam ter sensíveis efeitos negativos na diversidade biológica de outros Estados ou áreas além dos limites da jurisdição nacional, estimulando-se a adoção de acordos bilaterais, regionais ou multilaterais, conforme o caso; d) Notificar imediatamente, no caso em que se originem sob sua jurisdição ou controle, perigo ou dano iminente ou grave à diversidade biológica em área sob jurisdição de outros Estados ou em áreas além dos limites da jurisdição nacional, os Estados que possam ser afetados por esse perigo ou dano, assim como tomar medidas para prevenir ou minimizar esse perigo ou dano; e e) Estimular providências nacionais sobre medidas de emergência para o caso de atividades ou acontecimentos de origem natural ou outra que representem perigo grave e iminente à diversidade biológica e promover a cooperação internacional para

CAPÍTULO 9 • DOMÍNIO PÚBLICO GENÉTICO   **437**

complementar tais esforços nacionais e, conforme o caso e em acordo com os Estados ou organizações regionais de integração econômica interessados, estabelecer planos conjuntos de contingência (art. 14).

Outrossim, a Convenção estabelece preceitos sobre o acesso aos recursos genéticos, o acesso à tecnologia e transferência de tecnologia, intercâmbio de informações, cooperação técnica e científica, gestão da biotecnologia e distribuição de seus benefícios, recursos financeiros, mecanismos financeiros etc. (arts. 15, 16, 17, 18, 19, 20, 21)[7].

9.5.2   Protocolo de Cartagena

O Protocolo de Cartagena foi aprovado por meio do Decreto Legislativo nº 908 de 21 de novembro de 2003 e promulgado pelo Decreto Presidencial nº 5.705 de 16 de novembro de 2006.

Conforme o Ministério do Meio Ambiente, "em 29 de janeiro de 2000, a Conferência das Partes da Convenção sobre Diversidade Biológica (CDB) adotou seu primeiro acordo suplementar conhecido como Protocolo de Cartagena sobre Biossegurança. Este Protocolo visa assegurar um nível adequado de proteção no campo da transferência, da manipulação e do uso seguros dos organismos vivos modificados (OVMs) resultantes da biotecnologia moderna que possam ter efeitos adversos na conservação e no uso sustentável da diversidade biológica, levando em conta os riscos para a saúde humana, decorrentes do movimento transfronteiriço. O Protocolo entrou em vigor em 11 de setembro de 2003, noventa dias após a entrega do 50º instrumento de ratificação. Até junho de 2006, 132 instrumentos de ratificação já haviam sido depositados na Secretaria Geral das Nações Unidas".

"A adoção do Protocolo pelos Países-Partes da Convenção constitui-se em um importante passo para a criação de um marco normativo internacional que leva em consideração as necessidades de proteção do meio ambiente e da saúde humana e da promoção do comércio internacional. Cria uma instância internacional para discutir os procedimentos que deverão nortear a introdução de organismos vivos modificados em seus territórios e estabelece procedimento para um acordo de aviso prévio para assegurar que os países tenham as informações necessárias para tomar decisões conscientes antes de aceitarem a importação de organismos geneticamente modificados (OGMs) para seu território.. Neste contexto, cabe salientar que o Protocolo incorpora em artigos operativos o Princípio da Precaução, um dos pilares mais importantes desse instrumento e que deve nortear as ações políticas e administrativas dos governos".

"O Protocolo também estabelece um Mecanismo de Facilitação em Biossegurança (*Biosafety Clearing-House*) para facilitar a troca de informação sobre OGMs e para dar suporte aos países quanto à implementação do Protocolo. Dessa maneira, o Protocolo

---

7.   MMA. Ministério do Meio Ambiente. Secretaria de Biodiversidade e Florestas. *Convenção sobre Diversidade Biológica*. Brasília-DF, 2000. Disponível em: https://www.gov.br/mma/pt-br/textoconvenoportugus.pdf. Acesso em: 12 ago. 2021.

reflete o equilíbrio entre a necessária proteção da biodiversidade e a defesa do fluxo comercial dos OGMs. Será um instrumento essencial para a regulação do comércio internacional de produtos transgênicos em bases seguras. Trata-se, portanto, de um instrumento de direito internacional que tem por objetivo proteger os direitos humanos fundamentais, tais como a saúde humana, a biodiversidade e o equilíbrio ecológico do meio ambiente, sem os quais ficam prejudicados os direitos à dignidade, à qualidade de vida, e à própria vida, direitos consagrados pela Declaração Universal dos Direitos Humanos da Organização das Nações Unidas, de 1948".

Foram realizadas reuniões das Partes do Protocolo de Cartagena sobre Biossegurança. "MOP (*Meeting of Parties*) é a sigla utilizada, no âmbito da CDB, para designar a Reunião das Partes, ou seja, Reunião dos Países Membros do Protocolo de Cartagena sobre Biossegurança. Nessas reuniões, os representantes dos Países Membros analisam documentos e tomam decisões sobre as medidas necessárias à implementação e ao cumprimento do Protocolo. As Partes do Protocolo já se reuniram por três vezes: MOP-1, realizada em Kuala Lampur, Malásia, de 23 a 27 de fevereiro de 2004; MPO-2, realizada em Montreal, Canadá, de 30 de maio a 3 de junho de 2005; MOP-3, realizada no Brasil, Curitiba, de 13 a 17 de março de 2006"[8].

No que concerne ao texto da norma internacional, o Protocolo tem por objetivo contribuir para assegurar um nível adequado de proteção no campo da transferência, da manipulação e do uso seguros dos organismos vivos modificados resultantes da biotecnologia moderna que possam ter efeitos adversos na conservação e no uso sustentável da diversidade biológica, levando em conta os riscos para a saúde humana, e enfocando especificamente os movimentos transfronteiriços (art. 1º).

Cada Parte tomará as medidas jurídicas, administrativas e outras necessárias e apropriadas para implementar suas obrigações no âmbito do presente Protocolo. As Partes velarão para que o desenvolvimento, a manipulação, o transporte, a utilização, a transferência e a liberação de todos organismos vivos modificados se realizem de maneira a evitar ou a reduzir os riscos para a diversidade biológica, levando também em consideração os riscos para a saúde humana. Nada no presente Protocolo afetará de algum modo a soberania dos Estados sobre seu mar territorial estabelecida de acordo com o direito internacional, nem os direitos soberanos e nem a jurisdição que os Estados têm em suas zonas econômicas exclusivas e suas plataformas continentais em virtude do direito internacional, nem o exercício por navios e aeronaves de todos os Estados dos direitos e liberdades de navegação conferidos pelo direito internacional e refletidos nos instrumentos internacionais relevantes (art. 2º, itens 1, 2 e 3).

Nada no presente Protocolo será interpretado de modo a restringir o direito de uma Parte de adotar medidas que sejam mais rigorosas para a conservação e o uso

---

8. MMA. Ministério do Meio Ambiente. *Protocolo de Cartagena sobre Biossegurança*. Disponível em: https://antigo.mma.gov.br/biodiversidade/conven%C3%A7%C3%A3o-da-diversidade-biol%C3%B3gica/protocolo-de-cartagena-sobre-biosseguranca.html. Acesso em: 12 ago. 2021.

sustentável da diversidade biológica que as previstas no presente Protocolo, desde que essas medidas sejam compatíveis com o objetivo e as disposições do presente Protocolo e estejam de acordo com as obrigações dessa Parte no âmbito do direito internacional. As Partes são encorajadas a levar em consideração, conforme o caso, os conhecimentos especializados, os instrumentos disponíveis e os trabalhos realizados nos fóruns internacionais competentes na área dos riscos para a saúde humana (art. 2º, itens 4 e 5).

O Protocolo de Cartagena aplica-se relativamente ao movimento transfronteiriço, ao trânsito, à manipulação e à utilização de todos os organismos vivos modificados que possam ter efeitos adversos na conservação e no uso sustentável da diversidade biológica, levando também em conta os riscos para a saúde humana (art. 4º).

O procedimento de acordo prévio informado aplica-se ao primeiro movimento transfronteiriço intencional de organismos vivos modificados destinados à introdução deliberada no meio ambiente da Parte importadora. Diante disso, a Parte exportadora notificará, ou exigirá que o exportador assegure a notificação por escrito, à autoridade nacional competente da Parte importadora antes do movimento transfronteiriço intencional de um organismo vivo modificado. Parte exportadora assegurará que exista uma determinação legal quanto à precisão das informações fornecidas pelo exportador. A Parte importadora acusará o recebimento da notificação, por escrito, ao notificador no prazo de noventa dias a partir da data do recebimento (arts. 7º, 8º e 9º).

O Protocolo dispõe sobre o procedimento para tomada de decisão. Nessa esteira, a Parte importadora informará, dentro do prazo estabelecido pelo Artigo 9º, o notificador, por escrito, se o movimento transfronteiriço intencional poderá prosseguir: a) unicamente após a Parte importadora haver dado seu consentimento por escrito; ou b) transcorridos ao menos noventa dias sem que se haja recebido um consentimento por escrito. No prazo de duzentos e setenta dias a partir da data do recebimento da notificação, a Parte importadora comunicará, por escrito, ao notificador e ao Mecanismo de Intermediação de Informação sobre Biossegurança a decisão: a) de aprovar a importação, com ou sem condições, inclusive como a decisão será aplicada a importações posteriores do mesmo organismo vivo modificado; b) de proibir a importação; c) de solicitar informações relevantes adicionais de acordo com seu ordenamento jurídico interno ou o Anexo I; ao calcular o prazo para a resposta não será levado em conta o número de dias que a Parte importadora tenha esperado pelas informações relevantes adicionais; ou d) de informar ao notificador que o período especificado no presente parágrafo seja prorrogado por um período de tempo determinado (art. 10, itens 1, 2 e 3)

A ausência da comunicação pela Parte importadora da sua decisão no prazo de duzentos e setenta dias a partir da data de recebimento da notificação não implicará seu consentimento a um movimento transfronteiriço intencional. A ausência de certeza científica devida à insuficiência das informações e dos conhecimentos científicos relevantes sobre a dimensão dos efeitos adversos potenciais de um organismo vivo modificado na conservação e no uso sustentável da diversidade biológica na Parte importadora, levando também em conta os riscos para a saúde humana, não impedirá esta Parte, a fim de evitar ou minimizar esses efeitos adversos potenciais, de tomar uma decisão, conforme o caso, sobre a importação do organismo vivo modificado em questão (art. 10, itens 5 e 6).

Uma Parte que tenha tomado uma decisão definitiva em relação ao uso interno, inclusive sua colocação no mercado, de um organismo vivo modificado que possa ser objeto de um movimento transfronteiriço para o uso direto como alimento humano ou animal ou ao beneficiamento, informa-la-á às Partes, no prazo de quinze dias após tomar essa decisão, por meio do Mecanismo de Intermediação de Informação sobre Biossegurança. Essas informações devem conter dados mínimos especificados no anexo do Protocolo (art. 11).

A norma prevê a figura da revisão das decisões anteriormente adotadas. Por conseguinte, uma Parte importadora poderá, a qualquer momento, à luz de novas informações científicas sobre os efeitos adversos potenciais na conservação e no uso sustentável da diversidade biológica, levando em conta os riscos para a saúde humana, revisar e modificar uma decisão relativa ao movimento transfronteiriço intencional. Nesse caso, a Parte informará, num prazo de trinta dias, todos os notificadores que anteriormente haviam notificado movimentos do organismo vivo modificado referido nessa decisão, bem como o Mecanismo de Intermediação de Informações sobre Biossegurança, e especificará as razões de sua decisão (art. 12).

Como forma de facilitar o intercâmbio de informações, é possível a realização de acordos e ajustes bilaterais, regionais e multilaterais. Isto é, as Partes poderão concluir acordos e ajustes bilaterais, regionais e multilaterais sobre movimentos transfronteiriços intencionais de organismos vivos modificados, compatíveis com o objetivo do presente Protocolo e desde que esses acordos e ajustes não resultem em um nível de proteção inferior àquele provido pelo Protocolo (art. 14).

O Protocolo propugna o estabelecimento da avaliação de risco e o manejo de riscos, bem como medidas de emergência decorrente da movimentação transfronteiriça não intencional. Assim, Cada Parte tomará medidas apropriadas para notificar os Estados afetados ou potencialmente afetados, o Mecanismo de Intermediação de Informação sobre Biossegurança e, conforme o caso, as organizações internacionais relevantes, quando tiver conhecimento de uma ocorrência dentro de sua jurisdição que tenha resultado na liberação que conduza, ou possa conduzir, a um movimento transfronteiriço não intencional de um organismo vivo modificado que seja provável que tenha efeitos adversos significativos na conservação e no uso sustentável da diversidade biológica, levando também em conta os riscos para a saúde humana nesses Estados. A notificação será fornecida tão logo a Parte tenha conhecimento dessa situação. Cada Parte comunicará, no mais tardar na data de entrada em vigor do presente Protocolo para ela, ao Mecanismo de Intermediação de Informação sobre Biossegurança os detalhes relevantes sobre seu ponto de contato para os propósitos de recebimento das notificações (art. 17, itens 1 e 2).

CAPÍTULO 9 • DOMÍNIO PÚBLICO GENÉTICO **441**

Toda notificação emitida de acordo com a disposição acima, deverá incluir: a – as informações disponíveis relevantes sobre as quantidades estimadas e características e/ ou traços relevantes do organismo vivo modificado; b – as informações sobre as circunstâncias e data estimada da liberação, assim como sobre o uso do organismo vivo modificado na Parte de origem; c – todas informações disponíveis sobre os possíveis efeitos adversos na conservação e no uso sustentável da diversidade biológica, levando também em conta os riscos para a saúde humana, bem como as informações disponíveis sobre possíveis medidas de manejo de risco; d – qualquer outra informação relevante; e e – um ponto de contato para maiores informações (art. 17, item 3 e 4).

A fim de minimizar qualquer efeito adverso na conservação e no uso sustentável da diversidade biológica, levando também em conta os riscos para a saúde humana, cada Parte em cuja jurisdição tenha ocorrido a liberação do organismo vivo modificado referida pelo parágrafo 1º acima consultará imediatamente os Estados afetados ou potencialmente afetados para lhes permitir determinar as intervenções apropriadas e dar início às ações necessárias, inclusive medidas de emergência (art. 17, item 4).

Outrossim, a norma internacional trata da manipulação, transporte, embalagem e identificação do organismo vivo modificado resultante da biotecnologia moderna. Como forma de evitar os efeitos adversos na conservação e no uso sustentável da diversidade biológica, levando também em conta os riscos para a saúde humana, cada Parte tomará as medidas necessárias para exigir que todos os organismos vivos modificados objetos de um movimento transfronteiriço intencional no âmbito do presente Protocolo sejam manipulados, embalados e transportados sob condições de segurança, levando em consideração as regras e normas internacionais relevantes (art. 18, item 1).

Portanto, cada Parte tomará medidas para exigir que a documentação que acompanhe: a) os organismos vivos modificados destinados para usos de alimento humano ou animal ou ao beneficiamento identifique claramente que esses "podem conter" organismos vivos modificados e que não estão destinados à introdução intencional no meio ambiente, bem como um ponto de contato para maiores informações. A Conferência das Partes atuando na qualidade de reunião das Partes do presente Protocolo tomará uma decisão sobre as exigências detalhadas para essa finalidade, inclusive especificação sobre sua identidade e qualquer identificador único, no mais tardar dois anos após a entrada em vigor do presente Protocolo; b) os organismos vivos modificados destinados ao uso em contenção os identifique claramente como organismos vivos modificados; e especifique todas as exigências para a segura manipulação, armazenamento, transporte e uso desses organismos, bem como o ponto de contato para maiores informações, incluindo o nome e endereço do indivíduo e da instituição para os quais os organismos vivos modificados estão consignados; e c) os organismos vivos modificados que sejam destinados para a introdução intencional no meio ambiente da Parte importadora e quaisquer outros organismos vivos modificados no âmbito do Protocolo, os identifique claramente como organismos vivos modificados; especifique sua identidade e seus traços e/ou características relevantes, todas as exigências para a segura manipulação, armazenamento, transporte e uso; e indique o ponto de contato para maiores informações e, conforme o caso, o nome e endereço do importador e do exportador; e que contenha uma declaração de que o movimento esteja em conformidade com as exigências do presente Protocolo aplicáveis ao exportador (art. 18, item 2).

As Partes: a) promoverão e facilitarão a conscientização, educação e participação públicas a respeito da transferência, da manipulação e do uso seguros dos organismos vivos modificados em relação à conservação e ao uso sustentável da diversidade biológica, levando também em conta os riscos para a saúde humana. Ao fazê-lo, as Partes cooperarão, conforme o caso, com outros Estados e órgãos internacionais; b) procurarão assegurar que a conscientização e educação do público incluam acesso à informação sobre os organismos vivos modificados identificados de acordo com o presente Protocolo que possam ser importados. Ademais, de acordo com suas respectivas leis e regulamentos, as Partes consultarão o público durante o processo de tomada de decisão sobre os organismos vivos modificados e tornarão públicos os resultados dessas decisões, respeitando as informações confidenciais prevista neste Protocolo. Cada Parte velará para que seu público conheça os meios de ter acesso ao Mecanismo de Intermediação de Informação sobre Biossegurança (art. 23).

Por fim, o Protocolo dispõe sobre movimentos transfronteiriços ilícitos, considerações socioeconômicas, responsabilidade e compensação, mecanismos e recursos financeiros, monitoramento e informes etc.[9].

9.5.3 Protocolo de Nagoya

O Protocolo de Nagoya, aprovado pelo Decreto Legislativo nº 136 de 11 de agosto de 2020, é um dos instrumentos internacionais que tratam da Convenção sobre Diversidade Biológica, que tem por objetivo viabilizar a repartição justa e equitativa dos benefícios provenientes da utilização dos recursos genéticos da biodiversidade e do conhecimento tradicional associado. De acordo com o Ministério da Agricultura, Pecuária e Abastecimento: "O Brasil possui um papel essencial nas negociações da CDB e do Protocolo de Nagoia devido à sua pujante atividade agrícola, porém dependente de recursos genéticos exóticos mas, também, por ser um dos países com maior diversidade biológica no planeta, sendo um dos principais protagonistas nas discussões internacionais sobre o uso sustentável e conservação da biodiversidade e repartição de benefícios advindos desta utilização".

"A ratificação do Protocolo, pelo Brasil, vem sendo debatida pela Câmara dos Deputados e pelo setor produtivo, e algumas análises preliminares denotam preocupação quanto às obrigações decorrentes do acesso e repartição de benefícios pelo uso dos Recursos Genéticos para Agricultura e Alimentação – RGAA no país. Dessa forma, defende-se o direito de tratamento diferenciado para a utilização dos RGAA, tendo como

---

9. BRASIL. Decreto nº 5.705 de 2006. *Protocolo de Cartagena sobre Biossegurança da Convenção sobre Diversidade Biológica*. Disponível em: http://www.planalto.gov.br/ccivil_03/_ato2004-2006/2006/decreto/d5705.htm. Acesso em: 12 ago. 2021.

CAPÍTULO 9 • DOMÍNIO PÚBLICO GENÉTICO **443**

modelo a Lei de Biodiversidade brasileira (Lei nº 13.123, de 2015). Entre as competências da CGTG, está a de dar suporte técnico às discussões internacionais relacionadas ao uso sustentável e conservação de Recursos Genéticos para a Alimentação e Agricultura, no âmbito da FAO e da CDB, incluindo as discussões em andamento sobre a ratificação do Protocolo de Nagoia. Com este propósito, foi criado, pela Portaria MAPA nº 104/20, Grupo de Trabalho Técnico sobre o Protocolo de Nagoia, para discutir com os setores que compõem o agronegócio, a sociedade civil e instituições públicas e privadas que tratam da pesquisa agropecuária com recursos genéticos no país, de forma a identificar possíveis impactos ao agronegócio e à pesquisa agropecuária e propor as condições da ratificação brasileira, levando em consideração os pontos de vista dos diferentes setores afetados pelos impactos da ratificação de Nagoia"[10].

Conforme comunicado pelo Ministério das Relações Exteriores, o Brasil depositou em 04 de março de 2021, na Organização das Nações Unidas, "a carta de ratificação do Protocolo de Nagoia sobre Acesso e Repartição de Benefícios da Convenção de Diversidade Biológica (CDB), assinada pelo senhor presidente da República, Jair Bolsonaro. A entrega da carta de ratificação encerra processo de debates que se estendia há anos no âmbito do Governo Federal e do Poder Legislativo. O engajamento do governo e o compromisso estabelecido entre representações do agronegócio e da área ambiental propiciaram a conclusão do processo de ratificação. O Protocolo de Nagoia é um instrumento internacional que busca dar concretude ao pilar menos desenvolvido da CDB: o princípio do acesso aos recursos genéticos e a respectiva repartição dos benefícios oriundos do uso desses recursos".

"O Brasil poderá participar das deliberações futuras no âmbito do Protocolo, que ocorrerão já a partir da próxima Conferência das Partes da CDB, na qualidade de país que dispõe de legislação avançada sobre biodiversidade e repartição de benefícios e que conta com um sctor agropecuário moderno e com inestimáveis recursos genéticos derivados de seu patrimônio ambiental. A adesão do Brasil ao Protocolo de Nagoia contribuirá para trazer segurança jurídica aos usuários e fornecedores de material genético e poderá desempenhar papel importante no processo de valorização dos ativos ambientais brasileiros, sobretudo no âmbito do pagamento por serviços ambientais e no desenvolvimento da bioeconomia. O Brasil reafirma seu compromisso com o desenvolvimento sustentável e seu engajamento com o sistema multilateral, ao mesmo tempo em que persegue sua autonomia tecnológica e econômica e o fortalecimento da soberania sobre os recursos naturais em seu território"[11].

---

10. MAPA. Ministério da Agricultura, Pecuária e Abastecimento. Governo Federal. *Protocolo de Nagoia*. Convenção de Diversidade Biológica – CDB. Disponível em: https://www.gov.br/agricultura/pt-br/assuntos/sustentabilidade/recursos-geneticos-1/protocolodenagoia. Acesso em: 12 ago. 2021.

11. MRE. Ministério das Relações Exteriores. *Brasil passa a fazer parte do Protocolo de Nagoia* – Nota conjunta do Ministério das Relações Exteriores e do Ministério do Meio Ambiente. Publicado em: 04.03.2021 20h04. Disponível em: https://www.gov.br/mre/pt-br/canais_atendimento/imprensa/notas-a-imprensa/brasil-passa-a-fazer-parte-do-protocolo-de-nagoia-nota-conjunta-do-ministerio-das-relacoes-exteriores-e-do-ministerio-do-meio-ambiente. Acesso em: 12 ago. 2021.

Nos termos da norma internacional, o Protocolo tem por objetivo promover a distribuição justa e equitativa o de repartição justa e equitativa dos benefícios decorrentes da utilização de recursos genéticos, incluindo por meio do acesso a recursos genéticos e pela transferência de tecnologias relevantes, levando-se em conta todos os direitos sobre esses recursos e tecnologias, e pelo financiamento adequado, contribuindo dessa forma para a conservação da diversidade biológica e o uso sustentável de seus componentes (art. 1º).

Com relação aos acordos e instrumentos entre Estados, as disposições do Protocolo não afetarão direitos e obrigações de qualquer Parte derivados de qualquer acordo internacional existente, exceto quando o exercício desses direitos e obrigações venham a causar um dano ou ameaça sérios à diversidade biológica. Esse preceito não pretende criar hierarquia entre o Protocolo e outros instrumentos internacionais. Sem embargo, nada no Protocolo impede as Partes de desenvolverem ou implementarem outros acordos internacionais relevantes, incluindo outros acordos especializados sobre acesso e repartição de benefício, desde que estes reforcem e não sejam contrários aos objetivos da Convenção e deste protocolo. O Protocolo de Nagoia deve ser implementado de maneira mutuamente reforçadora com relação a outros instrumentos internacionais relevantes para o Protocolo (art. 4º).

Os benefícios decorrentes da utilização de recursos genéticos bem como aplicações subsequentes e comercialização serão repartidos de modo justo e equitativo com a Parte provedora desse recurso que seja país de origem do recurso ou uma Parte que tenha adquirido o recurso genético em conformidade com a Convenção. Essa repartição deve ser efetuada segundo termos mutuamente acordados (art. 5º, item 1).

Para tanto, cada Parte deve tomar medidas legislativas, administrativas e de política, conforme adequado, com o objetivo de assegurar que os benefícios decorrentes da utilização de recursos genéticos de que são detentores comunidades indígenas ou locais, conforme a legislação nacional sobre os direitos estabelecidos dessas comunidades indígenas e locais sobre esses recursos genéticos, sejam repartidos de modo justo e equitativo com as comunidades envolvidas, com base em termos mutuamente acordados (art. 5º, item 2).

Relativamente ao acesso dos recursos genéticos, no exercício de seus direitos soberanos sobre recursos naturais e sujeito à legislação ou requisitos legais domésticos sobre acesso e repartição de benefícios, o acesso a recursos genéticos para sua utilização será sujeito a consentimento prévio informado da Parte provedora de tais recursos que seja país de origem do recurso ou uma Parte que tenha adquirido o recurso genético em conformidade com a Convenção, a não ser que seja determinado de outra forma por essa Parte. Em conformidade com a legislação doméstica, cada parte tomará medidas, conforme adequado, com o objetivo de assegurar que seja obtido o consentimento prévio informado ou a aprovação e o envolvimento de comunidades indígenas e locais para acesso aos recursos genéticos, quando o direito de conceder acesso a tais recursos lhes tenha sido estabelecido (art. 6º, item 1 e 2).

Ademais, no desenvolvimento e implementação de sua legislação ou requisitos regulatórios sobre acesso e repartição de benefícios, cada Parte deve: (a) Criar condições para promover ou encorajar pesquisa que contribua para a conservação e uso sustentável da diversidade biológica, particularmente nos países em desenvolvimento, incluindo por meio de medidas simplificadas de acesso para finalidades de pesquisa não comercial, levando em consideração a necessidade de mudança de intenção para essa pesquisa; (b) Dar a devida atenção a casos de emergências existentes ou iminentes que ameacem ou causem dano à saúde humana, animal e vegetal, conforme determinado nacionalmente ou internacionalmente. As Partes podem levar em consideração a necessidade de acesso rápido a recursos genéticos e de repartição rápida, justa e equitativa de benefícios decorrentes do uso de tais recursos genéticos, incluindo acesso a tratamentos para os que deles necessitarem, especialmente nos países em desenvolvimento; (c) considerar a importância de recursos genéticos para alimentação e agricultura e seu papel especial para a segurança alimentar (art. 8º).

As Partes considerarão a necessidade e as modalidades de um mecanismo global de repartição de benefícios para tratar da repartição justa e equitativa de benefícios decorrentes do uso de tais recursos genéticos e do conhecimento tradicional associado aos recursos genéticos que ocorram em condições transfronteiriças ou para as quais não seja possível conceder ou obter consentimento prévio informado. Os benefícios repartidos pelos usuários de recursos genéticos e conhecimento tradicional associado a recursos genéticos por meio desse mecanismo serão usados para apoiar a conservação da biodiversidade e o uso sustentável de seus componentes em escala global (art. 10).

O Protocolo prevê a cooperação transfronteiriça. Desse modo, em situações em que os mesmos recursos genéticos sejam encontrados *in situ* no território de mais de uma Parte, estas Partes devem cooperar, conforme adequado, com o envolvimento das respectivas comunidades indígenas e locais. Onde o mesmo conhecimento tradicional associado a recursos genéticos é compartilhado por uma ou mais comunidades indígenas e locais em diferentes Partes, essas Partes devem cooperar conforme adequado, com o envolvimento das respectivas comunidades indígenas e locais com vistas à implementação do dispositivo internacional (art. 11).

Por fim, a norma trata ainda da criação de base de dados sobre acesso e repartição de benefícios e o intercâmbio de informações; cumprimento da legislação e requisitos regulatórios domésticos sobre o acesso e repartição de benefícios; monitoramento da utilização de recursos genéticos; mecanismos de cumprimento dos termos mutuamente acordados; propõe a adoção de modelos de cláusulas contratuais; a formulação de códigos de conduta, diretrizes, conscientização, capacitação; transferência de tecnologia, colaboração e cooperação etc.[12].

---

12. IPHAN. Instituto do Patrimônio Histórico e Artístico Nacional. *Protocolo de Nagoia*. Disponível em: http://portal.iphan.gov.br/uploads/ckfinder/arquivos/Protocolo_de_nagoia.pdf. Acesso em: 12 ago. 2021.

9.5.4 Protocolo de Nagoya-Kuala Lumpur

Adotado em 15 de outubro de 2010, o Protocolo de Nagoya-Kuala Lumpur trata acerca da responsabilidade e compensação suplementar ao Protocolo de Cartagena sobre a segurança biotecnológica. Tem por objetivo contribuir na conservação e utilização sustentável da diversidade biológica, levando em consideração os riscos para a saúde humana.

O Protocolo de Nagoya-Kuala Lumpur estipula que os Estados devem exigir dos operadores que adotem medidas de resposta em caso de danos resultantes de organismos vivos modificados que se originaram de um movimento transfronteiriço. Medidas de resposta devem ser adotadas se houver probabilidade de produção de danos se não forem adotadas respostas oportunas. As medidas de resposta são ações preventivas destinadas a evitar a causação do dano, reduzir ao mínimo os efeitos maléficos e restaurar a diversidade biológica. O vocábulo "dano" pode ser definido como "um efeito adverso à conservação e utilização sustentável da diversidade biológica, que pode medir-se ou de qualquer outro modo ser observado, e que seja significativo, considerando também os riscos para a saúde humana".

Além de impor um requisito para as medidas de resposta, este Protocolo Suplementar obriga as partes a continuar aplicando a legislação geral existente em seu território sobre a responsabilidade civil ou a elaborar uma legislação específica concernente à responsabilidade e à compensação de danos materiais ou pessoais relacionados a esse dano[13].

Por último, registre-se que as Partes podem prever, em sua legislação nacional, exceções à responsabilidade se o dano decorrer de caso fortuito, força maior, ato de guerra ou distúrbio civil, bem como outras exceções ou circunstâncias atenuantes que considerar apropriadas (art. 6º). Igualmente, os Estados podem dispor, em sua legislação nacional, sobre os prazos limite no tratamento da matéria, de natureza relativa ou absoluta, inclusive para exigir medidas de resposta (prescrição)[14].

9.6 JURISPRUDÊNCIA

Estado – Laicidade. O Brasil é uma república laica, surgindo absolutamente neutro quanto às religiões. Considerações. Feto anencéfalo – Interrupção da gravidez – Mulher – Liberdade sexual e reprodutiva – Saúde – Dignidade – Autodeterminação – Direitos fundamentais – Crime – Inexistência. Mostra-se inconstitucional interpretação de a interrupção da gravidez de feto anencéfalo ser conduta tipificada nos artigos 124, 126 e 128, incisos I e II, do Código Penal. (STF – ADPF 54 – Órgão julgador: Tribunal Pleno – Relator(a): Min. Marco Aurélio – Julgamento: 12.04.2012 – Publicação: 30.04.2013).

---

13. ONU. Programa de las Naciones Unidas para el Medio Ambiente. *Convenio sobre la Diversidad Biológica.* Disponível em: https://www.cbd.int/doc/press/2018/pr-2018-03-05-nklsp-es.pdf. Acesso em: 13 ago. 2021.
14. ONU. Secretaría del Convenio sobre la Diversidad Biológica. *Protocolo de Nagoya - Kuala Lumpur.* Disponível em: https://www.wipo.int/edocs/lexdocs/treaties/es/cbd-sp/trt_cbd_sp.pdf. Acesso em: 13 ago. 2021.

CAPÍTULO 9 • DOMÍNIO PÚBLICO GENÉTICO

Constitucional. Ação direta de inconstitucionalidade. Lei de biossegurança. Impugnação em bloco do art. 5º da Lei nº 11.105, de 24 de março de 2005 (Lei de Biossegurança). pesquisas com células-tronco embrionárias. inexistência de violação do direito à vida. Constitucionalidade do uso de células-tronco embrionárias em pesquisas científicas para fins terapêuticos. descaracterização do aborto. normas constitucionais conformadoras do direito fundamental a uma vida digna, que passa pelo direito à saúde e ao planejamento familiar. descabimento de utilização da técnica de interpretação conforme para aditar à lei de biossegurança controles desnecessários que implicam restrições às pesquisas e terapias por ela visadas. improcedência total da ação. i – o conhecimento científico, a conceituação jurídica de células-tronco embrionárias e seus reflexos no controle de constitucionalidade da lei de biossegurança. As "células-tronco embrionárias" são células contidas num agrupamento de outras, encontradiças em cada embrião humano de até 14 dias (outros cientistas reduzem esse tempo para a fase de blastocisto, ocorrente em torno de 5 dias depois da fecundação de um óvulo feminino por um espermatozoide masculino). Embriões a que se chega por efeito de manipulação humana em ambiente extracorpóreo, porquanto produzidos laboratorialmente ou "in vitro", e não espontaneamente ou "in vida". Não cabe ao Supremo Tribunal Federal decidir sobre qual das duas formas de pesquisa básica é a mais promissora: a pesquisa com células-tronco adultas e aquela incidente sobre células-tronco embrionárias. A certeza científico-tecnológica está em que um tipo de pesquisa não invalida o outro, pois ambos são mutuamente complementares. II – Legitimidade das pesquisas com células-tronco embrionárias para fins terapêuticos e o constitucionalismo fraternal. A pesquisa científica com células-tronco embrionárias, autorizada pela Lei nº 11.105/2005, objetiva o enfrentamento e cura de patologias e traumatismos que severamente limitam, atormentam, infelicitam, desesperam e não raras vezes degradam a vida de expressivo contingente populacional (ilustrativamente, atrofias espinhais progressivas, distrofias musculares, a esclerose múltipla e a lateral amiotrófica, as neuropatias e as doenças do neurônio motor). A escolha feita pela Lei de Biossegurança não significou um desprezo ou desapreço pelo embrião "in vitro", porém uma mais firme disposição para encurtar caminhos que possam levar à superação do infortúnio alheio. Isto no âmbito de um ordenamento constitucional que desde o seu preâmbulo qualifica "a liberdade, a segurança, o bem-estar, o desenvolvimento, a igualdade e a justiça" como valores supremos de uma sociedade mais que tudo "fraterna". O que já significa incorporar o advento do constitucionalismo fraternal às relações humanas, a traduzir verdadeira comunhão de vida ou vida social em clima de transbordante solidariedade em benefício da saúde e contra eventuais tramas do acaso e até dos golpes da própria natureza. Contexto de solidária, compassiva ou fraternal legalidade que, longe de traduzir desprezo ou desrespeito aos congelados embriões "in vitro", significa apreço e reverência a criaturas humanas que sofrem e se desesperam. Inexistência de ofensas ao direito à vida e da dignidade da pessoa humana, pois a pesquisa com células-tronco embrionárias (inviáveis biologicamente ou para os fins a que se destinam) significa a celebração solidária da vida e alento aos que se acham à margem do exercício concreto e inalienável dos direitos à felicidade e do viver com dignidade (Ministro Celso de Mello). III – A proteção constitucional do direito à vida e os direitos infraconstitucionais do embrião pré-implanto. O Magno Texto Federal não dispõe sobre o início da vida humana ou o preciso instante em que ela começa. Não faz de todo e qualquer estádio da vida humana um autonomizado bem jurídico, mas da vida que já é própria de uma concreta pessoa, porque nativiva (teoria "natalista", em contraposição às teorias "concepcionista" ou da "personalidade condicional"). E quando se reporta a "direitos da pessoa humana" e até dos "direitos e garantias individuais" como cláusula pétrea está falando de direitos e garantias do indivíduo-pessoa, que se faz destinatário dos direitos fundamentais "à vida, à liberdade, à igualdade, à segurança e à propriedade", entre outros direitos e garantias igualmente distinguidos com o timbre da fundamentalidade (como direito à saúde e ao planejamento familiar). Mutismo constitucional hermeneuticamente significante de transpasse de poder normativo para a legislação ordinária. A potencialidade de algo para se tornar pessoa humana já é meritória o bastante para acobertá-la, infraconstitucionalmente, contra tentativas levianas ou frívolas de obstar sua natural continuidade fisiológica. Mas as três realidades não se confundem: o embrião é o embrião, o feto é o feto e a pessoa humana é a pessoa humana. Donde não existir pessoa humana embrionária, mas embrião de pessoa humana. O embrião referido na Lei de Biossegurança ("in vitro" apenas) não é uma vida a caminho de outra vida virginalmente nova, porquanto lhe faltam possibilidades de ganhar as primeiras terminações nervosas, sem as quais o ser humano não tem factibilidade como projeto de vida autônoma e irrepetível. O Direito infraconstitucional protege por modo variado cada etapa do desenvolvimento biológico do ser humano. Os momentos da vida humana anteriores ao nascimento devem ser objeto de proteção pelo direito comum. O embrião pré-implanto é um bem a ser protegido, mas não uma pessoa no sentido biográfico a que se refere a Constituição. IV – As pesquisas com células-tronco não caracterizam aborto. matéria estranha à presente ação direta de inconstitucionalidade. É constitucional a proposição de que toda gestação humana principia com um embrião igualmente humano, claro, mas nem todo embrião humano desencadeia uma gestação igualmente humana, em se tratando de experimento "in vitro". Situação em que deixam de coincidir concepção e nascituro, pelo menos enquanto o ovócito (óvulo já fecundado) não for introduzido no colo do útero feminino. O modo de irromper em laboratório e permanecer confinado "in vitro" é, para o embrião, insuscetível de progressão reprodutiva. Isto sem prejuízo do reconhecimento de que o zigoto assim extracorporalmente produzido e também extracorporalmente cultivado e armazenado é entidade embrionária do ser humano. Não, porém, ser humano em estado de embrião. A Lei de Biossegurança não veicula autorização para extirpar do corpo feminino esse ou aquele embrião. Eliminar ou desentranhar esse ou aquele zigoto a caminho do endométrio, ou nele já fixado. Não se cuida de interromper gravidez humana, pois dela aqui não se pode cogitar. A "controvérsia constitucional em exame não guarda qualquer vinculação com o problema do aborto." (Ministro Celso de Mello). V – Os direitos fundamentais à autonomia da vontade, ao planejamento familiar e à maternidade. A decisão por uma descendência ou filiação exprime um tipo de autonomia de vontade individual que a própria Constituição rotula como "direito ao planejamento familiar", fundamentado este nos princípios igualmente constitucionais da "dignidade da pessoa humana" e da "paternidade responsável". A conjugação constitucional da laicidade do Estado e do primado da autonomia da vontade privada, nas palavras do Ministro Joaquim Barbosa. A opção do casal por um processo "in vitro" de fecundação artificial de óvulos é implícito direito de idêntica matriz constitucional, sem acarretar para esse casal o dever jurídico do aproveitamento reprodutivo de todos os embriões eventualmente formados e que se revelem geneticamente viáveis. O princípio fundamental da dignidade da pessoa humana opera por modo binário, o que propicia a base constitucional para um casal de adultos recorrer a técnicas de reprodução assistida que incluam a fertilização artificial ou "in vitro". De uma parte, para aquinhoar o casal com o direito público subjetivo à "liberdade" (preâmbulo da Constituição e seu art. 5º), aqui entendida como autonomia de vontade. De outra banda, para contemplar os porvindouros componentes da unidade familiar, se por eles optar o casal, com planejadas condições de bem-estar e assistência físico-afetiva (art. 226 da CF). Mais exatamente, planejamento familiar que, "fruto da livre decisão do casal", é "fundado nos princípios da dignidade da pessoa humana e da paternidade responsável" (§ 7º desse emblemático artigo constitucional de nº 226). O recurso a processos de fertilização artificial não implica o dever da tentativa de nidação no corpo da mulher de todos os óvulos afinal fecundados. Não existe tal dever (inciso II do art. 5º da CF), porque incompatível com o próprio instituto do "planejamento familiar" na citada perspectiva da "paternidade responsável". Imposição, além do mais, que implicaria tratar o gênero feminino por modo desumano ou degradante, em contrapasso ao direito fundamental que se lê no inciso II do art. 5º da Constituição. Para que ao embrião "in vitro" fosse reconhecido o pleno direito à vida, necessário seria reconhecer a ele o direito a um útero. Proposição não autorizada pela Constituição. VI – Direito à saúde como corolário do direito fundamental à vida digna. O § 4º do art. 199 da Constituição, versante sobre pesquisas com substâncias humanas para fins terapêuticos, faz parte da seção normativa dedicada à "SAÚDE" (Seção II do Capítulo II do Título VIII). Direito à saúde, positivado como um dos primeiros dos direitos sociais de natureza fundamental (art. 6º da CF) e também como o primeiro dos direitos constitutivos da seguridade social (cabeça do artigo constitucional de nº 194). Saúde que é "direito de todos e dever do Estado" (caput do art. 196 da Constituição), garantida mediante ações e serviços de pronto qualificados como "de relevância pública" (parte inicial do art. 197). A Lei de Biossegurança como instrumento de encontro do direito à saúde com a própria Ciência. No caso, ciências médicas, biológicas e correlatas, diretamente postas pela Constituição a serviço desse bem inestimável do indivíduo que é a sua própria higidez físico-mental. VII – O direito constitucional à liberdade de expressão científica e a lei de biossegurança como densificação dessa liberdade. O termo "ciência", enquanto atividade individual, faz parte do catálogo dos direitos fundamentais da pessoa humana (inciso IX do art. 5º da CF). Liberdade de expressão que se afigura como clássico direito constitucional-civil ou genuíno direito de personalidade. Por isso que exigente do máximo de proteção jurídica, até como signo de vida coletiva civilizada. Tão qualificadora do indivíduo e da sociedade é essa vocação para os misteres da Ciência que o Magno Texto Federal abre todo um autonomizado capítulo para prestigiá-la por modo superlativo (capítulo de nº IV do título VIII). A regra de que "O Estado promoverá e incentivará o desenvolvimento científico, a pesquisa e a capacitação tecnológicas" (art. 218, caput) é de logo complementada com o preceito (§ 1º do mesmo art. 218) que autoriza a edição de normas como a constante do art. 5º da Lei de Biossegurança. A compatibilização da liberdade de expressão científica com os deveres estatais de propulsão das ciências que sirvam à melhoria das condições de vida para todos os indivíduos. Assegurada, sempre, a dignidade da pessoa humana, a Constituição Federal dota o bloco normativo posto no art. 5º da Lei 11.105/2005 do necessário fundamento para dele afastar qualquer invalidade jurídica (Ministra Cármen Lúcia). VIII – Suficiência das cautelas e restrições impostas pela lei de biossegurança na condução das pesquisas com células-tronco embrionárias. A Lei de Biossegurança caracteriza-se como regração legal a salvo da mácula do açodamento, da insuficiência protetiva ou do vício da arbitrariedade em matéria tão religiosa, filosófica e eticamente sensível como a da biotecnologia na área da medicina e da genética humana. Trata-se de um conjunto normativo que parte do pressuposto da intrínseca dignidade de toda forma de vida humana, ou que tenha potencialidade para tanto. A Lei de Biossegurança não conceitua as categorias mentais ou entidades biomédicas a que se refere, mas nem por isso impede a facilitada exegese dos seus textos, pois é de se presumir que recepcionou tais categorias e as que lhe são correlatas com o significado que elas portam no âmbito das ciências médicas e biológicas. IX – Improcedência da ação. Afasta-se o uso da técnica de "interpretação conforme" para a feitura de sentença de caráter aditivo que tencione conferir à Lei de Biossegurança exuberância regratória, ou restrições tendentes a inviabilizar as pesquisas com células-tronco embrionárias. Inexistência dos pressupostos para a aplicação da técnica da "interpretação conforme a Constituição", porquanto a norma impugnada não padece de polissemia ou de plurissignificatidade. Ação direta de inconstitucionalidade julgada totalmente improcedente. (STF – ADI 3510 – Órgão julgador: Tribunal Pleno – Relator(a): Min. Ayres Britto – Julgamento: 29.05.2008 – Publicação: 28.05.2010).

Ementa: Alimentos transgênicos. Competência concorrente do estado-membro. Lei estadual que manda observar a legislação federal. 1. Entendimento vencido do Relator de que o diploma legal impugnado não afasta a competência concorrente do Estado-membro para legislar sobre produtos transgênicos, inclusive, ao estabelecer, malgrado superfetação, acerca da obrigatoriedade da observância da legislação federal. 2. Prevalência do voto da maioria que entendeu ser a norma atentatória à autonomia do Estado quando submete, indevidamente, à competência da União, matéria de que pode dispor. Cautelar deferida. (STF – ADI 2303 MC – Órgão julgador: Tribunal Pleno – Relator(a): Min. Maurício Corrêa – Julgamento: 23.11.2000 – Publicação: 05.12.2003).

CAPÍTULO 9 • DOMÍNIO PÚBLICO GENÉTICO | **451**

Pedido de suspensão de medida liminar. Lesão à ordem administrativa não caracterizada. A decisão judicial que dispensa a autorização prévia da Administração Pública para o acesso ao patrimônio genético de cacau manteiga não causa grave lesão à ordem administrativa, especialmente diante da mora, por parte da repartição competente, na apreciação do pedido. Agravo regimental não provido. (STJ – AgRg na SLS 1438/SP – Corte Especial – Rel. Min. Ari Pargendler – Rel. p/ acórdão: Min. Presidente do STJ – Data do Julgamento 24.11.2011 – Data da Publicação/Fonte DJe 29.02.2012).

5. A recorrente impetrou mandado de segurança contra ato do Departamento de Produção Vegetal da Secretaria de Agricultura e Abastecimento/RS, que, em 19 de setembro de 1999, procedeu à interdição de unidade agrícola na qual estavam sendo realizados experimentos científicos com soja transgênica. O motivo da interdição repousa na falta de apresentação do EIA/RIMA ao Poder Executivo Estadual, conforme exige o Decreto 39.314/99, que regulamentou a Lei 9.453/91. 6. A questão controvertida consiste em saber se a interdição realizada pelo recorrido, com fundamento na legislação estadual, encontra respaldo no ordenamento jurídico, considerando-se, especificamente, a disciplina normativa federal à luz do regime da competência legislativa concorrente previsto na Constituição da República. 7. Constitui competência material concorrente da União, Estados e Distrito Federal legislar sobre proteção do meio ambiente, reservando-se ao legislador federal a edição de normas gerais, o que, todavia, não afasta a competência suplementar dos Estados. A inexistência de lei federal sobre normas gerais autoriza o exercício da competência legislativa plena pelos Estados e Distrito Federal. Contudo, a superveniência daquela suspende a eficácia da lei local anterior, naquilo que com ela for incompatível. 8. Ao tempo do ato de interdição, competia ao Poder Executivo Federal, por meio da Comissão Técnica Nacional de Biossegurança (CTNBio), vinculada ao Ministério da Ciência e Tecnologia, autorizar, fiscalizar e controlar os trabalhos de pesquisa científica com OGMs, incluindo soja transgênica, bem assim emitir o Certificado de Qualidade em Biossegurança (CQB) e exigir a apresentação do EIA/RIMA quando fosse necessário (Lei 8.974/95, arts. 7º, II, III, IV, VII e IX, e 10; Decreto 1.752/95, arts. 2º, V, XIV, XV, 11 e 12, parágrafo único). 9. Os estudos de impacto ambiental, conquanto previstos na CF/88, são exigidos, na forma da lei, nos casos de significativa degradação ambiental. No sistema normativo infraconstitucional, o EIA e o RIMA não constituem documentos obrigatórios para realização de experimentos com OGMs e derivados, salvo quando, sob o ponto de vista técnico do órgão federal responsável (CTNBio), forem necessários. 10. O Decreto estadual 39.314/99, muito além de extrapolar os limites da Lei estadual 9.453/91 – pois previu exigência não contida naquela (apresentação do EIA/RIMA) – e retroagir para alcançar situação de fato pretérita (trabalho científico em curso), não observou o disposto na legislação federal vigente desde 1995, contrariando-a. Por consequência, resta caracterizada a violação do direito líquido e certo da recorrente, consistente em realizar as pesquisas científicas com soja transgênica em Passo Fundo/RS. 11. A regulamentação das atividades envolvendo OGMs através de lei federal, que define as regras de caráter geral, homenageia o princípio da predominância do interesse, na medida em que o controle e a fiscalização

dessas atividades não se limita ao interesse regional deste ou daquele Estado-membro, mas possui indiscutível alcance nacional. 12. Recurso especial parcialmente conhecido e, nessa parte, parcialmente provido para fins de conceder a segurança e anular o ato de interdição (STJ – RESP nº 592.682/RS – Primeira Turma – Rel. Min. Denise Arruda – Data do Julgamento: 06.12.2006).

Criminal. Conflito de competência. Liberação de organismo geneticamente modificado no meio ambiente. Sementes de soja transgênica. Falta de autorização da CNTBio. Eventuais efeitos ambientais que não se restringem ao âmbito de estados da federação individualmente considerados. Possibilidade de consequências à saúde pública. Interesse da união no controle e regulamentação do manejo de sementes de OGM. Competência da justiça federal. A Comissão Técnica Nacional de Biossegurança (CNTBio) – Órgão diretamente ligado à Presidência da República, destinado a assessorar o governo na elaboração e implementação da Política Nacional de Biossegurança, é a responsável pela autorização do plantio de soja transgênica em território nacional. Cuidando-se de conduta de liberação, no meio ambiente, de organismo geneticamente modificado, sementes de soja transgênica, em desacordo com as normas estabelecidas pelo Órgão competente, caracteriza-se, em tese, o crime descrito no art. 13, inc. V, da Lei de Biossegurança, que regula manipulação de materiais referentes à Biotecnologia e à Engenharia Genética. Os eventuais efeitos ambientais decorrentes da liberação de organismos geneticamente modificados não se restringem ao âmbito dos Estados da Federação em que efetivamente ocorre o plantio ou descarte, sendo que seu uso indiscriminado pode acarretar consequências a direitos difusos, tais como a saúde pública. Evidenciado o interesse da União no controle e regulamentação do manejo de sementes de soja transgênica, inafastável a competência da Justiça Federal para o julgamento do feito. Conflito conhecido para declarar a competência o Juízo Federal da Vara Criminal de Passo Fundo, SJ/RS, o Suscitado. (STJ – CC 41301/RS – Terceira Seção – Rel. Min. Gilson Dipp – Data do Julgamento 12.05.2004 – Data da Publicação/Fonte DJ 17.05.2004 p. 104).

1 – Tendo os denunciados praticado, em tese, crime de liberação, no meio ambiente, de organismos geneticamente modificados – plantação de soja transgênica/safra 2001 (art. 13, V, da Lei nº 8974/95), verifica-se, consoante legislação federal específica, prejuízo à interesses da União, porquanto há reflexos concretos da utilização desta tecnologia de plantio na Política Agrícola Nacional e na Balança Comercial de Exportação de nosso País. 2 – Outrossim, a Lei nº 8.974/95 estabeleceu "normas de segurança e mecanismos de fiscalização no uso das técnicas de engenharia genética na construção, cultivo, manipulação, transporte, comercialização, consumo, liberação e descarte de organismo geneticamente modificado (OGM), visando proteger a vida e a saúde do homem, dos animais e das plantas, bem como o meio ambiente." (art. 1º, do citado diploma legal). No mesmo diapasão, o legislador ordinário federal atribuiu aos órgãos de fiscalização do Ministério da Saúde, do Ministério da Agricultura, do Abastecimento e da Reforma Agrária e do Ministério do Meio Ambiente e da Amazônia Legal, dentro do campo

CAPÍTULO 9 • DOMÍNIO PÚBLICO GENÉTICO **453**

de suas competências, observado o parecer técnico conclusivo da Comissão Técnica Nacional de Biossegurança, órgão consultivo e de assessoramento do Governo Federal, o poder de fiscalizar as empresas, pessoas físicas e instituições que façam uso da biotecnologia dos transgênicos. 3 – Por fim, o Colendo Supremo Tribunal Federal assentou, no tocante a legislação pertinente aos Organismos Geneticamente Modificados, ser a competência dos Estados apenas residual, já que há lei federal expressa (Lei nº 8.974/95) (cf. Tribunal Pleno, Med. Cautelar em ADIN nº 3.035/PR, Rel. Ministro Gilmar Mendes, DJU de 12.03.2004). 4 – Conflito conhecido e provido para declarar competente o D. Juízo Federal da Vara Criminal de Passo Fundo/RS, ora suscitado. (STJ – Terceira Seção – CC 41279/RS – Rel. Min. Jorge Scartezzini – Data do Julgamento – 28.04.2004 – Data da Publicação/Fonte DJ 1º.07.2004, p. 175).

PARTE IV
PROTEÇÃO DOS BENS
DE DOMÍNIO PÚBLICO

Capítulo 1
VIA ADMINISTRATIVA

A via administrativa constitui importante meio de proteção dos bens que compõe a dominialidade estatal. De acordo com Rafael Bielsa, à autoridade administrativa é confiada a proteção jurídica das coisas integrantes do domínio público, sendo assegurado esse dever-poder por diversos meios, inclusive mediante o exercício do poder de polícia, a que se denomina *polícia do domínio público*. Por meio desse poder, exerce-se a regulamentação, ou seja, disciplina-se o uso e gozo das coisas públicas, de modo a impor limitações que lhes são inerentes, a fim de conformar o uso ao seu destino precípuo, sendo matéria afeta ao direito administrativo[1].

Conforme Marienhoff, o Estado não só tem o "direito", mas também o "dever" de velar pela conservação do domínio público. Todo ele constitui o que se denomina tutela ou proteção da dominialidade estatal. Esse dever de tutela das coisas integrantes do domínio público é inescusável, visto que as normas que regulam a atuação do Estado com as coisas sujeitas à dominialidade são baseadas na satisfação do interesse público, de onde toda manifestação dessa atividade administrativa deve destina-se a esse fim. Desse modo, o ordenamento jurídico não pode se esquivar-se de como a Administração atua no círculo de competências a ela reservada, sobretudo na defesa do domínio público. O Estado, como titular das coisas integrantes do domínio público, deve atuar na proteção dos referidos bens, que fazem parte do patrimônio público, de modo a utilizar os meios de tutela existentes no sistema jurídico.

Por conseguinte, as regras administrativas atinentes à tutela ou proteção do domínio público formam parte da *polícia da coisa pública*, que é uma nota característica do regime jurídico da dominialidade. A polícia do domínio público, que é uma manifestação geral do poder geral de polícia do Estado, efetivando-se mediante o poder regulamentar, decisões executórias e medidas de execução. Em outras palavras, o Estado realiza a custódia dos bens componentes do domínio público por meio do poder de polícia, sendo uma expressão do poder administrativo em benefício da sociedade, pois lhe cabe gerir os referidos bens.

O âmbito da tutela ou proteção estatal sobre as coisas do domínio público é amplíssimo, pois compreende as possíveis suposições, eis que se refere a qualquer classe de bens dominiais, qualquer seja sua materialidade, protegendo-se não só a estrutura física dos bens, senão também sua condição jurídica. Por fim, a proteção estatal não só

---

1. BIELSA, Rafael. *Derecho Administrativo*. Cuarta edición. Buenos Aires: El Ateneo, 1947, t. II, p. 449.

contempla na perspectiva do direito administrativo, senão também na ótica do direito civil e do direito penal[2].

1.1 AUTOTUTELA ADMINISTRATIVA

No magistério de Maria Helena Diniz, a *autotutela* é o "poder da Administração Pública, dentro da esfera discricionária, de policiar seus próprios atos administrativos e a utilização dos bens públicos, protegendo a dominialidade pública. Procura na autotutela dos atos administrativos garantir sua eficácia, se perfeitos, recuperá-los, se apresentarem defeito removível (ratificação, reforma ou convenção) ou destruí-los, se forem ilegais (invalidação), inoportunos ou inconvenientes (revogação). Na *autotutela dominial*, age diretamente não só impedindo a degradação dos bens públicos, protegendo-os contra o mau uso, como também valendo-se de ações possessórias e de atos declaratórios de dominialidade (elencos, cadastros, inventários ou delimitações)"[3].

A proteção ou tutela das coisas dominiais está a cargo da Administração Pública, em razão da sua natureza de órgão gestor dos interesses do povo, destinatário do domínio público. Assim, a Administração Pública, no dever de proteger as coisas integrantes do domínio público, possui o poder-dever de atuar por si mesma, em forma direta, na tutela dos bens dominiais para reprimir a conduta ilegítima ou ilegal por parte do administrado, a fim de promover a satisfação do interesse coletivo[4].

Como forma de efetivar essa tutela contra atuação indevida pelos particulares a Administração Pública dispõe de um privilégio excepcional, que é o de proceder diretamente, por si mesma, sem necessidade de recorrer à via judicial. Procede unilateralmente, por força do princípio da autotutela, através das suas próprias resoluções executórias. Isso porque é necessário que a Administração, como representante do interesse geral, possa atuar de *motu proprio*, sem obstáculos, e sem depender do consentimento ou auxílio de outras esferas do poder, pois ela mesmo constitui órgão do Poder Executivo, sendo uma manifestação dele.

É princípio geral em matéria de tutela do domínio público o poder conferido à Administração Pública de atuar por si mesma, sem recorrer à autoridade judicial, sendo um verdadeiro privilégio em favor do Estado. Para tanto, a materialização desse poder requer duas observações: I – é indispensável que o caráter público do bem ou coisa seja inquestionável ou cuja presunção milite a favor do Estado, de modo que não deve existir dúvidas acerca do direito patrimonial e a respectiva titularidade sobre o bem em apreço; II – as ações da Administração estatal devem ser exercidas na tutela dos bens componentes do domínio público, baseadas no poder de polícia, em razão na

---

2. MARIENHOFF, Miguel S. *Tratado del Dominio Público*. Buenos Aires: Tipografica Editora Argentina, 1960, p. 269-271.
3. DINIZ, Maria Helena. *Dicionário jurídico*. São Paulo: Saraiva, 1998, v. 1. p. 354.
4. MARIENHOFF, Miguel S. *Tratado del Dominio Público*. Buenos Aires: Tipografica Editora Argentina, 1960, p. 271-272.

nota característica do regime jurídico da dominialidade. Ou seja, a autotutela é exercida na proteção do domínio público, mas não sobre os bens privados do Estado, pois expressam o domínio privado estatal, sob pena de ilegitimidade e excesso de poder[5].

O poder de autotutela administrativa permite que Administração Pública *anule*, de ofício, atos ilegais (legalidade); bem como *revogue* atos administrativos inconvenientes ou inoportunos (mérito). Vale dizer, podem ser anulados os atos ilegais – por serem contrários ao ordenamento jurídico – ou revogados os que não atenderem ao interesse coletivo na preservação do domínio público – por razões de oportunidade e conveniência.

Registre-se que a revogação ou anulação, decorrente do poder de autotutela administrativa, aplica-se nos atos administrativos relativos aos bens integrantes do domínio público. Todavia, a Administração Pública deve respeitar os direitos adquiridos. Nos termos da Lei que trata do processo administrativo, "a Administração deve anular seus próprios atos, quando eivados de vício de legalidade, e pode revogá-los por motivo de conveniência ou oportunidade, respeitados os direitos adquiridos" (art. 53, Lei nº 9.784/99).

Diante disso, "o direito da Administração de anular os atos administrativos de que decorram efeitos favoráveis para os destinatários decai em cinco anos, contados da data em que foram praticados, salvo comprovada má-fé. No caso de efeitos patrimoniais contínuos, o prazo de decadência contar-se-á da percepção do primeiro pagamento. Considera-se exercício do direito de anular qualquer medida de autoridade administrativa que importe impugnação à validade do ato. Em decisão na qual se evidencie não acarretarem lesão ao interesse público nem prejuízo a terceiros, os atos que apresentarem defeitos sanáveis poderão ser convalidados pela própria Administração" (arts. 54 e 55 da Lei nº 9.784/99).

Por fim, a jurisprudência do Supremo Tribunal Federal é pacífica: "A administração pode anular seus próprios atos, quando eivados de vícios que os tornam ilegais, porque deles não se originam direitos; ou revogá-los, por motivo de conveniência ou oportunidade, respeitados os direitos adquiridos, e ressalvada, em todos os casos, a apreciação judicial". (Súmula 473 STF)

1.2 PODER DE POLÍCIA

Na lição de Otto Mayer, a proteção própria da coisa pública deriva da característica que é a essência do seu conceito, visto que constitui uma manifestação direta da administração pública. Para tanto, a Administração mantém a sua integridade frente aos particulares com a utilização dos recursos inerentes ao Poder Público. "O conjunto

---

5. MARIENHOFF, Miguel S. *Tratado del Dominio Público*. Buenos Aires: Tipografica Editora Argentina, 1960, p. 271-275.

destas medidas cabe dentro da ideia geral de polícia, a qual nesta aplicação especial se chama *polícia da coisa pública*"[6].

Segundo Miguel Marienhoff, o *poder de polícia* constitui um poder regulador do exercício dos direitos e do cumprimento dos deveres constitucionais dos habitantes, tendo como objeto a proteção da segurança, moralidade, salubridade e economia públicas[7]. Na definição de Themistócles Brandão Cavalcanti, o poder de polícia consiste no exercício do poder estatal sobre as pessoas e as coisas, para atender ao interesse público. Nesse conceito se inclui "todas as restrições impostas pelo poder público aos indivíduos, em benefício do interesse coletivo, saúde, ordem pública, segurança, e ainda mais, os interesse econômicos e sociais". Tal poder se justifica em razão de "um dos deveres primordiais do Estado é garantir o exercício de todos os direitos individuais, isto é, aqueles direitos essenciais à vida e inerentes à personalidade humana"[8].

Para Hely Lopes Meirelles, o poder de polícia pode ser definido como "a faculdade de que dispõe a Administração Pública para condicionar e restringir o uso e gozo de bens, atividades e direitos individuais, em benefício da coletividade ou do próprio Estado"[9]. Na lição de Celso Bandeira de Mello, a polícia administrativa é a "atividade da Administração Pública, expressa em atos normativos ou concretos, de condicionar, com fundamento na supremacia geral e na forma da lei, a liberdade e a propriedade dos indivíduos, mediante ação ora fiscalizadora, ora preventiva, ora repressiva, impondo coercitivamente aos particulares um dever de abstenção ('*non facere*') a fim de conformar-lhes os comportamentos aos interesses sociais consagrados no sistema normativo"[10].

Nos termos do Código Tributário Nacional, considera-se poder de polícia atividade da administração pública que, limitando ou disciplinando direito, interesse ou liberdade, regula a prática de ato ou abstenção de fato, em razão de interesse público concernente à segurança, à higiene, à ordem, aos costumes, à disciplina da produção e do mercado, ao exercício de atividades econômicas dependentes de concessão ou autorização do Poder Público, à tranquilidade pública ou ao respeito à propriedade e aos direitos individuais ou coletivos (art. 78).

Assim, o poder de polícia constitui um mecanismo protetor dos bens que integram o domínio público, surgindo a figura da *polícia do domínio público*, sendo esta a atividade administrativa fundada no poder estatal sobre o conjunto de coisas representativas de interesse coletivo, de acordo com a legislação competente, podendo, para tanto,

---

6. MAYER, Otto. *Derecho Administrativo Alemán*. Parte Especial: El derecho público de las cosas. 2. ed. Buenos Aires: Depalma, 1982, t. III, p. 150.
7. MARIENHOFF, Miguel S. *Tratado de Derecho Administrativo*. Segunda edición. Buenos Aires: Abeledo-Perrot, 1975, t. IV, p. 511 e 514.
8. CAVALCANTI, Themistocles Brandão. *Tratado de direito administrativo*. 4. ed. Rio de Janeiro: Freitas Bastos, 1960, v. III, p. 5-6.
9. MEIRELLES, Hely Lopes. *Direito administrativo brasileiro*. 26. ed. São Paulo: Malheiros, 2001, p. 123
10. MELLO, Celso Antônio Bandeira de. *Curso de direito administrativo*. 26. São Paulo: Malheiros, 2009, p. 830.

CAPÍTULO 1 • VIA ADMINISTRATIVA **461**

regular e limitar direitos, assim como impor a prática de ato ou abstenção de conduta às pessoas, a fim de assegurar a predominância do interesse público na salvaguarda de bens de natureza supraindividual.

No exercício da polícia do domínio público, a Administração estatal pode: I – *editar atos normativos* (caracterizada pelo conteúdo genérico, abstrato e impessoal mediante decretos, regulamentos, portarias, resoluções, instruções e outros de conteúdo idêntico); II – *promover atos concretos* (realização de atos preordenados a determinados indivíduos plenamente identificados, por exemplo os veiculados por atos sancionatórios como a imposição de multa e o atos de consentimento como as licenças, assim como proceder a atos materiais coercitivos, como a desobstrução de vias, a apreensão de coisas ou bens por descumprirem a legislação etc.); e III – *fiscalizar a conduta dos indivíduos* (o Estado controla o comportamento social mediante supervisionamento prévio, concomitante e posterior, com base no ordenamento jurídico, a fim de assegurar a observância das normas públicas em benefício da coletividade)[11].

Por último, de acordo com a jurisprudência do Supremo Tribunal Federal, o poder de polícia abrange quatro fases – que também podem ser aplicadas na polícia do domínio público –, cada qual correspondendo a um modo específico de atuação do Estado, consistindo em: (i) a ordem de polícia, (ii) o consentimento de polícia, (iii) a fiscalização de polícia e (iv) a sanção de polícia (STF – Tribunal Pleno – RE 633782 – Rel. Min. Luiz Fux – Julgamento 26.10.2020).

---

11. CARVALHO FILHO, José dos Santos. *Manual de direito administrativo*. 23. ed. Rio de Janeiro: Lumen Juris, 2010, p. 91 e 93.

Capítulo 2
VIA JUDICIAL

A via judicial pode ser manejada no acautelamento de bens, na concessão do direito vindicado, no desfazimento de atos, na reparação de danos e na imposição de sanções relativamente às coisas componentes do domínio público. Para atingir tal mister, faculta-se o uso de "tutela provisória"; "tutela inibitória"; "ações possessórias"; "ações petitórias"; "ação civil pública"; "ação popular"; "ação de improbidade administrativa"; "ação indenizatória" e "sanção penal".

2.1 TUTELA PROVISÓRIA

A tutela provisória constitui meio hábil para proteger as coisas integrantes do domínio público. A tutela provisória pode fundamentar-se em urgência ou evidência. A tutela provisória de urgência, cautelar ou antecipada, pode ser concedida em caráter antecedente ou incidental. A tutela provisória conserva sua eficácia na pendência do processo, mas pode, a qualquer tempo, ser revogada ou modificada. Como forma de garantir a efetividade da decisão, o juiz poderá determinar as medidas que considerar adequadas para efetivação da tutela provisória. A efetivação da tutela provisória observará as normas referentes ao cumprimento provisório da sentença, no que couber (arts. 294 a 297, CPC/2015).

A *tutela de urgência* será concedida quando houver elementos que evidenciem a probabilidade do direito e o perigo de dano ou o risco ao resultado útil do processo. A tutela de urgência pode ser concedida liminarmente ou após justificação prévia. A tutela de urgência de natureza cautelar pode ser efetivada mediante arresto, sequestro, arrolamento de bens, registro de protesto contra alienação de bem e qualquer outra medida idônea para asseguração do direito (arts. 300 e 301, CPC/2015).

A *tutela da evidência* será concedida, independentemente da demonstração de perigo de dano ou de risco ao resultado útil do processo, quando: I – ficar caracterizado o abuso do direito de defesa ou o manifesto propósito protelatório da parte; II – as alegações de fato puderem ser comprovadas apenas documentalmente e houver tese firmada em julgamento de casos repetitivos ou em súmula vinculante; III – se tratar de pedido reipersecutório fundado em prova documental adequada do contrato de depósito, caso em que será decretada a ordem de entrega do objeto custodiado, sob cominação de multa; IV – a petição inicial for instruída com prova documental suficiente dos fatos constitutivos do direito do autor, a que o réu não oponha prova capaz de gerar dúvida razoável (art. 311, CPC/2015).

2.2 TUTELA INIBITÓRIA

A *tutela inibitória* é importante instrumento processual na salvaguarda de bens do domínio público. A tutela inibitória constitui-se em um mecanismo técnico de natureza preventiva, uma vez que tem por escopo evitar a ocorrência de ilícito, apresentando-se como uma tutela anterior à ocorrência do dano. Assim, essa modalidade processual volta-se ao futuro e não ao passado, pois ao antever o dano a ser praticado posteriormente, antecipa-se ao impedir a consumação do ilícito.

De acordo com Marinoni, "a tutela inibitória é uma tutela específica, pois objetiva conservar a integridade do direito, assumindo importância não apenas porque alguns direitos não podem ser reparados e outros não podem ser adequadamente tutelados através da técnica ressarcitória, mas também porque é melhor prevenir do que ressarcir, o que equivale dizer que no confronto entre a tutela preventiva e a tutela ressarcitória deve-se dar preferência à primeira. A inibitória funciona, basicamente, através de uma decisão ou sentença capaz de impedir a prática, a repetição ou a continuação do ilícito, conforme a conduta ilícita temida seja de natureza comissiva ou omissiva, o que permite identificar o fundamento normativo-processual desta tutela nos arts. 461 do CPC [1973] e 84 do CDC"[1].

A tutela inibitória possui assento na Constituição Federal, visto que a "lei não excluirá da apreciação do Poder Judiciário lesão ou *ameaça a direito*" (art. 5º, XXXV, CF/1988). Diante disso, a "ameaça ao direito" constitui fundamento idôneo deflagrador de proteção jurisdicional, de modo que o Estado deve oferecer instrumentos processuais aptos para a salvaguardar de bens jurídicos que sofram alguma ameaça à continuidade de sua existência.

Assim, a tutela inibitória pode ser manejada na prevenção de ilícito contra bens integrantes do domínio público, especialmente na proteção do meio ambiente; bens e direitos de valor artístico, estético, histórico, turístico e paisagístico; ordem urbanística; patrimônio público e social; bens geológicos; patrimônio genético etc.

Tendo em vista que o Poder Público e a coletividade têm o dever de defender e preservar o meio ambiente para as presentes e futuras gerações, a tutela inibitória pode ser ajuizada inclusive contra a Administração estatal por ato comissivo ou omissivo que implique risco aos bens do domínio público natural, artificial, cultural, histórico etc., a fim de impedir a consumação do dano, que por vezes é irreparável.

Nesse sentido, Marta Fahel Lôbo arremata: "em confronto com a omissão da Administração Pública ou mesmo com a deficiência de seus serviços, poderá o juiz determinar ordem que imponha um fazer ou um não fazer. Quando se está diante de um dever vinculado ao comando legal que pode impor um agir ou um dever de abstenção, fica mais fácil detectar a incidência da tutela inibitória, a fim de obrigar a Administração Pública a realizar um agir, que tem como objetivo o cumprimento do dever legal.

---

1. MARINONI, Luiz Guilherme. *Tutela inibitória*. (Individual e coletiva). 3. ed. São Paulo: Ed. RT, 2003, p. 36-39.

CAPÍTULO 2 • VIA JUDICIAL **465**

Regendo-se a Administração Pública por princípios constitucionais explícitos e de boa gestão administrativa, a violação do seu dever legal de atender ao conteúdo da norma, que é o interesse público, dá espaço ao controle judicial de seus atos. Mesmo aqueles legais dentro da margem discricionária, se razoáveis e desproporcionais, também sujeitam-se ao controle do Judiciário. A ação inibitória atende com efetividade e adequação o interesse em jogo, o meio ambiente. A Administração Pública configura-se ao mesmo tempo como defensora e degradadora do meio ambiente, por este motivo a atuação do Judiciário deve ser obrigatória. Isto porque está a desenvolver sua função típica e é tão defensor do meio ambiente quanto qualquer integrante do Poder Público"[2].

2.3 AÇÕES POSSESSÓRIAS

Para proteger certos bens que formam o domínio público, a Administração estatal pode fazer uso das ações petitórias e possessórias do direito civil, sendo processadas na esfera do Poder Judiciário[3].

Tal modalidade protetiva requer o atendimento a três condições fundamentais, consistentes: I) o objeto componente do domínio público deve ser suscetível de apropriação mediante posse ou propriedade; II) os referidos bens devem estar sujeitos ao domínio público ou em via de integração à dominialidade estatal; e III) a ação petitória ou possessória deve ser instrumento processual adequado à salvaguarda do bem ou coisa pública.

A título de exemplo, em um primeiro momento, as ações possessórias não se revelam meio apropriado para impedir o uso indevido do conhecimento tradicional associado, que integra o domínio público genético. Ou seja, para o ajuizamento e processamento das ações possessórias, devem ser cumpridos – simultaneamente – os preceitos regedores do domínio público e as regras do Código de Processo Civil, Constituição Federal, além de eventualmente normas do Direito Privado e outros ramos do direito.

Sendo assim, as ações possessórias constituem importante instrumento processual na salvaguarda das coisas componentes do domínio público. Dessa forma, o Estado pode manejar ação de manutenção de posse, ação de reintegração de posse e ação de interdito proibitório.

A *ação de manutenção de posse* tem por objetivo assegurar o direito de o possuidor ser mantido na posse mansa e pacífica do bem, de modo a proteger contra o embaraço ou impedimento por parte de terceiros. A *ação de reintegração de posse* destina-se a devolver a posse perdida por ato indevido de terceiros, isto é, quando o Poder Público sofre perda

---

2. LÔBO, Marta Carolina Fahel. *A tutela inibitória contra a Administração Pública na defesa do meio ambiente.* Dissertação de mestrado apresentada perante a Universidade Federal de Pernambuco. Recife, 2002, p. 99-101. Disponível em: https://attena.ufpe.br/bitstream/123456789/4850/1/arquivo7198_1.pdf. Acesso em: 17 nov. 2021.

3. MARIENHOFF, Miguel S. *Tratado del Dominio Público.* Buenos Aires: Tipografica Editora Argentina, 1960, p. 275.

de posse de maneira injusta, seja violenta, clandestina ou irregular. Segundo Marinoni, "a manutenção requer turbação, que significa incômodo ao exercício da posse. A ação de manutenção objetiva tutelar o exercício da posse em condições normais, afastando os atos que, sem a usurparem, dificultam o seu exercício. Já a reintegração pressupõe a perda da posse em razão de ato de agressão, dito esbulho. A ação de reintegração visa à recuperação da posse de que o possuidor foi privado pelo ato do esbulhador"[4].

Por sua vez, a ação de *interdito proibitório* destina-se a prevenir o embaraço ou a perda da posse. Conforme Marinoni, "o interdito proibitório é uma tutela possessória de caráter inibitório, destinada a evitar atos de agressão à posse, concretizáveis em turbação ou em esbulho. Seu emprego, portanto, está ligado às situações em que se pretende evitar a violação possessória"[5]. Nos termos do art. 567 do CPC/2025, "o possuidor direto ou indireto que tenha justo receio de ser molestado na posse poderá requerer ao juiz que o segure da turbação ou esbulho iminente, mediante mandado proibitório em que se comine ao réu determinada pena pecuniária caso transgrida o preceito".

2.4 AÇÃO CIVIL PÚBLICA

A *ação civil pública* constitui instrumento processual destinado a reparar ou prevenir danos morais e patrimoniais em face de coisas integrantes do domínio público, especialmente o meio ambiente; bens e direitos de valor artístico, estético, histórico, turístico e paisagístico; a ordem urbanística ou ao patrimônio público e social, entre outros (art. 1º, I, III, VI, VIII, Lei nº 7.347/1985).

Como se vê, a ação civil pública não tutela direitos individualmente considerados, tampouco se destina a reparação de danos causados a particulares, mas sim destina-se a salvaguardar os interesses difusos da sociedade[6].

A ação civil pública poderá ter por objeto a condenação em dinheiro ou o cumprimento de obrigação de fazer ou não fazer. Poderá ser ajuizada ação cautelar, objetivando, inclusive, evitar dano ao patrimônio público e social, ao meio ambiente, ao consumidor, à honra e à dignidade de grupos raciais, étnicos ou religiosos, à ordem urbanística ou aos bens e direitos de valor artístico, estético, histórico, turístico e paisagístico (arts. 3º e 4º, Lei nº 7.347/1985).

Têm legitimidade para propor a ação principal e a ação cautelar: I – o Ministério Público; II – a Defensoria Pública; III – a União, os Estados, o Distrito Federal e os Municípios; IV – a autarquia, empresa pública, fundação ou sociedade de economia mista; V – a associação que, concomitantemente: a) esteja constituída há pelo menos 1 (um)

---

4. MARINONI, Luiz Guilherme; ARENHART, Sérgio Cruz; MITIDIERO, Daniel. *Novo curso de processo civil.* 3. ed. São Paulo: Ed. RT, 2017, v. 3, p. 175.
5. MARINONI, Luiz Guilherme; ARENHART, Sérgio Cruz; MITIDIERO, Daniel. *Novo curso de processo civil.* 3. ed. São Paulo: Ed. RT, 2017, v. 3, p. 185.
6. MEIRELLES, Hely Lopes. *Mandado de segurança.* 30. ed. São Paulo: Malheiros, 2007, p. 156.

ano nos termos da lei civil; b) inclua, entre suas finalidades institucionais, a proteção ao patrimônio público e social, ao meio ambiente, ao consumidor, à ordem econômica, à livre concorrência, aos direitos de grupos raciais, étnicos ou religiosos ou ao patrimônio artístico, estético, histórico, turístico e paisagístico (art. 5º, Lei nº 7.347/1985).

Como forma de promover a efetiva proteção aos bens jurídicos em apreço, na ação que tenha por objeto o cumprimento de obrigação de fazer ou não fazer, o juiz determinará o cumprimento da prestação da atividade devida ou a cessação da atividade nociva, sob pena de execução específica, ou de cominação de multa diária, se esta for suficiente ou compatível, independentemente de requerimento do autor (art. 11, Lei nº 7.347/1985). Além disso, poderá o juiz conceder mandado liminar, com ou sem justificação prévia, em decisão sujeita a agravo (art. 12, Lei nº 7.347/1985).

Finalmente, havendo condenação em dinheiro, a indenização pelo dano causado reverterá a um fundo gerido por um Conselho Federal ou por Conselhos Estaduais de que participarão necessariamente o Ministério Público e representantes da comunidade, sendo seus recursos destinados à reconstituição dos bens lesados (art. 13, Lei nº 7.347/1985).

2.5 AÇÃO POPULAR

A *ação popular* também constitui meio hábil na proteção de bens integrantes do domínio público. Conceitualmente, a ação popular é um instrumento processual no qual qualquer cidadão pode fazer uso com o objetivo de anular ato lesivo ao patrimônio público ou de entidade de que o Estado participe, à moralidade administrativa, ao meio ambiente e ao patrimônio histórico e cultural. Essa ação possui assento constitucional, especificamente no título referente aos direitos e garantias fundamentais (art. 5º, LXXIII, CF/1988).

Na lição de Hely Lopes Meirelles, a ação popular "é o meio constitucional posto à disposição de qualquer cidadão para obter a invalidação de atos ou contratos administrativos – ou a estes equiparados – ilegais e lesivos do patrimônio federal, estadual e municipal, ou de suas autarquias, entidades paraestatais e pessoas jurídicas subvencionadas com dinheiros públicos. É um instrumento de defesa dos interesses da coletividade, utilizável por qualquer de seus membros. Por ela não se amparam direitos individuais próprios, mas sim interesses da comunidade. O beneficiário direto e imediato desta ação não é o autor; é o povo, titular do direito subjetivo ao governo honesto. O cidadão a promove em nome da coletividade, no uso de uma prerrogativa cívica que a Constituição da República lhe outorga".

A ação popular possui três requisitos. O primeiro é que autor seja cidadão brasileiro, ou seja, pessoa humana com nacionalidade nata ou naturalizado no gozo de seus direitos cívicos e políticos, requisito este que se traduz na qualidade de eleitor. O indivíduo (pessoa física) deve estar munido de seu título eleitoral ou outro documento hábil que demonstre a aptidão de participar da vida política no Brasil, a exemplo da certidão de quitação eleitoral, expedida pelo TSE. O segundo requisito da ação popular que o ato a invalidar seja ilegal, isto é, contrário ao Direito, por infringir regras ou princípios que regem a sua prática ou por atentar contra a Administração Pública. O terceiro requisito é que o ato seja lesivo ao patrimônio público, ou seja, é todo ato comissivo ou omissivo de origem administrativa que desfalca o Erário ou prejudica a Administração, ou ofendendo bens ou valores artísticos, culturais, ambientais ou históricos da comunidade. Essa lesão pode ser efetiva ou legalmente presumida, pois a lei em certos casos presume a lesividade (art. 4°), nos quais basta a prova da prática do ato para considerá-lo lesivo aos valores administrativos e, por conseguinte, são reputados nulo de pleno direito[7].

A Lei n° 4.717 de 29 de junho de 1965 regula a ação popular. Nos termos do art. 1° da referida norma, qualquer cidadão será parte legítima para pleitear a anulação ou a declaração de nulidade de atos lesivos ao patrimônio da União, do Distrito Federal, dos Estados, dos Municípios, de entidades autárquicas, de sociedades de economia mista (Constituição de 1946, art. 141, § 38), de sociedades mútuas de seguro nas quais a União represente os segurados ausentes, de empresas públicas, de serviços sociais autônomos, de instituições ou fundações para cuja criação ou custeio o tesouro público haja concorrido ou concorra com mais de cinquenta por cento do patrimônio ou da receita ânua, de empresas incorporadas ao patrimônio da União, do Distrito Federal, dos Estados e dos Municípios, e de quaisquer pessoas jurídicas ou entidades subvencionadas pelos cofres públicos.

Assim, a ação popular pode ser manejada por qualquer cidadão brasileiro com o objetivo de proteger os bens e direitos de valor econômico, artístico, estético, histórico ou turístico que façam parte da dominialidade estatal, haja vista que tais bens compõem o patrimônio público (art. 1°, § 1°, Lei n° 4.717/1965).

São nulos os atos lesivos ao patrimônio das entidades mencionadas no artigo anterior, nos casos de: a – incompetência; b – vício de forma; c – ilegalidade do objeto; d – inexistência dos motivos; e – desvio de finalidade (art. 2°, Lei n° 4.717/1965). No âmbito do domínio público, são também nulos os seguintes atos ou contratos: "A compra e venda de bens móveis ou imóveis, nos casos em que não cabível concorrência pública ou administrativa, quando: a) for realizada com desobediência a normas legais, regulamentares, ou constantes de instruções gerais; b) o preço de compra dos bens for superior ao corrente no mercado, na época da operação; c) o preço de venda dos bens for inferior ao corrente no mercado, na época da operação" (art. 4°, V, Lei n° 4.717/1965).

Finalmente, as disposições processuais que regem a ação popular constam nos artigos 5° ao 19 da Lei n° 4.717/1965.

---

7. MEIRELLES, Hely Lopes. *Mandado de segurança*. 30. ed. São Paulo: Malheiros, 2007, p. 124-126.

2.6 AÇÃO DE IMPROBIDADE ADMINISTRATIVA

A *ação de improbidade administrativa* protege as coisas que constituem o domínio público na medida em que comina sanções aos agentes estatais que vulnerem o patrimônio público e social por meio do enriquecimento ilícito ou causação de prejuízo ao Erário.

A Lei nº 8.429 de 2 de junho de 1992 rege a matéria, recentemente alterada pela Lei nº 14.230 de 2021. Para os efeitos desta Lei, consideram-se agente público o agente político, o servidor público e todo aquele que exerce, ainda que transitoriamente ou sem remuneração, por eleição, nomeação, designação, contratação ou qualquer outra forma de investidura ou vínculo, mandato, cargo, emprego ou função dos Poderes Executivo, Legislativo e Judiciário, bem como da administração direta e indireta, no âmbito da União, dos Estados, dos Municípios e do Distrito Federal (art. 1º, § 5º c/c art. 2 da Lei nº 8.429/1992).

Especificamente no âmbito dos bens componentes do domínio público, pode ser praticado ato de improbidade administrativa que importe em *enriquecimento ilícito*, consistente em auferir mediante a prática de ato doloso, qualquer tipo de vantagem patrimonial indevida em razão do exercício de cargo, de mandato, de função, de emprego, notadamente: II – perceber vantagem econômica, direta ou indireta, para facilitar a aquisição, permuta ou locação de bem móvel ou imóvel, ou a contratação de serviços pelas entidades referidas no art. 1º por preço superior ao valor de mercado; III – perceber vantagem econômica, direta ou indireta, para facilitar a alienação, permuta ou locação de bem público ou o fornecimento de serviço por ente estatal por preço inferior ao valor de mercado; XI – incorporar, por qualquer forma, ao seu patrimônio bens, rendas, verbas ou valores integrantes do acervo patrimonial das entidades mencionadas no art. 1º da lei de improbidade; XII – usar, em proveito próprio, bens, rendas, verbas ou valores integrantes do acervo patrimonial das entidades mencionadas no art. 1º da lei de improbidade (art. 9º, Lei nº 8.429/1992).

Além disso, pode ser igualmente praticado ato de improbidade administrativa que *causa prejuízo ao Erário* mediante qualquer ação ou omissão dolosa, que enseje, efetiva e comprovadamente, perda patrimonial, desvio, apropriação, malbaratamento ou dilapidação dos bens ou haveres das entidades referidas no art. 1º desta Lei, e notadamente: II – permitir ou concorrer para que pessoa física ou jurídica privada utilize bens, rendas, verbas ou valores integrantes do acervo patrimonial das entidades mencionadas no art. 1º desta lei, sem a observância das formalidades legais ou regulamentares aplicáveis à espécie; III – doar à pessoa física ou jurídica bem como ao ente despersonalizado, ainda que de fins educativos ou assistências, bens, rendas, verbas ou valores do patrimônio de qualquer das entidades mencionadas no art. 1º desta lei, sem observância das formalidades legais e regulamentares aplicáveis à espécie; IV – permitir ou facilitar a alienação, permuta ou locação de bem integrante do patrimônio de qualquer das entidades referidas no art. 1º desta lei, ou ainda a prestação de serviço por parte delas, por preço inferior ao de mercado; V – permitir ou facilitar a aquisição, permuta ou locação de bem ou serviço por preço superior ao de mercado (art. 10, Lei nº 8.429/1992).

BENS PÚBLICOS: O DOMÍNIO PÚBLICO NO DIREITO ADMINISTRATIVO • Carlos Eduardo Ferreira dos Santos

Para tanto, é necessário que a conduta do agente seja dolosa, ou seja, a conduta fundada em vontade livre e consciente de alcançar o resultado ilícito tipificado nos arts. 9º, 10 e 11 da Lei, não bastando a voluntariedade do agente. O mero exercício da função ou desempenho de competências públicas, sem comprovação de ato doloso com fim ilícito, afasta a responsabilidade por ato de improbidade administrativa (art. 1º, §§ 1º, 2º e 3º, Lei nº 8.429/1992).

Por último, em decorrência da prática de ato ímprobo, independentemente do ressarcimento integral do dano patrimonial, se efetivo, e das sanções penais comuns e de responsabilidade, civis e administrativas previstas na legislação específica, está o responsável pelo ato de improbidade sujeito às seguintes cominações, que podem ser aplicadas isolada ou cumulativamente, de acordo com a gravidade do fato: I – na hipótese do art. 9º desta Lei, perda dos bens ou valores acrescidos ilicitamente ao patrimônio, perda da função pública, suspensão dos direitos políticos até 14 (catorze) anos, pagamento de multa civil equivalente ao valor do acréscimo patrimonial e proibição de contratar com o poder público ou de receber benefícios ou incentivos fiscais ou creditícios, direta ou indiretamente, ainda que por intermédio de pessoa jurídica da qual seja sócio majoritário, pelo prazo não superior a 14 (catorze) anos; II – na hipótese do art. 10 desta Lei, perda dos bens ou valores acrescidos ilicitamente ao patrimônio, se concorrer esta circunstância, perda da função pública, suspensão dos direitos políticos até 12 (doze) anos, pagamento de multa civil equivalente ao valor do dano e proibição de contratar com o poder público ou de receber benefícios ou incentivos fiscais ou creditícios, direta ou indiretamente, ainda que por intermédio de pessoa jurídica da qual seja sócio majoritário, pelo prazo não superior a 12 (doze) anos (art. 12, I e II, Lei nº 8.429/1992).

2.7 AÇÃO INDENIZATÓRIA

A *ação indenizatória* surge em razão de dano causado a bem do domínio público, ou seja, constitui meio processual ressarcitório. Isso porque o uso inadequado, a omissão do particular e a destruição dos bens componente do domínio público pode ocasionar um prejuízo, autorizando-se o ajuizamento de ação indenizatória como forma de reparar pecuniariamente o Estado ante o dano causado.

No que se refere ao uso, há que se distinguir entre o uso normal e anormal da coisa pública. Se houver meras deteriorações ocasionadas pelo uso normal e legal do bem – sendo a utilização autorizada pela Administração Pública – o particular ou detentor do bem não terá a obrigação de indenizar o Estado. Isso porque a bem destina-se ao uso público, sendo natural a sua deterioração pelo decurso do tempo, já que as coisas são finitas. Nesse caso, os custos de manutenção ou restauração serão custeados pelos tributos. Todavia, se tais danos resultarem de um uso anormal ou ilegal, o responsável deverá indenizar o prejuízo causado, conforme o princípio geral de que quem causa um dano está obrigado a repará-lo[8].

---

8. MARIENHOFF, Miguel S. *Tratado del Dominio Público*. Buenos Aires: Tipografica Editora Argentina, 1960, p. 278-279.

A obrigação de indenizar surge contra quem, por ato ilícito, causa dano a outrem, devendo, por conseguinte, repará-lo. A indenização mede-se pela extensão do dano. Se houver excessiva desproporção entre a gravidade da culpa e o dano, poderá o juiz reduzir, equitativamente, a indenização. Se a vítima tiver concorrido culposamente para o evento danoso, a sua indenização será fixada tendo-se em conta a gravidade de sua culpa em confronto com a do autor do dano (arts. 927, 944, 945, CC).

Considerando a natureza e importância dos bens que constituem o domínio público, é possível a condenação do réu ao pagamento de *danos morais coletivos*. Essa modalidade condenatória visa a reparar os danos causados à coletividade, ou seja, quando se trata de: i – interesses ou direitos difusos (os transindividuais, de natureza indivisível, de que sejam titulares pessoas indeterminadas e ligadas por circunstâncias de fato); ii – interesses ou direitos coletivos (os transindividuais, de natureza indivisível de que seja titular grupo, categoria ou classe de pessoas ligadas entre si ou com a parte contrária por uma relação jurídica base); iii – interesses ou direitos individuais homogêneos (assim entendidos os decorrentes de origem comum).

A condenação do réu à reparação do dano moral coletivo justifica-se em razão da "injusta lesão da esfera moral de dada comunidade, ou seja, à violação antijurídica de um determinado círculo de valores coletivos" (Carlos Alberto Bittar Filho). Segundo Cláudio Levada, "essa violação antijurídica deve ser de intensidade expressiva, significativa, de gravidade tal que legitime um pedido indenizatório moral pelo só fato da violação, mesmo porque não se poderá exigir uma "prova coletiva" do impacto, da lesão, do sofrimento causado ao corpo social como um todo. E se esse dano é aferido objetivamente, *in re ipsa*, não se pode vislumbrar somente uma compensação à coletividade, como também, necessariamente, um caráter sancionatório, punitivo, ao agente ofensor, pela ofensa aos direitos difusos e coletivos. Essa natureza sancionatória visa ao desestímulo, à inibição de recidivas no comportamento do ofensor, sem o que será claramente insuficiente a condenação no âmbito moral"[9].

Especificamente no tocante ao "domínio público cultural, histórico e artístico" a Lei nº 11.904 de 14 de janeiro de 2009, que institui o "Estatuto de Museus", prevê a obrigação de o transgressor indenizar ou reparar os danos causados aos bens musealizados e a terceiros prejudicados (art. 66, § 1º, Lei nº 11.904/2009). A norma contém a seguinte redação:

> "Art. 66. Sem prejuízo das penalidades definidas pela legislação federal, estadual e municipal, em especial os arts. 62, 63 e 64 da Lei no 9.605, de 12 de fevereiro de 1998, o não cumprimento das medidas necessárias à preservação ou correção dos inconvenientes e danos causados pela degradação, inutilização e destruição de bens dos museus sujeitará os transgressores:

---

9. LEVADA, Cláudio Antônio Soares. *Dano moral coletivo*. Enciclopédia Jurídica da PUCSP. Edição 1, julho de 2020. Disponível em: https://enciclopediajuridica.pucsp.br/verbete/324/edicao-1/dano-moral-coletivo. Acesso em: 17 nov. 2021.

I – à multa simples ou diária, nos valores correspondentes, no mínimo, a dez e, no máximo, a mil dias-multa, agravada em casos de reincidência, conforme regulamentação específica, vedada a sua cobrança pela União se já tiver sido aplicada pelo Estado, pelo Distrito Federal, pelos Territórios ou pelos Municípios;

II – à perda ou restrição de incentivos e benefícios fiscais concedidos pelo poder público, pelo prazo de cinco anos;

III – à perda ou suspensão de participação em linhas de financiamento em estabelecimentos oficiais de crédito, pelo prazo de cinco anos;

IV – ao impedimento de contratar com o poder público, pelo prazo de cinco anos;

V – à suspensão parcial de sua atividade.

§ 1º Sem obstar a aplicação das penalidades previstas neste artigo, *é o transgressor obrigado a indenizar ou reparar os danos causados aos bens musealizados e a terceiros prejudicados".* (Grifos nossos)

Por fim, os bens do responsável pela ofensa ou violação às coisas integrantes do domínio público ficam sujeitos à reparação do dano causado; e, se a ofensa tiver mais de um autor, todos responderão solidariamente pela reparação. Dessa forma, o devedor responde com todos os seus bens presentes e futuros para o cumprimento de suas obrigações, salvo as restrições estabelecidas em lei (art. 942, CC de 2002 c/c art. 789, CPC de 2015).

2.8 SANÇÃO PENAL

As coisas componentes da dominialidade estatal também podem ser protegidas pelo Direito Penal. Isso porque o direito penal tutela os bens jurídicos mais importantes da sociedade. Com efeito, as coisas que integram o domínio público detêm notável relevância, pois satisfazem o interesse da coletividade. Em razão disso, a tutela de bens constituintes do domínio público também se dá por meio do direito penal substantivo, de modo que o Estado considera determinadas condutas como delitos, sendo cominada a respectiva sanção penal.

Em que pese a Administração Pública carecer de competência para aplicar diretamente as sanções criminais, possui legitimidade para representar aos órgãos competentes, a fim de que tomem conhecimento e adotem as providências que entender cabíveis. Nos termos do art. 129, I, da Constituição Federal, o Ministério Público é o órgão titular da ação penal pública, cabendo-lhe oferecer denúncia ao Poder Judiciário caso entenda tipificada a conduta perpetrada em detrimento dos bens públicos. Após o regular processamento da ação, o respeito ao devido processo legal, o sujeito ativo pode ser condenado às penas previstas em lei.

Assim, a *sanção penal* constitui meio punitivo que visa à salvaguarda do domínio público por meio da intimidação e repressão. O Código Penal e a legislação extravagante preveem figuras delitivas, a exemplo do crime de dano qualificado, consistente em "destruir, inutilizar ou deteriorar coisa alheia" se o crime for cometido contra o patrimônio da União, de Estado, do Distrito Federal, de Município ou de autarquia, fundação pública, empresa pública, sociedade de economia mista ou empresa concessionária de serviços públicos. A pena cominada é de detenção, de seis meses a três anos, e multa (art. 163, parágrafo único, III, CP). O Código Penal também prevê o delito de "dano em coisa de valor artístico, arqueológico ou histórico", consistente em destruir, inutilizar ou deteriorar coisa tombada pela autoridade competente em virtude de valor artístico, arqueológico ou histórico. A pena é de detenção, de seis meses a dois anos, e multa (art. 165, CP). Também é vedada a "alteração de local especialmente protegido", que consiste em alterar, sem licença da autoridade competente, o aspecto de local especialmente protegido por lei, cuja pena é detenção de um mês a um ano ou multa (art. 166, CP).

Ademais, a Lei nº 9.605 de 12 de fevereiro de 1998 dispõe sobre as sanções penais derivas de condutas e atividades lesivas ao meio ambiente, inclusive dos "crimes contra o ordenamento urbano e o patrimônio cultural" (arts. 62 a 65), que fazem parte do *domínio público artificial* e do *domínio público cultural, histórico e artístico*, respectivamente.

Dessa forma, sujeita-se à pena de reclusão, de um a três anos e multa o ato de destruir, inutilizar ou deteriorar: I – bem especialmente protegido por lei, ato administrativo ou decisão judicial; II – arquivo, registro, museu, biblioteca, pinacoteca, instalação científica ou similar protegido por lei, ato administrativo ou decisão judicial. Se o crime for culposo, a pena é de seis meses a um ano de detenção, sem prejuízo da multa (art. 62, I e II, c/c parágrafo único, Lei nº 9.605/1998).

À conduta de "alterar o aspecto ou estrutura de edificação ou local especialmente protegido por lei, ato administrativo ou decisão judicial, em razão de seu valor paisagístico, ecológico, turístico, artístico, histórico, cultural, religioso, arqueológico, etnográfico ou monumental, sem autorização da autoridade competente ou em desacordo com a concedida" é prevista pena de reclusão, de um a três anos, e multa (art. 63, Lei nº 9.605/1998).

Por sua vez, "promover construção em solo não edificável, ou no seu entorno, assim considerado em razão de seu valor paisagístico, ecológico, artístico, turístico, histórico, cultural, religioso, arqueológico, etnográfico ou monumental, sem autorização da autoridade competente ou em desacordo com a concedida" sujeita o infrator à pena de detenção, de seis meses a um ano, e multa (art. 64, Lei nº 9.605/1998).

É prevista a pena de detenção de três meses a um ano e multa ao ato de "pichar ou por outro meio conspurcar edificação ou monumento urbano". Se o ato for realizado em monumento ou coisa tombada em virtude do seu valor artístico, arqueológico ou histórico, a pena é de seis meses a um ano de detenção e multa. Não constitui crime a prática de grafite realizada com o objetivo de valorizar o patrimônio público ou privado mediante manifestação artística, desde que consentida pelo proprietário e, quando couber, pelo locatário ou arrendatário do bem privado e, no caso de bem público, com a autorização do órgão competente e a observância das posturas municipais e das normas editadas pelos órgãos governamentais responsáveis pela preservação e conservação do patrimônio histórico e artístico nacional (art. 65, §§ 1º e 2º, Lei nº 9.605/1998).

2.9 JURISPRUDÊNCIA

Portanto, a via judicial constitui instrumento que salvaguarda bens do domínio público, na medida em que reprime determinadas condutas lesivas ao regime da dominialidade estatal.

2.9 JURISPRUDÊNCIA

"Agravo regimental em recurso extraordinário. 2. Direito Administrativo. 3. *Ação civil pública*. Bem público. Prédio central da UFPR. Reconhecimento do seu valor histórico e cultural. Necessidade de tombamento pelo IPHAN. O art. 216, §1º, da CF abrange não apenas o Poder Executivo, mas também os Poderes Legislativo e Judiciário" (STF – Segunda Turma – RE 1099660 AgR – Rel. Min. Gilmar Mendes – Julgamento: 27.09.2019)

VIII – De fato, o inciso III do art. 10 da *Lei de Improbidade* é claro quanto à tipificação da conduta ímproba relativa à doação de bens públicos, quando prevê que constitui ato de improbidade administrativa: "doar à pessoa física ou jurídica bem como ao ente despersonalizado, ainda que de fins educativos ou assistências, bens, rendas, verbas ou valores do patrimônio de qualquer das entidades mencionadas no art. 1º desta lei, sem observância das formalidades legais e regulamentares aplicáveis à espécie". IX – O art. 17 da Lei n. 8.666/93 explicita no seu inciso II, a, que a doação de bens pela administração quando móveis, dependerá de avaliação prévia e de licitação, dispensada esta nos seguintes casos: "a) doação, permitida exclusivamente para fins e uso de interesse social, após avaliação de sua oportunidade e conveniência socioeconômica, relativamente à escolha de outra forma de alienação". XIV – No caso dos autos, os fundamentos do acórdão relativos à existência de interesse social na doação estão em contradição com a documentação apresentada, conforme se percebe do seguinte trecho das declarações prestadas pelo Diretor do instituto donatário que atestam que a maior parte dos bens doados foi objeto de permuta com entidade particular, após a doação (fl. 482): "b) 960 (novecentos e sessenta)livros de assuntos diversos, que não eram de interesse específico para nossa biblioteca, foram permutados com a livraria O Belo Artístico, de São Paulo, por 120 (cento e vinte) livros das bibliotecas dos Professores Ayres da Mata Machado e Oscar Mendes. Devo acrescentar que há muitos anos tentava ter acesse, à biblioteca do Professor Mata Machado, tendo feito mais de uma vez, contato com sua família, que acabou decidindo vendê-la para a Livraria O Belo Artístico, em São Paulo. Através desta permuta consegui resgatar para Minas Gerais parte deste, acervo, que infelizmente já estava em grande parte destruído quando foi vendido. Estes livros estão incorporados à biblioteca do ICAM". XV – Assim, não prosperam os fundamentos do acórdão de que estaria preservado o interesse público pois os bens "ficam disponíveis para pesquisadores e o público em geral". XVI – Também a desnecessidade de licitação, para doação de bens públicos, deve ser precedida de avaliação de sua oportunidade e conveniência socioeconômica, relativamente à escolha de outra forma de alienação, o que não ocorreu nos autos. Nesse sentido: AgRg no AREsp 470.565/PA, Rel. Ministro Humberto Martins, Rel. p/ Acórdão Ministro Herman Benjamin, Segunda Turma, julgado em 10.03.2015,

DJe 16.11.2015. XVII – Assim, ficou caracterizado o dolo na conduta da ex-Secretária de Cultura de Belo Horizonte na inobservância das formalidades legais e regulamentares aplicáveis para a doação dos livros do acervo público. (STJ – Segunda Turma – Rel. Min. Francisco Falcão – AgInt no AREsp 1008646 / MG – Data do Julgamento 19.06.2018)

"1. Trata-se de Mandado de Segurança impetrado por *** contra ato do Ministro de Estado da Justiça, consubstanciado na Portaria 1.170/19.6.2012, que contém a pena a si aplicada de demissão do serviço público. 2. O impetrante defende que o ato comissivo violou o princípio da proporcionalidade. Afirma que foi instaurada sindicância e posterior processo administrativo para apuração dos fatos relacionados ao acidente com veículo do Departamento da Polícia Federal, por ele conduzido na BR-414 (trajeto entre as cidades de Pirenópolis e Brasília), no dia 15.11.2010, às 20h30. 10. A situação dos autos, no entanto, é distinta. As provas produzidas no *processo administrativo disciplinar*, confessadas pelo próprio impetrante, evidenciam que este conservou irregularmente em sua posse, desde 12 de novembro de 2010, o automóvel do Departamento da Polícia Federal, à revelia das autoridades superiores, realizando viagem no fim de semana que antecedeu o feriado de 15 de novembro de 2010 (segunda-feira). 14. Da mesma forma que se deu no âmbito administrativo, o impetrante não comprovou nestes autos que seu tio estaria doente. Mais que isso, inexiste prova de que seu tio residisse em Pirenópolis na época dos fatos (2010). 15. O fato de haver concordado com o desconto em folha das despesas de ressarcimento não detém força suficiente para modificar a sanção abstratamente prevista em lei, tendo em vista que a indenização pelo dano causado por quem se apropria de bens públicos sem obter prévia autorização das autoridades competentes é dever previsto no ordenamento jurídico". (STJ – Primeira Seção – MS 18803/DF – Rel. Min. Herman Benjamin – Data do Julgamento 28.06.2017)

"1. O Superior Tribunal de Justiça possui firme orientação de que um dos pressupostos da *Ação Popular* é a lesão ao patrimônio público. Ocorre que a Lei 4.717/1965 deve ser interpretada de forma a possibilitar, por meio de Ação Popular, a mais ampla proteção aos bens e direitos associados ao patrimônio público, em suas várias dimensões (cofres públicos, meio ambiente, moralidade administrativa, patrimônio artístico, estético, histórico e turístico)". (STJ – Segunda Turma – AgInt no AREsp 949377/MG – Rel. Min. Herman Benjamin – Data do Julgamento 09.03.2017)

"4. A *Ação civil pública* é o instrumento processual destinado à defesa judicial de interesses difusos e coletivos, permitindo a tutela jurisdicional do Estado com vistas à proteção de certos bens jurídicos. Por meio desta ação, reprime-se ou previne-se a ocorrência de danos ao meio ambiente, ao consumidor, ao patrimônio público, aos bens e direitos de valor artístico, estético, histórico, turístico e paisagístico, dentre outros, podendo ter por objeto a condenação em dinheiro ou o cumprimento de obrigação de fazer ou não fazer. Assim, não cabe neste tipo de ação, em que se busca a tutela do bem coletivo, a condenação do Estado em indenizar o "réu", no caso, a permissionária de transporte público, na indenização dos investimentos realizados, que poderá ser pleiteado em ação autônoma" (STJ – Segunda Turma – REsp 1366651/RJ – Rel. Min. Mauro Campbell Marques – Data do Julgamento 19.09.2013)

Administrativo. Remuneração mensal pelo uso das vias públicas instituída por lei complementar. *Mandado de segurança* preventivo. Cabimento. Diferença com impetração contra lei em tese. Prazo decadencial. Inexistência. 1. Se a lei tem efeitos concretos e já nasce ferindo direito subjetivo, o mandado de segurança é via adequada para a recomposição deste direito. 2. Tal raciocínio aplica-se ao presente conflito, pois o recorrente impetrou a segurança no sentido de evitar uma futura lesão, decorrente de um ato administrativo de cobrança, estabelecida por meio da Lei Complementar n. 132/08, o qual dispôs sobre a permissão de uso de bens públicos mediante pagamento de importância em dinheiro denominada "preço público". 3. Tal comando traz efeitos concretos e imediatos para a Concessionária de Serviço Público. 4. A jurisprudência deste Tribunal é pacífica no sentido de que, em se tratando de mandado de segurança preventivo, não se aplica o prazo decadencial de 120 dias previsto no art. 18 da Lei n. 1.533/51 (vigente à época da impetração)". (STJ – Segunda Turma – REsp 1200324/MS – Rel. Min. Mauro Campbel Marques – Data do Julgamento 15.03.2011)

"9. Diante de ocupação ou utilização ilegal de espaços ou bens públicos, não se desincumbe do dever-poder de fiscalização ambiental (e também urbanística) o Administrador que se limita a embargar obra ou atividade irregular e a denunciá-la ao Ministério Público ou à Polícia, ignorando ou desprezando outras medidas, inclusive possessórias, que a lei põe à sua disposição para eficazmente fazer valer a ordem administrativa e, assim, impedir, no local, a turbação ou o esbulho do patrimônio estatal e dos bens de uso comum do povo, resultante de desmatamento, construção, exploração ou presença humana ilícitos. 10. A turbação e o esbulho ambiental-urbanístico podem, e no caso do Estado, devem ser combatidos pelo *desforço imediato*, medida prevista atualmente no art. 1.210, § 1º, do Código Civil de 2002 e imprescindível à manutenção da autoridade e da credibilidade da Administração, da integridade do patrimônio estatal, da legalidade, da ordem pública e da conservação de bens intangíveis e indisponíveis associados à qualidade de vida das presentes e futuras gerações". (STJ – Segunda Turma – REsp 1071741/SP – Rel. Min. Herman Benjamin – Data do Julgamento 24.03.2009)

Ação popular. Extração de minérios. Autorização. Dano ambiental não comprovado. Sentença improcedente. O autor popular não logrou êxito em demonstrar a ilicitude nas condutas dos réus tendo em vista a inexistência de comprovação da ilegalidade da licença concedida e, assim, o comportamento lesivo ao meio ambiente já que a extração foi devidamente autorizada pelo órgão ambiental. (TRF4 – Terceira Turma – Acórdão nº 2005.70.08.001311-9 – Rel. Maria Lúcia Luz Leiria – Data 23.02.2010)

PARTE V
DOMÍNIO PÚBLICO
NO DIREITO COMPARADO

1.1 ARGENTINA

No direito argentino, são bens de domínio público as coisas que por sua natureza ou expressa disposição de uma lei, sirvam de maneira direta (imediata) ou indireta (mediata) para a satisfação de necessidades coletivas, ou seja, atendem ao interesse público. A satisfação pode fundar-se: i – no uso do bem por todos os cidadãos (praias, estradas etc.); ii – na utilização dos bens na promoção de um serviço público em prol dos cidadãos (aeroportos, aquedutos etc.); iii – na destinação em decorrência de uma utilização relevante por parte da coletividade, ainda que essa exigência exclua cidadãos da possibilidade de gozo (obras destinadas a defesa, construções e veículos militares etc.)[1].

O domínio público argentino é tratado nos artigos 235 a 240 do *Código Civil y Comercial de la Nación*. Dessa forma, a lei enumera os bens submetidos ao domínio público estatal (art. 235), o domínio privado do Estado (art. 236), as características das coisas públicas (art. 237), os limites do exercício de direitos individuais sobre os bens de incidência coletiva (art. 240) etc.

São bens que pertencem ao *domínio público*, ressalvado o disposto por leis especiais: *a)* o mar territorial até uma distância determinada por tratados internacionais e por legislação especial, sem prejuízo do poder jurisdicional sobre a zona contígua, a zona econômica exclusiva e a plataforma continental. Entende-se por mar territorial a água, o leito e o subsolo; *b)* as águas interiores, bahias, golfos, enseadas, portos, ancoragens e as praias marítimas. Entende-se por praias marítimas a porção de terra que as marés banham e desocupam durante as marés mais altas e mais baixas, de acordo com a legislação especial nacional; *c)* os rios, estuários, riachos e outras águas que correm através de canais naturais, os lagos e as lagunas navegáveis, os glaciares, o ambiente periglacial e toda outra água que tenha ou adquira a aptidão de satisfazer utilidade de interesse geral, compreendidas as águas subterrâneas, sem prejuízo do exercício regular de direito pelo proprietário do fundo de extrair as águas subterrâneas na medida de seu interesse, conforme as disposições locais. Entende-se por rio a água, as praias e o leito por onde corre eliminado pela linha da margem que estabelece a média das enchentes máximas ordinárias. Por lago ou lagoa entende-se a água, suas praias e seu leito, respectivamente, delimitado da mesma forma que os rios; *d)* as ilhas formadas ou que se formam no mar territorial, zona econômica exclusiva, na plataforma continental ou em todos os tipos de rios, estuários, riachos, ou em lagos ou lagoas navegáveis, exceto aquelas pertencentes a indivíduos; *e)* o espaço aéreo sobre o território e águas jurisdicionais da Nação Argentina, em conformidade com tratados internacionais e legislação especial; *f)* as ruas, praças, estradas, canais, pontes e quaisquer outras obras públicas construídas para utilidade ou conforto

---

1. LENARDÓN, Fernando Roberto. *Bienes de Dominio Público*. Federación Argentina de Consejos Profesionales de Ciencias Económicas. Ciudad Autónoma de Buenos Aires: FACPCE, 2015, p. 9.

comum; *g)* os documentos oficiais do Estado; *h)* as ruínas e sítios arqueológicos e paleontológicos (art. 235).

Os bens integrantes do *domínio privado do Estado* são aqueles pertencentes ao Estado Nacional, provincial ou municipal, sem prejuízo do previsto nas leis especiais. Tais bens são: *a)* os imóveis sem dono; *b)* as minas de ouro, prata, cobre, pedras preciosas, substâncias fósseis e todos os outros de interesse similar, segundo normatizado pelo Código de Mineração; *c)* os lagos não navegáveis e sem dono; *d)* as coisas móveis de dono desconhecido que não sejam abandonadas, exceto os tesouros; *e)* os bens adquiridos pelo Estado nacional, provincial ou municipal a qualquer título (art. 236).

Em decorrência das características das coisas do Estado, os bens públicos que são inalienáveis, impenhoráveis e imprescritíveis. Além disso, as pessoas têm o direito ao uso e gozo, sujeitando-se apenas às disposições normativas gerais e locais (art. 237). Por sua vez, pertencem ao domínio público os cursos d'água oriundos de causas naturais. Os particulares não devem alterar esses cursos d'água. O uso, por qualquer título, de águas públicas ou obras construídas para utilidade comum não perdem o caráter de bens públicos estatais, permanecendo inaliáveis e imprescritíveis (art. 239).

Registre-se também que determinados direitos sofrem limitações pelo Estado quando os bens guardarem conexão com interesse coletivo. Assim, o exercício de prerrogativas individuais deve ser compatível com os direitos de incidência coletiva, de modo a conformarem-se com as normas de direito administrativo nacional e local, ditadas em prol do interesse público. Por conseguinte, tais direitos não podem afetar o funcionamento nem a sustentabilidade dos ecossistemas da flora, da fauna, da biodiversidade, da água, dos valores culturais, a paisagem, entre outros, de acordo com os critérios previstos em lei especial (art. 240)[2].

1.2 ITÁLIA

De acordo com a Enciclopédia Italiana, o *domínio* consiste no conjunto de bens imóveis, pertencentes a assuntos da administração pública, destinados ao uso gratuito e direto à generalidade dos cidadãos, ou, pela sua natureza, atribuído a outra função pública e, para essa destinação específica, sujeita a um poder jurídico que se insere no campo do direito público. Os elementos exclusivos e característicos dos bens dominiais traduzem-se na qualidade e natureza que ostentam, assim como a destinação, a relevância e o regime jurídico. Por sua vez, o *domínio público* foi objeto de uma nova disciplina jurídica. Isso porque, superando a incerteza doutrinária, o legislador, no código civil de 1942, sancionou o princípio da dominialidade, estritamente positivo e inspirado nas necessidades políticas. Assim, a dominialidade deriva da lei, de modo

---

2. ARGENTINA. *Código Civil y Comercial de la Nación.* Ministerio de Justicia y Derechos Humanos. Aprobado por ley 26.994. Promulgado según decreto 1795/2014. Disponível em: http://www.saij.gob.ar/docs-f/codigo/Codigo_Civil_y_Comercial_de_la_Nacion.pdf. Acesso: 21 set. 2021.

que ostenta tal natureza apenas os bens assim declarados pelo Código Civil ou pelas leis especiais com enumeração taxativa[3].

Na lição de Guido Zanobini, os bens do Estado distinguem-se entre dominiais e patrimoniais. O *domínio* alude ao conjunto de bens pertencentes à pessoa jurídica estatal, correlacionando-se ao domínio público. Em razão disso, tais bens são regidos por normas publicísticas. Por sua vez, os *bens patrimoniais* referem-se ao patrimônio estatal, submetidos às regras do Código Civil por assumirem o regime de propriedade privada. Todavia, os bens patrimoniais distinguem-se em duas categorias, de acordo com a diversa destinação que possuem. A primeira refere-se aos bens que servem ao alcance direto de determinado fim público, a exemplo dos edifícios públicos, seu mobiliário e o equipamento técnico necessário para a gestão dos serviços públicos etc. Em razão dessa natureza, tais bens são indisponíveis, isto é, denotam o caráter da indisponibilidade. De outra banda, há os bens destinados apenas indiretamente aos fins colimados pelo Estado, tal como o terreno dado em decorrência de perigo interno ou externo, o capital que rende juros etc. Nesses casos, os bens são disponíveis, ou seja, carregam em si a disponibilidade da coisa[4].

Segundo Renato Alessi, a função administrativa é exercida através de bens específicos, postos em relação de pertencimento ao Estado ou a outros entes públicos, denominando-se bens públicos. Como se sabe, o direito romano conhecia a *res publicae,* ao lado da categoria da *res communes* (ar, água corrente, mar, orla marítima: bens insuscetíveis de apropriação ou gestão econômica, haja vista que o gozo era de todos, e portanto tutelado mediante a *actio iniuriarum*); e das *res universitatis* (coisas destinadas ao uso da comunidade: estradas, abatedouros, cemitérios, teatros), compreendo bens suscetíveis de apropriação individual mas sujeitos ao direito positivo. Essa subordinação normativa justifica-se ante a utilidade geral representada pelo uso de tais coisas, promovendo-se o uso comum e livre por todos. Em reação ao princípio do Estado feudal, surgiu a categoria das coisas dominiais e a teoria do domínio público, sendo este o conjunto de bens pertencentes ao Estado. Nesse sentido, o Código Civil de 1865 distinguia os bens do Estado em domínio público e patrimônio do Estado (art. 426), enumerando-se os bens integrantes do domínio públicos, tais como as estradas nacionais, a orla marítima, portos, praias, lagos, rios, riachos, muralhas, fortalezas militares etc.

O Código civil italiano de 1865 diferenciava o bem do Estado em *domínio público* e *patrimônio* do Estado (art. 426). Os bens integrantes do domínio público eram enumerados, ao passo que que qualquer outro bem não constante desse catálogo expresso na lei fazia parte do patrimônio estatal (art. 428). Aos bens que faziam parte do domí-

---

3. CORSO, Giovanni. Enciclopedia Italiana (1931) e Enciclopedia Italiana - II Appendice (1948). *Demanio.* Treccani. Disponível em: https://www.treccani.it/enciclopedia/demanio_%28Enciclopedia-Italiana%29/ e https://www.treccani.it/enciclopedia/demanio_res-9ae3e832-87e5-11dc-8e9d-0016357eee51_%28Enciclopedia-Italiana%29/. Acesso em: 12 out. 2021.

4. ZANOBINI, Guido. *Corso di Diritto Amministrativo.* Terza Edizione. Milano: Dott. A. Giuffrè, 1948, Volume quarto: I Mezzi Dell'azione Amministrativa. p. 4-7.

nio público era assegurada a inalienabilidade, enquanto que aos bens patrimoniais era prevista uma inalienabilidade limitada, em conformidade com a lei.

Igualmente, o Regulamento de Contabilidade distinguia os bens do Estado, traçados pelo Código Civil, em bens dominiais e bens patrimoniais, introduzindo no direito positivo distinção já propugnada pela doutrina, conforme o direito germânico. Em decorrência disso, os bens patrimoniais dividiam-se em disponíveis e indisponíveis, a depender de os bens serem destinados a um serviço público/governamental ou não, assim como em alienáveis ou inalienáveis[5].

Diante de tais premissas doutrinárias, o atual Código Civil italiano dispõe sobre a matéria nos artigos 822 a 831. No que se refere ao domínio público, o Estado possui e inclui nessa natureza a orla marítima, a praia, as rochas e os portos; assim como os rios, os riachos, os lagos e as outras águas definidas como públicas pelas leis pertinentes (Cod. Nav. 28, 692); e as obras destinadas à defesa nacional. Além disso, integram parte do domínio público e pertencem ao Estado as estradas, autoestradas, as ferrovias; os aeródromos (Código Nav. 692 a); os aquedutos; os edifícios reconhecidos como sendo de interesse histórico, arqueológico e artístico de acordo com as normas que regem a matéria; as coleções dos museus, as pinacotecas, os arquivos e as bibliotecas; assim como os outros bens que estão sujeitos por lei ao regime próprio do domínio público (art. 822 do Código Civilista).

Relativamente ao estatuto jurídico do domínio público, os bens que fazem parte do domínio público são inalienáveis e não podem ser objeto de direitos a favor de terceiros, salvo se na forma e limites estabelecidos pelas leis que lhes dizem respeito (Código Nav. 30 e seguintes, 694 e seguintes). A autoridade administrativa é responsável pela tutela dos bens que fazem parte do domínio público. Para tanto, tem a faculdade de proceder administrativamente e valer-se das vias ordinárias para a defesa da propriedade (948 e seguintes) e da posse (1168 e seguintes) regulada por este código (art. 823 do Código Civilista).

Além disso, os bens dessa natureza pertencentes às províncias ou aos municípios sujeitam-se ao regime do domínio público. Cemitérios e mercados municipais estão sujeitos ao mesmo regime (art. 824).

Impende mencionar que o direito dominial do Estado recai sobre bens de outrem, caso estes promovam finalidade de natureza pública. Isso porque sujeitam-se ao regime do domínio público os direitos reais do Estado, das províncias e dos municípios sobre bens pertencentes a outros sujeitos, quando tais direitos constituam meio de alcançar a realização de fins de interesse público correspondentes àqueles para os quais os próprios bens são utilizados (art. 825).

O Código Civilista também dispõe os bens patrimoniais do Poder Público. Os bens pertencentes ao Estado, às províncias e aos municípios, que não façam parte do domínio público, constituem o patrimônio do Estado ou, respectivamente, das províncias e dos

---

5. ALESSI, Renato. *Sistema Istituzionale del Diritto Amministrativo Italiano*. Seconda edizione. Milano: Dott. A. Giuffrè, 1958, p. 423-426.

PARTE V • DOMÍNIO PÚBLICO NO DIREITO COMPARADO **483**

municípios. As florestas fazem parte do domínio indisponível do Estado que, de acordo com a legislação sobre a matéria, constituam domínio florestal do Estado, assim como as minas, as pedreiras e turfeiras quando sua disponibilidade é retirada do proprietário do terreno, as coisas de interesse histórico, arqueológico, paleontológico e artístico, por qualquer pessoa e de qualquer forma encontrada no subsolo, bens que constituem o patrimônio da Presidência da República (Const. 843), quartéis, armamentos, aeronaves militares (Cód. Nav. 745) e navios de guerra. Ademais, faz parte do patrimônio indisponível do Estado, província ou município os edifícios destinados a repartições públicas, o seu mobiliário e outros bens destinados ao serviço público (art. 826).

Os bens patrimoniais ostentam condição jurídica própria. Os bens que constituem patrimônio do Estado, das províncias e dos municípios estão sujeitos às regras particulares que lhes dizem respeito e, não havendo disposição em contrário, às regras do Código Civil. Além disso, os bens que fazem parte do patrimônio indisponível não podem ser subtraídos da sua destinação, ressalvadas as hipóteses estabelecidas na legislação que lhes digam respeito. Os bens imóveis que não pertencem a ninguém pertencem à propriedade estatal, sendo denominados de bens imóveis vagos (arts. 827 e 828).

Por fim, a norma prevê a mudança de bens dominiais para o patrimônio estatal. Nesse sentido, a transferência de bens do domínio público para o patrimônio do Estado deve ser declarada pela autoridade administrativa. O ato deve ser anunciado no Jornal Oficial da República. No que diz respeito aos bens das províncias e dos municípios, o provimento que declara a transferência para o regime patrimonial deve ser publicado da forma estabelecida para os regulamentos municipais e provinciais (art. 829). Da mesma forma, os bens pertencentes a entes públicos não territoriais sujeitam-se às regras do presente Código, salvo disposições contidas em leis especiais (art. 830)[6].

1.3 MÉXICO

No México, a temática referente ao domínio público estatal é disciplinada por diversas normas, destacando-se o *Código Civil Federal* e a *Ley de bienes del Estado de México y de sus Municipios* (Decreto numero 159, de 7 de marzo de 2000). A Constituição também estabelece preceito sobre o tema. Nos termos do art. 61, inciso XXXVI da *Constitución Política del Estado Libre y Soberano de México*, são faculdades e obrigações do Poder Legislativo: "autorizar os atos jurídicos que impliquem a transferência do domínio de bens imóveis de propriedade do Estado e dos Municípios; estabelecer os casos em que se requeira o acordo de dois terços dos membros das Câmaras Municipais para ditar resoluções que afetam o patrimônio imobiliário municipal; ou para celebrar atos ou acordos que transcendam o período da Câmara Municipal"[7].

---

6. ITÁLIA. *Codice Civile*. Regio Decreto 16 marzo 1942, n. 262. Gazzetta Ufficiale della Repubblica Italiana. Disponível em: https://www.gazzettaufficiale.it/dettaglio/codici/codiceCivile. Acesso em: 13 out. 2021.

7. MÉXICO. *Constitución Política del Estado Libre y Soberano de México*. Gobierno del Estado de México. Última reforma POGG 22 de junio de 2021. Disponível em: https://legislacion.edomex.gob.mx/sites/legislacion.edomex.gob.mx/files/files/pdf/ley/vig/leyvig001.pdf. Acesso em: 22 set. 2021.

Prosseguindo no estudo da matéria, o Código Civil diferencia os bens de acordo com a titularidade, sendo os bens de domínio do poder público ou de propriedade dos particulares (art. 764). São bens de domínio do poder público os que sejam pertencentes à Federação, aos Estados ou aos Municípios (art. 765). Os bens de domínio do poder público são regidos pelas disposições do Código Civilista, ressalvadas disposições contrárias em leis especiais (art. 766). Os bens de domínio do poder público dividem-se em bens de uso comum, bens destinados a um serviço público e bens próprios (art. 767).

Tendo em vista a natureza e finalidade que ostentam, os bens de uso comum são inalienáveis e imprescritíveis, podendo-se fazer uso todos os habitantes, atendidas apenas as restrições estabelecidas em lei. Todavia, para o aproveitamento especial dos referidos bens é necessário obter concessão, outorgada em conformidade com os requisitos previstos nas respectivas leis (art. 768). As pessoas que impedirem o aproveitamento dos bens de uso comum ficarão sujeitos às penas correspondentes, inclusive o pagamento de danos por prejuízos causados ou pela perda de obras em decorrência de sua conduta (art. 769).

Os bens destinados a um serviço e os bens próprios pertencem em pleno domínio da Federação, dos Estados ou dos Municípios; mas os primeiros são inalienáveis e imprescritíveis, desde que não sejam desvinculados do serviço público a que se destinam (art. 770). Quando, nos termos da lei, uma via pública possa ser alienada, os proprietários dos imóveis contíguos gozarão do direito de acordo com a parte que lhes corresponda, de cujo efeito será notificado da alienação. O direito em apreço deve ser exercido precisamente dentro de oito dias seguidos do aviso. Quando esse comunicado não ocorrer, os adjacentes poderão solicitar a rescisão do contrato no prazo de seis meses a partir da sua celebração (art. 771)[8].

Afora a previsão contida na noma civilista, a temática concernente aos bens públicos é tratada pela *Ley de Bienes del Estado de México y de sus Municipios* (Decreto nº 159). Essa lei é ordem pública – aplicável aos poderes Executivo, Legislativo e Judiciário – e tem por objetivo regular o registro, a destinação, a administração, o controle, a posse, o uso, a exploração, a alienação e a destinação final do patrimônio do Estado do México e seus municípios (arts. 1º e 2º).

No que alude à competência, incumbe ao Poder Executivo estadual e municipal, por intermédio de sua Secretaria de Finanças da Fazenda: i – a elaboração do registro de bens do domínio público e privado do Estado e das municipalidades; ii – declarar quando determinado bem faz parte do domínio público; iii – determinar quando um bem de domínio privado é incorporada ao domínio público; iv – afetar os bens ao domínio público do Estado ou dos Municípios; v – desafetar do domínio público os bens quando estes não sejam necessários, de acordo com o previsto no artigo 61, seção XXXVI da Constituição Política; vi – desincorporar bens estaduais ou municipais, de

---

8. MÉXICO. *Código Civil Federal*. Cámara de Diputados del H.Congreso de La Unión. Disponível em: https://mexico.justia.com/federales/codigos/codigo-civil-federal/gdoc/. Acesso em: 22 set. 2021.

acordo com o disposto no Artigo 61, seção XXXVI da Constituição Política do Estado Livre e Soberano do México; vii – incorporar ao domínio público os bens dos organismos auxiliares quando estes estiverem estão em liquidação, ou não sejam necessários para o cumprimento do objetivo social a que tenham sido atribuídos; viii – autorizar a mudança de uso ou destinação de bens de domínio público, assim como a substituição dos usuários, quando atender às necessidades da administração pública estadual ou municipal; ix – adquirir bens imóveis ou celebrar atos jurídicos que impliquem a transferência por título bens onerosos ou gratuito dos bens de domínio privado, conforme o disposto no artigo 61, inciso XXXVI da Constituição Política do Estado; x – outorgar concessões, autorizações, permissões ou licenças sobre bens de domínio público ou privado, ressalvadas as previstas no art. 9º Bis desta Lei; xi – recuperar administrativamente os bens do domínio público quando o uso ou destino para o qual foram afetados forem substituído ao usuário sem autorização; xii – remover os bens do domínio público quando eles não fizerem mais parte dele, cancelando a inscrição no Registo Administrativo da Propriedade Pública correspondente e solicitar ao Registro Público da Propriedade o cancelamento da respectiva inscrição; xiii – lavrar o Registro Administrativo da Propriedade Pública Estadual ou Municipal, respectivamente; xiv – ditar as normas que deverão ser adotadas na vigilância, cuidado, administração e uso de bens do domínio público e privado; xv – elaborar um programa de utilização dos bens que integram o patrimônio estadual ou municipal; e xvi – emitir as disposições administrativas para cumprimento desta lei. Para o exercício das atribuições acima, os Secretários da Fazenda e dos Municípios emitirão o respectivo convênio, o qual deve estar devidamente fundamentado e motivado (art. 5).

Ademais, é de responsabilidade do Poder Executivo estadual e municipal, através da Secretaria de Educação: i – proteger, manter e aumentar o património cultural imobiliário, artístico e histórico do Estado ou dos municípios, assim como manter o seu registo; e ii – avaliar, determinar e dar seguimento aos pedidos de alienação ou utilização de bens imóveis que integram o patrimônio estatal ou municipal, que sejam apresentados por associações civis e instituições de assistência privada, para serem destinados ao desenvolvimento de atividades de conteúdo social e de apoio à comunidade, em conformidade com as disposições da Constituição particular do Estado (art. 8)[9].

Os bens do domínio público do Estado e dos municípios sujeitam-se exclusivamente à jurisdição e competência dos governos estaduais e municipais (art. 21). Os bens do domínio público são inalienáveis, imprescritíveis, impenhoráveis e não se submetem à gravame ou afetação de domínio algum, inclusive ação reivindicatória ou possessória, seja definitiva ou provisória. Os órgãos de governo e os particulares somente podem adquirir direitos sobre o uso, aproveitamento e exploração destes bens quando a lei

---

9. MÉXICO. *Ley de Bienes del Estado de México y de sus Municipios*. Decreto Numero 159. Gobierno del Estado de México. Publicada en el Periódico Oficial "Gaceta del Gobierno" el 7 de marzo de 2000. Última reforma POGG 29 de septiembre de 2020. Disponível em: http://legislacion.edomex.gob.mx/sites/legislacion.edomex. gob.mx/files/files/pdf/ley/vig/leyvig085.pdf. Acesso em: 22 set. 2021.

estabelecer nesse sentido. O aproveitamento acidental ou acessório compatíveis com a natureza destes bens, como a venda de frutos, rege-se pelas disposições de direito privado (art. 22)

Como forma de proteger as coisas sujeitas ao domínio público, não pode impor-se servidões alguma sobre os bens de domínio público, nos termos da legislação civil. Os direitos de trânsito, visita e outros semelhantes sobre estas propriedades são regidas exclusivamente pelas leis e regulamentos administrativos (art. 23).

Serão nulos de pleno direito os atos que constituam ou inscrevam gravames sobre bens de domínio público. A violação a este preceito sujeita o infrator às sanções previstas na Lei de Responsabilidades dos Funcionários Públicos do Estado e dos Municípios (art. 24).

Não perdem seu caráter de bens de domínio público os que, estando destinados a um serviço público, ainda que de fato ou de direito, forem aproveitados temporariamente, em todo ou em parte, em outro objeto que não possa considerar-se como serviço público até a autoridade competente resolva o processo (art. 25).

Somente poderão ser outorgadas concessões, autorizações, permissões ou licenças sobre bens de domínio público quando concorram causas de interesse público ou nos casos especificados por lei (art. 26). Os órgãos dos poderes públicos do Estado e dos Municípios que tenham destinados ou cedidos bens do domínio público não poderão praticar qualquer ato de disposição, desafetação, mudança de destino ou de usuário, nem conferir direitos de uso, exploração e exploração sem a autorização da autoridade competente. O incumprimento ensejará a nulidade de pleno direito do ato respectivo e a autoridade competente poderá proceder à recuperação administrativa do imóvel sem necessidade de declaração judicial ou administrativa alguma (art. 27).

Além disso, a *Ley de Bienes del Estado* mexicano também trata do regime jurídico dos bens de domínio privado pertencentes aos entes estatais, nos termos do art. 28 ao 43. Dessa forma, os bens de propriedade privada da unidade regional ou municipal serão utilizados ao serviço de suas competências, isto é, para o desenvolvimento das suas atividades, desde que não sejam declarados bens de uso comum ou destinados a serviço público. Os bens do domínio privado do Estado e Municípios são impenhoráveis e imprescritíveis. Todavia, os bens móveis do domínio privado do Estado e dos Municípios são penhoráveis e prescritíveis nos termos do Código Civil do Estado do México, mas no caso de prescrição, os prazos para seu funcionamento serão duplicados.

De acordo com o disposto nesta lei, uma vez realizada a desincorporação, os bens imóveis do domínio privado do Estado ou Municípios podem ser objeto dos seguintes atos jurídico: I – Transmissão de domínio a título oneroso ou gratuito, de conformidade com os critérios que determine a Secretaria de Finanças ou a respectiva Secretaria Municipal, em favor das entidades responsáveis pelo desenvolvimento de programas de interesse social para atender a necessidades coletivas; II – Permuta, com entidades públicas ou com particulares, por outras que, devido à sua localização, características e aptidões, satisfaçam as necessidades públicas; III – Alienação a título oneroso para a aquisição de outros bens imóveis necessários para a prestação dos serviços a cargo dos poderes do Estado e dos Municípios, ou para o pagamento de passivos; IV – Doação em favor da federação, dos estados ou dos municípios, para que utilizem os bens imóveis na prestação de serviços públicos. IV – Doação em favor da federação, dos estados ou dos municípios, para que possam utilizar os bens imóveis para a prestação de serviços públicos; V – Doação em favor de associações e instituições privadas que desenvolvem atividades de interesse social e não tenham fins lucrativos; VI – Alienação a título oneroso em favor de pessoas físicas ou jurídicas que necessitem destes imóveis para a criação, promoção ou conservação de uma empresa que beneficie a coletividade; VII – Dação em pagamento a título de indemnização, nos termos previstos pela Lei de Expropriação do Estado do México. Para efeitos de contratos de comodato sobre bens do domínio privado, não deve ser efetuada a desincorporação de tais bens, no que diz respeito ao património imobiliário do Governo do Estado do México (art. 28 a 31).

Registre-se que em nenhum caso poderão ser realizadas transações com imóveis no domínio privado estatal ou municipal que impliquem transferência de propriedade a favor de funcionários públicos que tenham intervindo no respectivo procedimento ou operação, os seus cônjuges, parentes consanguíneos ou por afinidade até ao quarto grau ou civil ou de terceiros com os quais tenham laços comerciais. Nas operações translativas de domínio, o valor dos bens imóveis não poderá ser inferior à avaliação determinada pelo determinado pelo Instituto de Informação, Pesquisa Geográfica, Estatística e Cadastral do Estado do México, salvo quando à juízo da autoridade competente reputar conveniente para a Administração Pública proceder à operação, caso em que a transferência deverá ocorrer de acordo com o que fora devidamente fundamentado e motivado. (art. 32). Nos contratos de permuta de bens imóveis no domínio privado ou municipal, deverá ser indicado suficientemente a necessidade do intercâmbio e o benefício social que a operação proporcionará ao Estado ou aos Municípios (art. 33).

Impende mencionar as disposições comuns que incidem sobre os bens de domínio público ou privado. Primeiramente, os bens imóveis de domínio público e privado serão destinados ou cedidos para o uso exclusivo dos poderes do Estado e dos Municípios que tenham incumbência de prestar determinado serviço, sendo os referidos bens um instrumento para a realização da função pública. Não obstante, podem ser concedidos aos particulares o uso e o aproveitamento de bens imóveis do domínio público e privado mediante concessão, autorização, permissão ou licença, de acordo com as respectivas disposições regulamentares (art. 44).

Ademais, os servidores públicos e os particulares devem abster-se de ocupar e habitar em benefício próprio os imóveis pertencentes ao Estado e aos Municípios. Esta disposição não se aplica quando se tratar de pessoas que, devido à função do imóvel, devam habitá-lo ou ocupá-lo, ou de servidores públicos que em razão do exercício de seu cargo, seja necessário que habitem nos imóveis. É de responsabilidade dos órgãos e entidades públicas que possuem os imóveis a observância e aplicação deste preceito (art. 46). Outrossim, os tribunais do Estado do México conhecerão dos juízos administrativos, civis ou penais que digam respeito a bens de domínio público ou privado do Estado e dos Municípios (art. 47)[10].

A *Ley de Bienes del Estado* trata ainda dos procedimentos administrativos relacionados aos bens de domínio público. A "incorporação" é o ato pelo qual se decide integrar um bem ao patrimônio público. A "desincorporação" consiste no ato pelo qual um bem é excluído do patrimônio público. "Afetação" traduz-se no ato pelo qual se determina o uso ou o destino do bem que se incorpora ao domínio público. "Desafetação" é ato pelo qual se determina que o bem deixou de ter o uso ou destinação que justificou a incorporação ao domínio público, de modo a fazer parte do domínio privado. "Mudança de uso ou destino" consiste no ato pelo qual se modifica o uso ou destino de um bem de domínio público. "Mudança de usuário" é o ato pelo qual se modifica o usuário de um bem de domínio público. Por derradeiro, o "destino final" constitui o ato por meio do qual a autoridade administrativa competente determina a aplicação final de bens sujeitos à desincorporação do patrimônio estatal ou municipais (art. 48).

Para tanto, a realização desses atos requer que os mesmos sejam documentados mediante acordo administrativo, atendidos ainda os seguintes requisitos: i – serem emitido pelo Secretário de Finanças estadual ou pela respectiva autoridade municipal; ii – estarem fundamentados e motivados (art. 49).

Nos acordos de desincorporação do governo do Estado, deve haver a aprovação prévia do Grupo Intersecretarial de Financiamento de Despesas (art. 50). Os acordos de afetação de bens do domínio público deverão atender as características e vocação de aproveitamento do bem, a compatibilidade entre o uso para se requer e a atribuições indicadas nas respectivas leis e regulamentos (art. 51). Para modificar o uso, o destino ou o usuário de bens de domínio público, os poderes Legislativo e Judiciário informarão ao Executivo do Estado para que a Secretaria de Fazenda realize os atos jurídicos que se requerem (art. 53).

Assente-se ainda a existência do "Sistema de Informação Imobiliária", a cargo das Secretarias de Finanças estaduais e municipais, que têm por escopo integrar os dados de identificação física e antecedentes jurídicos, registrais e administrativos dos imóveis de propriedade do Estado e dos Municípios. Os sistemas de informação imobiliária devem coletar e manter atualizados as avaliações, os dados, os documentos e os relatórios necessários para a plena identificação dos imóveis de propriedade estadual e municipal. Os poderes Legislativo e Judiciário, seus órgãos auxiliares e entidades da administração pública estadual ou municipal, assim como instituições privadas que utilizem ou tenham sob sua guarda bem imóvel de propriedade estadual ou municipal,

---

10. MÉXICO. *Ley de Bienes del Estado de México y de sus Municipios*. Decreto Numero 159. Gobierno del Estado de México. Publicada en el Periódico Oficial "Gaceta del Gobierno" el 7 de marzo de 2000. Última reforma POGG 29 de septiembre de 2020. Disponível em: http://legislacion.edomex.gob.mx/sites/legislacion.edomex. gob.mx/files/files/pdf/ley/vig/leyvig085.pdf. Acesso em: 22 set. 2021.

deverão providenciar à Secretaria das Finanças ou à respectiva Secretaria municipal as informações, os dados e os documentos que lhe forem requeridos (arts. 58 a 61).

O Poder Executivo do Estado, por condução de sua Secretaria de Finanças e dos Municípios, levará a registro da propriedade de bens do domínio público e do domínio privado que denominará Registro Administrativo da propriedade Pública Estatal ou Municipal, segundo corresponda. No Registro Administrativo da Propriedade Pública Estadual ou Municipal, segundo corresponda, serão inscritos: I – os títulos e documentos pelos quais é adquirido, transmitido, gravado, modificado, afetado ou extinguido o domínio, posse e outros direitos reais sobre os bens imóveis do Estado ou dos Municípios; II – os decretos que determinem a desapropriação de bens quando estes forem incorporados ao domínio público do Estado ou Municípios; III – as adjudicações a favor do Estado ou dos Municípios ditadas em procedimentos administrativos de execução; IV – os confiscos decretados pela autoridade judicial; V – as concessões, autorizações, permissões ou licenças sobre imóveis de propriedade estadual ou municipal; VI – as resoluções ou sentenças emitidos pelas autoridades jurisdicionais relacionadas com imóveis do Estado ou dos Municípios; VII – os convênios administrativos que produzam algum dos efeitos mencionados no inciso I mencionado anteriormente; VIII – os decretos e acordos que incorporem ou desincorporem do domínio público bens imóveis; IX – os acordos pelos quais se modifique a afetação ou se substitua os usuários dos bens de domínio público; e X – os demais atos que de acordo com esta lei devam ser registrados (arts. 62 e 63).

Finalmente, norma em apreço também prevê sanção em caso de recusa na devolução do bem de domínio público. Dessa forma, será sancionado com pena privativa de liberdade de 1 a 5 anos e multa – de 150 a 500 vezes o valor diário da Unidade de Medição e Atualização vigente – quem, concluído o prazo de outorga da concessão, permissão ou autorização para exploração, uso ou aproveitamento de um bem do domínio público, não o devolver à autoridade competente no prazo de 30 dias seguintes ao requerimento administrativo formulado. A mesma pena será imposta a quem sabendo que um bem é do domínio público estadual ou municipal, explora, usa ou aproveita sem ter obtido a concessão, autorização ou a respectiva permissão ou não tiver celebrado o contrato necessário com a autoridade competente (arts. 72 e 73)[11].

1.4 PORTUGAL

Na lição de Menezes Cordeiro, os bens do Estado português eram, tradicionalmente, inseridos na rubrica dita como bens do Rei. "A categoria era heterogênea; ela abrangia, designadamente: – bens reais: todos os que pertencem ao Rei; – bens dominiais

---

11. MÉXICO. *Ley de Bienes del Estado de México y de sus Municipios*. Decreto Numero 159. Gobierno del Estado de México. Publicada en el Periódico Oficial "Gaceta del Gobierno" el 7 de marzo de 2000. Última reforma POGG 29 de septiembre de 2020. Disponível em: http://legislacion.edomex.gob.mx/sites/legislacion.edomex. gob.mx/files/files/pdf/ley/vig/leyvig085.pdf. Acesso em: 22 set. 2021.

ou fiscais: os vacantes, os confiscados a condenados ou os deixados a pessoa indigna; – bens da Coroa do Reino: caminhos públicos, rios perenes, portos de mar e de rios, ilhas adjacentes, desertos, matas maiores, tesouros, bens jacentes e, em geral todos os bens não ocupados por particulares; – direitos majestáticos: os que têm a ver com impostos e com a moeda; – erário régio: bens públicos do Estado, que se destinam a proteger a própria República e não à sustentação dos Imperantes. Interessa reter, deste elenco, os bens da Coroa do Reino: as Ordenações contêm uma enumeração muito significativa e que, hoje, se aproxima do domínio público (Or. Fil., Liv. II, Tít. XXVI, § 8 e seguintes)"[12].

Segundo Marcello Caetano, no direito português o caráter público das coisas resulta exclusivamente da lei, ou seja, a lei é que indicará a utilidade pública inerente das coisas, resultante do princípio da publicidade e da legalidade. "A razão porque a lei confere esse caráter a certas categorias de bens na utilidade pública inerente à natureza desses bens ou no fato de se reputar que eles só sob o regime jurídico da propriedade pública desempenharão cabalmente a função de utilidade coletiva a que sejam destinados. A designação das coisas públicas pode fazer-se por *enumeração específica* das diversas categorias de coisas, ou segundo certos índices de utilidade pública inerente. No nosso Direito positivo adotou-se o sistema da enumeração específica completada pela menção de um índice que se reputou evidente. A enumeração compreende bens cuja utilidade pública se conhece através de vários índices; o índice evidente cuja existência logo denota publicidade é o <<uso direto e imediato do público>>. Só quando exista este índice evidente é que a lei permite que o intérprete considere públicas coisas não enumeradas categoricamente como tais por disposição legal"[13].

Assim, em atenção à doutrina que propugna a normatização dos bens públicos, a figura do domínio público é tratada expressamente pela Constituição de 1976, dispondo nos seguintes termos: "Artigo 84 – Domínio público 1. Pertencem ao domínio público: a) As águas territoriais com os seus leitos e os fundos marinhos contíguos, bem como os lagos, lagoas e cursos de água navegáveis ou flutuáveis, com os respetivos leitos; b) As camadas aéreas superiores ao território acima do limite reconhecido ao proprietário ou superficiário; c) Os jazigos minerais, as nascentes de águas mineromedicinais, as cavidades naturais subterrâneas existentes no subsolo, com exceção das rochas, terras comuns e outros materiais habitualmente usados na construção; d) As estradas; e) As linhas férreas nacionais; f) Outros bens como tal classificados por lei. 2. A lei define quais os bens que integram o domínio público do Estado, o domínio público das regiões autónomas e o domínio público das autarquias locais, bem como o seu regime, condições de utilização e limites".

Como se vê, o domínio público em Portugal refere-se às coisas naturais (produto da natureza) ou coisas artificiais (produto da ação do homem) que tenha interesse coletivo.

---

12. CORDEIRO, António Menezes. *Tratado de direito civil III*. Parte Geral – Coisas. 4. ed. Coimbra: Almedina, 2019, p. 69.
13. CAETANO, Marcello. *Manual de direito administrativo*. 7. ed. Lisboa: Coimbra, 1965, p. 197-198.

Além dos bens de domínio público especificados no texto constitucional, a lei pode classificar outros bens como integrante do domínio público, conforme o art. 1º, "f" do art. 84 da Constituição Portuguesa. Ademais, cabe à lei definir o regime jurídico dos bens que integram o domínio público, como também compete-lhe definir as condições de uso e limites sobre tais bens, nos termos do art. 84, 2, da Lei Maior Portuguesa[14].

O domínio público também é previsto genericamente no Código Civil, que considera como coisas fora do comércio aquelas que não possam ser objeto de direitos privados, nos termos do art. 202: "1. Diz-se coisa tudo aquilo que pode ser objeto de relações jurídicas. 2. Consideram-se, porém, fora do comércio todas as coisas que não podem ser objeto de direitos privados, tais como as que se encontram no domínio público e as que são, por sua natureza, insusceptíveis de apropriação individual"[15].

De acordo com Afonso Alves e Carvalho, "o conjunto das coisas e direitos públicos pertencentes à Administração formam o *domínio público*, objectivamente considerado. Por isso as coisas públicas são também denominadas bens de domínio público. De salientar, ainda, que também fazem parte do domínio público os direitos da Administração sobre as coisas particulares, nomeadamente, as servidões administrativas (Caetano, 1990). Das múltiplas definições de bens de domínio público encontradas na doutrina, podemos apresentar a seguinte: – '1 – Conjunto das coisas que, pertencendo a uma pessoa colectiva de direito público de população e território, são submetidas por lei, dado o fim de utilidade pública a que se encontram afectadas, a um regime jurídico especial caracterizado fundamentalmente pela sua incomerciabilidade, em ordem a preservar a produção dessa utilidade pública (acepção objectiva). 2 – Conjunto de normas que definem e regulam os direitos que se exercem sobre as coisas públicas (acepção institucional)' (Fernandes, 1991:166)".

No que tange ao objeto do domínio público, "as coisas devem ser classificadas como públicas atendendo ao fim a que se destinam e de acordo com as características que apresentam. Neste sentido, a doutrina tem-se dividido e, diversos autores advogam quais os critérios a que os bens devem obedecer para que se possam considerar do domínio público. Os critérios, bem como os respectivos autores, são os seguintes (Moreira, 1931): 1 – São dominiais os bens afectos ao uso imediato do público e insusceptíveis de propriedade privada (Bérthélemy); 2 – São dominiais os bens afectos ao uso do público ou aos serviços públicos. Critério de uso público directo ou indirecto (Hauriou); 3 – São dominiais os bens que desempenham o papel principal em serviços públicos essenciais (Jèze); 4 – São dominiais os bens particularmente adoptados ao funcionamento de um serviço público ou à satisfação de uma necessidade pública e

---

14. PORTUGAL. *Constituição da República Portuguesa*. VII Revisão Constitucional de 2005. Assembleia da República. Disponível em: https://www.parlamento.pt/Legislacao/Paginas/ConstituicaoRepublicaPortuguesa. aspx. Acesso em: 11 mar. 2021.

15. PORTUGAL. DRE – Diário da República Eletrónico. *Código Civil*. Decreto-Lei nº 47344. Disponível em: https://dre.pt/web/guest/legislacao-consolidada/-/lc/147103599/202109242019/73905658/diploma/indice. Acesso em: 24 set. 2021.

que não podem ser substituídos sem inconveniente (Waline); 5 – São dominiais os bens que por si só oferecem imediata utilidade pública na satisfação dos interesses sociais de maior gravidade (Otto Mayer)"[16].

Finalmente, segundo o Decreto-lei nº 477/80, que cria o inventário geral do patrimônio estatal, integram o domínio público do Estado: "a) As águas territoriais com os seus leitos, as águas marítimas interiores com os seus leitos e margens e a plataforma continental; b) Os lagos, lagoas e cursos de água navegáveis ou flutuáveis com os respectivos leitos e margens e, bem assim, os que por lei forem reconhecidos como aproveitáveis para produção de energia eléctrica ou para irrigação; c) Os outros bens do domínio público hídrico referidos no Decreto nº 5787-4I, de 10 de Maio de 1919, e no Decreto-lei nº 468/71, de 5 de Novembro; d) As valas abertas pelo Estado e as barragens de utilidade pública; e) Os portos artificiais e docas, os aeroportos e aeródromos de interesse público; f) As camadas aéreas superiores aos terrenos e às águas do domínio público, bem como as situadas sobre qualquer imóvel do domínio privado para além dos limites fixados na lei em benefício do proprietário do solo; g) Os jazigos minerais e petrolíferos, as nascentes de águas mineromedicinais, os recursos geotérmicos e outras riquezas naturais existentes no subsolo, com exclusão das rochas e terras comuns e dos materiais vulgarmente empregados nas construções; h) As linhas férreas de interesse público, as autoestradas e as estradas nacionais com os seus acessórios, obras de arte etc.; i) As obras e instalações militares, bem como as zonas territoriais reservadas para a defesa militar; j) Os navios da armada, as aeronaves militares e os carros de combate, bem como outro equipamento militar de natureza e durabilidade equivalentes; l) As linhas telegráficas e telefónicas, os cabos submarinos e as obras, canalizações e redes de distribuição pública de energia eléctrica; m) Os palácios, monumentos, museus, bibliotecas, arquivos e teatros nacionais, bem como os palácios escolhidos pelo Chefe do Estado para a Secretaria da Presidência e para a sua residência e das pessoas da sua família; n) Os direitos públicos sobre imóveis privados classificados ou de uso e fruição sobre quaisquer bens privados; o) As servidões administrativas e as restrições de utilidade pública ao direito de propriedade; p) Quaisquer outros bens do Estado sujeitos por lei ao regime do domínio público"[17].

1.5 SUÍÇA

Na Suíça, o domínio público é disciplinado tanto pela Constituição como pela legislação infraconstitucional.

A Constituição estabelece proteção ao domínio público natural (águas, florestas, animais – arts. 76 a 80); domínio público dos transportes (transporte público, estradas,

---

16. ALVES, Jorge Manuel Afonso; CARVALHO, João Baptista da Costa. Os bens de domínio público em Portugal. *XVII Jornadas Luso-Espanholas de Gestão Científica*. Ponta Delgada, 2009, p. 2. Disponível em: https://bibliotecadigital.ipb.pt/handle/10198/1557?mode=full.

17. PORTUGAL. DRE – Diário da República Eletrónico. Decreto-Lei nº 477/80. *Cria o inventário geral do patrimônio do Estado*. Disponível em: https://dre.pt/home/-/dre/462062/details/maximized. Acesso em: 24 set. 2021.

PARTE V • DOMÍNIO PÚBLICO NO DIREITO COMPARADO **493**

infraestrutura rodoviária e ferroviária, trânsito nos alpes, tráfego aéreo, via pedonal e ciclovias – arts. 81 a 88); domínio público energético (arts. 89 a 91) e das telecomunicações (arts. 92 e 93)[18].

No âmbito da legislação infraconstitucional, a *Loi sur le domaine public (LDP)*, de 04.02.1972, RSF 750.1, trata pormenorizadamente do assunto. O domínio público compreende os bens imóveis, móveis e direitos como regalias e monopólios. Todavia, determinadas matérias submetem-se à legislação especial, em particular a lei das estradas, a lei das águas e as normas relativas à caça, pesca, exploração de minas e das florestas (art. 1º). Os bens imóveis que constituam domínio público e as coisas abandonadas sujeitam-se ao poder de polícia do Estado (art. 2).

No que tange à titularidade, o *Estado* é o proprietário dos seguintes bens, ainda que sob o domínio público cantonal: 1 – dos imóveis afetados à administração pública; 2 – das coisas destinadas por natureza a uso comum, em particular as águas públicas; 3 – das coisas afetadas, por fato ou por decisão, para o uso comum e dispostas para esse fim, tais como estradas, praças, pontes, portos, e de maneira geral os meios de comunicação e obras; 4 – das coisas sem dono, na acepção do direito civil, sem prejuízo das regras relativas à aquisição por ocupação. Por sua vez, a *comuna* é proprietária sob o domínio público comunal: 1 – dos imóveis afetados à administração comunal; 2 – das coisas situadas no território da comuna, afetadas de fato ou por decisão da comuna, ao uso comum e as destinadas a certos fins, tais como estradas comunais, ruas, praças, pontes, de maneira geral as vias de comunicação do território comunal com ouros anexos e suas obras acessórias; 3 – de todas as coisas atribuídas pela lei (art. 3).

Considerando a natureza e a função que exercem, o domínio público é inalienável. Além disso, nenhuma coisa pública pode ser adquirida por prescrição. Assente-se que o titular do domínio público, na medida compatível com a finalidade e uso comum da coisa, poderá gravá-la com direitos reais limitados, a exemplo do direito de superfície e servidões (art. 7).

A responsabilidade do titular do domínio público é regulada pelo direito federal (art. 9). Os imóveis de domínio público serão registrados de acordo com a legislação sobre cadastro dos referidos bens. As estradas cantonais e municipais são inscritas em um cadastro rodoviário. Caberá ao Conselho de Estado emitir as prescrições relativas à manutenção deste cadastro (arts. 10 e 11). As margens ou praias de lagos e rios são de domínio público cantonal. O limite do domínio público corresponde ao limite máximo médio. O Conselho de Estado estabelecerá um inventário e um mapa das águas subterrâneas do domínio público, cabendo-lhe promulgar as disposições de implementação (arts. 12 e 13)[19].

---

18. SUÍÇA. *Constitution Fédérale de la Confédération Suisse*. Du 18 avril 1999 (Etat le 7 mars 2021). Le Conseil Fédéral. Disponível em: https://www.fedlex.admin.ch/eli/cc/1999/404/fr. Acesso em: 10 out. 2021.

19. SUÍÇA. *Loi sur le domaine public (LDP)*, du 04.02.1972 (version entrée en vigueur le 01.07.2012). RSF 750.1. Lex Find. Disponível em: https://www.lexfind.ch/fe/fr/tol/5327/fr. Acesso em: 24 set. 2021.

A *Loi sur le domaine public (LDP)* suíça também trata da afetação e desafetação das coisas destinadas ao domínio público, assim como estabelece disposições gerais e administrativas na utilização dos referidos bens. A norma elenca três modos de utilização das coisas públicas, consistentes no uso comum, maior uso e no uso privativo. No uso comum, qualquer pessoa pode, dentro dos limites das disposições legais e regulamentares, utilizar as coisas do domínio público que estão sujeitas ao uso comum de acordo com o seu destino ou finalidade. No uso maior uso de algo do domínio público, ocorre a sua utilização de forma mais intensa, seja ou não destinada a isso. Em razão disso, o uso deve ser compatibilizado com um mínimo de uso comum, de modo a permitir a fruição pela coletividade. Em regra geral, tal modalidade sujeita-se a autorização. Por sua vez, o uso privativo consiste na utilização exclusiva e durável da coisa de domínio público, estando sujeito à concessão (arts. 14 a 20).

No que alude à competência, as concessões e autorizações relativas ao domínio público cantonal são concedidos pela respectiva Administração. Igualmente, as concessões e autorizações de domínio público comunal são concedidas pelo Conselho Comunal (art. 21).

A autoridade competente decide levando em consideração o uso racional do domínio público. Ao apreciar a demanda, a autoridade competente pode rejeitar o pedido, adiar a sua decisão, impor condições e exigir garantias, em particular quando a concessão ou autorização for susceptível de infringir: a) a integridade, criação, exploração ou ampliação de obras públicas de interesse público; b) saúde pública; c) natureza e sítios; d) estabilidade da terra, fertilidade do solo, silvicultura e pesca; e) águas superficiais ou subterrâneas, incluindo os princípios de proteção dos recursos hídricos e das captações de água públicas definido no artigo 10° da Lei das Águas (arts. 24)[20].

Cabe à autoridade competente determinar os direitos e as obrigações do beneficiário no ato da outorga da concessão ou durante a emissão da autorização (art. 27). A responsabilidade do beneficiário e da autoridade entre si e em relação a terceiros é regulada por lei federal, podendo ainda o beneficiário ser obrigado, a qualquer tempo, a prestar garantias (art. 33).

Nos artigos 40 a 57, a *Loi sur le domaine public (LDP)* trata das águas públicas, lagos, águas correntes e nascentes, águas subterrâneas; além disso, dispõe sobre a utilização da água na produção de energia hidráulica, estando sujeito à concessão.

A lei trata ainda da autoridade competente para apreciar litígios relativos ao domínio público. Dessa forma, disputas que versem sobre bens pertencentes ao domínio público ou sobre a existência de direitos privados sobre são de competência tribunais civis comuns. As disputas entre a autoridade concedente e o concessionário serão resolvidas perante o Tribunal Cantonal (art. 59).

---

20. SUÍÇA. *Loi sur le domaine public (LDP)*, du 04.02.1972 (version entrée en vigueur le 1º.07.2012). RSF 750.1. Lex Find. Disponível em: https://www.lexfind.ch/fe/fr/tol/5327/fr. Acesso em: 24 set. 2021.

Por fim, a norma prevê sanção penal (contravenção), consistente em infringir o disposto desta lei ou nas suas normas de execução, também abrangida a figura do instigador e do cúmplice. A pena cominada é de multa, variando de 50 a 10.000 francos (art. 60). A obrigação de reparar o dano causado pela infracção subsiste sem prejuízo da condenação penal (art. 61)[21].

---

21. SUÍÇA. *Loi sur le domaine public (LDP)*, du 04.02.1972 (version entrée en vigueur le 1º.07.2012). RSF 750.1. Lex Find. Disponível em: https://www.lexfind.ch/fe/fr/tol/5327/fr. Acesso em: 24 set. 2021.

REFERÊNCIAS

ACCIOLY, Hildebrando. *Manual de Direito Internacional Público*. 11. ed. São Paulo: Saraiva, 1979.

AGÊNCIA BRASIL. *Brasil vive consolidação da energia nuclear, diz Bento Albuquerque*. Publicado em: 25.08.2021, 16:22, por Cristina Índio do Brasil. Disponível em: https://agenciabrasil.ebc.com.br/economia/noticia/2021-08/brasil-vive-consolidacao-da-energia-nuclear-diz-bento-albuquerque. Acesso em: 14 set. 2021.

AGU. Advocacia-Geral da União. *Parecer 00083/2020/NUCJUR/E*. Consultoria Jurídica da União Especializada Virtual de Patrimônio. Disponível em: https://www.gov.br/agu/pt-br/composicao/cgu/e--cjus/pareceres-referenciais-das-e-cjus/patrimonio-1/pareceres-2020-1/PARECERn.00083.2020. NUCJUR.ECJU.PATRIMNIO.CGU.AGU.pdf. Acesso em: 10 ago. 2022.

ALESSI, Renato. *Sistema Istituzionale del Diritto Amministrativo Italiano*. Seconda edizione. Milano: Dott. A. Giuffrè, 1958.

ALVES, Jorge Manuel Afonso; CARVALHO, João Baptista da Costa. Os bens de domínio público em Portugal. *XVII Jornadas Luso-Espanholas de Gestão Científica*. Ponta Delgada, 2009, p. 2. Disponível em: https://bibliotecadigital.ipb.pt/handle/10198/1557?mode=full.

ANA. Agência Nacional de Águas e Saneamento Básico. *As Regiões Hidrográficas*. Disponível em: https://www.gov.br/ana/pt-br/assuntos/gestao-das-aguas/panorama-das-aguas/regioes-hidrograficas. Acesso em: 02 mar. 2022.

ANAC. Agência Nacional de Aviação Civil. *Drones*. Disponível em: https://www.anac.gov.br/assuntos/paginas-tematicas/drones. Acesso em: 13 mar. 2021.

ANAC. Agência Nacional de Telecomunicações. Lei nº 13.116, de 20 de abril de 2015. *Estabelece normas gerais para implantação e compartilhamento da infraestrutura de telecomunicações*. Disponível em: https://www.anatel.gov.br/legislacao/leis/807-lei-13116.

ANATEL. Agência Nacional de Telecomunicações. *Panorama*. Disponível em: https://informacoes. anatel.gov.br/paineis/acessos/panorama. Acesso em: 20 set. 2021.

ANATEL. Agência Nacional de Telecomunicações. *Regulamentação*. Disponível em: https://informacoes.anatel.gov.br/paineis/regulamentacao. Acesso em: 20 set. 2021.

ANEEL. Agência Nacional de Energia Elétrica. *Análise de Impacto Regulatório*. Disponível em: https://www.aneel.gov.br/impacto-regulatorio. Acesso em: 15 set. 2021.

ANEEL. Agência Nacional de Energia Elétrica. *Regulação do Setor Elétrico*. Publicado: 1º.12.2015. Última modificação: 22.02.2017. Disponível em: https://www.aneel.gov.br/regulacao-do-setor--eletrico. Acesso em: 15 set. 2021.

ARÉVALO, Manuel Francisco Clavero. *La inalienabilidade del domínio público*. Sevilla: Editorial Universidad de Sevilla, 2016.

ARGENTINA. *Código Civil y Comercial de la Nación*. Ministerio de Justicia y Derechos Humanos. Aprobado por ley 26.994. Promulgado según decreto 1795/2014. Disponível em: http://www.saij. gob.ar/docs-f/codigo/Codigo_Civil_y_Comercial_de_la_Nacion.pdf. Acesso em: 21 set. 2021.

AUBERT, Jean-François. *Traité de Droit Constitutionnel Suisse*. Neuchâtel/Suisse: Ides Et Calendes, 1967.

AULETE, Caldas. *Dicionário contemporâneo da língua portuguesa*. 3. ed. Rio de Janeiro: Delta, 1974. v. I.

AULETE, Caldas. *Dicionário contemporâneo da língua portuguesa*. 3. ed. Rio de Janeiro: Delta, 1974. v. III.

AULETE, Caldas. *Dicionário contemporâneo da língua portuguesa*. 3. ed. Rio de Janeiro: Delta, 1974. v. IV.

AZEVEDO, Júlia. *Entenda o que é energia e quais seus tipos*. Energia. Disponível em: https://www.ecycle.com.br/energia/. Acesso em: 13 set. 2021.

BARBALHO, João U. C. *Constituição Federal brasileira. Commentários*. 2. ed. Rio de Janeiro: F. Briguiet e Cia Editores, 1924.

BAS, Arturo M. Conferencias. *Derecho Público Providencial*. Córdoba: F. Domenici, 1909.

BEVILAQUA, Clóvis. *Código Civil dos Estados Unidos do Brasil*. 5. ed. Rio de Janeiro: Editora Rio, 1980.

BIELSA, Rafael. *Derecho Administrativo*. Cuarta edición. Buenos Aires: El Ateneo, 1947. t. II.

BIELSA, Rafael. *Derecho Constitucional*. Terceira edición. Buenos Aires: Depalma, 1959.

BITTAR, Eduardo C. B. *Curso de ética jurídica*. Ética geral e profissional. 9. ed. São Paulo: Saraiva, 2012.

BNDES. Banco Nacional do Desenvolvimento Econômico e Social. *Privatização – Federais – Telecomunicações*. Última atualização em: 25.06.2009. Disponível em: https://www.bndes.gov.br/wps/portal/site/home/transparencia/desestatizacao/processos-encerrados/Privatizacao-Federais-Telecomunicacoes. Acesso em: 16 set. 2021.

BRANCO, Pércio de Moraes. Serviço geológico do Brasil – CPRM. *Metais preciosos*. Disponível em: http://www.cprm.gov.br/publique/CPRM-Divulga/Canal-Escola/Metais-Preciosos-1041.html . Acesso em: 19 ago. 2021.

BRANCO, Pércio de Moraes. Serviço Geológico do Brasil – CPRM. *O que são e como se formam os fósseis?* Disponível em: http://www.cprm.gov.br/publique/CPRM-Divulga/Canal-Escola/O-que-sao-e-como-se-formam-os-fosseis%3F-1048.html. Acesso em: 19 ago. 2021.

BRASIL. Força Aérea Brasileira. Ministério da Defesa. *Aviação de Transporte. Lançar, suprir, resgatar!* Disponível em: https://www.fab.mil.br/noticias/mostra/35861/AVIA%C3%87%C3%83O%20DE%20TRANSPORTE%20-%20Lan%C3%A7ar,%20Suprir,%20Resgatar! Acesso em: 28 fev. 2021.

BRASIL. Decreto nº 75.963, de 11 de julho de 1975. *Promulga o Tratado da Antártida*. Disponível em: http://www.planalto.gov.br/ccivil_03/decreto/1970-1979/d75963.htm. Acesso em: 28 fev. 2021.

BRASIL. Decreto nº 21.713, de 27 de agosto de 1946. *Promulga a Convenção sobre Aviação Civil Internacional, concluída em Chicago a 7 de dezembro de 1944 e firmado pelo Brasil, em Washington, a 29 de maio de 1945*. Disponível em: http://www.planalto.gov.br/ccivil_03/decreto/1930-1949/d21713.htm. Acesso em: 11 mar. 2021.

BRASIL. Decreto nº 5.705 de 2006. *Protocolo de omínioa sobre biossegurança da convenção sobre diversidade biológica*. Disponível em: http://www.planalto.gov.br/ccivil_03/_ato2004-2006/2006/decreto/d5705.htm. Acesso em: 12 ago. 2021.

BRASIL. Decreto-Lei nº 25, de 30 de novembro de 1937. *Organiza a proteção do patrimônio histórico e artístico nacional*. Disponível em: http://www.planalto.gov.br/ccivil_03/decreto-lei/del0025.htm. Acesso em: 27 fev. 2021.

BRASIL. Decreto-Lei nº 4.812, de 8 de outubro de 1942. *Dispõe sobre a requisição de bens imóveis e móveis, necessários às forças armadas e à defesa passiva da população, e dá outras providências.* Disponível em: http://www.planalto.gov.br/ccivil_03/decreto-lei/1937-1946/del4812.htm. Acesso em: 10 mar. 2021.

BRASIL. Decreto nº 5.753, de 12 de abril de 2006. *Promulga a Convenção para a salvaguarda do patrimô-nio cultural imaterial.* Disponível em: http://www.planalto.gov.br/ccivil_03/_ato2004-2006/2006/decreto/d5753.htm. Acesso em: 18 ago. 2021.

BRASIL. Decreto nº 5.910, de 27 de setembro de 2006. *Promulga a Convenção para a Unificação de Certas Regras Relativas ao Transporte Aéreo Internacional, celebrada em Montreal, em 28 de maio de 1999.* Disponível em: http://www.planalto.gov.br/ccivil_03/_ato2004-2006/2006/decreto/d5910.htm. Acesso em: 12 mar. 2021.

BRASIL. Decreto nº 9.406, de 12 de junho de 2018. *Regulamenta o Decreto-Lei nº 227, de 28 de fevereiro de 1967, a Lei nº 6.567, de 24 de setembro de 1978, a Lei nº 7.805, de 18 de julho de 1989, e a Lei nº 13.575, de 26 de dezembro de 2017.* Disponível em: https://www.in.gov.br/materia/-/asset_publisher/Kujrw0TZC2Mb/content/id/25406081/do1-2018-06-13-decreto-n-9-406-de-12-de-junho-de-2018-25405926.

BRASIL. Delegacia da Capitania dos Portos em Itajaí. *Terreno de Marinha.* Marinha do Brasil. Disponível em: https://www.marinha.mil.br/delitajai/terreno. Acesso em: 14 ago. 2022.

BRASIL. Lei nº 7.565, de 19 de dezembro de 1986. *Dispõe sobre o Código Brasileiro de Aeronáutica.* Disponível em: http://www.planalto.gov.br/ccivil_03/leis/l7565compilado.htm. Acesso em: 13 mar. 2021.

BRASIL. Decreto-Lei 9.760, de 5 de setembro de 1946. *Dispõe sobre os bens imóveis da União e dá outras providências.* Disponível em: http://www.planalto.gov.br/ccivil_03/decreto-lei/del9760.htm. Acesso em: 20 fev. 2021.

BRASIL. Decreto nº 64.362, de 17 de abril de 1969. *Promulga o Tratado sobre Exploração e Uso do Espaço Cósmico.* Disponível em: http://www.planalto.gov.br/ccivil_03/decreto/1950-1969/D64362.html. Acesso em: 10 mar. 2021.

BRASIL. Guia Geográfico. *Ilhas oceânicas do Brasil.* Disponível em: https://www.brasil-turismo.com/ilhas-oceanicas.htm. Acesso em: 10 ago. 2022.

BRASIL. Lei nº 601, de 18 de setembro de 1850. *Dispõe sobre as terras devolutas do Império.* Disponível em: http://www.planalto.gov.br/ccivil_03/leis/l0601-1850.htm. Acesso em: 20 fev. 2021.

BRASIL. Lei nº 6.383, de 7 de dezembro de 1976. *Dispõe sobre o processo discriminatório de terras devolutas da União, e dá outras providências.* Disponível em: http://www.planalto.gov.br/ccivil_03/leis/l6383.htm. Acesso em: 20 fev. 2021.

BRASIL. Lei nº 6.634, de 2 de maio de 1979. *Dispõe sobre a faixa de fronteira, altera o Decreto-lei nº 1.135, de 3 de dezembro de 1970, e dá outras providências.* Disponível em: http://www.planalto.gov.br/ccivil_03/leis/l6634.htm. Acesso em: 20 fev. 2021.

BRASIL. Força Aérea Brasileira. Ministério da Defesa. *Dia do correio aéreo nacional e da aviação de transporte.* Disponível em: https://www.fab.mil.br/noticias/mostra/32273/ORDEM%20DO%20DIA%20-%20Dia%20do%20Correio%20A%C3%A9reo%20Nacional%20e%20da%20Avia%-C3%A7%C3%A3o%20de%20Transporte. Acesso em: 28 fev. 2021.

BRASIL. Lei nº 4.263, de 14 de janeiro de 1921. *Regula as requisições militares.* Disponível em: http://www.planalto.gov.br/ccivil_03/LEIS/1901-1929/L4263.htm. Acesso em: 10 mar. 2021.

BRASIL. Ministério da Economia. *Terrenos de marinha*. Publicado em: 10.09.2020, 12h03. Disponível em: https://www.gov.br/economia/pt-br/assuntos/patrimonio-da-uniao/bens-da-uniao/terrenos-de-marinha. Acesso em: 14 ago. 2022.

BRASIL. Ministério da Economia. *Terrenos marginais*. Publicado em: 10.09.2020, 12h03. Disponível em: https://www.gov.br/economia/pt-br/assuntos/patrimonio-da-uniao/bens-da-uniao/terrenos-marginais. Acesso em: 10 ago. 2022.

CAETANO, Marcello. *Manual de direito administrativo*. 7. Ed. Lisboa: Coimbra, 1965.

CAMPOS, M. P. Siqueira. *As terras devolutas entre os bens públicos patrimoniais*. São Paulo: Imprensa Oficial do Estado, 1936.

CANOTILHO, J. J. Gomes; MENDES, Gilmar Ferreira; SARLET, Ingo Wolfgang; STRECK, Lenio Luiz. *Comentários à Constituição do Brasil*. 2. Ed. São Paulo: Saraiva, 2018.

CARVALHO FILHO, José dos Santos. *Manual de direito administrativo*. 23. Ed. Rio de Janeiro: Lumen Juris, 2010.

CASSAGNE, Juan Carlos; RIVA, Ignacio M. de La. Formación, trayectoria y significado actual del omínio público en la Argentina. Derecho Administrativo. *Revista de Doctrina, Jurisprudencia, Legislación y Práctica* n. 93. Buenos Aires: AbeledoPerrot, 2014.

CASTRO, Araújo. *A Constituição de 1937*. 2. ed. Rio de Janeiro: Freitas Bastos, 1941.

CAVALCANTI, Themistocles Brandão. *A Constituição Federal comentada*. 3ª. ed. Rio de Janeiro: Konfino, 1956. v. I.

CAVALCANTI, Themistocles Brandão. *Tratado de direito administrativo*. 4. ed. Rio de Janeiro: Freitas Bastos, 1960. v. III.

CHAVES DE FARIAS, Cristiano; ROSENVALD, Nelson. *Curso de direito civil. Direitos reais*. 10. ed. Salvador: JusPodivm, 2014. v. 5.

COCLIOLO, Pietro. *Filosofia del Diritto Privato*. Terza tiratura. Firenze: G. Barbèra, 1912.

COLLISCHONN, Walter; DORNELLES, Fernando. *Hidrologia para engenharia e ciências ambientais*. Porto Alegre: Associação Brasileira de Recursos Hídricos, 2015.

COOLEY, Thomas M. *The General Principles of Constitutional Law in the United States of America*. Boston: Little, Brown, 1880.

CORDEIRO, António Menezes. *Tratado de Direito Civil III*. Parte Geral – Coisas. 4. ed. Coimbra: Almedina, 2019.

CORDOVIL, Leonor Augusta Giovine. *A intervenção estatal nas telecomunicações*. A visão do direito econômico. Belo Horizonte: Fórum, 2005.

CORSO, Giovanni. Enciclopedia Italiana (1931) e Enciclopedia Italiana – II Appendice (1948). *Demanio*. Treccani. Disponível em: https://www.treccani.it/enciclopedia/demanio_%28Enciclopedia-Italiana%29/ e https://www.treccani.it/enciclopedia/demanio_res-9ae3e832-87e5-11dc-8e-9d-0016357eee51_%28Enciclopedia-Italiana%29/. Acesso em: 12 out. 2021.

CPRM. Companhia de Pesquisa de Recursos Minerais. *Serviço Geológico do Brasil*. CPRM. Disponível em: https://www.cprm.gov.br/publique/Geologia/Apresentacao-202. Acesso em: 19 ago. 2021.

CPRM. Companhia de Pesquisa de Recursos Minerais. *Economia mineral e geologia exploratória.* Disponível em: https://www.cprm.gov.br/publique/Recursos-Minerais/Economia-Mineral-e--Geologia-Exploratoria-31. Acesso em: 19 ago. 2021.

CPRM. Companhia de Pesquisa de Recursos Minerais. Serviço geológico do Brasil. *Patrimônio geológico.* Disponível em: http://www.cprm.gov.br/publique/Gestao-Territorial/Gestao-Territorial/Patrimonio-Geologico-5419.html. Acesso em: 19 ago. 2021.

CPRM. Companhia de Pesquisa de Recursos Minerais. *Serviço Geológico do Brasil.* Estrutura Interna da Terra. Disponível em: http://www.cprm.gov.br/publique/CPRM-Divulga/Canal-Escola/Estrutura-Interna-da-Terra-1266.html. Acesso em: 19 ago. 2021.

CPRM. Companhia de Pesquisa de Recursos Minerais. *Apresentação.* Disponível em: https://www.cprm.gov.br/publique/Recursos-Minerais/Apresentacao-58. Acesso em: 19 ago. 2021.

CRETELLA JÚNIOR, José. *Comentários à Constituição Brasileira de 1988.* 2. ed. Rio de Janeiro: Forense Universitária, 1992.

CRETELLA JÚNIOR, José. *Tratado do domínio público.* Rio de Janeiro: Forense, 1984.

DINIZ, Maria Helena. *Dicionário jurídico.* São Paulo: Saraiva, 1998. v. 1.

DINIZ, Maria Helena. *Dicionário jurídico.* São Paulo: Saraiva, 1998. v. 2.

DINIZ, Maria Helena. *Dicionário jurídico.* São Paulo: Saraiva, 1998. v. 3.

DINIZ, Maria Helena. *Dicionário jurídico.* São Paulo: Saraiva, 1998. v. 4.

DI PIETRO, Maria Sylvia Zanella. *Direito administrativo.* 26. ed. São Paulo: Atlas, 2013.

DUGUIT, Léon. *Traité de Droit Constitutionnel.* Tome Troisième. La Théorie Générale de L'État. Paris: Fontemoing, 1923.

DW. Deutsche Welle. *Brasil volta a apostar em energia nuclear.* Autoria Cristiane Ramalho. Data 28.06.2021. Disponível em: https://www.dw.com/pt-br/brasil-volta-a-apostar-em-energia-nuclear/a-58066100. Acesso em: 14 set. 2021.

ESPÍRITO SANTO, Governo do Estado. Secretaria de Estado da Agricultura, Abastecimento, Aquicultura e Pesca (SEAG). Instituto de Defesa Agropecuária e Florestal do Espírito Santo (IDAF). *Regularização de terra devoluta.* Disponível em: https://idaf.es.gov.br/regularizacao-de-terra-devoluta. Acesso em: 20 fev. 2021.

EXÉRCITO BRASILEIRO. Mistério da Defesa. *Armas, quadros e serviços.* Disponível em: https://www.eb.mil.br/armas-quadros-e-servicos. Acesso em: 20 fev. 2021. Acesso em: 28 fev. 2021.

EXÉRCITO BRASILEIRO. Ministério da Defesa. *Fim da missão das Nações Unidas para estabilização no Haiti.* Publicado em: 1º nov. 2017. Disponível em: http://www.eb.mil.br/web/noticias/noticiario-do-exercito/-/asset_publisher/MjaG93KcunQI/content/fim-da-missao-das-nacoes-unidas--para-estabilizacao-no-haiti. Acesso em: 28 fev. 2021.

EXÉRCITO BRASILEIRO. Ministério da Defesa. *Primeira força de emergência das nações unidas – UNEF I.* Disponível em: http://www.eb.mil.br/unef-i. Acesso em: 1º mar. 2021.

FARIA, Ana Claudia Trindade de Coutinho; SILVA, Ítalo Batista da. *Glossário etimológico de física.* Instituto Federal do Rio Grande do Norte. Natal: Editora IFRN, 2019.

FEITOSA, Fernando A. C.; MANOEL FILHO, João; FEITOSA, Edilton Carneiro; DEMÉTRIO, J. Geilson A. *hidrogeologia*: conceito e aplicações. 3. ed. Rio de Janeiro: CPRM, 2008.

FERREIRA FILHO, Manoel Gonçalves. *Comentários à Constituição Brasileira* (Emenda Constitucional 1, de 17.10.1969, com as alterações introduzidas pelas Emendas Constitucionais até a de 22, de 29.06.1982). 4. ed. São Paulo: Saraiva, 1983.

FERREIRA FILHO, Manoel Gonçalves. *Comentários à Constituição brasileira de 1988*. 2. ed. São Paulo: Saraiva, 1997. v. 1 – Arts. 1º a 103.

FERREIRA, Pinto. *Comentários à Constituição brasileira*. São Paulo: Saraiva, 1989. 1º v.

FERREIRA, Pinto. *Comentários à Constituição Brasileira*. São Paulo: Saraiva, 1992. 5º v.

FIOCRUZ. Fundação Oswaldo Cruz. *Acesso ao patrimônio genético e ao conhecimento tradicional associado*. Disponível em: https://portal.fiocruz.br/acesso-ao-patrimonio-genetico-e-ao-conhecimento-tradicional-associado. Acesso em: 11 ago. 2021.

FIORILLO, Celso Antônio Pacheco. *Curso de direito ambiental brasileiro*. 12. ed. São Paulo: Saraiva, 2011.

FORÇA AÉREA. Ministério da Defesa. *Dia do Correio Aéreo Nacional e da Aviação de Transporte.* Disponível em: https://www.fab.mil.br/noticias/mostra/32273/ORDEM%20DO%20DIA%20-%20Dia%20do%20Correio%20A%C3%A9reo%20Nacional%20e%20da%20Avia%C3%A7%-C3%A3o%20de%20Transporte. Acesso em: 28 fev. 2021.

FORÇA AÉREA. Ministério da Defesa. *Aviação de Transporte. Lançar, suprir, resgatar!* Disponível em: https://www.fab.mil.br/noticias/mostra/35861/AVIA%C3%87%C3%83O%20DE%20TRANS-PORTE%20-%20Lan%C3%A7ar,%20Suprir,%20Resgatar! Acesso em: 28 fev. 2021.

FORSTHOFF, Ernst. *Tratado de Derecho Administrativo*. Madrid: Instituto de Estudios Politicos, 1958.

FREIRE, William. *Características da mineração e seus reflexos no direito minerário*. Janeiro de 2012. Artigos. Disponível em: https://williamfreire.com.br/publicacoes/artigos/caracteristicas-da-mineracao-e-seus-reflexos-no-direito-minerario/. Acesso em: 11 set. 2021.

FRIEDRICH, Carl J. *Teoría y realidad de la organización constitucional democrática*. Título en inglés: "Constitutional Goverment and Democracy". Pánuco/México: Fondo de Cultura Economica, 1946.

GASPARINI, Diógenes. *Direito administrativo*. 17. ed. São Paulo: Saraiva, 2012.

GOFF, Jacques Le. *História e memória*. Campinas, SP: Editora da UNICAMP, 1990.

GOMES, Orlando. *Direitos reais*. Atual. Luiz Edson Fachin. 19. ed. Rio de Janeiro: Forense, 2008.

GOMES, Orlando. *Introdução ao Direito Civil*. 19. ed. Atual. Edvaldo Brito e Reginalda Paranhos de Brito. Rio de Janeiro: Forense, 2008.

GONZÁLEZ-CALDERÓN, Juan A. *Derecho Constitucional Argentino*. Buenos Aires: J. Lajouane, 1923. t. III.

GOV.BR. Governo do Brasil. *Brasil avança no setor de biocombustíveis*. Entrevista. Publicado em: 12.07.2021, 19h07. Disponível em: https://www.gov.br/pt-br/noticias/energia-minerais-e-combustiveis/2021/07/brasil-avanca-no-setor-de-biocombustiveis. Acesso em: 15 set. 2021.

GOV.BR. Governo do Brasil. *Entenda como a matriz elétrica brasileira está mudando*. Publicado em: 30.08.2021, 12h03. Disponível: https://www.gov.br/pt-br/noticias/energia-minerais-e-combustiveis/2021/08/entenda-como-a-matriz-eletrica-brasileira-esta-mudando. Acesso em: 13 set. 2021.

GOV.BR. Governo Federal. Ministério da Economia. *Terrenos da Marinha*. Publicado em 10/09/2020. Disponível em: https://www.gov.br/economia/pt-br/assuntos/patrimonio-da-uniao/bens-da-uniao/terrenos-de-marinha. Acesso em: 14 fe. 2021.

GUEDÓN, Sonsoles Arias. *Las Constituciones de los Länder de la República Federal de Alemania.* Madrid: Centro de Estudios Políticos y Constitucinales, 2016.

GUERRA, Antônio Teixeira; GUERRA, Antônio José Teixeira. *Novo dicionário geológico-geomorfológico.* 6. ed. Rio de Janeiro: Bertrand Brasil, 2008.

HAURIOU, Maurice. *Précis de Droit Administratif et de Droit Public Général.* Quatrième édition. Paris: Larose, 1900.

HAURIOU, Maurice. *Précis de Droit Administratif et de Droit Public Général.* Cinquième édition. Paris: Larose, 1903.

HOUAISS. *Dicionário da língua portuguesa.* Rio de Janeiro: Objetiva, 2009.

IBAMA. Ministério do Meio Ambiente. *Patrimônio genético.* Disponível em: https://www.gov.br/mma/pt-br/assuntos/biodiversidade/patrimonio-genetico. Acesso em: 11 ago. 2021.

IBGE. Instituto Brasileiro de Geografia e Estatística. *Pesquisa Nacional por Amostra de Domicílios. Síntese de indicadores – 2015.* p. 79-83. Disponível em: https://biblioteca.ibge.gov.br/visualizacao/livros/liv98887.pdf. Acesso em: 16 set. 2021.

IPHAN. Instituto do Patrimônio Histórico e Artístico Nacional. *Patrimônio cultural.* Disponível em: http://portal.iphan.gov.br/pagina/detalhes/218. Acesso em: 16 ago. 2021.

IPHAN. Instituto do Patrimônio Histórico e Artístico Nacional. *Patrimônio Cultural.* Patrimônio Material, Patrimônio Arqueológico, Patrimônio Imaterial. Disponível em: http://portal.iphan.gov.br/pagina/detalhes/218; http://portal.iphan.gov.br/pagina/detalhes/276; http://portal.iphan.gov.br/pagina/detalhes/1376/; http://portal.iphan.gov.br/pagina/detalhes/234. Acesso em: 16 ago. 2021.

IPHAN. Instituto do Patrimônio Histórico e Artístico Nacional. *Protocolo de Nagoia.* Disponível em: http://portal.iphan.gov.br/uploads/ckfinder/arquivos/Protocolo_de_nagoia.pdf. Acesso em: 12 ago. 2021.

IRINEU, Tiago de Jesus. A desestatização do setor de telecomunicações no Brasil. PUC-Minas. *E&G Economia e Gestão,* v. 16, n. 42, Belo Horizonte, jan./mar. 2016.

ITÁLIA. *Codice Civile.* Regio Decreto 16 marzo 1942, n. 262. Gazzetta Ufficiale della Repubblica Italiana. Disponível em: https://www.gazzettaufficiale.it/dettaglio/codici/codiceCivile. Acesso em: 13 out. 2021.

JUSTEN FILHO, Marçal. *Curso de direito administrativo.* 10. ed. São Paulo: Ed. RT, 2014.

KANT, Immanuel. *A metafísica dos costumes.* 2. ed. Bauru/SP: EDIPRO, 2008.

KELSEN, Hans. *Teoria geral do direito e do estado.* 3. ed. São Paulo: Martins Fontes, 2000.

LAFAYETTE, Rodrigues Pereira. *Direito das coisas.* Ed. Fac-similar. Brasília: Senado Federal: Superior Tribunal de Justiça, 2004. v. I.

LENARDÓN, Fernando Roberto. *Bienes de Dominio Público.* Federación Argentina de Consejos Profesionales de Ciencias Económicas. Ciudad Autónoma de Buenos Aires: FACPCE, 2015.

LEVADA, Cláudio Antônio Soares. *Dano moral coletivo.* Enciclopédia Jurídica da PUCSP. Edição 1, julho de 2020. Disponível em: https://enciclopediajuridica.pucsp.br/verbete/324/edicao-1/dano-moral-coletivo. Acesso em: 17 nov. 2021.

LIMA, Valdivino Borges de. Minérios e Mineração: a rigidez locacional e a exploração industrial. *IX EREGEO* – Encontro Regional de Geografia. Novas territorialidades – integração e redefinição regional. Porto Nacional, julho de 2005. Disponível em: https://files.cercomp.ufg.br/weby/up/215/o/ LIMA_valdivino_borges__minerios_minera__o.pdf. Acesso em: 11 set. 2021.

LINS, Bernardo Estellita. Privatização das telecomunicações brasileiras: algumas lições. *Cadernos ASLEGIS* 4(10):9-25, p. 2. Disponível em: http://belins.eng.br/ac01/papers/asleg03.pdf. Acesso em: 16 set. 2021.

LÔBO, Marta Carolina Fahel. *A tutela inibitória contra a Administração Pública na defesa do meio ambiente*. Dissertação de mestrado apresentada perante a Universidade Federal de Pernambuco. Recife, 2002, p. 99-101. Disponível em: https://attena.ufpe.br/bitstream/123456789/4850/1/arquivo7198_1.pdf. Acesso em: 17- nov. 2021.

LONDRES DA NÓBREGA, Vandick. *História e sistema do direito privado romano*. 2. ed. Rio de Janeiro: Freitas Bastos, 1959.

MACHADO, Paulo Affonso Leme. *Direito ambiental brasileiro*. 14. ed. São Paulo: Malheiros, 2006.

MAGALHÃES, Esther C. Piragibe; MAGALHÃES, Marcelo C. Piragibe. *Dicionário Jurídico Piragibe*. 9. ed. Rio de Janeiro: Lumen Juris, 2007.

MAPA. Ministério da Agricultura, Pecuária e Abastecimento. Governo Federal. *Protocolo de Nagoia*. Convenção de Diversidade Biológica – CDB. Disponível em: https://www.gov.br/agricultura/pt-br/assuntos/sustentabilidade/recursos-geneticos-1/protocolodenagoia. Acesso em: 12 ago. 2021.

MARINHA DO BRASIL. Ministério da Defesa. *Navios e aeronaves*. Disponível em: https://www.marinha.mil.br/meios-navais. Acesso em: 28 fev. 2021.

MARIENHOFF, Miguel S. *Tratado de Derecho Aministrativo*. Segunda edición. Buenos Aires: Abeledo-Perrot, 1975. t. IV.

MARIENHOFF, Miguel S. *Tratado del Dominio Público*. Buenos Aires: Tipografica Editora Argentina, 1960.

MARINONI, Luiz Guilherme. *Tutela inibitória* (individual e coletiva). 3. ed. São Paulo: Ed. RT, 2003.

MARINONI, Luiz Guilherme; ARENHART, Sérgio Cruz; MITIDIERO, Daniel. *Novo Curso de Processo Civil*. 3. ed. São Paulo: Ed. RT, 2017. v. 3.

MAYER, Otto. *Derecho Administrativo Alemán*. Parte Especial: El derecho público de las cosas. 2. ed. Buenos Aires: Depalma, 1982. t. III.

MAXIMILIANO, Carlos. *Commentários à Constituição brasileira*. 2. ed. Rio de Janeiro: Jacintho Ribeiro dos Santos, 1923.

MAXIMILIANO, Carlos. *Comentários à Constituição Brasileira*. 4. ed. Rio de Janeiro: Freitas Bastos, 1948.

MAZZUOLI, Valério de Oliveira. *Curso de direito internacional público*. 10. ed. São Paulo: Ed. RT, 2016.

MEIRELLES, Hely Lopes. *Direito administrativo brasileiro*. 20. ed. São Paulo: Malheiros, 1995.

MEIRELLES, Hely Lopes. *Direito administrativo brasileiro*. 26. ed. São Paulo: Malheiros, 2001.

MEIRELLES, Hely Lopes. *Mandado de segurança*. 30. ed. São Paulo: Malheiros, 2007.

MELLO, Celso Antônio Bandeira de. *Curso de direito administrativo*. 26. São Paulo: Malheiros, 2009.

MELLO, Celso D. de Albuquerque. *Direito internacional público*. 3. ed. Rio de Janeiro: Freitas Bastos, 1971. 2º v.

MÉXICO. *Código Civil Federal*. Cámara de Diputados del H.Congreso de La Unión. Disponível em: https://mexico.justia.com/federales/codigos/codigo-civil-federal/gdoc/. Acesso em: 22 set. 2021.

MÉXICO. *Constitución Política del Estado Libre y Soberano de México*. Gobierno del Estado de México. Última reforma POGG 22 de junio de 2021. Disponível em: https://legislacion.edomex.gob.mx/sites/legislacion.edomex.gob.mx/files/files/pdf/ley/vig/leyvig001.pdf. Acesso em: 22 set. 2021.

MÉXICO. *Ley de Bienes del Estado de México y de sus Municipios*. Decreto Numero 159. Gobierno del Estado de México. Publicada en el Periódico Oficial "Gaceta del Gobierno" el 7 de marzo de 2000. Última reforma POGG 29 de septiembre de 2020. Disponível em: http://legislacion.edomex.gob.mx/sites/legislacion.edomex.gob.mx/files/files/pdf/ley/vig/leyvig085.pdf. Acesso em: 22 set. 2021.

MIRANDA, Pontes de. *Comentários à Constituição da República dos E. U. do Brasil*. Tomo I. Rio de Janeiro: Editora Guanabara, 1936.

MMA. Ministério do Meio Ambiente. Secretaria de Biodiversidade e Florestas. *Convenção sobre diversidade biológica*. Brasília-DF, 2000. Disponível em: https://www.gov.br/mma/pt-br/texto-convenoportugus.pdf. Acesso em: 12 ago. 2021.

MMA. Ministério do Meio Ambiente. *Protocolo de Cartagena sobre biossegurança*. Disponível em: https://antigo.mma.gov.br/biodiversidade/conven%C3%A7%C3%A3o-da-diversidade-biol%-C3%B3gica/protocolo-de-cartagena-sobre-biosseguranca.html. Acesso em: 12 ago. 2021.

MMA. Ministério do Meio Ambiente. *Repartição de benefícios e regularização*. Disponível em: https://antigo.mma.gov.br/patrimonio-genetico/reparticao-de-beneficios-e-regularizacao.html#:~:text=A%20Reparti%C3%A7%C3%A3o%20de%20Benef%C3%ADcios%20%28RB%29%20consiste%20na%20divis%C3%A3o,a%20patrim%C3%B4nio%20gen%C3%A9tico%20ou%20a%20conhecimento%20tradicional%20associado. Acesso em: 12 ago. 2021.

MME. Ministério de Minas e Energia. *Nota Técnica PR 04/18* – Potencial dos Recursos Energéticos no Horizonte 2050. Empresa de Pesquisa Energética. Rio de Janeiro, setembro de 2018.

MRE. Ministério das Relações Exteriores. *Brasil passa a fazer parte do Protocolo de Nagoia* – Nota conjunta do Ministério das Relações Exteriores e do Ministério do Meio Ambiente. Publicado em: 04.03.2021, 20h04. Disponível em: https://www.gov.br/mre/pt-br/canais_atendimento/imprensa/notas-a-imprensa/brasil-passa-a-fazer-parte-do-protocolo-de-nagoia-nota-conjunta-do-ministerio-das-relacoes-exteriores-e-do-ministerio-do-meio-ambiente. Acesso em: 12 ago. 2021.

MONIZ, Ana Raquel Gonçalves. Coordenadores: OTERO, Paulo; GONÇALVES, Pedro. *Tratado de direito administrativo especial*. Coimbra: Almedina, 2011. v. V.

MONTESQUIEU. *O espírito das leis*. São Paulo: Martins Fontes, 2005.

MOREAU, Raul. A importância da energia nas nossas vidas e a interdependência entre a economia e a energia do país. *Jornal "O Alto Taquari"*. Publicação: 27 de março de 2013. Disponível em: https://www.oaltotaquari.com.br/portal/2013/03/a-importancia-da-energia-nas-nossas-vidas-e-a-interdependencia-entre-a-economia-e-a-energia-do-pais/. Acesso em: 13 set. 2021.

MOREIRA NETO, Diogo de Figueiredo. *Curso de direito administrativo*. Parte introdutória. 12. ed. Rio de Janeiro: Forense, 2002.

ONU. Organização das Nações Unidas. *Convenção para a Proteção do Patrimônio Mundial, Cultural e Natural*. UNESCO, 1972. Disponível em: https://unesdoc.unesco.org/ark:/48223/pf0000133369_por. Acesso em: 15 ago. 2021.

ONU. Programa de las Naciones Unidas para el Medio Ambiente. *Convenio sobre la Diversidad Biológica*. Disponível em: https://www.cbd.int/doc/press/2018/pr-2018-03-05-nklsp-es.pdf. Acesso em: 13 ago. 2021.

ONU. Secretaría del Convenio sobre la Diversidad Biológica. *Protocolo de Nagoya* – Kuala Lumpur. Disponível em: https://www.wipo.int/edocs/lexdocs/treaties/es/cbd-sp/trt_cbd_sp.pdf. Acesso em: 13 ago. 2021.

PAZ, Adriano Rolim. *Hidrologia Aplicada*. Disciplina Ministrada na Universidade Estadual do Rio Grande do Sul, para o curso de graduação em Engenharia de Bioprocessos e Biotecnologia na unidade de Caxias do Sul. Setembro/2004.

PÉREZ CONEJO, Lorenzo. *Lecciones de Dominio Público*. Universidade de Málaga: Servicio de Publicaciones e Intercambio Científico, 2004.

PGE-RS. Procuradoria-Geral do Estado do Rio Grande do Sul. *Decreto nº 42.819, de 14 de janeiro de 2004*. Regulamenta a estrutura orgânica da Procuradoria-Geral do Estado (PGE) e dá outras providências. Disponível em: https://www.pge.rs.gov.br/upload/arquivos/201702/07125208-decreto-n-42-819-de-14-de-janeiro-de-2004.pdf. Acesso em: 15 mar. 2021.

PLANIOL. *Traité Élémentaire de Droit Civil*. Refondu et complété par Georges Ripert et Jean Boulanger. Tome Premier. Paris: Librairie Générale de Droit et de Jurisprudence, 1950.

PSRM. Plano Setorial para os Recursos do Mar. *Pesquisas científicas nas ilhas oceânicas*. Marinha do Brasil. Disponível em: https://www.marinha.mil.br/secirm/pt-br/psrm/ilhasoceanicas. Acesso em: 10 ago. 2022.

PORTUGAL. DRE - Diário da República Eletrónico. Decreto-Lei nº 477/80. *Cria o inventário geral do património do Estado*. Disponível em: https://dre.pt/home/-/dre/462062/details/maximized. Acesso em: 24 set. 2021.

PORTUGAL. DRE - Diário da República Eletrónico. *Código Civil*. Decreto-Lei n.º 47344. Disponível em: https://dre.pt/web/guest/legislacao-consolidada/-/lc/147103599/202109242019/73905658/diploma/indice. Acesso em: 24 set. 2021.

PORTUGAL. *Constituição da República Portuguesa*. VII Revisão Constitucional de 2005. Assembleia da República. Disponível em: https://www.parlamento.pt/Legislacao/Paginas/ConstituicaoRepublicaPortuguesa.aspx. Acesso em: 11 mar. 2021.

PORTUGAL. *Lei da Água*. Lei nº 58/2005. Diário da República nº 249/2005, Série I-A de 2005-12-29. Disponível em: https://dre.pt/dre/legislacao-consolidada/lei/2005-34506275-43612975. Acesso em: 02 mar. 2022.

PREFEITURA-SP. Prefeitura do Município de São Paulo. Legislação Municipal. *Lei nº 15.442, de 9 de setembro de 2011*. Dispõe sobre a limpeza de imóveis, o fechamento de terrenos não edificados e a construção e manutenção de passeios, bem como cria o Disque-Calçadas. Disponível em: http://legislacao.prefeitura.sp.gov.br/leis/lei-15442-de-09-de-setembro-de-2011/. Acesso em: 15 mar. 2021.

PROUDHON, M. *Traité du domaine public*. Tome premier. Dijon: Victor Lagier, 1833.

RÉCY, René de. *Traité du Domaine Public*. Deuxième Édition. Tome premier. Paris: Paul Dupont, 1894.

REZEK, Francisco. *Direito internacional público*. Curso elementar. 11. ed. São Paulo: Saraiva, 2008.

RIO DE JANEIRO. Câmara Municipal do Rio de Janeiro. Leis Ordinárias. *Lei nº 3.372, de 27 de março de 2002*. Disponível em: http://www.camara.rio/atividade-parlamentar/legislacao/municipal/leis-ordinarias. Acesso em: 14 ago. 2022.

RIO DE JANEIRO. Leis Estaduais. *Lei Ordinária nº 3.336, de 29 de dezembro de 1999*. Disponível em: https://leisestaduais.com.br/rj/lei-ordinaria-n-3346-1999-rio-de-janeiro-autoriza-o-poder-executivo-a-criar-o-banco-de-dados-ambientais-bda?q=terrenos%20de%20marinha. Acesso em: 14 ago. 2022.

ROCHA, Ana Augusta; LINSKER, Roberto. *Ilhas Oceânicas do Brasil*. Disponível em: https://www.suapesquisa.com/geografia_do_brasil/ilhas_oceanicas_brasil.htm. Acesso em: 10 ago. 2022.

ROMANO, Santi. *Principii di Diritto Amministrativo Italiano*. Seconda edizione. Milano: Società Editrice Libraria, 1906.

ROVIRA, Enoch Alberti. *Federalismo y Cooperacion em la Republica Federal Alemana*. Madrid: Centro de Estudios Constitucionales, 1986.

SALVAT, Raymundo M. *Tratado de Derecho Civil Argentino*. Derechos Reales II Dominio. Cuarta edición. Buenos Aires, Tipográfica Editora Argentina, 1952.

SANTA CATARINA. Leis Estaduais. *Lei Ordinária nº 9.492, de 28 de janeiro de 1994*. Disponível em: https://leisestaduais.com.br/sc/lei-ordinaria-n-9492-1994-santa-catarina-dispoe-sobre-a-aquisicao-por-compra-do-imovel-que-especifica-no-municipio-de-sao-francisco-do-sul-e-da-outras-providencias?q=terrenos%20de%20marinha. Acesso em: 15 ago. 2022.

SANT'ANNA, Márcia. A política federal salvaguarda do patrimônio cultural imaterial. *IPEA*: Desafios do desenvolvimento. ano 7, ed. 62 – 23.07.2010. Disponível: https://www.ipea.gov.br/desafios/index.php?option=com_content&view=article&id=1101:catid=28&Itemid=23. Acesso em: 17 ago. 2021.

SENADO FEDERAL. Glossário Legislativo. *Dotação orçamentária*. Disponível em: https://www12.senado.leg.br/noticias/glossario-legislativo#D. Acesso em: 14 fev. 2021.

SENADO FEDERAL. *Lei nº 514, de 28 de outubro de 1848*. Fixando a Despesa e Orçando a Receita para o exercício de 1849 - 1850, e ficando em vigor desde a sua publicação. Disponível em: https://legis.senado.leg.br/norma/541944/publicacao/15633210. Acesso em: 21 fev. 2021.

SERRANO, Mônica de Almeida Magalhães. Utilização de bens públicos e remuneração pelo uso do solo e espaço aéreo em face de concessionárias de serviço público: nuances jurídicas. *Cadernos Jurídicos*, ano 20, n. 47, p. 211-231, São Paulo, jan./fev. 2019. Disponível em: https://www.tjsp.jus.br/download/EPM/Publicacoes/CadernosJuridicos/47.15.pdf?d=636909377789222583. Acesso em: 13 mar. 2021.

SGB. Serviço Geológico Brasileiro. *Plataforma Continental*. Disponível em: http://www.cprm.gov.br/publique/SGB-Divulga/Canal-Escola/Relevo-Oceanico-2624.html. Acesso em: 10 ago. 2022.

SILVA, De Plácido e. *Vocabulário jurídico*. 26. ed. Rio de Janeiro: Forense, 2005.

SILVA, José Afonso. *Comentários contextual à Constituição*. 2. ed. São Paulo: Malheiros, 2006.

SILVA, José Afonso. *Curso de direito constitucional positivo*. 33. ed. São Paulo: Malheiros, 2010.

SILVA, José Afonso da. *Direito urbanístico brasileiro*. 2. ed. São Paulo: Malheiros, 1997.

SUÍÇA. *Constitution Fédérale de la Confédération Suisse.* Du 18 avril 1999 (Etat le 7 mars 2021). Le Conseil Fédéral. Disponível em: https://www.fedlex.admin.ch/eli/cc/1999/404/fr. Acesso em: 10 out. 2021.

SUÍÇA. *Loi sur le domaine public (LDP),* du 04.02.1972 (version entrée en vigueur le 01.07.2012). RSF 750.1. Lex Find. Disponível em: https://www.lexfind.ch/fe/fr/tol/5327/fr. Acesso em: 24 set. 2021.

TELEBRASIL. Associação Brasileira de Telecomunicações. *TELEBRASIL:* 30 anos de sucesso e realizações. Rio de Janeiro, 2004.

THOMÉ, Romeu. *Manual de direito ambiental.* 4. ed. Salvador: JusPodivm, 2014.

UFC. Universidade Federal do Ceará. Departamento de Geologia. *Sobre a geologia.* Disponível em: https://geologia.ufc.br/pt/sobre-a-geologia/. Acesso em: 19 ago. 2021.

VIDAL, Fernando de Mello. Embaixador. *Relatório de gestão. Embaixada do Brasil em Porto Príncipe.* Disponível em: https://legis.senado.leg.br/sdleg-getter/documento?dm=8030886&ts=1594006391913&disposition=inline. Acesso em: 1º mar. 2021.

VINHOLES, Thiago. Airway. Aviação Militar. *As aeronaves de combate das forças armadas brasileiras.* Publicado em: 14 fev. 2017. Disponível em: https://www.airway.com.br/as-aeronaves-de-combate-das-forcas-armadas-brasileiras/. Acesso em: 28 fev. 2021.

YAMAMOTO, Thais. Gestão do Patrimônio dos Imóveis militares: uma contribuição sobre a literatura pertinente. *Revista da UNIFA,* v. 33, n. 1, p. 55-64, Rio de Janeiro, jan./jun. 2020. Disponível em: https://www2.fab.mil.br/unifa/images/revista/pdf/v33n1/Art_154_Gesto_R3.pdf. Acesso em: 1º mar. 2021.

ZANOBINI, Guido. *Corso di Diritto Amministrativo.* Terza Edizione. Milano: Dott. A. Giuffrè, 1948. Volume quarto: I Mezzi Dell'azione Amministrativa.